Schriften zum Unternehmens- und Kapitalmarktrecht

Herausgegeben von den Direktoren
des Instituts für Unternehmens- und Kapitalmarktrecht
der Bucerius Law School in Hamburg

Jörn Axel Kämmerer, Karsten Schmidt und Rüdiger Veil

2

ARTIBUS INGENUIS J·G·B·M· 1·8·0·1

Schriften zum Unternehmens- und Kapitalmarktrecht

2

Christian Köhler

Die Zulässigkeit derivativer Finanzinstrumente in Unternehmen, Banken und Kommunen

Eine ökonomische und rechtliche Analyse

Mohr Siebeck

Christian Köhler, geboren 1984; 2004–08 Studium der Rechtswissenschaften an der Humboldt-Universität zu Berlin; 2008–11 Masterstudium Betriebswirtschaft; 2009–10 Masterstudium Recht an der Cornell Law School (USA); seit 2011 Rechtsreferendar am Kammergericht Berlin.

ISBN 978-3-16-151928-4
ISSN 2193-7273 (Schriften zum Unternehmens- und Kapitalmarktrecht)

Die Deutsche Nationalbibliothek verzeichnet diese Publikation in der Deutschen Nationalbibliographie; detaillierte bibliographische Daten sind im Internet über *http://dnb.dnb.de* abrufbar.

Das Buch wurde von Gulde-Druck in Tübingen auf alterungsbeständiges Werkdruckpapier gedruckt und gebunden.

Meinen Eltern,

Anna

und Hans

Vorwort

Die vorliegende Arbeit wurde im Wintersemester 2011/12 an der Juristischen Fakultät der Humboldt Universität zu Berlin als Dissertation angenommen. Sie manifestiert das Ende einer dreijährigen, intensiven Studien- und Forschungstätigkeit in Berlin sowie Ithaca/NY (USA), die mir die Möglichkeit bot, in vielfältiger Weise über den juristischen Tellerrand hinaus zu blicken.

Mein herzlicher Dank gilt zunächst meinem Doktorvater, Prof. Dr. Hans-Peter Schwintowski. Er stand mir stets mit konstruktivem Rat zur Seite, gab mir zugleich aber den notwendigen wissenschaftlichen Freiraum, um neue Wege beschreiten zu können. Sein tatkräftiger Einsatz hat auch wesentlich dazu beigetragen, dass die Vielzahl der Organisationsabläufe zwischen Promotionsvorhaben und den parallelen Projekten unkompliziert abliefen. Prof. Dr. Dr. Stefan Grundmann danke ich für die zügige Erstellung des Zweitgutachtens.

Während meiner Promotionszeit wurde ich durch das Elsa-Naumann-Stipendium des Landes Berlin finanziell gefördert und konnte so Arbeitszeit auf das Dissertationsthema konzentrieren. Stellvertretend für die gesamte Humboldt Universität gilt mein Dank Prof. Dr. Christine Windbichler und René Pawlak, die mir seinerzeit den Studien- und Forschungsaufenthalt an der Cornell Law School im Rahmen eines Kooperationsprogrammes ermöglichten. Diese Zeit hat letztlich auch die vorliegende Arbeit entscheidend geprägt.

Schließlich danke ich Prof. Robert Hockett und Prof. Charles K. Whitehead von der Cornell Law School sowie Prof. Dr. Ralf Sabiwalsky von der Freien Universität Berlin, die es mir im Rahmen der entsprechenden Masterstudiengänge ermöglichten, Abschlussarbeiten mit thematischen Überschneidungen zur vorliegenden Dissertation anzufertigen und so deren interdisziplinären Charakter zu stärken.

Mein besonderer Dank gilt meinen Eltern, Marina und Hans-Georg Köhler. Sie haben mir schon vor, aber auch während des Promotionsvorhabens nicht nur die notwendige finanzielle und ideelle Unterstützung, sondern auch und ganz besonders den Freiraum gewährt, der meine wissenschaftliche Entfaltung erst ermöglichte.

Großer Dank gebührt auch meiner lieben Anna. Sie hat nicht nur meine Launen während der Promotionszeit tapfer ertragen und kompensiert, sondern mir durch ihre wundervolle Art täglich auf Neue bewusst gemacht, dass Wirtschaft und Recht doch nur ein Teil des Lebens sind.

Berlin, im Januar 2012 Christian Köhler

Inhaltsverzeichnis

Abkürzungsverzeichnis

a.F.	alte Fassung
Abb.	Abbildung
Abl.	Amtsblatt der Europäischen Union
ABS	Asset Backed Securities/Forderungsbesicherte Wertpapiere
AEUV	Vertrag über die Arbeitsweise der europäischen Union
AG	Aktiengesellschaft
AktG	Aktiengesetz
Anh.	Anhang
Az.	Aktenzeichen
BaFin	Bundesanstalt für Finanzdienstleistungsaufsicht
BB	Betriebs-Berater (Zeitschrift)
BBA	British Bankers Association
BCOE	Bermuda Commodities Exchange
BGB	Bürgerliches Gesetzbuch
BGBl.	Bundesgesetzblatt
BGH	Bundesgerichtshof
BGHSt	Amtliche Sammlung der Entscheidungen des BGH in Strafsachen
BGHZ	Amtliche Sammlung der Entscheidungen des BGH in Zivilsachen
BilMoG	Bilanzrechtsmodernisierungsgesetz
BIS	Bank for International Settlements
BörsG	Börsengesetz
BR-Drucks.	Drucksachen des deutschen Bundesrates
BRD	Bundesrepublik Deutschland
BT-Drucks.	Drucksachen des deutschen Bundestages
BVerfG	Bundesverfassungsgericht
BVerfGE	Amtliche Sammlung der Entscheidungen des BVerfG
BVerwG	Bundesverwaltungsgericht
BVerwGE	Amtliche Sammlung der Entscheidungen des Bundesverwaltungsgerichts
CAPM	Capital Asset Pricing Model
CBOE	Chicargo Board Options Exchange
CBOT	Chicargo Board of Trade
CCP	Central Counterparty/Zentrale Gegenpartei
CDD	Cooling Degree Day-Index
CDO	Credit Default Obligation
CDS	Credit Default Swap
CEA	Commodity Exchange Act
CESR	Committee of European Securities Regulators
CFR	Code of Federal Regulations
CFTC	Commodity Futures Trading Commission
Cir.	Circuit

CME	Chicargo Mercantile Exchange
CMS	Constant Maturity Swap
d. Verf.	der Verfasser
DAX	Deutscher Aktienindex
DB	Der Betrieb
DCGK	Deutschen Corporate Governance Kodex
DerivateV	Derivateverordnung
dh.	das heißt
DRL	Durchführungsrichtlinie zur MiFID
DStRE	Deutsches Steuerrecht – Entscheidungsdienst
ECB/EZB	European Central Bank/Europäische Zentralbank
EDGAR	Electronic Data-Gathering, Analysis and Retrieval System
EEX	European Energy Exchange
EG	Europäische Gemeinschaft
Einf.	Einführung
ESMA	European Securities and Markets Authority
EStG	Einkommenssteuergesetz
et al.	et alii/und andere
EU	Europäische Union
EUREX	European Exchange
EURIBOR	Euro Interbank Offered Rate
EVU	Energieversorgungsunternehmen
EWR	Europäischer Wirtschaftsraum
FFG	Finanzmarktförderungsgesetz
Fn.	Fußnote
FRA	Forward Rate Agreement
FRUG	Finanzmarkt-Richtlinie-Umsetzungsgesetz
FSB	Financial Stability Board
FSF	Financial Stability Forum
FX	Foreign Exchange (Geschäfte)
GemO	Gemeindeordnung
GG	Grundgesetz
GlüStV	Glücksspielstaatsvertrag
GmbH	Gesellschaft mit beschränkter Haftung
GmbHG	Gesetz betreffend die Gesellschaften mit beschränkter Haftung
GroMiKV	Großkredit- und Millionenkreditverordnung
GWB	Gesetz gegen Wettbewerbsbeschränkungen
h.M.	herrschende Meinung
HDD	Heating Degree Day-Index
HGB	Handelsgesetzbuch
HGrG	Haushaltsgrundsätzegesetz
i.d.R.	in der Regel
i.H.v.	in Höhe von
IAPS	International Auditing Practice Statement
IAS	International Accounting Standards
IASB	International Accounting Standards Board
IDW	Institut der Wirtschaftsprüfer in Deutschland
IFE	Insurance Futures Exchange
IFRS	International Accounting Standards
IMF	International Monetary Fund

InsO	Insolvenzordnung
InvG	Investmentgesetz
ISA	International Standards on Auditing
ISDA	International Swaps and Derivatives Association
JURA	Juristische Ausbildung
KMR	Kapitalmarktrecht
KStG	Körperschaftssteuergesetz
KWG	Kreditwesengesetz
LG	Landgericht
LIBOR	London Interbank Offered Rate
LIFFE	London International Financial Futures and Options Exchange
m.w.N.	mit weiteren Nachweisen
MaKonV	Marktmanipulations-Konkretisierungsverordnung
MaRisk	Mindestanforderungen an das Risikomanagement
MiFID	Richtlinie über Märkte für Finanzinstrumente
MW	Megawatt
NASD	National Association of Securities Dealers
NASDAQ	National Association of Securities Dealers Automated Quotations
NJW	Neue Juristische Wochenschrift
No./Nr.	Number/Nummer
NStR	Neue Zeitschrift für Strafrecht
NVwZ	Neue Zeitschrift für Verwaltungsrecht
NYMEX	New York Mercantile Exchange
NZG	Neue Zeitschrift für Gesellschaftsrecht
OLG	Oberlandesgericht (Berlin: Kammergericht)
OTC	Over-the-Couter (Märkte)
PS	Prüfungsstandard
QIB	Qualifizierte Institutionelle Investoren
RG	Reichsgericht
RGBl.	Reichsgesetzblatt
RGZ	Amtliche Sammlung der Entscheidungen des Reichsgerichts in Zivilsachen
RL	Richtlinie
Rn.	Randnummer (Bei Gerichtsurteilen: Juris-Randnummer)
SA	Securities Act of 1933
Slg.	Sammlung der Rechtsprechung
SLS	Spread-Ladder-Swap
SoB	Sonderband
SPV	Special Purpose Vehicle/Zweckgesellschaft
StGB	Strafgesetzbuch
SWEP	schweizerischer Strompreisindex
TUG	Transparenzrichtlinie-Umsetzungsgesetz
u.a.	und andere
u.U.	unter Umständen
USD	US-Dollar
v.	versus/gegen
VAG	Versicherungsaufsichtsgesetz
VaR	Value-at-Risk
VerkProspG	Verkaufsprospektgesetz
VersR	Versicherungsrecht (Zeitschrift)

VG	Verwaltungsgericht
VO	Verordnung
VuR	Verbraucher und Recht (Zeitschrift)
VVG	Versicherungsvertragsgesetz
wistra	Zeitschrift für Wirtschafts- und Steuerstrafrecht
WM	Wertpapier-Mitteilungen/Zeitschrift für Wirtschafts- und Bankrecht
WpDVerOV	Verordnung zur Konkretisierung der Verhaltensregeln und Organisationsanforderungen
WpHG	Wertpapierhandelsgesetz
WpPG	Wertpapierprospektgesetz
WpÜG	Wertpapiererwerbs- und Übernahmegesetz
XML	Extensible Markup Language (Programmiersprache)
ZBB	Zeitschrift für Bankrecht und Bankwirtschaft
ZBergR	Zeitschrift für Bergrecht
ZfB	Zeitschrift für Betriebswirtschaft
ZGR	Zeitschrift für Unternehmens- und Gesellschaftsrecht
ZHR	Zeitschrift für das gesamte Handels- und Wirtschaftsrecht
ZIP	Zeitschrift für Wirtschaftsrecht
ZIS	Zeitschrift für Internationale Strafrechtsdogmatik
ZVersWiss	Zeitschrift für die Gesamte Versicherungswissenschaft

Abbildungsverzeichnis

Grundlegung

Im Rahmen des ordentlichen Geschäftsverkehrs sind Unternehmen aller Branchen teils erheblichen Risiken ausgesetzt. Sei es der internationale Konzern, dessen Gesamterfolg maßgeblich von den Wechselkursen zu den Währungen der ausländischen Produktionsstätten abhängt oder dessen Finanzierungsbedingungen für große Investitionsprojekte von den schwankenden Zinssätzen der Banken mitbestimmt werden. Seien es kleine und mittlere Unternehmen, deren Erfolg von verlässlichen Marktpreisen für Rohstoffe, der Zahlungsfähigkeit der Hauptgläubiger oder schlicht vom Wetter an der einzigen Produktionsstätte abhängt. Die bewusste und kontrollierte Steuerung dieser Risiken verschafft dem Unternehmen entscheidende Wettbewerbsvorteile und leistet einen wesentlichen Beitrag zu dessen Bestandssicherung.

1. Einleitung

Als bewährtes Mittel zur Umsetzung des betrieblichen Risikomanagements haben sich in den letzten 40 Jahren *derivative*[1] *Finanzinstrumente* (*Finanzderivate* oder *Derivate*) fest etabliert. Allein die außerbörslichen Märkte für diese finanziellen Risikotransferprodukte erreichten in ihrem bisherigen Höhepunkt (Juni 2011) ausstehende Nominalvolumen von 700 Bio. USD.[2] Bei Finanzderivaten handelt es sich um gegenseitige Verträge, deren ökonomischer Wert wiederum vom Wert einer marktabhängigen Bezugsgröße (*Basiswert* oder *Underlying*) abgeleitet ist.[3] Basiswerte können Wertpapiere (Aktien, Anleihen), marktbezogene Referenzgrößen (Zinssätze, Indices) oder andere Handelsgegenstände (Rohstoffe, Devisen) sein. In den letzten Jahren wurden zunehmend Finanzinstrumente gehandelt, die sich auf Ereignisse wie

---

[1] Derivat: lateinisch von derivare = ableiten, vgl. *Ruhnke,* Rechnungslegung, 2008, S. 515.

[2] Quelle: http://www.bis.org.

[3] So auch das Verständnis des deutschen Gesetzgebers, vgl. nur § 1 Abs. 11 S. 3 KWG: („Derivate sind 1. als Kauf, Tausch oder anderweitig ausgestaltete Festgeschäfte oder Optionsgeschäfte, die zeitlich verzögert zu erfüllen sind und deren Wert sich unmittelbar oder mittelbar vom Preis oder Maß eines Basiswertes ableitet (Termingeschäfte)"); vgl. auch International Auditing Practice Statement (IAPS) 1012.4.

den Ausfall von Krediten oder Wetterzustände in bestimmten Regionen beziehen.[4]

Nach der Vertragsgestaltung lassen sich derivative Finanzinstrumente in drei Grundformen einteilen: Festgeschäfte, Swapgeschäfte und Optionen. Dabei stellt das *Festgeschäft* die wohl einfachste Grundform eines Derivats dar und kann als Kauf auf Termin charakterisiert werden:[5] Der Verkäufer verspricht bereits heute, zum Fälligkeitszeitpunkt den Basiswert zu liefern (*Physical Settlement*) oder einen Barausgleich i.H.d. dann aktuellen Marktpreises des Basiswertes zu zahlen (*Cash Settlement*). Der Käufer verspricht dagegen, zum Fälligkeitszeitpunkt eine fixe Zahlung zu leisten. Steigt der Marktpreis des Basiswertes während der Laufzeit, so ist das Geschäft für den Käufer vorteilhaft; fällt der Marktpreis, so ist es für den Verkäufer vorteilhaft.

Das *Swapgeschäft* lässt sich als eine Serie aus hintereinander geschalteten Festgeschäften charakterisieren.[6] So kann beispielsweise der Austausch von Zahlungen alle 3 Monate für die Laufzeit von 2 Jahren vereinbart werden. Bei einem klassischen Zinsswap verspricht eine Vertragspartei dabei, einen fixen Zinssatz auf einen Nennbetrag zu leisten, während die andere Vertragspartei einen variablen Zinssatz (z.B. LIBOR) auf den Nennbetrag zu leisten hat.

Bei einer *Option* erlangt der Käufer das Recht – aber nicht die Pflicht – zum Fälligkeitszeitpunkt (Europäische Option) oder während eines Zeitraumes vor der Fälligkeit (Amerikanische Option) eine bestimmte Menge des Basiswertes zu einem fixen Preis (*Basispreis*) zu kaufen (Call-Option) oder zu verkaufen (Put-Option). Die Einräumung dieses Rechts lässt sich der Verkäufer der Option (Stillhalter) zu Beginn der Laufzeit durch eine Optionsprämie vergüten.[7]

Auf der Marktgegenseite zu Sicherungsgeschäfte stehen in der Kapitalmarktrealität oftmals Spekulanten. Sie gehen die Risiken bewusst in der Erwartung ein, dass sie sich nicht realisieren und so ein Gewinn durch die Risikoübernahme erzielt wird. Zwischen diesen wirtschaftlichen Endnutzern sind regelmäßig auch Finanzintermediäre als Risikomittler eingebunden. Sie komplettieren nicht nur den heterogenen Kreis[8] der Beteiligten, sondern auch die wirtschaftliche Vernetzung der Marktteilnehmer untereinander als unmittelbare Folge des Risikotransfers.

Ob Endnutzer oder Finanzintermediär: Unternehmen gehen mit dem Eintritt in ein Derivategeschäft *a priori* hohe Risiken ein, die den Bestand des

[4] Vgl. § 1 Abs. 11 S. 3 Nr. 1 e) KWG.
[5] Vgl. *Hull,* Optionen Futures und andere Derivate, 2009, S. 942.
[6] *Reiner,* Derivative Finanzinstrumente, 2002, S. 56.
[7] *Hull,* Optionen Futures und andere Derivate, 2009, S. 232.
[8] *Reiner,* Derivative Finanzinstrumente, 2002, S. 4.

Unternehmens gefährden können.[9] Einschlägige Beispiele stellen Milliardenverluste bei Orange County[10] (1994), der Metallgesellschaft[11] (1994) oder der Société Générale[12] (2008) dar. Die Risiken durch derivative Finanzinstrumente beschränken sich indes nicht auf die Bestandsgefährdung eines einzelnen Unternehmens. So hat die Insolvenz der Investmentbank Lehmann Brothers und die Rettung des Versicherers American International Group (2008/2009) auch gezeigt, dass das geschaffene Netzwerk über sich selbst verstärkende Effekte durchaus in der Lage ist, die globalen Finanzmärkte an den Rande des Kollaps zu führen.[13]

2. Problemstellung

Im Lichte dessen ist es Zielstellung dieser Arbeit, Gestaltungsformen derivativer Finanzinstrumente zu identifizieren, die für die Finanzierung der Unternehmung unzulässig sind. Den Beurteilungsmaßstab dafür bildet eine *risikoorientierte Betrachtungsweise*. Werden diese Finanzinstrumente in der Unternehmensfinanzierung eingesetzt, so können sowohl betriebswirtschaftliche als auch volkswirtschaftliche Risiken entstehen. Diese gilt es in einem ersten Schritt klar zu identifizieren. Im Rahmen dieser Arbeit wird dabei zunächst an die *komplexe Vertragsgestaltung* einzelner Derivatearten angesetzt. Die Fähigkeit der Marktteilnehmer, bewertungsrelevante Information zu den immanenten Risiken zu erlangen, könnte durch die Vertragsgestaltung und deren ökonomischen Wirkung systematisch konterkariert werden. Soweit zutreffend, könnte dies in rechtlicher Konsequenz bewirken, dass die Geschäftsführung eines Unternehmens schon aus gesellschaftsrechtlicher Sicht diese Geschäfte *a priori* nicht abschließen darf. Es würde sich dann weiterhin die interessante Frage stellen, ob nicht auch schon ein Emissionsverbot von Geschäften mit dieser Vertragsgestaltung – etwa zum Funktionsschutz der Kapitalmärkte – zwingend geboten erscheint. Wie noch zu zeigen sein wird, kann dies für Derivate, die von einem Pool aus anderen Derivaten abgeleitet sind, durchaus zutreffen, sodass diese Geschäfte vom Emissionsverbot erfasst werden.

---

[9] Vgl. IAPS 1012.3.

[10] Vgl. *Halstead/Hegde,* Financial Review, Vol. 39, S. 293 ff.

[11] Vgl. *Edwards/Canter,* Journal of Futures Markets, Vol. 15, S. 211 ff.; *Roth,* Ökonomische Analyse des Versicherungsaufsichtsrechts, 2002, S. 121; *Darby,* Advances in International Banking and Finance, Vol. 3, S. 27.

[12] Vgl. Reuters vom 24.01.2008, „SocGen deckt Händlerbetrug auf – 4,9 Mrd. Belastung" (http://de.reuters.com), Abruf am 01.08.2011.

[13] *Sachverständigenrat,* Jahresgutachten, 2008/09, S. 117.

Die Untersuchung beschränkt sich indes nicht auf diese Fragestellungen allein. Denn werden Finanzierungshandlungen des Unternehmens weit verstanden, dann umfassen sie nicht nur die Sicherung risikobehafteter Zahlungsströme aus bestehenden Investitionsprojekten, sondern auch die Anlage freien Kapitals. Da das Unternehmen selbst Teil des wirtschaftlichen Gesamtsystems ist, könnten dann auch negative Effekte durch *Spekulationshandlungen* mit Derivaten – soweit nachweisbar – bei der Ableitung von Grenzen für den Einsatz durch das individuelle Unternehmen relevant sein. An diese – vorwiegend wirtschaftlichen – Fragen schließt sich wiederum die rechtliche Fragestellung an, inwieweit die Geschäftsführung eines Unternehmens bewusst Risiken mit dem Ziel der Gewinnerzielung durch Abschluss eines Derivategeschäfts übernehmen darf. Neben den möglichen zivilrechtlichen Folgen einer Verpflichtung zum Schadensersatz oder gar der rechtlichen Unwirksamkeit des Geschäfts könnte dies auch strafrechtliche Konsequenzen nach sich ziehen. Die erleichterte Übernahme von Risiken durch Beteiligung an derivativen Finanzinstrumenten könnte auch aufsichtsrechtliche Konsequenzen bewirken, etwa wenn diese Geschäfte als Versicherungsgeschäfte oder aber als (Glücks-)Spiel zu qualifizieren wären mit der Folge, dass jeweils gesondertes Aufsichtsrecht anwendbar wäre und sich die Finanzierungsbedingungen wesentlich ändern.

Die einfache Möglichkeit zum Transfer von Risiken durch derivative Finanzinstrumente könnte im Zusammenspiel mit wesentlichen Informationsdefiziten der Marktteilnehmer *systemische Risiken* in den Finanzmärkten forcieren. Soweit nachweisbar, macht auch dieses ökonomische Problem angemessene rechtliche Maßnahmen zum Funktionsschutz der Kapitalmärkte erforderlich. Ist der Funktionsschutz umgekehrt nicht sicher gestellt, so könnte nicht nur die Versorgung mit Kapital durch die Finanzmärkte gestört werden, sondern Unternehmen könnten – sei es direkt durch die Teilnahme an der Finanzierung über die Kapitalmärkte, sei es indirekt über den Ausfall von Finanzintermediären – ihrerseits wiederum in wirtschaftliche Schwierigkeiten geraten, die ihren Bestand gefährden.

3. Gang der Untersuchung

Die Untersuchung erfolgt in vier Schritten. In den nachfolgenden *Rechtstatsachen* (Kapital 1) wird die Vielzahl der Gestaltungsformen derivativer Finanzinstrumente, die wirtschaftliche Wirkungsweise und deren Verbreitung in der Kapitalmarktrealität dargestellt. Der Schwerpunkt wird hier auf neue Vertragsgestaltungen gesetzt, die sich erst in den letzten Jahren an den Kapitalmärkten etablierten. Ziel ist es, die Grundlage für die nachfolgende ökonomische Analyse des Einsatzes in der Unternehmensfinanzierung zu schaffen.

Die Analyse zur *ökonomischen Eignung* derivativer Finanzinstrumente zur Unternehmensfinanzierung erfolgt dann im Kapitel 2. Hier werden die positiven Effekte beim Einsatz von Derivaten sowohl aus betriebswirtschaftlicher, als auch aus volkswirtschaftlicher Perspektive erarbeitet. Dem wird eine umfassende Analyse negativer Effekte gegenüber gestellt. Hier werden die aufgezeigten Problemkreise der Arbeit – die komplexe Vertragsgestaltung, die (spekulative) Übernahme von Risiken und die Forcierung systemischer Risiken in den Finanzmärkten – beim Einsatz derivativer Finanzinstrumente in der Unternehmung aus wirtschaftlicher Sicht eingehend untersucht.

Daran knüpft die Analyse zur *rechtlichen Eignung* dieser Finanzinstrumente im Kapitel 3 an. Es wird zunächst das aufsichtsrechtliche Umfeld thematisiert. Inwieweit sind derivative Finanzinstrumente als Versicherungsgeschäfte zu qualifizieren, sodass in der Folge Versicherungsaufsichtsrecht anwendbar ist? Anschließend werden gesellschaftsrechtliche Grenzen des Derivateeinsatzes abgeleitet. So wird gezeigt, wann die Geschäftsführung eines Unternehmens beim Einsatz von Derivaten den in der Satzung der Gesellschaft festgesetzten Unternehmensgegenstand überschreitet. Zudem werden die Grenzen für den unternehmerischen Derivateeinsatz aus den Sorgfaltspflichten der Geschäftsführung identifiziert. Es folgt eine Analyse der Grenzen des Derivateeinsatzes aus dem Kapitalmarktrecht: Inwieweit verletzen einzelne Derivate essentielle Voraussetzungen für die Teilnahme an den Finanzmärkten, die das Kapitalmarktrecht sichern will? Dabei wird – wie schon bei den Sorgfaltspflichten der Geschäftsführung – insbesondere der für einige Derivate problematische Zugang der Marktteilnehmer zur bewertungsrelevanten Information als normatives Kriterium im Zentrum der Analyse stehen. Soweit schon *de lege lata* im Kapitalmarktrecht effektiv gewährleistet, könnten die bestehenden Maßnahmen zur Minderung systemischer Risiken ergänzt werden.

Abschließend werden in Kapitel 4 die Kernaussagen aus dem ökonomischen und rechtlichen Teil der Arbeit kombiniert und thesenhaft festgehalten.

Kapitel 1

Derivate und Terminmärkte

A. Allgemeiner Teil

Derivative Finanzinstrumente sind keine neue Erscheinung. Bereits im 17. Jahrhundert wurden preisfixierende Vertragsgestaltungen genutzt, um Geschäfte mit landwirtschaftlichen Produkten gegen künftige Preisänderungen zu sichern.[1] Mit dem Zusammenbruch des Bretton-Woods-Systems zu Beginn der 1970er Jahre und den darauf folgenden Ölpreis-Schocks stieg der Bedarf zur Absicherung internationaler Handelsgeschäfte. Zugleich konnte auf Grundlage des Black-Scholes-Modells[2] (1973) die anspruchsvolle Bewertung derivativer Finanzinstrumente erheblich verbessert werden.[3] Es folgte ein wachsendes Interesse an Finanzinnovationen, die neue Risiken beherrschbar machten. Swapgeschäfte waren die große Finanzinnovation der 1980er Jahre.[4] Dabei ging es zunehmend nicht mehr nur um eine Absicherung, sondern um ein aktives Risikomanagement.[5] In den letzten Jahren war die Entwicklung durch drei Tendenzen geprägt: Die zunehmende Verbriefung, die ständige Erweiterung der zugrunde liegenden Basiswerte sowie die Kombination verschiedener Derivate, die sich bis heute fortsetzt.[6]

I. Grundidee derivativer Finanzinstrumente

Aus wirtschaftlicher Sicht repräsentieren derivative Finanzinstrumente Zahlungsströme, deren künftige Erträge stochastisch bedingt sind und auf den Barwert diskontiert werden.[7] Die dem Basiswert anhaftende Marktrisiken

---

[1] *Fridson,* Extraordinary Popular Delusions, 1996, S. 181 (Mit einem Druck des Klassikers von De la Vega, Confusion of Confusions, 1688, der seinerseits den Begriff der „time bargains“ nutzt).

[2] *Black/Scholes,* Journal of Political Economy, Vol. 81, S. 637 ff.; *Merton,* Bell Journal of Economics and Management Science, Vol. 4, S. 141 ff.

[3] Die Unsicherheit über die Preisbildung bei Optionen drückte sich vor bekannt werden des Black-Scholes-Modells in breiten Margen für Brief- und Geldkurse aus, welche einen liquiden Handel behinderte.

[4] *Benzler,* Nettingvereinbarungen, 1999, S. 32; *Hull,* Optionen Futures und andere Derivate, 2009, S. 194.

[5] *Niemann,* WM 2003, 777 ff. (Für den deutschen Kapitalmarkt).

[6] *Pohl,* WM 1995, 957 ff.; *Reiner,* Derivative Finanzinstrumente, 2002, S. 1.

[7] *Winter,* Derivative Finanzinstrumente der dritten Generation, 1995, S. 213.

werden durch Vertragsgestaltung in das Derivat implementiert und können somit *separat gehandelt* werden.[8] Der Basiswert selbst muss dabei nicht erworben werden. Derivate ermöglichen deshalb das Auseinanderfallen von dinglicher Inhaberschaft und Partizipation an den Marktrisiken des Basiswertes. Dies gewährt zugleich ein erhebliches Maß an *Gestaltungsfreiheit*. Über die Vertragsgestaltung des Derivates lässt sich die Partizipation an der Marktentwicklung des Basiswertes nahezu beliebig abwandeln.[9] Damit lassen sich Marktpreisrisiken gezielt steuern. Derivate stellen so Mechanismen bereit, um die Ertrags- und Risikostruktur eines Portfolios gezielt zu gestalten und ermöglichen es, in jeder Marktphase und bei jeder Erwartung optimal aufgestellt zu sein.

II. Systematisierung

1. Nach dem Vertragsinhalt

a) Unbedingte Geschäfte

Nach dem Vertragsinhalt lassen sich Derivate hinsichtlich der Bedingtheit ihrer Erfüllungsverpflichtung[10] in bedingte und unbedingte Geschäfte unterteilen. Bei unbedingten Geschäften müssen die Vertragsparteien die Hauptleistungspflichten in jedem Fall erbringen. Beispiele sind außerbörslich gehandelte Festgeschäfte (*Forwards*), börsengehandelte Festgeschäfte (*Futures*) und Swapgeschäfte. Kennzeichnend für unbedingte Derivategeschäfte ist ein *symmetrisches Risikoprofil*: Die Gewinnchance der einen entspricht dem Verlustrisiko der jeweils anderen Partei. Nomineller Gewinn und Verlust zwischen den Parteien stehen sich am Ende spiegelbildlich gegenüber.

b) Bedingte Geschäfte

Bei bedingten Derivategeschäften hingegen hängt die Erfüllungspflicht der einen Partei (*Stillhalter*) von der Ausübung eines Wahlrechts der anderen Partei (*Long-Position*) ab. Die Long-Partei kann also Erfüllung verlangen, muss es aber nicht. Das Wahlrecht hat dann die Qualität einer Potestativbedingung. Das klassische Beispiel für bedingte Derivate ist das Optionsgeschäft. Der Optionskäufer wird Erfüllung nur dann verlangen, wenn diese für ihn wirtschaftlich werthaltig ist. Aufgrund der Implementierung des Wahlrechts

---

[8] *Scherer*, Corporate Finance Law, 2010, S. 93.

[9] So kann die Partizipation am Marktpreismechanismus zum Beispiel abgeschwächt, verstärkt (Hebeleffekt) oder umgekehrt werden.

[10] Erfüllungshandlung kann – je nach Vertragsgestaltung – die Lieferung des Basiswertes selbst (Physical Delivery) oder die Zahlung eines Barausgleiches (Cash Settlement) sein, dessen Höhe sich nach dem Preis oder Maß des Underlyings am Fälligkeitstermin richtet.

sind bedingte Derivategeschäfte durch ein *asymmetrisches Risikoprofil* gekennzeichnet: So ist das Verlustrisiko des Optionskäufers auf die Höhe der Optionsprämie begrenzt, während der Stillhalter ein theoretisch unbegrenztes Verlustrisiko übernimmt.

2. Nach der Handelsmotivation

a) Absicherung

Marktakteure können Positionen am Terminmarkt eingehen, die negativ mit offenen Kassapositionen korrelieren. Durch diese Kombination lässt sich das Marktrisiko der Kassaposition reduzieren oder ganz ausschalten (Perfekter Hedge[11]). Soll ein Einzelgeschäft abgesichert werden, spricht man von einem Mikro-Hedge.[12] Beim Makro-Hedge soll das Risiko eines ganzen Portfolios (im Extremfall: aller Investitionsprojekte eines eines Unternehmens) zielgerichtet reduziert werden.[13] Aufgrund der oft imperfekten Korrelation von Portfolio und Underlying ist ein perfekter Hedge oft nicht möglich. Es verbleibt damit ein Restrisiko.

b) Spekulation

Als Spekulation (Trading) wird die bewusste und gewollte Übernahme eines Marktrisikos in Erwartung einer vorteilhaften Wertentwicklung der gehaltenen Position bezeichnet, ohne dass eine Grundposition gesichert werden soll.[14] Dazu eignen sich einige (aber nicht alle) Derivate aufgrund zweier kennzeichnender Eigenschaften im Besonderen:[15] Als Effekt aus der Ableitung vom Basiswert können sie mit geringem Kapitaleinsatz[16] erworben werden. Zudem wohnt ihnen ein konstruktionstechnisch bedingter Hebeleffekt inne (*Leverage-Effekt*). Inhaber können so im Vergleich zur Direktinvestition in den Basiswert bei nominell gleichem Anlagebetrag überproportional stark an Kurssteigerungen und Kursverlusten des Basiswertes partizipieren. Der Zeithorizont für ein Engagement in spekulative Positionen kann bisweilen differieren. In der Praxis ist eine Positionierung von wenigen Sekunden oder

[11] *Büschgen,* Bankbetriebslehre, 1998, S. 467.

[12] *Ekkenga,* Anlegerschutz, 1998, S. 340.

[13] *Schlag,* Derivate, 2006, S. 1226.

[14] *Mengle,* ISDA Research Notes, 2/2010, S. 2.

[15] *Casper,* Der Optionsvertrag, 2005, S. 19.

[16] Dies wird bei Optionsscheinen (verbriefte Optionen) technisch durch die Implementierung eines Bezugsverhältnisses erreicht. So sind beim häufigen Bezugsverhältnis von 100:1 einhundert Optionsscheine notwendig, um am Fälligkeitstermin eine Einheit des Basiswertes zu erwerben; vgl. auch *Casper,* Der Optionsvertrag, 2005, S. 328.

Minuten (Scalp-Trading[17]) über einige Stunden (Day-Trading[18]) bis hin zu Tagen, Wochen und Monaten (Position-Trading[19]) üblich.

c) Arbitrage

Arbitrage beschreibt eine Handelsstrategie, mittels der aufgrund Bewertungsdivergenzen von Finanzinstrumenten auf verschiedenen Märkten Erträge ohne zusätzliches Marktrisiko[20] erzielt werden können.[21] Eine zeitliche Arbitrage liegt bei Ausnutzen von Preisdifferenzen zwischen Termin- und Kassamarkt vor.[22] Das Ausnutzen von Preisunterschieden an verschiedenen Orten durch Marktsegmentierungen wird als räumliche Arbitrage bezeichnet.[23] Voraussetzung zur Arbitrage ist stets eine überlegene Marktkenntnis, ein direkter Marktzugang sowie Zugang zu einem reaktionsschnellen Handelssystem. Arbitragemöglichkeiten werden jedoch nur dann genutzt, wenn der Kassapreis des Basiswertes zuzüglich der Transaktionskosten unter dem realisierten Terminpreis bleibt. Diese Wertdifferenz stellt den Arbitragegewinn dar.[24]

3. Nach dem Handelsort

a) Börsenhandel

Börsengehandelte Derivate (z.B. Futures) weisen einen *hohen Standardisierungsgrad* auf, um fungibel zu sein. Zudem wird der Börsenhandel stark reguliert. So verlangen Terminbörsen beim Handel mit Futures Sicherheitszah-

---

[17] *CFTC,* Interim Report on Crude Oil, 2008, S. 18; Scalp-Trader versuchen sich dort zu positionieren, wo es ihrer Erwartung nach zu schnellen, kleinen Kursbewegungen kommt. Sie kaufen in mitunter großer Zahl Terminkontrakte für nur sehr kurze Zeiträume und versuchen sogar kleinste Kursdifferenzen (bis zu 1 „tick") zu nutzen. Technisch erfolgt dies i.d.R. durch Einsatz computergestützter Handelssysteme.

[18] Day-Trader sind ebenfalls kurzfristig orientierte Spekulanten, die ihre Positionen i.d.R. binnen eines Tages eingehen und wieder schließen.

[19] Position-Trader spekulieren auf längerfristige „Trends", von denen sie mittels gewöhnlicher Long- oder Shortpositionen profitieren. Hier sind Chancen und Risiken pro Kontrakt höher als bei den Kurzzeitstrategien. Dagegen fallen die Transaktionskosten weniger ins Gewicht.

[20] Gemeint ist, dass für Arbitrageure übliche Parameter wie die individuelle Risikoneigung, erwartete Renditen oder Zeitpräferenzen fast immer ohne Belang sind. In der Praxis vollziehen sich die Einzeltransaktionen jedoch nicht zeitlich simultan. Zwischen Kenntniserlangung von der Arbitragemöglichkeit und deren Umsetzung klafft eine zeitliche Lücke. Dadurch ist der Betrag erwarteter Arbitragegewinne in der Praxis oft auch unsicher. Arbitrage kann damit als Spekulation auf die Konstanz der Preisunterschiede zwischen Kenntniserlangung von der Arbitragemöglichkeit und Settlement verstanden werden.

[21] *Hull,* Optionen Futures und andere Derivate, 2009, S. 38.

[22] *Partnoy,* Journal of Corporation Law, Vol. 22, S. 226.

[23] *Das,* Swaps and Derivatives Financing, 1993, S. 143 (mit zahlreichen Beispielen).

[24] *Kruschwitz,* Finanzierung und Investition, 1999, S. 40.

lungen (*Margin*). Sie sollen die Glattstellungskosten bis zum nächsten Börsenhandelstag sichern. Zugleich treten die Clearingstellen als Vertragspartner für jedes Geschäft an der Terminbörse ein.[25] Damit soll eine sichere Erfüllung aller Kontrakte gewährleistet werden. Die weltweit wichtigsten Terminbörsen sind das Chicargo Board of Trade (CBOT), die Chicargo Mercantile Exchange (CME), die New York Mercantile Exchange (NYMEX) und die European Exchanges (EUREX). Im Dezember 2010 betrug das Handelsvolumen an den Terminbörsen nominal 68 Bio. USD,[26] ein Rückgang gegenüber Juni 2007 i.H.v. 27,1 Bio. USD.[27]

b) Bilateraler Handel

Im OTC-Handel finden die Vertragsschlüsse bilateral und direkt zwischen den Vertragsparteien statt. Die hier gehandelten Kontrakte sind in der Vertragspraxis nur durch die zugrunde liegenden Rahmenverträge standardisiert.[28] Auch die Abwicklung (*Settlement*) wird bisweilen oft noch bilateral durchgeführt,[29] soll künftig aber vermehrt über zentrale Gegenparteien erfolgen. Gleichwohl können auch börsengehandelte Derivate OTC gehandelt werden. Dies nutzen Marktteilnehmer beispielsweise, um Transaktionskosten zu sparen. Bei den hier verwendeten elektronischen Handelssystemen fallen regelmäßig geringere Nutzungsgebühren als bei Börsen an. Zudem werden die Transaktionen nicht offen gelegt, da ein Orderbuch wie an den Börsen nicht existiert. Für den Dezember 2010 betrug das aggregierte Nominalvolumen der außerbörslichen Finanzderivate 601 Bio. USD. Damit werden ca. 89% aller Derivate bilateral gehandelt.[30]

4. Nach dem Erfüllungszeitpunkt

a) Kassageschäfte

Kassageschäfte (*Spot Deals*) stellen regelmäßig Handelskäufe dar (§§373, 381 HGB).[31] Sie sind mangels vereinbarten Erfüllungsaufschub Zug-um-Zug (§§271, 320 BGB) zu erfüllen. Dabei ist eine Frist für die Abwicklung von

---

[25] *Zimmer/Fuchs,* ZGR 2010, 597, (649).

[26] *BIS,* Quaterly Review, 06/2011, S: A131 ff.

[27] Vgl. *BIS,* Triennial Central Bank Survey, 2010, S. 13 (Für Juni 2007 wurden demnach noch Derivate mit ausstehenden Nominalbeträgen i.H.v. 95,1 Bio. USD ermittelt, während es im Juni 2010 lediglich ca. 75,5 Bio. USD waren).

[28] *Benzler,* Nettingvereinbarungen, 1999, S. 48.

[29] *Hull,* Optionen Futures und andere Derivate, 2009, S. 25.

[30] Eigene Berechnung nach ausstehenden Nominalvolumen auf der Grundlage von *BIS,* Quaterly Review, 06/2011, S. A131 ff. (Dezember 2010; OTC-Märkte: 601 Bio. USD; Terminbörsenhandel: 68 Bio. USD).

[31] *Kümpel,* BKR, 2004, Rn. 15.7.

zwei Handelstagen üblich.[32] Deshalb fallen die Abschlüsse von Verpflichtungs- und Verfügungsgeschäft hier zeitlich weitestgehend zusammen.[33] Für diese Geschäfte gilt entsprechend der Kassakurs.

b) Termingeschäfte

Geschäfte in Finanzderivate sind Termingeschäfte.[34] Als Termingeschäft gilt in der Praxis jeder Vertrag, der eine Erfüllung zu einem zukünftigen Zeitpunkt und zu einem bereits heute fest gesetzten Preis vorsieht.[35] Kennzeichen eines Termingeschäfts ist damit die Zukunftsbezogenheit zumindest einer Vertragsleistung. Teilweise werden Termingeschäfte auch negativ ab gegrenzt: Termingeschäfte seinen danach alle Geschäfte, die nicht an Kassamärkten gehandelt werden.[36]

III. Risiken derivativer Finanzinstrumente

Das Zahlungsprofil derivativer Finanzinstrumente ist mit stochastischer Unsicherheit behaftet. Dabei wird die Unsicherheit über den zukünftigen Eintritt von Nachteilen als Risiko bezeichnet.[37] Dieses resultiert aus einem Informationsmangel ex ante. Im Folgenden sollen die spezifischen Risiken derivativer Finanzinstrumente dargestellt werden.[38]

1. Marktrisiko

Das Marktrisiko bezeichnet die stochastische Unsicherheit über den beizulegenden Zeitwert der Derivateposition.[39] Ausdruck findet das Marktrisiko in der Schwankungsbreite des Positionswerts[40] (Volatilität). Da Derivate von einem Basiswert abgeleitet sind, hängt das Marktrisiko des Basiswertes und

---

[32] Vgl. die vereinheitlichten Bedingungen für Geschäfte an deutschen Wertpapierbörsen (Börsenusancen). Diese handelsübliche Erfüllungsfrist stellt jedoch keinen vertraglich vereinbarten, hinausgeschobenen Erfüllungszeitpunkt dar, vgl. *Kümpel,* BKR, 2004, Rn. 15.7.

[33] *Alsheimer,* Rechtsnatur derivativer Finanzinstrumente, 2000, S. 70.

[34] Vgl. *Clouth,* Rechtsfragen der außerbörslichen Finanz-Derivate, 2001, S. 1; So auch der deutsche Gesetzgeber in §1 XI S. 3 KWG: „Derivate sind 1. als Kauf, Tausch oder anderweitig ausgestaltete Festgeschäfte oder Optionsgeschäfte, die zeitlich verzögert zu erfüllen sind und deren Wert sich unmittelbar oder mittelbar vom Preis oder Maß eines Basiswertes ableitet (Termingeschäfte) mit Bezug auf folgende Basiswerte"; Vgl. ausführlich S. 202 ff.

[35] *Grünberger,* Termin-, Options- und Swapgeschäfte, 2003, S. 34.

[36] *Langreiter,* Außerbörsliche Finanzderivate, 2006, S. 9.

[37] *Reiner,* Derivative Finanzinstrumente, 2002, S. 37.

[38] Vgl. IAPS 1012.21 ff.

[39] IAPS 1012.21a („Market Risk [...] relates broadly to economic losses due to adverse changes in the fair value of the derivative."); IFRS 7, Anhang A (Marktrisiko sei „das Risiko, dass sich der beizulegende Zeitwert oder die zukünftigen Zahlungsströme eines Finanzinstruments aufgrund von Schwankungen der Marktpreise verändern").

[40] *Benzler,* Nettingvereinbarungen, 1999, S. 51.

der Derivateposition zusammen. Der Art[41] nach handelt es sich dabei um exakt dieselben Marktrisiken.[42] Auch dem Ausmaß nach erzeugen Derivate keine Risiken, die in gleicher Weise nicht schon an den Kapitalmärkten existieren würden. Erst im direkten Vergleich zwischen Derivat und Basiswert ergeben sich Risikounterschiede, die Resultat der Vertragsgestaltung des Derivats sind.

So kann der Derivatevertrag so ausgestaltet sein, dass der Marktpreis des Derivats überproportional stark an Preisveränderungen des Basiswertes partizipiert. Dieser Hebeleffekt wird erst durch die Trennung zwischen dinglicher Inhaberschaft am Basiswertes und der Partizipation an dessen Markrisiken ermöglicht. Im Ergebnis kann dann mit weniger Kapitaleinsatz eine – der Investition in den Basiswert äquivalente – Wirkung erzielt werden.[43] Der Hebeleffekt haftet jedoch nicht allen Arten derivativer Finanzinstrumente per se an. Da illiquide Basiswerte wie Wetterzustände oder Kreditrisiken selbst nicht gehandelt werden, existiert für diese Basiswerte auch kein Vergleichsmaßstab, sodass die Bezeichnung Hebeleffekt nicht überzeugend erscheint.[44]

2. Gegenparteirisiko

Das Gegenparteirisiko bezeichnet die Unsicherheit darüber, dass die Vertragsgegenseite die vereinbarte Leistung nicht erbringen kann.[45] Dies geht regelmäßig mit außerplanmäßigen Wertberichtigungen einher. Dieses Risiko ist für Kreditinstitute die bedeutendste Risikoart. Das Gegenparteirisiko hängt zwar nicht ausschließlich, aber *zumindest auch* vom Marktrisiko des Derivats ab, da die Marktentwicklung die Höhe der realisierbaren Forderung mitbestimmt.[46] Es stellt damit eine Funktion des Marktrisikos dar.[47] Das Gegenparteirisiko lässt sich in Vorleistungs- und Abwicklungsrisiko unterteilen. Fällt

---

[41] Zinsrisiko, Rohstoffpreisrisiko, Währungsrisiko, Konjunkturrisiko usw.

[42] Vgl. Mario Monti, Antwort v. 2.5.1995 im Namen der EU-Kommission auf die Anfrage der EP-Abgeordneten Randzio-Plath vom 28.3.1995 (Abl. C 270 v. 16.10.1995, S. 13) (Derivative Instrumente unterlägen „grundsätzlich den gleichen Risiken“ [gemeint ist: der Art nach] wie den Instrumenten, von denen sie abgeleitet seien); so *Reiner,* Derivative Finanzinstrumente, 2002, S. 38 Fn. 148.

[43] Beispiel: Ein fünffacher Hebel eines Optionsscheins besagt, dass nur ein Fünftel des Kapitals in den Optionsschein selbst investiert werden muss, um an den Kursbewegungen des Basiswertes in einer Zeiteinheit in gleichem Umfang zu partizipieren, als würde man in den Basiswert selbst investieren.

[44] Bei Kreditrisiken kann ein Hebel zwar durch eine stärkere Fremdfinanzierung (bzw. geringe Eigenkapitalquote) erreicht werden. Dieser Hebel ist dann jedoch nicht der Derivateposition selbst immanent, sondern wird über den Basiswert indirekt auf dieses übertragen.

[45] IFRS 7, Anhang A („Gefahr, dass ein Vertragspartner […] bei dem anderen Partner finanzielle Verluste verursacht, da er seinen Verpflichtungen nicht nachkommt“); *Benzler,* Nettingvereinbarungen, 1999, S. 52.

[46] *Ekkenga,* Anlegerschutz, 1998, S. 319; IAPS 1012.21b.

[47] *Benzler,* Nettingvereinbarungen, 1999, S. 53.

der Vertragspartner mit seiner Leistung aus, obwohl die eigene Leistung bereits erbracht wurde, so realisiert sich das Vorleistungsrisiko. Für Derivate wird dies vorwiegend beim Kauf einer Option (Long-Position) relevant. Das Abwicklungsrisiko hingegen spielt eine ungleich gewichtigere Rolle. Dies ist das Risiko, dass der Vertragspartner die geschuldete Leistung (Physische Lieferung oder Barausgleich) am Fälligkeitstermin nicht erbringen kann. Mit Ausnahme der Stillhalterposition bei Optionsgeschäften haftet dieses Risiko allen Derivategeschäften an.[48] Daher sind diese Geschäfte gem. §19 Abs. 1 KWG auch als Kredite zu qualifizieren.

In der Praxis wird versucht, das Gegenparteirisiko durch verschiedene Gestaltungsformen zu mindern oder ganz aus zuschalten. So entsprechen Nettingbreden verbreiteter Vertragspraxis in den OTC-Märkten.[49] Netting ist die „gesetzlich (ex lege) oder vertraglich (konsensual) bedingte Verrechnung von wechselseitigen Forderungen und Verbindlichkeiten zwischen zwei Parteien (bilaterales Netting) oder unter mehreren Teilnehmern eines Verrechnungssystems (multilaterales Netting) derart, dass nur eine einzelne Netto-Position als Forderung verbleibt“.[50] Technisch erfordert dies allerdings die Gleichartigkeit der Forderungen. Netting scheidet daher aus, wenn eine Partei eine Geldleistung, die andere Partei hingegen die Beschaffung des Underlyings schuldet.[51]

Eine zweite Möglichkeit zur Verringerung des Gegenparteirisikos ist die Vereinbarung von Sicherheiten. Im Börsenhandel sind für die Teilnahme an Futuregeschäften sog. *Margins* bei der Clearingstelle der Börse zu hinterlegen[52] (*Initial Margin*). Diese Sicherheitszahlung wird dann täglich an die Gewinne und Verluste der Futureposition angepasst (*Variation Margin*). Dadurch wird das Gegenparteirisiko auf die Höhe der täglichen Gewinne und Verluste des Partners begrenzt. Auch im OTC-Handel bedient man sich der Vereinbarung von Sicherheitszahlungen (*Collaterals*). Die International Swaps and Derivatives Association (ISDA) schätzt, dass das Volumen der ausgehandelten Collateralvereinbarungen im Rahmen von OTC-Derivaten von 2007 bis 2008 insgesamt von 1,3 Mrd. UDS auf 2,1 Mrd. USD gestiegen ist, ein Anstieg von 60%.[53] Bis 2009 stieg der Gesamtwert um weitere 86% auf 4,0 Mrd. USD. Als Sicherheiten werden in der Praxis Geldbeträge oder

---

48 *Reiner,* Derivative Finanzinstrumente, 2002, S. 45.

49 *Reiner,* Derivative Finanzinstrumente, 2002, S. 46.

50 *Zimmer/Fuchs,* ZGR 2010, 597, (616) (Die Autoren weisen auch darauf hin, dass Netting als gesetzlich oder vertraglich vereinbare Verrechnung von der Aufrechnung i.S.d. §§ 387 ff. BGB zu unterscheiden sei, da diese lediglich eine einseitige Gestaltungserklärung bedinge).

51 *Benzler,* Nettingvereinbarungen, 1999, S. 67.

52 *Zimmer/Fuchs,* ZGR 2010, 597, (648).

53 *ISDA,* Margin Survey, 2008, S. 3.

Staatspapiere verwendet. In 80% der der ISDA tatsächlich gemeldeten Fälle wurden dabei Cash Collaterals verwendet, überwiegend in USD.[54]

Eine weitere Möglichkeit zur Minderung des Gegenparteirisikos ist die *Abwicklung über zentrale Gegenparteien.* Dabei schließen die Marktteilnehmer die Derivateverträge nicht direkt miteinander, sondern ein zentrales Rechtssubjekt tritt stets als Gegenpartei auf. Indem dieses zentrale Rechtssubjekt die Ausfallrisiken einer Vielzahl von Marktteilnehmern zugleich trägt, wird ein risikomindernder *Diversifikationseffekt* realisiert. Die Marktteilnehmer tragen dabei lediglich das Gegenparteirisiko der zentralen Gegenpartei. Obgleich so eine gewisse Vergemeinschaftung der Risiken erfolgt, stellt die Abwicklung derivativer Finanzinstrumente über eine zentrale Gegenparteien i.d.R. eine effektive Methode zur Minderung der Gegenparteirisiken dar.[55]

3. Liquiditätsrisiko

Aus dem Marktrisiko folgt das Liquiditätsrisiko. Dies umfasst die Gefahr, eigenen Zahlungsverpflichtungen zum vereinbarten Zeitpunkt nicht nachkommen zu können.[56] Dieses Risiko besteht verstärkt bei Derivaten, die Sicherungsleistungen als Vertragsbestandteil selbst voraussetzen[57] oder bei denen Handelsbräuche oder Marktzutrittsvoraussetzungen in Form der regelmäßigen Leistung von Sicherheiten liegen (*Collaterals* bzw. *Margins*). Verlangt eine Partei aufgrund günstiger Marktentwicklungen Nachschusszahlungen auf die Sicherheitsleistung, so kann der Handelspartner in Zahlungsschwierigkeiten kommen.[58] In der Praxis ist das Liquiditätsrisiko jedoch auf die Höhe der täglichen Gewinne und Verluste begrenzt ist. Dann besteht eine Wechselwirkung zwischen Liquiditätsrisiko und Gegenparteirisiko.

4. Operationelles Risiko und Modellrisiko

Die Einflussfaktoren aus die Risiko- und Preisbildung von derivativen Finanzinstrumenten sind vielschichtig und daher komplex. Daraus ergibt sich a priori eine erschwerte Erfass- und Kontrollierbarkeit der Risikolage.[59] Dieser Umstand wird als *operationelles Risiko* bezeichnet und umfasst „die Gefahr von Verlusten, die infolge der Unangemessenheit oder des Versagens von internen Verfahren und Systemen, Menschen oder infolge externer Ereignisse eintreten" (§ 269 Abs. 1 S. 1 SolvV). Derivatespezifisch resultieren operationelle Risiken aus der Ableitung von einem oder mehreren Basiswerten sowie

---

[54] *ISDA,* Margin Survey, 2008, S. 4.
[55] *Pirrong,* Working Paper, 2011, S. 9.
[56] *Lorenz/Knobloch/Heinzel,* Modernes Risikomanagement, 2002, S. 19.
[57] *Reiner,* Derivative Finanzinstrumente, 2002, S. 37.
[58] *Benzler,* Nettingvereinbarungen, 1999, S. 68.
[59] *Benzler,* Nettingvereinbarungen, 1999, S. 70.

aus der fungiblen Gestaltung: Wenn Derivate es ermöglichen, die dingliche Inhaberschaft am Basiswert nicht erforderlich werden zu lassen, um an dessen Marktrisiken zu partizipieren, dann werden Risiken leicht transferier- und modifizierbar. Durch die Weitergabe der Risiken werden diese von der besser informierten Risikoquelle an schlechter informierte Marktteilnehmer übertragen. Neben dieser Komplexitätssteigerung durch asymmetrische Information wird der Einfluss der Risiken aus dem Basiswert auf das Derivat durch Vertragsgestaltung modifiziert und dadurch die Einflussfaktoren auf Preis- und Risikobildung des Derivates erweitert. Eine Teilmenge des operationellen Risikos stellt das *Modellrisiko* dar.[60] Die der Investitionsentscheidung zugrunde gelegten technischen Modelle für die Preis- oder Risikobemessung können Fehler enthalten und in der Kapitalmarktrealität zu unbrauchbaren Ergebnissen führen.[61] So können in Phasen hoher Volatilität des Basiswertes einer Option die Preisvorhersagen nach dem Black-Scholes-Model in der Realität unzutreffend sein. Es kann – empirisch nachweisbar[62] – zu fehlbewerteten Preisen oder Hedgefehlern kommen.

B. Besonderer Teil

I. Grundformen derivativer Finanzinstrumente

1. Festgeschäfte

Beim Festgeschäft verspricht der Verkäufer bindend, zum Fälligkeitszeitpunkt den Basiswert zu liefern (*Physical Settlement*) oder einen Barausgleich i.H.d. dann aktuellen Marktpreises des Basiswertes zu zahlen (*Cash Settlement*). Der Käufer dagegen hat zum Fälligkeitszeitpunkt eine vertraglich fixierte (feste) Zahlung zu leisten.[63]

a) Kennzeichnende Eigenschaften

Der Preis des Festgeschäfts bestimmt sich aus drei wesentlichen Einflussfaktoren: dem aktuellen Marktpreis des Underlyings, den Bestandhaltungskosten und sonstigen Einflüssen wie Marktliquidität oder subjektive Erwartungen der Marktteilnehmer. Die Marktpreisabhängigkeit wird erreicht, indem der Verkäufer die vereinbarte Menge des Basiswertes zum Fälligkeitszeitpunkt beschaffen muss. Überdies ist Sorge zu tragen, dass der Basiswert zum Fällig-

---

[60] Vgl. *Reiner,* Derivative Finanzinstrumente, 2002, S. 49.

[61] IAPS 1012.27 („Model risk is the risk associated with the imperfections and subjectivity of [...] models and their related assumptions").

[62] vgl. *Aussenegg/Grünbichler,* Finanzmarkt und Portfolio-Management, 1992, 61, (72); *De Boyrie/Pak,* Review of Quantitative Finance and Accounting, 2004, 299, (310).

[63] *Lehmann,* Finanzinstrumente, 2009, S. 100.

keitstermin auch in der vereinbarten Qualität verfügbar ist. Die dafür anfallenden Kosten (*Bestandhaltungskosten*) setzen sich maßgeblich aus den aktuellen Zinssatz, den Versicherungskosten und den Lagerhaltungskosten für den Basiswert zusammen.[64] Die Bestandhaltungskosten werden über die Laufzeit anteilig abgezogen, sodass der Terminpreis zum Fälligkeitstermin mit dem Kassapreis überein stimmt.

Zum Beispiel: Beträgt der Goldpreis heute 800 USD/Feinunze und möchte ein Marktteilnehmer sich diesen Preis zum Fälligkeitstermin in einem Jahr sichern, so kann er ein Festgeschäft abschließen. Beträgt der aktuelle Marktzins 5%, die Versicherungskosten für eine Feinunze 5 Euro und die Lagerhaltungskosten 2 Euro für ein Jahr, so ergeben sich Bestandhaltungskosten von insgesamt 47 Euro. (40 Euro + 5 Euro + 2 Euro) Der Terminpreis für eine Feinunze Gold in einem Jahr beträgt dann heute insgesamt 847 Euro, sofern man sonstige Einflüsse vernachlässigt.

Allgemein ist für Festgeschäfte zunächst das zeitliche Auseinanderfallen von Verpflichtungs- und Erfüllungsgeschäft kennzeichnend. Dies muss – in Abgrenzung zu den Kassageschäften – ein zeitliches Auseinanderfallen von mindestens drei Börsenhandelstagen umfassen.[65] Der hinausgeschobene Erfüllungszeitpunkt muss dabei von Anfang an vereinbart sein. Eine nachträgliche Vereinbarung würde eine bloße Stundung darstellen. Festgeschäfte haben deshalb zumindest in der Grundform ohne Barausgleich einen rechtlichen Charakter als relatives Fixgeschäft.[66] Die Vertragsparteien geben dem Leistungszeitpunkt eine derart wesentliche Bedeutung, dass mit der rechtzeitigen Leistung das Geschäft stehen und fallen soll.[67] Kennzeichnend ist auch, dass die Erfüllungsverpflichtung selbst unbedingt ist. Sie hängt nicht vom Wahlrecht der anderen Partei ab. Deshalb steht von Anfang an fest, dass die Vertragsleistung erbracht werden muss. Für Festgeschäfte ergibt sich deshalb ein *symmetrisches Risikoprofil*.[68]

b) Kurssicherung durch Abschluss von Festgeschäften

Aus diesen ökonomischen Eigenschaften lässt sich ersehen, dass sich Festgeschäfte zunächst zur Spekulation eignen: Ist – wie bei manchen Forwardgeschäften – keine Sicherheitsleistung erforderlich, so lässt sich an einer Kurs-

---

[64] *Hull,* Optionen Futures und andere Derivate, 2009, S. 159.

[65] Siehe: Vereinheitlichte Bedingungen für Geschäfte an deutschen Wertpapierbörsen (Börsenusancen); Die handelsübliche Erfüllungsfrist bei Kassageschäften von zwei Tagen stellt noch keinen vertraglich vereinbarten, hinausgeschobenen Erfüllungszeitpunkt dar, vgl. *Kümpel,* BKR, 2004, Rn. 15.7.

[66] RGZ 108, 158; BGHZ 92, 317, (321) (Der häufig als Merkmal für das Börsentermingeschäft geforderte relative Fixcharakter des Geschäfts habe die Grundform des Börsentermingeschäfts, das sogenannte Festgeschäft, im Auge).

[67] Allgemein zum Fixgeschäft: BGHZ 110, 88, (96).

[68] *Roth,* Ökonomische Analyse des Versicherungsaufsichtsrechts, 2002, S. 81; *Reiner,* Derivative Finanzinstrumente, 2002, S. 13.

entwicklung partizipieren, obwohl zunächst *kein* Kapital aufgebracht wurde. Ist hingegen eine Sicherheitsleistung erforderlich, so beträgt diese jedoch nur einen Bruchteil des tatsächlichen Kontraktwertes. Dieser hohe Hebel macht Festgeschäfte für Spekulanten attraktiv.

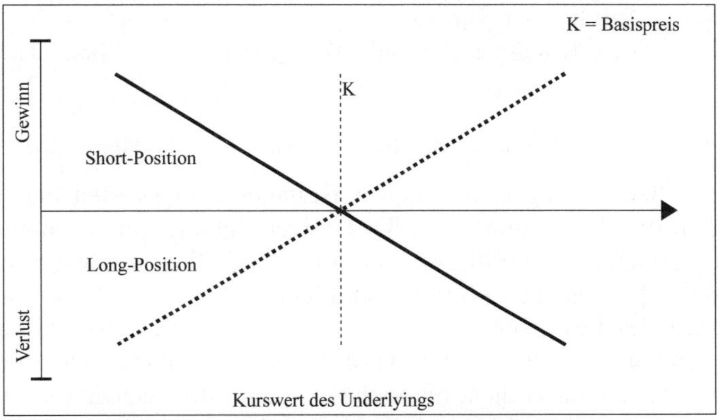

Abb. 1: Symmetrische Risikoverteilung bei (Kauf-)Festgeschäften (Quelle: Eigene Darstellung in Anlehnung an Lorenz/Knobloch/Heinzel, Modernes Risikomanagement, 2002, S. 176).

Die Markgegenseite dazu nehmen häufig Hedger ein. Ihr Ziel ist es, das Marktrisiko einer Kassaposition zu reduzieren oder ganz zu eliminieren. Für Absicherungsgeschäfte ist demnach kennzeichnend, dass sowohl eine Positionen am Kassamarkt (*Grundposition*) und am Terminmarkt (*Sicherungsposition*) eingegangen wird.

i) Hedging bei Fristengleichlauf von Grund- und Sicherungsposition

Der einfachsten Fall einer Absicherung mit Festgeschäften liegt bei Fristengleichlauf von Grund- und Sicherungsposition vor. Dabei kann zwischen Sicherungskauf (Long-Hedge) und Sicherungsverkauf (Short Hedge) zu unterscheiden. Beim Long-Hedge wird ein zukünftiger Kauf eines Assets zum fixen Preis gesichert. Das Asset selbst wird dabei noch nicht gehalten.

Beispielsweise plant ein Unternehmen in genau einem Jahr die Anschaffung einer Maschine in den USA, die 60.000 USD kosten wird. Der Wechselkurs liegt aktuell bei 1,60 USD/Euro. Dies ist für das Unternehmen günstig, da es dann lediglich 37.500 Euro für die Anschaffung aufbringen müsste. Das Management beschließt, sich diesen Wechselkurs zu sichern. Dazu erwirbt das Unternehmen an der Börse Futures, die den Kauf von insgesamt 60.000 USD zum Wechselkurs 1,60 USD/Euro ermöglichen. Dann hat es zum Fälligkeitszeitpunkt der Futures in einem Jahr 37.500 Euro zu zahlen, erhält aber 60.000 USD. Liegt der Wechselkurs zum Fälligkeitszeitpunkt bei 1,30 USD/Euro, so hätte die Anschaffung ohne Sicherungsmaßnahme 46.153 Euro mehr gekostet.

Umgekehrt soll im Falle des Short-Hedge der zukünftige *Verkauf* eines Assets zum heutigen Preis gesichert werden. Das Asset wird hierbei bereits gehalten.

Zum Beispiel: Investor A hat durch Kurssteigerungen seiner Aktien der Deutschen Bank AG Gewinne erzielt. Diese Gewinne möchte er sich zwar sichern, die Aktien jedoch aus steuerlichen Gründen erst im Zeitpunkt T verkaufen. Dann kann er an den Terminmärkten einen Verkauf zum Fälligkeitszeitpunkt T. Auf den Preis, zu dem A seine Aktien bereits ist zu verkaufen, wird er die bis zur Transaktion anfallenden Depotgebühren usw. (= Bestandhaltungskosten) aufschlagen.

ii) Basisrisiko bei Fristendifferenz zwischen Kassa- und Festgeschäft

Wie oben[69] bereits dargestellt, fließen Bestandhaltungskosten und sonstige Einflüsse in den Terminpreis über die Laufzeit anteilig ein. Terminpreis und Kassapreis stimmen zum Fälligkeitstermin deshalb überein. Bestandhaltungskosten sowie die sonstigen Einflüsse sind jedoch variable Größen. Zu Beginn der Laufzeit des Festgeschäfts können die Parteien die Entwicklung dieser zusätzlichen Parameter nicht sicher vorher sagen. Dies kann dazu führen, dass Kassa- und Terminmarkt nicht hinreichend konnex zueinander verlaufen. Die Differenz zwischen den Marktpreisen der Termin- und der Kassaposition wird als Basis[70] und die entsprechende Unsicherheit als Basisrisiko bezeichnet.[71]

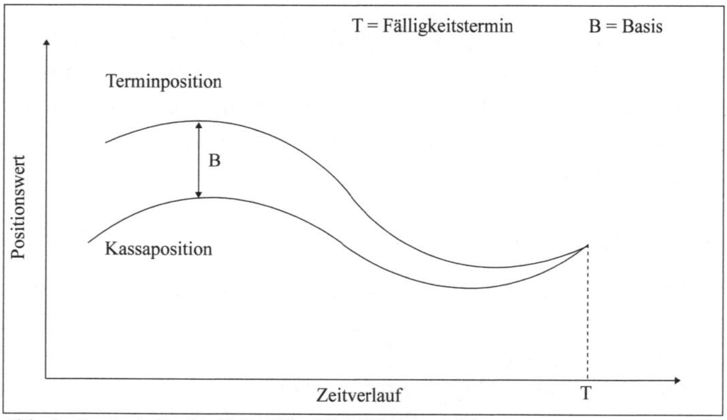

Abb. 2: Basisrisiko im Zeitablauf bei Festgeschäften
(Quelle: Eigene Darstellung in Anlehnung an Hull, Optionen Futures und andere Derivate, 2009, S. 83).

In Abb. 2 ist erkennbar, dass das Basisrisiko zwar irrelevant ist, wenn der Fälligkeitstermin des Festgeschäfts mit dem Zeitpunkt überein stimmt, in dem die Kassaposition gesichert werden soll. Fallen diese Zeitpunkte jedoch auseinander, etwa weil sich keine Marktgegenseite für eine entsprechende

[69] Siehe S. 16.
[70] Vgl. *Hull,* Optionen Futures und andere Derivate, 2009, S. 82.
[71] Vgl. *Pschick,* Management von Marktpreis- und Kreditrisiken, 2008, S. 93 m.w.N.

Laufzeit oder Basiswert finden lässt, wird das Basisrisiko für den Hedger relevant. Dabei wird das Basisrisiko tendenziell umso höher, je größer der Zeitabstand zwischen Fälligkeitstermin und Sicherungsdauer ist. Ein höheres Basisrisiko erhöht letztlich die Wahrscheinlichkeit für Hedgefehler. Der Hedger tauscht das dem Grundgeschäft anhaftende Marktpreisrisiko gegen das mit dem Sicherungsgeschäft verbundene (jedoch deutlich geringere[72]) Basisrisiko. Das Konzept des Basisrisikos wird bei den folgenden Hedging-Strategien relevant.

iii) Cross Hedging-Strategie

Es kann vorkommen, dass für eine abzusichernde Grundposition unmittelbar keine hinreichend konnexe Sicherungspositionen am Markt verfügbar ist. Durch *Cross Hedging* soll die Kassaposition durch Terminpositionen in solchen Märkten gesichert werden, in denen der Terminkurs im Verhältnis zu den Preisbewegungen des abzusichernden Gutes bestmöglich korreliert.[73] Deshalb muss eine hinreichend fundierte ökonomische Verbindung zwischen Basiswert des Festgeschäfts und zu sichernden Asset bestehen. Die Effizienz des Sicherungsgeschäfts hängt entscheidend vom Korrelationsgrad der beiden Märkte ab. Je geringer die Korrelation der Renditen, umso höher ist letztlich das Basisrisiko und damit die Wahrscheinlichkeit für Hedgefehler.

iv) Rolling the Hedge Forward-Strategie

Soweit das angestrebte Sicherungsverhältnis zeitlich über den Fälligkeitstermin des Festgeschäfts hinaus geht, muss der Hedger das zeitnah fällige Festgeschäft auflösen und eine neue Sicherungsposition eingehen, um die effektive Kurssicherung auch weiterhin zu gewährleisten. Diese Strategie wird als Rolling the Hedge Forward bezeichnet. Bei dieser sukzessiven Prolongation fallen zum einen erneut Transaktionskosten in Form von Ordergebühren, Brokergebühren usw. an. Zum anderen setzt sich der Hedger bei jeder Neutralisierung des bisher eingegangenen Festgeschäfts dem Basisrisiko aus,[74] da es gerade zum Auflösungszeitpunkt zu einer überproportionalen Abweichung zwischen den Werten der Kassa- und Terminposition kommen kann.[75] Ein geeignetes Orderinstrument, mit dem das Basisrisiko in der Praxis

---

[72] *Pschick,* Management von Marktpreis- und Kreditrisiken, 2008, S. 93.

[73] *Hull,* Optionen Futures und andere Derivate, 2009, S. 54.

[74] *Rudolph/Schäfer,* Derivative Finanzmarktinstrumente, 2009, S. 154.

[75] Das Risiko einer Prolongation des Sicherungsgeschäfts realisierte sich im Fall der Metallgesellschaft, vgl. *Roth,* Ökonomische Analyse des Versicherungsaufsichtsrechts, 2002, S. 121 (Der Konzern vertrieb über eine Tochtergesellschaft Ölprodukte in großen Mengen über langfristige Lieferverträge (5–10 Jahre) zu einem Festpreis. Das Marktpreisrisiko dieser Grundgeschäfte sicherte die Metallgesellschaft durch Long-Positionen in kurzfristige Futures ab (1–3 Monate), die sukzessive verlängert wurden. Als der Ölpreis fiel, stiegen die erforder-

minimiert wird ist die *Switch-Limitorder*:[76] Der Kauf und gleichzeitige Verkauf zweier Positionen soll nur dann ausgeführt werden, wenn die Kursdifferenz einen bestimmten Wert nicht über- bzw. unterschreitet.

c) Klassische Erscheinungsformen

i) FX-Forward- und FX-Swapgeschäfte

Weltweit existieren über 150 Währungen. Seit der Aufkündigung des Bretton-Woods-Systems Anfang der 1970er Jahre schwanken die Wechselkurse[77] verschiedener Währungen zueinander entsprechend von Angebot und Nachfrage auf den Devisenmärkten. Devisen sind dabei auf Währung lautende Forderungen oder Verbindlichkeiten (Bankguthaben, Scheck, Wechsel). International tätige Unternehmen kaufen und verkaufen Waren und Dienstleistungen im Ausland und nehmen damit am Devisenhandel teil. Damit machen sie sich zugleich von Wechselkursschwankungen abhängig.

Foreign Exchange-Geschäfte (FX-Geschäfte) machen Risiken aus Wechselkursschwankungen handelbar. In der Praxis unterscheidet man FX-Forward- und FX-Swapgeschäfte. Der FX-Swap wird dabei nicht den Finanzswaps, sondern den Termingeschäften zugeordnet.[78] Bei einem FX-Forward vereinbaren die Parteien verbindlich, zu eine heute festgelegten Wechselkurs Devisen zu einem zukünftigen Zeitpunkt zu tauschen.[79] Die übliche Laufzeit beträgt dabei zwischen einem Monat und ein Jahr,[80] in Ausnahmefällen auch bis zu zehn Jahren. Der klassische FX-Forward ist auf einen

---

lichen Sicherheitszahlungen an und brachten den Konzern in Liquiditätsengpässe. Obgleich die konzerninternen Befürworter der Strategie argumentierten, die Liquidität könne über die Zuflüsse aus den Grundgeschäften gewährleistet werden, schloss das Management auf Druck der Hausbank die Sicherungspositionen und löste in Absprache mit den Kunden die Grundgeschäfte auf. Insgesamt verbuchte die Metallgesellschaft einen Verlust i.H.v. 1,33 Mrd. USD).

[76] Vgl. Dictionary.com („A specialized security order in witch a customer specifies that two transactions be made only if a given price differential can be achived."), http://dictionary.reference.com/search?q=swap%20order, Abruf am 18.01.2009.

[77] Der Wechselkurs ist der Preis für eine Einheit einer Währung, ausgedrückt in einer anderen Währung. Beispielsweise könnte der Wechselkurs des US-Dollars bei 1,30 Euro pro US-Dollar liegen. (1,30 Euro/USD).

[78] Vgl. *Weyel,* Devisenhandel, 2006, 1238, (1243); *Langreiter,* Außerbörsliche Finanzderivate, 2006, S. 57; *Bosch,* WM, 1995, 365, (371); der Grund für diese Zuordnung liegt insbesondere in der Vertragsausgestaltung und der kurzen Laufzeit des Geschäfts, dazu sogleich.

[79] Die Rechtsnatur des Devisenfestgeschäfts wird uneinheitlich eingeordnet: Werden Fremdwährung auf der einen und Inlandswährung auf der anderen Seite vereinbart, so handele es sich um einen Rechtskauf. Bei Geschäften mit Fremdwährungen als beidseitige Leistungsgegenstände ist die Einordnung hingegen unklar: Vertreten wird auch hier die Einordnung als Rechtskauf, als doppelter Kauf, als Tauschvertrag und als Vertrag sui generis. Eine umfangreiche Darstellung des Meinungsstandes findet sich bei *Langreiter,* Außerbörsliche Finanzderivate, 2006, S. 49 ff. m.w.N.

[80] *Weyel,* Devisenhandel, 2006, 1238, (1242).

Stichtag bezogen. In der Praxis wird jedoch oft vereinbart, dass die Long-Position nach ihrer Wahl innerhalb eines bestimmten Zeitraums Erfüllung verlangen kann (Laufzeitoption[81]). Der FX-Swap ist eine Vereinbarung der Parteien, Devisen heute zu tauschen und sie zum Fälligkeitszeitpunkt zurück zu tauschen.[82] Dabei wird der Devisenkassa- und Devisenterminkurs sofort vertraglich fixiert. Deshalb wird der FX-Swap auch als Kombination aus Devisenkassa- und Devisenfestpreisgeschäften eingeordnet.[83]

FX-Termingeschäfte werden OTC gehandelt, wobei das Marktvolumen in den letzten Jahren stark angestiegen ist. So betrug der Nominalbetrag der offenen außerbörslichen Geschäfte dieser Art im Juni 2007 29,8 Bio. USD, während der Nominalbetrag zum Juni 2010 auf 31,9 Bio. USD angestiegen ist.[84]

Dominierende Marktteilnehmer an Devisenmärkten sind Banken. Dies resultiert aus ihrer Intermediärfunktion einerseits sowie aus ihrer zentralen Rolle bei der Abwicklung des grenzüberschreitenden Zahlungsverkehrs andererseits. Dabei dominieren FX-Swaps. Diese verändern nicht das Währungsexposure der Bank selbst, sondern können gezielt zur Liquiditätssteuerung der Währungsbestände eingesetzt werden. So lässt sich die zwar vorhandene, aber nicht benötigte Liquidität auf einem USD-Konto über einem FX-Swap in Euro-Liquidität umstellen. Dabei spielen kurze Laufzeiten eine heraus ragende Rolle.[85]

Bei Geschäftsbanken werden Kundentermingeschäfte üblicherweise nicht durch ein entgegen gesetztes Termingeschäft, sondern durch eine Kombination aus Kassageschäft und FX-Swap gesichert. Diese Vorgehensweise hat sich aufgrund der höheren Liquidität der Kassa- und Swapmärkte gegenüber den Terminmärkten durchgesetzt.[86] FX-Swaps stellen darüber hinaus auch ein übliches Instrument der Zentralbanken dar, um auf den Devisenimport und -export Einfluss zu nehmen oder dem Markt Liquidität bereit zu stellen. So erhöhte die US-Notenbank im September 2008 in einer koordinierten Aktion mit anderen Zentralbanken die Zahl der angebotenen FX-Swapgeschäfte, um dem Markt Liquidität bereit zu stellen.[87]

(Geschäfts-)Banken schließen FX-Termingeschäfte aber auch aus Eigeninteresse ab. So soll in Eigenhandelsabteilungen großer Banken durch bewusstes Eingehen von Handelspositionen Zusatzgewinne erzielt werden. Hauptmotiv ist hier Spekulation und Arbitrage. Letztere wird fast ausschließ-

---

[81] *Langreiter,* Außerbörsliche Finanzderivate, 2006, S. 49.

[82] *Ekkenga,* Anlegerschutz, 1998, S. 316.

[83] *Weyel,* Devisenhandel, 2006, 1238, (1243).

[84] *BIS,* Triennial Central Bank Survey, 2010, S. 13.

[85] Zu nennen sind hier insbesondere der Overnight-Swap (startet heute und endet morgen) und der Tomorrow Next-Swap (startet morgen und endet übermorgen).

[86] *Financetrainer,* Devisentermingeschäfte, 2007, S. 49.

[87] *Sachverständigenrat,* Jahresgutachten, 2008/09, S. 143.

lich als Preisarbitrage zwischen Termin- und Kassamarkt praktiziert.[88] Marktakteure sind zudem international tätige Unternehmen, für die die Absicherung von Fremdwährungsforderungen und -verbindlichkeiten im Vordergrund steht.[89] In diesem Zusammenhang besteht noch eine zusätzliche Nutzungsmöglichkeit: Verzögert sich die Erfüllung des gesicherten Geschäfts (z.B. wegen Lieferprobleme oder verspätete Fertigstellung), so kann der Wunsch entstehen, auch das Sicherungsgeschäft zu verlängern. Mittels FX-Swaps lassen sich dann fällige FX-Forwards entweder zum aktuellen oder zum ursprünglichen Kurs verlängern.[90] Die Verlängerung auf alter Kursbasis ist dann wiederum mit den oben dargestellten Risiken verbunden.

ii) Forward Rate Agreement

Das Forward Rate Agreement (FRA) ist ein Festgeschäft auf Zinssätze. Es bietet die Möglichkeit, den Zinssatz kurzfristig (1 bis 24 Monate) zu fixieren.[91] Aufgrund der kurzen Laufzeit zählt das FRA zu den Geldmarktinstrumenten. Strukturell ist ein FRA ähnlich wie ein FX-Forward mit Barausgleich konstruiert.[92] Die Vertragsparteien vereinbaren einen festen Zinssatz über eine bestimmte Laufzeit. Ein realer Kapitalaustausch findet nicht statt.

Möchte ein Investor beispielsweise für einen Zeitraum von sechs Monaten, der in drei Monaten beginnt, seinen Veranlagungszinssatz für ein Investitionsvorhaben sichern, so kann er mit einer Bank ein FRA schließen. Zum Vertragsschluss wird zunächst ein fester FRA-Satz, der Nominalbetrag des Investitionsvorhabens sowie der Referenzzinssatz vereinbart. Am Ende der Vorlaufphase von 3 Monaten ist eine Ausgleichszahlung in Höhe des Unterschiedsbetrages zwischen FRA-Satz und Referenzzinssatz von einer Vertragspartei zu leisten. Da die Zinsdifferenz vor Beginn der vereinbarten Laufzeit entrichtet wird, erfolgt eine Diskontierung über die gesamte Laufzeit der Absicherungsphase.

Ein FRA setzt sich aus einer Vorlaufperiode und einer Absicherungsperiode zusammen. Die Vorlaufperiode bezeichnet die Phase zwischen Vertragsschluss und Beginn der Absicherung. An ihrem Ende findet eine Ausgleichszahlung statt. Die Vorlaufphase umfasst regelmäßig 1 bis 18 Monate, während die Absicherungsphase üblicherweise 1 bis 12 Monate dauert. In der Absicherungsphase kann der festgesetzte Zinssatz dann genutzt werden. Vertragsvolumen sind in der Bankenpraxis zwischen 5 und 100 Mio. Euro, Referenzzinssätze sind regelmäßig der LIBOR oder EURIBOR.[93] FRAs werden bilateral gehandelt. Diesem Handel liegen im Regelfall die Bedingungen der British Banker's Association for Forward Rate Agreements zugrunde. Das börsenge-

---

[88] *Weyel,* Devisenhandel, 2006, S. 1238, (1239).
[89] *Weyel,* Devisenhandel, 2006, S. 1238.
[90] *Financetrainer,* Devisentermingeschäfte, 2007, S. 55.
[91] *Heidorn,* Finanzmathematik in der Bankpraxis, 2009, S. 77.
[92] *Langreiter,* Außerbörsliche Finanzderivate, 2006, S. 65.
[93] *Heidorn,* Finanzmathematik in der Bankpraxis, 2009, S. 77.

handelte Pendant zum FRA ist der Future auf einen Zinssatz. Im Vergleich mit börsengehandelten Futures können sowohl die Vertragsgestaltungen direkt, als auch Sicherheitsleistungen bei FRAs flexibel verhandelt werden. Dies trägt dazu bei, dass FRAs neben Zinsswaps die bedeutendsten Zinsderivate sind. So stiegen die ausstehenden Nominalvolumen von 25,6 Bio. USD (2007) auf knapp 60 Bio. USD (2010).[94]

iii) Futures

Futuregeschäfte sind börsengehandelte Festgeschäfte, die hinsichtlich aller relevanten sachlichen, räumlichen und zeitlichen Kriterien standardisiert sind, sodass lediglich noch Parteien und Preis durch den Börsenhandel festzulegen sind.[95] Dadurch soll eine hohe Fungibilität als Voraussetzung für liquide Terminmärkte sicher gestellt werden. Die Standardisierung wird durch die Handelsbedingungen der Terminbörsen erreicht. Dabei werden übereinstimmend jedenfalls Art, Menge und Qualität des Underlyings[96], der erste und letzte Handelstag, die täglichen Börsenhandelszeiten, die Preisfestsetzung, die im Handel kleinstmögliche Kursänderungsbetrag (*Tick*) sowie Regelungen zur Abwicklung getroffen.

Charakteristisch für den Handel mit Futures ist die Leistung von anfänglichen und laufenden Sicherheitszahlungen an die Clearingstelle.[97] Diese müssen sowohl Käufer als auch Verkäufer bei Eingehen der Position bei der Clearingstelle hinterlegen. Ein weiterer Kapitaleinsatz ist zunächst nicht erforderlich. Dieser *Initial Margin* beträgt nur einen Bruchteil des Kontraktwertes, regelmäßig zwischen 5 und 20%. Der geringe anfängliche Kapitaleinsatz führt bei Futures zu einem hohen Hebeleffekt[98] und macht sie für Spekulanten attraktiv. In der Praxis werden weniger als 3% der Futurekontrakte physisch abgewickelt. Regelmäßig wird die Verpflichtung vor dem Fälligkeitstermin glatt gestellt.

Basiswerte von Futures können Waren oder Finanztitel sein.[99] Der Begriff der Ware (Commodity) umfasst dabei landwirtschaftliche Produkte, Brenn-

---

[94] *BIS,* Triennial Central Bank Survey, 2010, S. 13.

[95] *Lehmann,* Finanzinstrumente, 2009, S. 101.

[96] Zum Beispiel: „100 Feinunzen Gold von mindestens 995er Feinheit" für die physische Lieferung eines Basiswertes oder „nominal 100.000 Euro einer Schuldverschreibung der Bundesrepublik Deutschland" .

[97] Vgl. *Büschgen,* Bankbetriebslehre, 1998, S. 460.

[98] Ein Beispiel: Der DAX steht aktuell bei 7000 Punkten. Beträgt der aktuelle Kontraktwert des Futures 100.000 Euro bei einem Terminpreis von 7700 Punkten (110%) und ist an der EUREX eine Initial Margin von 1.000 Euro zu zahlen, so bewegen Kursänderungen des Futures 110.000 Euro. (110% von 100.000 Euro) Steigt der Kurs des DAX auf 8400 Punkte (120%), so gewinnt der Investor 10.000 Euro. Bezogen auf seinen Initial Margin errechnet sich eine Rendite von 1000%. Dies entspricht einem Hebel von 100.

[99] *Ekkenga,* Anlegerschutz, 1998, S. 329.

und Treibstoffe oder Edelmetalle. Die bedeutendsten Terminmärkte für Commodities sind Chicargo (CME) und New York (NYME). Finanztitel können real lieferbare[100] oder fiktive[101] Basiswerte sein. Die Kontraktsumme ist bei Financial-Futures oft höher als bei Commodity-Futures. Von Unternehmen außerhalb der Finanzbranche werden überwiegend Futures auf Fremdwährungen zur Absicherung von Währungsrisiken oder auf Zinsen zur Absicherung von Marktzinsrisiken eingesetzt. Im Vordergrund steht demnach das Hedging.

2. Swapgeschäfte

Bei Swapgeschaften vereinbaren die Swappartner bilateral den in der Regel periodischen *Tausch von Zahlungsströmen.*[102] Die Vereinbarung definiert dabei, wie die Zahlungen berechnet werden und wann sie fließen.[103] Regelmäßig werden die Zahlungen verrechnet.

a) Kennzeichnende Eigenschaften

Obgleich auf jeder Vertragsseite entweder ein fixer oder variabler Betrag vereinbart sein kann, wird in einem Swapgeschäft regelmäßig eine fixe gegen eine variable Zahlung getauscht.[104]

Zum Beispiel:[105] A zahlt an B jeweils am 1. Mai in den Jahren 2009 bis 2013 einen fixen Betrag von 7 Mio. Euro. (7% auf einen fiktiven Nominalbetrag von 100 Mio. Euro) Im Gegenzug zahlt B an A am selben Tag den Betrag, der dem – für die jeweils abgelaufene 12-Monats-Periode geltenden – LIBOR für Euro-Einlagen, bezogen auf den Nominalbetrag von 100 Mio. Euro entspricht. Die gegenseitigen Zahlungspflichten am 1. Mai jeden Jahres sollen verrechnet werden. Damit hat nur diejenige Partei eine Zahlung zu leisten, die den höheren Betrag schuldet.

In der Kapitalmarktpraxis ist ein Finanzinstitut regelmäßig zwischen die Swappartner als Intermediär geschaltet.[106] Dadurch sind beide Swappartner lediglich dem Gegenparteirisiko des Intermediärs ausgesetzt.[107] Swapgeschäfte sind daher eine verbreitete Leistung von Finanzinstituten geworden. Gängige Vertragslaufzeiten sind zwei bis fünfzehn Jahre.[108] Oberbegriff ist deshalb der Kapitalmarktswap. Der oben behandelte FX-Swap wird als Geld-

---

[100] Aktien, Bonds, Staatsanleihen usw.
[101] Indices, Zinssätze usw.
[102] *Scherer,* Corporate Finance Law, 2010, S. 94.
[103] *Benzler,* Nettingvereinbarungen, 1999, S. 31.
[104] *Heidorn,* Finanzmathematik in der Bankpraxis, 2009, S. 84.
[105] Vgl. *Bosch,* WM, 1995, 365, (372).
[106] *Hull,* Optionen Futures und andere Derivate, 2009, S. 204.
[107] *Das,* Swaps and Derivatives Financing, 1993, S. 63.
[108] *Langreiter,* Außerbörsliche Finanzderivate, 2006, S. 75.

marktinstrument und mangels Austausch von regelmäßigen Zahlungen dieser Kategorie nicht zugeordnet.

Obwohl Swapgeschäfte ausschließlich OTC gehandelt werden, liegen ihnen in der Praxis häufig standardisierte Rahmenverträge zugrunde, durch die Vertragsbedingungen für künftige Einzelabschlüsse vorformuliert werden.[109] Weit verbreitet sind die von der *British Bankers Association* (BBA) und der *International Swaps and Derivatives Association* (ISDA) ausgearbeiteten Master Agreements oder der *Deutsche Rahmenvertrag für Finanztermingeschäfte.*[110]

Die Preisbildung an den Swapmärkten kann auf der Grundlage zweier Ansätze erfolgen:[111] Einerseits kann Bezug auf den Kassamarkt genommen werden, indem der Barwert sowohl einer Anleihe mit festem, als auch einer Anleihe mit variablen Zinsen ermittelt wird. Der Wert des Swaps entspricht dann der Differenz der ermittelten Barwerte.[112] Andererseits könnte ein Swap als eine Serie von Termingeschäfte betrachtet werden, bei denen die Barwerte der einzelnen Festgeschäfte ermittelt und aggregiert werden.[113]

Eine ökonomische Begründung für die Existenz von Swapgeschäften wird einerseits darin gesehen, dass Kostenvorteile erzielt werden können, was letztlich eine Form von Arbitrage darstellt.[114] Der Vorteil von Swaps liegt – wie bei allen Derivaten – in der getrennten Handelbarkeit der Marktrisiken des Basiswertes. Eine Bank kann beispielsweise Kredite ihrer Kunden aus rechtlichen Gründen[115] nur sehr eingeschränkt abtreten, mit Hilfe von Swaps jedoch die Kredit- und Zinsrisiken getrennt weitergeben. Die Märkte für Swapgeschäfte sind häufig auch liquider als die Märkte ihrer Basiswerte.

b) Klassische Erscheinungsformen

i) Zinsswap

Bei einem Zinsswap vereinbaren die Parteien, während der Vertragslaufzeit Zinszahlungen[116] auf einen definierten Nennbetrag in identischer Währung,

---

[109] *Benzler,* Nettingvereinbarungen, 1999, S. 43.

[110] *Lehmann,* Finanzinstrumente, 2009, S. 134.

[111] Vgl. *Hull,* Optionen Futures und andere Derivate, 2009, S. 208 ff.

[112] Vgl. *Oehler/Unser,* Finanzwirtschaftliches Risikomanagement, 2002, S. 118.

[113] Vgl. *Oehler/Unser,* Finanzwirtschaftliches Risikomanagement, 2002, S. 119.

[114] *Ekkenga,* Anlegerschutz, 1998, S. 323; *Hull,* Optionen Futures und andere Derivate, 2009, S. 203 ff.; *Heidorn,* Finanzmathematik in der Bankpraxis, 2009, S. 84; *Büschgen,* Bankbetriebslehre, 1998, S. 464.

[115] Vgl. die Regelungen der §399 BGB sowie §354a HGB im deutschen Recht.

[116] In der Literatur werden diese Zahlungen regelmäßig als Zinszahlungen bezeichnet. Dies ist insofern irreführend, als dass Zinsen im Rechtssinne das Entgelt für eine Kapitalentbehrung darstellen. Mangels Kapitalüberlassung (zumindest bei Zinsswaps) handelt es sich rechtstechnisch vielmehr um Rentenzahlungen, vgl. *Krämer,* Finanzswaps, 1999, S. 107.

aber unterschiedlicher Zinsbasis auszutauschen. Die Nominalbeträge selbst werden dabei nicht getauscht, sie bilden bloße Rechnungsposten. Abhängig von der Zinsbasis wird zwischen *Kuponswaps* und *Basisswaps* unterschieden. Bei einem Kuponswap wird vereinbart, dass eine Partei einen bei Vertragsabschluss fixierten Festzinssatz[117] zahlt, die andere Partei hingegen einen variablen Zinssatz. Der variable Zinssatz orientiert sich dann an den üblichen Referenzzinssätzen im Interbankengeschäft. (LIBOR, EURIBOR usw.) Das bereits oben[118] erläuterte Beispiel ist ein klassischer Kuponswap. Bei einem Basisswap hingegen wird der Austausch von zwei variablen Zinssätzen vereinbart, z.B. der 3 Monats LIBOR gegen den 6 Monats LIBOR.[119] Von diesen Grundtypen ausgehend sind es zahlreiche Modifikationen möglich. So verringert sich bei einem *Amortisationsswap* der Nominalbetrag als Berechnungsgrundlage für die zu tauschenden Zinszahlungen. Damit eignet sich ein Amortisationsswap zur Sicherung eines Tilgungskredites. Die umgekehrte Konstruktion mit steigendem Nominalbetrag wird als *Set-Up-Swap* bezeichnet. Sie bietet sich etwa zur Sicherung von Investitionsprojekten mit steigenden Cash-Flows an.[120]

Mit Zinsswaps können (absolute oder komparative) Kostenvorteile erzielt werden.

Zum Beispiel:[121] Sowohl Unternehmen A als auch Unternehmen B wollen einen Kredit über 100 Mio. Euro aufnehmen. A hat gute Bonität und könnte einen Festzinssatz von 8% pa. oder einen variablen Zinssatz von EURIBOR+0,25% vereinbaren. B hat schlechtere Bonität und könnte einen Festzinssatz von 8,5% oder einen variablen Zinssatz von EURIBOR+0,5% vereinbaren. A strebt den variablen, B den festen Zinssatz an. Ohne Swap wird A einen Kredit mit variablen Zinssatz wählen (= EURIBOR + 0,25%), B wählt einen Festzinssatz von 8,5%. Insgesamt gesehen zahlen sie demnach EUROBOR + 8,75% an Zinsen. Mit Swap hingegen könnte A den festen Zinssatz zu 8% wählen, B den variablen zu EURIBOR + 0,5%. Die zu zahlenden Zinsen werden getauscht, sodass jeder seinen Präferenzen entsprechend zahlt. Insgesamt kommen A und B dann auf EURIBOR + 8,50% an Zinsen, ein Ersparnis von 0,25% auf 100 Mio. Euro. Die Aufteilung des Ersparnis bleibt Verhandlungssache.

Zinsswaps werden auch zu Absicherungszwecken verwendet. So kann das Zinsänderungsrisiko abgesichert werden, indem ein variabler Zinssatz gegen einen festen getauscht wird. Zur effektiven Absicherung von Investitionsprojekten ist eine vertragliche Individualisierung erforderlich.[122] Daher werden Zinsswaps ausschließlich OTC gehandelt. Sie stellten im Jahr 2007 mit nominal 299,1 Bio. USD den größten Teil der OTC gehandelten Zinsderivate

---

[117] Vgl. *Decker,* WM, 1990, 1001, (1002).
[118] Vgl. S. 24.
[119] Vgl. *Langreiter,* Außerbörsliche Finanzderivate, 2006, S. 82.
[120] Vgl. *Oehler/Unser,* Finanzwirtschaftliches Risikomanagement, 2002, S. 123.
[121] Ähnlich *Büschgen,* Bankbetriebslehre, 1998, S. 463.
[122] Dies bezieht sich jedenfalls auf einen individuellen Nominalbetrag und zu tauschenden Zinssatz, schließt aber die – in der Praxis regelmäßige – Verwendung von Rahmenverträgen nicht aus.

dar.[123] Zum Juni 2010 ist deren Nominalvolumen auf 367,5 Bio. USD gestiegen. Zinsswaps bilden danach einem Anteil von 63% des gesamten OTC-Derivatemarktes.[124]

ii) Währungsswap

Bei einem Währungsswap lauten die Zahlungspflichten auf unterschiedliche Währung. Zu Beginn der Laufzeit erfolgt *ein Austausch* der Nominalbeträge zum aktuellen Wechselkurs. Während der Laufzeit werden dann in regelmäßigen Abständen – wie beim Zinsswap – Zahlungen geleistet. Dabei zahlt jeder Kontraktpartner in der Währung, in der er den Nominalbetrag empfangen hat. In jeder der beiden Währungen können fixe oder variable Zinsen gezahlt werden.[125] Am Ende der Laufzeit werden die Kapitalbeträge zurück getauscht. Dies erfolgt regelmäßig zum gleichen Wechselkurs wie zu Laufzeitbeginn.

Zum Beispiel:[126] Es wird vereinbart, dass A an B am 1. Mai 2008 100 Mio. Euro zahlt und im Gegenzug von B 150 Mio. USD erhält (Anfangstausch). Zusätzlich wird vereinbart, dass am 1. Mai 2015 B an A 100 Mio. Euro und A an B 150 Mio. USD zahlt (Rücktausch). Während der Jahre 2009 bis 2015 soll jeweils am 1. Mai der B an A 8 Mio. Euro (8% von 100 Mio. Euro) und der A an B 10,5 Mio. USD (7% von 150 Mio. USD) zahlen (Ausgleichszahlungen).

Alternativ – aber praktisch selten – kann bei Vertragsschluss auch der Terminzinssatz zum Laufzeitende vereinbart werden. Im Unterschied zum Zinsswap werden beim Währungsswap also die auf unterschiedliche Währungen lautenden Nominalbeträge tatsächlich transferiert. Im Unterschied zum FX-Swap hingegen werden während der Laufzeit auch regelmäßig Zahlungen getauscht. Anfangs- und Endzahlung (Hin- und Rückzahlung) werden überwiegend vereinbart, können im Einzelfall aber auch fehlen.[127]

Ähnlich wie FX-Swaps lassen sich mit Währungsswaps Wechselkursrisiken absichern.[128] Zudem lassen sich Währungsswaps zur Realisierung von Kostenvorteilen nutzen. Wenn etwa ein deutsches Unternehmen im USD-Währungsraum bei gleichbleibender Bonität bessere Kreditkonditionen erzielen kann als im Euro-Raum, ein US-amerikanische Unternehmen hingegen auf einen Kredit auf Euro lautend angewiesen ist, so nehmen beide Unternehmen jeweils im Heimatmarkt und in Inlandswährung einen Kapital-

---

[123] Vgl. *BIS,* Triennial Central Bank Survey, 2007, S. 17.

[124] *BIS,* Triennial Central Bank Survey, 2010, S. 13 (Nominelle Größe des gesamten Marktes: 585,6 Bio. USD für Juni 2010).

[125] Demnach ergeben sich drei mögliche Konstellationen des Währungsswaps: fest gegen fest, variabel gegen fest oder variabel gegen variabel.

[126] Vgl. *Bosch,* WM, 1995, 365, (371).

[127] *Langreiter,* Außerbörsliche Finanzderivate, 2006, S. 76.

[128] *Ekkenga,* Anlegerschutz, 1998, S. 320.

betrag in gleicher Höhe auf und vereinbaren einen Swap über den Austausch der jeweils aus dem Kredit zu leistenden Zahlungen.

Das Nominalvolumen der noch ausstehenden Währungsswaps betrug im Juni 2010 18,9 Bio. USD,[129] ein Anstieg von 34% gegenüber Juni 2007, nachdem sich das Nominalvolumen gegenüber Juni 2004 schon verdoppelt hatte.[130] Dennoch bleibt die Bedeutung von Währungsswaps hinter der von Zinsswaps weit zurück.

iii) Constant Maturity Swap

Der Constant Maturity Swap (*CMS*) ist eine Form des Zinsswaps, bei dem zwei variable Zahlungsströme gegeneinander getauscht werden.[131] Einerseits dienen die Swapsätze des einfachen Zinsswaps als Referenzgröße. Die Laufzeit der verwendeten Zinswaps bleibt dabei konstant und bezieht sich auf einen langfristigen Zeithorizont (z.B. den jeweils aktuellen 10-Jahres-Swapsatz).[132] Die Leistungspflicht des anderen Swappartners orientiert sich in der Regel an einem kurzfristigen Zinssatz (z.B. 3-Monats-LIBOR).

Der wesentliche Einflussfaktor auf den Preis des CMS ist die *Zinsstruktur*. Damit wird das Verhältnis der Zinssätze von Instrumenten unterschiedlicher Laufzeiten zueinander beschrieben. Eine positive Zinsstruktur ist durch niedrige kurzfristige und höhere langfristige Zinssätze gekennzeichnet. Je größer die Differenz zwischen langfristigen und kurzfristigen Zinssätzen ist, umso steiler ist die Zinsstrukturkurve. Eine steile Zinsstrukturkurve ist kennzeichnend für eine positive realwirtschaftliche Entwicklung und wiederum ein Indikator für den Erfolg der Geldpolitik der Notenbank. Rechnet ein Investor mit dem Erfolg der aktuellen Geldpolitik, so kann er diese Erwartung umsetzen, indem er den kurzfristigen 3-Monats-LIBOR gegen den langfristigen 10-Jahres-Swapsatz tauscht. Dann erhält er einen umso höheren Ertrag, je steiler sich die Zinsstrukturkurve entwickelt. Daraus ergeben sich Spekulations-, aber auch Absicherungsmöglichkeiten, beispielsweise um Geldmarktinstrumente gegen Zinsänderungen zu immunisieren. Mit seinen ökonomischen Eigenschaften kann der CMS auch die Grundlage anderer Derivate bilden. Auf diese Konstruktionen wird noch zurück zu kommen sein.

3. Optionsgeschäfte

In einem Optionsgeschäft wird vereinbart, dass der Optionskäufer (Long-Position) das Recht – aber nicht die Pflicht – haben soll, eine definierte Menge des Basiswertes zu einem festen Preis (*Basispreis* bzw. *Strike*) zu kaufen

[129] *BIS,* Triennial Central Bank Survey, 2010, S. 13.
[130] *BIS,* Triennial Central Bank Survey, 2007, S. 21.
[131] *Hull,* Optionen Futures und andere Derivate, 2009, S. 886.
[132] *Roller/Elster/Knappe,* ZBB 2007, 345, (346).

(*Call-Option*) bzw. zu verkaufen[133] (*Put-Option*). Je nach Vertragsausgestaltung kann er dieses Wahlrecht während eines festgelegten Zeitraums (*amerikanische Optionsart*) oder zum Fälligkeitstermin (*europäische Optionsart*) ausüben. Der Vertragspartner (*Stillhalter*) ist hingegen verpflichtet, bei Ausübung der Option den Basiswert zum vorher bestimmten Preis zu kaufen (Put) bzw. zu verkaufen (Call). Für die Einräumung dieses Rechts bekommt er eine Optionsprämie, die seine Vergütung darstellt. Die Erfüllung kann dabei als physische Lieferung des Basiswertes oder als Leistung eines entsprechenden Barausgleichs vereinbart sein.[134]

a) Kennzeichnende Eigenschaften

Kennzeichnend ist zunächst, dass die Erfüllungspflicht des Stillhalters von der Ausübung eines Wahlrechts des Optionskäufers abhängt.[135] Er wird Erfüllung regelmäßig nur dann verlangen, wenn sie für ihn wirtschaftlich werthaltig ist. Durch die Implementierung des Wahlrechts gehört das Optionsgeschäft zu den *bedingten Termingeschäften* und ist durch ein asymmetrisches Risikoprofil gekennzeichnet:

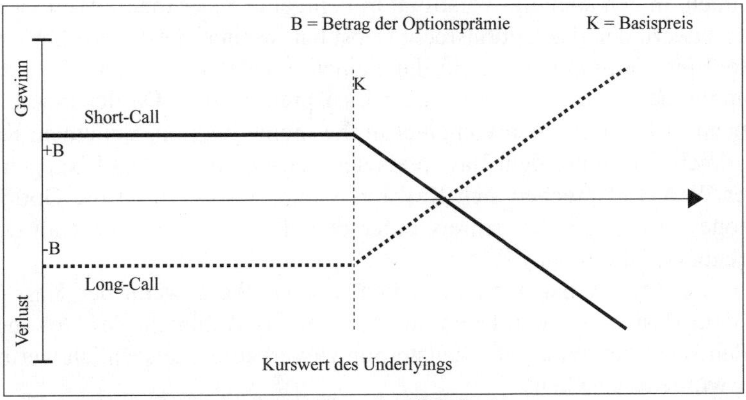

Abb. 3: Asymmetrische Risikoverteilung bei Call-Optionen
(Quelle: Eigene Darstellung in Anlehnung an Lorenz/Knobloch/Heinzel, Modernes Risikomanagement, 2002, S. 151).

Das Verlustrisiko des Optionskäufers ist auf die Höhe der Optionsprämie begrenzt, während der Stillhalter ein theoretisch unbegrenztes Verlustrisiko übernimmt.[136] Da amerikanische Optionen während eines festgelegten Zeitraums ausgeübt werden können, europäische Optionen hingegen ausschließ-

[133] *Lehmann,* Finanzinstrumente, 2009, S. 92.
[134] *Ekkenga,* Anlegerschutz, 1998, S. 351.
[135] Die Long-Partei kann also Erfüllung verlangen, muss es aber nicht. Das Wahlrecht hat dann die Qualität einer Potestativbedingung.
[136] *Heidorn,* Finanzmathematik in der Bankpraxis, 2009, S. 158.

lich zum Fälligkeitszeitpunkt, ist der Wert einer amerikanischen Option verglichen mit einer europäischen Option bei ansonsten gleichen Vertragsmerkmalen regelmäßig höher.

b) Preisbildung

Obgleich Optionsgeschäfte schon im Altertum[137] bekannt waren, verbreiteten sie sich als marktmäßig gehandeltes[138] Instrument erst mit der Veröffentlichung des Optionspreismodells von Black/Scholes[139] im Jahre 1973. War der Optionshandel bis dahin durch hohe Differenzen zwischen Geld- und Briefkurs (*Spread*) als Kennzeichen hoher Bewertungsunsicherheiten geprägt, so konnte nun der Wert der Option verlässlicher bestimmt werden. Bis heute wurden weitere Bewertungsmodelle entwickelt. Dennoch ist das Black/Scholes-Modell das allgemein anerkannte Standardwerkzeug zur Ermittlung des fairen Optionspreises geblieben.

i) Der innere Wert

Der Optionspreis setzt sich aus einem *inneren Wert* und einem *Zeitwert* zusammen, in den auch die Volatilität mit eingeht.[140] Der innere Wert ist dabei der Marktwert, den das Optionsrecht selbst hat, wenn es jetzt ausgeübt werden könnte. Eine Call-Option hat nur dann einen inneren Wert, wenn der aktuelle Kassapreis des Basiswertes über dem Basispreis liegt.[141] Da der innere Wert größer null ist, spricht man von einer in-the-money-Option. Bei einem Kassapreis gleich oder unter dem Basispreis der Call-Option besteht hingegen kein innerer Wert. Entsprechen sich Kassapreis und Basiswert, ist die Option at-the-money. Liegt der Kassapreis unter dem Basiswert, ist die Call-Option dagegenout-of-the-money.[142]

Eine Put-Option hat nur dann einen inneren Wert, wenn der Kassapreis unter dem Basispreis liegt. Denn nur dann ist das Wahlrecht des Optionskäufers, den Basiswert zum Fälligkeitstermin zu verkaufen, tatsächlich werthaltig und er würde es ausüben.

---

[137] *Langreiter,* Außerbörsliche Finanzderivate, 2006, S. 96 (Der griechische Mathematiker Thales habe Rechte auf den zukünftigen Kauf von Olivenpressen zu einem festen Preis vereinbart, um sich gegen steigende Preise abzusichern).

[138] So wurden ab dem Jahre 1973 mit der Eröffnung des Chicargo Board Options Exchange (CBOE) erstmals börsenmäßig Optionen auf Aktien gehandelt, vgl. *Langreiter,* Außerbörsliche Finanzderivate, 2006, S. 97.

[139] *Black/Scholes,* Journal of Political Economy, Vol. 81, S. 637 ff.; *Merton,* Bell Journal of Economics and Management Science, Vol. 4, S. 141 ff.

[140] *Hull,* Optionen Futures und andere Derivate, 2009, S. 240.

[141] *Lehmann,* Finanzinstrumente, 2009, S. 92.

[142] *Hull,* Optionen Futures und andere Derivate, 2009, S. 239.

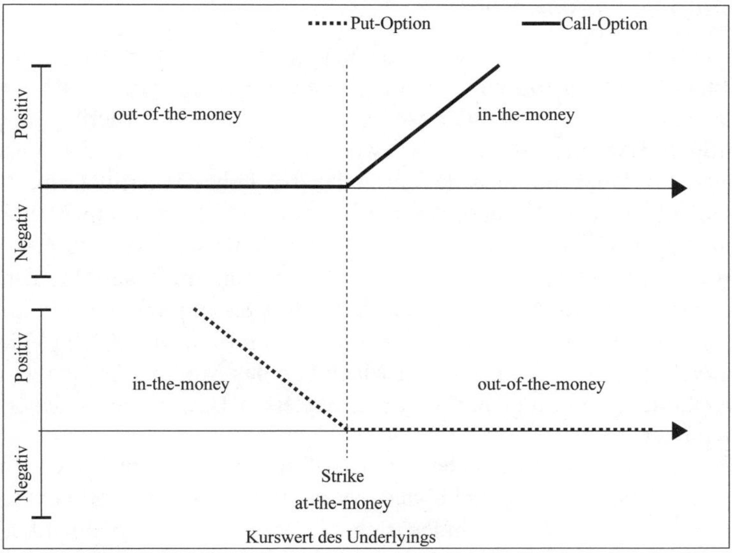

Abb. 4: Der innere Wert von Optionen
(Quelle: Eigene Darstellung in Anlehnung an Hull, Optionen Futures und andere Derivate, 2009, S. 235).

ii) Der Zeitwert

Optionen sind erst in der Zukunft zu erfüllen. Es besteht die Chance, das sich bis zum Fälligkeitstermin der Kassapreis des Underlyings so entwickelt, dass die Optionen dann einen (höheren) inneren Wert hat.[143] Diese Chance tritt als zweite Komponente in den Optionspreis ein. Der Wert dieser Chance wird als *Zeitwert* bezeichnet. Der Zeitwert ist dabei umso größer, je weiter der Fälligkeitstermin der Option in der Zukunft liegt. Rückt der Fälligkeitstermin näher, schwindet die Chance auf einen (höheren) inneren Wert sukzessive. Bei konstanten sonstigen Einflüssen ist die *Verringerung des Zeitwertes* umso stärker, je näher der Fälligkeitstermin rückt. Am Fälligkeitstermin existiert diese Chance dann nicht mehr. Folglich beträgt der Zeitwert dann null. Deshalb entspricht zum Fälligkeitstermin der Gesamtwert der Option genau dem inneren Wert.

Darüber hinaus ist der Zeitwert für Optionen at-the-money a priori höher als für – im übrigen gleiche – in-the-money und out-of-the-money Optionen.[144] Auch dieser Umstand findet seine Begründung in der Chance auf einen (höheren) innere Wert bis zur Fälligkeit der Option.

---

[143] *Rudolph/Schäfer,* Derivative Finanzmarktinstrumente, 2009, S. 25.
[144] *Banks/Siegel,* Options Applications Handbook, 2006, S. 174.

iii) Sonstige Einflussfaktoren

Sonstigen Einflussfaktoren wirken auf den Zeitwert. Die wichtigsten sind die Volatilität, Dividendenzahlungen (bei Eigenkapital als Basiswert) und der Marktzinssatz.[145] Die Volatilität ist ein Maß für die Unsicherheit über die zukünftigen Bewegungen des Basiswertes.[146] Die Relevanz der Volatilität folgt aus dem Umstand, dass der Stillhalter bei hoher Volatilität eine höhere Wahrscheinlichkeit sieht, dass die Option am Laufzeitende einen (höheren) inneren Wert hat.[147] Deshalb wird er sich diese – für ihn nachteilige – Wahrscheinlichkeit zusätzlich vergüten lassen. Dabei kann die Volatilität historisch oder durch (zukunftsbezogene) Markterwartungen impliziert sein. Entsprechend spricht man von *historischer* und *impliziter Volatilität*.[148] Die Volatilität ist zugleich derjenige Parameter im Black/Scholes-Modell, der den Zufall in die Preisbildung einbringt und so auch weiterhin Bewertungsunsicherheiten bestehen lässt.

Neben der Volatilität hat auch der risikofreie Marktzinssatz einen Einfluss auf den Optionspreis. Während höhere Marktzinsen bei Call-Optionen tendenziell *werterhöhend* wirken, mindert sich der Wert von Put-Optionen bei sonst gleichen Merkmalen.[149] Grund sind auch hier Opportunitätskosten: Der Käufer einer Call-Option kann sein Geld bis zum Fälligkeitstermin risikolos anlegen, während der Stillhalter den Basiswert finanziert und sein Geld bindet. Steigen die risikofreien Zinsen des Optionskäufers, so erhöhen sich die Opportunitätskosten des Stillhalters und er wird eine höhere Prämie fordern.[150]

Bei Aktienoptionen hat auch die Zahlung einer Dividende Einfluss auf die Optionspreisbildung.[151] Die Dividende steht zunächst nur dem Aktionär, nicht jedoch dem Optionskäufer zu. Weil sich der Unternehmenswert (und in effizienten Kapitalmärkten auch der Aktienkurs) um den Betrag der ausgeschütteten Dividende mindert, verliert die Call-Option an Wert, während die Put-Option eine Wertsteigerung verzeichnet.[152]

c) Optionsstrategien

Ausgehend von den bisher vorgestellten Grundgestaltungen des Optionsgeschäfts sind vier Konstellationen denkbar: der Kauf einer Call-Option (Long Call), der Kauf einer Put-Option (Long Put), der Verkauf einer Call-Option

---

[145] *Das,* Swaps and Derivatives Financing, 1993, S. 250.
[146] *Hull,* Optionen Futures und andere Derivate, 2009, S. 259.
[147] *Büschgen,* Bankbetriebslehre, 1998, S. 457.
[148] Dazu ausführlich unten S. 109.
[149] *Hull,* Optionen Futures und andere Derivate, 2009, S. 258.
[150] *Langreiter,* Außerbörsliche Finanzderivate, 2006, S. 106.
[151] Vgl. *Heidorn,* Finanzmathematik in der Bankpraxis, 2009, S. 192 ff.
[152] *Hull,* Optionen Futures und andere Derivate, 2009, S. 259.

(Short Call) und der Verkauf einer Put-Option (Short Put).[153] Diese Grundkonstellationen können vielfältig kombiniert werden und dienen dann als Bausteine für strukturierte Derivate.

i) Statische Hedging-Strategien mit Call- oder Put-Optionen

Die hier vorgestellten Hedging-Strategien sollen das Marktrisiko im Portfolio verringern und zugleich das Erzielen zusätzlicher Renditen ermöglichen. Ziel ist demnach eine Synthese aus Risikoreduktion und Renditemaximierung. Hier sollen zwei elementare Optionsstrategien in der Form des *Covered Call Writing* und der *Protective Put* vorgestellt werden.

Bei der Covered Call-Strategie[154] wird ein Basiswert (z.B. eine Aktie) gekauft und auf diesen Bestand zugleich Calls verkauft. Für diesen Short-Call nimmt der Investor – zumeist eine Bank[155] – die Optionsprämie ein. Die vereinnahmte Prämie erhöht die Gesamtrendite der Anlage, während weiterhin an Dividendenzahlungen und Kurssteigerungen der Aktie selbst partizipiert wird. Diese Strategie findet bei gleichbleibend oder mäßig steigend erwarteten Kursen Anwendung. Bei stark steigenden Kursen hingegen ist diese Strategie dem reinen Aktienkauf unterlegen.

Zum Beispiel: Die Aktie der Deutschen Bank AG steht aktuell auf 44,30 Euro und ein Call mit Fälligkeit im Januar nächsten Jahres und mit Basispreis von 50 Euro bringt eine Prämie von 2,80 Euro. Wenn ein Kontrakt für 100 Aktien gilt, beträgt der Gesamtpreis des Calls 280 Euro. Zudem werden 100 Aktien der Deutschen Bank AG zu 44,30 Euro gekauft. Verrechnet man die Anschaffungskosten (4.430 Euro) mit der schon jetzt erhaltenen Betrag aus den Optionsprämien, so ergibt sich ein faktischer Einstandspreis pro Aktie von 41,50 Euro. Wird der Call bis zum Januar gehalten und steigt der Kurs der Aktie nun auf 55 Euro, so muss der Investor die 100 Aktien zu 50 Euro abgeben. Der Short-Call mindert seinen Gewinn pro Aktie auf 8,50 Euro, der Gesamtgewinn des Investments beläuft sich auf 850 Euro (+19,18%). Ohne den Short-Call hätte der Investor zwar einen Gewinn von 10,70 Euro pro Aktie und einen Gesamtgewinn von 1.070 Euro (+24,15%). Fällt der Aktienkurs bis Januar alternativ auf 42,30 Euro (2 Euro Verlust pro Aktie), so hätte der Investor ohne Short-Call einen Verlust von 200 Euro (-4,5%) realisiert. Der Investor mit Short-Call hingegen könnte seine 100 Aktien zum aktuellen Preis von 42,30 Euro pro Stück für insgesamt 4230 Euro verkaufen.[156] Zusätzlich hätte er 280 Euro Gewinn aus der Optionsprämie. Rechnet man den Anschaffungsaufwand für die Aktien von 4.430 Euro ab, so verbliebe ein Gewinn von 80 Euro. (+1,8%)

Es wird deutlich, dass die Covered Call-Strategie für stark steigende Kurse ungeeignet ist, da der Maximalgewinn wegen des Short-Calls begrenzt ist. Die Strategie wird nachteilig, wenn der Aktienkurs im Januar 52,80 Euro

---

[153] Vgl. *Langreiter,* Außerbörsliche Finanzderivate, 2006, S. 108.

[154] *Hull,* Optionen Futures und andere Derivate, 2009, S. 446 ff.

[155] *Aussenegg/Grünbichler,* Finanzmarkt und Portfolio-Management, 1992, S. 61.

[156] Da die Call-Option mit Basispreis 50 Euro out-of-the-money liegt, wird der Optionskäufer sein Wahlrecht nicht ausüben und es verfallen lassen. Dem Stillhalter verbleibt „nur" die Optionsprämie.

übersteigt. Entsprechend sollte bei der Überlegung zur Wahl des Basispreises die erwartete Performance der Aktie eine große Rolle spielen.

Bei der Protective Put-Strategie wird hingegen eine Put-Option auf das gehaltene Underlying zum aktuellen Kassakurs als Basispreis gekauft.[157] Da mit dem Long-Put das Recht erworben wird, das Underlying zum Basispreis zu verkaufen, ist die Position künftig gegen Kursverluste gesichert. Dennoch wird zunächst ein (theoretischer) Verlust bei der Gesamtposition realisiert, indem der Investor die Optionsprämie für den Long-Put zu zahlen hat. Der Investor partizipiert jedoch weiterhin unbegrenzt an Kursgewinnen des Underlyings.[158] Daher überschreitet die Position dann die Gewinnschwelle, wenn die Einzahlungen aus dem Underlying (Kursgewinne, Dividenden usw.) die gezahlte Optionsprämie übersteigen. Deshalb ist die Protective Put-Strategie eher für Investoren geeignet, die stark steigende Kurse des Underlyings erwarten, sich aber dennoch gegen starke Kursverluste absichern wollen.

ii) Dynamische Hedgingstrategien mit Call- und Put-Optionen

Die eben aufgezeigten Optionsstrategien garantieren die Absicherung jedoch lediglich stichtagsbezogen zum Laufzeitende der Option. Soll die Absicherung *zeitraumbezogen* erfolgen, bedient man sich einer dynamischen Absicherungsstrategie. Dabei wird beispielsweise die Anzahl der benötigten Put-Optionen mittels des Deltas der Option bestimmt, einem aus der Optionspreistheorie folgenden Parameter. Er gibt die theoretische Veränderung des Optionswertes an, wenn sich der Basispreis um eine Einheit nach oben oder unten bewegt.[159] Ändert sich das Delta während der Laufzeit der Option, so kann die Anzahl der erforderlichen Put-Optionen angepasst werden, um ein effektives Absicherungsverhältnis aufrecht zu erhalten.[160] In der Regel erfolgt die Anpassung täglich.[161] Dem Vorteil ständiger Absicherung stehen deshalb die erhöhten Transaktionskosten für die sukzessive Anpassung gegenüber.

iii) Straddle- und Strangle-Strategien

Ein Straddle ist der simultane Kauf (*Long-Straddle*) oder Verkauf (*Short-Straddle*) einer Call- und einer Put-Option mit identischem Basiswert und gleicher Laufzeit.

---

[157] *Hull,* Optionen Futures und andere Derivate, 2009, S. 278.
[158] Vgl. *Rudolph/Schäfer,* Derivative Finanzmarktinstrumente, 2009, S. 155.
[159] Deutsche Bundesbank, Monatsbericht Juli, 2006, S. 63.
[160] *Hull,* Optionen Futures und andere Derivate, 2009, S. 450.
[161] *Hull,* Optionen Futures und andere Derivate, 2009, S. 456.

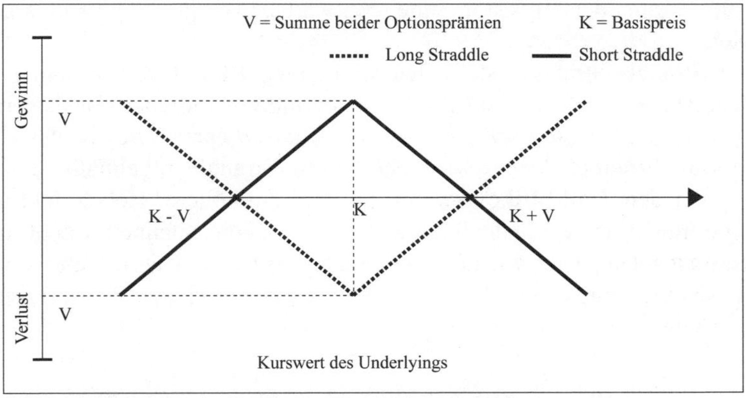

Abb. 5: Auszahlungsprofil eines Long und Short-Straddle (Quelle: Eigene Darstellung in Anlehnung an Rudolph/Schäfer, Derivative Finanzmarktinstrumente, 2009, S. 42).

Mit einem Long-Straddle werden Gewinne realisiert, wenn der Kassakurs des Underlyings zum Fälligkeitstermin weit vom gemeinsamen Basispreis der Optionen entfernt liegt.[162] Dabei ist es unerheblich, ob er weit darüber oder weit darunter liegt. Deshalb werden Long-Straddles dann eingesetzt, wenn man zwar hohe Kursbewegungen erwartet, jedoch Unsicherheit herrscht, in welche Richtung sich die Kurse bewegen werden.[163] Der Investor erreich dann die Gewinnschwelle, wenn der Gewinn einer der Optionen (Call bei steigenden bzw. Put bei fallenden Preisen) größer ist als die Summe der gezahlten Optionsprämien. Diese Strategie nutzt deshalb den Umstand aus, dass das Verlustrisiko der einzelnen Option auf die Optionsprämie begrenzt ist, wobei eine theoretisch unbegrenzte Gewinnchance besteht. Deshalb sind die möglichen Verluste bei dieser Strategie auch auf die Summe der eingesetzten Optionsprämien begrenzt.

Umgekehrtes gilt dagegen bei einem Short-Straddle. Hier besteht ein (theoretisch) unbegrenztes Verlustrisiko bei nur begrenzten Gewinnchancen. Der Investor macht genau dann den höchsten Gewinn, wenn die Basispreise der Optionen und der Kassapreis des Underlyings bei Fälligkeit überein stimmen, beide Optionen also at-the-money sind.[164] Der Gewinn des Investors beträgt dann genau die Summe der beiden Optionsprämien, während die Optionskäufer ihre Optionsrechte nicht ausüben werden, da das Wahlrecht jeweils wertlos ist. Aufgrund dieses Auszahlungsprofils sind Short-Straddles dann

[162] *Lorenz/Knobloch/Heinzel,* Modernes Risikomanagement, 2002, S. 169.
[163] *Hull,* Optionen Futures und andere Derivate, 2009, S. 290.
[164] *Rudolph/Schäfer,* Derivative Finanzmarktinstrumente, 2009, S. 42.

sinnvoll, wenn der Investor eine Seitwärtsbewegung der Kassamärkte erwartet.[165]

Eine Strangle-Strategie stellt den simultanen Kauf (oder Verkauf) einer gleichen Anzahl von Call- und Put-Optionen mit einheitlichem Basiswert und Verfallsdatum, aber *unterschiedlichen Basispreisen* dar.[166] Dies ist der Unterschied zum Straddle. Dabei wird beim Long-Strangle regelmäßig ein Put-Strike unter dem Call-Strike gewählt. So wird ein höherer Hebeleffekt in die Strategie implementiert, jedoch zugleich eine größere Spanne erreicht, in der Verluste entstehen. Hier wird der maximale Verlust realisiert, wenn sich der Wert des Underlyings zum Fälligkeitszeitpunkt zwischen den Basispreisen des Short und des Long befindet.[167]

iv) Spread-Strategien

Mit Spreadstrategien[168] sollen Gewinn- und Verlustrisiken gezielt begrenzt werden. Dazu werden Call-Optionen mit Call-Optionen oder Put-Optionen mit Put-Optionen mit unterschiedlichen Basispreisen kombiniert.

Bei einer Bull-Call-Spread-Strategie werden Kaufoptionen mit niedrigem Basispreis gekauft (Long-Call) und eine gleiche Anzahl Kaufoptionen mit höherem Strike auf den selben Basiswert verkauft (Short-Call). Durch die Kombination von Long- und Short-Positionen wird ein Auszahlungsprofil erreicht, das mögliche Gewinne und Verluste begrenzt. Zudem wird die erhaltene Optionsprämie aus dem Short-Call mit der aus dem Long-Call verrechnet. Damit ist der geleistete Kapitaleinsatz auf ein Minimum reduziert. Der Nachteil dieser Strategie besteht darin, dass nicht in unbegrenztem Maß an Kursanstiegen partizipiert wird.[169] Das Zahlungsprofil eines Bull-Put-Spread (Kauf und Verkauf von Put-Optionen) gleicht dem oben dargestellten Auszahlungsprofil eines Bull-Call-Spread.[170] Beide Strategien werden demnach bei Erwartung steigender Märkte eingesetzt. Unterschiede ergeben sich bei den Zahlungszeitpunkten: Während beim Bull-Call-Spread anfangs die Optionsprämie zu zahlen ist, wird diese beim Bull-Put-Spread verein-

---

[165] Vgl. *Roth,* Ökonomische Analyse des Versicherungsaufsichtsrechts, 2002, S. 113 ff. (Nick Leeson, Derivatehändler bei der britischen Barings Bank, hatte bis nach dem Erdbeben von Kobe (1995) hohe Verluste (400 Mio. Pfund Sterling) durch versteckte, ungenehmigte Spekulationsgeschäfte mit dem Kapital seiner Bank eingefahren. Um diese zu kompensieren, investierte er einen hohen Betrag in einen Short-Straddle. Er glaubte, der Nikkei 225 werde sich auf einem Niveau von 19.000 Punkten stabilisieren. Die Spekulation schlug fehl, der Verlust stiegt dadurch auf 825 Mio. Pfund Sterling. Wenig später ging die Bank in Konkurs.).

[166] *Hull,* Optionen Futures und andere Derivate, 2009, S. 291.

[167] *Rudolph/Schäfer,* Derivative Finanzmarktinstrumente, 2009, S. 44.

[168] Vgl. *Lorenz/Knobloch/Heinzel,* Modernes Risikomanagement, 2002, S. 160 ff.

[169] *Hull,* Optionen Futures und andere Derivate, 2009, S. 281.

[170] Vgl. *Lorenz/Knobloch/Heinzel,* Modernes Risikomanagement, 2002, S. 163.

nahmt.[171] Für die Strategiewahl kann auch die vorhandene Liquidität von Call- und Put-Optionen an den Terminmärkten maßgeblich sein.

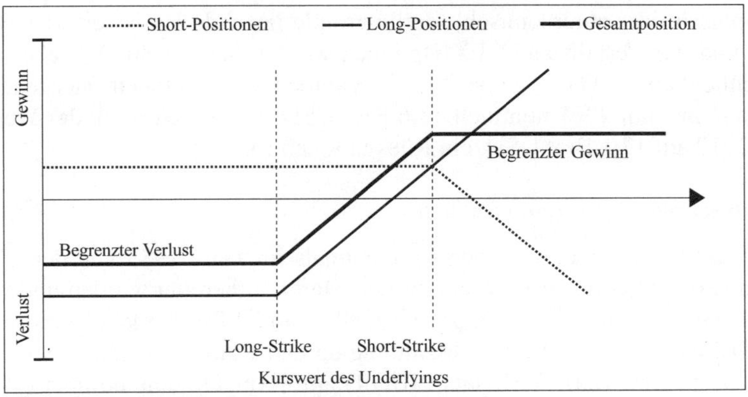

Abb. 6: Auszahlungsprofil eines Bull-Call-Spread (Quelle: Eigene Darstellung in Anlehnung an Hull, Optionen Futures und andere Derivate, 2009, S. 280).

Umgekehrt werden Bear-Spread-Strategien bei Erwartung fallender Märkte eingesetzt.[172] Die Auszahlungsstruktur bei Bear-Spreads verhält sich invers zur Auszahlungsstruktur von Bull-Spreads. Dies wird technisch erreicht, indem der Short-Strike hier unter dem Long-Strike liegt. Im Übrigen werden auch bei Bear-Call-Spread Call-Optionen ge- und verkauft, beim Bear-Put-Spread sind es Put-Optionen.

d) Klassische Erscheinungsformen

i) FX-Optionen

FX-Optionen sind Optionsgeschäfte auf Währungen. Danach hat der Käufer der Option am Fälligkeitstermin das Recht, einen bestimmten Betrag einer *Fremdwährung* zum Fälligkeitszeitpunkt zu kaufen (Call) oder zu verkaufen (Put).[173] Maßgebliche Determinante ist dabei der bei Vertragsschluss fixierte Wechselkurs zwischen der Kaufpreiswährung und der Kaufgegenstandswährung.[174] Für die Einräumung dieses Rechts erhält der Optionsverkäufer zu Laufzeitbeginn die Optionsprämie. Gehandelt werden dabei sowohl Optionen mit Barausgleich[175] als auch solche mit physischer Lieferung, bei der die

[171] *Lorenz/Knobloch/Heinzel,* Modernes Risikomanagement, 2002, S. 164.

[172] *Hull,* Optionen Futures und andere Derivate, 2009, S. 282.

[173] Vgl. *Das,* Swaps and Derivatives Financing, 1993, S. 457 (Mit Beispiel).

[174] *Langreiter,* Außerbörsliche Finanzderivate, 2006, S. 128.

[175] Auf Grundlage des vereinbarten Terminwechselkurses und des Kassawechselkurses am Fälligkeitstermin zwischen den vertraglich fixierten Währungen wird eine Differenz gebildet.

Währungsbeträge tatsächlich zu den vereinbarten Konditionen ausgetauscht werden, sofern der Optionskäufer sein Recht ausübt. Notwendige Kontraktspezifikationen in OTC-Geschäften mit diesen Optionen sind der Optionstyp (europäisch oder amerikanisch), der zugrunde liegende Basiswert, der Basispreis und der Verfallstag.[176] FX-Optionen werden hauptsächlich – aber nicht ausschließlich – OTC gehandelt.[177] Während die weltweit ausstehenden Verträge im Juni 2007 nominell 13,6 Bio. USD[178] betrugen, sank der Wert bis Juni 2010 auf 12,1 Bio. USD, ein Rückgang um ca. 11%.

ii) Zinsbegrenzungsvereinbarungen

Zinsbegrenzungsvereinbarungen sind erstmals im Jahre 1985 von der US-Investmentbank Lehmann Brothers für den Markt aufbereitet worden und treten in den Grundformen Cap, Floor und Collar auf.[179] Der Verkäufer eines Cap verpflichtet sich, eine Ausgleichszahlung an den Käufer zu zahlen, wenn der Referenzzinssatz (z.B. 6 Monats-LIBOR) am Fixingtag eine definierte Obergrenze überschreitet.[180] Damit sichert sich der Käufer gegen steigende Zinssätze ab, profitiert jedoch auch weiterhin von Zinsrückgängen. Der Verkäufer erhält dafür eine Prämie.[181] Der Floor hingegen generiert eine vertragliche Zinsuntergrenze. Damit kann sich der Käufer einen Mindestzinssatz sichern. Mit einem Collar wird sowohl eine Zinsobergrenze als auch eine Zinsuntergrenze vereinbart. Der Unterschied der Zinsbegrenzungsvereinbarungen zur „reinen" Long-Call, Long-Put-Position bzw. Bandbreitenstrategie liegt in dem periodischen Fixing[182] und den damit verbundenen Ausgleichszahlungen während der Laufzeit. Diese beträgt regelmäßig zwei bis zehn Jahre. Diese Verträge werden OTC geschlossen und ihnen liegen oft Rahmenverträge zugrunde.[183] Im Juni 2007 standen nach Angaben der BIS OTC-Zinsoptionen mit einem Nominalvolumen von 56,5 Bio. USD aus, ein Zuwachs von 119% zum Juni 2004. In der Kapitalmarktpraxis nimmt das Wertpapierhandelsunternehmen als Intermediär selbst häufig die Gegenpartei ein.[184]

Sofern diese für den Optionskäufer positiv ist, wird er sein Optionsrecht ausüben und erhält dann den Differenzbetrag ausgezahlt – regelmäßig in seiner Heimatwährung.

[176] Der Verfallszeitpunkt wird regelmäßig sowohl vom Tag her, als auch von der Uhrzeit her genau bezeichnet, z.B. 16.00 Uhr MEZ des 20.12.2008.

[177] *Hull,* Optionen Futures und andere Derivate, 2009, S. 408.

[178] *BIS,* Triennial Central Bank Survey, 2007, S. 14.

[179] *Das,* Swaps and Derivatives Financing, 1993, S. 669 ff.

[180] *Benzler,* Nettingvereinbarungen, 1999, S. 244.

[181] Vgl. *Langreiter,* Außerbörsliche Finanzderivate, 2006, S. 136.

[182] Die vereinbarten Fixingperioden orientieren sich zumeist an den Basiszinssätzen: Beim 3-Monats-LIBOR beträgt die Fixingperiode ebenfalls drei Monate.

[183] *Benzler,* Nettingvereinbarungen, 1999, S. 37 ff.

[184] *Das,* Swaps and Derivatives Financing, 1993, S. 1303; *Kambhu,* Economic Policy Review, Vol. 4, S. 35.

iii) Optionsscheine

Optionsscheine sind als Wertpapier verbriefte Optionen.[185] Sie können sowohl an den Terminbörsen, als auch OTC gehandelt werden. Investoren gehen in der Regel Long-Positionen ein. Optionsscheine sind mit einem Bezugsverhältnis ausgestattet, das angibt, wie viele Optionsscheine notwendig sind, um eine Einheit des Basiswertes zu beziehen (Call) oder zu veräußern (Put). Ein Bezugsverhältnis von 100:1 bedeutet, dass 100 Einheiten des Terminkontrakts erforderlich sind, um eine Einheit des Basiswertes zu erwerben oder zu verkaufen. Optionsscheine werden weit überwiegend von Banken emittiert.[186] Dabei treten sie entweder selbst als Stillhalter auf, teilweise übernehmen sie auch nur eine Mittlerfunktion zwischen institutionellen Investoren als Stillhalter und den Käufern.[187] Optionsscheine können in Verbindung mit einer Anleihe emittiert werden. Dieses Verfahren findet gem. § 221 AktG im Zuge einer bedingten Kapitalerhöhung statt und zählt zu den Mezzanine-Finanzierungsformen.[188] Diese Optionsscheine haben oft Laufzeiten bis 10 Jahre. Optionsscheine können auch selbständig emittiert werden (*Naked Warrants*). Häufigste Basiswerte sind hier Aktienindices oder Einzelaktien, Rohstoffe, Währungen oder Investmentfonds. Regelmäßig laufen diese Optionsscheine über weniger als zwei Jahre und sehen zur Fälligkeit einen Barausgleich vor.[189]

II. Moderne Erscheinungsformen derivativer Finanzinstrumente

1. Kreditderivate

Die Übernahme von Kreditrisiken ist traditionelle Kernkompetenz von Banken.[190] Mit fortschreitender Informationstechnologie verstärkten sich jedoch Wettbewerbs- und Gewinndruck in den letzten Jahren. Um geringere Margen auszugleichen, wurden zunehmend Kreditnehmer schwächerer Bonität akzeptiert. Im Rahmen eines aktiven Risikomanagements der Banken ist es dann erforderlich, Klumpenrisiken zu vermeiden, indem Kreditrisiken externalisiert werden.[191] Dazu bedienen sie sich Kreditderivaten, mit denen

---

[185] *Ekkenga,* Anlegerschutz, 1998, S. 353.

[186] *Lehmann,* Finanzinstrumente, 2009, S. 93.

[187] *Aussenegg/Grünbichler,* Finanzmarkt und Portfolio-Management, 1992, S. 61.

[188] *Ekkenga,* Anlegerschutz, 1998, S. 361.

[189] *Rudolph/Schäfer,* Derivative Finanzmarktinstrumente, 2009, S. 78.

[190] *Hull,* Optionen Futures und andere Derivate, 2009, S. 645.

[191] *Neal* in: Jacque/Vaaler, Financial Innovations, 2001, S. 346; Dies ist insbesondere auch für regional tätige Unternehmen von Bedeutung, bei denen sich die Risikopositionen auf wenige Schuldner beziehen.; vgl. *Henschel,* Credit Default Swaps in der Finanzkrise, 2009, S. 17 (Mit dem Hinweis, in der Region Wolfsburg hänge die Bonität der Arbeitnehmer und Zulieferer wesentlich von der Bonität des Volkswagenkonzerns ab, sodass sich die regionalen Banken mit Kreditderivaten auf VW absichern und diversifizieren können).

Kreditrisiken weiter gegeben werden können, ohne die ursprünglichen Kreditbeziehungen zwischen Sicherungsnehmer (Bank) und Dritten anzutasten.[192]

a) Allgemeines

Wirtschaftlich wirken Kreditderivate wie eine Garantie,[193] freilich um den Preis, dass das Gegenparteirisiko mit dem Liquiditätsrisiko des Sicherungsgebers substituiert wird.[194] Kreditderivate werden demnach von Banken einerseits zum Hedging ihrer Risikoaktiva[195] verwendet, im Eigenhandel hingegen auch zu Arbitrage- und Spekulationszwecken. Daneben treten auch Hedgefonds[196] sowie Versicherungsgesellschaften als Marktakteure auf.[197] Der Handel findet bisher fasst ausschließlich[198] OTC statt. Dieser Markt wurde im September 2008 auf ein Nominalvolumen von 62 Bio. USD geschätzt,[199] betrug im Juni 2010 immerhin noch 31,4 Bio. USD.[200] Maßgebliche Handelsorte sind dabei London und New York.[201]

Die wichtigsten Vertragsspezifikationen von Kreditderivaten lauten:[202]

– *Referenzaktivum*
  Das Referenzaktivum kann aus einem oder mehreren Assets bestehen. Im letzten Fall spricht man von einem Risikopool.
– *Kreditereignis*
  Das Kreditereignis muss vertraglich präzise fixiert werden. Es kann im Ausfall (Default Event) oder lediglich in einer Bonitätsverschlechterung (Credit Spread) des Referenzschuldners liegen. Bei einem Risikopooling kann definiert sein, dass bereits das erstmals auftretende Kreditereignis bei einem Referenzaktivum zu einer Ausgleichszahlung führt (*First-to-Default-Struktur*[203]) oder dass die Ausgleichszahlung

---

192 *Benzler,* Nettingvereinbarungen, 1999, S. 247.

193 *Lehmann,* Finanzinstrumente, 2009, S. 139; vgl. ausführlich S. 209 ff.

194 Vgl. schon oben S. 14.

195 Aktivposten in der Bilanz; z.B. Forderungen aus Krediten, Bonds, Anleihen, OTC-Finanzinstrumente, vgl. *Partony/Skeel,* University of Cincinnati Law Review, Vol. 75, S. 1021.

196 *Felsenheimer/Gisdakis,* Credit Crisis, 2008, S. 137.

197 Die schwerpunktmäßige Marktposition der Akteure war lange Zeit unklar. Während man anfangs von einem Risikotransfer von Banken und Hedgefonds (Risikoverkäufer) hin zu Versicherungen (Risikokäufer) ausging, legten jüngere Studien zunehmend den Schluss nahe, dass auch Banken im Rahmen des Eigenhandels massiv als Risikokäufer auftreten, vgl. unten S. 185 ff.

198 Zwar bietet die Eurex auch Futures auf CDS-basierte Indices an. Die Handelsvolumen sind jedoch derart gering, dass der Börsenhandel hier vernachlässigt werden kann.

199 The Times, 16. Sept. 2008, http://business.timesonline.co.uk/tol/business/industry_sectors/banking_and_finance/article4761839.ece, Abruf am 30.01.2009.

200 *BIS,* Triennial Central Bank Survey, 2010, S. 13.

201 *Cremers/Walzer,* Working Paper, 2007, S. 14.

202 *Schönbucher,* Credit Derivatives Pricing Models, 2003, S. 15.

203 *Martin/Reitz/Wehn,* Kreditderivate und Kreditrisikomodelle, 2006, S. 44.

erst bei einer fest definierten Anzahl von Kreditereignissen fällig wird (*n-th-to-Default-Struktur*[204]).

- *Laufzeit und Nominalwert des Kontrakts*
  Mit Laufzeit und Nominalwert kann der Sicherungsnehmer maßgeblich die Intensität der Sicherungswirkung beeinflussen.
- *Ausgleichszahlung*
  Die vertraglich definierte Ausgleichszahlung kann durch Auszahlung des Nominalwertes gegen Übertragung des Referenzaktivums erfolgen (*Physical Delivery*). Alternativ kann der Sicherungsgeber Barausgleich in Höhe des Wertverlustes des Referenzaktivums leisten (*Cash Settlement*). Die Höhe des Ausgleichs kann neuerdings auch an einen via Auktion ermittelten Marktwert gebunden sein.[205]
- *Höhe der Prämie.*
  Die Höhe der Prämie wird oft in Basispunkten zum Nominalwert angegeben. Die Zahlung soll in der Regel periodisch oder zu Laufzeitbeginn geleistet werden.

Im Folgenden werden praxisrelevante Kreditderivate vorgestellt.

b) Credit Default Swap

Bei eine *Credit Default Swap (CDS)* verpflichtet sich der Sicherungsnehmer während der Laufzeit des Kontraktes in periodischen Abständen Prämienzahlungen an den Sicherungsgeber zu leisten.[206]

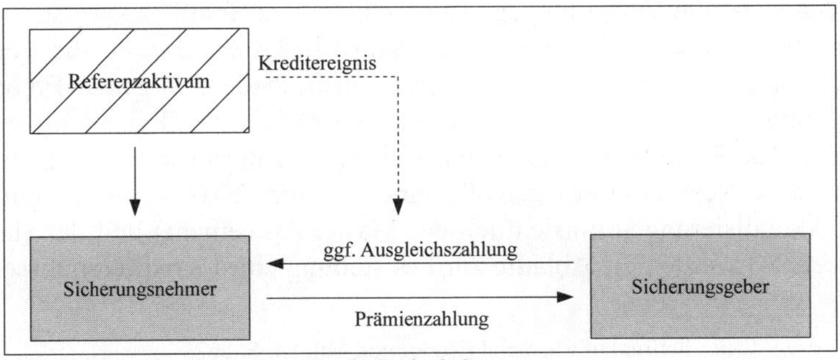

Abb. 7: Grundstruktur eines Credit Default Swaps (Quelle: Eigene Darstellung in Anlehnung an Heidorn, Finanzmathematik in der Bankpraxis, 2009, S. 242).

---

[204] *Schweimayer,* Risiko Manager, 7/2008, S. 8.

[205] *Scherer,* Corporate Finance Law, 2010, S. 94.

[206] Die periodischen Zahlungen sind der wesentliche Unterschied zur Credit Default Option, bei der die Prämie zu Laufzeitbeginn vollständig gezahlt wird. Im Umkehrschluss wird dadurch jedoch auch gerade der Optionscharakter von CDS erkennbar. In der Praxis erfolgen die Zahlungen bei CDS regelmäßig vierteljährlich, halbjährlich oder jährlich nachschüssig, vgl. *Hull,* Optionen Futures und andere Derivate, 2009, S. 645.

Die Höhe dieser Prämien hängt von der errechneten Schadenswahrscheinlichkeit sowie der möglichen Schadenshöhe ab und wird in Basispunkten zum Nominalwert des Kontrakts (*CDS-Spread*) angegeben.[207] Im Gegenzug verpflichtet sich der Sicherungsgeber im Falle des Zahlungsausfalls auf das Referenzaktivum zu einer Ausgleichszahlung.[208] Mit Eintritt des Default Events wird der Vertrag zugleich fällig gestellt (Abb. 7).

In der Praxis werden zahlreiche Sonderformen von CDS gehandelt. So bezieht sich ein *Basket Credit Default Swap* auf ein Referenzaktivum, das ein Portfolio von Risikoaktiva verschiedener Schuldnern darstellt.[209] Damit entspricht der Basket CDS *n*-Abschlüssen von einzelnen – auf die entsprechenden Risikoaktiva bezogenen – CDS-Kontrakten, wobei n für die Anzahl der einzelnen abzusichernden Kredite steht.[210] Bei einem *Digital Credit Default Swap* besteht die Besonderheit darin, dass die maßgebliche *Recovery Rate*[211] bereits bei Vertragsschluss fixiert wird.[212] Zwar entfällt dadurch die komplexe Berechnung der Recovery Rate bei Eintritt des Kreditereignisses. Jedoch entsteht so das Risiko, die Recovery Rate zum Vertragsschluss höher festgesetzt zu haben als sie tatsächlich ist. Ein *Fully Funded Credit Default Swap* entspricht der Grundstruktur eines CDS, jedoch hat der Sicherungsgeber an den Sicherungsnehmer bereits zu Beginn der Laufzeit den Nominalbetrag zu leisten.[213] Sofern das Kreditereignis nicht eintritt, wird der Nominalbetrag zurück gezahlt. Durch den Austausch des Nominalbetrages trägt der Sicherungsgeber ein hohes Liquiditätsrisiko bezüglich des Sicherungsnehmers. Deshalb eignet sich diese Vertragsstruktur, wenn der Sicherungsnehmer eine gute, der Sicherungsgeber hingegen eine schlechtere Bonität ausweist.[214]

Seit 1998 existierte für CDS eine *Standarddokumentation*, die von der ISDA ausgearbeitet wurde. Dabei werden insbesondere folgende Ereignisse als zahlungsauslösend genannt: Insolvenz, Verzug oder Fälligstellung anderer Verträge des Schuldners, Verhängung eines Moratoriums sowie Umschuldungs- oder Restrukturierungsmaßnahmen.[215] Seit 2009 veröffentlichte die ISDA Aktualisierungen hinsichtlich der Master Agreements und der Handelsusancen. So wurden die Abläufe zur Feststellung eines Kreditereignisses und

---

[207] *Jorion/Zhang,* Journal of Financial Economics, Vol. 84, S. 862.

[208] *Hull,* Optionen Futures und andere Derivate, 2009, S. 646.

[209] Vgl. *Das,* Swaps and Derivatives Financing, 1993, S. 1445 (Der Autor weist bemerkenswert frühzeitig auf Potentiale bei der Verbriefung von Krediten mittels Pooling hin).

[210] *Hull,* Optionen Futures und andere Derivate, 2009, S. 655.

[211] Dies ist der Teil der Forderung, der vom Gläubiger beim Ausfall des Schuldners noch erlangt werden kann. Bei der Grundstruktur des CDS wird die Recovery Rate erst bei Eintritt des Kreditereignisses ermittelt.

[212] *Rudolph/Schäfer,* Derivative Finanzmarktinstrumente, 2009, S. 180.

[213] Damit entspricht diese Variante wirtschaftlich dem Verkauf der Forderung (ohne physische Lieferung) und der Verpflichtung zum Rückkauf, falls das Kreditereignis nicht eintritt.

[214] *Cremers/Walzer,* Working Paper, 2007, S. 21.

[215] *Scherer,* Corporate Finance Law, 2010, S. 94.

der Abwicklungsprozesse durch die Möglichkeit zur den erwähnten Auktionen wesentlich verbessert. Über den Eintritt eines Kreditereignisses entscheiden nicht mehr die Parteien selbst – was häufig in lähmende Rechtsstreite mündete – sondern ein regionales *Credit Derivatives Determination Committee*, dem sich die Parteien bereits anfänglich unterwerfen.[216]

Der Markt für CDS hatte in seinem Zenit (Juni 2008) ein Volumen nach ausstehenden Nominalbeträgen von 57 Bio. USD.[217] Im Juni 2010 hatte er immerhin noch ein Volumen von 31,1 Bio. USD.[218]

c) Credit Spread Options

Credit Spread Options sind als Optionen ausgestaltete Kreditderivate. Basiswert ist dabei der Credit Spreads als Zinsspannen zwischen einer risikobehafteten Anleihe und einer quasi-risikolosen Anleihe (z.B. Staatsanleihe) bei vergleichbaren Konditionen.[219] Damit sind diese Optionen an eine Messgröße für das Risiko einer Bonitätsverschlechterung oder (im Extremfall) eines Ausfalls des Schuldners gebunden. Als Basispreis wird ein definierter Wert der Zinsdifferenz vereinbart.[220] Steigt (Call) bzw. sinkt (Put) der Spread über bzw. unter den Basispreis-Spread, so ist die vereinbarte Ausgleichszahlung für den Optionskäufer werthaltig und er wird die Option zum Fälligkeitstermin ausüben. Demnach profitiert der Käufer einer Credit Spread Call-Option von einer Bonitätsverschlechterung des Emittenten der risikobehafteten Anleihe. Im Vergleich zu den CDS führen Credit Default Options allerdings ein Schattendasein. So betrug das Volumen der ausstehenden Nominalbeträge im Juni 2010 lediglich 85 Mrd. USD.[221]

d) Total Return Swaps

Bei einem *Total Return Swap* verpflichtet sich der *Zahler*, sämtliche Erträge (Zinszahlungen und Marktpreisänderungen) des Referenzaktivums während der Laufzeit an den *Empfänger* zu transferieren.[222] Dieser entrichtet im Gegenzug einen variablen Zins (z.B. LIBOR + 0,5%).[223] Soweit das Referenzaktivum im Eigentum des Zahlers steht, wird das Gegenparteirisiko aus dem Referenzaktivum abgesichert.[224] Steht der Referenzwert nicht im Eigentum

---

216 Vgl. Determination Committee Rules (Stand: July 2011) (http://www.isda.org/credit), Abruf am 04.08.2011.

217 BIS, OTC derivatives statistics at end-June 2008, http://www.bis.org/statistics/, Abruf am 30.01.2009.

218 *BIS,* Triennial Central Bank Survey, 2010, S. 13.

219 *Rudolph/Schäfer,* Derivative Finanzmarktinstrumente, 2009, S. 176.

220 *Benzler,* Nettingvereinbarungen, 1999, S. 247.

221 *BIS,* Triennial Central Bank Survey, 2010, S. 13.

222 *Neal* in: Jacque/Vaaler, Financial Innovations, 2001, S. 346.

223 *Benzler,* Nettingvereinbarungen, 1999, S. 246.

224 *Cremers/Walzer,* Working Paper, 2007, S. 22.

des Zahlers, so kann mittels des Total Return Swaps die Short-Position zum Referenzaktivum eingegangen werden.[225] Darüber hinaus eignen sich Total Return Swaps zur Finanzierung.

Ein Beispiel:[226] Ein Unternehmen (Empfänger) möchte 100 Mio. USD in eine Anleihe (Referenzaktivum) investieren. Dazu geht es mit einer Bank (Zahler) ein Total Return Swap ein. Der Zahler investiert 100 Mio. USD in die Anleihe. Das Unternehmen ist nun ökonomisch in der Position, als hätte es zur Finanzierung der Anleihe ein Darlehen zu einem Zins von LIBOR + 0,5% geschlossen. Die Bank ist ihrerseits durch ein wesentlich geringeres Ausfallrisiko gegenüber dem Empfänger besser gestellt als im Falle der Darlehensvergabe.

e) Credit Linked Notes

Credit Linked Notes stellen eine Kombination aus einer Anleihe und einem Kreditderivat dar. Der Sicherungsnehmer – zumeist eine Bank oder Hedge-Fond – gründet zunächst eigens zur Ausgabe eine Zweckgesellschaft (SPV[227]) und überträgt die Referenzaktiva auf diese Gesellschaft. Diese emittiert die Credit Linked Note mit der Vereinbarung, dass an den Käufer als Sicherungsgeber der Nennwert ausgezahlt wird, wenn das definierte Kreditereignis[228] während der Laufzeit *nicht* eintritt. Sollte das Kreditereignis eintreten, erhält der Sicherungsgeber lediglich die Recovery-Zahlungen zurück.[229] Der Vorteil für den Sicherungsnehmer ist die Einnahme des Emissionserlöses, mit dem die Referenzaktiva unterlegt werden können. Der Sicherungsgeber hingegen trägt sowohl die ökonomische Risiken aus dem Referenzaktivum, als auch das Liquiditätsrisiko des Emittenten.

f) Collateralized Debt Obligations

Auch *Collateralized Debt Obligations* (*CDOs*) bieten eine Möglichkeit zur Verbriefung von Kreditrisiken. In der Grundform ist ihre Zahlungsstruktur nicht direkt an den Eintritt eines Kreditereignisses gekoppelt. Deshalb werden CDOs in der Grundform nicht mehr den Kreditderivaten zugeordnet. *Synthetische CDOs*, die ihren Wert von einem oder mehreren CDS ableiten, werden wiederum als Kreditderivaten qualifiziert.[230] Dennoch soll hier vorbereitend eine kurze Darstellung des Verbriefungsgeschäfts mit CDOs erfolgen.

---

[225] *Hull,* Optionen Futures und andere Derivate, 2009, S. 656.

[226] *Hull,* Optionen Futures und andere Derivate, 2009, S. 656.

[227] SPV steht für Special Purpose Vehicle.

[228] In der Praxis werden auch Kombinationen aus Anleihe und Credit Default Swap, Credit Spread Options oder Total Return Swaps gehandelt, vgl. *Cremers/Walzer,* Working Paper, 2007, S. 24.

[229] Vgl. *Gehrmann,* Gesamtrisikosteuerung, 2009, S. 58.

[230] Vgl. *Gehrmann,* Gesamtrisikosteuerung, 2009, S. 41.

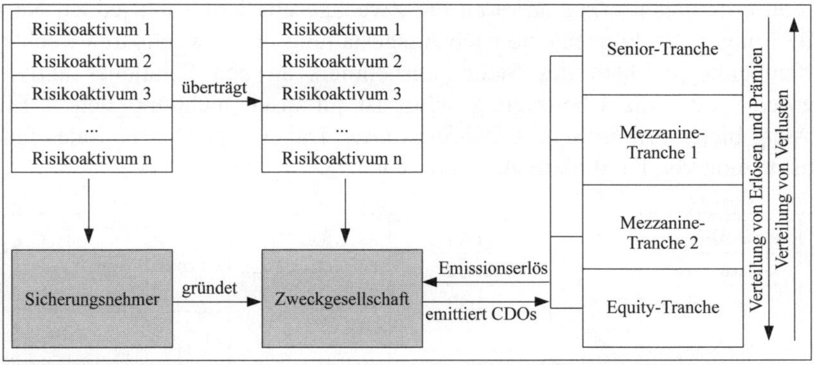

Abb. 8: Verbriefungsstrategie mittels Collateralized Debt Obligations (CDOs) (Quelle: Eigene Darstellung in Anlehnung an Gorton, Working Paper, 2009, S. 8).

Wie bei der Ausgabe von Credit Linked Notes werden zunächst eine Vielzahl von Risikoaktiva vom Sicherungsnehmer in eine Zweckgesellschaft überführt.[231] Diese emittiert CDOs in Tranchen, geordnet nach Seniorität.[232] CDOs hoher Seniorität gehören der Senior-Tranche an und enthalten ein hohes Rating (i.d.R. AAA), da Inhaber dieser CDOs bevorzugt ausgezahlt werden. CDOs niedriger Seniorität dagegen gehören der Equity-Tranche an. Deren CDOs sind oft schlecht oder gar nicht bewertet. Zudem werden Zahlungsansprüche hier erst dann abgegolten, wenn alle CDOs höherer Tranchen bedient wurden[233] (*Wasserfall- bzw. Subordinationsprinzip*). Daher schlagen Verluste aus Kreditereignissen bei den Referenzaktiva hier *zuerst* auf die Inhaber durch.[234] Je höher die Seniorität der CDOs, desto höher ist auch der Emissionserlös. Aus den Einnahmen refinanziert die Zweckgesellschaft dann oft den Erwerb der Referenzaktiva.

Kreditinstitute nutzen CDO-Strukturen insbesondere zum Bilanz- und Kostenmanagement: Durch den Verkauf der Referenzaktiva an die Zweckgesellschaft wird bei Banken als Sicherungsnehmer eine Reduzierung des regulatorischen Eigenkapitals erreicht.[235] Sie können mehr Kredite vergeben und die Rendite bezogen auf die Eigenmittel steigt. Letztlich handelt es sich um eine Form der Regulierungsarbitrage.

Bei dieser klassischen Konstruktion von CDOs sind Referenzaktiva regelmäßig Kreditforderungen. Die tatsächliche Übertragung (Abtretung) dieser

---

[231] *Partony/Skeel,* University of Cincinnati Law Review, Vol. 75, S. 1019.

[232] *Hull,* Optionen Futures und andere Derivate, 2009, S. 657; *Sinn,* Kasino Kapitalismus, 2010, S. 169.

[233] *Gann,* Working Paper, 2009, S. 4; *Jortzik,* Synthetische Collateralized Debt Obligations, 2006, S. 47; *Gehrmann,* Gesamtrisikosteuerung, 2009, S. 67.

[234] Nach *Martin/Reitz/Wehn,* Kreditderivate und Kreditrisikomodelle, 2006, S. 46.

[235] *Gann,* Working Paper, 2009, S. 7; *Jortzik,* Synthetische Collateralized Debt Obligations, 2006, S. 18; *Vasudev,* Journal of Corporate Law, Vol. 35, S. 762.

Kreditforderungen (*True Sale*) an die Zweckgesellschaft kann jedoch Nachteile bringen. So können – je nach Ausgestaltung des anwendbaren Rechts – Offenlegungspflichten des Sicherungsnehmers an den Schuldner aktiviert werden[236] oder die Übertragung selbst ist juristisch nicht möglich.[237] Eine Lösung bieten *synthetische CDO-Strukturen.* Dabei werden True Sales unter Ausnutzung von Kreditderivaten vermieden.[238]

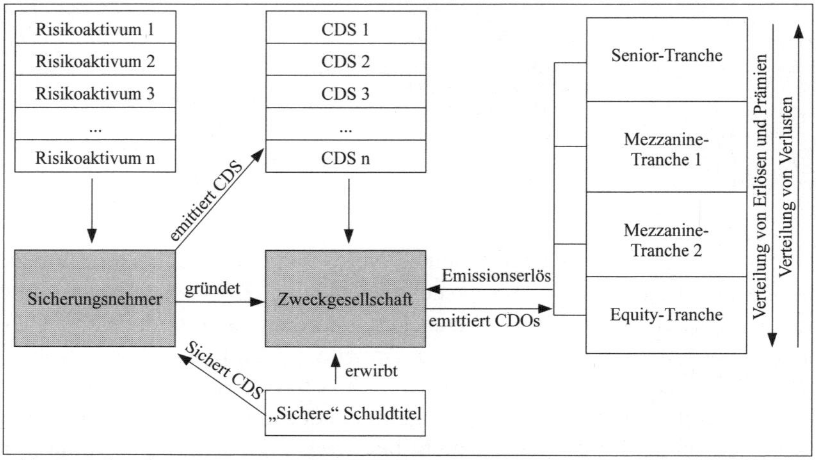

Abb. 9: Verbriefungsstrategie mittels synthetischer CDOs (Quelle: Eigene Darstellung).

Der Sicherungsnehmer emittiert hier *Basket-CDS* auf die zu sichernden Referenzaktiva, die von der Zweckgesellschaft erworben werden. Diese emittiert dann CDOs als Schuldtitel. Jedoch werden die Emissionseinnahmen hier regelmäßig nicht zur Refinanzierung verwendet.[239] Vielmehr investiert die Zweckgesellschaft in hochqualitative Anlagen, die sowohl als Sicherheit für die CDOs, als auch – häufig vorrangig – zur Sicherung der CDS dienen.[240] Synthetische CDOs sind demnach weniger eigenständige Kreditderivate als vielmehr eine Verbriefungsstrategie, die sich Kreditderivaten bedient.

Statt der CDS kann die Zweckgesellschaft auch andere CDOs kaufen und auf diese ihre eigenen CDOs emittieren. Diese als CDO^2 bekannten Finanzinstrumente wurde in den letzten Jahren häufig emittiert.[241] Diese Wiederver-

236 *Jortzik,* Synthetische Collateralized Debt Obligations, 2006, S. 16.

237 Vgl. dazu die Regelungen der §399 BGB sowie §354a HGB für das deutsche Recht, vgl. *Gehrmann,* Gesamtrisikosteuerung, 2009, S. 72 ff.

238 *Hull,* Optionen Futures und andere Derivate, 2009, S. 660.

239 *Jortzik,* Synthetische Collateralized Debt Obligations, 2006, S. 17.

240 *Jortzik,* Synthetische Collateralized Debt Obligations, 2006, S. 17.

241 *Coval/Jurek/Stafford,* Journal of Economic Perspectives, Vol. 23, S. 7.

briefung lässt sich beliebig oft fortführen[242] (z.B. CDO^3-Produkte). Die Emittenten (*Originatoren*) maximieren so ihrerseits die Gesamtrendite der Emission, da selbst mit den in den Wiederverbriefungsprozess eingebrachten Wertpapieren minderer Qualität – regelmäßig Mezzanine-CDOs – *durch das Subordinationsprinzip* wiederum CDOs mit bestem Rating erzeugt werden können (Abb. 10).

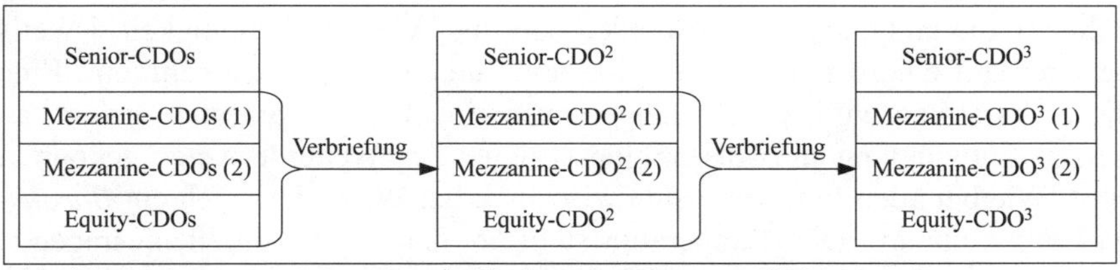

Abb. 10: Qualitätmaximierung mittels Wiederverbriefung von CDOs
(Quelle: Eigene Darstellung in Anlehnung an Jaffee et al. in: Acharya/Richardson, *Restoring Financial Stability, 2009, S. 74).*

Den Investoren – so heißt es[243] – solle durch diese Instrumente der *Handel von Korrelationen* ermöglicht werden, da die erneute Verbriefung die Relevanz der Korrelation der Renditen zwischen den Referenzaktiva als Einflussfaktor auf das Gesamtrisiko der neuen CDOs erheblich steigere.[244]

2. Exotische Basiswerte

a) Wetterderivate

Laut Schätzungen spielen Wetterveränderungen für mehr als 30% der deutschen Wirtschaftstätigkeit direkt oder indirekt eine Rolle.[245] Elektrizität wird beispielsweise bei extremen regionalen Wetterlagen (heiße Sommer, kalte Winter) stärker nachgefragt als in gemäßigten Wetterlagen. Da sich diese Nachfrageschwankung unmittelbar auf den Strompreis auswirken, sind Energieversorger eine der wetterabhängigsten Branchen.[246] Daneben liegt auch die Wetterabhängigkeit der Landwirtschaft, des Bausektors oder der Tourismusunternehmen auf der Hand.

---

[242] Vgl. *Sinn,* Kasino Kapitalismus, 2010, S. 172.

[243] *Gehrmann,* Gesamtrisikosteuerung, 2009, S. 80.

[244] Vgl. ausführlich zu den Risikodeterminanten S. 121 ff.

[245] Vgl. *Hee/Hofmann,* Wetterderivate, 2006, S. 57.

[246] *Hee/Hofmann,* Wetterderivate, 2006, S. 43 (Die Wetterabhängigkeit von EVU habe sich mit der 2004 verordneten Erhöhung des Anteils regenerativer Energien an der Gesamterzeugung erhöht und werde weiter steigen); vgl. *Schweiger,* VW, 2003, 1240 ff. (Mit einem Beispiel, wie EVU auch Wetterderivate zur Glättung von Strompreisschwankungen verwenden können).

Wetterderivate[247] basiere in ihrer Wertentwicklung auf Wetterzuständen in bestimmten Regionen und Zeiträumen und ermöglichen so die kapitalmarktbasierte Absicherung[248] von Wetterzuständen. Primäre Zielsetzung ist dabei nicht das Hedging von Preisrisiken sondern die Sicherung von operationellen Mengenrisiken (z.B. durch verringerten Absatz).

Die Erfassung von Wetterzustände ist an einzelne Variablen gebunden. Dazu zählen die Lufttemperatur, die Niederschlagsmenge (Regen oder Schnee), die täglichen Sonnenstunden oder die Windgeschwindigkeit, jeweils bezogen auf eine bestimmten Region und einen spezifischen Zeitraum. Eine dieser Variablen wird zweckmäßigerweise einem Index zugrunde gelegt, an dessen Entwicklung die Auszahlungsstruktur des Wetterderivates gekoppelt ist.[249] Wie bei allen Indexderivaten wird auch bei Wetterderivaten ein *Barausgleich* vereinbart. Die Temperatur stellt in der Praxis die herausragende Bezugsgröße dar. So basierten 75% der im Berechnungszeitraum 2005/2006 gehandelten Wetterderivate auf Temperaturen.[250]

Degree Day-Indices erfassen die Abweichung einer Temperatur an einer Wetterstation und über einem bestimmten Zeitraum. Referenztemperatur ist dabei regelmäßig 65°F/18°C.[251] Darauf basiert einerseits der *Heating Degree Day-Index* (HDD), der bei gemessenen Tagesdurchschnittstemperaturen unter dem Referenzwert steigt und üblicherweise für Wintermonate eingesetzt wird. Daneben gibt es den *Cooling Degree Day-Index* (CDD), der bei gemessenen Tagesdurchschnittstemperaturen über dem Referenzwert steigt und für die Sommermonate eingesetzt wird.[252]

Demnach weist beispielsweise ein Tag mit einer Durchschnittstemperatur von 14°C insgesamt 0 CDD und 4 HDD auf. Ein Tag mit einer Durchschnittstemperatur von 22,5°C hätte somit folglich 4,5 CDD und 0 HDD.[253]

---

[247] Vgl. *Weistroffer,* Deutsche Bank Research Paper, Nr. 397, S. 9 (Zur Abgrenzung zwischen Wetter- und Katastrophenrisiken: Katastrophen seien seltene Extremereignisse mit einer statistischen Wahrscheinlichkeit <1%, die hohe Schäden verursachen. Wetterschäden hingegen träten weitaus häufiger auf und seien vergleichsweise gering).

[248] Vgl. *Hammer,* Versicherungsderivate als alternative Möglichkeit des Risikotransfers, 2007, S. 52 (Da wetterbedingte Beschaffungs- oder Absatzschwankungen in Unternehmen recht häufig auftreten, aber – im Unterschied zu Bränden oder Naturkatastrophen – vergleichsweise geringe Vermögenseinbußen beim Unternehmen verursachen, würden die Kosten für die Schadensabwicklung (Transaktionskosten) einen großen Anteil einnehmen. Deshalb seien diese Schäden nicht oder nur sehr eingeschränkt versicherbar).

[249] *Hull,* Optionen Futures und andere Derivate, 2009, S. 711.

[250] Vgl. *Hammer,* Versicherungsderivate als alternative Möglichkeit des Risikotransfers, 2007, S. 65.

[251] *Hee/Hofmann,* Wetterderivate, 2006, S. 26 (Bei dieser Temperatur sei der Heizbedarf von Unternehmen und Haushalten am geringsten).

[252] Vgl. *Rudolph/Schäfer,* Derivative Finanzmarktinstrumente, 2009, S. 170.

[253] *Hee/Hofmann,* Wetterderivate, 2006, S. 28.

Wetterderivate unterscheiden sich in ihrer Konstruktion als Futures, Optionen oder Swapgeschäfte nicht von den bereits oben dargestellten Grundformen. Die mit mehr als 70% Markanteil häufigste Art stellen dabei *Wetteroptionen* dar, die auch als Kombination in den aufgezeigten Optionsstrategien ausgestaltet sein können.[254] Wetteroptionen werden sowohl außerbörslich als auch an Börsen gehandelt. Daneben nehmen außerbörslich gehandelte Swaps einen Marktanteil von nahezu einem Drittel ein. Der Anteil wetterbasierter Festgeschäfte ist dagegen zu vernachlässigen. Die Laufzeit von Wetterderivaten bezieht sich regelmäßig auf einen saisonalen Zeithorizont (ca. bis 1 Jahr). Die Vertragsspezifikationen enthalten auch einen Multiplikator in Geld, beispielsweise 10.000 Euro pro gemessen HDD.

Die Preisbildung von Wetterderivaten ist jedoch noch nicht abschließend geklärt. Da das Black/Scholes-Modell auf einer Normalverteilung der Renditen basiert, wird es hier allgemein als nicht anwendbar angesehen.[255] Zwar wurden bereits Methoden[256] zur Preisbestimmung vorgeschlagen (z.B. Burn-Analyse[257]), eine einheitliche Meinung hat sich jedoch bis dato nicht gebildet. In der Praxis benutzen Marktakteure vereinzelt eigene Bewertungsmodelle, wollen diese jedoch aus Wettbewerbsgründen nicht veröffentlichen.[258] Das Modellrisiko bei Wetterderivaten dürfte daher noch als recht hoch einzustufen sein.

Der Börsenhandel mit Wetterderivaten findet bisher ausschließlich an der CME statt.[259] Dort wurden im Zeitraum 2006/2007 Wetterkontrakte mit einem Nominalwert von ca. 18 Mrd. USD gehandelt. Der Handel ist stark saisonabhängig. So gibt es Monat, in denen keine Wetterderivate gehandelt werden. Der OTC-Handel von Wetterderivaten nahm von ca. 4500 weltweit gemeldeten Kontrakten im Jahre 2003/2004 auf ca. 2100 gemeldeten Kontrakten im Jahre 2006/2007 ab.[260]

---

[254] *Hammer,* Versicherungsderivate als alternative Möglichkeit des Risikotransfers, 2007, S. 50.

[255] *Heidorn/Trautmann,* Working Paper, 2005, S. 10 m.w.N.

[256] Vgl. *Schiller/Seidler/Wimmer,* VW, 2008, 491 ff.

[257] *Heidorn/Trautmann,* Working Paper, 2005, S. 11 („Die Burn-Analyse ist eine versicherungsmathematische Methode in Form einer historischen Schadensermittlung. Auf der Grundlage historischer Wetterdaten wird bestimmt, welche Zahlungsströme in der Vergangenheit aus einem Derivat geflossen wären. Daraus lässt sich ein Erwartungswert für die Zahlungsverpflichtungen aus dem Derivat errechnen, der als Grundlage für die Preisverhandlungen bei Vertragsabschluss verwendet werden kann").

[258] *Heidorn/Trautmann,* Working Paper, 2005, S. 11.

[259] Auch die LIFFE (London) und die Eurex hatten ein Engagement im Wettermarkt geplant, es dann aber aufgrund mangelnder Nachfrage wieder verworfen, vgl. *Weistroffer,* Deutsche Bank Research Paper, Nr. 397, S. 16.

[260] Vgl. *Weistroffer,* Deutsche Bank Research Paper, Nr. 397, S. 16.

Realwirtschaftliche Nachfrager nach Wetterderivaten sind nach der Anzahl der Kontrakte mit 56% die Energieversorger, gefolgt von Agrarunternehmen.[261] Am Wettermarkt treten aber auch Banken auf. Als Darlehensgeber wetterabhängiger Unternehmen wird das Wetterrisiko der Darlehensnehmer über das Bonitätsrisiko an die Banken transferiert, sodass Absicherungsbedarf entsteht.[262] Sie können die eingegangenen Risiken einerseits durch Kauf von Wetterderivaten (Long-Position) oder durch deren Emission (Short-Position) absichern. Gleichzeitig übernehmen Banken auch Wetterrisiken durch den Kauf von Wetterderivaten und bieten sie – häufig in Form strukturierter Produkte – ihren Kunden an. Damit übernehmen sie ihre volkswirtschaftliche Funktion der Risiko-, Fristen- und Losgrößentransformation. Ähnliches gilt für Versicherungsgesellschaften. Insbesondere Rückversicherer übernehmen hier – soweit zulässig – eine Short-Position, was deren traditionellen Rolle als Risikoträger entspricht. Für institutionelle Investoren bieten Wetterderivate ein Instrument, das weitestgehend unabhängig in der Entwicklung volkswirtschaftlicher Rahmenbedingungen ist und daher Diversifizierungspotential bietet.[263]

b) Katastrophenderivate

Katastrophenrisiken sind ökonomische Spitzenrisiken, die aus Naturkatastrophen wie Wirbelstürmen, Erdbeben, Sturmfluten oder auch Terroranschlägen resultieren.[264] Diese Risiken realisieren sich – im Gegensatz zu Wetterrisiken – mit einer statistischen Wahrscheinlichkeit von weniger als 1%, verursachen dann jedoch sehr hohe Schäden. In den vergangenen zwanzig Jahren hat die relative Häufigkeit dieser Schadensereignisse signifikant zugenommen.[265] Die Absicherung dieser Risiken fällt traditionell in das Geschäftsfeld der Versicherer und Rückversicherer.[266] Entsprechend gibt es in diesen Branchen hohe Innovationstendenzen. Nach Ritter[267] stößt das traditionelle Versicherungssystem hier an seine Funktionsgrenzen, sodass ein Bedürfnis besteht, alterna-

---

[261] Erhebungszeitraum: 2003/2004; detaillierte Darstellung bei *Hee/Hofmann,* Wetterderivate, 2006, S. 44.

[262] *Heidorn/Trautmann,* Working Paper, 2005, S. 18.

[263] *Hammer,* Versicherungsderivate als alternative Möglichkeit des Risikotransfers, 2007, S. 52.

[264] Vgl. *Ritter,* Absicherung von Katastrophenrisiko über Kapitalmärkte, 2006, S. 17.

[265] Vgl. *Ritter,* Absicherung von Katastrophenrisiko über Kapitalmärkte, 2006, S. 20 („Fundamentale Ursachen dieser erhöhten Bedrohung sind: (1) ein Wachstum der Bevölkerung, (2) das Steigen von Sachwerten, (3) eine zunehmende Konzentration der beiden erstgenannten Punkten auf relativ engem, u. U. besonders exponiertem Raum. Die (4) generell erhöhte Anfälligkeit unserer modernen Gesellschaft, unserer Infrastruktur und Technologien, gegenüber Naturgewalten verschärft das Problem einer sich u. U. (5) wandelnden natürlichen Umwelt").

[266] Vgl. *Weistroffer,* Deutsche Bank Research Paper, Nr. 397, S. 9.

[267] *Ritter,* Absicherung von Katastrophenrisiko über Kapitalmärkte, 2006, S. 30.

tive Wege zur ausreichenden Deckung der Katastrophenrisiken zu finden (*Altenative Risikotransfers*).

Dies kann durch einen Risikotransfer an Teilnehmer der Kapitalmärkte erfolgen. Neben der einfachen Verbriefung von Katastrophenrisiken durch Anleihen (Cat-Bonds[268]) wurde der Risikotransfer in der Vergangenheit auch mittels *Derivaten auf Katastrophenrisiken* betrieben. Wie bei den Wetterderivaten hängt auch hier das Auszahlungsprofil der Kontrakte von der Entwicklung eines *(Schadens-)Index* ab. Dieser wird wie folgt ermittelt:[269]

Zunächst werden auf täglicher Basis Beobachtungen über Naturkatastrophen und die daraus resultierenden (versicherten) Schäden in einer definierten Region durchgeführt. Erfasst werden insbesondere Schäden an Immobilien, sonstigen Haus- und Wohneinrichtungen, Booten oder Kosten für Geschäftsausfall. Alle in einer bestimmten Periode (zumeist ein Quartal) auftretenden Schäden werden dann aggregiert. In der darauf folgenden Nachschadensperiode sollen erst später erkennbare Schäden für die relevante Periode erfasst und hinzugerechnet werden. Dieser zeitliche Spielraum beträgt i.d.R. sechs Monate oder ein Jahr. Der Wert des Index wird daher erst nach Ablauf der Nachschadensperiode endgültig ermittelt. Dafür werden die aggregierten Schäden durch die Schadenssumme 100 Mio. USD dividiert. So ergibt sich beispielsweise bei einem regionalen Sturmschaden i.H.v. 5 Mrd. USD ein Schadensindexwert für diese Region von 50 Punkten.

Auf solche Indices wurden in der Vergangenheit hauptsächlich *Optionen* und *Futures* an den Terminbörsen CBOT und Bermuda Commodities Exchange (BCOE) gehandelt.[270] Die Indices selbst bezogen sich dabei auf Regionen in den USA. Der Börsenhandel wurde vom CBOT 1992 aufgenommen. Da das ausstehende Volumen der Kontrakte in Spitzenzeiten 12 Mio. USD nicht überschritt, wurde der Handel bereits 1994 wieder eingestellt.[271] Im September 1995 wurde dann die erneute Marktetablierung von Katastrophenoptionen unternommen. Die Indexberechnung erfolgte nun transparenter und mit höherer Präzision, der Erfolg blieb gleichwohl aus. Nach einem ausstehenden Volumen von 90. Mio. USD in Spitzenzeiten wurden ab dem Jahr 2000 keine Umsätze mehr verzeichnet.[272] Als Grund wird zumeist das Fehlen eines liquiden Kassamarktes gesehen, der die Preisbildung der Katastrophenderi-

---

[268] Die Vorgehensweise ist ähnlich wie bei der Verbriefung von Kreditrisiken mit CDOs (S. 44): Die Versicherungsgesellschaft gründet eine Zweckgesellschaft und überträgt die risikobehafteten Assets auf diese. Die Zweckgesellschaft emittiert entsprechende Anleihen (Cat-Bonds), deren Wertentwicklung stark mit der des Risikoportfolios der Zweckgesellschaft korreliert. Aus dem Erlös werden „sichere" Anlagen wie Staatsanleihen erworben, die als Sicherheit für die Versicherungsgesellschaft dienen.; vertiefend *Ritter,* Absicherung von Katastrophenrisiko über Kapitalmärkte, 2006, S. 58 ff.

[269] *Bruttel/Demolière/Johannsen,* Absicherungsmöglichkeiten für Versicherungsunternehmen, 2001, S. 118 ff.

[270] Vgl. *Ritter,* Absicherung von Katastrophenrisiko über Kapitalmärkte, 2006, S. 54 ff.

[271] *Ritter,* Absicherung von Katastrophenrisiko über Kapitalmärkte, 2006, S. 55.

[272] *Weistroffer,* Deutsche Bank Research Paper, Nr. 397, S. 13.

vate erheblich komplexer gestalte. So führt Weistroffer[273] aus, dass „die Korrelation zwischen den tatsächlich erlittenen Verlusten und den erzielbaren Preisen für die Sicherungsinstrumente gering [war]. Bis zum Auslaufen des Kontraktes und endgültigem Zahlungsausgleich bestand daher ein erhöhtes Basisrisiko. Schließlich führte die geringe Liquidität in den Kontrakten zu höheren Risikoprämien, welche unter Berücksichtigung des zusätzlich zu tragenden Basisrisikos eine traditionelle Versicherungslösung überlegen machte“. Seit einigen Jahren bieten die NYMEX und die Insurance Futures Exchange (IFE) wieder Futures und Optionen auf einen Schadensindex an. Die Handelsvolumen an der NYMEX waren im Juni 2009 allerdings verschwindend gering.[274]

c) Sportderivate

Sportderivate (Sportzertifikate) sind Schuldverschreibungen, in denen der Emittent verspricht, dem Inhaber des Wertpapiers zu einem bestimmten Zeitpunkt und abhängig vom Ausgang eines definierten Ereignisses einen vertraglich definierten Betrag auszuzahlen. Als maßgebliches Ereignis kann der Turniersieg, eine bestimmte Platzierung im Turnier oder der Ausgang eines einzelnen Spiels benannt sein. Im Unterschied zur klassischen Sportwette kann der Anleger das Instrument auch während der Laufzeit handeln und so Zwischengewinne realisieren, aber auch Verluste begrenzen.[275] Die Instrumente sind in den regulierten Markt einbezogen und können an Börsen gehandelt werden. In Deutschland stellt die Tradegate Exchange (Berlin) eine Handelsplattform für Sportderivate bzgl. Mannschaften der ersten Fußballbundesliga bereit, richtet sich damit aber eher an Privatanleger.

d) Stromderivate

Strom unterscheidet sich von anderen Basiswerten insbesondere dadurch, dass eine Lagerung technisch bisweilen nur *begrenzt möglich* ist.[276] Deshalb müssen Erzeugung und Verbrauch nahezu synchron statt finden. Unvorhergesehene Änderungen von Angebot und Nachfrage können kurzzeitig zu hohen Preisausschlägen führen.[277] Diesem erheblichen Marktrisiko sind Stromerzeuger und -versorger, aber auch Industrieunternehmen in energieintensiven Branchen ausgesetzt.

---

[273] *Weistroffer,* Deutsche Bank Research Paper, Nr. 397, aaO.

[274] NYMEX Volume Report 2009 (http://www.cmegroup.com/market-data/files/NYMEX_Monthly_volumes-2009.pdf), Abruf am 08.08.2011.

[275] *Reiner,* Derivative Finanzinstrumente, 2002, S. 164.

[276] *Mayhew,* Impact of Derivatives on Stock Markets, 2000, S. 42.

[277] *Hull,* Optionen Futures und andere Derivate, 2009, S. 713.

Dazu ein Beispiel:[278] Ein Stromerzeuger plant, im Monat September eine Produktion von 30 MW vollständig (24 Stunden über 30 Tage) am Kassamarkt der European Energy Exchange (EEX) zu verkaufen. Dabei kalkuliert er mit einem Preis von 29 Euro/MWh. Wie geplant, veräußert er 30 MW pro Stunde über den gesamten Monat. Dabei gibt er zu jeder Stunde preisunabhängige Gebote am EEX-Spot-Markt ab mit der Folge, dass die 30 MW jede Stunde zu einem anderen Preis abgesetzt werden können. Sinkt dieser nun unerwartet auf 26 Euro/MWh, so bleibt der Stromerzeuger unter dem Planansatz.

Dieses Marktrisiko kann durch Kauf von *Baseload-Futures* gesichert werden. In diesem Geschäft wird ein Barausgleich auf Basis der Lieferung von 1 MW pro Stunde über die gesamte Laufzeit zum fixen Preis vereinbart.[279]

Im Beispiel würde der Erzeuger 30 Baseload-Futures zu 29 Euro/MWh für den Monat September kaufen. Sinkt der Strompreis nun auf 26 Euro/MWh, so entsteht ein Zahlungsanspruch am Laufzeitende, der die Mindereinnahmen des Stromerzeugers exakt ausgleicht. Steigt der Absatzpreis hingegen auf 31 Euro/MWh, so entsteht beim Energieerzeuger eine Zahlungsverpflichtung, die die Mehreinnahmen mindert. In jedem Fall bleibt es aber bei den veranschlagten 29 Euro/MWh.

Neben den Baseload-Futures werden an der EEX auch *Peakload-Futures* gehandelt. Hier wird die stündliche Lieferung von 1 MW Elektrizität (nur) über die 12 Stunden der Spitzenlastzeiten von 8 bis 20 Uhr von Montag bis Freitag zu einem festen Preis über die Vertragslaufzeit vereinbart.[280] Liefergebiete der physischen Stromfutures der EEX sind Deutschland und Frankreich. Überwiegend wird wie im Beispiel jedoch ein Barausgleich vereinbart. Stromhandelsunternehmen setzen Strom-Futures fast ausschließlich als Sicherungsinstrument ein, um ihre Produktion gegen Strompreisverfall abzusichern. Die Marktgegenseite dazu nehmen i.d.R. Großkunden oder Zwischenhändler ein, die sich ihrerseits vor Preissteigerungen absichern.[281]

Neben den hier angesprochenen Futures auf Strom gibt es auch entsprechende *Optionen*. Diese werden an der EEX zwar seit November 2004 angeboten. Basiswerte sind hier Stromkassapreise, Indices auf Strom, Übertragungskapazitäten oder Stromfutures.[282] Optionen auf Produktionskapazitäten hingegen sind im bilateralen Handel seit langem üblich. Vor allem Stromhandelsunternehmen mit großem Kraftwerkspark bedienen sich Strom-Swaps, um die Produktionserlöse im Grundlastbereich abzusichern.[283] In Europa waren Swapgeschäfte auf den schweizerischen Strompreisindex SWEP die ersten OTC-Sicherungsinstrumente. Bis heute haben sich verschiedene Vertragsausgestaltungen an den Swapmärkten etabliert. Die häufigste ist der Tausch von fixen gegen variable Zahlungsströme.

---

[278] Vgl. *Rudolph/Schäfer,* Derivative Finanzmarktinstrumente, 2009, S. 168.
[279] Vgl. *Hull,* Optionen Futures und andere Derivate, 2009, S. 714 (Mit Beispiel).
[280] *Rudolph/Schäfer,* Derivative Finanzmarktinstrumente, 2009, S. 196.
[281] *Pschick,* Management von Marktpreis- und Kreditrisiken, 2008, S. 83.
[282] Vgl. *Pschick,* Management von Marktpreis- und Kreditrisiken, 2008, S. 169.
[283] *Pschick,* Management von Marktpreis- und Kreditrisiken, 2008, S. 154.

C. Ergebnis

Die vorstehenden Ausführungen zeigen, dass derivative Finanzinstrumente in der unternehmerischen Betätigung ein breites Anwendungsspektrum bieten. Funktional kann hier zwischen dem Einsatz zur Gewinnerzielung oder zur Absicherung unternehmerischer Risiken differenziert werden. Die scheinbar unbegrenzten Möglichkeiten zur Wahl des Basiswertes machen diese Geschäfte für Finanzunternehmen und Nicht-Finanzunternehmen aller Branchen interessant. Die Teilnehmer in den Terminmärkten haben zudem spezifische Bedürfnisse, die sie – im Rahmen eines überwiegend bilateralen Vertragsschlusses – durch individuelle Vertragsgestaltung wirtschaftlich umzusetzen suchen. Dabei wird indes Einfluss auf die dem Geschäft immanenten Risiken genommen, die das Unternehmen im Rahmen des Einsatzes dieser Instrumente in der Unternehmensfinanzierung dennoch angemessen zu beurteilen hat.

Kapitel 2

Ökonomische Eignung von Finanzderivaten zur Unternehmensfinanzierung

Nachdem die Funktionsweise derivativer Finanzinstrumente und deren Verbreitungsgrad in der Kapitalmarktrealität ausgearbeitet wurde, soll nun die wirtschaftliche Eignung dieser Instrumente zur Unternehmensfinanzierung selbst im Mittelpunkt der Untersuchung stehen, um die Grundlage für die Beurteilung der Zulässigkeit ihres Einsatzes zu schaffen. Dazu sind den positiven betriebswirtschaftlichen und volkswirtschaftlichen Effekten die entsprechenden negativen Effekte gegenüber zu stellen.

A. Positive Effekte durch den Einsatz von Derivaten

Die weite Verbreitung derivativer Finanzinstrumente über alle Branchengrenzen hinweg ist in den Vorteilen begründet, die deren Einsatz für die Unternehmensfinanzierung mit sich bringt.

I. Positive Effekte in der betriebswirtschaftlichen Unternehmensfinanzierung

1. Stellung von Derivaten in der Unternehmensfinanzierung

Die Geschäftstätigkeit einer Unternehmung ist auf Kapital als Produktionsfaktor angewiesen. Erst dadurch kann sich das Unternehmen den Zugang zu weiteren Produktionsfaktoren wie Grund und Boden, Arbeit oder Technologie sichern.[1] Die Einzahlung von Kapital in die Unternehmung ist dabei dem Einkaufs-, Produktions- und Absatzprozess vorgelagert. Umgekehrt werden Gewinne aus der unternehmerischen Tätigkeit dem Zeitpunkt der Kapitalbereitstellung nachgelagert erzielt. Die Ein- und Auszahlung von Kapital findet demnach zeitlich versetzt statt. Die Finanzierung der Unternehmung soll die ausreichende *Versorgung mit dem Produktionsfaktor Kapital* während der unternehmerischen Betätigung sicher stellen.[2] Die ausreichende Versorgung mit Kapital beschreibt indes die Fähigkeit des Unternehmens, seine fälligen Verbindlichkeiten vertragsgemäß begleichen zu können und bezieht sich

[1] *Samuelson/Nordhaus,* Volkswirtschaftslehre, 2005, S. 28.
[2] *Knabe/Walther,* Freiberg Working Papers, Nr. 08/2005, S. 1.

damit auf Liquidität.[3] Unternehmensfinanzierung hat entsprechend die Zielstellung, die *Zahlungsfähigkeit bzw. Liquidität des Unternehmens* zu sichern. Schließlich sind an die Zahlungsunfähigkeit des Unternehmens auch die gesetzlichen Insolvenzgründe (§§ 17 ff. InsO) gekoppelt. Das Vorhalten von Liquidität durch Unternehmensfinanzierung sichert damit die Unternehmensfortführung (*Going Concern*).[4]

Für den Zeitraum der Kapitalüberlassung werden die Kapitalgeber eine Rendite fordern.[5] Damit ist die Aufnahme von Kapital für die Unternehmung mit Kosten verbunden, die den Gewinn mindern. Umgekehrt trägt das bloße Vorhalten von Liquidität, ohne dass sie für den Produktionsprozess benötigt wird, nicht zum Gewinn der Unternehmung bei. Es entsteht letztlich ein *Spannungsfeld zwischen Rentabilität und Liquidität.*[6] Unternehmen werden eine für sie kostenminimale Finanzierungsgestaltung anstreben. Die Unternehmensfinanzierung möchte Erklärungsansätze für dieses Ziel bereit stellen. Sie zeigt Methoden auf, wie die notwenige Liquidität bei maximaler Rentabilität der Unternehmung gesichert werden kann. Bestandteil dieser Methoden ist insbesondere die Gestaltung der Verträge zur Kapitalüberlassung zwischen Kapitalgeber und Unternehmen (Finanztitel). Durch die Auflösung des Spannungsfeldes zwischen Liquiditätssicherung und Rentabilitätssteigerung werden letztlich die zukünftig zu erwartenden Gewinne und damit der beizulegende Zeitwert der Unternehmung als solcher maximiert. Ziel der Unternehmensfinanzierung ist damit auch die *Steigerung des Unternehmenswertes.*[7] Auf der Grundlage dieses funktionalen Verständnisses sind die Betätigungsformen des Derivateeinsatzes im Rahmen der Unternehmensfinanzierung weit zu verstehen. Sie umfassen nicht nur die Sicherung risikobehafteter Zahlungsströme aus bestehenden Investitionsprojekten, sondern auch die Anlage freien Kapitals selbst.

a) Finanzierungsformen der Unternehmung

Eine Unternehmung kann von außen oder von innen finanziert werden. Die Innenfinanzierung umfasst die Bereitstellung von Kapital durch die Unternehmung selbst und ist daher für den weiteren Verlauf der Untersuchung zu vernachlässigen. Bei der Außenfinanzierung hingegen übergeben externen

---

[3] § 17 Abs. 2 InsO; vgl. auch *Ruhnke,* Rechnungslegung, 2008, S. 710 ff. (zu verschiedenen Liquiditätsgraden der Unternehmung).

[4] Vgl. IAS 1.26 (Mit dem Hinweis auf den „schnellen Zugriff auf Finanzquellen" als Beurteilungskriterium zur Unternehmensfortführung).

[5] Die Erhebung einer Prämie für die Kapitalentbehrung rechtfertigt sich aus der Risikoaversion der Wirtschaftssubjekte. Der sofortige Konsum wird gewöhnlich dem späteren Konsum vorgezogen. Verzichtet das Wirtschaftssubjekt durch die Kapitalentbehrung auf sofortigen Konsum, wird es eine Prämie für den Verzicht verlangen.

[6] *Paul,* Finanzierung, 2006, S. 1689, (1690).

[7] *Schachtner,* Accounting und Unternehmensfinanzierung, 2009, S. 15 ff.

Kapitalgebern der Unternehmung Mittel und erhalten als Gegenleistung ein Bündel von Rechten und Pflichten. Externe Finanzierung kann daher als Ausgabe von Finanzierungstiteln durch die Unternehmung verstanden werden.[8] Je nach Ausgestaltung der Finanztitel lassen sich Eigenkapital und Fremdkapital unterschieden.

(1) Eigenkapital

Grundkonzeption des Eigenkapitals ist es, dass externe Kapitalgeber dem Unternehmen unbefristet und ohne Zinsanspruch Kapital zur Verfügung stellen, damit diese ihre Geschäftstätigkeit aufnehmen kann[9] (*Errichtungs- und Finanzierungsfunktion*[10]). Dafür erhalten die Kapitalgeber Eigentum an Anteilen der Gesellschaft, verbunden mit einem Anspruch auf Gewinnbeteiligung und i.d.R. auch Mitbestimmungsrechte bezüglich unternehmerischer Grundentscheidungen (*Gewinnbeteiligungsfunktion*). Umgekehrt soll das Eigenkapital auch als Puffer für Verluste aus dem laufenden Geschäftsbetrieb fungieren. Damit sind die Anteilseigner voll an den Verlusten des Unternehmens beteiligt[11] (*Haftungsfunktion*). Das Verlustrisiko lässt sich für die Kapitalgeber durch die Wahl einer ihren Bedürfnissen entsprechenden Rechtsform begrenzen. Ein Beispiel für eine Eigenkapitalfinanzierung stellt die Ausgabe von Beteiligungen an einer neu gegründeten GmbH durch GmbH-Anteile oder Emission von Stammaktien bei der Aktiengesellschaft dar.

(2) Fremdkapital

Fremdkapital hingegen wird idealtypisch dadurch gewährt, dass externe Kapitalgeber der Unternehmung Geldmittel zeitlich befristet und gegen einen erfolgsunabhängigen Zinssatz zur Verfügung stellen.[12] Die externen Kapitalgeber werden dadurch zu Gläubigern der Unternehmung und im Insolvenzfall vor den Eigenkapitalgebern befriedigt.[13] Zum Fremdkapital zählt beispielsweise der klassische Bankkredit:

Ein Unternehmen möchte ein aus seiner Sicht erfolgsversprechendes Investitionsprojekt durchführen, das 10 Mio. Euro kostet und nach einem Jahr Rückflüsse i.H.v. 11 Mio. Euro erwarten lässt. Das Unternehmen selbst besitzt dafür jedoch keine eigenen Finanzmittel. Dann kann es einen Bankkredit über 10 Mio. Euro für ein Jahr zu einem Zinssatz von 7% aufnehmen. Gelingt das Projekt wie geplant, so verbleibt dem Unternehmen ein Gewinn i.H.v. 300.000 Euro, nachdem es Kredit und Zinsen beglichen hat.

---

[8] *Spremann/Gantenbein,* Kapitalmärkte, 2005, S. 6.
[9] *Spremann/Gantenbein,* Kapitalmärkte, 2005, S. 5.
[10] *Driever,* Das nachrangige Haftkapital, 1982, S. 31.
[11] *Ruhnke,* Rechnungslegung, 2008, S. 524.
[12] *Heeren,* Hybride Finanzierungsinstrumente, 2009, S. 37.
[13] Vgl. *Spremann/Gantenbein,* Kapitalmärkte, 2005, S. 5.

Demnach hat Fremdkapital lediglich eine Finanzierungsfunktion.[14]

(3) Abgrenzungsschwierigkeiten

Diesen grundlegenden Vorstellungen entsprechend wurden Kriterien entwickelt, anhand derer sich idealtypisches Eigen- und Fremdkapital charakterisieren lässt.[15] Die Kriterien sind in Abb. 11 zusammen gefasst:

Merkmal	*Eigenkapital*	*Fremdkapital*
(1) Vom Eigentümer bereit gestellt	(+)	(-)
(2) Abhängigkeit der Vergütung von der Ertragslage des Unternehmens	(+)	(-)
(3) Herrschaftsrechte	(+)	(-)
(4) Unbefristete Kapitalüberlassung	(+)	(-)
(5) Haftung (begrenzt oder unbegrenzt) für Schulden des Unternehmens	(+)	(-)
(6) Nachrangiger Entgeltanspruch	(+)	(-)

Abb. 11: Kennzeichen idealtypischen Eigen- und Fremdkapitals
(Quelle: Eigene Darstellung in Anlehnung an Schachtner, Accounting und Unternehmensfinanzierung, 2009, S. 47).

Betrachtet man idealtypisches Eigenkapital, so ergibt sich insbesondere aus der gewinnabhängigen Vergütung, der Haftung und des nachrangigen Entgeltanspruchs ein tendenziell höheres Risiko als bei Fremdkapital, verbunden mit einem Mehr an Mitsprache- und Herrschaftsrechten. Wendet man diese Kriterien jedoch in der Praxis an, so ist eine trennscharfe Abgrenzung zwischen Eigen- und Fremdkapital nicht immer zu gewährleisten. Hier konnten sich eine Vielzahl von Mischformen (*Mezzanine-Kapital*) etablieren.[16] So können die Gläubigerstellung und die Stellung als Anteilseigner in einer Person zusammen fallen, sodass die Kapitalbereitstellung vom Eigentümer (Punkt 1) auch bei Fremdkapital erfüllt ist. Zudem kann nach dem Eigenkapitalersatzrecht das Fremdkapital in der Krise wie Eigenkapital behandelt werden, wenn der Fremdkapitalgläubiger zugleich Gesellschafter ist.[17] Dann ist auch Punkt 5 und 6 für Fremdkapital erfüllt. Zudem genießen Vorzugsaktionäre Vorrang vor Stammaktionären. Auch kann sich ein Kreditgeber vertraglich Priorität vor anderen Gläubigern einräumen lassen, sodass Punkt 6 auch in diesen Fällen verschwimmt. Darüber hinaus können partiarische Darlehen mit einer vertrag-

---

[14] *Ruhnke,* Rechnungslegung, 2008, S. 524.

[15] Vgl. *Swoboda,* Betriebliche Finanzierung, 1994, S. 10 ff.; *Heeren,* Hybride Finanzierungsinstrumente, 2009, S. 51 ff.

[16] *Schachtner,* Accounting und Unternehmensfinanzierung, 2009, S. 63.

[17] *Ballwieser* in: MüKo, HGB, § 246, Rn. 84.

lichen Gewinnbeteiligung, oder Vorzugsaktien mit garantierter Dividende vereinbart werden. Demnach ist auch Punkt 2 als Abgrenzungskriterium unscharf. Durch ewige Anleihen ist das Merkmal der unbefristeten Bereitstellung von Kapital (Punkt 4) für Fremdkapital erfüllt. Und auch Fremdkapitalgeber können in Unternehmen mit hohem Verschuldungsgrad faktische Herrschaftsrechte inne haben. Zudem ist die Zuordnungsansatz anhand des vom Kapitalgeber eingegangenen Risikos – unabhängig von der Frage nach einem geeigneten Risikomaß – bei Mischformen praktisch nicht konsistent.

(4) Zusammenfassung

Insgesamt sind die für idealtypisches Eigen- und Fremdkapital heraus gearbeiteten Kriterien demnach nicht eindeutig. Der bisher vorgestellte merkmalsorientierte Ansatz in der Finanzwirtschaft ist für die Zwecke der Unternehmensfinanzierung selbst ausreichend, geht es hier doch lediglich darum, Übersicht und Struktur zu schaffen.[18] Entsprechend ist eine typologische Zuordnung ausreichend.[19] Eine weitaus gewichtigere Bedeutung hat die Unterscheidung aber für das externe Rechnungswesen. Da die Passivseite der Bilanz in Eigenkapital und Fremdkapital unterteilt ist,[20] hat die Zuordnung eines Finanzinstruments Auswirkungen auf die Zusammenstellung der Bilanz. In der Folge hängt auch die Ermittlung betriebswirtschaftlicher Kennzahlen wie Verschuldungsgrad oder Eigenkapitalrendite einerseits und die Erfüllung des Tatbestands der Überschuldung (§ 19 InsO) und andererseits von der exakten Zuordnung ab. Die deutsche Kapitalmarktrealität ist bisweilen von zwei Rechnungslegungswelten geprägt: Der traditionelle – und auch heute noch obligatorische – Ausweis nach HGB und der – insbesondere für kapitalmarktorientierte Unternehmen relevante – zusätzliche Ausweis nach den International Financial Reporting Standards (IFRS).

b) Derivate in der internationalen Rechnungslegung

Zielsetzung der IFRS ist es, den Abschlussadressaten[21] nützliche Information über die Vermögens-, Finanz-, und Ertragslage sowie die Zahlungsströme des Unternehmen bereit zu stellen, auf deren Grundlage sie wirtschaftliche Entscheidungen treffen können.[22] *Entscheidungsnützlich* ist eine Abschlussin-

---

[18] *Knabe/Walther,* Freiberg Working Papers, Nr. 08/2005, S. 2.

[19] *Heeren,* Hybride Finanzierungsinstrumente, 2009, S. 37.

[20] Vgl. §247 Abs. 1 sowie §266 Abs. 3 HGB für Kapitalgesellschaften. Die IFRS enthalten kein explizites Erfordernis dieser Unterteilung, es dürfte sich aber gleichwohl aus der Regelungssystematik ergeben.

[21] Vgl. IASB Framework 9 (Abschlussadressaten seien etwa aktuelle oder potentielle Investoren, Arbeitnehmer, Kreditgeber, Lieferanten und andere Gläubiger, Kunden, Regierungen und ihre Institutionen sowie die Öffentlichkeit selbst).

[22] IAS 1.9; IASB Framework 26.

formation insbesondere dann, wenn sie ein den tatsächlichen Verhältnissen des Unternehmens entsprechendes Bild der Vermögens-, Finanz-, und Ertragslage sowie der Zahlungsströme des Unternehmens verständlich und verlässlich darstellt. Diese Grundsätze durchziehen die Regelungsgehalte aller Standards und sind demnach auch für Ansatz und Bewertung derivativer Finanzinstrumente im Jahresabschluss maßgeblich. Da die Bilanzierung nach den IFRS für kapitalmarktorientierte Unternehmen nicht nur zwingend vorgeschrieben ist, sondern auch für Finanzanalysten eine bedeutende Informationsquelle darstellt, haben die Angaben im IFRS-Abschluss auch auf die Finanzierungssituation des Unternehmens wesentlichen Einfluss.

(1) Ansatz derivativer Finanzinstrumente

Die IFRS knüpfen für Fremdkapital an den Begriff der Schulden an. Um Schulden handelt es sich dann, wenn ein Unternehmen durch ein in der Vergangenheit liegenden Ereignisses zu einer Abfluss von Ressourcen mit wirtschaftlichen Nutzen verpflichtet ist.[23] Ein wahrscheinlicher und der Höhe nach verlässlich bewertbarer Ressourcenabfluss ist in der Bilanz als Fremdkapital auszuweisen.[24] Eigenkapital ergibt sich dann als der „nach Abzug aller Schulden verbleibende Restbetrag der Vermögenswerte des Unternehmens".[25] Im Rahmen des Eigenkapitals ist gem. IAS 1.66 jedenfalls das gezeichnete Kapital und die Rücklagen auszuweisen. Die Abgrenzung von Eigen- und Fremdkapital für Finanzinstrumente erfolgt grundsätzlich anhand der vertraglichen Verpflichtung zur Kapitalrückzahlung.[26] Insofern orientieren sich die IFRS an der Nachhaltigkeit der Kapitalüberlassung.

Unabhängig von der Rechtsposition (Emittent oder Investor) und dem Basiswert sind derivative Finanzinstrumente als finanzielle Vermögenswerte zu qualifizieren, wenn sie das Recht oder das Recht zum Erhalt flüssiger Mittel oder anderer finanzieller Vermögenswerte begründen.[27] Damit besteht für Derivate eine Aktivierungspflicht. Verpflichtet ein Finanzinstrument das Unternehmen dagegen zur Abgabe flüssiger Mittel (Barausgleichsabrede) oder zur physischen Lieferung anderer finanzieller Vermögenswerte, so ist es vom Unternehmen als finanzielle Verbindlichkeit und damit als Fremdkapital anzusetzen.[28] Ebenso werden Verpflichtungen aus derivativen Finanzinstrumenten behandelt, die mit einer variablen Anzahl eigener Eigenkapitalinstrumente zu erfüllen sind. Dem liegt die Erwägung zugrunde, dass die Erfüllungsverpflichtung in einer variablen Anzahl eigener Eigenkapitalinstrumente

---

[23] Vgl. IASB Framework 49(b).
[24] Vgl. IASB Framework 91.
[25] Vgl. IASB Framework 49(c); IAS 32.11; IAS 39.2.
[26] *Ruhnke,* Rechnungslegung, 2008, S. 525.
[27] IAS 32.11(c)(i).
[28] Vgl. IAS 32.11(a)(i).

funktional der Erfüllungsverpflichtung in einem festen und der Höhe nach bestimmbaren Geldbetrag gleichsteht.[29] Damit erfolgt in all diesen Fallgruppen die Einordnung als Fremdkapital konsistent anhand des Kriteriums der schuldrechtlichen Zahlungsverpflichtung. Derivate werden demnach überwiegend als Fremdkapital auszuweisen sein.[30]

Nimmt das Unternehmen allerdings die Rechtsposition des Emittenten eines Optionsvertrages als Stillhalter ein und ist durch diesen Vertrag verpflichtet, eine feste Anzahl eigener Eigenkapitalinstrumente gegen eine feste Leistung flüssiger Mittel oder anderer finanzieller Vermögenswerte zurück zu erwerben, so ist das Derivat selbst als Eigenkapitalinstrument zu qualifizieren.[31] Die zukünftige Zahlungsverpflichtung aus dem Derivat erfüllt aber zugleich die Fremdkapitaldefinition gem. IAS 32.11(a)(i). Daher hat der Emittent zugleich eine finanzielle Verbindlichkeit in Höhe des Barwertes des Rückkaufbetrages anzusetzen. Das durch die Optionsprämie erhöhte Eigenkapital ist in Höhe dieser Verbindlichkeit zu kürzen. Übt der Optionskäufer sein Recht bei Fälligkeit nicht aus, so ist der Wert der finanziellen Verbindlichkeit wieder in das Eigenkapital umzugliedern.[32]

(2) Erst- und Folgebewertung einzelner Derivate

Für die Erstbewertung nach den IFRS sind derivative Finanzinstrumente zum beizulegenden Zeitwert (Fair Value) anzusetzen. Gem. IAS 39.9 entspricht der Fair Value eines Finanzinstruments dem „Betrag, zu dem zwischen sachverständigen, vertragswilligen und voneinander unabhängigen Geschäftspartnern ein Vermögenswert getauscht oder eine Verbindlichkeit beglichen werden könnte“. Für die Ermittlung des Fair Value hat der Abschlussersteller gem. IAS 39.48 eine Stufenkonzeption einzuhalten: Die beste Approximation für den Fair Value bietet zunächst der aktuelle, an einem öffentlichen und aktiven Markt notierte Marktpreis[33] (*Mark-to-Market*). Ist für das Finanzinstrument kein aktiver Markt mit verlässlichen Marktpreisen gegeben, so kann der Marktpreis eines vergleichbaren Finanzinstruments herangezogen werden. Besteht weder für das zu bewertende, noch für ein vergleichbares Finanzinstrument ein aktiver Markt mit verlässlichem Marktpreis, so ist der Wert des Finanzinstruments durch ein Bewertungsverfahren (technisches Model) zu ermitteln[34] (*Mark-to-Model*). Die Auswahl sowohl eines geeigneten Vergleichsinstruments, als auch eines geeigneten Bewertungsverfahrens

---

[29] *Mundhenke,* Eigen- und Fremdkapital im Jahresabschluss, 2009, S. 90; vgl. IFRIC 19.5.
[30] Vgl. *KPMG,* Eigenkapital versus Fremdkapital nach IFRS, 2006, S. 33.
[31] *Mundhenke,* Eigen- und Fremdkapital im Jahresabschluss, 2009, S. 92.
[32] IAS 32.23.
[33] IAS 39.A71.
[34] IAS 39.A74.

obliegt dem Abschlussersteller in eigener Verantwortung und eröffnet ihm daher Ermessensspielräume.[35]

Bei der Erstbewertung wird der Fair Value eines derivativen Finanzinstruments regelmäßig dessen Anschaffungskosten entsprechen. Für Optionsgeschäfte werden die Anschaffungskosten der Long-Partei der gezahlten Optionsprämie gleichstehen, während die Anschaffungskosten des Stillhalters und der Parteien in unbedingten Termingeschäften null betragen werden.[36] Im Rahmen der Folgebewertung sind derivative Finanzinstrumente grundsätzlich der Kategorie der zu *Spekulationszwecken gehaltenen Finanzinstrumente* zuzuordnen.[37] Entsprechend sind Derivate auch weiterhin zwingend zum Fair Value zu bewerten und in der Gewinn- und Verlustrechnung erfolgswirksam zu erfassen.[38]

(3) Abbildung von Sicherungsbeziehungen

Eine *Ausnahme von dieser Bewertung* stellen – neben den bereits definitionsgemäß als Finanzinstrument nicht erfassten Warenderivaten mit physischer Lieferungsvereinbarung[39] – solche derivativen Finanzinstrumente dar, die als Sicherungsinstrument zur Absicherung des Marktrisikos eines Grundgeschäfts dienen. Grund- und Sicherungsgeschäft sind gem. IAS 39.86 als Bewertungseinheit gemeinsam zu erfassen und zu bewerten (*Hedge Accounting*). Die Bildung von Bewertungseinheiten ist nur deshalb erforderlich, weil Grund- und Sicherungsgeschäft nicht einheitlich zum Fair Value bilanziert werden. Andernfalls würden sich die abgebildeten Positionswerte ohnehin ganz oder teilweise ausgleichen.[40]

Zur Anwendung der Regeln des Hedge Accounting müssen die in IAS 39.88 genannten Bedingungen[41] *kumulativ* erfüllt sein, zu denen insbesondere die verlässlich bestimmte *Effektivität der Sicherungsbeziehung* und eine entsprechende Dokumentation gehören, die insbesondere die für die Effektivitätsmessung angewendeten Methoden umfasst. Die Risikoabsicherung aus dem Grundgeschäft durch Kompensation durch Preisänderungen oder Zahlungsströme aus dem Sicherungsgeschäft muss als hoch wirksam eingestuft werden. Die IFRS gehen in IAS 39.A105(b) dann von einer hoch wirksamen Sicherungsbeziehung aus, wenn Veränderungen des Fair Value bzw. der Zahlungsströme des Grundgeschäfts in einer *Bandbreite zwischen 80 –*

---

[35] *Struffert,* ABS und Kreditderivate nach IFRS und HGB, 2006, S. 227.
[36] IAS 39.A35(c).
[37] IAS 39.A15(a).
[38] IAS 39.47(a).
[39] IAS 39.5 i.V.m. IAS 39.9; zur aufsichtsrechtlichen Definition eines Derivats S. 202 ff.
[40] *Ruhnke,* Rechnungslegung, 2008, S. 516.
[41] Vgl. dazu IDW RS HFA 9, Rn. 322 ff.

125% durch eine entsprechende Änderung des Sicherungsgeschäfts kompensiert wird.[42]

Die IFRS differenzieren beim Einsatz derivativer Finanzinstrumente im wesentlichen zwischen zwei Absicherungsmethoden, an die sich jeweils eine eigenständige Abbildung im Jahresabschluss anschließt. Ein Fair-Value-Hedge sichert Änderungen des beizulegenden Zeitwertes des Grundgeschäfts ab, die sich auf den Gewinn oder Verlust eines Unternehmens auswirken.[43] Das Sicherungsinstrument ist gem. IAS 39.89 ff. zum Fair Value ergebniswirksam zu erfassen, während der Buchwert des Grundgeschäfts um den Gewinn oder Verlust zu korrigieren ist, der dem durch das Sicherungsgeschäft abgesicherte Risiko entspricht. Ein Cash-Flow-Hedge sichert dagegen die Zahlungsströme aus dem Grundgeschäft ab. Hier wird der als wirksam für die Absicherung ermittelte Teil des Gewinns oder Verlusts gem. IAS 39.95 ff. ergebnisneutral im Eigenkapital erfasst, während der ineffektive Teil ergebniswirksam in die Gewinn- und Verlustrechnung eingeht.[44] Danach sichert der Cash-Flow-Hedge die Einkommensposition, während der Fair-Value-Hedge die Vermögensposition des Unternehmens schützt.[45]

Problematisch ist im Rahmen des Hedge-Accounting die Bedingung hinreichender *Absicherungseffektivität.* Ist das Effektivitätserfordernis zu strikt, so würde ein nicht den wirtschaftlichen Verhältnissen des Unternehmens entsprechendes Bild im Jahresabschluss vermittelt, indem nach den strengen Regeln gerade nicht mehr effektive Sicherungsbeziehungen nicht dargestellt würden. Ist die Effektivität dagegen zu weit definiert oder sind die angewendeten Methoden zur Ermittlung der tatsächlichen Risikokompensation zwischen Grund- und Sicherungsgeschäft zweifelhaft, so könnten wirtschaftlich nicht gerechtfertigte Absicherungsverhältnisse im Jahresabschluss gezeigt und entscheidungsrelevante Risiken im Unternehmen für Investoren und Gläubiger verborgen bleiben. Insbesondere bei komplexen Einzelgeschäften (Mikro-Hedge) oder der Absicherung eines Portfolios von Risikopositionen (Makro-Hedge), bei denen eine Vielzahl von Risikofaktoren die Wirksamkeit der Sicherungsbeziehung bestimmen, besteht für das Management die Möglichkeit zur abschlusspolitisch motivierten Nutzung von Ermessensspielräumen beim Ausweis von Bewertungseinheiten.[46]

c) Derivate in der deutschen Rechnungslegung

Die Rechnungslegungsnormen des HGB betonen traditionell das aus der Ausschüttungsbemessungsfunktion resultierende Vorsichtsprinzip, nach dem

[42] Vgl. auch S. 257.
[43] IAS 39.86(a).
[44] IAS 39.95; dazu IDW RS HFA 9, Rn. 347 ff.
[45] *Struffert,* ABS und Kreditderivate nach IFRS und HGB, 2006, S. 229.
[46] *Struffert,* ABS und Kreditderivate nach IFRS und HGB, 2006, S. 245.

gem. § 252 Abs. 1 Nr. 4 HGB alle vorhersehbaren Risiken und Verluste zu berücksichtigen sind. Daraus folgt auch, Gewinne und Verluste ungleich zu behandeln (*Imparitätsprinzip*). Während Gewinne verursacht und realisiert sein müssen, sind Verluste schon dann im Jahresabschluss abzubilden, wenn sie mit hinreichender Sicherheit verursacht, aber noch nicht realisiert sind.[47] Dahinter steckt die Prämisse, Gläubiger seien am Besten geschützt, wenn möglichst gewinnverkürzend bilanziert und bewertet werde. Der deutsche Gesetzgeber hat allerdings erkannt, dass bei strikter Anwendung des Vorsichtsprinzips dem informationellen Gläubigerschutz nicht ausreichend Rechnung getragen wird. Insbesondere die imparitätische Behandlung von unrealisierten Gewinnen und Verlusten aus Finanzinstrumenten würde im Jahresabschluss ein nicht der tatsächlichen Vermögens-, Finanz-, und Ertragslage des Unternehmens entsprechendes Bild zeichnen, sodass Abschlussadressaten ihre wirtschaftlichen Entscheidungen nur mit Einschränkungen auf Informationen im Jahresabschluss stützen könnten. Entsprechend hat der Gesetzgeber mit dem Bilanzrechtsmodernisierungsgesetz[48] (BilMoG) Ansatz und Bewertung von Finanzinstrumenten reformiert.

(1) Ansatz als Vermögenswert oder Verbindlichkeit

Derivative Finanzinstrumente werden abhängig von der Rechtsposition des bilanzierungspflichtigen Unternehmens als Vermögensgegenstand, Fremdkapital oder Eigenkapital angesetzt. Als Vermögensgegenstände kommen dabei solche Derivate in Betracht, die als selbständig verkehrsfähige Forderungen einen hinreichend sicheren und bestimmbaren Wert für das Unternehmen darstellen.[49] Dagegen sind Forderungen mit unsicheren Bestand nicht aktivierungsfähig. Dazu zählen insbesondere schwebende Geschäfte,[50] bei denen die gegenseitigen Leistungspflichten von noch keiner der Vertragsparteien vollständig erbracht wurden.[51] Das Aktivierungsverbot für diese Sachverhalten wird aus den Grundsätzen ordnungsgemäßer Buchführung hergeleitet, nach denen lediglich bereits realisierte Gewinne zum Bilanzstichtag auszuweisen sind (*Realisationsprinzip*) sowie dem allgemeinen Vorsichtsprinzip (§ 252 Abs. 1 Nr. 4 HGB). Vor Inkrafttreten des BilMoG am 01.01.2010 waren unbedingte Termingeschäfte (Festgeschäfte und Swaps) entsprechend als schwe-

---

[47] *Ruhnke,* Rechnungslegung, 2008, S. 209.

[48] Gesetz zur Modernisierung des Bilanzrechts vom 25.05.2009, BGBl. I S. 1102 ff.

[49] Vgl. *Reiner,* Derivative Finanzinstrumente, 2002, S. 272 (Entscheidend habe zu sein, „ob die Position von der Gesellschaft selbst oder ihren Gläubigern zu Geld gemacht werden kann, egal ob durch Einzelveräußerung oder in anderer Weise."); *Ruhnke,* Rechnungslegung, 2008, S. 204 (Voraussetzung für die Aktivierungsfähigkeit sei, dass der fragliche Posten einen künftigen wirtschaftlichen Wert für das Unternehmen stifte, selbständiges Objekt im Rechtsverkehr sein könne und als solches auch mit hinreichender Bestimmtheit bewertbar sei).

[50] BFH vom 20.01.1983, Az. IV R 158/80, BFHE 138, 53.

[51] *Ruhnke,* Rechnungslegung, 2008, S. 564.

bendes Geschäft bilanzunwirksam.[52] Hatten sich seit Vertragsschluss erlittene Marktwertverluste aber hinreichend konkretisiert und war ersthaft mit einem Verpflichtungsüberschuss zu rechnen, so waren – dem Imparitätsprinzip entsprechend – Drohverlustrückstellungen zu bilden.[53] Das BilMoG hat für zu Handelszwecken erworbene Finanzinstrumente erstmals eine Aktivierungsfähigkeit zum beizulegenden Zeitwert abzüglich eines Risikoabschlages eingeführt.[54] Dies gilt *aber lediglich für Kreditinstitute* (§ 340e Abs. 3 HGB) und verankert damit die bisher für diese Unternehmen geltenden Grundsätze ordnungsgemäßer Buchführung ausdrücklich im Gesetz. Die ursprünglich geplante Ansatzpflicht von Finanzinstrumenten zum beizulegenden Zeitwert für alle Unternehmen ist dagegen nicht Gesetz geworden.[55] Für unbedingte Termingeschäfte bleibt es hier entsprechend bei der bisher geltenden Rechtslage.

Bei Optionsgeschäften leistet der Optionskäufer anfänglich bereits die Optionsprämie. Entsprechend kann das Recht des Optionskäufers in Höhe der Anschaffungskosten gem. § 253 Abs. 1 S. 1 HGB als Vermögensgegenstand angesetzt werden.[56] Der Stillhalter dagegen hat die eingegangene Verpflichtung als sonstige Verbindlichkeit in Höhe der erhaltenen Optionsprämie anzusetzen (§ 253 Abs. 1 S. 2 HGB). Für Marktwertsteigerungen des Optionsrechts nach Vertragsschluss hat der Stillhalter Drohverlustrückstellungen zu bilden, während er die für ihn positiven Marktwertverluste des Optionsrechts kraft des Imparitätsprinzips nicht ausweisen darf.

(2) Ansatz als Eigenkapitalinstrument

Die handelsrechtlichen Regelungen basieren auf einer *funktionalen Abgrenzung* von Eigen- und Fremdkapital. Für Fremdkapital verwendet das HGB den Begriff der Verbindlichkeiten. Dieser wird nicht legal definiert, dennoch aber voraus gesetzt. In der Literatur wird als kennzeichnendes Kriterium auf die *zeitpunktbezogene Leistungsverpflichtung* durch den Verpflichtungsvertrag abgestellt. Verbindlichkeiten seinen deshalb hinsichtlich Existenz und Betrag sichere Schulden.[57] Entsprechend werden Verbindlichkeiten grundsätzlich mit dem Rückzahlungsbetrag angesetzt. Funktional steht beim Fremdkapital

---

52 *Reiner,* Derivative Finanzinstrumente, 2002, S. 275.

53 *Ruhnke,* Rechnungslegung, 2008, S. 564.

54 *Deutsche Bundesbank,* Monatsbericht September, 2010, S. 53.

55 Vgl. noch RefE zum BilMoG vom 08.11.2007, S. 6 (Der für alle nach HGB bilanzierungspflichtige Unternehmen geltende § 253 Abs. 1 S. 3 HGB solle wie folgt gefasst werden: „Zu Handelszwecken erworbene Finanzinstrumente sind mit ihrem beizulegenden Zeitwert anzusetzen.“).

56 *IDW BFA* Stellungnahme 2/1995 zur Behandlung von Optionsgeschäften, WPg 1995, 421 ff.

57 *Ballwieser* in: MüKo, HGB, § 246, Rn. 71.

demnach die Finanzierungsfunktion im Vordergrund.[58] Auch Eigenkapital bleibt als Rechtsbegriff im HGB undefiniert. So hat ein Kaufmann Eigenkapital auf der Passivseite der Bilanz gem. §§ 247 Abs. 1, 266 Abs. 3 HGB gesondert auszuweisen. Gem. § 272 Abs. 1 HGB ist insbesondere das gezeichnete Kapital als originärer Haftungsstock für die Verbindlichkeiten der Gesellschaft Bestandteil des Eigenkapitals. So wird die Qualität von Eigenkapital als Haftungskapital unterstrichen.[59] Im Übrigen wird Eigenkapital im handelsrechtlichen Gefüge als Residualgröße aus der Summe der bilanziellen Aktiva gemindert um die Verbindlichkeiten der Unternehmung aufgefasst.[60] All dies unterstreicht die Haftungsfunktion des Eigenkapitals als Ausformung des handelsrechtlichen Gläubigerschutzes. Für die Abgrenzungsfrage hat das Institut der Wirtschaftsprüfer in Deutschland (IDW) Kriterien formuliert, die kumulativ für die Charakterisierung als Eigenkapital maßgeblich sind.[61] Danach handelt es sich um bilanzielles Eigenkapital der emittierenden Kapitalgesellschaft, wenn das überlassene Kapital im Insolvenz- oder Liquidationsfall nachrangig bedient wird, wenn die vereinbarte Kapitalüberlassung langfristig ist und erfolgsabhängig vergütet wird und wenn eine entsprechende Verlustbeteiligung Bestandteil der Kapitalüberlassungsvereinbarung wurde.[62] Obgleich diese Kriterien die Qualifikation von Genussrechten betreffen, werden sie von der Literatur allgemein auf die Abgrenzung von Eigen- und Fremdkapital angewendet.[63]

Als Eigenkapitalinstrument ist ein derivatives Finanzinstrument dann zu qualifizieren, wenn es funktional die eigenkapitaltypischen Kriterien erfüllt. Dies bedeutet grundsätzlich, dass dem Anspruch einer Vertragspartei dieselben Wertdeterminanten – und entsprechend das selbe Risikoprofil – zugrunde liegen wie einem Eigentümer.[64] Diese Bedingung ist erfüllt, wenn schon der dem Derivat zugrunde liegende *Basiswert* als eigenes Eigenkapitalinstrument zu qualifizieren ist oder der Wert des Derivats auf andere Weise an den eigenen Residualanspruch gekoppelt ist. Funktional trägt in beiden Fällen der Inhaber des Derivats das selbe Risikoprofil wie der wirtschaftliche Eigentümer des Unternehmens. Umgekehrt qualifiziert sich ein Derivat danach nicht als Eigenkapitalinstrument, wenn es nicht oder nicht ausschließlich von eigenen als Eigenkapital qualifizierten Instrumenten oder dem eigenen Resi-

---

[58] *Ruhnke,* Rechnungslegung, 2008, S. 524.

[59] *Heeren,* Hybride Finanzierungsinstrumente, 2009, S. 38.

[60] *Mundhenke,* Eigen- und Fremdkapital im Jahresabschluss, 2009, S. 46; *Ballwieser* in: MüKo, HGB, § 246, Rn. 81; *Ruhnke,* Rechnungslegung, 2008, S. 524; *Driever,* Das nachrangige Haftkapital, 1982, S. 32.

[61] IDW HFA 1/1994 zur Behandlung von Genussrechten im Jahresabschluss von Kapitalgesellschaften.

[62] *Küting/Dürr,* DStR 2005, 938, (940).

[63] Vgl. *Mundhenke,* Eigen- und Fremdkapital im Jahresabschluss, 2009, S. 39.

[64] *Mundhenke,* Eigen- und Fremdkapital im Jahresabschluss, 2009, S. 42.

dualanspruch abgeleitet ist.[65] Entsprechend kommen etwa Indexderivate, ereignisabhängige Derivate oder Derivate auf Finanztitel anderer Unternehmen generell nicht als Eigenkapitalinstrument in Betracht. Aber auch derivative Finanzinstrumente auf eigene Aktien, deren Wert durch ihre Vertragsgestaltung des Derivats von unternehmensexternen Einflussfaktoren abhängen, sind regelmäßig nicht als Eigenkapital zu qualifizieren. Ein vom Unternehmen gehaltenes Derivat auf eigene Aktien, das auf eine Fremdwährung lautet, kann danach kein Eigenkapitalinstrument sein. Insgesamt werden Derivate in der Praxis wohl überaus selten dem Eigenkapital zuzuordnen sein.

(3) Abbildung von Sicherungsbeziehungen

Konsequenter als bei der Bewertung von Finanzinstrumenten zum beizulegenden Zeitwert hat das BilMoG die Abbildung von Sicherungsbeziehungen umfassend reformiert. Nach Maßgabe des § 254 HGB ist nunmehr die Bildung von Bewertungseinheiten als gemeinsamer Ausweis von Grund- und Sicherungsgeschäft zulässig. Damit schränkt der Gesetzgeber den Grundsatz der Einzelbewertung ein. Zudem wird das Realisations- und Imparitätsprinzip sowie das Anschaffungskostenprinzip durchbrochen, da die Änderungen des beizulegenden Zeitwertes oder der Zahlungsströme aus Grund- und Sicherungsgeschäft saldiert ausgewiesen werden. Damit wird auch die Darstellung im HGB-Jahresabschluss insgesamt der tatsächlichen Vermögens-, Finanz-, und Ertragslage des Unternehmens angenähert.[66]

Zur Bildung von Bewertungseinheiten muss zunächst ein sicherbares Grundgeschäft vorliegen. Zulässig sind hier sowohl Einzelgeschäfte – auch solche, die erst zukünftig mit an Sicherheit grenzender Wahrscheinlichkeit eintreten werden[67] – als auch ein Bündel von Einzelpositionen. Das verwendete Sicherungsgeschäft muss zum Grundgeschäft eine gegenläufige Änderung des beizulegenden Zeitwertes (Fair-Value-Hedge) oder der Zahlungsströme (Cash-Flow-Hedge) aufweisen. Sodann muss eine hinreichende Effektivität der Sicherungsbeziehung gewährleistet sein, die durch Anwendung sachgerechter und zuverlässiger Methoden zu messen und umfassend zu dokumentieren sind. Eine strenge Bandbreite zur Definition der Sicherungseffektivität wie nach IAS 39 kennt das HGB nicht. Hier stellt man in der Bilanzierungspraxis auf die Gleichartigkeit der Grund- und Sicherungsgeschäft zugrunde liegenden Risikoquelle ab.[68] Dies ist regelmäßig dann erfüllt, wenn das Grundgeschäft selbst oder ein vergleichbares Geschäft Basiswert des Derivats ist. Dann ist eine unmittelbare kompensatorische Reaktion des Siche-

---

[65] *Mundhenke,* Eigen- und Fremdkapital im Jahresabschluss, 2009, S. 43.
[66] Referentenentwurf zum BilMoG vom 08.11.2007, S. 116.
[67] *Merkt* in: Baumbach/Hopt, HGB, §254, Rn. 2.
[68] IDW RS BFA 1, Rn. 33 („Homogenität der Risiken“); *Merkt* in: Baumbach/Hopt, HGB, §254, Rn. 4; *Struffert,* ABS und Kreditderivate nach IFRS und HGB, 2006, S. 260.

rungsgeschäfts auf Wert- oder Zahlungsstromänderungen des Grundgeschäfts ohne zeitliche Verzögerung gewährleistet. Besteht ein Defizit in der Sicherungseffektivität, so ist der ineffektive Teil des Sicherungsverhältnisses getrennt zu den Anschaffungskosten auszuweisen.[69]

Bei der Buchungstechnik der Bewertungseinheit hat der Abschlussersteller einen *größeren Ermessensspielraum* als nach den IFRS. Möglich erscheint zunächst, über die Laufzeit der Bewertungseinheit die Wert- oder Zahlungsstromänderungen kontinuierlich zu erfassen, die sich in der Gewinn- und Verlustrechnung ausgleichen (Durchbuchungsmethode). Alternativ kann der Abschlussersteller auch den Wert der Bewertungseinheit anfänglich ermitteln, Wertänderungen über die Laufzeit unberücksichtigt lassen und erst bei Auflösung der Sicherungsbeziehung die tatsächliche Wertänderung abbilden (Einfrierungsmethode).[70] Wird nach der Einfrierungsmethode bilanziert, so sind während der Laufzeit der Sicherungsbeziehung die verwendeten derivativen Finanzinstrumente für die Abschlussadressaten nicht erkennbar. Zudem wurde hier in der Vergangenheit teilweise nur anfänglich die Effektivität der Sicherungsbeziehung gemessen und über die Laufzeit als konstant unterstellt. Insbesondere bei komplexen Sicherungsbeziehungen kann die Effektivität jedoch erheblich variieren. Zu Recht mahnt die Bundesbank[71] daher an, die Methoden in der Praxis so zu wählen, dass die maximale Transparenz gewährleistet ist.

d) Schlussfolgerung

Als grundlegende Zielstellung hat Unternehmensfinanzierung das Spannungsfeld zwischen Liquidität und Rentabilität der Unternehmung aufzulösen. Sie soll Methoden bereitstellen, so viel Liquidität wie nötig, aber so wenig wie möglich vorzuhalten, um die Rentabilität der Unternehmung zu maximieren. Damit hat die Unternehmensfinanzierung wesentlichen Einfluss auf den Unternehmenswert. Bewirken derivative Finanzinstrumente als Mittel der Unternehmensfinanzierung direkt oder indirekt die Steigerung des Unternehmenswertes, so fördern sie die Zielsetzung der Unternehmensfinanzierung.

Es wurde aufgezeigt, dass zu Handelszwecken gehaltene Derivate nach IFRS als Vermögenswert oder Verbindlichkeit angesetzt und zum Fair Value bewertet werden. Nach Inkrafttreten des BilMoG können auch Kreditinstitute bei der Bilanzierung nach HGB im Handelsbestand gehaltene Finanzinstrumente als Vermögenswert ansetzen und zum beizulegenden Zeitwert bewerten. So wird die im Jahresabschluss dargestellte Vermögens-, Finanz- und Ertragslage der tatsächlichen Lage des Unternehmens angenähert und steigert die Entscheidungsnützlichkeit der Abschlussinformation. Bewertung

---

[69] *Deutsche Bundesbank,* Monatsbericht September, 2010, S. 61.
[70] *Zwirner/Froschhammer,* BC 2010, 153, (155).
[71] *Deutsche Bundesbank,* Monatsbericht September, 2010, S. 61.

von Finanzinstrumenten zum beizulegenden Zeitwert bzw. Fair Value hat jedoch Auswirkungen auf den Ausweis des bilanziellen Eigenkapitals. Die erfolgswirksam verbuchten Finanzinstrumente bewirken bei einer Wertsteigerung (und konstanten Fremdkapital) einen Zuwachs des Eigenkapitals in der Folgeperiode. Finanzanalysten, Banken und Ratingagenturen nutzen einen an der Entscheidungsnützlichkeit ausgerichteten Jahresabschluss als Informationsquelle für ihre Erfolgs- bzw. Bonitätsprognose. Derivative Finanzinstrumente gewinnen damit Einfluss auf die Finanzierungskosten des Unternehmens.

Zudem wurde aufgezeigt, dass Unternehmen effektive Sicherungsbeziehungen zwischen derivativen Finanzinstrumenten und dem abgesicherten Grundgeschäft im Jahresabschluss nach IFRS und HGB ausweisen können. Auch dadurch wird die Darstellung des Unternehmens im Jahresabschluss der tatsächlichen Vermögens-, Finanz- und Ertragslage angenähert. Gleichwohl hat der Abschlussersteller nach HGB bei der Rechnungslegungsmethode ein Wahlrecht, das – soweit er sich für die Darstellung der Sicherungsbeziehung nach der Einfrierungsmethode entscheidet – die eingegangenen Derivategeschäfte für die Abschlussadressaten nicht erkennbar ausweist.

2. Werteffekte durch Regelungsarbitrage mit Derivaten

Betriebliche Gestaltungspotentiale mit derivativen Finanzinstrumenten gehen regelmäßig auf den Wirkungsmechanismus der Regelungsarbitrage zurück. Regelungsarbitrage bedeutet, dass wirtschaftlich gleiche Sachverhalte durch rechtliche Normen unterschiedlich behandelt werden.[72] Durch den Zusammenhang der Zahlungsströme des Derivats mit denen des zugrunde liegenden Basiswertes können diese Geschäfte wirtschaftlich gleichwertig sein. Werden sie aber rechtlich unterschiedlich behandelt, so können für das Unternehmen durch die Verwendung des Derivats Kostenvorteile erwachsen.

a) Reproduzierbarkeit als Voraussetzung für Regelungsarbitrage

Grund und Bedingung der Regelungsarbitrage mit derivativen Finanzinstrumenten ist die Reproduzierbarkeit von Zahlungsströme aus Kassapositionen durch diese Finanzinstrumente. Umgekehrt lässt sich das Auszahlungsprofil eines Derivats mit Hebeleffekt über den kreditfinanzierten Kauf bzw. Leerverkauf eines oder mehrerer Kassainstrumente reproduzieren.[73] Für Geschäfte mit symmetrischen Risikoprofil kann die Reproduktion statisch erfolgen. Der Zahlungsstrom eines Terminkaufs einer Aktie ohne Sicherheitszahlungen lässt sich durch einen kreditfinanzierten Kauf der Aktie duplizieren, wobei Nominalbetrag und Laufzeit des Kredits denen des Terminkaufs entsprechen und

[72] Vgl. *Gehrmann,* Gesamtrisikosteuerung, 2009, S. 327.
[73] *Reiner,* Derivative Finanzinstrumente, 2002, S. 51 ff.

eine endfällige Rück- und Zinszahlung vereinbart sein muss. Das Auszahlungsprofil eines Zinsswap, bei dem feste gegen variable Zinszahlungen getauscht werden, lässt sich durch die Aufnahme eines Kredits mit festem und die Gewährung eines Kredits mit variablen Zinssatz reproduzieren. Die asymmetrische Risikostruktur von Optionsgeschäften lässt sich dagegen nur dynamisch nachbilden. Eine Call-Option kann über den sukzessiven kreditfinanzierten Kauf des Basiswertes kopiert werden, wobei die Anzahl der zu erwerbenden Kassapositionen in jeder Periode angeglichen werden muss. Der theoretischen Reproduzierbarkeit jedes Derivats sind praktische Grenzen durch die am Kapitalmarkt bestehenden Friktionen gesetzt. Dennoch basieren viele Bewertungsverfahren für derivative Finanzinstrumente auf dem Konzept der Reproduzierbarkeit. Auch die Absicherung des Marktrisikos eines Vermögensgegenstandes kann als – dann inverse – Reproduktion der Zahlungsströme aus dem Basiswert aufgefasst werden.[74] Damit erfüllen derivative Finanzinstrumente aufgrund der Ableitung vom Basiswert die Bedingung als Instrument zur Regelungsarbitrage.[75]

b) Derivate und bilanzpolitische Gestaltungsmaßnahmen

Das Management eines Unternehmens hat oft ein vitales Interesse, das Unternehmen entsprechend unternehmenspolitischen Ziele nach außen darzustellen. Abschlusspolitische Zielstellungen können beispielsweise die Vermeidung des bilanziellen Ausweises von Gewinnen, Verlusten oder Risikopositionen sein. In der Finanzwissenschaft wird die Fähigkeit von Finanzkontrakten, die bloße Marktwahrnehmung über die Risikoexposition des Unternehmens positiv zu beeinflussen, als ein wesentliches Kriterium für den Erfolg einer Finanzinnovation angeführt.[76] Finanzinstrumente werden dann vertraglich so ausgestaltet, dass die Bilanzposten entsprechend der Zielstellung unter Einhaltung bilanzrechtlicher Ermessensspielräume legal optimiert werden. Oftmals wird eine Veränderung der für die zukünftige Bonitätseinschätzung relevanten Leistungskennzahlen des Unternehmens angestrebt.[77] Wird ein derivatives Finanzinstrument dem bilanziellen Eigenkapital zugeordnet, so kann beispielsweise der Verschuldungsgrad des Unternehmens als eine der wesentlichen Risikodeterminanten gesenkt werden, um zu entsprechend günstigeren Kapitalkosten wirtschaften zu können.[78]

Umgekehrt – und praktisch weitaus relevanter – können mit derivativen Finanzinstrumenten Zahlungsströme zum Bilanzstichtag dergestalt strukturiert

[74] *Reiner,* Derivative Finanzinstrumente, 2002, S. 58.
[75] *Partnoy,* Journal of Corporation Law, Vol. 22, S. 227.
[76] *Hyafil* in: Jacque/Vaaler, Financial Innovations, 2001, S. 296.
[77] *Partnoy,* Journal of Corporation Law, Vol. 22, S. 231.
[78] *Heeren,* Hybride Finanzierungsinstrumente, 2009, S. 26; *Oelke/Wöhlert/Degen,* BB 2010, 299.

werden, dass der abschlusspolitischen Zielstellung besser Rechnung getragen wird. Entsprechend der bilanziellen Wirkungsweise wird in Asset- bzw. Liability-Management unterschieden.[79] Ein praktisches Beispiel besteht in der Umgestaltung von variablen in fixe Zahlungsströme durch Zinsswapgeschäfte. Diese Umstrukturierungen könnten die Ausnutzung von Ermessensspielräumen oder Wahlrechten ermöglichen. Andererseits könnte – oftmals nur durch komplexere Strukturen realisierbar – die aktive Nutzung von planwidrigen Regelungslücken in den Rechnungslegungsnormen im Zuge neuartig ausgestalteter Einzelgeschäfte oder Gesamtstrukturierungen verwirklicht werden.[80]

Allerdings hat der Gesetzgeber für Umgehungsgeschäfte (jedenfalls wenn sie die Verschleierung der Risikoexposition des Unternehmens bewirken sollen) in zunehmender Dichte Offenlegungspflichten im Anhang des Jahresabschlusses statuiert, um eine der tatsächlichen Vermögen-, Finanz-, und Ertragslage des Unternehmens entsprechende Darstellung nach außen zu gewährleisten. Im deutschen Bilanzrecht fordert der Gesetzgeber durch das BilMoG in § 285 Nr. 3 HGB Angabepflichten zu Art und Zweck, sowie Vorteile und Risiken der eingegangenen außerbilanziellen Geschäfte, soweit dies für die Beurteilung der Finanzlage des Unternehmens erforderlich ist.[81] Dies umfasst auch Angaben zu den Geschäften von Zweckgesellschaften, selbst wenn diese nicht bereits nach den geltenden Regelungen zur bilanziellen Konsolidierung im Konzern einzubeziehen sind.[82] Ähnliche – und teilweise sogar weitergehende – Offenlegungspflichten im Anhang werden für die Abschlussersteller nach internationalen Rechnungslegungsstandards in IFRS 7[83] festgesetzt.[84] Die systematische Ausübung von Bewertungswahlrechten „in eine Richtung" wird in der Rechnungslegung a priori durch den Grundsatz der Verlässlichkeit bzw. Willkürfreiheit begrenzt, wenn die Gefahr

---

[79] *Das,* Swaps and Derivatives Financing, 1993, S. 645 ff.

[80] Vgl. *Ruhnke,* Rechnungslegung, 2008, S. 384 ff. (Zum Umgang mit planwidrigen Regelungslücken in der Rechnungslegung).

[81] *Deutsche Bundesbank,* Monatsbericht September, 2010, S. 65.

[82] Vgl. *Deutsche Bundesbank,* Monatsbericht September, 2010, S. 62 (Mit dem Hinweis auf die Ergänzung des § 290 HGB durch das BilMoG. Die Konsolidierungspflicht eines Tochterunternehmens sei nicht mehr nur an das Konzept der einheitlichen Leistung und das ergänzende Kontrollkonzept gebunden, sondern werde nunmehr verstärkt von der tatsächlichen Chancen-Risiko-Verteilung der Geschäftsstruktur abhängig gemacht. So solle eine Auslagerung risikotragender Aktiva auf Zweckgesellschaften vermieden werden, die wegen des Fehlens der gesetzlich definierten Kontrolltatbestände von einer Konsolidierung ausgenommen seien. Diese Vorgehensweise zur Konsolidierung von Zweckgesellschaften sei in den IFRS durch IAS 27 und SIC 12 bereits umgesetzt. Immer dann, wenn die Mehrheit der Chancen oder Risiken aus einer Zweckgesellschaft bei dem potenziellen Mutterunternehmen liege, sei die Zweckgesellschaft demnach in den Konzernabschluss der Mutter einzubeziehen).

[83] IFRS 7, VO 1126/2008/EG vom 3.11.2008, Abl. L 320 S. 1 ff.

[84] Vgl. *Ruhnke,* Rechnungslegung, 2008, S. 512.

einer irreführenden Darstellung besteht.[85] Zudem hat der beauftragte Wirtschaftsprüfer dem Aufsichtsrat im Rahmen des Prüfungsberichts gem. § 321 Abs. 2 S. 4 HGB darüber zu informieren, welchen Einfluss Änderungen in den Bewertungsgrundlagen einschließlich der Ausübung von Wahlrechten bei Bilanzansatz und Bewertung und die Nutzung von Ermessensspielräumen sowie sachverhaltsgestaltende Maßnahmen insgesamt auf die Darstellung der Vermögens-, Finanz- und Ertragslage der Gesellschaft haben.

c) Derivate und Steuerersparnis

Die sachliche Besteuerung von Investitionen stellt eine einfache Form regulatorischer Kosten dar, mit denen der Staat auf das Investitionsverhalten der Besteuerten Einfluss nehmen kann.[86] Die besteuerten Unternehmen werden eine steuerminimale Gestaltung ihrer Transaktionen anstreben, um Kosten zu sparen. Dazu können sie auf Finanzinstrumente mit ökonomisch vergleichbaren Auszahlungsstrukturen ausweichen, wenn diese Alternative günstiger besteuert wird. Regelungsarbitrage bei der Besteuerung setzt damit eine sachliche Diskriminierung einer der Investitionsalternativen voraus. Für derivative Finanzinstrumente besteht sich diese Möglichkeit etwa dann, wenn deren Erträge für das Unternehmen günstiger besteuert werden als jene des Kassainstruments.

Eine praxisrelevante Möglichkeit zur *Steueroptimierung* resultiert aus der Trennung von Eigentum am Basiswert und der Partizipation an dessen Marktrisiko durch derivative Finanzinstrumente. International operierende Unternehmen können beispielsweise in Ländern aktiv sein, in denen Steuersätze auf Zinsen und Dividenden einerseits und Veräußerungserlöse andererseits unterschiedlich besteuert werden:

Zum Beispiel:[87] Während Zinsen und Dividenden in Land 1 gering und Veräußerungserlöse hoch besteuert werden, ist in Land 2 eine hohe Besteuerung von Zinsen und Dividenden und eine geringe Besteuerung von Veräußerungserlösen vorgesehen. Für das Unternehmen ist es ökonomisch sinnvoll, Veräußerungserlöse in Land 2 und Zinsen bzw. Dividenden in Land 1 zu realisieren. Dazu könnte ein Tochterunternehmen in Land 1 rechtlicher Eigentümer des Kassainstruments werden. Ein Tochterunternehmen in Land 2 kauft sodann eine Option auf dieses Asset zum aktuellen Marktpreis als Basispreis. Die Zinsen bzw. Dividenden des Assets werden nun in Land 1 realisiert. Steigt der Marktwert des Assets, so wird die Option ausgeübt und die Veräußerungserlöse fallen gleichwohl in Land 2 an.

Die ökonomische Vorteilhaftigkeit ist aber stets von der Ausgestaltung der relevanten Steuersysteme sowie der individuellen Situation des Unternehmens bzw. des Unternehmensverbundes abhängig.[88]

---

[85] *Ruhnke,* Rechnungslegung, 2008, S. 227.
[86] *Partnoy,* Journal of Corporation Law, Vol. 22, S. 228.
[87] Vgl. *Hull,* Optionen Futures und andere Derivate, 2009, S. 249.
[88] Vgl. *Partnoy,* Journal of Corporation Law, Vol. 22, S. 229 (Mit einem Beispiel zur

d) Derivate und Investitionsrestriktionen

Unternehmen unterliegen oftmals Investitionsrestriktionen. Diese können aus einfachen Gesetzen etwa für bestimmte Branchen (§ 7 Abs. 2 VAG), aus dem Gesellschaftsvertrag oder aus internen Richtlinien der Geschäftsführung zur Risikopolitik der Gesellschaft resultieren.[89] Inhaltlich können Restriktionen an formale Kriterien wie den Ausschluss bestimmter Geschäftstypen oder Strategien (z.B. Verbot des Abschlusses von Optionsgeschäften zu Spekulationszwecken), an den sachlichen Charakter der Risikoquelle (z.B. Übernahme oder Absicherung ausschließlich von Währungsrisiken) oder an das vom Unternehmen zu tragende Risiko (z.B. Einhaltung von Risikolimiten bei Einzelgeschäften oder Gesamtpositionen).[90]

Insbesondere bei aufsichtsrechtlich auferlegte Investitionsrestriktionen können derivative Finanzinstrumente dergestalt genutzt werden, dass die Zahlungsströme aus dem Derivat zwar vom gewünschten Basiswert abhängen, das Derivategeschäft durch geschickte Vertragsgestaltung jedoch nicht mehr den einschlägigen Restriktionen für den Basiswert unterliegt.[91] So weiten sich die Investitionsmöglichkeiten für das Unternehmen aus, während die regulatorischen Kostenbelastung gemindert werden kann. Neben der Umgehung von Investitionsrestriktionen für Versicherungsunternehmen oder Investmentgesellschaften konnten Kreditinstitute in den 2000er Jahren über Strukturen mit Kreditderivaten – insbesondere CDOs und CDS – die regulatorische Auslagerung von Kreditrisiken auf Zweckgesellschaften erreichen. Durch die resultierende Minderung der aufsichtsrechtlich erfassten Risikoexposition konnten die Institute bei konstanter Eigenmittelausstattung das operative Geschäft der Kreditvergabe ausweiten und so mehr Erträge erzielen.

e) Wettbewerbsstrategischer Einsatz von Derivaten

Mit Konstruktionen aus derivativen Finanzinstrumenten kann ein Investor wirtschaftlich äquivalente Positionen erlangen wie bei Direktinvestition in Aktien. So kann mittels eines Call-Optionsgeschäfts das Recht auf Erwerb der veroptionierten Aktien der Zielgesellschaft gesichert und der Erwerb vorweg genommen werden. Gleichwohl wurden durch Konstruktionen mit derivativen Finanzinstrumenten keine Meldepflichten gem. §§ 21 ff. WpHG ausgelöst.

Regelungsarbitrage in Verbindung mit einer Steuerregelung der australischen Regierung unter Nutzung von Währungsswaps); vgl. auch *Das,* Swaps and Derivatives Financing, 1993, S. 147; *Peaslee,* Tax Law Review, Vol. 49, S. 419 ff. (Zum Transfer von Einkommensströmen zwischen Trusts mit derivativen Finanzinstrumenten).

[89] Vgl. dazu S. 229 ff. (zu Restriktionen aus dem Gesellschaftsvertrag) bzw. S. 264 ff. (zu Restriktionen aus den Organisationspflichten des Managements).

[90] *Partnoy,* Journal of Corporation Law, Vol. 22, S. 232.

[91] Vgl. *Das,* Swaps and Derivatives Financing, 1993, S. 65, 150 und 599 (Mit Beispielen).

Entsprechend wurden derivative Finanzinstrumente im Rahmen von Unternehmensübernahmen zum verdeckten Beteiligungsaufbau eingesetzt.[92]

Die rechtliche Ungleichbehandlung wirtschaftlich gleicher Sachverhalte – und damit die Möglichkeit zur Regelungsarbitrage – für die Meldepflichten wurde ordnungspolitisch vom Gesetzgeber erkannt. Durch das Transparenzrichtlinie-Umsetzungsgesetz[93] (*TUG*) wurde 2007 mit § 25 WpHG die erste Vorschrift zum Beteiligungsaufbau eingefügt, die gleichwohl nur unbedingte und bedingte Derivate erfasst, die auf physische Lieferung bereits existierender Aktien gerichtet ist.[94] Die Finanzinstrumente werden mit bereits gehaltenen Aktien oder sonstigen Beteiligungen aggregiert. Nicht erfasst sind bisweilen derivative Finanzinstrumente mit Barausgleichsabrede.[95] Diese Instrumente können jedoch genutzt werden, um die Preisdifferenzen auszugleichen, die erwartungsgemäß bei der öffentlichen Bekanntgabe der Absichten des Bieters entstünden. Derivate mit Barausgleichsabrede könnten dem Aufbau einer wesentlichen Positionierung in die Zielgesellschaft demnach wirtschaftlich gleichstehen.[96] Der deutsche Gesetzgeber plant jedoch, durch Einführung der Generalklausel des *§ 25a WpHG* künftig auch Vermeidungsstrategien mit solchen Finanzinstrumenten abzudecken.[97]

f) Schlussfolgerung

Durch derivative Finanzinstrumente erhalten Unternehmen die Möglichkeit, durch rechtlich unterschiedliche Behandlung wirtschaftlich gleicher Sachverhalte Regelungsarbitrage zu betreiben. Aus bilanzpolitischer Sicht können Gestaltungsmaßnahmen realisiert werden, die zum Abschlussstichtag eine Außendarstellung entsprechend der abschlusspolitischen Zielstellungen des Unternehmens fördern. Dies kann eine günstige Darstellung der Verschuldungssituation des Unternehmens betreffen, sodass Kapitalgeber zu einer günstigeren Beurteilung der zukünftigen Zahlungsfähigkeit des Unternehmens gelangen und einen geringeren Risikoaufschlag fordern werden. Damit sinken die Finanzierungskosten für das Unternehmen. Auch bestehende Spielräume in (aufsichtsrechtlichen) Finanzierungs- bzw. Investitionsrestriktionen können mit derivativen Finanzinstrumenten vollends ausgenutzt werden. So haben Kreditinstitute in den 2000er Jahren mit Kreditderivaten die regulatorische Auslagerung von Kreditrisiken bewirken können, um so mit konstanten Eigenmitteln das operative Geschäft auszuweiten.

[92] von Bülow in: KK-WpÜG, § 30, Rn. 126 (Mit dem Hinweis auf den Fall Schäffler/Continental); vgl. dazu auch *Teichmann/Epe,* WM 2010, 1477.
[93] Tranzparenzrichtlinien-Umsetzungsgesetz (TUG), BGBl. I 2007, S. 10 ff.
[94] *BaFin,* Emittentenleitfaden, 2010, S. 162.
[95] *Teichmann/Epe,* WM 2010, 1477, (1479).
[96] CSX Corporation v. The Children's Investment Fund Management, 2008 WL 2372693 (S.D.N.Y. 2008).
[97] Vgl. *Seibt,* Corporate Finance Law, 2010, S. 502 ff.

Derivate können auch als Mittel zur ertragssteuerlichen Optimierung im Unternehmen eingesetzt werden. Die Möglichkeit besteht bei der sachlichen Diskriminierung der Erträge aus dem Kassainstrument gegenüber den Erträgen aus dem Derivat durch das Steuersystem. Derivate können auch zur Regelungsarbitrage zwischen mehreren Steuersystemen eingesetzt werden. Potentiale für den Unternehmenswert sind indes von der individuellen Gestaltung der beteiligten Steuersysteme sowie der Situation des Unternehmens abhängig. Eine Beurteilung steuerlicher Wertpotentiale durch Derivate kann nur einzelfallbezogen erfolgen.

3. Unternehmenswertsteigerung durch finanzielles Risikomanagement

Derivative Finanzinstrumente konnten sich in den letzten Jahren als integraler Bestandteil des unternehmerischen Risikomanagements etablieren. Deren herausragende Eignung als Instrument des Risikomanagement folgt aus der getrennten Handelbarkeit von Marktrisiko und Basiswert, sodass das Marktrisiko des Basiswertes durch das Derivat auch umgekehrt reproduziert werden kann.[98] Entsprechend stellen sie das primäre Mittel bei der Operationalisierung des finanziellen Risikomanagements dar. Dann können die betriebswirtschaftlichen Vorteile durch Risikomanagement zumindest auch derivativen Finanzinstrumenten zugerechnet werden.

a) Kapitalstruktur und Risikomanagement

Neben dem regulatorischen[99] Zwang ist der Betrieb eines Risikomanagementsystems auch unter ökonomischen Gesichtspunkten sinnvoll. Dazu müsste die Wirkungskette eines Risikomanagementsystems jedenfalls in der Steigerung des Unternehmenswertes münden, um den Interessen der Anteilseigner zu entsprechen. Ein optimal realisiertes Hedging führt zu einer *Verstetigung des unternehmerischen Erwartungsnutzens*. Ausgehend von der Prämisse, Fremdkapital sei mit weniger Risiko behaftet und daher in der Beschaffung günstiger als das risikoreichere Eigenkapital, ergeben sich zwei logische Folgen: Ein niedriger Verschuldungsgrad[100] des Unternehmens ist eher teuer, da der Verschuldungsgrad genau dann minimiert wird, wenn das teure Eigenkapital maximiert wird. Andererseits ist auch ein hoher Verschuldungsgrad teuer, da die Kapitalgeber bei steigendem Verschuldungsgrad eine höhere Risikoprämie für das gestiegene Ausfallrisiko fordern werden. Nach diesem intuitiven

---

[98] *Reiner*, Derivative Finanzinstrumente, 2002, S. 58.

[99] Zu nennen sind hier Rechnungslegungsvorschriften, Verhaltensregeln oder gesetzliche Regelungen. Vgl. S. 283 zu den gesetzlichen Regeln.

[100] Vgl. *Kruschwitz*, Finanzierung und Investition, 1999, S. 217 (Verschuldungsgrad als Relation von Fremdkapital zu Eigenkapital).

Ansatz müsste der optimale Verschuldungsgrad – der zugleich die günstigste Kapitalstruktur darstellt – zwischen diesen Extremen liegen.[101]

Modigliani/Miller[102] konnten jedoch zeigen, dass unter bestimmten Voraussetzungen der Verschuldungsgrad eines Unternehmens gerade keinen Einfluss auf den Unternehmenswert hat.[103] Dann könnte auch finanzielles Risikomanagement nicht zu einer Steigerung des Unternehmenswertes beitragen.[104] Das Irrelevanztheorem wird heute als analytisch sauber hergeleitet akzeptiert[105], basiert jedoch auf *sehr restriktiven Annahmen.*[106] So muss das Unternehmenssteuersystem finanzierungsneutral sein, es darf also keine bestimmte Finanzierungsform gegenüber anderen bevorzugen. Das Unternehmen darf nicht der Gefahr ausgesetzt sein, insolvent zu werden. Voraussetzung ist auch symmetrische Informationsverteilung zwischen allen Kapitalgebern und dem Management. Dies bedingt zugleich friktionslose Kapitalmärkte ohne Transaktionskosten, Handelsbeschränkungen oder irrational handelnden Marktteilnehmer. Diese Annahmen sind aber wirklichkeitsfern. Damit ist die Irrelevanz der Kapitalstruktur ein Ausnahmefall. Im Umkehrschluss lässt sich jedoch ableiten, dass es diese – und nur diese – Voraussetzungen sind, die Einfluss auf den Unternehmenswert haben, an die zugleich die Argumente zur Vorteilhaftigkeit des Risikomanagements mit derivativen Finanzinstrumenten anknüpfen können.

b) Risikoabsicherung und Steuern

Smith/Stulz[107] weisen für ein progressiv ausgestaltetes Steuersystem nach, dass eine Absicherung der Volatilität der Cash Flows vor Steuern durch Derivate die erwartete Steuerverbindlichkeit des Unternehmens reduziert und so der erwartete Unternehmenswert nach Steuern steigt.[108] Diese Schlussfolgerung gelte auch für einen imperfekten Hedge, wenn also nicht alle Risiken des Portfolios ausgeschaltet wurden.[109] In einem progressivem Steuertarifsystem

---

[101] Vgl. *Kruschwitz,* Finanzierung und Investition, 1999, S. 218.

[102] *Modigliani/Miller,* American Economic Review, Vol. 48, 261 ff.

[103] Vgl. *Kruschwitz,* Finanzierung und Investition, 1999, S. 218; *Schachtner,* Accounting und Unternehmensfinanzierung, 2009, S. 20.

[104] Vgl. *Müller,* Finanzcontrolling, 2008, S. 149 m.w.N.

[105] Siehe dazu *Kruschwitz,* Finanzierung und Investition, 1999, S. 221 ff.

[106] *Mundhenke,* Eigen- und Fremdkapital im Jahresabschluss, 2009, S. 25.

[107] *Smith/Stulz,* Journal of Financial and Quantitative Analysis, Vol. 20, S. 391 ff.

[108] *Smith/Stulz,* Journal of Financial and Quantitative Analysis, Vol. 20, S. 392 (Wesentliche Rahmenbedingungen des Modells sind indes, dass der Cash Flow des Unternehmens in hinreichendem Maße für die Ermittlung der steuerlichen Bemessungsgrundlage relevant ist und zudem hinreichend geringe Absicherungskosten bestehen).

[109] Empirisch: *Dolde,* Journal of Financial Engineering, Vol. 4, S. 187 ff. (Zur signifikant positiven Korrelation zwischen steuerlichen Verlustvorträgen und Aktivitäten im Risikomanagement); *Nance/Smith/Smithson,* Journal of Finance, Vol. 48, S. 267 ff. (Zum statistisch signifikanten Zusammenhang zwischen steuerlichen Freibeträgen und Risikomanagement).

werden durch das Hedging periodenbasiert hohe Cash-Flows gemindert und niedrige Cash-Flows erhöht (*Glättung*). Dann ist die Abnahme der Steuerlast für hohe Cash-Flows größer als die Zunahme der Steuerlast für niedrige Cash-Flows und die Steuerersparnisse sind letztlich größer als die zusätzlichen Steuerlasten. Im Ergebnis verbleibt ein durch Hedging realisierter positiver Nettoeffekt[110] (Abb. 12).

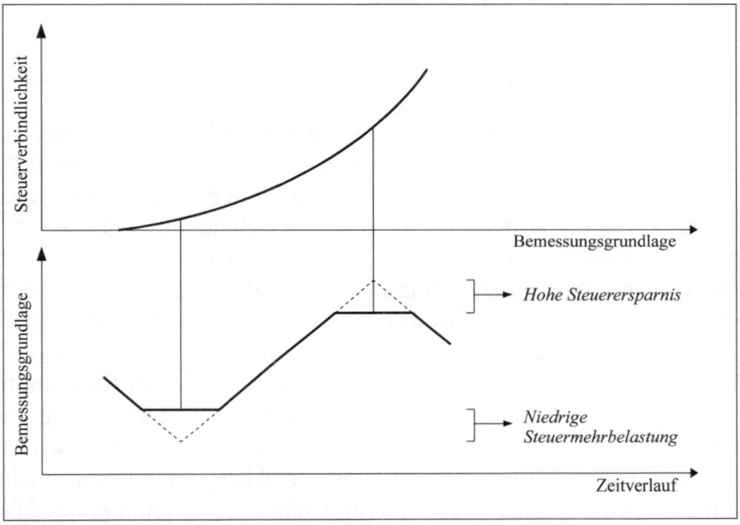

Abb. 12: Progressiver Steuertarif und Hedging
(Quelle: Eigene Darstellung).

Diese Feststellung gilt jedoch nur dann, wenn die Sicherungsposition mit hinreichend geringen Transaktionskosten eingegangen werden kann. Da die Kosten für das Eingehen der Sicherungsposition den Steuerersparnissen entgegen gehalten werden, ist ab einem bestimmten Kostenniveau der Gesamtvorteil nicht mehr gegeben. Sicherungskosten können auch dadurch entstehen, dass die Vertragspartner (Hedger und Spekulant) steuerlich unterschiedlich behandelt werden (*personelle Diskriminierung*). Dann kann die Abnahme der vom Sicherungsnehmer erwarteten Steuerverbindlichkeit durch die Zunahme der erwarteten Steuerverbindlichkeit für den Spekulanten eliminiert werden. Dies wird beispielsweise dann der Fall sein, wenn beim Spekulant eine Quellenbesteuerung erfolgt: Dann wird dieser aufgrund der für ihn geringeren Erträge nach Steuern einen höheren Preis für die Übernahme des Risikos verlangen.[111]

[110] Vgl. *Reimund,* Liquiditätshaltung und Unternehmenswert, 2003, S. 36.

[111] Dieser Sachverhalt wird in der Steuerlehre als implizite Steuer bezeichnet. Die steuerliche Vergünstigung (bzw. steuerliche Belastung) wird auf den Preis des Assets aufgeschlagen, sodass die steuerliche Vergünstigung bei der begünstigten Person nicht ankommt.

Im Zusammenhang mit Derivaten kann es aus steuerlicher Sicht in regionalen Hochzinsphasen auch günstig sein, Darlehen in fremder Währung und zu einem günstigeren Zinssatz zur Finanzierung eines Projekts aufzunehmen. Die für die Absicherung der Währungsschwankungen anfallenden Absicherungskosten werden regelmäßig nicht als Zinsaufwand berücksichtigt. Unter den derzeit in Deutschland anwendbaren Zinsschrankenregelungen der § 4h EStG bzw. § 8a KStG können derivative Finanzinstrumente deshalb *aktiv zur Steuergestaltung* verwendet werden.

c) Kapitalkostenminderung

Auch unter dem Gesichtspunkt der Insolvenzkosten kann Risikomanagement positive Effekte für Anteilseigner aufweisen.[112] Grundannahme ist auch hier eine Minderung der Volatilität der Cash-Flows im Periodenvergleich. Dadurch wird zugleich – unter Annahme konstanter Verschuldung – die Wahrscheinlichkeit einer Insolvenz gemindert[113] und folglich der Erwartungswert der Insolvenzkosten reduziert. Dies kommt den Anteilseignern des Unternehmens zugute:[114] Durch die Minderung des Erwartungswertes der Insolvenzkosten können Fremdkapitalgeber im Insolvenzfall mit einer höheren Auszahlung rechnen. Dies erweitert für das Unternehmen den Spielraum für Fremdfinanzierung. Dadurch erhöht sich zugleich der Erwartungswert der aus der Fremdfinanzierung resultierenden positiven Effekte, insbesondere einer steuerlichen Bevorzugung der Fremdfinanzierung durch die Abzugsfähigkeit von Zinsaufwendungen.[115] Risikomanagement erweitert somit den Spielraum des Managements zur Verschuldung des Unternehmens.[116]

In diesem Zusammenhang wird auch auf *Interessenkonflikte* zwischen Eigen- und Fremdkapitalgeber hingewiesen, die sich aus der unterschiedlichen Ausgestaltung der Vergütungsansprüche ergeben. So haben Fremdkapi-

---

[112] *Schachtner,* Accounting und Unternehmensfinanzierung, 2009, S. 48.

[113] *Bartram/Brown/Conrad,* Effects of Derivatives on Firm Risk and Value, 2006, S. 25 (Die Autoren weisen empirisch nach, dass der Einsatz derivativer Finanzinstrumente im finanziellen Risikomanagement eines Unternehmen sowohl das idiosynkratische, als auch das systematische Unternehmensrisiko leicht senkt); Dabei ist durch finanzielles Risikomanagement nachweisbar einen höherer Effektivitätsgrad realisierbar als durch operationelles Risikomanagement (z.B. durch geographische Standortverteilung von Produktionsstätten zur Minderung von Währungsrisiken), vgl. *Allayannis/Ihrig/Weston,* American Economic Review, Vol. 91, S. 394.

[114] *Smith/Stulz,* Journal of Financial and Quantitative Analysis, Vol. 20, S. 396.

[115] Die theoretische Herleitung findet sich bei *Smith/Stulz,* Journal of Financial and Quantitative Analysis, Vol. 20, S. 395 ff.; Empirische Nachweise für diese Motivation des Hedgings liefern *Dolde,* Journal of Financial Engineering, Vol. 4, S. 187 ff, der einen statistisch signifikanten Zusammenhang zwischen Verschuldungsgrad des Unternehmens und Aktivitäten im Risikomanagement nachweist; siehe auch *Haushalter,* Journal of Finance, Vol. 55, S. 107 ff.; *Graham/Rogers,* Journal of Finance, Vol. 57, S. 815 ff.

[116] *Leland,* Journal of Finance, Vol. 53, S. 1213.

talgeber i.d.R. einen fixen Vergütungsanspruch, während Eigenkapitalgebern der variable Residualgewinn zufällt. Der Residualgewinn lässt sich auch als Call-Option auf den Firmenwert interpretieren. Nach der Optionspreistheorie steigt der Wert der Option bei steigender Volatilität an.[117] Dann erscheint es für Eigenkapitalgeber rational, eine hinreichend riskante Investitionspolitik durchzusetzen.[118] Wird dies von den Fremdkapitalgebern antizipiert, so werden sie höhere Risikoprämien fordern oder der Gesellschaft bei gleichbleibender Verzinsung nominell weniger Fremdkapital überlassen. Damit steigen die Grenzkosten der Finanzierung für die Gesellschaft. Das Unternehmen könnte insgesamt weniger gewinnbringende Projekte durchführen.[119]

Risikomanagement erlaubt dem Unternehmen dagegen durch die Minderung der Kapitalkosten mehr Projekte mit positivem Kapitalwert durchzuführen, sodass der Unternehmenswert letztlich steigt.[120] Oftmals wird auf Projekte in Forschung und Entwicklung hingewiesen, deren Erfolg wesentlich von konstanten Geldzuflüssen abhängt. Dies verdeutlich, wie Risikomanagement zur Sicherung der langfristigen Wettbewerbsfähigkeit beitragen kann.[121]

d) Komparative Kostenvorteile durch Risikomanagement

Vorteile aus dem Risikomanagement eines Unternehmens lassen sich auch durch die Betrachtung der Transaktionskosten der Risikoabsicherung herleiten. So kann ein Unternehmen im direkten Vergleich zu seinen nicht-institutionellen Investoren über *Kosten- und Informationsvorteile* verfügen:[122] Kostenvorteile ergeben insbesondere aus Größen- oder Verbundvorteilen bei der Realisierung der Sicherungspositionen. So fallen Fixkosten wie Depotgebühren auf Seiten des Unternehmens weniger gewichtig aus. Zudem sind einige Geschäfte erst ab einer bestimmten Unternehmensgröße überhaupt realisierbar, beispielsweise Short-Positionen in Optionen.

---

[117] Vgl. oben S. 32.

[118] *Reimund,* Liquiditätshaltung und Unternehmenswert, 2003, S. 27.

[119] *Lewent/Kearney,* Journal of Applied Corporate Finance, Vol. 2, S. 19 ff. (Die Autoren berichten für das Pharmaunternehmen Merck, wie Volatilität in den Gewinnen zu Unterinvestition führen kann. Merck, dessen Vorsteuergewinn stark vom aktuellen US-Dollarkurs abhing, konstatierte für sich folgenden Sachverhalt: Bei starkem US-Dollar war das Vorsteuereinkommen schwach und Merck reagierte mit einer Reduktion des Investitionen in Forschung und Entwicklung. Da für Pharmaunternehmen ein nachweislicher Zusammenhang zwischen Investitionen in F&E und dem Firmenwert selbst besteht, sah Merck schon bald die Notwendigkeit, seine Währungsrisiken abzusichern).

[120] Vgl. *Froot/Scharfstein/Stein,* Journal of Finance, Vol. 48, S. 1638 (Die Autoren weisen in einem Modell nach, dass Risikoabsicherung unter steigenden Grenzkosten der Außenfinanzierung immer empfehlenswert sei).

[121] Vgl. *Müller,* Finanzcontrolling, 2008, S. 150.

[122] In der betriebswirtschaftlichen Literatur wird vertreten, dass Unternehmen die finanziellen Risiken soweit wie möglich weiter geben sollten, sodass bei ihnen lediglich die „Kernrisiken“ (strategische Risiken) verbleiben, vgl. *Müller,* Finanzcontrolling, 2008, S. 150 m.w.N.

Vorteile aus der Informationsverteilung zwischen Management und Investoren können aus einem weiteren Gesichtspunkt heraus bestehen: Das Management ist regelmäßig besser über die Details der Geschäftstätigkeit und der damit verbundenen Risiken informiert als die Anteilseigner. Damit kann das Management besser beurteilen, welche Sicherungspositionen zur Realisierung des vom Unternehmen angestrebten Risikoprofils erforderlich sind.[123] Durch die Informationsasymmetrie zwischen Management und Anteileigner ist die Gefahr von Hedgefehlern beim Management geringer als bei den Anteilseignern. Zwar können Investoren auch ohne Kenntnis der spezifischen Risiken aus der Geschäftstätigkeit mittels einer Derivateposition auf das Unternehmen das Gesamtrisiko (theoretisch) perfekt absichern, etwa durch eingehen einer Protective Put-Strategie mittels Put-Optionen auf das Unternehmen.[124] Im direkten Vergleich ist es dem Management jedoch eher als den Investoren möglich, durch den Informationsvorsprung ein gewünschtes Risikoprofil für das Unternehmen durch Risikomanagement zu erzeugen. Wird das verbleibende Risikoprofil dann wahrheitsgetreu an die Investoren kommuniziert, so können diese ihrerseits entscheiden, ob die Risikoposition für eine Entsprechung ihrer Präferenzen weiter verändert werden muss. Zudem würden bei jedem einzelnen Investor die Kosten für die Information und die Umsetzung der Sicherungsstrategie anfallen. Aggregiert auf alle Investoren lassen sich durch Risikomanagement beim Unternehmen Kostenvorteile erzielen.

4. Zusammenfassung

Unternehmensfinanzierung soll das Spannungsfeld zwischen Liquidität und Rentabilität auflösen. Sie soll gewährleisten, dass die Unternehmung so viel Liquidität wie nötig, aber so wenig wie möglich vorhält, um die Rentabilität zu maximieren. Damit hat die Unternehmensfinanzierung auch das Ziel, eine Steigerung des Unternehmenswertes zu bewirken.

Neben den allgemeinen Nutzungsmöglichkeiten von Derivaten zu Handelszwecken (Spekulation) und zeitlichen oder örtlichen Arbitrage, wie sie im letzten Kapitel vorgestellt wurden, bieten diese Instrumente für Unternehmen zusätzliche Wertpotentiale. Werden derivative Finanzinstrumente erfolgswirksam zum beizulegenden Zeitwert bzw. Fair Value verbucht, so bewirkt deren Wertsteigerung während der Laufzeit bei konstanten Fremdkapital einen Zuwachs des bilanziellen Eigenkapitals. Finanzanalysten, Banken und Ratingagenturen nutzen einen an der Entscheidungsnützlichkeit ausgerichteten Jahresabschluss als Informationsquelle für ihre Erfolgs- bzw. Bonitätsprognose. Derivative Finanzinstrumente gewinnen damit *Einfluss auf die Finanzierungskosten des Unternehmens*. Entsprechend können sie von der Geschäftsführung des Unternehmens zur Verfolgung abschlusspolitischer

---

[123] *Reimund,* Liquiditätshaltung und Unternehmenswert, 2003, S. 28.

[124] Siehe oben S. 33.

Zielstellungen eingesetzt werden. Dies kann etwa eine günstige Darstellung der Verschuldungssituation der Gesellschaft betreffen, sodass der von Kapitalgeber geforderte Risikoaufschlag sinken kann. Dann sinken die Finanzierungskosten für das Unternehmen. Auch bestehende Spielräume in (aufsichtsrechtlichen) Finanzierungs- bzw. Investitionsrestriktionen können mit derivativen Finanzinstrumenten vollends ausgenutzt werden. So haben Banken in den 2000er Jahren mit Kreditderivaten die *regulatorische Auslagerung von Kreditrisiken* bewirken können, um so mit konstanten Eigenmitteln das operative Geschäft auszuweiten und das Gewinnpotential zu steigern. Eine Steigerung des Unternehmenswertes kann auch durch steuerliche Gestaltungsmaßnahmen mit Derivaten realisiert werden.

Derivative Finanzinstrumente eignen sich durch die Möglichkeit zur umgekehrten Reproduktion der Zahlungsströme aus dem Basiswert besonders zur Absicherung von Marktrisiken. Daher werden diese Instrumente im betrieblichen Risikomanagement eingesetzt. Hier können sie zur steuerlichen Entlastung des Unternehmens beitragen. Betriebliches Risikomanagement mindert zudem die Gefahr einer Insolvenz und damit die von Anteilseignern erwarteten Insolvenzkosten. So werden Kapitalkosten gesenkt und der Umfang der Investitionsprojekte kann erhöht werden. Dies fördert die Produktivität des Unternehmens. Durch Größen- und Informationsvorteile kann die Unternehmensführung Risikomanagement kostengünstiger durchführen als Kapitalgeber. Finanzielles Risikomanagement mit derivativen Finanzinstrumenten kann folglich zur Steigerung des Unternehmenswerts beitragen.

II. Positive Effekte durch Derivate in der Volkswirtschaft

Oftmals wird auf die Qualität derivativer Finanzinstrumente als monetäre Nullsummenspiele verwiesen.[125] Betrachtet man ausschließlich die vertraglich vereinbarten Zahlungsströme, so stellen – ohne Berücksichtigung von Transaktionskosten – die mit dem Geschäft erzielten Gewinne der einen zugleich die Verluste der anderen Vertragspartei dar.[126] Dies gilt sowohl für Verträge mit symmetrischer, als auch mit asymmetrischer Risikostruktur, da nicht die potentiellen Verluste beider Parteien gegeneinander aufgewogen, sondern zeitpunktbezogen die tatsächlich geleisteten Zahlungsströme maßgeblich sind. In diesem Abschnitt wird untersucht, ob dieser einzelgeschäftsbezogene Befund auch auf volkswirtschaftlicher Ebene Bestand hat. Es wird gezeigt, dass sich die ökonomische Funktion derivativer Finanzinstrumente nicht in einem bloßen Austausch von Zahlungsströmen erschöpft, sondern als externe Effekte dieses Zahlungsaustausches Wohlfahrtseffekte theoretisch und empirisch nachweisbar sind. Da sich Unternehmen als solche in ein Marktumfeld

---

[125] *v. Randow,* ZGR 1996, 594, (595).

[126] Leist v. Simplot, 638 F.2d, 283, 286 (2nd Cir. 1980) („Futures trading is a zero-sum game"); *Reiner,* Derivative Finanzinstrumente, 2002, S. 45.

einfügen, haben diese Effekte auch Rückwirkungen auf dessen Finanzierungsbedingungen, sodass sie für die Frage der Eignung derivativer Finanzinstrumente zur Unternehmensfinanzierung relevant werden.

1. Grundfunktionen der Finanzmärkte

In einer Welt knapper Ressourcen ist auch Kapital als Produktionsfaktor knapp. Daher muss das verfügbare Kapital an den *Ort der bestmöglichen Verwendung* gelangen. Diese Koordinationsleistung wird in einer Marktwirtschaft dezentral über den Marktpreis erreicht, der sich an Finanzmärkten bildet.

a) Verteilung von Kapital und Risiko als Primärfunktion

Auf der einen Marktseite stehen Unternehmen, die Kapital benötigen, um Investitionsprojekte durchführen zu können. Andererseits gibt es Unternehmen oder private Haushalte, die als volkswirtschaftliche Überschusseinheiten Kapital gegen eine Prämie für die vorübergehende Kapitalentbehrung bereitwillig gewähren. Diese Parteien treffen sich auf Finanzmärkten als Ort, an dem Kapital mittels Finanzkontrakten gehandelt wird.[127] Über diesen Bereitstellungsmechanismus können Unternehmen die gewünschte Finanzierung des Investitionsprojekts realisieren.

Unternehmerische Entscheidungen sind jedoch Entscheidungen unter Unsicherheit behaftet.[128] Zudem sind die Investitionsprojekte regelmäßig kapitalintensiv. Durch entsprechende Ausgestaltung der Finanzkontrakte kann dieses Risikobündel in kleinere Teile zerlegt (*Losgrößentransformation*) und unter vielen Kapitalgebern verteilt werden. So werden durch die Allokation des Kapitals zugleich Risiken auf die Marktteilnehmer verteilt (*Risikodiversifikation*). Über einen risikoadjustierten Preis erfolgt die Zuteilung nach persönlichen Präferenzen: Derjenige Marktteilnehmer tritt in die Kapitalgeberposition ein, der unter Zahlung einer möglichst hohen Prämie glaubt, das immanente Risiko am Besten tragen zu können.[129] Neben der Kapitalallokation findet daher zugleich auch eine *Risikoallokation* statt.[130] Gesamtwirtschaftlich bewirkt dieser Mechanismus – im Idealfall – eine effiziente Verteilung der Ressource Kapital und damit eine Wohlfahrtsmaximierung. Damit wird das Finanzsystem – zu Recht – als „Nervensystem einer Volkswirtschaft“[131] bezeichnet.

---

[127] *Spremann/Gantenbein,* Kapitalmärkte, 2005, S. 15.

[128] *Spindler* in: MüKo, AktG, § 93, Rn. 40 („Zukunftsbezogenheit durch Prognosen“); vgl. auch S. 161 ff.

[129] *Mehringer,* Kapitalmarktrechtliches Gleichbehandlungsprinzip, 2007, S. 135.

[130] Vgl. *Arrow/Debreu,* Econometrica, Vol. 22, S. 265 ff.

[131] *Monopolkomission,* Ordnungspolitische Leitlinien, 1998, S. 13.

b) Transaktionskosten und asymmetrische Information

Dieser Idealfall ist jedoch theoretisch. In der Kapitalmarktrealität existieren Störfaktoren. So verursacht die Suche nach Handelspartnern, die Abwicklung von Transaktionen und die Kontrolle von Absprachen zusätzliche Kosten. Diese können das *Entscheidungsverhalten der Marktteilnehmer abändern* und damit auch die Allokation der Risiken tangieren.[132] Tatsächlich beeinflussen *Transaktionskosten* die Struktur und Funktionsweise eines Finanzsystems erheblich.[133] Funktional lassen sich Transaktionskosten in Such- und Informationskosten, Verhandlungs- und Abschlusskosten sowie Durchsetzungs- und Kontrollkosten unterteilen.[134]

Die Existenz von Transaktionskosten – insbesondere von Kosten der Informationsbeschaffung und -verarbeitung – führt letztlich zu einer *asymmetrischen Verteilung relevanter Information.*[135] Information stellt damit kein öffentliches Gut[136] mehr dar, sondern ist für rational handelnde Wirtschaftssubjekte nur solange sinnvoll zu erheben, wie der zusätzliche Nutzen über den zusätzlichen Kosten der Informationsbeschaffung liegt.

Nach dem Zeitpunkt der Informationsasymmetrie lassen sich vorvertragliche (*ex ante*) Informationsasymmetrien und solche nach Vertragsschluss (*ex post*) klassifizieren, aus denen unterschiedliche Probleme erwachsen: Vor Vertragsschluss besteht auf der Nachfrageseite *Unsicherheit über die Qualität* der vertraglichen Leistung. Akerlof[137] zeigt, dass ein Markt mit rational handelnden Teilnehmern unter diesen Bedingungen illiquide werden kann. Bei nur unvollständiger Informationen zur Produktqualität werden sich Käufer beim Preisgebot an Durchschnittsqualitäten orientieren. Für Anbieter von überdurchschnittlichen Leistungen ist der gebotene Preis dann jedoch nicht mehr attraktiv. Sie werden den Markt verlassen. Damit sinkt die durchschnittliche Qualität der am Markt angebotenen Leistungen. Passen die Nachfrager ihre Preisgebote der veränderten Durchschnittsqualität an, so ziehen sich die Anbieter überdurchschnittlicher Qualitäten nach und nach vom Markt zurück. Nach einigen Handelsrunden wird der Markt illiquide. Für dieses Problem *adverser Selektion* werden zwei Lösungsansätze vorgeschlagen: Signaling und Screening.[138] Beim Signaling versucht der Risikoverkäufer der Leistung die spezifische Qualität glaubhaft zu vermitteln. Dabei legt er sich

---

[132] *Ekkenga,* Anlegerschutz, 1998, S. 34.

[133] *Ritter,* Absicherung von Katastrophenrisiko über Kapitalmärkte, 2006, S. 104.

[134] *Ritter,* Absicherung von Katastrophenrisiko über Kapitalmärkte, 2006, S. 106.

[135] *Hillier,* Economics of Asymmetric Information, 1997 (mit einem sehr lesenswerten Überblick der Probleme asymmetrischer Information in Finanz-, Versicherungs- und Arbeitsmärkten); *Kasten,* Explorations und Informationspflichten, 2009, S. 88 ff.

[136] Der Begriff öffentlicher Güter ist dadurch gekennzeichnet, dass andere vom Konsum des Gutes nicht ausgeschlossen werden können und keine Rivalität beim Konsum besteht.

[137] Vgl. *Akerlof,* Quarterly Journal of Economics, Vol. 84, S. 488 ff.

[138] *Kasten,* Explorations und Informationspflichten, 2009, S. 108.

regelmäßig selbst hohe Kosten für den Fall einer Täuschung auf.[139] Dies kann insbesondere durch Reputationsverlust oder verschärfte Haftung durch Garantieversprechen erreicht werden. Beim Screening wird der Risikokäufer aktiv, indem er verschiedene Verträge anbietet.[140] Beispielsweise kann ein attraktiver Vertrag für gute Leistungsqualität angeboten werden, ein anderer Vertrag eher für schlechte Leistungsqualität vorteilhaft sein. Indem der Risikoverkäufer den für sich optimalen Vertrag auswählt, offenbart er dem Risikokäufer im Rahmen eines *Selbstselektionsmechanismus* die angebotene Leistungsqualität.[141]

Auch nach Vertragsschluss kann das Verhalten des Vertragspartners nicht vollständig beobachtet werden. Er könnte sich opportunistisch verhalten, also mit den Mitteln der List, Tücke und Täuschung den eigenen Nutzen zulasten des Vertragspartners mehren.[142] Das Management eines Unternehmens könnte auch einfach nicht die erforderliche Sorgfalt bei der Wahrnehmung des Tagesgeschäfts walten lassen und so risikoerhöhend handeln.[143] Für die Anteilseigner ist dies insofern schwer zu überwachen, als dass das – für sie relevante schlechte Jahresergebnis – kausal auch auf exogene Faktoren beruhen kann (z.B. Rezession). Sie können also nur schwer zwischen dem Verhaltensrisiko beim Management und den exogenen Einflüssen differenzieren. Das Verhaltensrisiko wird auch als moralisches Risiko (*Moral Hazard*) bezeichnet.[144] Übliche Lösungsmechanismen für Moral-Hazard-Probleme setzen bei einer anreizkompatiblen Vertragsgestaltung an. So werden durch ergebnisabhängige Managementvergütung oder das Lohnabstandsgebot Anreize für ein Verhalten im Sinne des Vertragspartners gesetzt.

Neben Moral Hazard kann ein Vertragspartner auch bestehende Vertragslücken ausnutzen. Dies wird unter dem Begriff Hold Up diskutiert. In einer komplexen Realität können die Parteien zum Zeitpunkt des Vertragsschlusses nicht jede Fallgestaltung antizipieren und müssen zwingend unvollständige Verträge schließen. Da der eine Vertragsteil die Motivation des jeweils anderen Teiles nicht beobachten kann, kann er auch nicht davon ausgehen, dass sich der Vertragspartner immer in seinem Interesse verhält. Insbesondere

[139] *Ritter,* Absicherung von Katastrophenrisiko über Kapitalmärkte, 2006, S. 108.

[140] *Mekat,* Grundsatz der Wesentlichkeit, 2009, S. 50.

[141] Der Versicherungsmarkt ist klassisches Beispiel für die Nutzung einer Selbstselektion. Der Versicherer kennt die Risikoqualität des (potentiellen) Versicherungsnehmers nicht. Indem er bspw. zwei Verträge in unterschiedlichen Leistungs- und Preiskategorien anbietet und die Versicherungsnehmer den jeweils für sich günstigsten Vertrag selbst wählen, offenbaren sie dem Versicherer zugleich ihre Risikoqualität. Grundlegend dazu *Rothschild/Stiglitz,* Quarterly Journal of Economics, Vol. 90, S. 629 ff.

[142] *Ekkenga,* Anlegerschutz, 1998, S. 34.

[143] Bei diesem risikoerhöhenden Verhalten spricht man von ex ante Moral Hazard. Daneben gibt es auch das Problem des ex post Moral Hazard: Dieser ist etwa in der Versicherungsökonomie relevant, wenn Versicherungsnehmer den Eintritt des Schadensfalls vortäuschen.

[144] *Kasten,* Explorations und Informationspflichten, 2009, S. 92.

besteht diese Gefahr dann, wenn ein Vertragspartner *hohe vertragsspezifische Aufwendungen* getätigt hat. Damit macht er sich gleichwohl erpressbar, da ggf. versunkene Kosten entstünden.

Effekte asymmetrischer Information wurde in der ökonomischen Literatur insbesondere für Versicherungs-[145] und Finanzmärkte[146] untersucht.

– In der Folge *adverser Selektion* kann es am Kreditmarkt zu *Kreditrationierung* kommen. Damit ist ein Zustand bezeichnet, in dem Banken keine Kredite mehr vergeben, obwohl noch Kapital von Wirtschaftssubjekten guter Bonität nachgefragt wird.[147] Auch bei Beteiligungskapital ist eine Unterversorgung möglich, sodass letztlich nicht alle Investitionsprojekte durchgeführt werden.[148]
– Durch *Moral Hazard* könnten Investoren an den Kreditmärkten gerade nicht die produktivsten Investitionsprojekte unterstützen.[149] Zudem sind für den Beteiligungsmarkt Situationen denkbar, in denen Investoren – entsprechend des Beispiels von Akerlof – keinen Anreiz mehr haben, in als hochwertig angepriesene Investitionsprojekte zu investieren, sodass es letztlich zu Marktversagens kommt.[150]

Die wesentlichen Probleme asymmetrischer Information verursachen Kosten, die wiederum Wohlfahrtseinbußen bewirken. Ziel muss es daher sein, diese Kosten auf ein Minimum zu reduzieren.

c) Senkung von Transaktionskosten

Eine der wichtigen Institutionen der Finanzmärkte sind *Finanzintermediäre*, die zwischen Kapitalgeber und -nehmer vermitteln. Zu ihnen zählen vor allem Banken, Versicherungen, Kapitalanlagegesellschaften und Börsen. Die finanzwissenschaftliche Literatur führt die Existenz von Finanzintermediären auf Kostenvorteile bei der Erbringung von Finanzdienstleistungen zurück:[151] Durch die Fokussierung von Angebot und Nachfrage auf einzelne wenige Intermediäre werden zunächst für Kapitalgeber und -nehmer die *Suchkosten gesenkt.*[152] Kapitalgeber und -nehmer müssen nicht mehr eine Vielzahl von potentiellen Vertragspartnern bewerten und kontrollieren, sondern können sich an zentrale Institutionen wenden, die diese Leistungen für sie erbringen.

---

[145] Vgl. *Rothschild/Stiglitz,* Quarterly Journal of Economics, Vol. 90, S. 629 ff.

[146] Vgl. *Stiglitz/Weiss,* American Economic Review, Vol. 71, S. 393 ff.

[147] *Hillier,* Economics of Asymmetric Information, 1997, S. 28 ff. (Der Autor zeigt, wie die Unterversorgung mit Fremdkapital durch die Kreditrationierung durch den Einsatz von Eigenkapital überwunden werden kann, was allerdings – wie er zugibt – nur bei einfach ausgestalteten Kreditverträgen nachweisbar ist)

[148] *Hillier,* Economics of Asymmetric Information, 1997, S. 32.

[149] *Hillier,* Economics of Asymmetric Information, 1997, S. 42.

[150] *Hillier,* Economics of Asymmetric Information, 1997, S. 48.

[151] Vgl. *Jäger,* Finanzmarktstrukturen im Wandel, 2006, S. 28.

[152] *Spremann/Gantenbein,* Kapitalmärkte, 2005, S. 43.

So werden Interessen gebündelt und die Anzahl der erforderlichen Verträge reduziert. Durch Skalen- und Verbundeffekte sind in gleicher Weise auch alle anderen Arten von Transaktionen für Intermediäre günstiger zu realisieren. Auch für Transaktionskosten nach Vertragsschluss wurde dies erstmals von Diamond[153] theoretisch belegt, der dafür den Begriff des Delegated Monitoring geprägt hat.

Neben der Förderung der Transaktionsabwicklung erfüllen Finanzintermediäre – insbesondere Banken – eine *Transformationsfunktion.* Sie fassen Angebot und Nachfrage von Haushalten und Unternehmen zusammen und können so den Faktor Kapital umgestalten. Dies erfolgt insbesondere hinsichtlich der verfügbaren Volumina (*Losgrößentransformation*), der Fristen (*Fristentransformation*) und des Sicherheitsgrades (*Risikotransformation*).[154] Diese Transformationsleistungen führen letztlich dazu, dass Marktteilnehmer ihre Bedürfnisse zielgenau umsetzen können. Wegen der beschriebenen Skalen- und Verbundeffekte ist die Transformationsleistung für Intermediäre günstiger zu realisieren als für den einzelnen Marktteilnehmer.

An den Finanzmärkten wird durch fungibel ausgestaltete Finanzkontrakte zudem *Liquidität* über einen Sekundärmarkt bereit gestellt. Bei liquiden Anlagemöglichkeiten haben Kapitalgeber die Möglichkeit, zeitnah auf die Änderungen der Umstände und neue Information zu reagieren und gehen damit ein geringeres Risiko ein. Zudem fallen für fungibel ausgestalteten Finanzkontrakte geringere Transaktionskosten an. Da rational handelnde Kapitalgeber diese Kosten in ihrer Renditeforderung berücksichtigen würden, führt die Bereitstellung von Liquidität zu geringeren Kapitalkosten und damit zu einem Wohlfahrtsgewinn.[155]

d) Bereitstellen von Information

Bereits oben wurde gezeigt, wie die Allokation der Ressource Kapital dezentral über den Marktpreis gesteuert wird. Ausgangspunkt für die Bildung eines Marktpreises ist ein allen Finanzkontrakten inhärenter Zukunftsbezug und die damit verbundene Unsicherheit. Nach der Markteffizienzhypothese von Fama[156] bilden Kapitalgeber ihre Erwartungen über den Erfolg von Investitionsprojekten auf der Grundlage aktuell verfügbarer Fundamentalinformationen. Erlangen sie Kenntnis von neuer Information, so werden sie ihre Erwartungen anpassen und versuchen, diesen Informationsvorsprung gewinn-

[153] *Diamond,* Review of Economic Studies, Vol. 51, S. 393 ff.

[154] *Bitz,* Finanzdienstleistungen, 2005, S. 29 ff.; Für Derivate: *Das,* Swaps and Derivatives Financing, 1993, S. 64 („The presence of an intermediary also eliminates the need for exact matching of the two legs of the swaps").

[155] *Spremann/Gantenbein,* Kapitalmärkte, 2005, S. 15.

[156] *Fama,* Journal of Finance, Vol. 25, S. 383 ff.

bringend zu nutzen.[157] Da sie an liquiden Finanzmärkten mit hinreichend geringen Transaktionskosten Finanztitel kaufen oder verkaufen werden, verschiebt sich der Preis bis zu dem Niveau, das der neuen Information entspricht. Die neue Information ist dann *eingepreist*. Für alle übrigen Marktteilnehmer kommt die neue Information jedoch überraschend und daher – subjektiv – zufällig. Damit ist es unmöglich, mit öffentlich zugänglicher Informationen einen Vorteil zu erlangen. Dieser Zustand wird als *informationseffizienter Markt* charakterisiert.[158] In einem solchen Szenario ließe sich die Entwicklung der Finanzmärkte nicht sicher prognostizieren, da sie zeitdiskret einen Random-Walk darstellt.[159]

Die Markteffizienzhypothese ist bis heute eine viel diskutierte Idealvorstellung eines Informationsverarbeitungsprozesses der Finanzmärkte, fußt sie doch auf der – recht restriktiven – *Prämisse der rationalen Erwartungsbildung* der Marktteilnehmer. Denkt man dies konsequent weiter, führt die Markteffizienzhypothese zu folgender paradoxen Situation:[160] Wenn Kapitalmärkte stets informationseffizient sind, so ist jede neue Information bereits im Marktpreis enthalten. Dann hätten rationale Anleger aber keinen Anreiz, Information zu beschaffen, da Marktpreise diese Information ohnehin bereits enthalten. Damit fehlt es aber am erforderlichen Verhalten der Marktteilnehmer, um Informationseffizienz überhaupt herzustellen.

Daneben ist aber noch denkbar, dass Märkte einen im Zeitverlauf wechselnden Grad an Informationseffizienz aufweisen.[161] So unterscheidet auch Fama selbst drei Intensitäten von Informationseffizienz: *Schwache Effizienz* liegt vor, wenn alle vergangenen Informationen ein gepreist sind. Dann können auch historische Informationen nicht gewinnbringend genutzt werden. Durch Fundamentalanalysen kann hier gleichwohl neue Informationen generiert werden. *Mittlere Effizienz* liegt vor, wenn die Marktpreise alle öffentlich zugänglichen Informationen beinhalten. *Starke Effizienz* ist gegeben, wenn sowohl öffentliche, als auch private Information (*Insiderinformation*) in den Kursen enthalten ist.[162] Empirische Ereignisstudien belegen für entwickelte Kapitalmärkte überwiegend eine mittlere Informationseffizienz.[163]

Im Ergebnis ist heute zweifellos anerkannt, dass Finanzmärkte jedenfalls eine *Informationsfunktion* erfüllen. Neue Informationen werden durch das Gewinnstreben der Marktteilnehmer unmittelbar an den Markt getragen und damit schnell verbreitet. Finanzmärkte stellen damit überaus aktuelle Wirt-

---

[157] *Mengle,* ISDA Research Notes, 2/2010, S. 2.

[158] Vgl. *Spremann/Gantenbein,* Kapitalmärkte, 2005, S. 67.

[159] *Ritter,* Absicherung von Katastrophenrisiko über Kapitalmärkte, 2006, S. 116; *Kruschwitz,* Finanzierung und Investition, 1999, S. 266.

[160] *Grossman/Stiglitz,* American Economic Review, Vol. 70, S. 393 ff.

[161] *Hillebrand,* Mean Reversion Models of Finnacial Markets, 2003, S. 19.

[162] *Hellgardt,* Kapitalmarktdeliktsrecht, 2008, S. 125.

[163] *Sauer,* ZBB 2005, 24, (26) (Fn 116) m.w.N.

schaftsinformationen bereit.[164] Diese können – teilweise – mittels geeigneter Methoden aus dem aktuellen Preis extrahiert werden. So lässt sich der Preis einer risikobehafteten Unternehmensanleihe in einen risikolosen Zins und eine Risikoprämie zerlegen. Über die Risikoprämie können Rückschlüsse auf die Erwartungen der Investoren hinsichtlich der Erfolgswahrscheinlichkeit des Investitionsprojekts gezogen werden. Dies kann z.B. das Management eines Unternehmens als Anhaltspunkt dafür nehmen, ob es das angestrebte Investitionsprojekt durchführen soll.[165] In ereignisorientierten Kapitalmarktstudien ist nachweisbar, dass Wertpapierkurse statistisch signifikant auf neue unternehmensbezogene Ereignisse reagieren.[166]

2. Die Rolle der Spekulation in den Finanzmärkten

a) Spekulation in der neoklassischen Wirtschaftstheorie

Traditionell konzentriert sich die Wirtschaftswissenschaft auf das Auffinden und Erklären von Marktgleichgewichten, die sich im Zusammenspiel von Angebot und Nachfrage ergeben. Wird dieses Gleichgewicht gestört, erfolgt aus Sicht der neoklassischen Ökonomik ein Anpassungsprozess, der den Markt ein neues Gleichgewicht versetzt. Im Kontext solcher Anpassungsprozesse wird auch Spekulation genannt.[167] Die ideale Spekulation wirkt danach auf den Markt *effizienzsteigernd*:[168] So kann ein Spekulant ein Asset zu niedrigen Preisen kaufen, in der Hoffnung, dass die Preise steigen. Zu diesem Zeitpunkt herrscht ein Überangebot und der Grenznutzen des Assets ist gering. Wird das Asset zu einem späteren Zeitpunkt knapp, so steigt der Preis. Der Spekulant verkauft und realisiert so seinen Gewinn. Als Nebeneffekt wird das Asset aber zu einer Zeit am Markt verfügbar, zu der der Grenznutzen hoch ist. So erhöht sich der im Zeitablauf aggregierte Gesamtnutzen. Eine hinreichend hohe Anzahl dieser Transaktionen bewirkt dann eine *Preisglättung*: In Zeiten niedriger Preise steigt der Preis und in Zeiten hoher Preise wird er durch das Handeln der Spekulanten gesenkt.[169]

---

[164] Die Geschwindigkeit der Informationsverarbeitung und -weiterleitung durch die Finanzmärkte stellt den wesentlichen Vorteil zu anderen, zentralisierteren Bewertungsinstitutionen dar. Beispielsweise gibt es gute Hinweise darauf, dass kapitalmarktbasierte Ratings eine weitaus zuverlässigere Bewertung von Unternehmen gewährleisten als Einschätzungen von Ratingagenturen, siehe Handelsbatt vom 18.03.2009 „Wissenschaftler bremsen Agenturen aus“ mit Bezug auf eine Studie von Prof. Ralf Elsas.

[165] *Spremann/Gantenbein,* Kapitalmärkte, 2005, S. 22.

[166] *Ruhnke,* Rechnungslegung, 2008, S. 43 m.w.N. (Mit dem Hinweis auf verschiedene methodische Ansätze zur Messung der Kursrelevanz von Jahresabschlussdaten).

[167] *Mayhew,* Impact of Derivatives on Stock Markets, 2000, S. 3 m.w.N.

[168] *Lakonishok/Shleifer/Vishny,* Journal of Financial Economics, Vol. 31, S. 28.

[169] *Samuelson/Nordhaus,* Volkswirtschaftslehre, 2005, S. 301.

Diese *antizyklische* Spekulation ist jedoch idealtypisch und steht unter der realitätsfernen Prämisse vollkommen informierter und rational handelnder Spekulanten.[170] Spekulanten sind in der Kapitalmarktrealität aber mit Transaktionskosten und asymmetrischer Information konfrontiert. Insbesondere können sie die Qualität neuer Informationen ex ante nur begrenzt beurteilen. Zudem ist empirisch nachgewiesen, dass Marktteilnehmer keinesfalls immer Entscheidungen auf rein rationalem Kalkül treffen. So wurden Kapitalmarktanomalien wie der Wettereffekt[171], Kalendereffekte[172] oder Größeneffekte[173] beobachtet. In Phasen mit geringer Volatilität folgen auf Kursanstiege tendenziell mehr Verkaufsaufträge und auf Kursrückgänge folgen tendenziell mehr Kaufaufträge.[174] In Phasen volatiler Märkte ist dies jedoch umgekehrt: Auf große Kursanstiege folgen tendenziell weitere Kaufaufträge, während auf große Kursrückgänge tendenziell Verkaufsorders überwiegen.[175]

b) Spekulation im sozialen Kontext

Neuere Ansätze modifizieren die Grundannahme strikt rationaler und ausschließlich fundamentaldatenbasierter Erwartungsbildung der Marktteilnehmer. Im Gegensatz zur neoklassischen Lehre werden diese als heterogene Individuen mit eigenen Heuristiken und Handlungstendenzen akzeptiert.[176] Die Entscheidungsfindung selbst erfolgt darüber hinaus nicht isoliert, sondern wird im Kontext sozialer Prozesse[177] begriffen. Kennzeichen ist eine systematische Rückkopplung der Entscheidungen einzelner Marktteilnehmer, die sich gegenseitig beeinflussen. Das Zusammenspiel von Aktion und Reaktion führt

---

[170] *Mengle,* ISDA Research Notes, 2/2010, S. 2.

[171] *Klein,* ZfB, 2005, S. 11035 ff. (Der Wettereffekt bezeichnet einen negativen Zusammenhang zwischen der Bewölkungsdichte und der Rendite auf Aktienmärkten. Der Zusammenhang wurde erstmals 1993 beim New Yorker Aktienmarkt untersucht, ist jedoch auch für deutsche Aktienmärkte nachweisbar).

[172] *Roßbach,* Working Paper, 2001, S. 8 m.w.N. (Innerhalb bestimmter Kalenderperioden erzielen Finanztitel unterschiedliche Durchschnittsrenditen wie in anderen Perioden. So werden im Januar eine eines Jahres tendenziell eher Überrenditen erzielt).

[173] *Fama/French,* Journal of Finance, Vol. 47, S. 425 ff. (Unternehmen mit niedriger Kapitalisierung weisen langfristig höhere Renditen auf als Unternehmen mit hoher Marktkapitalisierung); Eine Übersicht zu bisher nachgewiesenen Kapitalmarktanomalien bietet *Roßbach,* Working Paper, 2001, S. 8.

[174] Vgl. *Hasbrouck,* Journal of Finance, Vol. 50, S. 1175 ff.

[175] Vgl. *Cohen/Shin,* Working Paper, 2001, S. 23.

[176] Vgl. *Simon,* American Economic Review, Vol. 49, S. 253 ff. (Zum Konzept der begrenzten Rationalität); Vgl. ausführlich S. 163 ff.

[177] *Peetz,* Hedge-Fonds und Finanzmarktinstabilität, 2007, S. 102 (Diese sozialen Prozesse seien eigendynamische Vorgänge, die sich „endogen weiterentwickeln [...] und dabei Charakteristika von Rückkopplung und Rekursivität aufweisen. Durch Wechselwirkung der Aktionen unter den Beteiligten können verstärkende und hemmende Rückkopplungen dazu führen, dass Ursache und Wirkung ineinander greifen und sich gegenseitig bedingen“).

auf der Marktebene zu *selbstorganisatorischem Verhalten.*[178] Bezieht man diese endogenen Einflüsse in die Informationsverarbeitung des Marktes mit ein, werden auch Erscheinungen wie Kapitalmarktanomalien, Spekulationsblasen oder Finanzmarktkrisen erklärbar.[179]

Zur Beschreibung des Spekulationsverhaltens im sozialen Kontext spielt die menschliche Tendenz zur sozialen Imitation (*Herdenverhalten*) eine zentrale Rolle. Das Konzept des Herdenverhaltens soll der Beobachtung gerecht werden, dass auf Kursanstiege weitere Kaufaufträge folgen, während nach Kursrückgängen tendenziell Verkaufsorders überwiegen.[180] In der ökonomischen Literatur ist man sich heute weitestgehend einig, dass jedenfalls *uninformierte Marktteilnehmer* ihr eigenes Handelsverhalten an dem anderer Marktteilnehmer ausrichten.[181] Unter der realitätsnahen Prämisse, dass nur ein kleiner Teil der Marktteilnehmer aktiv Kapitalmarktinformation hoher Qualität erlangt, vermag Herdenverhalten die Marktpreise von Finanzinstrumenten erheblich zu beeinflussen.

Für die Tendenz zu Herdenverhalten bietet die ökonomische Literatur verschiedenen Erklärungsansätze.[182] Bereits Schumpeter argumentierte, Individuen neigen zur *Adaption von Massen- und Autoritätenmeinungen.*[183] Dies wird heute mit Reputationskosten begründet: Verhalten sich beispielsweise Analysten abweichend, liegt aber der Konsensus richtig, fallen hohe Reputationseinbußen an. Schließen sie sich dagegen dem Konsensus an und begehen eine Fehleinschätzung, so können sie sich darüber exkulpieren, dass es auch der Markt nicht besser wußte.[184] Ähnlich wird die Qualität des Managements typischerweise an der Performance der Konkurrenten gemessen. Der Anreiz, nicht wesentlich hinter der Performance der Konkurrenten zu liegen, könnte homogenes Entscheidungsverhalten bewirken[185] (*Benchmarking*).

---

[178] *Peetz,* Hedge-Fonds und Finanzmarktinstabilität, 2007, S. 103 (Der Autor verdeutlicht dies am Beispiel der Futtersuche einer Ameisenkolonie: „Jedes Tier hinterlässt auf der Futtersuche eine Signatur in Form eines Pheromons. Wenn mehrere Ameisen einem erfolgreichen Futterpfad folgen (und darüber wieder zurückkehren), intensiviert sich diese Signatur mit der Folge, dass noch mehr Ameisen diesem Pfad folgen. Durch die Verstärkung des Wirkstoffes als Informationsmittel wird der Pfad von anderen Ameisen als optimal erkannt. Die Emergenz selbstorganisierenden Verhaltens führt bei den Ameisen zu einer optimalen Lösung des Nahrungsproblems, die durch eine Einzelleistung alleine niemals zustande gekommen wäre.").

[179] Vgl. S. 171 ff. (systemische Risiken).

[180] *Cohen/Shin,* Working Paper, 2001, S. 23.

[181] *Lakonishok/Shleifer/Vishny,* Journal of Financial Economics, Vol. 31, S. 26; vgl. auch *Gennotte/Leland,* American Economic Review, Vol. 80, S. 1000.

[182] *Kallinterakis/Ferreira,* Herding and Feedback Trading, 2007, S. 5 ff.

[183] *Schumpeter,* Theorie der wirtschaftlichen Entwicklung, 1926, S. 339 („Warum treten Unternehmer nicht kontinuierlich, in jedem Augenblick also vereinzelt, sondern scharenweise auf? Ausschließlich deshalb, weil das Auftreten eines oder einzelner Unternehmer das Auftreten anderer und dieses das Auftreten weiterer und immer zahlreicherer erleichtert").

[184] *Bikhchandani/Sharma,* IMF Staff Papers, Vol. 47, S. 290.

[185] *Mehringer,* Kapitalmarktrechtliches Gleichbehandlungsprinzip, 2007, S. 53.

Auch andere Heuristiken wie die technische Analyse (Charttechnik) oder „Tipps von Börsengurus" können bei hinreichender Popularität zu einer sich selbst erfüllenden Prophezeiung werden. Auch in diesem Zusammenhang kann es für Spekulanten rational sein, gerade populäre Heuristiken als Grundlage der Investitionsentscheidungen zu wählen.

Andere weisen darauf hin, dass Spekulanten ihre entscheidungsrelevanten Information nur aus relativ *wenigen Quellen* beziehen. So neigen Medien zu homogener Berichterstattung von kurzfristigen Volatilitäten oder vermeintlich langfristigen Trends. Dies werde durch den Wettbewerbsdruck in der Informationsindustrie gefördert. Durch die homogene Berichterstattung geraten nur wenige Anlagealternativen in das Bewusstsein der Massen.[186] Dies schaffe die Voraussetzungen dafür, dass sich Investitionen einer „wachsenden Zahl von Investoren in wenigen Alternativen verdichtet".[187] Tatsächlich ist nachweisbar, dass Informationen mit hohem subjektiven Verfügbarkeitsgrad tendenziell überbewertet werden. Dazu zählen insbesondere aktuelle, auffällige und leicht verständliche Informationen.[188] Zudem wird in der Literatur[189] auf die verstärkte Neigung zu Herdenverhalten verwiesen, wenn Investoren mit anspruchsvollen Bewertungsentscheidungen bei *komplexen Finanzinstrumenten* konfrontiert sind.

Herdenverhalten kann in der Form des positiven Feedbacktradings („Kaufen, wenn die Kurse steigen, Verkaufen, wenn die Kurse fallen") prozyklisch wirken. So zeigen Bikhchandani et al.[190] unter realitätsnahen Annahmen, dass Individuen bei sequentiellen Entscheidungen dazu neigen, private Information zu vernachlässigen und ihre Entscheidungen zunächst an vergangenen *eigenen* Entscheidungen auszurichten. Die neue Entscheidung beinhaltet dann für andere Individuen keine zusätzliche Information. Ähneln sich darüber hinaus die Voraussetzungen für die Entscheidungen bei verschiedenen Individuen, so gehen die Entscheidungsträger *systematisch* dazu über, sich bei der Entscheidungsfindung *gänzlich* an den Entscheidungen anderer zu orientieren. Damit – so die Autoren – habe Herdenverhalten eine sich selbst verstärkende Tendenz, sodass selbst a priori unbedeutende Information erhebliche Wirkungen auf aggregierter Ebene entfalten kann.[191]

---

[186] *Mekat,* Grundsatz der Wesentlichkeit, 2009, S. 369.

[187] *Schuster,* Metakommunikation und Massenmedien, 2003, S. 26.

[188] *Roßbach,* Working Paper, 2001, S. 13; *Lakonishok/Shleifer/Vishny,* Journal of Financial Economics, Vol. 31, S. 26 ff. (Allgemein für institutionelle Investoren); *Kasten,* Explorations und Informationspflichten, 2009, S. 137 (mit Hinweis auf die fachliche Vorbildung der Anleger); vgl. auch *Kahneman/Tversky,* Econometrica, Vol. 47, S. 263 ff.

[189] *Hirschleifer,* Journal of Finance, Vol. 56, S. 1537; *Bartlett,* Journal of Corporation Law, Vol. 36, S. 57; *Kumar,* Journal of Financial and Quantitative Analysis, Vol. 44, S. 1399 (jeweils mit empirischen Nachweis).

[190] *Bikhchandani/Hirshleifer/Welch,* Journal of Political Economy, Vol. 100, S. 992 ff.

[191] Vgl. dazu S. 175 ff. (systemische Risiken).

Empirisch kann Wermers[192] in einer Untersuchung der Fondindustrie im Zeitraum 1975–1994 Herdenverhalten nachweisen.[193] Hier sei kauflastiges Herdenverhalten umso stärker ausgeprägt, je mehr Rückflüsse die Aktie den Investoren in der Vergangenheit bescherte. Entsprechend sei verkaufslastiges Herdenverhalten umso stärker, je weniger Rückflüsse die Aktie in der Vergangenheit erbrachte.[194] Koutmos/Saidi[195] wiesen für die Emerging Markets nach, dass positives Feedbacktrading ein einflussreicher Faktor bei der Erklärung von Preisänderungen ist. Zwar finden sie nur wenige Anhaltspunkte für kauflastiges positives Feedback-Verhalten, dafür jedoch schwerwiegende Anhaltspunkte für verkaufslastiges positives Feedback-Verhalten. Dies führen sie auf die verbreitete Verwendung dynamischer Absicherungsstrategien und Stopp-Loss-Orders unter den Spekulanten zurück.[196]

Cohen/Shin[197] konstatierten für die Preisbildung am Markt für US-Schatzpapiere in der Periode 1999–2000 eine umso höhere Autokorrelation der Preise, je volatiler sie in der Vergangenheit waren und weisen so auch hier positives Feedbacktrading nach. Griffin et al.[198] untersuchen den Orderfluss an der US-amerikanischen Technologiebörse NASDAQ im Zeitraum 1999 bis 2001 und stellen zunächst fest, dass in diesem Zeitraum institutionelle Investoren einen Großteil der Marktkapitalisierung hielten. Sodann weisen sie nach, dass innerhalb kürzester Zeit (5 Min.) nach kleinen Preisbewegungen einzelne Investoren auf diese reagierten und kurz darauf einen breite Masse der institutionellen Investoren. Letztlich führen sie den Zusammenbruch der Technologiebörse auf diesen Wirkungskreislauf zurück.

---

[192] *Wermers,* Journal of Finance, Vol. 54, S. 581 ff.

[193] An dieser Stelle sei das erhebliche Potential für Messfehler unterstrichen. So weisen *Bikhchandani/Sharma,* IMF Staff Papers, Vol. 47, S. 293 auf die grundsätzliche Schwierigkeit hin, zwischen Fundamentaldaten und nichtfundamentalen Daten definitorisch zu unterscheiden und – sind die Begriffe konturiert – den auf die spezifische Information beruhenden Preiseffekt zu messen. (Kausalitäts- und Messproblem).

[194] Vgl. *Walter/Weber,* Herding in the German Mutual Fund Industry, 2005, S. 1 (für den deutschen Fondmarkt); Vgl. *Sias,* Review of Financial Studies, Vol. 17, S. 165 ff. (für institutionelle Investoren); *Kallinterakis/Ferreira,* Herding and Feedback Trading, 2007 m.w.N; Anders dagegen für den polnischen Fondsmarkt *Bohl/Brzeszczynski,* Working Paper, 2005, S. 14; vgl. auch *Lakonishok/Shleifer/Vishny,* Journal of Financial Economics, Vol. 31, S. 42. (Die Autoren können für institutionelle Investoren am US-Markt (1985–1989) nur wenige Anzeichen von Herdenverhalten und positivem Feedback-Verhalten nachweisen).

[195] *Koutmos/Saidi,* Applied Financial Economics, Vol. 11, S. 291 ff.

[196] *Koutmos/Saidi,* Applied Financial Economics, Vol. 11, S. 296.

[197] *Cohen/Shin,* Working Paper, 2001.

[198] *Griffin/Harris/Topaloglu,* Investor Behavior, 2003, S. 25.

c) Ökonomische Legitimation von Spekulationshandlungen

Bis heute haftet spekulativen Handlungen der „Makel des Verwerflichen oder zumindest gesamtwirtschaftlich Schädlichen“[199] an. In der ökonomischen Literatur ist jedoch anerkannt, dass Spekulanten *Liquidität* bereitstellen, indem sie kurzfristige und teilweise hochfrequente Handelsstrategien praktizieren und so die Markttiefe erhöhen.[200] Zugleich sinken die Transaktionskosten für alle Marktteilnehmer. Damit fördern Spekulationshandlungen eine *Grundfunktion* der Finanzmärkte.

Wenn Spekulationshandlungen die Markttiefe erhöhen, werden wiederum absicherungsbedürftige Marktteilnehmer begünstigt, die nun Handelspartner finden, auf die sie die Risiken abwälzen können. Ohne Spekulanten als Marktgegenseite reicht die Marktbreite regelmäßig nicht aus, um alle Absicherungsbedürfnisse zu befriedigen.[201] Deshalb ermöglichen erst Spekulationshandlungen den Transfer von Risiko an diejenigen Wirtschaftssubjekte, die annahmegemäß am Besten in der Lage sind, diese tragen zu können. So fördert Spekulation die optimale Allokation von Risiko, die *Primärfunktion* der Kapitalmärkte selbst.[202] Bei differenzierter Betrachtung der Wirkung von Spekulation lässt sich also weder eine stabilisierende Wirkung nach der neoklassischen Sichtweise, noch a priori eine destabilisierende Wirkung bestätigen.[203] Spekulative Handlungen am Kapitalmarkt wirken vielmehr dann – und nur dann – destabilisierend, wenn ein hinreichend hoher Grad an homogenen Erwartungen herrscht, sodass Marktteilnehmer zu Herdenverhalten und positivem Feedbacktrading neigen. Dann wird ein bestehender Handelstrend verstärkt und die Volatilität der Marktpreise erhöht sich. Dies entspricht einer definitionsgemäßen Destabilisierung der Marktpreise, die im Fortgang dieser Arbeit für ausgewählte Derivate eingehend untersucht wird.

Für Spekulationshandlungen als solche bleibt festzustellen, dass sie individuell betrachtet zwar einem egoistischen Zweck dienen, gesamtwirtschaftlich jedoch sehr wohl positive Effekte generieren, indem sie Liquidität bereit

---

[199] *Casper,* Der Optionsvertrag, 2005, S. 14.

[200] *Deutsche Bundesbank,* Finanzstabilitätsbericht, 2006, S. 30; *Admati/Pfleiderer,* Review of Financial Studies, Vol. 1, S. 3 ff.; *Cheroenrook/Daouk,* Working Paper, 2005, S. 20; *Mengle,* ISDA Research Notes, 2/2010, S. 4; *Boehmer/Wu,* Working Paper, 2010, S. 2 m.w.N.

[201] *Gray,* Food Research Institute Studies, 1967, S. 177 ff. (Der Autor untersuchte die damaligen US-Weizenmärkte. Der Handel in Chicago war bekannt für ein hohes Engagement von Spekulanten, während Kansas und Minneapolis vorwiegend von Hedgern genutzt wurde. Die Studie kommt zum Ergebnis: Kansas und Minneapolis „are able to absorb the hedging positions which come to them only because substantial speculation is transfused from Chicago“); *European Commission,* Report on Sovereign CDS, 2010, S. 22 („speculators act as insurance (liquidity) providers at a time of distress“); vgl. auch *Casper,* Der Optionsvertrag, 2005, S. 17.

[202] *Mengle,* ISDA Research Notes, 2/2010, S. 6.

[203] *Mayhew,* Impact of Derivatives on Stock Markets, 2000, S. 44.

stellen und eine effizientere Allokation von Kapital und Risiko ermöglichen.[204] Wer Kapitalmärkte als leistungsfähigen weil dezentralen Mechanismus zur Allokation von Kapital und Risiko akzeptiert, der muss auch Spekulationshandlungen als unabdingbaren und systembildenden Teil zur Erfüllung dieser Aufgabe hinnehmen. Unabdingbar, weil sie – in Abwesenheit von Herdenverhalten und Feedbacktrading – nicht das Marktgleichgewicht verhindern, sondern es rasch herstellen.[205]

3. Leistung der Terminmärkte als Teil der Finanzmärkte

Nachdem ein Überblick über die ökonomischen Funktionen der Finanzmärkte gegeben wurde, soll im Folgenden gezeigt werden, dass die *Terminmärkte* die Primärfunktion der effizienten Allokation von Kapital und Risiko unter den realitätsnahen Bedingungen (Transaktionskosten und asymmetrische Information) fördern und damit im Grundsatz effizienzsteigernd wirken.

a) Risikotransfer

Die Untersuchungen zur allokativen Bedeutung der Terminmärkte haben sich zunächst auf die Absicherung von (Güter-)Preisrisiken durch Derivate beschränkt,[206] bei denen die physische Lieferung vereinbart wurde. Durch die Vereinbarung eines fixierten Preises überträgt der Verkäufer des Festgeschäfts das Preisrisiko auf den Käufer.[207] Dadurch wird Kapital frei, das der Verkäufer ursprünglich für drohende Verluste zurückzuhalten hatte. Für das Unternehmen entsteht ein positiver *Liquiditätseffekt.* Dieses Kapital kann er indes in produktive oder innovative Tätigkeiten umleiten. Volkswirtschaftlich bewirkt dies *Produktivitäts- und Innovationseffekte.* Damit können derivative Finanzinstrumente, die wirksam zur Absicherung von Preisrisiken eingesetzt werden, den Erfolg des gesamtwirtschaftlichen Produktionsprozesses begünstigen. Insgesamt haben sie damit versicherungsähnliche Wirkungen.[208]

Danach werden auf derivativen Märkten Risiken zwischen Spekulanten und Hedgern *umverteilt.* Danthine[209] knüpft die Existenz der Terminmärkte an zwei wesentliche Bedingungen: Einerseits seien heterogene Risikopräferenzen zwischen den Wirtschaftssubjekten erforderlich: Hedger sind eher risikoavers, da ihre realwirtschaftliche Tätigkeit es erfordere, sich gegen Risiken abzusichern, während Spekulanten Risiken eingehen wollen und können. Andererseits seien heterogene Zukunftserwartungen erforderlich, die den

---

[204] *Mengle,* ISDA Research Notes, 2/2010, S. 8.

[205] *Streissler/Watrin,* Theorie marktwirtschaftlicher Ordnungen, 1980, S. 48.

[206] *Sykuta,* Journal of Corporate Finance, Vol. 2, S. 317 m.w.N.

[207] Vgl. das Beispiel oben S. 16.

[208] *Schwintowski* in: Honsell, BK-VVG, § 1, Rn. 14 (Jeweils zu den genannten Funktionen aber bezogen auf Versicherungsgeschäfte).

[209] *Danthine,* Journal of Economic Theory, Vol. 17, S. 93.

Austausch von Risiken erst attraktiv mache. Entsprechend stellen Spekulanten Liquidität für *versicherungsähnliche Dienstleistungen* bereit.[210]

Der Aspekt der separaten Handelbarkeit von Risiken wurde später unter dem Gesichtspunkt der Markteffizienz untersucht. Zentrale Vorarbeit haben hier Ross[211] und Danthine[212] geleistet. Ausgangspunkt der Überlegungen sind die systematischen Risiken im Portfolio. Es bestehen selbst in einem gut diversifizierten Portfolio stets systematische Restrisiken, die die Grenzen der Diversifizierbarkeit bilden.[213] Hier setzt Ross an und weist nach, dass sich durch den Verkauf einfacher Optionen auf das Portfolio diese Restrisiken für den Hedger perfekt eliminieren lassen,[214] indem sie von Spekulanten übernommen werden. Durch diese Umverteilung steigern einfach ausgestaltete Optionen die Markteffizienz. Da sich komplexe derivative Finanzinstrumente als Portfolio aus einfachen Optionen interpretieren lassen[215], ist dies auch auf komplexe derivative Finanzinstrumente übertragbar.[216]

b) Markvervollständigung

Die separate Handelbarkeit von Risiken mittels Derivaten wurde auch unter dem Aspekt der Markvervollständigung untersucht.[217] Dies lässt sich am Verkauf von Optionen auf Kassainstrumenten verdeutlichen. Die Einführung von Optionen hat zwei wesentliche Effekte:

(1) Realisierung bisher nicht existenter Auszahlungsstrukturen

Zunächst ist durch die Option auf das Portfolio des Verkäufers eine neue – vormals vielleicht noch nicht am Markt existente – Risikoposition verfügbar.[218] Dadurch erhöht sich die für Marktteilnehmer realisierbare Anzahl von Anlagemöglichkeiten. Beispielsweise besteht nun für den Käufer die Möglichkeit, die oben genannten Optionsstrategien zur Risikoabsicherung

---

[210] *European Commission,* Report on Sovereign CDS, 2010, S. 22.

[211] *Ross,* Quaterly Journal of Economics, Vol. 90, S. 75 ff.

[212] *Danthine,* Journal of Economic Theory, Vol. 17, S. 79 ff.

[213] *Kruschwitz,* Finanzierung und Investition, 1999, S. 202; vgl. ausführlich S. 111.

[214] *Ross,* Quaterly Journal of Economics, Vol. 90, S. 86; *Hakansson,* Journal of Finance, Vol. 33 , S. 762.

[215] *Ross,* Quaterly Journal of Economics, Vol. 90, S. 89.

[216] Ein empirischer Befund zur Senkung systematischer Risiken durch Derivate für die Schweiz findet sich bei *Bruand/Gibson,* Review of Derivatives Research, Vol. 2, S. 82.

[217] *Mengle,* ISDA Research Notes, 2/2010, S. 7; *Working,* Financial Results of the Speculative Holding of Wheat, 1931, S. 1 ff.; *Cao/Ou-Yang,* Review of Financial Studies, Vol. 22, S. 300 m.w.N.

[218] Offensichtlich wird dies auch bei Kreditderivaten: In Erwartung einer Bonitätsverschlechterung des Unternehmens ist es ohne Termingeschäfte nicht möglich, eine Shortposition auf dessen Anleihe einzugehen. Dagegen lässt sich diese Erwartung ökonomisch problemlos mit einem Kreditderivat abbilden.

oder Spekulation zu nutzen. Dadurch tritt ein den Präferenzen des Käufers besser entsprechender Zustand ein als in einer Welt ohne Terminmärkte. Dem Käufer bietet sich die Möglichkeit, sein Portfolio um Risikopositionen zu erweitern, die weniger oder gar nicht mit den Risiken anderer Posten korrelieren[219] (*Diversifikationseffekt*).

Auch die Verkäuferseite kann profitieren: Denn erst durch Derivate werden Risiken aus illiquiden Basiswerten handelbar. Hier sei auf die Ausführungen zu Wetter-, Katastrophen-, oder Kreditderivaten verwiesen.[220] Der Verkäufer kann damit erstmals diese Risiken auf Dritte übertragen und folglich für sich mindern oder ganz ausschalten. Die volkswirtschaftliche Dimension dieser Möglichkeit wurde insbesondere für Kreditderivate untersucht: Kreditderivate werden von Banken genutzt, um Kreditrisiken zu externalisieren.[221] Damit sinkt das Risikoexposure der Bank. Dies führt zu Kostenersparnissen, die idealtypisch an die Kreditnehmer der Bank weiter geleitet werden.[222] Damit sinken die Kreditkosten und es kommt zu Wohlfahrtsgewinnen.

(2) Kostenvorteile bei der Realisierung bereits existenter Auszahlungsstrukturen

Weiterhin kann durch die Option an der Entwicklung des individuellen Portfolios des Optionsverkäufers partizipiert, ohne dass dazu der Erwerb jeder einzelnen Position des Portfolios erforderlich wäre. Mit anderen Worten ist eine Transaktion erforderlich, um an der Entwicklung einer Vielzahl von Positionen zu partizipieren. Auf der Ebene des Käufers fallen deshalb geringere Transaktionskosten an.[223] So wurde schon kurz nach der Einführung des Futurehandels auf die kostensparende Möglichkeiten zur Portfolioabsicherung mittels Indexfutures auf Aktien verwiesen.[224] Auch der Optionsverkäufer reduziert Transaktionskosten: Ross[225] weist darauf hin, dass es für den Risikoverkäufer weniger kostenaufwendig sei, ein Derivat auf ein bestehendes Asset zu emittieren, als zur Finanzierung ein neues Asset am Kassamarkt zu platzieren. Rudolph/Schäfer[226] differenzieren in diesem Zusammenhang einerseits zwischen direkten Transaktionskostenersparnissen bei der Platzierung am Primärmarkt. Anderseits weisen sie auf indirekte Transaktionskostenerspar-

---

[219] *Heeren,* Hybride Finanzierungsinstrumente, 2009, S. 32.

[220] Siehe oben S. 47 ff.

[221] Vgl. Greenspan in seiner Rede vor der Majesty's Treasury Enterprise Conference (London, 26.01.2004), vgl. *Ashcraft/Santos,* Journal of Monetary Economics, Vol. 56, S. 514.

[222] Vgl. *Schiller/Tytko,* Risikomanagement im Kreditgeschäft, 2001, S. 281 (Alternativ könnten Banken auch mehr Kredite unter Einhaltung der geltenden Risikolimits vergeben).

[223] *Henssler,* Risiko als Vertragsgegenstand, 1994, S. 685.

[224] *Figlewski,* Journal of Finance, Vol. 39, S. 668; vgl. auch *Das,* Swaps and Derivatives Financing, 1993, S. 600.

[225] *Ross,* Quaterly Journal of Economics, Vol. 90, S. 76.

[226] *Rudolph/Schäfer,* Derivative Finanzmarktinstrumente, 2009, S. 358.

nisse hin, die durch die oftmals höhere Liquidität der derivativen Positionen im Vergleich zur Liquiditätslage des Underlyings entstünden. Tatsächlich führt allein die höhere Liquiditätslage – wie oben erläutert[227] – zu einer Risikoreduktion.

Diese wesentlichen Argumentationsmuster finden sich auch bei der ökonomische Legitimation von Derivaten auf mehrere Basiswerte – insbesondere strukturierte Finanzinstrumente wie synthetischen CDOs – wieder: Das Pooling von Risiken ermöglicht es hier bereits auf Ebene des Emittenten, Diversifikationseffekte zu erzielen, sofern die Einzelrisiken nur schwach miteinander korrelieren.[228] Die Risiken können vom Emittent so gewählt werden, dass die Risikoqualität des gesamten Pools steigt. Als Nebeneffekt der Risikodiversifikation – so argumentieren Boot/Thakor[229] – werde zugleich eine Diversifizierung der in den Einzelrisiken enthaltenen Informationsunschärfe bewirkt. Unter der Annahme asymmetrischer Informationsverteilung zwischen den Teilnehmern am Kapitalmarkt verbessere dies zumindest die Informationsqualität der informierten Marktteilnehmer, sodass sich der Cash Flow aus der Information für sie steigern lässt.[230]

Dennoch führt das Pooling *allein* zu Kostennachteilen für den Emittenten: Unter asymmetrischer Informationsverteilung würden Marktteilnehmer einen Abschlag auf den Kaufpreis als Risikoprämie verlangen, da sie die im Wertpapier verbrieften Risiken qualitativ nicht beurteilen können.[231] Denn neben der Risikodiversifizierung kommt es zugleich zu einem destruktiven Effekt bezüglich der Information über die Qualität der Einzelrisiken im Portfolio. Daraus entstehen dem Emittenten zusätzliche Kosten, um die Qualität der Einzelrisiken dennoch nach außen zu kommunizieren.[232]

Eine Lösung dieses Problems wird im *Tranchieren* gesehen. Boot/Thakor[233] zeigen, dass sich das emittierende Unternehmen besser stellen kann, indem es die Risiken in einen stark und in einen weniger stark *informationssensitiven Teil aufspaltet*. Informierte Investoren werden für informationssensitive Wertpapiere eine höheren Preis bieten, da sie so ihre privaten Informationen gewinnbringend nutzen können. Dies erhöht letztlich auch die erwarteten Einnahmen aus der Emission. Dahinter steckt der Gedanke, dass die Risikostrukturierung zusätzliche Information generiert, mittels der sich sowohl Investoren im Rahmen eines Selbstselektionsmechanismus, als auch indirekt das emittierende Unternehmen besser stellen können. So werden

---

[227] Siehe S. 86.
[228] *Partony/Skeel,* University of Cincinnati Law Review, Vol. 75, S. 1028.
[229] *Boot/Thakor,* Journal of Finance, Vol. 48, S. 1366.
[230] *Boot/Thakor,* Journal of Finance, Vol. 48, S. 1368.
[231] Vgl. S. 83 (zum Lemon-Problem von Akerlof).
[232] *DeMarzo,* Review of Financial Studies, Vol. 18, S. 7.
[233] *Boot/Thakor,* Journal of Finance, Vol. 48, S. 1349.

Marktunvollkommenheiten reduziert und und die Effizienz der Kapitalmärkte insgesamt steigt.[234]

c) Verbesserte Preisfindung an Kassamärkten

Eine weitere ökonomischen Funktion derivativer Finanzinstrumente ergibt sich aus dem Umstand, dass deren Wertentwicklung konstruktionsbedingt von der zugrunde liegenden Kassaposition abhängt. Derivate lassen sich so als Substitute für Kassapositionen begreifen, denen die Marktteilnehmer am Kassamarkt zusätzliche Information entnehmen können.[235]

i) Ausgangspunkt: Informationsasymmetrien

Die Auswirkungen dieser Eigenschaft sollen hier anhand dynamischer Investitionsstrategien dargestellt werden. In dynamischen Investitionsstrategien erfolgt eine Anpassung der Positionen und damit der Risikoexposition auf veränderte Informationslagen. Ein praxisrelevantes Beispiel ist die dynamische Portfolioabsicherung. Dabei wird der relative Portfolioanteil verschiedener Anlagekategorien (Aktien, Bonds usw.) im Zeitablauf an veränderte Informationslagen angepasst oder die Risikoexposition des Portfolios auf die eingetretenen Vermögensschwankungen ausgerichtet.[236] Bei Investitionen in den Kassamarkt durch dynamische Strategien werden zugleich die Kassapreise beeinflusset, sodass Volatilität entsteht. Das Ausmaß der Volatilität hängt davon ab, wie andere Marktteilnehmer am Kassamarkt agieren. Geht das Absicherungsbedürfnis einer Vielzahl von Hedgern in die gleiche Richtung – nutzen sie beispielsweise ähnliche Strategien – so erhöht sich der Preis der Sicherungsstrategie für den einzelnen. Da der einzelne Hedger aufgrund asymmetrischer Information ex ante die Strategie anderer Marktteilnehmer nicht erkennen kann, werden die effektiven Kosten seiner Sicherungsstrategie für ihn auch nicht antizipierbar.[237] Das zentrale Problem liegt darin, dass Investoren *ex ante Informationen über die zukünftigen Handelsaktivitäten der anderen Marktteilnehmer benötigen.* Genau diese Informationen können sie den Terminmärkten entnehmen. Nutzt ein Marktteilnehmer beispielsweise

---

[234] Vgl. *Gorton/Pennacchi,* Journal of Monetary Economics, Vol. 35, S. 389 ff. (Die Autoren liefern – neben der dargestellten angebotsorientierten Begründung – eine nachfrageorientierte Begründung, indem sie die Beziehungen der Marktteilnehmer untereinander in den Mittelpunkt stellen. Durch die Strukturierung würden uninformierte Marktteilnehmer die risikoärmeren Tranchen wählen, während informierte Marktteilnehmer eigenkapitalähnliche Tranchen kauften. Dadurch werden die möglichen Verluste der uninformierten Marktteilnehmer gemindert, während informierte Marktteilnehmer ihre Informationen nutzen und so beide Investorklassen besser gestellt sind); *Gann,* Working Paper, 2009, S. 6 ff. (Mit einem umfassenden Literaturüberblick).

[235] *Neuberger,* Gold Derivatives, 2001, S. 109.

[236] Vgl. S. 34 (Dynamischen Hedgingstrategien mit Optionen).

[237] *Grossman,* Journal of Business, Vol. 61, S. 293.

eine Put-Option zur Sicherung seines Portfolios, so signalisiert er dem Markt ex ante sein Sicherungsbedürfnis.[238] Je mehr Marktteilnehmer ihre privaten Informationen über diesen Selbstselektionsmechanismus preisgeben, umso schärfer wird ein Gesamtbild der zukünftigen Marktsituation und umso geringer ist das Marktrisiko für den einzelnen Marktteilnehmer.[239]

ii) Stabilisierung der Kassamärkte

(1) Theoretisches Konzept

Bis heute wurden in der ökonomischen Literatur verschiedene Transmissionskanäle zwischen Terminmarkt und Kassamarkt aufgearbeitet. Zunächst wird auf einen positiven Einfluss für die Angebotssteuerung des Basiswerts hingewiesen. Wenn Produzenten das Preisrisiko ihrer Produkte durch Derivate absichern, so beeinflusst dies die Entscheidung hinsichtlich Produktionsumfang und welche Produktionstechniken sie nutzen.[240] Peck[241] weist in ihrem Modell nach, dass Terminmärkte eine stabilisierende Wirkung auf Kassapreise des Basiswerts haben, wenn die Entscheidung, ein lagerfähiges Gut auf Vorrat zu produzieren, anhand der Terminpreise dieses Gutes getroffen wird. Chari/Jagannathan[242] weisen darauf hin, dass durch eine gesteigerte Beurteilungspräzision der zukünftigen Nachfrage über Terminpreise nicht nur – wie bei Peck – die Produktionsentscheidung auf Vorrat beeinflusst wird, sondern auch die Produktionsfunktion selbst tangiert: Produzenten könnten sich entschließen, die heutige Produktion zu drosseln, um die Produktionskapazitäten für die kommende Periode zu erweitern.[243] In ihrem Modell stabilisieren Terminmärkte jedenfalls dann die Kassapreise, wenn das Angebot des Basiswerts elastisch auf Nachfrageänderungen reagiert. Märkte für Warenderivate scheinen sich daher positiv auf die Produzenten zu treffende Entscheidung bezüglich Produktion und Lagerung auszuwirken.[244]

Dantine[245] integriert die Nachfrage der Termingeschäfte in seine Überlegungen: Wenn Produzenten ihre Produktionsentscheidung an den aktuellen Futurepreisen ausrichten, reflektiert der Kassapreise alle in den Futurepreisen enthaltenen Signale – sowohl fundamentale Information als auch nicht-fundmentale Information (*Noise*). Dabei kann Noise eine destabilisierende Wirkung auf die Kassapreise haben. Jedoch stabilisieren Terminmärkte die

---

[238] *Grossman,* Journal of Business, Vol. 61, S. 276; Vgl. *Danthine,* Journal of Economic Theory, Vol. 17, S. 96 (Mit einem formalen Nachweis).

[239] *Danthine,* Journal of Economic Theory, Vol. 17, S. 90.

[240] *Mayhew,* Impact of Derivatives on Stock Markets, 2000, S. 7.

[241] *Peck,* Quarterly Journal of Economics, Vol. 90, S. 422.

[242] *Chari/Jagannathan,* Quarterly Journal of Economics, Vol. 105, S. 527.

[243] *Mayhew,* Impact of Derivatives on Stock Markets, 2000, S. 9.

[244] *Neuberger,* Gold Derivatives, 2001, S. 109.

[245] *Danthine,* Journal of Economic Theory, Vol. 17, S. 79.

Kassamärkte umso mehr, je höher die Anzahl aktiver Spekulanten ist und je besser die Spekulanten informiert sind. Im Modell von Demers/Demers[246] gibt es zwei Unsicherheitsquellen am Kapitalmarkt: Produktionsunsicherheit und Nachfrageunsicherheit. Unter der Annahme von Informationskosten haben Produzenten einen komparativen Kostenvorteil hinsichtlich der Produktionsunsicherheit. Spekulanten hingegen haben sich im Modell auf die Beschaffung von Information zur Nachfrageunsicherheit spezialisiert. Die Informationsqualität in den Terminpreisen steigt durch die jeweilige Spezialisierung an, sodass Produktionsentscheidungen jeweils nachhaltiger und mit weniger Unsicherheit getroffen werden können.

Im Rahmen theoretischer Ansätzen zur Preisstabilisierung wird auch auf stabilisierende Liquiditätseffekte im Kassamarkt verwiesen:[247] Eine erwarteter Volatilitätanstieg des Kassapreises führt zu steigenden Optionspreisen. Die Information über die hohe erwartete Volatilität stellt zusätzliche Gewinne aus Market-Maker-Aktivitäten in Aussicht. Market-Maker halten eine variierende Anzahl an Wertpapieren als Puffer für eingehende Kauf- und Verkaufsaufträge in ihren Beständen bereit und gewährleiste so einen liquiden Markt. Hier werden Market-Maker zukünftig mehr Liquidität bereit stellen und so die Preisfindung verbessern.

Dieser Effekt lässt sich auch am Beispiel des Future-Marktes erklären:[248] Besteht am Markt ein hohes Absicherungsbedürfnis, so können Hedger Short-Positionen in Futures eingehen. Damit sinkt der Preis des Futures am Terminmarkt. Nun treten Arbitrageure in die Long-Position ein, um zukünftig zu einem günstigen Preis den Basiswert zu erhalten. Zugleich werden sie am Kassamarkt den Basiswert verkaufen, um den Arbitragegewinn zu erzielen. Damit fällt der Kassapreis des Basiswerts und der Terminpreis steigt. Diese Marktangleichung stoppt erst dann, wenn sich die Divergenz zwischen Termin- und Kassamarkt hinreichend ausgeglichen hat. In einer Welt ohne Terminmärkte würden risikoaverse Hedger Positionen direkt am Kassamarkt verkaufen, um ihr Risikoexposure zu reduzieren. Die Märkte werden dann sehr volatil. Dies hat Rückwirkungen auf die Market-Maker: Sie allein tragen kurzfristig das Risiko asymmetrischer Kauf- und Verkaufsaufträge. In einer Welt ohne Terminmärkte können sie diese Entwicklung nicht antizipieren. Kurzfristig kann es daher zu einem Liquiditätsengpass kommen.[249] Mittelfristig werden sie bei gesteigertem Risiko einen höheren Bid-Ask-Spread verlangen um dieses Risiko zu kompensieren.[250] Dadurch wird die Preisfindung negativ beeinträchtigt.

---

[246] *Demers/Demers,* European Economic Review, Vol. 33, S. 663.
[247] *Grossman,* Journal of Business, Vol. 61, S. 288.
[248] *Gray,* Food Research Institute Studies, 1967, S. 177 ff.
[249] *Grossman,* Journal of Business, Vol. 61, S. 291.
[250] *Mengle,* ISDA Research Notes, 2/2010, S. 5.

Eine Stabilisierung der Preise am Kassamarkt durch derivative Finanzinstrumente lässt sich auch für Kreditderivate begründen. Die Preise für Credit Default Swaps liefern verlässliche Anhaltspunkte auf die Prämie, die Investoren verlangen, um das Ausfallrisiko eines bestimmten Unternehmens zu tragen. Erst durch Einführung dieser Finanzinstrumente konnte überhaupt ein Sekundärmarkt und damit eine Bewertungsgrundlage für Kreditrisiken entstehen. Aufgrund der hier gebotenen Liquidität bilden die Preise sehr aktuelle Erwartungshaltungen der Gläubiger (und aller übrigen Marktteilnehmer) hinsichtlich der Ausfallwahrscheinlichkeit des Schuldners ab. Diese Information werden rationale Marktakteure am Bondmarkt bei ihrer Investitionsentscheidung berücksichtigen.[251]

(2) Empirische Argumente

Entsprechend ist in der empirischen Literatur überwiegend eine stabilisierende Wirkung des Handels von Derivaten auf die Preise der Basiswerte nachweisbar. Working[252] zeigt für den US-amerikanischen Zwiebelmarkt eine wesentliche Minderung der Volatilität durch den Handel mit Terminkontrakten auf. Nach Gray[253] haben die saisonalen Schwankungen der Zwiebelpreise durch den Futureshandel wesentlich abgenommen. Cox[254] kommt auch für andere Warenmärkte zum Ergebnis wesentlich gesteigerter Preisqualität durch Einführung des Terminhandels für die untersuchten Basiswerte. Diese empirischen Nachweise scheinen die These vom Positiven Einfluss auf die Produktionsentscheidung des Basiswertes zu stützen.

Für Derivate mit finanziellen Basiswert liefert die Literatur ähnliche Hinweise. Für Futures auf Bonds[255] und Aktien[256] kann eine Minderung der Volatilität der Kassapreise nach Einführung von Futures auf diese Basiswerte nachgewiesen werden. Dies wird auf die verbesserte Informationsqualität zurück geführt[257] und stützt entsprechend die theoretischen Aussagen von Demers/Demers. Ein ähnlich positives Bild ergibt sich aus der Literatur für Optionsgeschäfte, die ebenfalls eine Volatilitätsminderung konstatiert.[258]

---

[251] *Ashcraft/Santos,* Journal of Monetary Economics, Vol. 56, S. 515.

[252] *Working,* Food Research Institute Studies, Vol. 1, S. 3 ff.

[253] *Gray,* Journal of Farm Economics, Vol. 45, S. 273 ff.

[254] *Cox,* Journal of Political Economy, Vol. 84, S. 1215 ff.

[255] *Froewiss,* Economic Review, Vol. 1978, S. 20 ff.; *Bortz,* Journal of Futures Markets, Vol. 4, S. 25 ff.; *Cohen,* International Finance, Vol. 2, S. 165 ff.

[256] *Lee/Tong,* Journal of Multinational Financial Management, Vol. 8, S. 285 ff. (Futures auf einzelne Aktien); *Choi/Subrahmanyam,* Journal of Futures Markets, Vol. 14, S. 293 ff. (jeweils bzgl. Index-Futures).

[257] *Kumar/Sarin/Shastri,* Journal of Finance, Vol. 53, S. 717 ff.

[258] *Conrad,* Journal of Finance, Vol. 44, S. 487 ff.; *Detemple/Jorion,* Journal of Banking & Finance, Vol. 14, S. 781 ff.; *Damodaran/Lim,* Journal of Banking & Finance, Vol. 15, S. 647 ff.; *Mayhew,* Impact of Derivatives on Stock Markets, 2000, S. 27 m.w.N.

Damodoran/Lim[259] können auch hier den Zusammenhang zur Verbesserung der Informationsqualität herstellen, indem sie die Volatilitätsminderung kausal auf die Verringerung von Noise zurück führen. Das Ergebnis konnte die Literatur auch eine Minderung des Bid-Ask-Spread am Kassamarkt des Basiswertes nachweisen.[260] Damit scheinen auch die theoretischen Liquiditätseffekte empirisch valide zu sein. Dies können Fedenia/Grammatikos für börsengehandelte Aktien als Basiswert von Optionsgeschäften bestätigen. Allerdings wiesen sie für außerbörslich gehandelte Aktien sowohl eine Volatilitätsteigerung als auch eine Ausweitung des Bid-Ask-Spread hin. Die Volatilitätssteigerung für OTC-Aktien wurde später bestätigt, nicht aber die Ausweitung des Spread.[261] Die Volatilitätssteigerung könnte auf eine relative Illiquidität der außerbörslichen Basiswerte zurück zu führen sein. Auch für Futures auf Aktienindices sind die Ergebnisse in der empirischen Literatur durchwachsen. Überwiegend[262] kann keine Auswirkung des Terminhandels auf den untersuchten Index nachgewiesen werden, während teilweise[263] eine Volatilitätsminderung, teilweise[264] aber auch eine (länderabhängige[265]) Volatilitätssteigerung konstatiert wird. Interessant ist in diesem Zusammenhang das Ergebnis der Studie von Chatrath et al.,[266] die – basierend auf den Handelsdaten der CFTC von 1986 bis 1995 – einen höheren Einfluss von nicht-spekulativen Handelsaktivitäten auf die Volatilität des Underlyings nachweisen als Spekulation selbst.

iii) Steigerung von Geschwindigkeit und Qualität der Preisfindung

(1) Theoretisches Konzept

Die stimulierende Rolle der Terminmärkte beim Preisfindungsprozess auf den Finanzmärkten wird dadurch unterstützt, dass an Terminmärkten regelmäßig kleinere Losgrößen handelbar sind. So kann eine Position in einen Future mit wenig Anfangskapital eingegangen werden, da nur die Sicherheitsleistungen

---

259 *Damodaran/Lim,* Journal of Banking & Finance, Vol. 15, S. 662.

260 *Fedenia/Grammatikos,* Journal of Business, Vol. 65, S. 335 ff.; *Jegadeesh/Subrahmanyam,* Journal of Business, Vol. 66, S. 171 ff.

261 *Ecca/Marchesi/Setzu,* Computational Economics, Vol. 32, S. 48; *Wei/Poon/Zee,* Review of Quantitative Finance and Accounting, Vol. 9, S. 165 ff.; *Heer/Trede/Wahrenburg,* Empirical Economics, Vol. 22, S. 233 ff.

262 Statt vieler: *Mayhew,* Impact of Derivatives on Stock Markets, 2000, S. 23 m.w.N.

263 *Edwards,* Journal of Futures Markets, Vol. 8, S. 421 ff.; *Kumar/Sarin/Shastri,* Pacific-Basin Finance Journal, Vol. 3, S. 303 ff.; *Robinson,*Review of Futures Markets, Vol. 14, S. 429 ff.

264 *Lee/Ohk,* Journal of Futures Markets, Vol. 12, S. 493 ff.; *Harris,* Journal of Finance, Vol. 46, S. 1155 ff.

265 *Gulen/Mayhew,* Journal of Futures Markets, Vol. 20, S. 661 ff. (Steigende Volatilität für US-amerikanische und japanische Indices, nicht aber für solche in anderen Staaten).

266 *Chatrath/Ramchander/Song,* Journal of Economics and Business, Vol. 50, S. 323 ff.

an die Clearing-Stelle (Margins) erbracht werden müssen. Durch den Hebeleffekt entspricht das Risiko-Rendite-Menü jedoch einer weitaus kapitalintensiveren Investition am Kassamarkt. Zudem ist die Liquidität am Derivatemarkt im Vergleich zum Kassamarkt des zugrunde liegenden Basiswertes regelmäßig höher.[267]

Dies hat zum Einen positive Rückwirkungen auf die Geschwindigkeit, mit der neue Informationen an Märkte getragen werden.[268] Durch den geringeren Kapitaleinsatz ist es für Marktteilnehmer mit neuen Informationen schneller möglich, das für das erwünschte Risiko-Rendite-Menü erforderliche Kapital zu beschaffen und die Information so mit einem Minimum an Zeitverlust gewinnbringend zu verwenden. Für Indexderivate wird die Geschwindigkeitssteigerung auch über die Transaktionskostenersparnis sowie über die höhere Ausführungsgeschwindigkeit im Vergleich zum Handels des zugrunde liegenden Bündels aus Kassawerten begründet.[269] Zugleich haben kleine Losgrößen an den Terminmärkten Auswirkungen auf die Qualität der Informationsverarbeitung:[270] Es werden tendenziell mehr Marktteilnehmer (denen die neue Information privat bekannt ist) fähig sein, kurzfristig zu reagieren und die Information so an den Terminmärkten zu bewerten. Die höhere Anzahl der bewertenden Marktteilnehmer bewirkt zugleich eine tendenzielle Verringerung der Bewertungsfehler.[271] Die verbesserte Informationsqualität an den Terminmärkten wird dann über die eben beschriebenen Arbitrageprozesse zeitnahe an die Kassamärkte getragen.[272]

(2) Empirische Argumente

Tatsächlich lässt sich empirisch nachweisen, dass Terminmärkte den Kassamärkten systematisch voraus eilen.[273] So ist für US-amerikanische Aktienindex-Futures ein Vorlauf von mehr als 5 Minuten statistisch nachweisbar.[274] Für den deutschen DAX-Future konnte schon oft ein Vorlauf von 15 – 20 Minuten

---

[267] *Deutsche Bundesbank,* Monatsbericht Juli, 2006, S. 60.

[268] *Mengle,* ISDA Research Notes, 2/2010, S. 5.

[269] *Deutsche Bundesbank,* Monatsbericht Juli, 2006, S. 59.

[270] *Cox,* Journal of Political Economy, Vol. 84, S. 1215 ff.

[271] Vgl. *Danthine,* Journal of Economic Theory, Vol. 17, S. 95; Dies bezieht sich wohl nur auf die Verringerung „zufälliger" Bewertungsfehler. Systematische Verzerrungen in der Bewertung (z.B. vorsätzliche Desinformation) werden freilich nicht erfasst. Dies wiederum soll durch regulatorische Maßnahmen (z.B. § 20a WpHG) vermieden werden.

[272] *Neuberger,* Gold Derivatives, 2001, S. 106.

[273] *Bruand/Gibson,* Review of Derivatives Research, Vol. 2, S. 59 ff.; *Mayhew,* Impact of Derivatives on Stock Markets, 2000, S. 29 m.w.N.

[274] *Stoll/Whaley,* Journal of Financial and Quantitative Analysis, Vol. 25, S. 441 ff.; *Harris,* Journal of Finance, Vol. 46, S. 1155 ff.; *Chan,* Review of Financial Studies, Vol. 5, S. 123 ff.; *Gosh,* Journal of Futures Markets, Vol. 13, S. 193 ff.; *De Jong/Nijman,* Journal of Empirical Finance, Vol. 4, S. 159 ff.; Für Optionsgeschäfte: *Stephen/Whaley,* Journal of Finance, Vol. 45, S. 191 ff.

konstatiert werden.[275] Ebenfalls konnte für Termingeschäfte auf staatliche Fremdkapitaltitel (Bund-Futures) ein wesentlicher zeitlicher Vorlauf aufgezeigt werden.[276] Auch Kreditderivate auf Unternehmen scheinen die Preisentwicklung der entsprechenden Unternehmensanleihen zu antizipieren.[277] Coudert/Gex[278] können nachweisen, dass sich CDS-Spreads und der Spread zwischen einer Unternehmensanleihe und einer nahezu risikolosen Anleihe (Anleihe-Spread) nahezu simultan entwickeln. In Krisenzeiten antizipieren die CDS-Spreads die Bewegungen des Anleihe-Spreads um *mehrere Tage*.[279] Die Autoren führen dies auf die höhere Liquidität im CDS-Markt zurück. Zudem antizipieren CDS-Spreads Ratingveränderungen des Schuldnerunternehmens.[280] Damit sinken die Informationskosten der Investoren, sodass diese eine geringere Prämie zur Beschaffung relevanter Information fordern werden. Folglich sinken auch die Kapitalkosten für den Schuldner selbst.[281]

4. Zusammenfassung

Finanzmärkte erfüllen die zentrale Funktion der Verteilung von knappem Kapital hin zu dem Ort der optimalen Verwendung. In der Realität wird dieser Koordinationsleistung jedoch durch zahlreiche Friktionen gestört: Es bestehen Transaktionskosten und asymmetrische Information der Marktteilnehmer. Darüber hinaus kann es zu Rationalitätversagen einzelner Marktteilnehmer kommen.

Finanzmärkte stellen auch in einer Welt ohne Terminmärkte bereits Mechanismen bereit, die diese Friktionen mindern. So bieten Finanzintermediäre und Spekulanten Liquidität an, die zur Senkung von Transaktionskosten beiträgt. Zudem bewerten Spekulanten Investitionsprojekte unter Unsicherheit und tragen ihre Erwartungen zeitlich unmittelbar an den Markt.

Es wurde gezeigt, wie Terminmärkte die Negativwirkungen der verbleibenden Friktionen zusätzlich mindern. Durch die separate Handelbarkeit von

---

[275] *Grünbichler/Schwartz/Longstaff,* Journal of Financial Intermediation, Vol. 3, S. 166 ff.

[276] *Upper/Werner,* BIS Working Paper, No 224, S. 27.

[277] *Zhu,* Journal of Financial Services Research, Vol. 29, S. 211 ff.; *Henschel,* Credit Default Swaps in der Finanzkrise, 2009, S. 31.

[278] *Coudert/Gex,* Working Paper, 2008, S. 32.

[279] *Henschel,* Credit Default Swaps in der Finanzkrise, 2009, S. 31.

[280] *Hull/Predescue/White,* Journal of Banking and Finance, Vol. 28, S. 2809; *Henschel,* Credit Default Swaps in der Finanzkrise, 2009, S. 32 ff.

[281] *Ashcraft/Santos,* Journal of Monetary Economics, Vol. 56, S. 523 (Die Autoren messen empirisch lediglich bei transparenten und sicheren Unternehmen eine leichte Reduktion der Kapitalkosten, während es bei undurchsichtigen und risikoreichen Unternehmen eher zu einer Erhöhung der Kapitalkosten durch CDS komme. Sie begründen ihren Befund damit, dass bei einer Weitergabe der Kreditrisiken durch die Banken diese keinen Anreiz mehr zur Überwachung des Unternehmens haben. Antizipieren die übrigen Marktteilnehmer das geringere Maß an Überwachung, so werden sie einen entsprechenden Risikoaufschlag auf den Emissionspreis für die Unternehmensanleihe verlangen.). Siehe dazu S. 188 ff.

Risiken durch Derivate werden die Finanzmärkte vervollständigt und der Risikotransferprozess kann kostengünstiger und effizienter für die Marktteilnehmer gestaltet werden. Terminmärkte stellen zudem die Erwartungen der Marktteilnehmer über zukünftige Ereignisse transparenter dar und helfen so, den Preisfindungsprozess an den Kassamärkten zu stabilisieren und zu beschleunigen.

Obgleich Derivate sich einzeln als monetäre Nullsummenspiele darstellen, generieren sie auf der Makroebene wertschöpfende Effekte. Derivate stellen damit keine volkswirtschaftlichen Nullsummenspiele dar.[282]

B. Ökonomische Grenzen des Derivateeinsatzes

An den Kapitalmärkten werden die Entscheidungen über die Verteilung von Kapital und Risiko dezentral durch die Marktteilnehmer getroffen. Um eine effiziente Allokation von Kapital und Risiko als Primärfunktion der Kapitalmärkte herbeizuführen, benötigen die Marktteilnehmer *entscheidungsrelevante und verlässliche Risikoinformation* über die betroffenen Finanzinstrumente. Soweit diese Voraussetzung nicht gewährleistet ist, drohen die Marktteilnehmer unerkannte Risiken einzugehen, die deren Solvenz in Krisenzeiten ernsthaft gefährden können. Beispielsweise äußerte die Deutsche Bundesbank schon frühzeitig Bedenken, dass in den Terminmärkten „auch Investoren aktiv sind, die die Risikoprofile komplexerer Produktstrukturen nicht vollständig überblicken".[283] Unternehmen übernehmen dann letztlich Risiken, die sie ursprünglich nicht tragen wollten. Unter besonderer Berücksichtigung dieses Aspekts sollen nun die ökonomischen Grenzen des Derivateeinsatzes in der Unternehmensfinanzierung aufgezeigt werden.

I. Komplexität derivativer Finanzinstrumente

Komplexität wird je nach Autor und Wissenschaftsgebiet unterschiedlich definiert. Nach Bronner bestimmt die „Anzahl der Elemente und deren Relationen [...] die Komplexität eines Systems."[284] Ähnlich beschreiben Ulrich/Fluri[285] die Komplexität einer Situation mit der Vielfalt der einwirkenden Faktoren und dem Ausmaß ihrer gegenseitigen Interdependenzen und charakterisiert diese als Merkmal schlecht strukturierbarer Entscheidungssituationen. Die

---

[282] So aber *Schulmeister,* Intervention, Vol. 4, S. 75.

[283] *Deutsche Bundesbank,* Finanzstabilitätsbericht, 2006, S. 30; *Partnoy,* Journal of Corporation Law, Vol. 22, S. 224; CESR, CESR/10-1040, S. 13 („appear to show that clients presumed to be sophisticated and capable of looking after their own interests do not always understand the risks involved in complex instruments.").

[284] *Zielowski,* Managementkonzepte, 2006, S. 28.

[285] *Ulrich/Fluri,* Management, 1995, S. 165.

Komplexität beim Umgang mit derivativen Finanzinstrumenten, mit der Entscheider im Unternehmen konfrontiert sind, lässt sich anhand der einzelnen Ableitungsebenen darstellen.

1. Schätzprobleme auf der Ebene des Underlyings

Der Wert der Derivateposition unterliegt stochastischen Schwankungen im Zeitverlauf. Dieses Marktrisiko entsteht für das Derivat aus der vertraglichen Verknüpfung mit dem Basiswert. Mit der Ableitung werden die Einflussfaktoren auf das Marktrisiko des Basiswerts – jedenfalls der Art nach – auf das Derivat übertragen,[286] auch wenn sie dem Ausmaß nach durch weitere Vertragsgestaltung abgeändert werden können.

Schon auf der Ebene des Basiswertes steht der Investor vor der Bewertungsfrage hinsichtlich des Underlyings. Dabei ist die Vielzahl der Einflussfaktoren auf den status quo des Underlyings selbst relevant sowie die subjektive Nutzenbeimessung[287] dieses Status quo durch die anderen Marktteilnehmer. Die Kapitalmarkttheorie bietet indes Methoden, um dieses hochkomplexe Bewertungsproblem auf ein Schätzproblem zu reduzieren.

a) Rendite

Zunächst hat der Investor die zukünftige Rendite des Assets zu schätzen. Rendite bezeichnet dabei den Ertrag, den das Asset an die Eigentümer ausschüttet.[288] Die wirtschaftliche Leistungsfähigkeit des Assets hängt indes von einer Vielzahl von Einflussfaktoren ab und ist mit Unsicherheit behaftet. Entsprechend hat die Risikoprämie einen wesentlichen Einfluss auf die von den Investoren akzeptierte Rendite.

Die Methoden zur Renditeschätzung können in der Kapitalmarktpraxis durchaus variieren. Weit verbreitet – weil einfach zu operationalisieren – ist der Schluss auf zukünftige Renditen durch *historische Daten*.[289] Die Schätzung kann dann ohne die Identifizierung der maßgeblichen Einflussfaktoren durchgeführt werden. Allerdings wird implizit unterstellt, dass die beobachteten Renditen und deren Einflussfaktoren im Zeitverlauf *konstant* bleiben. Gerade dies ist in der Kapitalmarktrealität aber nicht gewährleistet und erhebliche Schätzfehler können entstehen. Selbst bei langen historischen Zeitreihen verbleibt ein hohes Schätzfehlerrisiko, da es zu Strukturbrüchen kommen kann und sich die Einflussfaktoren auf das Asset kurzfristig ändern. Hier setzt die *Befragung von Experten* als weiterer Ansatz zur Renditeschätzung an.[290] Sie ist darauf gerichtet, gezielt die maßgeblichen Einflussfaktoren zu identifi-

---

[286] Dazu schon oben S. 11.
[287] *Kasten,* Explorations und Informationspflichten, 2009, S. 101.
[288] Vgl. *Kruschwitz,* Finanzierung und Investition, 1999, S. 1.
[289] Vgl. *Eisele,* Value-at-Risk-basiertes Risikomanagement, 2004, S. 252.
[290] *Fischer,* Haftungsfragen des Ratings, 2007, S. 66.

zieren und deren Einfluss auf die Rendite zu beurteilen. Als problematisch kann hier aber der hohe subjektive Einfluss betrachtet werden, der sich insbesondere in Herdenverhalten bei der Abgabe der Expertenmeinungen manifestieren kann.[291] *Analytische Ansätze* zur Schätzung zukünftiger Renditen versuchen wiederum diese subjektiven Einflüsse zu eliminieren. Dabei bauen sie regelmäßig auf eines der anerkannten wirtschaftswissenschaftlichen Bewertungsmodelle auf, die durch Auflösung nach der impliziten Rendite diese berechenbar machen sollen. Da aber effektiv das Schätzproblem der Rendite auf andere zu schätzende Parameter verlagert wird, bemüht man sich bisweilen diejenigen Parameter als zu schätzende Größe zu gewinnen, die empirisch möglichst sicher bestimmt werden können (z.B. Bilanzkennzahlen). Aber auch dann wird das Schätzfehlerrisiko durch die Abhängigkeit von anderen Einflüssen (z.B. den Bilanzierungsstandards) substituiert. Im Ergebnis verbleibt also stets ein hohes Schätzfehlerrisiko für die zukünftigen Renditen.

b) Volatilität

Neben den zukünftigen Renditen sind oftmals auch die stochastischen Schwankungen der ermittelten Renditen im Zeitverlauf zu schätzen (*Volatilität*). Die Volatilität wird in der Kapitalmarkttheorie als Risikomaß genutzt. Sie wird auf die Verfügbarkeit neuer bewertungsrelevanter Information am Markt zurück geführt.[292] Dies umfasst sowohl fundamentale Information als auch nicht-fundamentale Information, die *Noise-Trader*[293] als Entscheidungsgrundlage nutzen.[294] Daneben wird auch auf die am Markt herrschende Risikosensitivität verwiesen.[295] Insgesamt ist Volatilität damit eine Folge der Unsicherheit der Zukunft selbst.

Bisweilen wurden in der Literatur zwei wesentliche Merkmale von Volatilität aufgearbeitet. Mandelbrot[296] beobachtete bereits 1963: „[L]arge changes tend to be followed by large changes, of either sign, and small changes tend to be followed by small changes“. Volatilität hängt demnach nicht nur von der Entwicklung der zugrunde liegenden Zeitreihen selbst ab, sondern auch von

[291] Vgl. ausführlich S. 90.

[292] *Das,* Swaps and Derivatives Financing, 1993, S. 288.

[293] Noise-Trader, die ihre Anlageentscheidung auf nichtfundamentalen, oft vergangenheitsbezogenen Daten mit geringer Informationsqualität treffen, können ihre Anlageentscheidung zyklisch oder antizyklisch treffen. Antizyklisches Handeln („Verkaufen bei steigenden Preisen, kaufen bei fallenden Preisen“) wird hier als negatives Feedbacktrading bezeichnet. Im Kern führt dieses Handeln zur idealen Spekulation nach neoklassischem Ansatz. Sie hat volatilitätsdämpfende bzw. trendbrechende Wirkung und kann den Gesamtnutzen in der Volkswirtschaft erhöhen, vgl. *Peetz,* Hedge-Fonds und Finanzmarktinstabilität, 2007, S. 109.

[294] Siehe oben S. 91.

[295] *Sack,* Volatilitäten und Korrelationen, 2007, S. 5.

[296] *Mandelbrot,* Journal of Business, Vol. 36, S. 394 ff.

deren eigenen Entwicklung. Diese Tendenz zur Pfadabhängigkeit wird als *Clustering-Effekt* der Volatilität bezeichnet. Daneben wurde für die Volatilität beobachtet, dass diese nach Extremwerten wieder auf ein langfristiges Durchschnittsniveau tendiert.[297] Dieser Mean-Reversion-Effekt der Volatilität ist strikt zu trennen vom Konzept der Mean-Reversion für die Steigung von Assetpreisen oder anderen Referenzgrößen. Während die Tendenz zur Mean-Reversion für die Volatilität bereits als wissenschaftlich fundiert gilt, ist die Mean-Reversion bei der Steigung der Assetpreise oder Referenzgrößen umstritten.[298] Dies liegt einerseits an der geringeren Erscheinungsfrequenz von Mean-Reversion in Assetpreisen. Andererseits steht die Beobachtung von Mean-Reversion bei Volatilität im Einklang mit der Markteffizienzhypothese, während eine Mean-Reversion bei Assetpreisen zumindest der Annahme einer stetigen Informationseffizienz widerspricht.[299] Beide Merkmale der Volatilität – Clustering-Effekt und Mean-Reversion – werden über marktpsychologische Effekte wie Herdenverhalten und Feedbacktrading begründet[300]

Die Volatilität wird regelmäßig über die Standardabweichung (bzw. Varianz) modelliert.[301] Während so ein recht einfacher mathematischer Umgang mit Risiko realisiert werden konnte und erst dadurch die Erkenntnisse der modernen Kapitalmarkttheorie hinsichtlich Assetpreisbewertung durch das *Capital Asset Pricing Model*[302], *Optionspreisbewertung*[303] oder *Portfoliotheorie* ermöglicht wurden, liegt diesen statistischen Risikomaßen die Annahme der Normalverteilung zugrunde. An den Kapitalmärkten lassen sich aber Hinweise darauf finden, dass die Annahme der normalverteilten Renditen in der Realität als zu grob angesehen werden muss. So wurde empirisch nachgewiesen, dass für längerfristige Anlageperioden die Renditen nicht mehr symmetrisch, sondern rechtsschief verteilt sind. Dadurch ist der Erwartungswert größer als der Median. Die Verteilung wird umso rechtsschiefer, je längere Anlagezeiträume betrachtet werden.[304] Betrachtet man hingegen kurzfristige Anlagezeiträume, so sind Extremwerte in den Randbereichen (*Fat Tails*) sehr viel wahrscheinlicher, als es eine Normalverteilung beschreibt. Neuere Ansätze versuchen die Modelle entsprechend anzupassen, allerdings um den Preis einer sehr viel höheren Modellkomplexität.

---

[297] *Hull,* Optionen Futures und andere Derivate, 2009, S. 946.

[298] *Hillebrand,* Mean Reversion Models of Finnacial Markets, 2003, S. 79.

[299] *Hillebrand,* Mean Reversion Models of Finnacial Markets, 2003, S. 37.

[300] *Hillebrand,* Mean Reversion Models of Finnacial Markets, 2003, S. 19.

[301] *Bernoulli,* Econometrica, Vol. 22, S. 23 ff.; *Kruschwitz,* Finanzierung und Investition, 1999, S. 116 ff.

[302] Vgl. *Sharpe,* Journal of Finance, Vol. 19, S. 425 ff.

[303] Vgl. *Black/Scholes,* Journal of Political Economy, Vol. 81, S. 637; *Merton,* Bell Journal of Economics and Management Science, Vol. 4, S. 141 ff.; siehe auch S. 28 ff.

[304] *Spremann,* Portfoliomanagement, 2008, S. 141.

Eine Vielzahl von Modellen zur Preisermittlung bzw. Risikomanagement benötigen die zukünftige Volatilität als Ausgangsparameter. Die einfachste Methode schätzt die zukünftige Volatilität anhand historischer Volatilität. Figlewski[305] weist jedoch in einer ex post-Analyse auf erhebliche Fehlbeurteilungen hin. Dabei seien die Abweichungen zwischen prognostizierter und tatsächlicher Volatilität auf kurzfristiger Datenbasis (< 6 Monate) höher als auf langfristiger Datenbasis. Gleichwohl könne die kurzfristige Vorhersagbarkeit verbessert werden, indem tägliche Daten in den Datenpool integriert werden. Eine verbreitete Methode zur Volatilitätsschätzung sind die auf Bollerslev[306] zurück gehenden Modelle der GARCH-Familie.[307] Bei der Modellierung der zukünftigen Volatilität können mittels statistischer Verfahren der Clustering-Effekt und der Mean-Reversion-Effekt berücksichtigt werden.[308] Obgleich das Modell für kurzfristige Prognosen recht zuverlässige Ergebnisse liefert, besteht ein Nachteil in der praktischen Anwendung gerade darin, dass die ohnehin große Masse an Ausgangsdaten regelmäßig angepasst werden müssen und so nur verlässliche Vorhersagen der kurzfristigen Volatilitätsentwicklung möglich ist.[309]
Weit verbreitet als Methode zur Volatilitätsschätzung ist die Ermittlung der implizite Volatilität. Hier werden die empirisch ermittelten Optionspreisen des Basiswertes als Ausgangsdaten genutzt. Sind auch alle übrigen Parameter eines Optionspreismodells nach Black/Scholes bekannt, so kann die Volatilität als Residualgröße approximativ bestimmt werden. Damit wird implizit das verwendete Optionspreismodell als korrekt unterstellt. Überwiegend wird die implizite Volatilität als leistungsfähigstes Werkzeug zur Vorhersage zukünftiger Volatilität beurteilt, da sie die bereits verfügbare (öffentliche) Information enthält.[310] Dennoch bestehen auch hier Messprobleme der Ausgangsdaten, die zu fehlerhaften Modellergebnissen führen können: Indem ein am Markt gebildeter Preis als Ausgangswert genutzt wird, werden im Preis enthaltene irrationale Erwartungen über die Volatilität in zukünftige Preise mit einfließen. Folge könnte ein sich selbst verstärkender Effekt sein.[311]

Zudem ist empirisch nachweisbar, dass at-the-money-Optionen eine wesentlich geringere implizite Volatilität aufweisen als Optionen, die in- bzw. out-of-the-money liegen. Wird die implizite Volatilität als Funktion des Basispreises abgetragen, so entsteht eine konkave Linie.[312] Dies wird als Volatility-

---

[305] *Figlewski,* Financial Markets, Institutions and Instruments, Vol. 6, S. 2 ff.
[306] *Bollerslev,* Journal of Econometrics, Vol. 31, S. 307 ff.
[307] Generalized Autoregressive Conditional Heteroscedasticity.
[308] Vgl. *Hull,* Optionen Futures und andere Derivate, 2009, S. 946.
[309] *Green/Figlewski,* Journal of Finance, Vol. 54, S. 1473.
[310] *Figlewski,* Financial Markets, Institutions and Instruments, Vol. 6, S. 84; So wird abermals die Funktion der Terminmärkte zur Minderung von Informationsasymmetrien erkennbar.
[311] *Das,* Swaps and Derivatives Financing, 1993, S. 290.
[312] *Cherian/Jarrow,* Review of Derivatives Research, Vol. 2, S. 20.

Smile bezeichnet. Die Formung der Smiles ist zunächst von der Art des Underlyings abhängig. So steigt die Volatilität bei Währungsoptionen ausgehend von der at-the-money-Option sowohl für in- als auch für out-of-the-money-Optionen an, während sie bei Aktienoptionen lediglich für out-of-the-money-Optionen ansteigt.

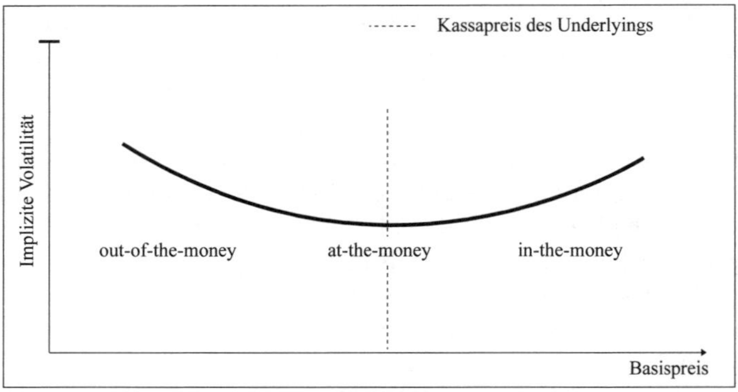

Abb. 13: Volatility-Smile einer Währungsoption
(Quelle: Eigene Darstellung in Anlehnung an Hull, Optionen Futures und andere Derivate, 2009, S. 486).

Ein anderer Einflussfaktor auf die Formung des Smiles ist die Laufzeit der Option. So wird der Smile-Effekt umso steiler, je kürzer die Laufzeit der Option ist.[313] Für Optionen mit kurzen Laufzeiten ist die Differenz zwischen Marktpreis des Underlyings und Basispreis der Option deshalb besonders risikorelevant. Für Optionen mit langen Laufzeiten hingegen hat der ist dieser Effekt eher zu vernachlässigen. Eine schlüssige Begründung für den Verlauf der impliziten Volatilität steht bisweilen noch aus. Nur für Optionen auf Eigenkapitalanteile lässt sich der Effekt aus der Verschuldung eines Unternehmens plausibel erklären:[314] Sinken die Eigenkapitalkurse, so verbucht das Unternehmen eine höhere Fremdkapitalquote, sodass das Risiko für Investoren steigt. Dies drückt sich in steigender Volatilität der Eigenkapitalpreise aus und schlägt auch auf die Optionspreise durch. Zur Verringerung von Messfehlern werden Volatilitätsindices wie der VDAX auf der Grundlage von Optionen ermittelt, die am Geld liegen.

c) Korrelation

Neben der Volatilität kommt an den Kapitalmärkten der Beziehung zwischen den Einzelwerten eine entscheidende Bedeutung zu. Viele der Bewertungs- und Risikomanagementmodelle basieren auf der Portfoliotheorie von Marko-

---

[313] Vgl. *Hull,* Optionen Futures und andere Derivate, 2009, S. 727.

[314] *Hull,* Optionen Futures und andere Derivate, 2009, S. 491.

witz,[315] der die Gesetzmäßigkeiten hinter der Streuung von Anlagen und deren Risiko untersuchte. Er weist nach, dass das Gesamtrisiko des Portfolios wesentlich von der Gewichtung der Einzelpositionen und dem Zusammenhang der Renditen der Einzelpositionen untereinander (*Korrelation*) abhängt.[316]

So nimmt die Relevanz der Einzelrisiken für das Gesamtrisiko mit steigender Zahl der Einzelpositionen im Portfolio ab (*Diversifikationseffekt*). Andererseits wird die Korrelation der Renditen umso relevanter für das Gesamtrisiko des Portfolios, je höher die Anzahl der Einzelwerte ist. Deshalb determiniert die Korrelation der Renditen zugleich die *Grenzen der Diversifizierbarkeit*. Diese theoretische Erkenntnis stimmt mit empirischen Beobachtungen überein. So ist nachweisbar, dass sich schon mit wenigen Wertpapieren das Gesamtrisiko im Portfolio wesentlich reduzieren, jedoch nicht vollkommen eliminieren lässt.[317] Dieses Restrisiko wird als systematisches Risiko im Portfolio bezeichnet. Es ergibt sich aus der gemeinsamen Abhängigkeit der gewählten Einzelpositionen aus finanzwirtschaftlichen Rahmenbedingungen[318] (Abb. 14).

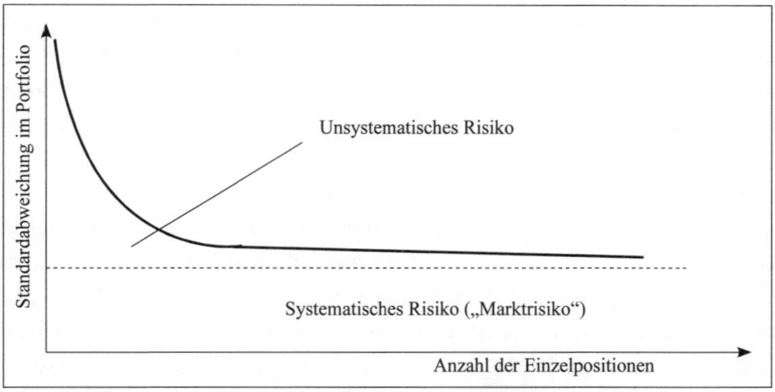

Abb. 14: Grenzen der Diversifizierbarkeit eines Portfolios (Quelle: Kruschwitz, Finanzierung und Investition, 1999, S. 202).

Die Risikoposition ist jedoch nur für gegebene Einzelpositionen konstant. Der Ebene der Portfoliooptimierung vorgelagert ist aber die Selektion der Einzel-

[315] *Markowitz,* Journal of Finance, Vol. 7, S. 77 ff.

[316] *Spremann/Gantenbein,* Kapitalmärkte, 2005, S. 87.

[317] Bezüglich der Anzahl der erforderlichen Einzelpositionen sind die Meinungen uneinheitlich: Während einige bereits bei ca. 10 Einzelpositionen eine ausreichende Diversifizierung feststellen, spricht Statman erst ab 40 Einzelwerten von einem wohl diversifizierten Portfolio, vgl. *Statman,* Journal of Financial Analysis, Vol. 22, S. 353 m.w.N.

[318] Vgl. *Coval/Jurek/Stafford,* Journal of Economic Perspectives, Vol. 23, S. („pooling allows for broad diversification of idiosyncratic default risks, such that [...] losses are driven entirely by the systematic risk exposure.“).

positionen. Deshalb besteht die Notwendigkeit, bereits vor der Frage der Zusammenstellung des Portfolios die Zusammenhänge der Einzelpositionen als Entscheidungskriterium bei deren Auswahl zu berücksichtigen. Die optimale Lösung besteht dann darin, Einzelpositionen zu wählen, deren Renditen in *möglichst keinem Zusammenhang* stehen.

Der überwiegende Teil der Bewertungs- und Risikomanagementmodelle der modernen Kapitalmarkttheorie basiert auf der Idee von Markowitz. Entsprechend praxisrelevant ist die Schätzung der zukünftigen Korrelationen der Assets. Liegt der Vorteil der Portfoliotheorie als konsistent hergeleitete Theorie gerade darin, vage Parameter wie Dividendenpolitik, Marktanteile des Unternehmens oder die Qualität des Managements auszusparen, so sind es gerade diese Faktoren, die bei der Ermittlung der Ausgangsparameter wieder relevant werden. Auch hier wird teilweise auf historische Daten als Anhaltspunkt für die Schätzung zurück gegriffen. Jedoch variieren in der Realität die Korrelationen im Zeitverlauf mehr oder weniger stark. So ist in Krisenzeiten eine eher hohe Korrelation zu beobachten, während die Korrelationen in ruhigen Marktphasen hingegen einen geringeren, langfristigen Mittelwert an streben[319] (Mean-Reversion der Korrelation). Deshalb werden zur Simulation zukünftiger Korrelation auf Grundlage historischer Daten auch hier die Modelle der GARCH-Familie eingesetzt. Daneben kann auch die Korrelation implizit ermittelt werden. Ist die Volatilität implizit aus den Optionspreisen bekannt, so kann über die von Markowitz genutzten Gleichungen nach dem Korrelationskoeffizienten als einzigen unbekannten Variable umgestellt werden. Der Nachteil dieser Vorgehensweise liegt darin, dass Schätzfehler bei der impliziten Volatilität auf die Ebene der Korrelation dupliziert werden und sich so die Effektivität der Diversifizierung deutlich verringert, da bei der Portfoliooptimierung nunmehr zwei Parameter in gleichem Maße schätzfehlerbehaftet sind. Ein hoher Komplexitätsgrad besteht bei der Portfoliotheorie auch deshalb, weil eine Vielzahl von Ausgangsparameter zu schätzen ist. So erfordert die Portfoliooptimierung von N Wertpapieren die Ermittlung von N Renditeerwartungen und Standardabweichungen, sowie $(N^2-N)/2$ Korrelationskoeffizienten.[320] Allein die hohe Anzahl der zu schätzenden Ausgangsparameter erhöht das Gesamtrisiko zusätzlich.

Teilweise wird in der ökonomischen Literatur auch hinterfragt, ob die verwendeten statistischen Methoden Zusammenhänge zwischen den Assets hinreichend genau beschreiben können. So zeigt Kat[321], dass der Korrelationskoeffizient die Zusammenhänge in bestimmten Verteilungen nur unzureichend genau darstellen kann. Dies sei insbesondere dann gegeben, wenn die gemeinsame Verteilung keine elliptische Form aufweise. Gerade nicht-elliptische

---

[319] *Schüller,* Derivate Magazin, 2007-04, S. 95.
[320] *Spremann/Gantenbein,* Kapitalmärkte, 2005, S. 89.
[321] *Kat,* LCU Working Paper, Vol. 10, S. 2.

Verteilungen seien in der Kapitalmarktrealität jedoch häufig zu beobachten, da es oftmals schon an einer Normalverteilung der Renditen der Einzelpositionen fehle.[322] Wird der Zusammenhang der Assets dann mittels des Korrelationskoeffizienten beschrieben, könne eine erhebliche Divergenz zwischen ermittelten und tatsächlichem Zusammenhang der Assets bestehen.

2. *Vertragsgestaltung des Derivats*

Die vorstehenden Einflussfaktoren auf Wert bzw. Risiko des Underlyings gehen in das Marktrisiko des Derivats ein. Durch dessen Vertragsgestaltung wird die im Derivat abgebildete Risikostruktur des Underlyings modifiziert, sodass zusätzliche Risikofaktoren zu berücksichtigen sind.

a) Hauptbestandteile des Vertrages

Durch die Gestaltung der Hauptbestandteile des Derivatevertrages wird die grundlegende wirtschaftliche Wirkungsweise des Instruments bestimmt. Dabei variiert der Komplexitätsgrad schon zwischen den einzelnen Arten derivativer Finanzinstrumente wesentlich.

Die vertraglichen Hauptbestandteile von Festgeschäften sehen das zeitliche Auseinanderfallen von Verpflichtungs- und Verfügungsgeschäft vor. Zudem ist die Erfüllungsverpflichtung unbedingt, sodass sich für Festgeschäfte ein symmetrisches Risikoprofil ergibt.[323] Gleiches gilt für Swapgeschäfte, bei denen der regelmäßige Tausch von Zahlungsströmen vereinbart wird. Durch den hinausgeschobenen Erfüllungszeitpunkt gewinnt die Unsicherheit über den zukünftigen Kassapreis ihren maßgeblichen Einfluss auf das Risiko des Derivats, sodass exakt die selben Einflussfaktoren auf das Marktrisiko des Basiswertes auch beim Marktrisiko des Derivats relevant sind. Gleiches gilt für Optionsgeschäfte, bei denen als Hauptbestandteil des Vertrages das Recht gewährt wird, durch einseitige Erklärung einen zukünftigen Vertragsschluss herbeizuführen oder einen bestehenden Vertrag abzuändern.[324] Allerdings entsteht durch die Bedingtheit der zukünftigen Erfüllungshandlung eine asymmetrische Risikoverteilung zwischen den Vertragsparteien.[325] Die Bedingtheit des Erfüllungsanspruchs ist wesentliche Ursache für die im Vergleich zu Festgeschäften und Swaps komplexe Bewertung von Optionsgeschäften. Entsprechend hängt von der Ausgestaltung der vertraglichen Hauptbestandteil die Wahl einer angemessenen Bewertungsmethode für das Derivat ab.

---

[322] *Kat,* LCU Working Paper, Vol. 10, S. 3.
[323] Dazu oben S. 16.
[324] *Casper,* Der Optionsvertrag, 2005, S. 41.
[325] Dazu oben S. 28.

(1) Einfluss auf das operationelle Risiko

Zunächst hat die Ausgestaltung des Derivatevertrages als Festgeschäft, Swap oder Option einen erheblichen Einfluss auf die ökonomische Zweckmäßigkeit des Geschäftsschlusses selbst. Die Reichweite dieser – scheinbar banalen – Erkenntnis soll anhand eines Optionsgeschäfts verdeutlicht werden.

Die (Rest)Laufzeit einer Option hat wesentlichen Einfluss auf den Optionspreis. Der Zeitwert der Option seinerseits wird durch die implizite Volatilität mit bestimmt.[326] Diese misst die vom Markt erwartete Volatilität in den aktuellen Optionspreisen. Steigt die implizite Volatilität, so erhöht sich der Zeitwert der Option und der Gesamtpreis eines Put oder Calls steigt und vice versa. In der Konsequenz kann sich der Optionspreis wesentlich ändern, selbst wenn der Kassapreis des Underlyings konstant bleibt. Damit wird einerseits die Positionierung in Optionen in Erwartung eines später eintretenden aber vom Markt noch nicht antizipierten Crash-Szenarions durchaus sinnvoll. Dagegen kann eine Positionierung in Optionen während oder kurz nach einem Crash-Szenario – etwa in Erwartung einer Gegenbewegung – wirtschaftlich unattraktiv sein, da zu diesem Zeitpunkt die implizite Volatilität recht hoch ist und bei einer unerwarteten Beruhigung der Marktlage ebenfalls abflacht. Dann kann der Zuwachs des inneren Wertes durch die korrekte Antizipation der Wertentwicklung des Underlyings durch die Minderung des Zeitwertes als Folge der Volatilitätsreduktion überkompensiert werden.

Für out-of-the-money-Optionen besteht der Optionspreis ausschließlich aus dem Zeitwert, da der innere Wert null beträgt. Daraus ergibt sich zunächst ein ohnehin hoher Einfluss der Volatilität auf den Gesamtpreis der Option.[327] Daneben ist an den Kapitalmärkten eine umso höhere implizite Volatilität beobachtbar, je weiter die Option out-of-the-money liegt. Dieser Effekt (Volatility-Smile) ist umso stärker ausgeprägt, je kürzer die Restlaufzeit der Option ist. Mit abnehmender Laufzeit spitzt sich der Verlauf des Volatility-Smiles zu.[328] Damit sind Positionierungen in solche Optionen wirtschaftlich nicht sinnvoll, die weit out-of-the-money liegen und eine geringe Laufzeit aufweisen. Umgekehrt ist diese Argumentation für in-the-money-Optionen nicht eindeutig, da hier der Anstieg der impliziten Volatilität vom zugrunde liegenden Basiswert abhängt. Entsprechend ist die Restlaufzeit ein überaus erheblicher Faktor mit komplexen ökonomischen Implikationen im Umgang mit Optionsgeschäften, die der Entscheider zu vollumfänglich zu durchdringen und zu berücksichtigen hat.

---

[326] *Hull,* Optionen Futures und andere Derivate, 2009, S. 370.
[327] Vgl. *Rudolph/Schäfer,* Derivative Finanzmarktinstrumente, 2009, S. 288.
[328] Siehe dazu schon S. 109 m.w.N.

(2) Einfluss auf das Modellrisiko

Als Bewertungsmethode kommen eine Marktbewertung (*Mark-to-Market*) oder eine Modellbewertung (*Mark-to-Model*) in Betracht. Soweit für die entsprechenden Finanzinstrumente ein liquider Sekundärmarkt existiert, wird der aktuelle Marktpreis als wohl beste *Approximation an den tatsächlichen Wert* des Derivates heranzuziehen sein.[329] Allerdings wird diese Methode lediglich bei standardisierten Derivaten mit hinreichend liquiden Märkten in Betracht kommen. Bei vielen individualisierten OTC-Derivaten wird dagegen regelmäßig die Modellbewertung zum Einsatz kommen. Dabei werden Modellrisiken relevant. Diese erwachsen aus einem fehlerbehafteten Modell selbst oder aus der unsachgemäßen Anwendung.

Die Ursachen von Modellfehlern sind vielfältig. Zunächst kann schon die durch das Modell umgesetzte analytische Lösung für das Problem fehlerhaft sein. So ist denkbar, dass das Modell die stochastischen Prozesse falsch spezifiziert. Insbesondere kann eine theoretische Verteilung unterstellt werden, die eine zu *grobe Approximation* an die empirische Verteilung darstellt.[330] Viele Optionspreismodelle unterstellen bisweilen eine Normalverteilung der Renditen des Underlyings,[331] die in der Realität nachweisbar nur eingeschränkt gilt.[332] Umgekehrt kann selbst ein analytisch präzises Modell zur Optionsbewertung nur deshalb in der Brauchbarkeit stark eingeschränkt sein, weil die Mehrheit der Marktteilnehmer ihre Preisvorstellungen auf der Grundlage *anderer* Modelle bildet. So zeigen Cherian/Jarrow[333], dass das Black/Scholes-Modell für die Preisbestimmung von Optionen als sich selbst erfüllenden Prophezeiung wirken und so zu verlässlichen Ergebnissen führen kann, selbst wenn die Renditen des Basiswertes nicht normalverteilt sind.

Daneben kann ein Modell relevante Einflussfaktoren zum Erreichen der Zwecksetzung nicht berücksichtigen. Beispielsweise abstrahieren neoklassische Modelle stark von der Realität, indem hinreichend hohe Liquidität unterstellt oder Transaktionskosten vernachlässigt werden. Dies kann letztlich zu erheblichen Abweichungen der Modellergebnisse mit den Werten führen, die entstünden, wenn diese Größen sachgerecht berücksichtigt worden wären. Fehlerhafte Ergebnisse bei der Anwendung von Modellen können auch durch unsachgemäße Anwendung des Modells durch den Nutzer entstehen. Insbesondere müssen die Ausgangsparameter für das Modell vom Anwender selbst in einer komplexen Realität ermittelt werden.[334] Hier gehen die dargestellten

---

[329] Vgl. IAS 39.48 i.V.m. IAS 39.A71.

[330] *Krämer,* Kredit und Rating Praxis, 3/2003, S. 27.

[331] *Green/Figlewski,* Journal of Finance, Vol. 54, S. 1466.

[332] Dazu oben S. 108.

[333] *Cherian/Jarrow,* Review of Derivatives Research, Vol. 2, S. 5.

[334] *Kasten,* Explorations und Informationspflichten, 2009, S. 137 (Hinweis auf den Trade-off zwischen Prognosegenauigkeit und zeitlichen Aufwand).

Schätzprobleme auf der Ebene des Basiswertes in das Modellrisiko auf der Ebene des Derivats über. Fehler in zugrunde gelegten Daten (Schätzfehler, unsachgemäße Datenermittlungsmethoden usw.) verzerren die Modellausgabe anschließend und führen zu fehlerhafter Preis- und Risikobeurteilung. Für Kato/Yoshiba stellt dies die häufigste Ursache für Modellfehler dar.[335]

Hat sich ein Modell für einen bestimmten Zweck bewährt, so kann dies den Anwender dazu verleiten, das Modell gleichsam auf Sachverhalte anzuwenden, für die es *nicht konzipiert ist.* Dies betrifft insbesondere die Anwendung von Modellen auf Situationen, für die die zugrunde liegenden Annahmen nicht oder nicht mehr erfüllt sind.[336] Insbesondere kann ein Modell nur deshalb unbrauchbare Ergebnisse liefern, weil die Mehrheit der Marktteilnehmer ihre Erwartungen an den Ergebnissen anderer Modelle ausrichten,[337] ohne dass das eigene Modell an die veränderten Rahmenbedingungen angepasst wurde. Letztlich ist die unsachgemäße Anwendung eines Modells immer auf eine Unachtsamkeit oder kognitive Überforderung des Anwenders[338] durch die auch nach dem Modell verbleibenden Komplexität zurück zuführen.

(3) Einfluss auf die Rechtssicherheit

Neben der Ausgestaltung der Art des Derivats (Fest- oder Swapgeschäft bzw. Option) umfassen die Hauptbestimmungen des Vertrages teilweise auch die Bestimmung eines *zahlungswirksamen Ereignisses.* Bezieht sich das Derivat auf den Marktpreis eines Underlyings, für das ein Sekundärmarkt besteht, so ist dieses zahlungswirksame Ereignis als über- bzw. unterschreiten eines Basispreises definiert. Komplexer wird die vertragliche Ausgestaltung bei zahlungswirksamen Ereignissen, die nicht eindeutig zu erfassen sind. So ist bei Kreditderivaten das Kreditereignis vertraglich präzise zu formulieren. Gleichwohl verbleibt ein gewisser *Grad an sprachlicher Unschärfe.* So kann unter den Vertragspartnern strittig sein, ob das vertraglich definierte Kreditereignis tatsächlich eingetreten ist.[339] Erst wenn die Rechtslage juristisch geklärt wurde, kann die ursprünglich durch die Transaktion mit dem Derivat bezweckte Risiko- bzw. Schadensverteilung unter den Vertragsparteien eintreten. Solange trägt der Sicherungsnehmer jedoch das eigentlich transferiert geglaubte Kreditrisiko. Bei hinreichend hohem Nominalbetrag der Transaktion bzw. einer durch die Transaktion bezweckten Diversifikation von Klumpenrisiken kann dieser Abwicklungsaufschub auch systemisch relevant werden. Mit Einführung der Standarddokumentation durch die ISDA für CDS hat sich das Dokumentationsrisiko zumindest für CDS und alle darauf aufbau-

---

[335] *Kato/Yoshiba,* Monetary and Economic Studies, Vol. 18, S. 147.
[336] *Crouhy/Galai/Mark,* Risk Management, 2001, S. 593.
[337] *Kato/Yoshiba,* Monetary and Economic Studies, Vol. 18, S. 129.
[338] *Kasten,* Explorations und Informationspflichten, 2009, S. 143.
[339] *Rudolph,* Working Paper, 2007, S. 11.

enden Kreditderivate (z.B. synthetische CDOs) gemindert.[340] Zudem hat die ISDA im Jahre 2009 als Reaktion auf vermehrte Streitigkeiten über den Eintritt des zahlungsauslösenden Ereignisses in den Vorjahren unabhängige Stellen (*Determinations Committees*) eingeführt, die als Schlichtungsstelle über den Eintritt des zahlungsauslösenden Ereignisses entscheidet. Dennoch sind trotz der Rahmendokumentation der ISDA die konkrete Ausgestaltung zukünftiger Ereignisse nur beschränkt antizipierbar, sodass ein residuales Dokumentationsrisiko verbleibt. Bei bonitätsbezogenen Kreditderivaten, deren Zahlungsströme beispielsweise direkt anhand von Kennzahlen einer Ratingagentur ermittelt werden, ist das zugrunde liegende Kreditereignis ohnehin quantifizierbar, sodass ein Dokumentationsrisiko originär nicht oder in geringem Maße besteht. Gleiches dürfte für Derivate bezogen auf solche Underlyings gelten, deren Referenzgröße eindeutig bestimmbar ist (z.B. Marktpreis, Temperaturangabe, Absatzmenge).

b) Nebenbestimmungen

Neben der Ausgestaltung durch die Hauptbestandteile kann die Risikostruktur des Derivats auch durch in den Vertrag integrierte Nebenbestimmung[341] aktiv gestaltet werden. Die Möglichkeit zur Modifizierung der Risikostruktur erfordert zugleich, dass diese präzise erfassbar bleibt. Denn durch Vertragsgestaltung erhöht sich die Anzahl der Einflussfaktoren auf die Risikostruktur des Derivats, die bei der Risikobeurteilung zu berücksichtigen sind. Entsprechend wird die Risikobeurteilung des Derivats durch Nebenabreden komplexer.

(1) Hebeleffekt

Der Vertrag eines derivativen Finanzinstruments kann so ausgestaltet sein, dass der Marktpreis des Derivats auf Preisänderungen des Basiswertes überproportional stark reagiert.[342] Technisch lässt sich dieser Hebeleffekt über einen *Multiplikator für die Volatilität* des Underlyings in der Preisformel des Derivats beschreiben. Durch den Hebeleffekt kann mit geringeren Eigenkapitaleinsatz ein – der Investition in den Basiswert äquivalenter – ökonomischer Zahlungsstrom erzeugt werden. Da der Hebeleffekt auch mittels kreditfinanzierten Kassainvestitionen erzeugt werden kann, ist er keine ausschließliche Besonderheit derivativer Finanzinstrumente.[343] Als vertragsgestalterisches Element ist er auch nicht allen Instrumenten zwingend vorbehalten. Dennoch

---

[340] *Effenberger,* Working Paper, 2004, S. 7.

[341] Der hier verwendete Begriff der Nebenbestimmung ist nicht als vertragliche Nebenabrede im juristischen Sinne (accidentialia negotii) zu verstehen, sondern umfasst alle Vertragsabreden, die über die für Plain-Vanilla-Derivate erforderlichen Vertragsabreden hinaus gehen.

[342] *Reiner,* Derivative Finanzinstrumente, 2002, S. 39.

[343] Zur Reproduzierbarkeit über den Kassamarkt schon oben S. 69.

prägt er – sofern vorhanden – nicht nur die Risikostruktur des Derivats selbst, sondern auch dessen Komplexitätsgrad wesentlich.

Der Hebeleffekt kann im Vertrag statisch oder dynamisch implementiert sein. Eine statische Implementierung besteht beispielsweise bei einem einfachen Future, bei dem lediglich eine Initial Margin an die Clearingstelle zu leisten ist, die einen Bruchteil des Terminpreises darstellt. Die Einflussfaktoren auf den effektiven Hebel sind der Kontraktwert beim Einstiegszeitpunkt und die Höhe der Marginzahlung. Sofern keine weiteren Marginzahlungen zu leisten sind, bleibt der Hebel für den Inhaber konstant. Fallen dagegen Variation-Marginzahlungen während der Laufzeit an, so ändert sich das Verhältnis zwischen Kontraktwert und eingesetztem Eigenkapital, sodass die ökonomische Hebelwirkung gleichfalls variiert und damit dynamisch über die Laufzeit des Derivats wirkt. Auch Optionen haben einen ihnen innewohnenden Hebeleffekt, der über die Laufzeit der Option variiert, da sich deren Zeitwert mindert. Zugleich steigt der Hebel an, je weiter sich die Option im Geld befindet.[344] Die Hebelwirkung einer Option ist damit stets dynamisch. Daneben kann ein Hebeleffekt auch vertraglich in die Preisgleichung des Derivats implementiert sein. Ein Beispiel bildet der Hebelfaktor in der Preisgleichung des nachfolgend vorgestellten Spread-Ladder-Swaps.

Die ökonomischen Auswirkungen des Hebeleffekts eines Derivates erschöpfen sich nicht in der bloßen Multiplikatorwirkung für die Marktpreisvolatilität des Underlyings. Zwar ist das Marktrisiko eines Derivats mit Hebelwirkung von den gleichen Einflussfaktoren der Art nach abhängig wie das Marktrisiko des Underlyings.[345] Auch verändert die Hebelwirkung allein nicht das Verhältnis der einzelnen Risikofaktoren als Teilelemente des Gesamtrisikos zueinander. Der Hebeleffekt kann jedoch Auswirkungen auf die *Anlageentscheidung des Investors* haben, da er den absoluten Betrag der möglichen Gewinne und Verluste aus dem Geschäft wesentlich erhöht. Dies mach zunächst die Positionierung in gehebelte Geschäfte für risikoneutrale Investoren (Spekulanten) attraktiv. Bei intuitiver Entscheidungsfindung neigen Investoren dazu, die Komplexität der Entscheidungssituation zu reduzieren, indem sie vermeintlich irrelevante Information ausblenden.[346] Dies wird regelmäßig für Risiken gelten, die mit recht geringer Eintrittswahrscheinlichkeit zu einem nur geringen absoluten Verlust führen (*Bagatellrisiken*).

Umgekehrt werden solche Risiken intuitiv überproportional stark wahrgenommen, die mit geringer Wahrscheinlichkeit eintreten, aber zu hohen Verlusten führen können[347] (*Large-Loss-Risiken*). Obgleich der Hebeleffekt die Realisierungswahrscheinlichkeit des Bagatellrisikos nicht tangiert, bewirkt er eine Steigerung des möglichen Verlustbetrags um den Leverage-Faktor.

---

[344] *Rudolph/Schäfer,* Derivative Finanzmarktinstrumente, 2009, S. 292.

[345] *Reiner,* Derivative Finanzinstrumente, 2002, S. 38 (dort Fn. 148).

[346] Vgl. dazu S. 90 ff.

[347] *Jungermann/Slovic,* Charakteristika individueller Risikowahrnehmung, 1993, S. 93.

Dann nähern sich die Spezifika des Bagatellrisikos im Fall mit Hebeleffekt den Spezifika eines Large-Loss-Risikos im Fall ohne Hebeleffekt an. Damit kann das ursprüngliche Bagatellrisiko aus dem Kassainstrument bei Positionierung in gehebelte Derivate aber sehr wohl vermögensrelevant werden. Gleichwohl wird der Investor dazu neigen, den Risikofaktor beim Derivategeschäft mit Hebelwirkung nicht zu berücksichtigen, da er ihn in früheren Überlegungen bereits ausgeblendet. Der Entscheider ist damit vorgeprägt. Letztlich führt allein der Hebeleffekt dazu, dass neben der höheren Volatilität auch *mehr Risikofaktoren* bei der Gesamtrisikoeinschätzung *zu berücksichtigen sind.* Der Hebeleffekt erhöht damit die vom Investor zu bewältigende Komplexität.

(2) Individualisierung

Die Modifikation der Risikostruktur (*Individualisierung*) wird in besonderen Maße in den OTC-Märkten praktiziert, da hier die Gestaltungsfreiheit im Vergleich zum standardisierten Börsenhandel höher ist. Die ökonomischen Wirkungen zusätzlicher Gestaltungsmaßnahmen soll hier anhand eines exotischen Zinsderivats, dem Spread-Ladder-Swap (*SLS*), untersucht werden.

Wie bei allen Swapgeschäften verpflichten sich die Parteien hier, der jeweils anderen Partei eine periodische Zahlungen zu leisten. Dabei wird eine feste gegen eine variable Zahlung getauscht.[348] Die Besonderheit besteht zunächst darin, dass die variable Zahlung an einer vertraglich fixierte *Preisformel* gebunden ist.[349] Eine beispielhafte Konstruktion aus der Bankenpraxis lässt sich folgendermaßen darstellen:

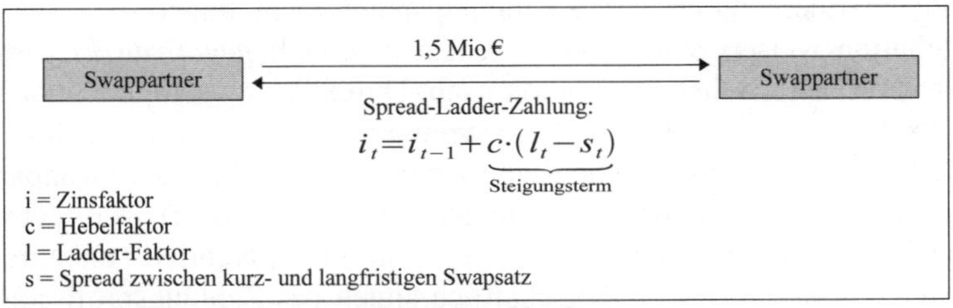

Abb. 15: Zahlungsströme eines Spread-Ladder-Swaps (Quelle: Stark/Loose, Finanz Betrieb, 2007-10, S. 611).

Die Höhe der variablen Zahlung ergibt sich aus dem Zinsfaktor der Vorperiode und einem Steigungsterm. Grundlage des Steigungsterms ist die Differenz zwischen dem Ladder-Faktor l_t und dem Spread zwischen kurz- und langfristigen Swapsätzen s_t, der ein stochastisches Element in den Steigungsterm einbringt. Als Referenz wurden die Swapsätze von Constant Maturity

[348] *Gundermann/Nieding,* Gemeindehaushalt, 2007-12, S. 265.
[349] *Hanowski,* NZG 2011, 573; *Roller/Elster/Knappe,* ZBB 2007, 345, (349 ff.).

Swaps gewählt, deren Zahlungsströme von der *Steigung der Zinsstrukturkurve* abhängen.[350] Der Ladder-Faktor sinkt vertragsgemäß über die Laufzeit des SLS ab. Die Differenz wird letztlich mit dem Faktor c multipliziert, der für eine entsprechende Hebelwirkung sorgt.[351] Im Ergebnis reagiert der SLS sehr sensitiv auf Veränderungen des Spreads.[352]

In Szenarioanalysen zeigen Stark/Loose[353] für einen über die Laufzeit konstanten Spread, dass ab einer *hinreichend flachen Zinsstrukturkurve* der SLS für denjenigen Swappartner einen positiven Zahlungssaldo produziert, der die fixen Zahlungen leistet. Erst bei hinreichender Steilheit der Zinsstrukturkurve ist der Empfänger der fixen Zahlungspflicht begünstigt, da sich der Spread ausweitet und so die variable Zahlungspflicht mindert.[354] Für variable Spreads ermitteln sie in einer kapitalmarkthistorischen Simulation einen langfristig positiven Erwartungswert, obgleich in realwirtschaftlichen Schwächephasen auch signifikant negative Zahlungssalden simuliert wurden.

Auf diese ohnehin ausdifferenzierte Konstruktion hat sich eine Vertragspartei (in der Praxis: die anbietende Bank) ein *Kündigungsrecht* einräumen lassen. Dieses individuell vereinbarte Kündigungsrecht überlagert das nach den Rahmenvertrag für Finanztermingeschäfte geltende Kündigungsrecht aus wichtigem Grund dergestalt, dass die Kündigung zu jedem Zahlungstermin möglich ist und keine Ausgleichspflicht mehr besteht.[355] Dieses Kündigungsrecht bewirkt ökonomisch eine Risikobegrenzung für die Bank: Unterstellt man ihr ein strikt rationales Kalkül, so wird sie das Kündigungsrecht immer dann ausüben, wenn ein wesentlicher positiver Zahlungsstrom aus dem SLS für den Swappartner zu erwarten ist. Damit sind die Gewinnchancen des Swappartners *systematisch begrenzt.* Umgekehrt werden die Verlustrisiken des Swappartners durch das Kündigungsrecht nicht angetastet. Für diese Konstellation weisen Stark/Loose[356] einen erheblich *negativen Erwartungswert* in ihrer historischen Simulation nach. Durch das einseitige Kündigungsrecht als Nebenbestimmung wird die symmetrische Risikostruktur des Swapgeschäfts in eine asymmetrische Risikoverteilung zwischen den Swappartnern abgewandelt: Während das Kündigungsrecht die Verlustrisiken der Bank begrenzt, ist der Swappartner auch weiterhin potentiell unbegrenzten Verlusten ausgesetzt. Finanzwirtschaftlich ähnelt das Zahlungsprofil aus dem SLS für den Swappartner mit dem einer *Stillhalterposition in einem Optionsgeschäft.*[357]

---

[350] Dazu oben S. 28. Genau genommen sind SLSs daher mehrfach abgeleitete Derivate.
[351] *Stark/Loose,* Finanz Betrieb, 2007-10, S. 611.
[352] *Roller/Elster/Knappe,* ZBB 2007, 345, (348).
[353] *Stark/Loose,* Finanz Betrieb, 2007-10, S. 612.
[354] *Gundermann/Nieding,* Gemeindehaushalt, 2007-12, S. 266.
[355] *Gundermann/Nieding,* Gemeindehaushalt, 2007-12, S. 266.
[356] *Stark/Loose,* Finanz Betrieb, 2007-10, S. 614.
[357] *Roller/Elster/Knappe,* ZBB 2007, 345, (349); ähnlich *Gundermann/Nieding,* Gemein-

Durch die Vertragskonstruktion ist das Risiko des Swappartners jedoch nicht nur theoretisch unbegrenzt, sondern weist auch qualitative Besonderheiten im Vergleich zur einfachen Konstruktion eines Swapgeschäfts auf. So bezieht sich die variable Zahlungspflicht stets auf den Zinsfaktor der Vorperiode, sodass die in der Vorperiode bestehende Zinsentwicklung in der aktuelle Berechnungsperiode *fortwirkt*. Diese Pfadabhängigkeit konterkariert eine Risikodiversifizierung im Zeitverlauf. Gefördert wird vielmehr eine *intertemporale Risikokonzentration*.[358] Auf Grundlage des Vorperiodenbezugs kann auch ein eigendynamischer Effekt in der Entwicklung des Zinsfaktors entstehen.[359] Unter der Annahme konstanter Spreads ändert sich der Steigungsterm ausschließlich durch die sukzessive Reduktion des Ladder-Faktors l_t. Der Vorperiodenbezug wird die Entwicklung verstärkt, sodass im Zeitverlauf ein *sich selbst verstärkender Effekt* entsteht. Allerdings wird dieser in der Realität durch den stochastischen Einfluss des Spread verwischt. Je hoher die Volatilität des Spreads während der Laufzeit des SLS, umso mehr wird der Verstärkungseffekt modifiziert. Nach alledem wird deutlich, wie komplex die Risikostruktur durch Vertragsgestaltung eines Derivats werden kann. Die entsprechende Kommunikation der Risiken ist dann mit erheblichen Aufwand verbunden, der – soweit Beratungspflichten bestehen – vom Berater aber gleichwohl ohne Abstriche geschuldet wird.[360] Aus ökonomischer Sicht kann die erschwerte Erkennbarkeit der Risiken zu Bewertungsfehlern und der Akzeptanz von unangemessenen Risikoprämien führen.

c) Pooling von Risiken

Liegen derivativen Finanzinstrumenten eine Vielzahl aus Einzelrisiken zugrunde (*Portfolioableitung*), so werden diese im Derivat zu einer rechtlichen Einheit zusammen gefasst, deren Gesamtrisikostruktur es nunmehr zu erfassen gilt. Dabei wirken auch nach der Portfoliobildung die Risikofaktoren der Einzelpositionen im systematischen Teil des Portfoliorisikos fort. Die Anzahl der relevanten Risikofaktoren ist dabei umso größer, je *heterogener* die Risikofaktoren der im Portfolio gebündelten Einzelrisiken sind.[361] Ein hoher Grad an Heterogenität wird jedoch durch eine geringe Korrelation beschrieben.

---

dehaushalt, 2007-12, S. 266 (für eine im Rahmen eines SLS vereinbarten Zinsobergrenze (Cap) zugunsten der Bank).

358 *Stark/Loose,* Finanz Betrieb, 2007-10, aaO.

359 Vgl. *Hull,* Optionen Futures und andere Derivate, 2009, S. 734 ff. (allgemein zu pfadabhängigen Derivaten).

360 BGH vom 22.03.2011, Az. XI ZR 33/10, ZIP 2011, 756 ff, Rn. 29.

361 *DeMarzo,* Review of Financial Studies, Vol. 18, S. 16.

(1) Korrelation und Informationskosten

In diesem Zusammenhang weist DeMarzo[362] auf einen Informationsvernichtungseffekt *durch Pooling* von Assets hin: Durch Pooling werde es aufwendiger, die Risikoqualität der im Portfolio befindlichen Assets zu *kommunizieren.* Verfügt der Emittent über private Information zur Risikoqualität, so wird er diese relevante Information nur dann kommunizieren, wenn er die Risiken der Assets einzeln verkauft. Durch Pooling steigen dagegen die bei der Kommunikation der Risikoqualität anfallenden *Kosten*, sodass sich eine Kommunikation des *gesamten* Bündels relevanter Information für ihn nicht mehr lohnt. Umgekehrt sind Investoren auf die Kooperation der Emittenten angewiesen, da weitaus höhere Informationskosten anfallen, wenn sie die Information ihrerseits beschaffen[363] (*Informationsmonopol des Emittenten*[364]). Folglich wird weniger private Information zur Risikoqualität der Einzelpositionen öffentlich. Insgesamt wird durch die Portfoliobildung der Informationsaustausch zwischen Emittent und Investor reduziert. Umgekehrt folgt, dass der Informationsvernichtungseffekt erst bei der kapitalmarktbasierten Externalisierung von Risiken relevant wird, da Risiko- und Informationsträger ohne Externalisierung der Risiken der selben Wirtschaftseinheit angehören und die Informationskosten organisationsbedingt gering sind.

Neben dieser anreiztheoretischen Begründung kann der Informationsvernichtungseffekt auch mit *kognitiven Fähigkeiten* der Marktteilnehmer begründet werden: Durch die eingeschränkte Aufnahme- und Verarbeitungskapazitäten aller Entscheidungsträger – auch der professionellen[365] – wird zwingend nur ein Bruchteil der tatsächlich vorhandenen Information wahrgenommen und kommuniziert, um einen *Information Overflow* zu vermeiden. Auch hier wird es sich vorwiegend um Information handeln, die leicht zu ermitteln ist und die Charakteristika möglichst vieler Risikopositionen zugleich abdeckt.

(2) Zielkonflikt zwischen Risikokommunikation und Risikostreuung

Insgesamt ist der Informationsvernichtungseffekt umso geringer, je homogener die im Derivat gepoolten Risiken sind und je mehr sie miteinander korrelieren.[366] Damit besteht aber ein *Zielkonflikt*, da es aus Perspektive der Komplexitätsreduktion zum Zwecke der *Kommunikation der Risikoqualität* sinnvoll ist, eine hohe Assetkorrelation anzustreben, während die optimale Risikostreuung gerade eine möglichst geringe Korrelation erfordert. Der Emittent eines portfolio-basierten Derivats wird diesen Zielkonflikt seinerseits

[362] *DeMarzo,* Review of Financial Studies, Vol. 18, S. 7.
[363] *Brambring,* Bucerius Law Journal, 2007, S. 110.
[364] *Mehringer,* Kapitalmarktrechtliches Gleichbehandlungsprinzip, 2007, S. 130.
[365] *Möllers/Kernchen,* ZGR 2011, 1, (15).
[366] *DeMarzo,* Review of Financial Studies, Vol. 18, S. 17.

regelmäßig *zugunsten der optimalen Risikostreuung* lösen, da er in diesem Fall seinen Gewinn durch die Senkung der an die Investoren zu zahlenden Risikoprämie maximieren kann.

d) Strukturierung

Durch Nebenbestimmungen im Derivatevertrag lassen sich die dem Underlying immanenten Marktrisiken strukturieren. Strukturierung bezeichnet hier die gezielte Gestaltung des Risiko eines Derivats, dem eine Vielzahl von Einzelpositionen zugrunde liegt. Dazu wird das *Verteilungsschema* der Zahlungen aus dem Portfolio auf das Derivat vereinbart.[367] Während dies bei allen Derivatearten grundsätzlich möglich ist, wird bei CDOs eine Rangfolge für die Gewinn- und Verlustverteilung aus dem Portfolio vereinbart. Das Subordinationsprinzip initiiert einen Risikopuffer und demzufolge ein geringeres Ausfallrisiko für den Inhaber hochrangiger Tranchen. Dadurch wird nicht nur das Risikoprofil der einzelnen Tranchen untereinander, sondern auch im Vergleich zum zugrunde liegenden Portfolio erheblich modifiziert.[368]

(1) Vorgehensweise des Originators bei Subordination

Das Risikoprofil einer Tranche wird wesentlich von der relativen Größe jeder einzelnen, ihr untergeordneten Tranchen bestimmt, die den Risikopuffer bilden. Ist dieser gering, können anfallende Verluste mit höherer Wahrscheinlichkeit in Tranchen höherer Rangordnung durchschlagen, was in die Risikobeurteilung der entsprechenden Tranche einzugehen hat. Bei einer Strukturierung in vier Tranchen bestünde bei einer äquivalenten Aufteilung der relativen Tranchengrößen zu je 25% ein Risikopuffer für die Senior-Tranche von 75% des Emissionsvolumens.

In der Kapitalmarktrealität erfolgt die *Größenaufteilung* der Tranchen modellbasiert.[369] Ziel ist die Anteilsmaximierung der Tranchen höchsten Ranges, da hier geringe Risikoprämien zu zahlen sind.[370] Gann ermittelt bei Anwendung eines entsprechenden Optimierungsmodells bei Unterteilung in sieben Tranchen für die Senior-Tranche eine relative Größe von ca. 90%, während alle nachrangigen Tranchen einen Anteil von je 3% nicht übersteigt.[371] Obgleich die optimale Größe einer Tranche von einer Vielzahl einzelfallspezifischer Parameter[372] bestimmt wird, variieren die in der Praxis beobachtbaren relativen Tranchengrößen nur unwesentlich.

---

367 Vgl. *Gehrmann,* Gesamtrisikosteuerung, 2009, S. 84.

368 *Rudolph,* Working Paper, 2007, S. 12.

369 Kritisch: *Sinn,* Kasino Kapitalismus, 2010, S. 180.

370 *Krahnen/Franke,* Working Paper, 2008, S. 35.

371 *Gann,* Working Paper, 2009, S. 21 und S. 26.

372 Vgl. *Gann,* Working Paper, 2009, S. 20 (Anzahl und Volumen der Kredite, Ausfallwahrscheinlichkeiten, Korrelation, gewährte Kreditsicherheiten, Marktumfeld u.a.).

Damit besteht regelmäßig ein nur geringer Risikopuffer: Fallen 10% des Emissionsvolumens der CDO aus, so schlagen die Verluste bereits auf die Senior-Tranche durch. Die *ökonomische Rechtfertigung* findet sich in der statistischen Verteilung der Verluste über die einzelnen Tranchen: Bereits mit einem Anteil der Equity-Tranche von unter 3% am gesamten Emissionsvolumen der CDO können über die Hälfte der *historisch erwarteten Verluste* gepuffert werden.[373] Entsprechend ergibt sich eine Ausfallwahrscheinlichkeit für die Equity-Tranche von über 98% bzw. ein erwarteter Verlust (Verlustmittelwert) von 58% auf das eingesetzte Kapital.[374] Durch die übrigen Tranchen werden die Verluste so weit gepuffert, dass die Senior-Tranche durch einen Verlustmittelwert von unter 0,05% des eingesetzten Kapitals gekennzeichnet ist. Diese statistischen Werte rechtfertigen für die Senior-Tranche ein exzellentes Rating (AAA) nach gängigen Bewertungsskalen für Fremdkapital.[375]

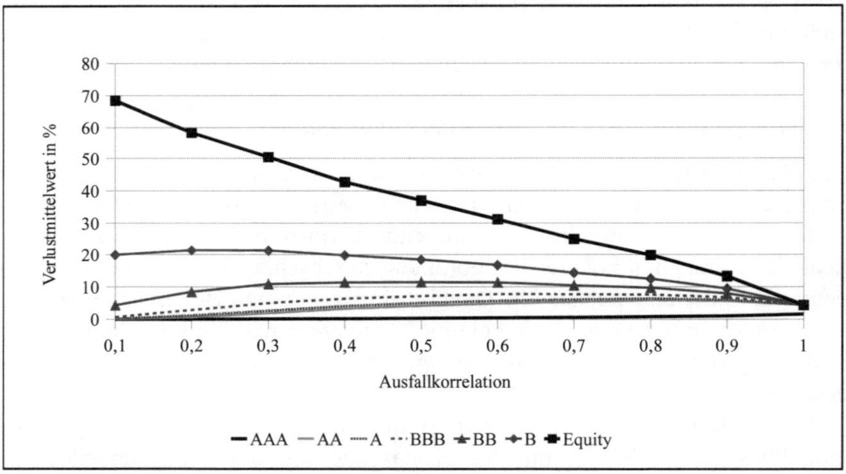

Abb. 16: Verlustmittelwert und Korrelationsannahmen bei CDO-Tranchen (Quelle: Eigene Darstellung auf Grundlage der Daten von Gann, Working Paper, 2009, S. 82).

Voraussetzung für den hohen Anteil der Senior-Tranche ist jedoch eine geringe Korrelation der Ausfallwahrscheinlichkeiten. Denn steigt die Korrelation der Einzelrisiken, so verschiebt sich der Verlustmittelwert jeder Tranche, von dem die relative Tranchengröße abhängt (Abb. 16). Erneut sei jedoch darauf verwiesen, dass die Korrelation der Assets im Zeitverlauf variiert, sodass eine sorgfältige und regelmäßige Kontrolle der zugrunde gelegten Annahmen für die Bewertung erfolgen muss.

---

[373] *Gann,* Working Paper, 2009, S. 19.
[374] *Gann,* Working Paper, 2009, S. 82.
[375] *Coval/Jurek/Stafford,* Journal of Economic Perspectives, Vol. 23, S. 7.

(2) Einflussfaktoren auf das Risikoprofil

Wenn die relativen Tranchengrößen wesentlich von den paarweisen Korrelationen der Assets – und damit vom makroökonomischen Umfeld[376] – abhängen, ist es für den Emittent einer CDO rational, im Vorfeld der Emission korrelationssenkende Maßnahmen zu betreiben, um die an die Investoren zu zahlende Risikoprämie zu minimieren. Dies erfolgt in der Bankenpraxis durch geographische oder sektorale Diversifizierung des Kreditportfolios. Zudem weist Gann[377] für strukturierte Kreditportfolios bei CDOs auf die steigende Bedeutung des *Liquiditätsrisikos* als Risikodeterminante mit steigender Seniorität hin. Umgekehrt steige bei abnehmender Risikoqualität die Sensitivität der Marktwerte auf die ex ante herrschende Risikoaversion am Kapitalmarkt. Krahnen/Franke[378] weisen darauf hin, dass die Einbehaltung des First-Loss-Piece durch den Originator bzw. Emittent die Ausfallwahrscheinlichkeiten der Assets beeinflusst und deshalb als Risikocharakteristikum bei der Bewertung berücksichtigt werden müsse.[379] Letztlich bleibt festzuhalten, dass das Risikoprofil von CDOs durch Strukturierung nach dem Subordinationsprinzip sehr sensitiv sowohl auf die Ausfallwahrscheinlichkeiten und Insolvenzquote als auch die Korrelation der Risiken im Portfolio reagiert.[380] Insgesamt ändern sich die Sensitivitäten der Einflussfaktoren im Vergleich zum zugrunde liegenden Portfolio erheblich.

3. Mehrfachableitung

Derivative Finanzinstrumente können wiederum von anderen Derivaten abgeleitet sein. (*Mehrfachableitung*[381]) Durch dieses Gestaltungsinstrument werden die Zahlungsströme aus dem Derivat 2. Grades im Vergleich zum Derivat 1. Grades weiter modifiziert. Hauptzweck der Transaktion ist daher die Risikogestaltung.

a) Einzelnes Derivat als Basiswert

In der einfachsten Ausgestaltung der Mehrfachableitung gewährt ein Derivat 2. Grades Rechte an den zukünftigen Zahlungsströmen eines Derivats 1. Grades. Regelmäßig wird eine Partei berechtigt, bei Fälligkeit des Derivats 2. Grades in das Derivat 1. Grades als Vertragspartei einzutreten. Die Folgen für

---

[376] *Gibson,* Fed Working Paper, 2004, S. 1.

[377] *Gann,* Working Paper, 2009, S. 74.

[378] *Krahnen/Franke,* Working Paper, 2008, S. 36.

[379] Vgl. *Diamond,* Review of Economic Studies, Vol. 51, S. 391 ff.

[380] *Coval/Jurek/Stafford,* Journal of Economic Perspectives, Vol. 23, S. 23.

[381] Im Folgenden bezieht sich der Begriff der Mehrfachableitung lediglich auf die Ableitungsebene 2. Grades. Die gewonnenen Erkenntnisse sind dann aber in gleicher weise auch auf höhere Ableitungsebenen (3. oder 4. Grades) übertragbar.

die Komplexität der geschaffenen Risikoposition soll am Beispiel der *Swaption* aufgezeigt werden.

Eine Swaption ist ein Optionsvertrag, der auf den Abschluss eines Swapgschäfts gerichtet ist.[382] Durch Zahlung einer einmaligen Optionsprämie erhält der Käufer das Recht, zum Fälligkeitszeitpunkt in einen Swap einzutreten, dessen Vertragsmerkmale bereits im Swaptionvertrag festgesetzt sind.[383] Als Erfüllungshandlung kann vereinbart sein, dass der Käufer als Partei in den Swapvertrag eintritt (Swapsettlement) oder einen Barausgleich in Höhe der über die Laufzeit abgezinste Differenz zwischen Festsatz der Swaption und dem aktuellen Swapsatz der entsprechenden Laufzeit erhält. Als Spezialfall einer Zinsoption finden Swaptions Anwendung in der Angebotsphase bei Projektfinanzierungen, indem die das Projekt beeinflussenden Refinanzierungszinsen bereits bei Angebotsabgabe abgesichert werden können. Daneben ist die Swaption für Spekulanten interessant, da mit ihr an der Entwicklung der Zinsstruktur partizipiert werden kann, während die Zahlungsströme der Swaption im Vergleich zum zugrunde liegenden Swapgeschäft einem deutlichen Hebel unterliegen.[384]

Die Schwierigkeiten der Preisbestimmung der Swaption ergeben sich aus dem Zusammenwirken der Einflussfaktoren auf das Risikoprofil von Optionen und auf Swaps.[385] So kann für die Preisbestimmung zwar grundsätzlich das Back/Scholes-Modell eingesetzt werden.[386] Über die zu schätzenden Ausgangsparameter werden allerdings die Preisdeterminanten für ein Swapgeschäft mit den zugrunde liegenden Spezifikationen relevant. Diese Determinanten sind insbesondere der Barwert des Swaps zum Fälligkeitszeitpunkt der Option sowie dessen Volatilität und die Laufzeit der Option. Dadurch wird zunächst erkennbar, dass das Derivat 2. Grades durch die Mehrfachableitung einen *stärkeren Zukunftsbezug* und einen damit verbundenen Zuwachs an Unsicherheit erhält. Für den Barwert des Swaps ist wiederum die Ausgestaltung der Zinsstrukturkurve von entscheidender Bedeutung.[387] In der Bankenpraxis wird die umständliche Modellierung i.d.R. durch einen Preisvergleich mit den aktuellen Preisen eines Forward-Swaps umgangen. Voraussetzung ist natürlich ein liquider Sekundärmarkt, an dem Forward-Swaps mit vergleichbaren Vertragsmerkmalen gehandelt werden. Die bisherige Darstellung der Komplexität einer Swaption umfasst lediglich die Plain-Vanilla-Swaption. Sind im Swaptionvertrag Nebenbestimmungen formuliert, so ist die Risikostruktur und das verwendete Modell entsprechend anzupassen.

---

[382] *Casper,* Der Optionsvertrag, 2005, S. 99.
[383] *Hull,* Optionen Futures und andere Derivate, 2009, S. 951.
[384] *Buetow/Fabozzi,* Valuation of Interest Rate Swaps and Swaptions, 2000, S. 139.
[385] *Krämer,* Finanzswaps, 1999, S. 353.
[386] *Hull,* Optionen Futures und andere Derivate, 2009, S. 806.
[387] *Buetow/Fabozzi,* Valuation of Interest Rate Swaps and Swaptions, 2000, S. 138.

Zusammenfassend ist festzustellen, dass durch Mehrfachableitung die Einflussfaktoren des zugrunde liegenden Derivats übernommen werden, während durch Vertragsgestaltung des Derivats aktuellen Grades zusätzliche Einflussfaktoren hinzu treten. Für ein Derivat 2. Grades ergeben sich dann bereits drei Komplexitätsebenen. In Abb. 17 wird erkennbar, dass sich die Komplexitätsebene für Derivate bei jeder zusätzlichen Ableitung mit den oben heraus gearbeiteten Komplexitätsdeterminanten fortsetzt.

Erste Ebene (Kassainstrument)
• Schätzprobleme, insbesondere hinsichtlich - Rendite - Volatilität - Korrelation
Zweite Ebene (Derivat 1. Grades)
• Hauptbestandteile des Vertrages (Swap-, Options- oder Festgeschäft) • evtl. Nebenbestimmungen • Pooling von Risiken • Strukturierung von Risiken
Dritte Ebene (Derivat 2. Grades)
• Hauptbestandteile des Vertrages (Swap-, Options- oder Festgeschäft) • evtl. Nebenbestimmungen • Pooling von Risiken • Strukturierung von Risiken

Abb. 17: Komplexitätsebenen durch Mehrfachableitung von Derivaten (Quelle: Eigene Darstellung).

Erfolgt die Risiko- und Preiserfassung modellbasiert, so wird das Modell seinerseits für jede zusätzliche Ableitungsebene komplexer. Entsprechend steigt nicht nur das Modellrisiko, sondern auch das operationelle Risiko. Erfolgt die Risiko- und Preisermittlung für das Underlying (Derivat 1. Grades) marktbasiert, so lassen sich zwar die zu modellierenden Einflussfaktoren auf die in der letzte Ableitungsebene relevanten Determinanten reduzieren. Umgekehrt werden dann jedoch wieder makroökonomische Faktoren relevant, die die Bildung des Marktpreises beeinflussen bzw. verzerren können. Insbesondere sei auf das erhebliche Einflusspotential von Herden- und Feedbackverhalten hingewiesen. Werden diese Einflüsse ungefiltert übernommen, so setzen sie sich auf jeder zusätzlichen Ableitungsebene fort.[388]

Es schließt sich die Frage an, ob eine vertikale Diversifizierung zwischen den einzelnen Ableitungsebenen statt findet. Dahinter steckt der Gedanke, dass die Einflussfaktoren einer Komplexitätsebene mit jeder zusätzlichen Ableitung an Preis- bzw. Risikorelevanz verlieren. Damit würde dem ökonomische Tatbestand der Wertableitung als Nebeneffekt ein Element der Komplexitätsminde-

[388] *Coval/Jurek/Stafford,* Journal of Economic Perspectives, Vol. 23, S. 9.

rung inne wohnen. Ob dieser Effekt besteht, ist pauschal nicht zu beantworten. Das Ausmaß des Effekts hängt entscheidend von der Vertragsgestaltung der Derivate auf jeder Ableitungsebene ab. Da Derivate mit hohem Hebeleffekt die Wirkungen der Volatilität des Underlyings auf das Derivat verstärken, steigt zugleich die Risikorelevanz der im Underlying enthaltenen Einflussfaktoren. Damit ist es aber gerade der Hebeleffekt, der einer vertikalen Diversifizierung entgegen steht. Für eine Verkettung von Derivaten mit hohem Hebelfaktor wird eine vertikale Diversifizierung daher nicht plausibel sein, während die Komplexitätsminderung bei Verkettung von Derivaten mit durchgängig geringem Hebel vernachlässigbar gering ausfallen dürfte.

b) Derivateportfolio als Basiswert

Leitet ein Derivat seinen ökonomischen Wert von einer Mehrzahl anderer Derivate ab (*Portfolioableitung*), so ergeben sich Besonderheiten aus der Portfoliobildung und einer möglicherweise erneuten Strukturierung.

(1) Portfoliobildung und Informationsvernichtungseffekt

Die Analyse soll anhand eines Derivats 2. Grades erfolgen, das seinen ökonomischen Wert von drei Derivaten 1. Grades ableitet, die wiederum von je drei Kassainstrumenten abgeleitet sind. Dann entsteht die Struktur der Abb. 18.

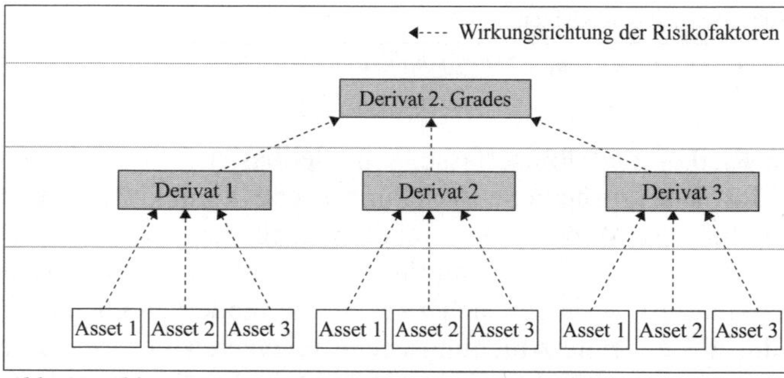

Abb. 18: Ableitung von einem Portfolio aus Derivaten (Quelle: Eigene Darstellung).

Die Besonderheit bei der Ableitung eines Derivats von einem Portfolio aus anderen Derivaten ergibt sich aus dem bereits beschriebenen Informationsvernichtungseffekt der Portfoliobildung. Durch den komplexitätsbedingten Kommunikationsbedarf zwischen Emittent und Investor steigen die Informationskosten für den Emittent, sodass die Weitergabe relevanter Information unattraktiv wird.[389] Die Intensität der Informationsvernichtung verhält sich dabei *invers zur Wertkorrelation der Assets*.

[389] *Arora/Barak/Brunnermeier/Ge,* Working Paper, 2009, S. 4.

Durch den Informationsvernichtungseffekt erfolgt auf der untersten Ebene des Baums tendenziell nur die Weitergabe der korrelationsrelevanter Information. Diese Information betrifft demnach das systematische Risiko im Portfolio. Die das unsystematische Risiko bestimmende Informationen wird dagegen tendenziell nicht weiter gegeben. Zwar sollte durch geschickte Mischung der Assets das unsystematische Risiko ohnehin diversifiziert sein, sodass die dieses Risiko betreffenden Informationen ebenfalls irrelevant werden. In der Praxis wird die Diversifizierung des unsystematischen Risikos jedoch durch Friktionen am Kapitalmarkt begrenzt. Daneben können Informationen, die das unsystematische Risiko betreffen, zugleich auch das systematische Portfoliorisiko tangieren. Im Ergebnis ist deshalb sogar die Weitergabe von weniger Information möglich, als tatsächlich das systematische Risiko im Portfolio bestimmt

Auf der zweiten Ebene des Baums setzt sich der Informationsvernichtungseffekt fort. Die an diese Ebene transferierte Information über die Risikoqualität eines Derivats wird nur dann an die dritte Ebene weiter gegeben, wenn und soweit es sich um Information handelt, die auch für die anderen Derivate dieser Ebene risikorelevant ist. Erneut sei darauf verwiesen, dass zur effektiven Risikominderung durch Mischung gerade die Wahl möglichst heterogener Einzelpositionen geboten ist. Dann werden die Entscheidungsträger auf jeder Mischungsebene eine geringe Korrelation anstreben. So wird als Nebeneffekt auch nur die Weitergabe eines geringen Anteils der relevanten Informationen erstrebenswert.

Für das Derivat auf der oberen Ebene hat dies gravierende Folgen: Bei einer Weitergabe von beispielsweise 30% der für eine exakte Risikobestimmung erforderlichen Informationen auf jeder Ebene fließen beim Derivat 2. Grades lediglich 9% der für die Bewertung relevanten Informationen zu. Bei Derivaten 3. Grades fließen der letzten Ebene lediglich 2,7% der relevanten Informationen zu.[390] Zwar ist der Aspekt der Gewichtung nicht zu vernachlässigen: Je höher die Gewichtung eines bestimmten Derivats im Portfolio auf der ersten Ebene gewählt wird, umso schwächer fällt die Wirkung des Informationsvernichtungseffekts für dieses Derivat aus. Allerdings mindert eine höhere Gewichtung wiederum den Erfolg der Diversifizierung. Zudem dürfte der Informationsvernichtungseffekt moderat schwächer ausfallen, wenn die Handelspartner der Derivate auf den Ableitungsebenen eine organisatorische Einheit mit geringen Informationskosten bilden.

(2) Verschleierungspotential

Für eine ähnliche Umgebung zeigen Arora et al., dass ein opportunistischer Emittent unentdeckt Assets schlechter Qualität in mehrfach abgeleiteten Derivaten konzentrieren kann, ohne dies also nach außen zu kommunizieren.

[390] Vgl. *Sinn,* Kasino Kapitalismus, 2010, S. 186, Fn. 9.

Denn die kommunizierten Parameter sind durch die Unsicherheit bei der Schätzung *ex ante* für externe Dritte nur mit unverhältnismäßig hohen Informationskosten verifizierbar.[391] Soweit ein opportunistischer Emittent dies antizipiert, könnte er das Portfolio gezielt zu seinen Gunsten gestalten, aber für Investoren günstige Parameter nach außen kommunizieren. Insbesondere könnte er Überlappungen[392] der Risiken bei den Basiswerten (CDOs) – beispielsweise verursacht durch geographische Konzentration – außer Acht lassen und so auch bei seinen kommunizierten Korrelationsannahmen an die Investoren (gezielt) nicht berücksichtigen. Damit werden die Risiken der CDO^2 als zu niedrig qualifiziert. Effektiv hat der Emittent daher die Möglichkeit, Risiken *zu verschleiern.* Interessanterweise zeigen Arora et al. auch, dass eine gravierend unzutreffende Parameterwahl durch den Emittent auch *ex post* für externe Dritte nicht immer überprüfbar ist:[393] Obgleich der Käufer am Ende eine unerwartet hohe Ausfallwahrscheinlichkeit des Derivats feststellt, kann er dies nicht eindeutig auf eine bewusste Risikoverschleierung des Emittent zurück führen, wenn die Gesamtzahl der Derivate mit hohen Ausfallwahrscheinlichkeiten im Pool ebenfalls hoch ist. Aus diesem Grunde ist auch ein entsprechender Sicherheitsabschlag[394] selbst für professionelle Investoren, die das Verschleierungspotential antizipieren und den Abschlag durch Verhandlungsmacht durchsetzen können, ungeeignet, da sich der Eintritt der Schutzklauseln nicht mit hinreichender Rechtssicherheit feststellen lässt.

(3) Sensitivitätsverschiebung durch erneute Strukturierung

ird das Derivat auf der nächsten Ableitungsebene wiederum nach dem Subordinationsprinzip strukturiert, so verschiebt sich die Sensitivität der Einflussfaktoren enorm. Coval et at. weisen dies anschaulich für DO^2 nach.

Zunächst wird in Abb. 19 für CDOs erkennbar, dass schon eine geringe Variation der Ausfallwahrscheinlichkeiten – etwa bedingt durch Schätzfehler – einen enormen Einfluss auf die erwarteten Renditen der Equity-Tranche haben kann, während der Einfluss auf die Senior-Tranche erheblich geringer ausfällt oder für geringe Ausfallwahrscheinlichkeiten zu vernachlässigen ist. Bei erneuter Strukturierung in eine CDO^2 werden – neben der Equity- und Mezzanine-Tranche – nun auch bei der Senior-Tranche *schon kleine Anstiege der Ausfallwahrscheinlichkeiten zu erheblichen Wertverlusten führen.* Erkennbar wird dies an der Stauchung der Kurven, insbesondere für die Senior-Tranche. Mehrfache Strukturierung verschärft daher den Einfluss von Schätzfehlern insbesondere auf die Senior-Tranche enorm.

---

391 *Arora/Barak/Brunnermeier/Ge,* Working Paper, 2009, S. 9.
392 Vgl. *Gehrmann,* Gesamtrisikosteuerung, 2009, S. 136.
393 *Arora/Barak/Brunnermeier/Ge,* Working Paper, 2009, S. 23.
394 *Gehrmann,* Gesamtrisikosteuerung, 2009, S. 135.

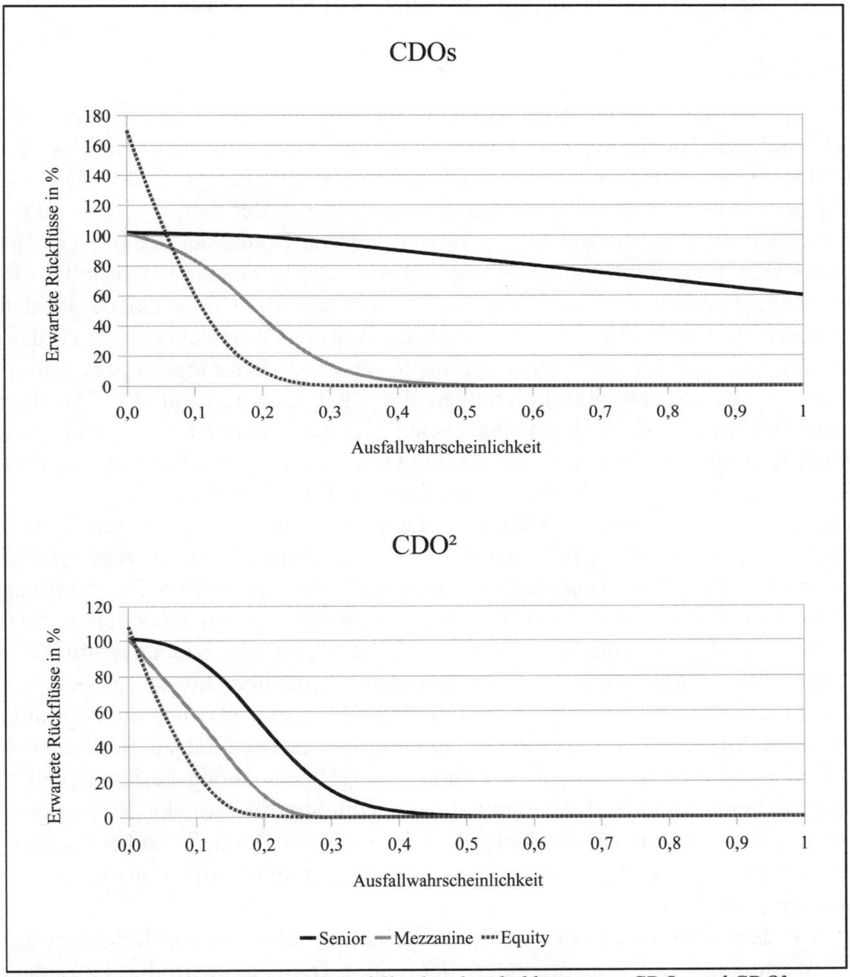

Abb. 19: Erwartete Rückflüsse und Ausfallwahrscheinlichkeiten von CDOs und CDO² (Quelle: Eigene Darstellung in Anlehnung an Coval/Jurek/Stafford, Journal of Economic Perspectives, Vol. 23, S. 14).

Coval et al. konstatieren treffend: „With multiple rounds of structuring, even minute errors at the level of the underlying securities that would be insufficient to alter the security's rating can dramatically alter the ratings of the structured finance securities".[395] Entsprechend ergibt sich durch mehrfache

[395] *Coval/Jurek/Stafford,* Journal of Economic Perspectives, Vol. 23, S. 9.

Strukturierung ein ähnlicher ökonomischer Effekt von Schätzfehlern wie er bereits für die Hebelwirkung von Derivaten festgestellt wurde.[396]

(4) Praktische Evidenz

Krahnen/Wilde[397] stellen nochmals klar, dass sich die Sensitivitäten der Risikocharakteristika bezüglich Änderungen des systematischen Risikos bei CDOs grundsätzlich von denen bei Corporate Bonds unterscheiden. Dies ist vor dem Hintergrund relevant, dass insbesondere in der Anfangszeit strukturierter Kreditderivate Modelle zur Bewertung von Bonds bei der Bewertungs von CDOs eingesetzt wurden. Entsprechend weisen Bernando/Cornell[398] für Investmentbanken in dieser Zeit auf erhebliche Preisunterschiede in den Geboten für CDOs hin und führen dies auf Bewertungsunsicherheiten zurück. Inzwischen wurden für CDOs eigene Risikoquantifizierungsansätze entwickelt, die die Sensitivitätsänderungen der Risikofaktoren auf die Tranchen berücksichtigen sollen. Beispielhaft seien hier das *Default Vector Model* von Fitch Ratings, das *Look Through Monte Carlo Model* von Moody's Investors Service oder der *CDO Evaluator* der Agentur Standard & Poor's genannt.[399] Dabei unterscheiden sich die Modelle deutlich im zugrunde liegenden Bewertungskonzept. Fender/Kiff[400] analysieren die Ratingprozesse drei großer Agenturen für CDOs und zeigen, dass auch die ermittelten Bewertungen signifikant voneinander abweichen. Sie führen dies auf ein *erhebliches (residuales) Modellrisiko* zurück. Coval et al. berichten von Szenarien im Zeitraum 2006 – 2008, bei denen Ratingagenturen gegenüber Investoren oder der Öffentlichkeit zugaben, dass sowohl die Modelle selbst, als auch die zugrunde gelegten Annahmen für CDOs von der Kapitalmarktrealität zu stark abstrahieren und diese nicht adäquat abbilden.[401] Ein Untersuchungsbericht der SEC legt zahlreiche interne Kommunikationen von Mitarbeitern der Ratingagenturen offen, die einen laxen Umgang mit bekannten Modell- und Schätzfehlern erkennen lassen.[402] Teilweise soll auf eine Dokumentation ganz verzichtet worden sein.[403]

Vor dem Hintergrund des höheren Wirkungsgrades von Schätzfehlern auf die Werte von CDO^2 – insbesondere der Senior-Tranche – wird dies besonders relevant. So können in den unterschiedlichen Underlyings identische Risikopositionen existieren, die es zur angemessenen Risikobeurteilung zu berücksichtigen gilt. Denn durch diese paarweise Überlappung erhöht sich die

---

[396] Vgl. S. 117 ff.

[397] *Krahnen/Wilde,* Working Paper, 2006, S. 1.

[398] *Bernardo/Cornell,* Journal of Finance, Vol. 52, S. 797.

[399] *Gehrmann,* Gesamtrisikosteuerung, 2009, S. 80.

[400] *Fender/Kiff,* BIS Working Paper, Vol. 163, S. 13.

[401] *Coval/Jurek/Stafford,* Journal of Economic Perspectives, Vol. 23, S. 20 ff.

[402] Vgl. *SEC,* Credit Rating Agencies, 2008, S. 10 ff.

[403] *Arora/Barak/Brunnermeier/Ge,* Working Paper, 2009, S. 12.

Korrelation der Assets und damit auch das systematische Risiko im Portfolio. Dieses Überlappungsrisiko besteht insbesondere bei CDOs und CDO^2-Produkte[404], wenn „am Ende der Ableitungskette" Risikopositionen auf die selben Referenzschuldner stehen. Bei einer Vielzahl von Einzelpositionen innerhalb des Underlyings (als Derivat) einerseits und einer großen Anzahl von Underlyings andererseits kann eine saubere Erfassung der Ausgangsdaten nur noch über IT-Systeme gewährleistet werden.

Im Default Vector Model der Ratingagenur Fitch Rating können explizite Überlappungen nach dem Wertpapiername berücksichtigt werden. Daneben können qualitative Überlappungen in Form einer hohen paarweisen Korrelation zumeist über Korrelationsannahmen abgedeckt werden, die aber lediglich nach Ländern und Branchen klassifiziert sind. Während teilweise noch eine statistische Unabhängigkeit der Forderungen einzelner Branchen unterstellt wird, haben einige Agenturen bereits eine Korrelationsannahme in ihre Modelle integriert.[405] Jedoch lässt insbesondere die fehlende Berücksichtigung von Konjunkturrisiken (*Timing*) sowohl die Ausfallwahrscheinlichkeiten, als auch die Korrelationsannahmen letztlich noch recht grob erscheinen. Aus diesem Grunde weisen Coval et al.[406] darauf hin, dass die ursprünglich für traditionelle Schuldtitel eingeführten Ratingskalen *nur von beschränkter Aussagekraft* für strukturierte Derivate seien, von Investoren in der Praxis aber dennoch unreflektiert der Anlageentscheidung zugrunde gelegt werden. „Investors who fail to appreciate the ability of pooling and tranching to reallocate payoffs across economic states of nature may be attracted to the high yields offered by structured finance securities, without appreciating these securities' increased systematic risk".[407] Um Überlappungsrisiken mit diesen Modellen berücksichtigen zu können, ist zudem eine ausreichende Versorgung mit Ausgangsdaten erforderlich. Gerade hier setzt der Informationsvernichtungseffekt jedoch an, der die Versorgung mit verlässlichen Ausgangsdaten erheblich stört. So konstatieren Coval et al. für CDO^2 unerwartet hohe Überlappungen in geographischen Regionen, die sie für erhebliche Schätzfehler bei der Bewertung dieser Produkte verantwortlich machen.[408] Insgesamt deutet dies darauf hin, dass strukturierungsbedingte Änderungen des Risikoprofils von CDOs unterschiedlicher Tranchen bisweilen nur unzureichend Berücksichtigung finden.[409]

---

[404] *Gehrmann,* Gesamtrisikosteuerung, 2009, S. 136.
[405] *Gehrmann,* Gesamtrisikosteuerung, 2009, S. 83.
[406] *Coval/Jurek/Stafford,* American Economic Review, Vol. 99, S. 628 ff.
[407] *Coval/Jurek/Stafford,* American Economic Review, Vol. 99, S. 634.
[408] *Coval/Jurek/Stafford,* Journal of Economic Perspectives, Vol. 23, S. 16.
[409] *SEC,* Credit Rating Agencies, 2008, S. 37.

c) Ökonomische Grenzen der Mehrfachableitung

Wird ein Spekulationsmotiv verfolgt, sind die ökonomischen Grenzen der Mehrfachableitung auf der Individualebene dann erreicht, wenn der Spekulant seine Erwartungen mit einem Derivat geringerer Ableitungsebene zumindest ebenso effektiv umsetzen kann wie mit einem Derivat höherer Ableitungsebene. Implizite Prämisse ist dabei aber, dass bei jeder Ableitung Kosten anfallen, die den Emissionspreis des Derivats erhöhen. Diese Transaktionskosten entstammen sowohl der Seite des Emittenten des Derivats, als auch der Seite des Investors.

Für den Emittent fallen nicht unerhebliche Transaktionskosten bei jeder Ableitung durch die Kosten des Konstruktionsprozesses an. Dies betrifft insbesondere Aufwendungen für Rechtsberatung und ökonomische Beratung durch Investmentbanken. Durch den Emissionsprozess fallen zusätzliche Kosten an, hauptsächlich für die Platzierungsleistungen der Investmentbanken. Die Kosten wird der Emittent idealtypisch auf den Emissionspreis aufschlagen.[410] Für den Investor fallen Transaktionskosten insbesondere durch die Komplexität des Derivats an.[411] So können im Vorfeld der Kaufentscheidung intensive Beratungsleistungen erforderlich werden, um das dem Instrument immanente Risiko angemessen beurteilen zu können. Daneben hat der Investor regelmäßig auch alle übrigen Kosten neben dem Kaufpreis des Derivats zu tragen (Vermittlungs- bzw. Maklergebühren). Diese Kosten werden Investoren von ihrem Kaufpreisgebot abziehen. Insgesamt steigt für jede Ableitungsebene der Anteil der Transaktionskosten am Bruttopreis des Derivats.

Zugleich werden bei jeder Ableitung die Zahlungsströme des neu kreierten Derivats umgestaltet, um den individuellen Bedürfnissen besser zu entsprechen: Wird ein Spekulationsmotiv verfolgt, soll die Zukunftserwartung des Spekulanten präziser abgebildet werden; wird ein Absicherungsmotiv verfolgt, sollen die zukünftigen Zahlungsströme der Grundposition besser umgekehrt reproduziert werden. Ökonomisch ist die zusätzliche Ableitung dann – und nur dann – überzeugend, wenn der erwartete Nutzenzuwachs aus der zusätzlichen Ableitung die erwarteten Nutzeneinbußen übersteigt. Um diese Beurteilung autonom leisten zu können, müssen Marktteilnehmer zunächst über eine *angemessene Informationsgrundlage* verfügen. Allein dies wird bei mehrfach abgeleiteten, poolingbasierten Derivaten durch den Informationsvernichtungseffekt nur stark begrenzt zu realisieren sein. Die finanzielle Umsetzung zukünftiger Erwartungen oder die umgekehrte Reproduzierbarkeit durch das Derivat zu Absicherungszwecken ist dann nicht mehr mit hinreichender Sicherheit gewährleistet. Obgleich für diese Derivatearten keine

---

[410] *Sinn,* Kasino Kapitalismus, 2010, S. 175 (Mit dem Beispiel hoher Honorare, Provisionen, Bonitätsprüfungen für mehrfach abgeleitete CDO-Produkte).

[411] *Schwarcz,* Washington University Law Review, Vol. 87, S. 221.

allgemeine Feststellung ökonomischer Illegitimität getroffen werden kann, so wird die ökonomische Legitimation der Investition im Einzelfall durch die Investoren nur noch eingeschränkt überprüfbar sein. Dies ist letztlich aber keine Frage der ökonomischen Legitimation, sondern der Einhaltung – rechtlich gebotenen – kaufmännischer Sorgfalt bei der Entscheidungsfindung.[412]

4. Strategische Komplexität

a) Transaktionskosten

Erfordert die Umsetzung einer Strategie mit Derivaten den Einsatz mehrerer Instrumente (*Kombinationsstrategien*), so werden Transaktionskosten relevant. Diese können in Form von Maklergebühren, Kommissionen, steuerliche Belastungen, Verluste aus der Geld-Brief-Spanne usw. anfallen, die von den Finanzintermediären derzeit nicht offen gelegt werden.[413] Die Transaktionskosten steigen tendenziell mit zunehmender Anzahl der im Rahmen der Strategie abgeschlossenen Einzelpositionen an und mindern den Gesamtgewinn entsprechend. Auch wenn Terminmärkte durch einen hohen Grad an Liquidität gekennzeichnet sind, muss der Einfluss der Transaktionskosten als ökonomisch relevant eingestuft werden.[414] Eine Ausnahme bilden Market-Maker, die ihre Derivatepositionen i.d.R. zu wesentlich geringeren Transaktionskosten abwickeln können.[415]

Die strategischen Gestaltungsmöglichkeiten durch derivative Finanzinstrumente lassen sich aus der Perspektive der Transaktionskosten in zwei Gruppen einteilen. Die erste Gruppe beinhaltet zeitpunktbezogene Kombinationsstrategien, bei denen ein simultaner Abschluss mehrerer Geschäfte erfolgt. Beispiele sind Straddle-, Strangle-, und Spreadstrategien mit Optionen oder statische Absicherungsstrategien mit Festgeschäften. Hier fallen die Transaktionskosten bereits bei Geschäftsabschluss in vollem Umfang an. Diese Ausgaben müssen dann durch die Gewinne der Gesamtstrategie wieder kompensiert werden.

Stout[416] weist auf die Qualität derivativer Finanzinstrumente als finanzielle Nullsummenspiele inter partes hin. Sie argumentiert, die anfallenden Transaktionskosten mindern den Erwartungswert der Investition für jeder Vertragsseite, sodass sich – jedenfalls wenn auf jeder Vertragsseite ein Spekulant steht – ein negativer Nutzungswert aus der Transaktion ergibt. Diese Argumentation ist allerdings logisch stark einzuschränken. Zunächst bleibt die *Qualität*

---

[412] Vgl. dazu S. 264 ff.

[413] Vgl. New York Times vom 11.12.2010 (http://www.nytimes.com/2010/ 12/12/business/12advantage.html), Abruf am 21.08.2011.

[414] *Wallmeier,* Informationsgehalt von Optionspreisen, 2003, S. 119.

[415] *Ni/Pearson/Poteshman,* Journal of Financial Economics, Vol. 78, S. 72.

[416] *Stout,* Journal of Corporation Law, Vol. 21, S. 60.

der Information vollkommen unberücksichtigt, auf Grundlage derer jeder Spekulant seinen Investitionsentscheidung trifft. Verfügt einer der Spekulanten über Information guter Qualität (z.B. fundamentale Daten) und bildet diese Information technisch zutreffend in seiner Positionierung ab, so verschiebt sich die Wahrscheinlichkeit zu seinen Gunsten, sodass der Erwartungswert seiner Investition auch nach Transaktionskosten positiv ist. Dann – und nur dann – wenn die Gewinnchance jedes Spekulanten ca. 50% beträgt, behält das Argument seine Gültigkeit. Dies wäre beispielsweise denkbar, wenn beide Spekulanten ihre Investitionsentscheidung auf Grundlage von Information gleicher Qualität (z.B. Noise) treffen. Je höher aber die Transaktionskosten ausfallen und so den Erwartungswert der Investition für jeden Spekulanten mindern, umso höher muss der Qualitätsunterschied der Information sein, um diese Minderung wieder ausgleichen zu können. Dann wäre eine Investition in sehr komplexe Derivate mit hohen Transaktionskosten nur bei hinreichend hoher Informationsqualität betriebswirtschaftlich sinnvoll. Dies gilt sowohl für Einzeltransaktionen, aber erst recht für komplexe strategische Kompositionen mit derivativen Finanzinstrumenten, da hier die Transaktionskosten regelmäßig weit über denen einzelner Derivatepositionen liegen werden.

Davon sind zeitraumbezogene dynamische Strategien zu unterscheiden, bei denen im Zeitablauf sukzessiv Einzelpositionen eingegangen werden. Beispielhaft sind hier *Rolling-the-Hedge-Forward-Strategien* zu nennen, aber auch *dynamische Optionsstrategien.* Da bei diesen Strategien die Vertragsschlüsse und damit auch die Transaktionskosten sukzessive anfallen, entsteht ein Zeiteffekt: Werden die Transaktionskosten erst sukzessive in der Zukunft fällig, kann der Investor die dafür erforderlichen Beträge zum Marktzins anlegen. Durch die Abzinsung der zukünftigen Zahlungen mindert sich der Barwert der Transaktionskosten. Der Zeiteffekt bewirkt daher einen Kostenvorteil gegenüber den zeitpunktbezogenen Kombinationsstrategien.

b) Performance von Absicherungsstrategien

Froot et al.[417] zeigen, dass es erhebliche Unterschiede in der Performance von statischen Absicherungsstrategien mit Festgeschäften und Optionen gibt: Durch die Bedingtheit des Erfüllungsanspruchs bestünde durch das Optionsgeschäft die Möglichkeit, das Hedgeverhältnis periodenspezifisch anzupassen: Während sich der Inhaber einer Kaufoption (Long-Call) ebenso wie der Inhaber einer Long-Position in ein Festgeschäft gegen Preisverfall absichern kann, wird durch die zwingende Erfüllung des Festgeschäfts der bei Vertragsschluss festgesetzte Vermögenszustand hergestellt. Eventuell angefallene Kursgewinne aus dem Grundgeschäft werden wieder abgeschöpft. Durch die Bedingtheit des Erfüllungsanspruchs einer Option muss der vertraglich festge-

---

[417] *Froot/Scharfstein/Stein,* Journal of Finance, Vol. 48, S. 1648.

setzte Vermögenszustand dagegen nicht zwingend eintreten. Sind die Kurssteigerungen des Grundgeschäfts hinreichend hoch, so kann sich der Inhaber besser stellen, indem er das Optionsrecht nicht ausübt. Dadurch wird in jeder Periode das tatsächlich vorhandene Kapital maximiert.

Zudem weisen sie nach, dass bei einer intertemporalen Analyse die Performance von solchen Sicherungsinstrumenten schwächer ist, für die eine dynamische Sicherheit (Margin) zu hinterlegen ist.[418] Ausgangspunkt ihrer Argumentation ist das oben[419] beschriebene Ziel der Unternehmensfinanzierung, so viel Liquidität wie nötig zu gewährleisten und dabei so viel Rentabilität wie möglich zu erzeugen. Werden Futures zur Risikoabsicherung verwendet, so können die anfallenden Marginzahlungen im Zeitablauf die positiven Effekte der Absicherung kompensieren: Durch die Marginzahlungen wird zusätzliche Liquidität erforderlich, was wiederum die Rentabilität einschränkt. Ein optimaler Hedge mit Futures wird deshalb niemals in einer vollkommenen Absicherung zukünftiger Zahlungsströme liegen, sondern auch hier wieder einen – für jedes Unternehmen individuellen – Ausgleich zwischen der intertemporalen Rentabilität und der in einem bestimmten Zeitpunkt vorzuhaltenden Liquidität erfordern. Das Problem lässt sich auch nur begrenzt durch Verwendung von Sicherungsinstrumenten ohne Sicherheitsleistung umgehen:[420] Aufgabe der Sicherheitsleistung ist es gerade, das bestehende Kreditrisiko zu substituieren. Wird eine Sicherheitsleistung nicht verlangt, so ist das Kreditrisiko (wieder) relevant. Da die Sicherheitsleistung das Kreditrisiko notfalls kompensieren soll, wird der nominelle Betrag der Sicherheitsleistung idealtypisch dem bestehenden Kreditrisiko entsprechen. Dann wird der Zuwachs an Liquidität als Folge der nicht erforderlichen Sicherheitsleistung durch die für das Kreditrisiko zu bildenden Rücklagen wieder kompensiert.[421] Dies gilt aber nur dann, wenn der geltende Regulierungsrahmen eine entsprechende Kapitalunterlegung des Kreditrisikos durch den Inhaber verlangt.

5. *Zusammenfassung*

Im vorstehenden Abschnitt wurde zunächst gezeigt, dass unter ausschließlicher Betrachtung der Hauptvertragsbestimmungen Optionsgeschäfte regelmäßig einen höheren originären Komplexitätsgrad aufweisen als Festgeschäfte oder Swaps. Grund ist die Bedingtheit des Erfüllungsanspruchs. Im Derivatevertrag vereinbarte Nebenbedingungen können die ökonomische Wirkung jedoch erheblich modifizieren, sodass ein Komplexitätsgefälle

---

[418] *Froot/Scharfstein/Stein,* Journal of Finance, Vol. 48, S. 1655.

[419] Siehe oben S. 55.

[420] *Froot/Scharfstein/Stein,* Journal of Finance, Vol. 48, S. 1650.

[421] Jedenfalls bei nicht über die Clearingstelle laufenden Sicherheiten dürfte der nominelle Wert der Sicherheitsleistung das (bezifferte) Kreditrisiko leicht übersteigen. So hat der Sicherungsnehmer einen zusätzlichen Risikopuffer bei Marktpreisschwankungen der Sicherheit.

zwischen den Arten derivativer Finanzinstrumente nicht mehr pauschal feststellbar ist. Einfluss auf den Komplexitätsgrad eines Derivats hat auch dessen ökonomischer Hebeleffekt: Er steigert nicht nur die potentielle Wertentwicklung des eingesetzten Vermögens, sondern bewirkt auch, dass für eine ordnungsgemäße Einschätzung des Gesamtrisikos der Position mehr Risikofaktoren zu berücksichtigen sind.

Leiten derivative Finanzinstrumente ihren Wert von einer Vielzahl von Assets ab, so bewirkt das Pooling einen Informationsvernichtungseffekt: Emittenten neigen dazu, Information zu den Risikodeterminanten der Basiswerte nur noch eingeschränkt an Dritte weiter zu geben. Die Intensität des Informationsvernichtungseffekts verhält sich dabei umgekehrt proportional zur Renditekorrelation der Basiswerte. Für eine erfolgreiche Risikodiversifikation werden Emittenten eine möglichst geringe Korrelation der Renditen anstreben, während eine Minderung des Informationsvernichtungseffekts eine möglichst hohe Renditekorrelation erforderlich macht. Der Emittent wird diesen Trade-off zugunsten der Diversifikation lösen, um den Emissionserlös zu maximieren. Durch die Minderung der Quantität verfügbarer Information wird die angemessene Risikobeurteilung durch potentielle Erwerber erschwert. Werden die Risiken des zugrunde liegenden Assetpools zusätzlich strukturiert, verschiebt sich die Relevanz einzelner Risikofaktoren auf das Gesamtrisiko des Derivats.

Diese Informationseffekte werden durch Mehrfachableitung verschärft. Zunächst werden die Risikofaktoren der jeweils niedrigeren Ableitungsebenen übernommen und treten zu denen der aktuellen Ableitungsebene hinzu. Durch erneute Strukturierung von poolingbasierten Derivaten – etwa bei CDO^2 – wird die ökonomische Wirkung von Schätzfehlern systematisch gesteigert. Zugleich schwächt der Informationsvernichtungseffekt die Verfügbarkeit der bewertungsrelevanten Information für externe Dritte exponentiell ab. Selbst wenn die verfügbare Information bewertungserhebliche Risikofaktoren betrifft, wird ab einer – pauschal nicht bestimmbaren – Ableitungsebene schlichtweg zu wenig Information verfügbar sein, um im Lichte der hohen Wirkung für Schätzfehlern eine verlässliche Risikobeurteilung leisten zu können. Damit besteht letztlich ein *erhebliches Potential sowohl für Modellrisiken, als auch für operationelle Risiken* mit zunehmender Ableitung von derivativen Finanzinstrumenten. Obgleich am Beispiel der Kreditderivate dargestellt, sind vorstehende Erwägungen grundsätzlich nicht auf diese Derivatearten beschränkt, da die komplexitätsbildenden Faktoren (Informationsvernichtungseffekt, Verschleierungspotential und Sensitivitätsverschiebung) aus der Vertragsgestaltung resultieren und damit unabhängig vom Basiswert sind. Unter Einhaltung der kaufmännischen Sorgfalt hat die Geschäftsführung des Investorunternehmens dann eigenverantwortlich zu entscheiden, wann ein Absehen von der Investition in dieses Derivat schon mangels angemessener Informationsgrundlage geboten ist. Insoweit bleibt die Legitimität dieser

Geschäfte für den Einsatz in der Unternehmung eine Wertungsfrage, die nur unter Hinzuziehung normativer Wertmaßstäbe beantwortet werden kann.

Im Übrigen bleibt festzustellen, dass durch die mehrfache Ableitung derivativer Finanzinstrumente erhebliche *Mispricing- und Hedgefehlerrisiken* resultieren, die jedenfalls geeignet sind, den Wert der Unternehmung und damit die Ziele der Unternehmensfinanzierung advers zu beeinträchtigen. Denn wird das immanente Risiko fehlerhaft beurteilt, so entspricht die vom Markt gebildete Risikoprämie auf den Preis dieses Finanzinstruments nicht einem objektiv angemessenen Niveau. Da Marktteilnehmer unerkannte Risiken übernehmen, kann eine volkswirtschaftliche Fehlallokationen der Risiken erfolgen. Werden die Bewertungsdefizite von Marktteilnehmern erkannt, könnten abrupte Preisanpassungen folgen. Der Volatilitätsanstieg könnte die Preise an den Terminmärkten destabilisieren und möglicherweise auf anderen Teilen der Finanzmärkte fortwirken. Diese ökonomischen Aspekt soll im Folgenden Gegenstand der Untersuchung sein.

II. Ökonomisch illegitime Transaktionen mit Derivaten

1. Spekulation

Spekulationshandlungen sind in einer Volkswirtschaft grundsätzlich ökonomisch legitim.[422] Spekulanten stellen Liquidität bereit und erhöhen die Marktbreite. Dadurch erhalten einerseits mehr Akteure Zugang zu den Finanzmärkten, andererseits sinken die Transaktionskosten. Insgesamt optimiert Spekulation im Grundsatz die Allokation von Kapital und Risiko, die Primärfunktion der Finanzmärkte. Allerdings könnten Spekulationshandlungen mit derivativen Finanzinstrumenten auch negative externe Effekte auf die Kassamärkte verursachen. Die folgende Untersuchung knüpft damit an die oben konstatierte positive Wirkung der Terminmärkte in der Volkswirtschaft an. Hier sollen in der Literatur untersuchte Teilaspekte des Terminhandels gewürdigt werden, die – wenn sie auftreten – Wohlfahrtseinbußen und soziale Kosten verursachen.

a) Ökonomische Legitimität hoher Nominal- und Handelsvolumen

Der Nominalbetrag aller an den Terminmärkten gehandelten Finanzinstrumente übersteigt das Volumen der Kassamärkte um ein Vielfaches.[423] Die Folgen dieses empirischen Tatbestandes sollen zunächst theoretisch untersucht werden.

---

[422] Dazu oben S. 93.

[423] *Brunnermeier,* Journal of Economic Perspectives, Vol. 23, S. 96.

(1) Nominalvolumen

Die Analyse basiert auf dem einfachen, in Abb. 20 dargestellten Beispiel.

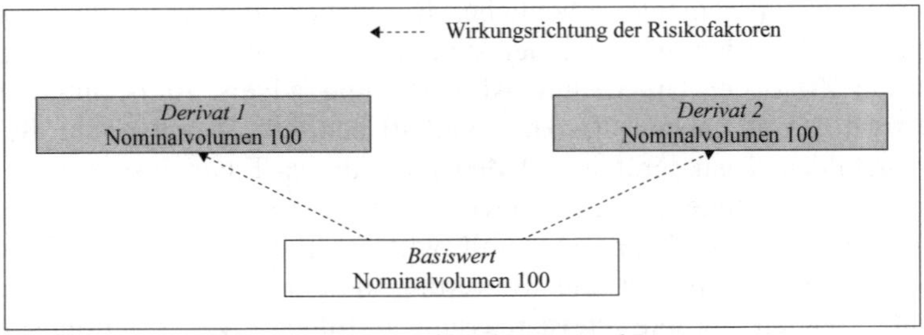

Abb. 20: Nominalvolumenexzess zwischen Derivat und Basiswert (Quelle: Eigene Darstellung).

Hier werden von einem Basiswert mit einem Nominalvolumen von 100 derivativen Finanzinstrumente mit einem Nominalvolumen von 200 abgeleitet. Daraus ergeben sich drei wesentliche Konsequenzen: Der Inhaber des Basiswerts kann Derivat 1 emittieren, um das Marktrisiko des Basiswerts vollkommen zu externalisieren. Emittiert er daraufhin Derivat 2, so ist die Absicherung des Marktrisikos ökonomisch nicht mehr erforderlich, sodass er mit dieser Transaktion zwingend ein Spekulationsmotiv verwirklicht.[424] Insgesamt ist durch die Emission von Derivat 2 ein zusätzlicher Marktteilnehmer dem vollen nominellen Marktrisiko des Basiswerts ausgesetzt, sodass sich gesamtwirtschaftlich ein marktrisikobehaftetes Nominalvolumen von 200 auf die Marktteilnehmer verteilt. Durch die zusätzliche Ableitung von Derivat 2 steht ein Nominalvolumen i.H.v. 200 in den Terminmärkten einem Nominalvolumen i.H.v. 100 in den Kassamärkten gegenüber, die über die Transmissionskanäle zwischen Terminmarkt und Kassamarkt miteinander verbunden sind.

Ein ökonomisches Rechtfertigungsbedürfnis von Nominalvolumen in derivativen Finanzinstrumenten stellt sich genau genommen schon dann, wenn das Nominalvolumen des Derivats das des Basiswertes nicht übersteigt. Auch hier werden die Marktrisiken des Underlyings dupliziert. Die ökonomische Legitimität liegt dann darin, dass durch die Emission des Derivats erst die Möglichkeit geschaffen wird, das Risiko zu übertragen, ohne das zugrunde liegende Asset selbst veräußern zu müssen. Soweit das Nominalvolumen der emittierten Derivate das des Underlyings übersteigt, existiert die Möglichkeit zur Risikoübertragung bereits, sodass dieses Argument zur Rechtfertigung des nominellen Unterschiedsbetrags zwischen Termin- und Kassamarkt nicht mehr in Betracht kommt. Dies gilt allerdings nur dann, wenn der Emittent von Derivat 1 und Derivat 2 im obigen Beispiel als identisch angenommen wird, sodass er sich übersichert.

[424] Ökonomisch entspricht dies dem Tatbestand der Übersicherung.

An den Kapitalmärkten ist das hohe Nominalvolumen der Terminmärkte ökonomisch jedoch nicht auf einige wenige Emittenten zurück zuführen, sondern Ausdruck einer *starken Vernetzung der Marktteilnehmer* untereinander.[425] Es ist für die Vertragsparteien zur Umsetzung einer Risikoübertragung ökonomisch sinnvoller, neue Derivate zu emittieren als bereits bestehende Derivateverträge an Dritte abzutreten, da die Verträge insbesondere an den OTC-Märkten hochgradig individualisiert sind. Letztlich sind die hohen Nominalvolumen der Terminmärkte Ausdruck eines regen Risikotransfers (Absicherung bzw. Glattstellung). Damit besteht auch hier die ökonomische Legitimität darin, dass durch Emission des Derivats erst die Möglichkeit zum Risikotransfer geschaffen wird, ohne das Derivat selbst veräußern zu müssen.

(2) Handelsvolumen

Auch das Handelsvolumen an den Märkten für derivative Finanzinstrumente übersteigt das der zugrunde liegenden Kassamärkte um ein Vielfaches. Schulmeister[426] argumentiert, das „geringe Gewicht des Handels mit [...] Aktien und Anleihen (Spottransaktionen) im Vergleich zu den Derivaten zeigt die enorme Bedeutung kurzfristig-spekulativer Geschäfte relativ zu längerfristiger Veranlagung". Indes sind hohe Handelsvolumen allein schon kein hinreichendes Maß für das an den Terminmärkten praktizierte Ausmaß an Spekulationshandlungen. Denn auch Absicherungsstrategien können ein vorzeitiges Abstoßen der Sicherungsposition erforderlich machen.

Zutreffend weisen die hohen Handelsvolumen jedoch darauf hin, dass Derivate im Zeitraum zwischen Emission und Fälligkeit mehrfach am Sekundärmarkt gehandelt werden. Die hohe Handelsfrequenz ist dann aber gerade *Ausdruck funktionsfähiger Finanzmärkte*: Im Zeitverlauf ändert sich die Informationslage bezüglich des Basiswerts dynamisch. Dann wird die Neubewertung der mit dem Derivat verbundenen Risiken erforderlich.[427] Dies kann in einer Kauf-, Halte- oder Verkaufsentscheidung münden. Aggregiert werden durch die Handelsaktivität am Sekundärmarkt die Risiken auf Grundlage neuer Informationen umverteilt. Gerade dies ist für eine optimale Risikoallokation – der Primärfunktion der Finanzmärkte – erforderlich. Grundsätzlich ist eine hohe Handelsfrequenz in den Märkten für derivative Finanzinstrumente allein daher ökonomisch legitim.

b) Fälligkeitseffekte am Kassamarkt

Der hohe Unterschiedsbetrag der Nominalvolumen zwischen Termin- und Kassamarkt könnte Rückwirkungen auf den Preisbildung am Kassamarkt

---

[425] *Brunnermeier,* Journal of Economic Perspectives, Vol. 23, S. 96.
[426] *Schulmeister,* Intervention, Vol. 4, S. 77.
[427] *Deutsche Bundesbank,* Monatsbericht Juli, 2006, S. 60.

haben. Denn derivative Finanzinstrumente beinhalten die vertragliche Verpflichtung zur künftigen Erfüllung. Diese ist bei Festgeschäften zwingend und einmalig zum Fälligkeitstermin vereinbart, während die Erfüllungshandlung bei Swapgeschäften mehrmalig vorgesehen ist. Bei Optionsgeschäften ist die Erfüllungshandlung aufschiebend bedingt vereinbart.

Schon früh[428] wurde auf dieser Grundlage argumentiert, dass derivative Finanzinstrumente *zukünftige Nachfrage* erzeugen. Dies könne bei Fälligkeit in einer Verknappung des Gutes münden und erhöhe so den Marktpreis. Dann destabilisieren Derivate den Kassapreis des Underlyings.[429]

(1) Theoretisches Konzept

Diese Argumentation beinhaltet indes implizit Annahmen: Einerseits muss das am Markt verfügbare *Angebot des Basiswerts* auf Nachfrageänderungen *hinreichend unelastisch* reagieren.[430] Für nicht-finanzielle Basiswerte müssen die Produktionskapazitäten deshalb jedenfalls kurzfristig als statisch angenommen werden.[431] Selbst unter dieser Annahme wird die Angebotselastizität für lagerfähige Basiswerte höher ausfallen, da Produzenten die zukünftige Nachfrage durch die Existenz der Terminmärkte besser beurteilen können und auf Vorrat produzieren. Allerdings mindern Bestandhaltungskosten die Angebotselastizität in diesem Fall. Die Emission zusätzlicher finanzieller Basiswerte muss zumindest kurzfristig durch hohe Grenzkosten unattraktiv sein.

Die Argumentation mit Fälligkeitseffekten impliziert andererseits, dass die durch derivative Finanzinstrumente erzeugte Nachfrage einen *erheblichen Teil der gesamten Marktnachfrage* des Basiswerts ausmachen.[432] Dies setzt zunächst ein hohes, aggregiertes Nominalvolumen der auf einen spezifischen Basiswert lautenden Derivateverträge voraus. Zusätzlich müssen diese Derivate *homogene Charakteristika* in der Vertragsgestaltung aufweisen. Dies

---

[428] *Fridson,* Extraordinary Popular Delusions, 1996, S. 194 (Mit einem Abdruck des Klassikers von De la Vega, Confusion of Confusions, 1688. De la Vega schildert seinerseits gebräuchliche Handelstechniken an der Börse in Amsterdam. „[They] enter as many put contracts as possible, until the receivers of premiums [assumed to be bulls] do not dare buy more stock [on their own initiative]. [Their hands will be largely tied] because they are already obliged to take the stock [covered by the put premiums, if requested to do so]. Therefore the speculation for the decline has free course and is an almost sure success“).

[429] Ist die zukünftige Erfüllungshandlung als physische Lieferung des Basiswerts vereinbart, so kann durch Vertragsgestaltung zukünftige Nachfrage und damit Verknappung des Angebots erzeugt. Dies gilt jedenfalls dann, wenn der Basiswert nicht gelagert wird. Hält die zur Lieferung verpflichtete Vertragspartei bereits bei Abschluss des Terminkontrakts das erforderliche Underlying in seinem Bestand, so wird das Angebot bereits heute verknappt und über die Haltefrist der Nutzung durch andere Marktteilnehmer entzogen.

[430] Vgl. *Samuelson/Nordhaus,* Volkswirtschaftslehre, 2005, S. 104 (allgemein zur Preiselastizität der Nachfrage).

[431] *Mayhew,* Impact of Derivatives on Stock Markets, 2000, S. 42.

[432] *Nyborg/Strebulaev,* Review of Financial Studies Vol. 17, S. 549.

umfasst insbesondere einheitliche Fälligkeitstermine und homogene Basiswerte. Daneben kann den Abwicklungssystemen der Terminbörsen ein erhebliches *Konzentrationspotential* für die Nachfrage zukommen: So können Abwicklungsprozeduren so ausgestaltet sein, dass sie den Abwicklungsvorgang einer Vielzahl von Kontrakten auf eine einheitlichen Zeitraum bündeln.[433] Diese Konzentrationswirkung wird auch dadurch erreicht, dass der Abwicklungspreis zeitpunktbezogen oder anhand des Durchschnittspreises eines kurzen Zeitraums ermittelt wird, da auch der Abwicklungsvorgang selbst nur zu diesem Zeitpunkt oder innerhalb dieses Zeitraums sinnvoll ist.[434]

Insgesamt sind Fälligkeitseffekte am Kassamarkt durch derivative Finanzinstrumente theoretisch möglich, stehen allerdings unter den vorstehenden Annahmen, die das Ausmaß bereits theoretisch stark einschränken. Die Voraussetzungen könnten im Fall von Marktmanipulation kumulativ erfüllt sein.[435] Im unmanipulierten Handel sind langfristige Fälligkeitseffekte dagegen nicht ohne weiteres zu erwarten.

(2) Empirische Argumente

Letztlich bleibt es jedoch Aufgabe der empirischen Kapitalmarktforschung, Fälligkeitseffekte nachzuweisen. Vor 1987 wurden börsengehandelte Derivate auf US-Aktien einheitlich zum aktuellen Preis zu Handelsschluss am Fälligkeitstag abgewickelt. Unter diesen Bedingungen waren hohe Volumeneffekte am Kassamarkt nachweisbar,[436] aber auch geringe Preiseffekte, die sich in einem Anstieg der Volatilität der Kassapreise manifestierten.[437] Die Preiseffekte waren dabei geringer, wenn Optionsgeschäfte allein ausliefen. Insgesamt waren die Preiseffekte bei liquiden Märkten allerdings statistisch nicht signifikant.[438] Nach dem Preisturbolenzen im Jahre 1987 wurden die Abwicklungsprozeduren an den US-Terminbörsen dergestalt verändert, dass Futures auf der Preisgrundlage zu Eröffnung des Handels und Optionsgeschäfte weiterhin auf den Schlusskursen abgewickelt wurden. Auch bei Anwendung dieses Abwicklungssystems waren substantielle Volumeneffekte, aber nur marginale und statistisch keineswegs signifikante Preiseffekte nachweisbar.[439] Letztlich konnten die Ergebnisse vom US-Aktienmarkt auch für japanische[440] und deutsche[441] Aktienmärkte bestätigt werden. Chow et al.[442] können dagegen für den

---

[433] *Swindler/Schwartz/Kristiansen,* Journal of Financial Engineering, Vol. 3, S. 177.
[434] *Hagelin/Alkeback,* Stockholm University Working Paper, 2002, S. 5.
[435] Siehe dazu S. 153.
[436] *Mayhew,* Impact of Derivatives on Stock Markets, 2000, S. 32.
[437] *Stoll/Whaley,* Financial Analysts Journal, Vol. 43, S. 16.
[438] *Stoll/Whaley,* Australian Journal of Management, Vol. 22, S. 157.
[439] *Stoll/Whaley,* Australian Journal of Management, Vol. 22, S. 145.
[440] *Karolyi,* Journal of Derivatives, Vol. 4, S. 23.
[441] *Schlag,* European Financial Management, Vol. 1, S. 69.
[442] *Chow/Yung/Zhang,* Journal of Futures Markets, Vol. 23, S. 67.

chinesischen Hang Seng Index – ebenso wie Hagelin/Alkeback[443] für den schwedischen OMX-Index – keine Preiseffekte nachweisen. Insgesamt gibt es daher keine Hinweise auf einen langfristigen Zusammenhang zwischen dem Fälligkeitstermin eines Derivats und der Volatilität des Basiswerts.

c) Langfristige Informationseffekte

(1) Theoretisches Konzept

Die hohe Handelsaktivität in den Terminmärkten könnte langfristig die an den Kassamärkten verfügbare Informationsqualität und so die Volatilität beeinflussen. Dieser Aspekt wurde von Stein[444] untersucht. Er zeigt in seinem Modell, dass die Marktpräsenz von Spekulanten mit perfekter Information einen informationseffizienten Kassapreis bewirken und so dessen Volatilität reduzieren. Umgekehrt stabilisieren auch nicht-informierte Spekulanten den Kassapreis, da sich ihre Marktpositionierungen um einen stabilen Mittelwert normal verteilen. In diesen beiden Szenarien ist eine Zunahme der Spekulationshandlungen wünschenswert, um die stabilisierenden Effekte zu maximieren.[445] Dagegen werden Kassapreise destabilisiert, wenn Spekulanten noise-basiert handeln: Andere Marktakteure nehmen die in den Terminpreisen enthaltene Information wahr und übernehmen so die Noise-Signale in ihre eigene Entscheidungsfindung. Je höher der Anteil der Noise-Signale in der gesamten Preisinformation, umso eher werden andere Marktteilnehmer ihre Entscheidungen an den Noise-Signalen ausrichten, da sie *ex ante nicht zwischen fundamentaler und nicht-fundamentaler Informationen unterscheiden können*. So kann ein Handelstrend entstehen, der Terminpreise vom fundamentaldatenbasierten Niveau entfernt.[446] Produzenten des Basiswerts werden dann ebenfalls ihre Produktionsentscheidung auf teilweise nicht-fundamentalen Daten treffen. Insgesamt können so die Kassapreise destabilisiert werden. An Steins Modell wird erkennbar, dass die Zunahme der Kassapreisvolatilität als negative Externalität der schlechten Information handelnder Marktteilnehmer interpretiert werden kann.[447] Dann senden die Terminmärkte Signale, die nur einen geringen Anteil fundamentaler Daten beinhalten.

(2) Empirische Argumente

Empirisch können Jadresic/Selaive[448] allerdings nachweisen, dass kein statistisch signifikanter Zusammenhang zwischen der Handelsaktivität in

---

[443] *Hagelin/Alkeback,* Stockholm University Working Paper, 2002, S. 16.
[444] *Stein,* Journal of Political Economy, Vol. 95, S. 1123 ff.
[445] *Stein,* Journal of Political Economy, Vol. 95, S. 1135.
[446] *Gennotte/Leland,* American Economic Review, Vol. 80, S. 1016.
[447] *Vanden,* Review of Financial Studies, Vol. 21, S. 2636.
[448] *Jadresic/Selaive,* Working Paper, 2005, S. 32.

Währungsderivaten und der Volatilität der Wechselkurse eines Landes bestehen. Froewiss[449] und Cohen[450] können in ihren Untersuchungen der Termin- und Kassamärkte für Bonds keine destabilisierende Wirkung des Kassamarktes nachweisen und führen dies jeweils auf den effizienteren Informationsfluss durch Einführung des Terminmarktes zurück, insbesondere der systematischen Minderung von zufälligen Kursfluktuationen durch Noise.[451] Figlewski[452] und Bhattacharya et al.[453] finden für Bondmärkte zwar Hinweise auf eine Steigerung der Volatilität der Kassapreise, geben aber die starke Abhängigkeit dieser Schlussfolgerung von der zugrunde gelegten Vergleichsperiode zu. Entsprechend finden Moriarty/Tosini[454] in ihrer Studie mit verbreiterter Vergleichsperiode keine Hinweise auf irgendeinen Einfluss auf die Kassapreise. Ein ähnliches Bild zeichnen kapitalmarktbasierte Studien für Aktienmärkte.[455] Das empirische Ergebnis ist damit mit der oben getroffenen Feststellung konsistent, dass Terminmärkte einen (langfristig) preisstabilisierenden Effekt auf die Kassamärkte zu haben scheinen.

In ereignisbezogenen Kapitalmarktstudien analysiert die empirische Literatur die Genese von Preissprüngen verschiedener Assets. Für die griechische Schulden- und Finanzierungskrise (2010) kann eine Studie der EU-Kommission keinen Hinweis auf eine signifikante Fehlbewertung sowohl der Anleihe-, als auch der CDS-Märkte finden.[456] Vielmehr seine die Risikoaufschläge auf fundamentaler Datengrundlage gerechtfertigt gewesen.[457] Für den Anstieg des Ölpreises im zu Beginn des Jahres 2008 nachgewiesen, dass er wesentlich durch fundamentale Daten initiiert wurde, auf die Spekulanten lediglich reagierten.[458] Zum gleichen Ergebnis kommt auch Weiner[459], der für die Golfkrise 1991 zeigt, wie der Anstieg des Ölpreises durch fundamentale Daten initiiert wurde, auf die Spekulanten an den Terminmärkten lediglich regierten. Weiner[460] untersuchte auch das Ausmaß von Herdenverhalten in den Ölmärkten Mitte der 1990er Jahre und kann nur geringe Hinweise für diese Verhaltensmuster finden. Allerdings liefert er belastbare Hinweis darauf, dass es erhebliche Positionsverschiebungen zwischen den Mitgliedern einer kleinen Gruppe von Marktteilnehmern gibt. Obwohl der ökonomische

[449] *Froewiss,* Economic Review, Vol. 1978, S. 20 ff.

[450] *Cohen,* International Finance, Vol. 2, S. 165 ff.

[451] *Damodaran/Lim,* Journal of Banking & Finance, Vol. 15, S. 647 ff.

[452] *Figlewski,* Journal of Finance, Vol. 36, S. 445.

[453] *Bhattacharya/Ramjee/Ramjee,* Journal of Futures Markets, Vol. 6, S. 29 ff.

[454] *Moriarty/Tosini,* Journal of Futures Markets, Vol. 5, S. 633.

[455] *Edwards,* Journal of Futures Markets, Vol. 8, S. 421 ff.

[456] *European Commission,* Report on Sovereign CDS, 2010, S. 3.

[457] Ebenda, S. 28.

[458] *CFTC,* Interim Report on Crude Oil, 2008, S. 31; *Kaufmann/Ullmann,* Energy Economics, Vol. 31, S. 557.

[459] *Weiner,* Journal of International Business Studies, Vol. 36, S. 576 ff.

[460] *Weiner,* Working Paper, 2006, S. 20.

Einschlag nur gering ist, stuft er die Auswirkung dieser Handelsaktivitäten auf den Marktpreis als statistisch signifikant ein. Das bewusste und gewollte Zusammenwirken mehrerer Marktteilnehmer ist jedoch nicht mehr als Spekulation zu charakterisieren, sondern überschreitet die Schwelle zur Marktmanipulation, die nachfolgend untersucht werden soll.

d) Langfristige Liquiditätseffekte

(1) Theoretisches Konzept

Derivative Finanzinstrumente – so wurde gezeigt – vervollständigen die Finanzmärkte. Dann könnten Investoren eine Präferenz zur Positionierung in die Terminmärkte entwickeln, anstatt in Kassamärkte zu investieren. Dem Kassamarkt würde (potentielle) Liquidität entzogen.[461] Beispielsweise könnten durch die Einführung eines Marktes für Kreditderivate potentielle Kreditgeber exakt die selben Risiken übernehmen wie durch die Kreditvergabe selbst. Ist die Risikoübernahme durch Kreditderivate zugleich mit ökonomischen Vorteilen verbunden (z.B. Einsparung von Monitoringkosten oder Involvenzkosten), so besteht ein direkter Anreiz, das Kreditrisiko durch ein Kreditderivat zu replizieren. Dadurch verringert sich das Kreditangebot, sodass bei gleichbleibender Nachfrage die Kreditkosten steigen. Aggregiert könnte es zu einer suboptimalen Versorgung der Realwirtschaft mit Fremdkapital kommen. Dieser Zusammenhang würde bereits in der ökonomischen Literatur aufgegriffen und soll hier diskutiert werden.

Im Modell von Kyle[462] geben informierte und uninformierte Investoren ihre Kauf- und Verkaufsaufträge an einen Market-Maker weiter, der seinerseits Wettbewerb ausgesetzt ist. In diesem Modell ist der Marktpreis direkt abhängig von der Marktpräsenz der informierten Investoren, da sich uninformierte Marktteilnehmer langfristig vom Markt zurück ziehen werden. Dadurch sinkt die Marktliquidität und der Marktpreis wird sehr sensitiv zur Handelsaktivität selbst. Subrahmanyam[463] erweitert dieses Modell, indem er den simultanen Handel in einzelnen Kassapositionen und einem Bündel aus Kassapositionen zulässt. Er zeigt, dass sich uninformierte Investoren durch Positionierung in gepoolte Kassapositionen besser stellen können, da hier die Informationsnachteile durch Diversifizierung teilweise aufgehoben werden. In diesem Modell würde die Einführung von Derivate auf eine Mehrzahl von Kassapositionen dazu führen, dass uninformierte Investoren zum Terminmarkt migrieren und so dem Kassamarkt Liquidität entziehen.

Dieses Modellergebnis ist auf die Realität jedoch nur eingeschränkt übertragbar. Zunächst haben auch informierte Investoren Zugang zu den Termin-

---

[461] *Deutsche Bundesbank,* Monatsbericht Juli, 2006, S. 58.
[462] *Kyle,* Econometrica, Vol. 53, S. 1315.
[463] *Subrahmanyam,* Review of Financial Studies, Vol. 4, S. 17.

märkten, an denen Derivate auf einzelnen Kassapositionen gehandelt werden. Durch Vertragseigenschaften wie den Hebeleffekt könnten diese Instrumente besonders attraktiv zur Nutzung ihrer Information sein. Insgesamt wären sie dann nicht – wie im Modell von Subrahmanyam unterstellt – im illiquiden Kassamarkt gefangen. Umgekehrt würden weniger uninformierte Investoren die für sie suboptimalen Kassapositionen eingehen, wenn optimalen Investitionen in poolingbasierte Terminpositionen nicht möglich wären. Zudem lässt das Modell von Subrahmanyam die gesamten Wohlfahrtseffekte durch Einführung der poolingbasierten Termingeschäfte unberücksichtigt. Denn informierte Investoren sind durch die Liquiditätseffekte zwar höheren Transaktionskosten im Kassamarkt ausgesetzt, die ihre Gewinne mindern. Sie können ihre Informationen hinsichtlich der Einzelpositionen jedoch auch weiterhin gewinnbringend nutzen. Zugleich können auch uninformierte Investoren ihrem persönlichen Informationsniveau entsprechend ihr Risiko minimieren und so den Erwartungswert der Investition maximieren. Unter diesem Gesichtspunkt hat die Einführung von poolingbasierten Derivaten keine wohlfahrtsmindernden Effekte.

(2) Empirische Argumente

Den theoretisch negativen Liquiditätseffekten an den Kassamärkten durch den Terminhandel stehen auch zahlreiche Ergebnisse der empirischen Forschung entgegen, die sich – soweit ersichtlich – aber auf Aktienmärkte beschränken. Trotz einer teilweise nachgewiesenen Erhöhung des Bid-Ask-Spread für Kassainstrumente durch Futures[464] nahmen die Handelsvolumen in den Kassamärkten nach Einführung des Terminhandels wesentlich zu.[465] Für Optionsmärkte kann Conrad[466] für die untersuchten Aktien eine Preissteigerung für den Zeitraum unmittelbar vor der Emission einer Option nachweisen und führt dies auf eine gestiegene Nachfrage nach Kassainstrumenten zurück. Der Effekt wurde später auf verbreiterter Datengrundlage bestätigt, obgleich die Kassapreise teilweise auch negativ wurden.[467] Dies wurde auf die Möglichkeit zurück geführt, die Erwartung negativer Preisentwicklung mit Optionen kostengünstiger umzusetzen.

e) Kurzfristige Informations- und Liquiditätseffekte

In der Literatur werden dynamische Absicherungsstrategien[468] mit einer Liquiditätminderung der Kassamärkte in Verbindung gebracht.

---

[464] *Jegadeesh/Subrahmanyam,* Journal of Business, Vol. 66, S. 171 ff.
[465] *Choi/Subrahmanyam,* Journal of Futures Markets, Vol. 14, S. 293.
[466] *Conrad,* Journal of Finance, Vol. 44, S. 487 ff.
[467] *Sorescu,* Journal of Finance, Vol. 55, S. 512.
[468] Vgl. dazu S. 34.

(1) Dynamische Absicherungsstrategien

Diese Strategien basieren mit der traditionellen Optionspreistheorie auf der Annahme friktionsloser Kapitalmärkte. Unter dieser Annahme hat die Nachbildung einer Option durch Kassainstrumente keinen Preis- und Liquiditätseffekt auf den Kassamarkt. Entsprechend waren auch traditionelle theoretische Modelle konstruiert, die die Auswirkungen dynamischer Absicherungsstrategien auf die Liquidität der Kassamärkte als vernachlässigbar gering qualifizierten oder vollkommen unberücksichtigt ließen.[469] Freilich unterliegen Kassamärkte einer Liquiditätsrestriktion. Dynamische Absicherungsstrategien bedingen hinreichend liquide Kassamärkte. In der Kapitalmarktrealität wird deshalb auf die oftmals liquideren und vollständigeren Terminmärkte für diese Kassainstrumente zurück gegriffen, für die die Liquiditätsbedingung dann gleichfalls gilt.[470]

Nach dem Börsencrash 1987 wurde die *fehlende makroprudentielle Betrachtungsweise* der Marktteilnehmer (und der wissenschaftlichen Literatur) kritisiert. Man solle sich nicht einer *Illusion hinreichend hoher Liquidität* der Kassamärkte hingeben, um die erforderlichen Absicherungsgeschäfte ohne Rückwirkung ausführen zu können.[471] Insofern scheint Komplexität der Marktstruktur Herdenverhalten der Marktteilnehmer dergestalt zu fördern, dass die Liquiditätsbedingungen für die Ausführung der Absicherungsstrategie tendenziell nur unzureichend hinterfragt werden. Dies ist insbesondere in ökonomischen Boomphasen mit abnehmender Risikosensitivität der Marktteilnehmer plausibel.

Als Reaktion wurde in der Literatur vermehrt der Versuch unternommen, absicherungsinduzierte Liquiditäts- und Preiseffekte zu modellieren. Bennan/Schwatz[472] können in ihrem Modell basierend auf einem rational handelnden Investor nur geringe Liquiditätseffekte nachweisen. Dagegen können Gennotte/Leland[473] zeigen, dass die Marktliquidität unter Bedingungen asymmetrischer Information zwischen den Investoren wesentlich beeinträchtigt werden kann. Die Autoren ziehen zunächst die politisch motivierten Erklärungsversuche nach dem Marktcrash allein durch die marktweite

---

[469] *Deutsche Bundesbank,* Monatsbericht Juli, 2006, S. 64.

[470] *CFTC/SEC Staff Report,* Findings regarding the market events of may 6th, 2010, S. 2.

[471] *Brady,* Report of the Presidential Task Force, 1988, S. 55 („[T]he market's break was exacerbated by the failure of institutions employing portfolio insurance strategies to understand that the markets in which the various instruments trade are economically linked into one equity market. Portfolio insurance theory assumes that it would be infeasible to sell huge volumes of stock on the exchange in short periods of time with only a small price impact. These institutions came to believe that the futures market offered a separate haven of liquidity sufficient to allow them to liquidate huge positions over short periods of time with minimal price displacement").

[472] *Bennan/Schwartz,* Journal of Business, Vol. 62, S. 471.

[473] *Gennotte/Leland,* American Economic Review, Vol. 80, S. 1017.

Illusion hinreichend hoher Liquidität in Zweifel.[474] Statt dessen zeigen sie, dass bereits der Verkauf relativ kleiner Nominalvolumen im Vergleich zur Gesamtmarktgröße ausreicht, um für uninformierte Investoren Verkaufssignale zu generieren und entsprechend positives Feedbacktrading zu erzeugen. Als Begründung führen sie an, dass uninformierte Marktteilnehmer – bedingt durch asymmetrische Information – *uninformierten Handel für informierten halten.* Schon bei recht kleinen, unerwarteten Schocks werden sie daher ihre Erwartungen anpassen, sodass aggregiert eine erhebliche Preisanpassung folgt. Das Ergebnis ist konsistent mit dem oben[475] hergestellten Zusammenhang zwischen subjektiver Verfügbarkeit der Information und Herdenverhalten und wurde in der folgenden Literatur bestätigt.[476] Zur Lösung schlagen die Autoren Handelstransparenzregelungen vor, durch die die Informationsasymmetrie der Marktteilnehmer über aktuelle Preisbewegungen abgebaut werden. Empirisch führen Ni et al. die in ihrer Studie nachgewiesenen Preisschwankungen von börsengehandelten Eigenkapitaltiteln auf dynamische Absicherungsstrategien mit Optionen zurück.[477]

(2) Automatisierter Handel

Empirisch stellt sich dann die Frage, welche weiteren Tatbestände den *Anteil fundamentaler Information im Terminpreis mindern.* Mikroökonomisch wirken auf an den Terminmärkten die selben Faktoren zur Trendverstärkung wie auf den Kassamärkten. Allerdings werden hier aufgrund der hohen Handelsgeschwindigkeit spezielle Handelstechniken besonders häufig angewendet. Durch den automatisierten Handel delegieren professionelle Noise-Trader ihre Investitionsentscheidung seit einigen Jahren zunehmend an elektronisch gestützte Expertensysteme, um die Reaktionszeit auf neue Information zu optimieren. Der Mensch wird dabei – als Fehlerquelle, aber auch als kontrollierende Instanz – ausgespart. Die Algorithmen reagieren dabei regelmäßig auf marktendogene Preisinformation unabhängig von einer Änderung fundamentaler Information. Diese wurden schon im Modell von Stein[478] als mögliche Ursache für Informationseffekte und Herdenverhalten diskutiert.

[474] *Gennotte/Leland,* American Economic Review, Vol. 80, S. 999 („While the $6 billion sold by portfolio insurers seems a large amount, it represented only 15 percent of total stock and stock index futures volume on October 19. In absolute terms, the $6 billion amounts to less than 0.2 percent of the roughly $3.5 trillion of equity value at the beginning of the day. Is it reasonable to think that selling 0.2 percent can drive down prices by over 20 percent – that selling $6 billion can cause losses of $700 billion?").

[475] Vgl. dazu S. 91 ff.

[476] *Frey/Stremme,* Mathematical Finance, Vol. 7, S. 370; *Grossman/Zhou,* Journal of Finance, Vol. 51, S. 1379 ff.; *Brunnermeier/Pedersen,* Review of Financial Studies, Vol. 22, S. 2228.

[477] *Ni/Pearson/Poteshman,* Journal of Financial Economics, Vol. 78, S. 67 ff.

[478] *Stein,* Journal of Political Economy, Vol. 95, S. 1123 ff.; vgl. dazu S. 144 ff.

Werden die Anlageentscheidungen marktweit zunehmend auf identischer Informationsgrundlage und durch homogene Algorithmen in den Computersystemen getroffen, kann der Anteil ausschließlich durch die Expertensysteme generierter Signale im Terminpreis wesentlich ansteigen und durch Arbitrageprozesse auf den Kassapreis übertragen werden.[479]

Bei den Marktereignissen am 6. Mai 2010, als der Dow Jones Index binnen weniger Minuten um mehr als 1000 Punkte (9%) fiel und sich ebenso schnell wieder erholte, hat der Untersuchungsausschuss der US-amerikanischen Börsenaufsicht als wesentliche Mitursache die zeitlich zu schnelle Ausführung einer größeren Futures-Position durch ein Verkaufsallgorithmus heraus gestellt.[480] Auf die steigende Volatilität reagierten die automatisierten Handelssysteme von Hochfrequenzhändlern mit dem unmittelbaren hin- und herschieben der Kontrakte („Hot Potato"-Volumeneffekt) bis das Handelssystem nach 14 Sekunden automatisch abgeschaltet wurde. Daraufhin wurden auch andere Handelssysteme automatisch abgeschaltet, sodass am Ende der (längeren) Kausalkette eine marktweite Liquiditätskrise stand. Die Untersuchungskommission konstatiert, dass der Verkaufsalgorithmus die Liquidität des Terminmarktes durch Anknüpfung an Handelsvolumen fehlerhaft ermittelte.[481] Abstrahiert lässt sich auch dieser Umstand als eine *fehlende makroprudentielle Entscheidungsfindung* einzelner Marktteilnehmer auffassen. Entsprechend kann auch hier der Erklärungsversuch von Gennotte/Leland heran gezogen werden, durch asymmetrische Information zwischen den Marktteilnehmern reichen selbst vergleichsweise geringe Handelspositionen aus, um große Liquiditäts- und Preiseffekte zu verursachen. Dies bestätigt implizit auch die Untersuchungskommission, wenn sie zu dem Ergebnis kommt: „Whether trading decisions are based on human judgment or a computer algorithm, and whether trades occur once a minute or thousands of times each second, fair and orderly markets require that the standard for robust, accessible, and timely market data be set quite high".

(3) Zufällige Verknappung

Mit dem Konzept der asymmetrischen Informationsverteilung zwischen den Marktteilnehmern lässt sich auch eine unkoordinierte („zufällige") Verknappung erklären. Durch das zeitliche Auseinanderfallen von Verpflichtung und Erfüllung verpflichten sich Marktteilnehmer zukunftsgerichtet auf Leistung und erzeugen gerade so die für sie stochastischen Risikoelemente im Derivatevertrag. Kommt es während der Vertragslaufzeit zu einer unerwarteten Zusatznachfrage, so wird bei konstantem Angebot die am Markt verfügbare Menge lieferfähige Güter verknappt. Die Zusatznachfrage kann – muss aber

[479] *Frey/Stremme,* Mathematical Finance, Vol. 7, S. 352.
[480] *CFTC/SEC Staff Report,* Findings regarding the market events of may 6th, 2010, S. 3.
[481] *CFTC/SEC Staff Report,* Findings regarding the market events of may 6th, 2010, S. 6.

nicht – ihrerseits durch derivative Finanzinstrumente erzeugt werden. Gleichwohl bleiben die Marktteilnehmer vertraglich zur Lieferung verpflichtet. Am Markt können dabei aggregiert mehr Lieferverpflichtungen eingegangen worden sein als lieferfähige Güter zum Fälligkeitszeitpunkt verfügbar sind.[482] Der Markt ist dann illiquide und die Marktteilnehmer stecken in einem *Short Squeeze* fest.[483]

Die ökonomische Literatur konzentriert sich bisweilen auf Analysen zur vorsätzlichen Herbeiführung eines Short Squeezes und erfasst damit den (streng zu trennenden) Fall der Marktmanipulation. So werden teilweise Fallgestaltungen, in denen ein Marktakteur unbeobachtet Terminpositionen aus strategischen Motiven erwirbt, unter der Fallgruppe der Marktmanipulation diskutiert.[484] Obgleich die Abgrenzung eher normativ (z.B. durch die Kriterien von Vorsatz und Fahrlässigkeit) zu leisten ist, erscheint die Untersuchung der BaFin hinsichtlich der Verknappung der Volkswagen-Aktie im Verlauf des Übernahmeversuchs der Volkswagen AG durch Porsche (2008) aus ökonomischen Gründen nachvollziehbar.

Indes untersuchen Nyborg/Strebulaev,[485] wie Long- und Short-Parteien unter Wettbewerbsbedingungen und der Gefahr eines zufälligen Short Squeezes agieren. Sie zeigen zunächst, dass kleine Long-Positionen im Fall eines Short Squeeze von einem *Free Ride* profitieren, da sie im Gegensatz zu großen Long-Parteien ihre Verträge gewinnbringend veräußern können, ohne den Short Squeeze aufzulösen.[486] Antizipieren die Marktteilnehmer dies, so werden sie darauf hinwirken, eher kleine Einzelpositionen aufzubauen. Zugleich sind die Short-Parteien durch ihre gegenwärtige Verpflichtung zur späteren Lieferung bereit, einen höheren Preis zu zahlen.[487] Long-Parteien dagegen werden tendenziell einen geringeren Preis zahlen wollen, je großer das Volumen des Gesamtmarktes ist.[488] Denn ohne Kenntnis zu den Handelspositionen der anderen Marktteilnehmer werden sie eine für sie günstige

---

[482] *Merrick/Naik/Yadav,* Journal of Financial Economics, Vol. 77, S. 173; *Nyborg/Strebulaev,* Review of Financial Studies Vol. 17, S. 585.

[483] Pointierter manchmal auch als „loser's nightmare“ bezeichnet, vgl. *Nyborg/Strebulaev,* Review of Financial Studies Vol. 17, S. 546.

[484] *Aggarwal/Wu,* Journal of Business, Vol. 79, S. 1932.

[485] *Nyborg/Strebulaev,* Review of Financial Studies Vol. 17, S. 545 ff.; *Nyborg/Strebulaev,* Journal of International Money and Finance, Vol. 20, S. 769 ff.

[486] *Nyborg/Strebulaev,* Review of Financial Studies Vol. 17, S. 549 (Nur hinreichend große Marktteilnehmer würden die externen Effekte des Short Squeeze internalisieren); Dies deckt sich mit der Argumentation von *Schleifer/Vishny,* Journal of Political Economy, Vol. 94, 461 ff. (Die Autoren zeigen, wie kleine Anteilseigner als Free Ride von den Monitoring-Anstrengungen eines großen Anteilseigners profitieren).

[487] *Nyborg/Strebulaev,* Review of Financial Studies Vol. 17, S. 568.

[488] *Nyborg/Strebulaev,* Journal of International Money and Finance, Vol. 20, S. 770 („Bidders are interested in knowing how much to demand in order to avoid being squeezed, if short, or attempt to implement a squeeze, if long“).

Verknappung nur mit erheblichen Kapitaleinsatz realisieren können. Damit – so die Autoren – hänge die Wahrscheinlichkeit eines Short Squeeze wesentlich von der *Größe des Kassamarktes, der Marktmacht der größten Long-Partei sowie der Möglichkeit zum Free Riding durch kleinere Long-Parteien* ab.[489] Die letzten beiden Einflussfaktoren lassen sich als *Asymmetrie der Long-Positionen* zusammenfassen. Um die Gefahr eines Short Squeeze zu mindern, schlagen die Autoren[490] vor, auf eine symmetrische Verteilung der Long-Positionen durch *hohe Mindestnominalvolumen* der Verträge (bzw. Losgrößen) hinzuwirken. Zudem müsste eine Long-Partei zur Initialisierung eines Short Squeeze bei hohen Losgrößen tendenziell mehr Kapital aufbringen. Damit mindert sich der potentielle Gewinn aus dem Short Squeeze, sodass auch der Anreiz abnimmt.[491]

Aus Sicht der Short-Pateien lässt sich der zufällige Short Squeeze als eine fehlallokationsbedingte *Konzentration der Fälligkeitstermine* am Markt beschreiben, die unter der gegebenen Liquiditätslage einen extremen Fälligkeitseffekt auslöst. Die Fehlallokation wird dabei durch eine asymmetrische Informationsverteilung zwischen den Marktteilnehmern ausgelöst. Sie kennen die von den anderen Marktteilnehmern eingegangenen Verpflichtungen auf zukünftige Lieferung nicht und können weder zum Zeitpunkt des Vertragsschlusses, noch während der Vertragslaufzeit das Risiko eines zukünftigen Short Squeezes (bei konstanter Angebotslage) beurteilen. Statt dessen scheint man sich auch hier einer Illusion hinreichend hoher Liquidität hinzugeben. Zufällige Short Squeeze sind damit aber nur eine weitere Facette des bereits oben[492] diskutierten Problems eines *fehlenden makroprudentiellen Entscheidungsverhaltens*. Entsprechend der von Gennotte/Leland[493] vorgeschlagenen Problemlösung durch Handelstransparenzregelungen können hier umfassende Positionsberichtspflichten dazu führen, dass Marktteilnehmer das Risiko eines Short Squeeze besser beurteilen können.

f) Schlussfolgerung

Selbst wenn hohe Nominalvolumen an den Terminmärkten existieren sind sie durch die Möglichkeit zur Risikoübertragung ökonomisch gerechtfertigt. Langfristige Fälligkeitseffekte am Kassamarkt durch Derivate sind bisweilen in statistisch geringem und daher ökonomisch akzeptablem Maße nachweisbar. Dieser Befund ist aber wesentlich von den ex ante geltenden

---

[489] *Nyborg/Strebulaev,* Review of Financial Studies Vol. 17, S. 571.

[490] *Nyborg/Strebulaev,* Journal of International Money and Finance, Vol. 20, S. 785.

[491] Der Vorschlag ist auf die von den Autoren behandelten Interbankenmarkt zugeschnitten und kann hier durchaus realisiert werden. Für andere Eigen- und Fremdkapitalmärkte von Unternehmenstiteln kann er dagegen kaum angewandt werden, da sich die Liquidität wesentlich mindert und kapitalschwache Investoren aus dem Markt austreten werden.

[492] Vgl. S. 148 ff.

[493] *Gennotte/Leland,* American Economic Review, Vol. 80, S. 999 ff.

Handelsbedingungen – insbesondere der Ausgestaltung der Abwicklungsregelungen – abhängig. Auch das hohe Handelsvolumen an den Terminmärkten ist als Folge der Reaktion der Marktteilnehmer auf neue Information und der folgenden Risikoumverteilung ökonomisch legitim. Dabei auftretende langfristige negative Informationseffekte sind empirisch nicht belegt. Auch langfristige Liquiditätseffekte am Kassamarkt durch die Existenz von Terminmärkten sind zwar theoretisch begründbar, konnten empirisch bisher allerdings nicht nachgewiesen werden. Insgesamt ist auch für Spekulationshandlungen mit derivativen Finanzinstrumenten keine per se negative Wirkung feststellbar.

Allerdings wurde aufgezeigt, wie der Handel mit derivativen Finanzinstrumenten unter der Annahme eines hohen Anteils uninformierter Marktteilnehmer negative Effekte auf den Markt haben kann. Dynamische Absicherungsstrategien und der automatisierte Handel wurden als Handelsstrategien identifiziert, die nicht-fundamentale Signale erzeugen und den Anteil fundamentaler Information im Termin- und Kassapreis mindern. Unter asymmetrischer Information neigen uninformierte Marktteilnehmer als Reaktion auf diese Signale zu positiven Feedbacktrading und können so den Kassapreis kurzzeilig destabilisieren. Zudem wurde gezeigt, wie derivative Finanzinstrumente eine zeitlichen Konzentration von Lieferverpflichtungen durch Unkenntnis über die zukünftige Liquiditätslage zum Fälligkeitszeitpunkt des eigenen Vertrages erzeugen können. Als Bedingung wurde insbesondere die Nicht- oder Fehlinformation über ausstehende Lieferverpflichtungen identifiziert.

2. Marktmanipulation

Der Begriff der Marktmanipulation umfasst alle Verfahren, die vorsätzlich darauf gerichtet sind, einen vom Gleichgewichtspreis unter Wettbewerbsbedingungen abweichenden Preis herbeizuführen, um Gewinne ohne (wesentliches) Marktrisiko zu generieren. Dabei kann der Manipulator einerseits an der Handelsposition aus dem Derivat als vertragsbedingter Marktmacht oder andererseits am Informationsfluss zwischen den Termin- und Kassamärkten ansetzen.

a) Manipulation durch Marktmacht

Seit jeher werden derivative Finanzinstrumente durch das zeitliche Auseinanderfallen von Verpflichtung und Erfüllung als besonders geeignetes Mittel zur Ausübung von Marktmacht betrachtet.[494]

---

[494] *Pirrong,* Journal of Futures Markets, Vol. 15, S. 13.

(1) Bewusste Verknappung als Grundkonzept

Jarrow[495] zeigt in einem Modell aus einer Aktie, einem Geldmarktkonto und einem Derivat auf diese Aktie, dass ein Marktteilnehmer ausschließlich durch die Existenz des Derivats die Möglichkeit hat, den Markt durch Corners zu manipulieren. Bei einer *Corner-Strategie* erwirbt der Manipulator hohe Nominalvolumen in Long-Positionen in Termingeschäfte auf einen einheitlichen Basiswert.[496] Zusätzlich erwirbt er einen erheblichen Anteil am Gesamtangebot des Basiswerts am Kassamarkt.[497] Dadurch hofft er, die Kontrolle über das Angebot des Basiswerts zu erlangen. Ist diese Strategie erfolgreich, wird er bei Fälligkeit der Termingeschäfte das Angebot verknappen, sodass der Kassapreis wesentlich zu seinen Gunsten steigt.[498] Gleichwohl ist die Short-Partei durch die Verpflichtung in den Termingeschäften gezwungen, den Basiswert zu liefern. Dadurch kontrolliert die Long-Partei zugleich die Nachfrageseite des Markts. Regelmäßig wird die Short-Partei den Basiswert dann von der Long-Partei erwerben müssen, da er „der Markt ist".[499] Durch die resultierende Preisverzerrung sind sowohl Primär-, als auch Sekundärfunktionen des Marktes erheblich beeinträchtigt, sodass regulierende Eingriffe des Staates allgemein als gerechtfertigt erscheinen.[500]

Eine vergleichbare Wirkung auf den Marktpreis des Underlyings kann auch dann realisiert werden, wenn die erforderlichen Geschäfte von mehreren Marktteilnehmern getätigt werden, die unter *einheitlicher Kontrolle* stehen oder *kollusiv* zusammen wirken.[501] Eine Marktpreismanipulation kann auch dann realisiert werden, wenn die schwächere Kontrolle über eine Marktseite über die entsprechend stärkere Kontrolle der anderen Marktseite kompensiert wird. So kann eine Corner-Strategie verwirklicht werden, indem die Kontrolle ausschließlich der Nachfrageseite über das massive Eintreten in Long-Positionen bei Termingeschäften erfolgt und das Angebot unelastisch auf die hohe Nachfrage reagiert.[502] Aus Arbitragegründen ist es für die Möglichkeit zur Marktmanipulation auch grundsätzlich unerheblich, ob physische Lieferung oder der Barausgleich vereinbart wurde.[503]

---

[495] *Jarrow,* Journal of Financial and Quantitative Analysis, Vol. 29, S. 241.

[496] Great Western Food Distributers, Inc. v. Brennan, 201 F.2d 476 (7th Cir. 1953); General Foods Corp. v. Brennan, 170 F.2d 220 (7th Cir. 1948).

[497] *Merrick/Naik/Yadav,* Journal of Financial Economics, Vol. 77, S. 173.

[498] *Gilbert,* Manipulation of Metals Futures, 1996, S. 1.

[499] *Jarrow,* Journal of Financial and Quantitative Analysis, Vol. 29, S. 249.

[500] *Merrick/Naik/Yadav,* Journal of Financial Economics, Vol. 77, S. 216.

[501] *Cooper/Donaldson,* Journal of Financial and Quantitative Analysis, Vol. 33, S. 117 ff.

[502] *Gilbert,* Manipulation of Metals Futures, 1996, S. 3.

[503] *Kumar/Seppi,* Journal of Finance, Vol. 47, S. 1486 („[Cash Settlement] allows the manipulator to convert "paper" capital gains into cash directly without taking delivery of the misvalued underlying asset. In effect, "cash settlement" acts as an infinitely liquid market in which pre-existing futures positions are closed out. It is the resulting pattern of implicit liqui-

(2) Einflussfaktoren auf ein Manipulationsszenario

Da sich die Corner-Strategie als vorsätzliche Herbeiführung eines Fälligkeitseffekts durch Termingeschäfte interpretieren lässt, der nur durch ausreichende Marktmacht realisiert werden kann, birgt die Strategie erhebliche wirtschaftliche Risiken: Da der Manipulator Positionen in großem Umfang erwirbt, wird er – in einem Bilanzierungsregime zu Marktpreisen – finanziell sehr anfällig für Preisschwankungen. Gelingt es dem Manipulator nicht wie geplant, die Kontrolle zu erlangen, so können *erhebliche wirtschaftliche Verluste* folgen.[504] Entsprechend hat die Risikoaversion des Manipulators wesentlichen Einfluss auf die Eintrittswahrscheinlichkeit eines Manipulationsszenarios. Soweit Marktmanipulation als Konzept einer risikolosen Gewinnstrategie charakterisiert wird,[505] so ist es ausschließlich das Marktrisiko, das der Manipulator auszuschalten vermag.

Als weitere, wesentliche Einflussfaktoren auf die Eintrittswahrscheinlichkeit der Manipulation durch derivative Finanzinstrumente wurden *Transaktionskosten* heraus gearbeitet.[506] Insbesondere die Anforderungen an Sicherheitsleistungen in den verschiedenen Handelssystemen steigern den *Kapitalbedarf des Manipulators* erheblich. In diesem Zusammenhang kommt der Ausgestaltung der Handels- und Abwicklungsbedingungen eine wesentliche Bedeutung zu. Entsprechend werden als regulatorische Lösungen zur Prävention von Marktmanipulation sowohl Positionsreporting,[507] als auch Mengenbegrenzungen[508] vorgeschlagen. Auch der homogenen Ausgestaltung von Vertragsstrafen für Abwicklungsverzug in den Handelsbedingungen sowohl des Termin-, als auch des Kassamarktes soll Bedeutung zukommen.[509]

(3) Indizien für Marktpreismanipulation

Die Manipulation des Marktes durch Marktmacht kann erhebliche Spuren hinterlassen. Das wohl auffälligste Merkmal ist der *Preiskollaps nach Beendigung der Manipulation*, wie es auch beim Auseinanderbrechen eines Kartells üblich ist. Für die Manipulation durch Derivate wurden in der Literatur am Beispiel des Futures-Marktes spezifische Merkmale ausgearbeitet (Abb. 21). Obgleich diese Kriterien an Manipulationen der Warenmärkte entwickelt

dity at delivery preceded by a comparatively less liquid spot market (in which trading affects the price) which makes manipulation feasible."); *Merrick/Naik/Yadav,* Journal of Financial Economics, Vol. 77, S. 176 ff (mit einem theoretischen Modell und empirischen Nachweis).

[504] *Jarrow,* Journal of Financial and Quantitative Analysis, Vol. 27, S. 311.

[505] *Jarrow,* Journal of Financial and Quantitative Analysis, Vol. 27, S. 332.

[506] *Pirrong,* Journal of Business, Vol. 66, S. 335 ff.; *Kumar/Seppi,* Journal of Finance, Vol. 47, S. 1497; *Merrick/Naik/Yadav,* Journal of Financial Economics, Vol. 77, S. 175.

[507] *Gilbert,* Manipulation of Metals Futures, 1996, S. 11.

[508] *Jarrow,* Journal of Financial and Quantitative Analysis, Vol. 29, S. 259.

[509] *Merrick/Naik/Yadav,* Journal of Financial Economics, Vol. 77, S. 210 ff.

wurden, erlangen sie auch für die Manipulation finanzieller Underlyings Geltung.

- Die Kassapreise des Underlyings zwischen dem im Future festgelegten Lieferort und allen anderen Handelsplätzen des Underlyings unterscheiden sich erheblich.
- Der Kassapreis eines Underlyings mit der im Future spezifizierten Lieferqualität unterscheidet sich ungewöhnlich stark vom Kassapreis des gleichen Gutes, das der Lieferqualität gerade nicht entspricht.
- Es besteht ein ungewöhnlicher Kassapreisunterschied zwischen dem im Future qualifizierten Underlying und einem Substitutionsgut.
- Es besteht ein ungewöhnlicher Preisunterschied zwischen dem manipulierten Future und einem vergleichbaren, aber nicht manipulierten Future.
- Die Lieferströme des vertraglich spezifizierten Underlyings konzentrieren sich unmittelbar vor oder im Fälligkeitszeitpunkt auf den vereinbarten Lieferort.

Abb. 21: Indizien für die Preismanipulation des Kassainstruments durch Futures (Quelle: Eigene Darstellung nach Kolb/Overdahl, Understanding futures markets, 2006, S. 81).

Corner-Strategien zur Manipulation der Kassamärkte sollen in den Anfängen des Warenterminhandels in den USA üblich gewesen sein. 1896 ereignete sich angeblich ein Corner pro Monat.[510] Die darauf angestoßene stärkere Regulierung sowohl der Warenterminmärkte, als auch der Finanzterminmärkte konnte diesen Praktiken weitestgehend entgegen wirken. Empirisch können Jadresic/Selaive[511] nachweisen, dass auch Teilnehmer mit hohem Marktanteil in den Derivatemärkten für Devisen keinen signifikanten Einfluss auf die Volatilität der Wechselkurse haben. Gleichwohl werden auch heute Manipulationsversuche der Kassamärkte mit Termingeschäften an die Aufsichtsbehörden herangetragen und teilweise aufgedeckt.[512] Die wohl größte nachgewiesene Marktmanipulation mit Warenderivaten war die Manipulation des Silbermarkte der Gebrüder Hunt. Mittels eines weltweiten Netzwerks von Partnern war es ihnen gelungen, sowohl die Kontrolle über einen wesentlichen Teil des am Kassamarkt verfügbaren Silbers zu erlangen, als auch erhebliche Positionen in Futures auf Silber abzuschließen, sodass innerhalb weniger

[510] *Markham,* Iowa Law Review, Vol. 87, S. 89.

[511] *Jadresic/Selaive,* Working Paper, 2005, S. 32.

[512] Bondmarkt: *Merrick/Naik/Yadav,* Journal of Financial Economics, Vol. 77, S. 172 („Examples include the Eurex BOBL squeeze in March 2001, the London International Financial Futures and Options Exchange's (LIFFE's) Italian Government Bond futures contract squeeze in September 1997, the Tokyo Stock Exchange September 1996 Japanese Government Bond futures squeeze, the squeeze pressures in the Chicago Board of Trade's Treasury bond futures contract through 1993 and 1994, the Salomon Brothers U.S. Treasury note squeeze in May 1991, and the alleged cornering of the 2016 U.S. Treasury bond issue by Japanese investors in the February 1986 auction"); Aktienmarkt: *Aggarwal/Wu,* Journal of Business, Vol. 79, S. 1935; Energiemarkt: DiPlacido, CFTC Docket No. 01-23 (05.11.2008); Rubini Vargas v. FX Solutions, LLC, CFTC Docket No. 07-R025 (24.11.2009).

Monate der Weltmarktpreis für Silberpreis von unter 10 USD auf bis zu 48 USD anstieg.[513] Erneut erhob die US-amerikanische CFTC im Oktober 2008 den Vorwurf auf Manipulation der Silbermärkte, ohne aber Details zu nennen.[514] Teilweise bleibt es bei diesen *öffentlichen Hinweisen* auf bestehenden Verdachtsfälle, da die Beweisanforderungen an den Manipulation hoch sind und oftmals nicht erfüllt werden können. Besteht ein Anfangsverdacht, gelangt die Aufsichtsbehörde aber im laufe der Ermittlungen zu der Einschätzung, die Nachweisanforderungen nicht erfüllen zu können, so kann sie insbesondere beim kollusiven Zusammenwirken mehrerer Personen die öffentliche Plattform als strategisches Mittel nutzen, um die Manipulation zu unterbinden.

b) *Täuschung von Marktteilnehmern*

Während die bisher vorgestellten Manipulationsstrategien auf tatsächlichen Handelsaktivitäten basierten, können Transaktionen mit derivativen Finanzinstrumenten auch vorgetäuscht werden. Ein *Wash-Trade* ist der simultane Kauf und Verkauf eines Wertpapiers ohne Wertdifferenz. Ziel ist es, die Handelsumsätze für andere Marktteilnehmer sichtbar zu steigern, um Signale zur Positionierungen für andere Marktteilnehmer zu generieren.[515] Als theoretische Grundlage zeigen Allen/Gale,[516] dass unter asymmetrischer Information der Manipulator anderen (uninformierten) Marktteilnehmern durch hohe Handelsaktivität signalisieren kann, er habe fundamentale Information. Die *derivatespezifische Besonderheit* der Manipulation durch Handelsaktivität ergibt sich daraus, dass Terminpreise von Marktteilnehmern am Kassamarkt beobachtet werden, um Rückschlüsse auf die Zukunftserwartungen anderer Marktteilnehmer zu ziehen.[517] Allerdings sind Wash-Trades für weniger liquide Finanzinstrumente typisch, da hier die Erfolgsaussichten des Manipulators steigen.[518]

---

[513] *Kolb/Overdahl,* Understanding futures markets, 2006, S. 82.

[514] Stellungnahme von Commissioner Chilton vom 28.10.2010, CFTC Public Meeting on Anti-Manipulation and Disruptive Trading Practices (http://www.cftc.gov/) („I believe that there have been repeated attempts to influence prices in the silver markets. There have been fraudulent efforts to persuade and deviously control that price. Based on what I have been told by members of the public, and reviewed in publicly available documents, I believe violations to the Commodity Exchange Act (CEA) have taken place in silver markets").

[515] *Dannhoff,* Recht der Warentermingeschäfte, 1993, S. 103.

[516] *Allen/Gale,* Review of Financial Studies, Vol. 5, S. 503 ff.

[517] SEC v. Robert C. Ingardia, C.A. No. 01 CV 8356 (S.D.N.Y., 2001) („In multiple instances, the large orders [the defendant] placed were filled in smaller blocks at successively rising prices. All of these transactions, the Commission alleges, were part of a manipulative scheme to create the artificial appearance of demand for the securities in question, enabling unidentivied sellers to profit and inducing others to buy these stocks based on unexplained increases in the volume and price of the shares.").

[518] *BaFin,* Jahresbericht, 2008, S. 156.

Kiff et al.[519] weisen auf Manipulationspotential mittels Kreditderivaten hin. In CDS-Märkten mit geringer Liquidität könnten CDS-Spreads eines Wettbewerbers manipulativ erhöht werden, sodass dessen Kapitalkosten steigen. Eine andere Strategie – so die Autoren weiter – könne durch Eingehen einer Short-Position auf das Eigenkapital eines Übernahmeziels liegen, während zugleich massiv Ausfallschutz mit CDS gekauft wird. Dies erhöhe den Spread und signalisiere dem Markt, das Unternehmen stehe vor finanziellen Schwierigkeiten, sodass dessen Eigenkapitalpreis sinkt und der Wert der Short-Positionen steigt.

3. Insiderhandel

Insiderhandel lässt sich von Marktmanipulation und Spekulationshandlungen durch einen Wissensvorsprung des Insiders abgrenzen. Insider ist dabei jede Person, die über kursrelevante Information bezüglich eines Insiderpapiers verfügt, bevor diese Information öffentlich bekannt wird.[520] Entsprechend kann Insiderhandel als die Positionierung der Insiderinformation am Kapitalmarkt verstanden werden. Derivative Finanzinstrumente erscheinen prädestiniert für den Insiderhandel: Durch die ökonomische Ausgestaltung (insbesondere: Hebeleffekt) der Finanzinstrumente können Insider den Ertrag ihrer Information maximieren. Tatsächlich weist Donoho[521] darauf hin, dass das Handelsvolumen von Put-Optionen auf Aktien bereits vor Veröffentlichung von schlechten Unternehmensnachrichten das Handelsvolumen entsprechender Call-Optionen weit übersteigt. Nguyen et al.[522] zeigen, dass für solche Unternehmen signifikant höhere Insideraktivitäten nachweisbar sind, die Derivate einsetzen.

In der ökonomischen Literatur wird teilweise argumentiert, Insiderhandel steigere die Informationseffizienz der Kapitalmärkte, indem kursrelevante Information schneller an den Markt gelange.[523] Daneben soll Insiderhandel geeignet sein, die Interessen zwischen Management und Anteilseigner zu synchronisieren: Indem das Management an Kurssteigerungen der Unternehmensanteile partizipiere, werde es auf eine Maximierung des Unternehmenswertes selbst hinwirken. Für die Anteilseigner biete der mögliche Insiderhandel des Managements ein kostengünstiges Anreizsystem, da sie nicht für die Kompensation aufkommen müssen. Die Möglichkeit zur Realisierung von

---

[519] *Kiff/Elliott/Kazarian,* IMF Working Paper, 09/254, S. 16.

[520] *Spremann/Gantenbein,* Kapitalmärkte, 2005, S. 233; *Hilgendorf* in: Park, Kapitalmarktstrafrecht, Vor § 12 WpHG, Rn. 4; *Hopt* in: Schimansky/Bunte/Lwowski, BankR, § 107, Rn. 17.

[521] *Donoho,* International Conference on Knowledge Discovery and Data Mining, 2004, S. 424.

[522] *Nguyen/Faff/Hodgson,* Journal of Futures Markets, Vol. 30, S. 45.

[523] *Rudolph,* Ökonomische Theorie und Insiderrecht, 1994, S. 1342.

Insidergewinnen sei dann als konkludent vereinbarter Entlohnungsbestandteil zu interpretieren.[524]

a) Insiderhandel und Marktliquidität

Dagegen sind auch negative Externalitäten von Insiderhandel Gegenstand zahlreicher ökonomischer Untersuchungen gewesen. So wird auf einen möglichen negativen Zusammenhang zwischen Insideraktivitäten und Marktliquidität verwiesen:[525] Die Insidergewinne gehen zulasten der Gesamtheit aller übrigen Marktteilnehmer. Nicht informierte Marktteilnehmer werden ihr Marktengagement daher tendenziell verringern, wenn sie Insideraktivitäten vermuten.[526] Dann sinkt sowohl die Informationseffizienz der Kapitalmärkte, als auch die Marktliquidität, da weniger Marktteilnehmer aktiv handeln. Market-Maker tragen dadurch ein höheres Risiko, das sie mit einer größeren Geld-Brief-Spanne kompensieren.[527] Letztlich steigen die impliziten Transaktionskosten am Kapitalmarkt und damit die Kapitalkosten für Unternehmen.

Als erste untersuchen Acharya/Johnson[528] das Ausmaß des Insiderhandels in Märkten von Kreditderivaten. Dabei können sie empirisch einen signifikanten Informationsfluss vom Markt für CDS zum Aktienmarkt nachweisen. Der Informationsfluss konzentriere sich sowohl zeitlich auf Tage mit negativen Kreditinformationen, als auch räumlich auf solche Marktteilnehmer, deren Kreditwürdigkeit von den Informationen negativ tangiert wird. Obgleich sie daraus den Rückschluss der Existenz von Insiderhandel in diesen Märkten ziehen, scheint die Marktliquidität sowohl des Marktes für Kreditderivate, als auch des Kassamarktes für Eigenkapitaltitel dadurch nicht advers beeinträchtigt zu werden.[529] Damit deckt sich das Ergebnis mit empirischen Studien[530] des Insiderhandels auf Kassamärkten – insbesondere Aktienmärkte – für die der beschrieben Zusammenhang zwischen Insideraktivitäten und Marktliquidität ebenfalls noch nicht abschließend geklärt werden konnte.

b) Insiderhandel und Anreizstruktur des Managements

Ein zweiter, wesentlicher Aspekt in der theoretischen Diskussion um Insiderhandel sind *Fehlanreize für das Management*:[531] Die Handelstätigkeit belohnt

---

[524] *Damrau,* Selbstregulierung im Kapitalmarktrecht, 2003, S. 183.

[525] *Easley/Kiefer/O'Hara/Paperman,* Journal of Finance, Vol. 51, S. 1405; eine analytische Herleitung findet sich bei *Kyle,* Econometrica, Vol. 53, S. 1315 ff.

[526] *Rudolph,* Ökonomische Theorie und Insiderrecht, 1994, S. 1342.

[527] *Fishe/Robe,* Journal of Financial Economics, Vol. 71, S. 486.

[528] *Acharya/Johnson,* Insider Trading in Credit Derivatives, 2005, S. 25.

[529] *Acharya/Johnson,* Insider Trading in Credit Derivatives, 2005, S. 4.

[530] Vgl. *Fishe/Robe,* Journal of Financial Economics, Vol. 71, S. 464 ff. (Überblick zur Problemstellung).

[531] *Damrau,* Selbstregulierung im Kapitalmarktrecht, 2003, S. 184.

Insider primär nicht wegen ihrer Leistung selbst, sondern wegen des *Zugangs zur Information*. Damit besteht zugleich ein Anreiz zum Sammeln und Produzieren von nutzbarer Insiderinformation. Insider könnten die Preisgabe der Information strategisch bis zu einem Zeitpunkt hinauszögern, der für Anteilseigner ungünstig ist. Beispielhaft sei hier auf das Vertraulichkeitserfordernis von Übernahmeverhandlungen hingewiesen. Gelangen Informationen über geplante Übernahmen frühzeitig an die Öffentlichkeit, so kann dies den Erfolg der Übernahme selbst gefährden. Daneben besteht auch ein Anreiz, gezielt unwahre Information zu veröffentlichen, um aktiv zur Wertsteigerung vorher eingegangener Positionen beizutragen.[532]

Im Kontext dieser Anreizproblematik ist auch relevant, dass Derivate zur Umsetzung von Insiderinformation nicht nur zu Spekulations-, sondern auch zu Absicherungszwecken eingesetzt werden können. Sichern Insider die Risiken aus von ihnen gehaltenen Eigenkapitalpositionen des Unternehmens ab, so wird die Sensitivität des Privatvermögen gegenüber der Entwicklung des Unternehmenswerts abgeschwächt. Werden Anteile gehalten, um Interessen zwischen Management und Anteilseigner zu synchronisieren, so verändern sich die Anreizstrukturen durch die Absicherung. Es kann zu Agency-Konflikten kommen. Bettis et al.[533] zeigen empirisch, dass US-amerikanische Unternehmensinsider tatsächlich einen signifikanten Teil ihrer Eigenkapitalanteile am Unternehmen absichern. Dabei stellen sie eine durchschnittliche Reduktion der mit der Beteiligung verbundenen Risiken um 25% fest.[534] Genutzt werden insbesondere Bandbreitenstrategien in Optionsgeschäften und Swapgeschäfte auf Eigenkapitalinstrumente. Diese Strategien werden tendenziell dann eingesetzt, wenn eine direkte Transaktion von Eigenkapitalanteilen Aufmerksamkeit erregen würde.[535] Die Autoren argumentieren, die komplexe Struktur der Positionen und die Ausgestaltung der Offenlegungspflichten reduziere die Erkennbarkeit als Absicherungsgeschäfte für externe Dritte. Dabei handelt es sich letztlich um einen Fall der oben dargestellten Regelungsarbitrage, die hier freilich durch die teilweise Aushöhlung der vom Unternehmen geschaffenen Anreizstrukturen für dieses negative Folgen haben kann.

4. Zusammenfassung

Für Spekulation mit derivativen Finanzinstrumenten sind bislang keine langfristig negativen externen Effekte auf die Kassamärkte nachweisbar. Allerdings können dynamische Absicherungsstrategien und automatisierter Handel mit Derivaten unter asymmetrischer Information der Marktteilnehmer zu

---

[532] *Rudolph*, Ökonomische Theorie und Insiderrecht, 1994, S. 1344.
[533] *Bettis/Bizjak/Lemmon*, Journal of Financial and Quantitative Analysis, Vol. 36, S. 345.
[534] *Bettis/Bizjak/Lemmon*, Journal of Financial and Quantitative Analysis, Vol. 36, S. 367.
[535] *Bettis/Bizjak/Lemmon*, Journal of Financial and Quantitative Analysis, Vol. 36, S. 347.

kurzfristigen Liquiditäts- und Preiseffekten führen. Zudem wurde gezeigt, wie derivative Finanzinstrumente eine zufällige Verknappung des Basiswertes durch eine zeitliche Konzentration von Lieferverpflichtungen führen können, die wesentlich von der Unkenntnis der Marktteilnehmer über die zukünftige Liquiditätslage zum Fälligkeitszeitpunkt des eigenen Vertrages abhängt. Mit Derivaten kann – wie mit anderen Finanzinstrumenten auch – Marktmanipulation betrieben werden. Aufgezeigt wurde beispielhaft die Marktmanipulation durch Corner-Strategien sowie durch Täuschung der Marktteilnehmer. Abschließend wurden Aspekte des Insiderhandels mit Derivaten aufgezeigt. Es wurde das empirische Ausmaß des Insiderhandel in den Terminmärkten diskutiert und dargestellt, welche Möglichkeiten derivative Finanzinstrumente Insidern bieten, um die vertragliche Anreizstruktur aus den Vergütungsverträgen auszuhebeln.

III. Derivate als Quelle systemischen Risikos

Neben der Förderung kurzfristiger Informations- und Liquiditätseffekte an den Kassamärkten stehen derivative Finanzinstrumenten im Verdacht, durch die *einfache Möglichkeit zum Risikotransfer* die Vernetzung der Marktteilnehmer untereinander zu forcieren. Dann könnte im Extremfall der Ausfall eines Marktteilnehmers kraft der hohen Vernetzung einen Dominoeffekt bewirken und das Finanzsystem letztlich selbst an den Rande eines Kollaps führen. Schon im Lichte der nominellen Größe der globalen Derivatemärkte ist dieser Wirkungszusammenhang nicht abwegig. Auch die teilweise komplexe Ausgestaltung derivativer Finanzinstrumente soll der Literatur[536] zufolge einen maßgeblichen Einfluss haben. Wenn Investoren uninformierte Entscheidungen träfen und durch Bewertungsfehler unerkannte Risiken übernehmen, so könnten sie bei steigender Ungewissheit über die tatsächliche Risikoexposition überreagieren und in Panik verfallen. Der Vertrauensverlust der Marktteilnehmern könnte sodann in eine Systemkrise münden. Im Folgenden soll dieser – bislang eher intuitiv gebliebenen – Zusammenhang zwischen der Komplexität derivativer Finanzinstrumente und systemischen Risiken präzisiert werden.

1. Entscheidungen unter Unsicherheit

In der Kapitalmarktrealität sind die kognitiven Kapazitäten der Entscheider begrenzt. Dies betrifft zunächst die Informationsaufnahmefähigkeit, sodass lediglich eine *selektive Wahrnehmung* von Information erfolgt. Darüber

---

[536] *Schwarcz,* Washington University Law Review, Vol. 87, S. 211 ff.; *Schwacz,* Georgetown Law Journal, Vol. 97, S. 193 ff.; *Partnoy,* Journal of Corporation Law, Vol. 22, S. 224; *Bartlett,* Journal of Corporation Law, Vol. 36, S. 1 ff.; *Coval/Jurek/Stafford,* American Economic Review, Vol. 99, S. 628 ff.; *Coval/Jurek/Stafford,* Journal of Economic Perspectives, Vol. 23, S. 3 ff.; *Ayadi/Behr,* Journal of Banking Regulation, Vol. 10, S. 193.

hinaus sind die Fähigkeiten zur Informationsverarbeitung begrenzt. Kenntnisse, Erfahrungen sowie analytische Fähigkeiten und Verfahren (Modelle) müssen ad hoc verfügbar sein, um angemessene Risikobeurteilungen leisten zu können. Hinzu kommen *externe Beschränkungen* wie Transaktionskosten, Budget- und Zeitrestriktionen, die es unmöglich machen, die relevanten Information umfassend zu ermitteln und zu berücksichtigen. Im Lichte dieser Restriktionen werden Vereinfachungsstrategien erforderlich, mit denen Individuen in einer komplexen Umwelt Entscheidungen unter Unsicherheit treffen. Hier identifiziert Luhmann[537] *Rationalität und Vertrauen* als wesentliche Bewältigungsstrategien von Entscheidern.

a) Rationalität

i) Klassische Entscheidungstheorien

Entscheidungen unter Unsicherheit werden klassischerweise anhand der Erwartungsnutzentheorie nach von Neumann/Morgenstern[538] abgebildet, die ihrerseits auf den Entscheidungsregeln Bernoulli's[539] basiert. Sie beschreiben das optimale Verhalten von Individuen, die Entscheidungen ausschließlich rational nach dem jeweils erwarteten Nutzen treffen. Savage (1954) erweiterte dieses Konzept, indem Individuen für jeden Umweltzustand subjektive Wahrscheinlichkeiten ermitteln können, die für verschiedene Individuen durchaus heterogen sind. Wenn in beiden Ansätzen Entscheidungen ausschließlich nach dem erwarteten Nutzen zu treffen sind, so wird – unter anderem – implizit die *Gültigkeit des Unabhängigkeitsaxioms* unterstellt.[540] Haben zwei Alternativen für bestimmte Ereignisse identische Konsequenzen, so haben diese Ereignisse keinen Einfluss auf die Präferenzen des Entscheiders für die Alternativen.[541]

In der ökonomischen Literatur hat erstmals *Knight* auf die besondere Bedeutung von Situationen für Entscheider verwiesen, bei denen neben den konkreten Ereignissen einer zufallsabhängigen Entscheidungssituation auch die Konsequenzen a priori nicht zu bestimmen sind[542] (*Ungewissheit* bzw. *Ambiguität*). Ambiguität wurde später von Frisch/Baron beschrieben als „uncertainty about probability, created by missing information that is relevant and could be known".[543] Das Informationsdefizit geht letztlich auf den Umstand zurück, dass die Motivation anderer Marktteilnehmer nicht (zweifelsfrei) zu beobachten ist. Obgleich teilweise als akademisch bezeichnet, ist die Unterscheidung zwischen bestimmbarem Risiko und Ambiguität für das

---

537 *Luhmann,* Vertrauen, 2000, S. 28.

538 *von Neumann/Morgenstern,* Theory of Games and Economic Behavior, 1947.

539 *Bernoulli,* Econometrica, Vol. 22, S. 23 ff.

540 *Kirchgässner,* Homo Oeconomicus, 2008, S. 204 (F. 11).

541 *Eisenführ/Weber,* Rationales Entscheiden, 2002, S. 221.

542 *Knight,* Risk, Uncertainty, and Profit, 1921, S. 197 ff.

543 *Frisch/Baron,* Journal of Behavioral Decision Making, Vol. 1, S. 149.

Entscheidungsverhalten unter Unsicherheit überaus relevant. Während die Risikoaversion von Entscheidern seit langem anerkannt ist, weist Ellsberg[544] erstmals auch *Ambiguitätsaversion* nach. In seinem berühmten – und oft wiederholten[545] – Experiment zeigt er, dass Entscheider systematisch objektiv bestimmbare gegenüber unsicheren Eintrittswahrscheinlichkeiten präferieren. Dies hat erhebliche Konsequenzen für die klassische Erwartungsnutzentheorie: Über das Unabhängigkeitsaxiom werden letztlich ambiguitäts*neutrale* Individuen unterstellt. Die nachgewiesene Ambiguitätsaversion der Entscheider verletzt daher das Unabhängigkeitsaxiom.[546]

ii) Begrenzte Rationalität und Risikowahrnehmung

Im Lichte der dargestellten kognitive Restriktionen betätigen sich Entscheider lediglich begrenzt rational. Sie handeln nur so, *als ob* sie ihren persönlichen Nutzen maximieren würden.[547] Mit den treffenden Worten von Simon seien Entscheider „[not] consciously and deliberately irrational, although they sometimes are, but [...] neither their knowledge nor their powers of calculation allow them to achieve the high level of optimal adaption of means to ends that is posited in economics".[548] Begrenzt rationales Entscheidungsverhalten wird heute als ein Auswahlverfahren aus bekannten Alternativen charakterisiert. Dabei dienen individuelle Heuristiken sowohl der Suche nach Alternativen, als auch als Abbruchbedingung, sobald eine (nach dieser Heuristik) befriedigende Alternative gefunden ist.[549]

Bis heute wurde eine Vielzahl intuitiver Heuristiken ausgearbeitet.[550] Beispielhaft sei hier die *Wiedererkennungsheuristik* genannt, bei der einer bekannten Alternative ein höherer Stellenwert eingeräumt wird als einer unbekannten Alternative. Beim *Satisficing* wird die erste Einscheidungsalternative gewählt, bei der ein gesetztes Anspruchsniveau erfüllt ist, während zugleich die Suche nach weiteren (potentiell besseren) Alternativen abgebrochen wird. Bei der *lexigographischen Heuristik* wählt der Entscheider den für seine Zielsetzung wichtigsten Hinweis und wählt diejenige Alternative, die diesem Hinweis am besten gerecht wird.

Kahneman/Tversky[551] weisen auf intuitive Heuristiken hin, die in Neigungen bei der Risikowahrnehmung übergehen (Abb. 22).

---

[544] *Ellsberg,* Quaterly Journal of Economics, Vol. 75, S. 643 ff.

[545] *Camerer/Weber,* Journal of Risk and Uncertainty, Vol. 5, S. 333 ff. m.w.N.

[546] *Pilz,* Emotions and Risky Choice, 2007, S. 5.

[547] *Pilz,* Emotions and Risky Choice, 2007, S. 7.

[548] *Simon/Egidi/Marris,* Economics, Bounded Rationality and the Cognitive Revolution, 2008, S. 3.

[549] *Pilz,* Emotions and Risky Choice, 2007, S. 9.

[550] *Pilz,* Emotions and Risky Choice, 2007, S. 20 ff.

[551] *Kahneman/Tversky,* Econometrica, Vol. 47, S. 263 ff.

Framing	Die Präsentation der Entscheidungssituation und ihrer Alternative hat Einfluss auf die Risikowahrnehmung der Entscheider.
Verfügbarkeit	Die Eintrittswahrscheinlichkeit für ein Ereignis wird tendenziell umso höher geschätzt, je leichter und schneller die (für maßgeblich erachtete) Information im Gedächtnis des Entscheiders abrufbar ist.
Representativität	Auf der Grundlage einzelner Beobachtungen oder Erfahrungen neigen Entscheider zu allgemeinen Schlussfolgerungen, wobei oft fundamentale statistische Grundregeln missachtet werden.
Anker- bzw. Anpassungseffekt	Ausgehend von einer Anfangsinformation (z.B. anfängliche Risikobeurteilung) führen Entscheider eine Risikobeurteilung auf der Grundlage neuer und relevanter Information durch, die aber systematisch in Richtung der Anfangsinformation verzerrt ist, selbst wenn diese für das Schätzproblem irrelevant war.
Selbstüberschätzung	Entscheider neigen situationsabhängig zur Selbstüberschätzung und nehmen dann Risiken als zu gering wahr.

Abb. 22: Neigungen der Entscheider bei der Risikowahrnehmung
(Quelle: Eigene Darstellung in Anlehnung an Williams in: Cook/Noyes/Masakowsky, *Decision Making in Complex Environments, 2007, S. 46 ff.).*

Analytische Verfahren (*Modelle*) zur Risikobeurteilung stellen eine weitere Methode im Umgang mit Unsicherheit dar. Während intuitiven Heuristiken darauf gerichtet sind, mit möglichst geringem Zeit- und Arbeitsaufwand praktikable Entscheidungen herbei zu führen,[552] sollen analytische Verfahren die für die Zwecksetzung *relevanten Elemente sowie deren Beziehungen untereinander* abbilden.[553] Es sollen die für die Problemlösung relevanten Ausschnitte der Realität strukturiert und Komplexität für den Nutzer reduziert werden. Gleichwohl bleiben sowohl die dargestellten Modellrisiken insbesondere durch Nichterfüllung zugrunde gelegter Annahmen, als auch die operationellen Risiken durch die Ermittlung der Modellparameter bestehen.

Die vorgestellten Neigungen bilden die Grundlage der Prospect-Theory.[554] Das Risikoverhalten von Entscheidern wird hier durch eine S-förmige Wertefunktion beschrieben, die in der Gewinnzone konkav, in der Verlustzone aber konvex verläuft (Abb. 23). Danach sind Entscheider ausgehend von einem subjektiven Referenzpunkt im Bereich möglicher Gewinne risikoavers, im Bereich möglicher Verluste jedoch risikofreudig. Indem die Wertefunktion im negativen Bereich steiler verläuft, wird die intensivere Wahrnehmung von Verlusten gegenüber Gewinnen berücksichtigt (*Verlustaversion*).

Zudem bildet die Gewichtungsfunktion die subjektive Wahrnehmung objektiver Wahrscheinlichkeiten sehr prägnant ab. Der steile Verlauf der

552 *Cook/Noyes/Masakowsky,* Decision Making in Complex Environments, 2007, S. 45.
553 *Krämer,* Kredit und Rating Praxis, 3/2003, S. 26.
554 *Kahneman/Tversky,* Econometrica, Vol. 47, S. 263 ff.; *Kahneman/Tversky,* Choices, Values and Frames, 2000, S. 44 ff.

Gewichtungsfunktion sowohl für sehr kleine, als auch sehr große Wahrscheinlichkeiten deutet auf die hohe subjektive Relevanz von Änderungen in diesen Bereichen hin. Zugleich werden geringe Wahrscheinlichkeiten tendenziell überschätzt, sehr hohe Wahrscheinlichkeiten dagegen tendenziell unterschätzt.

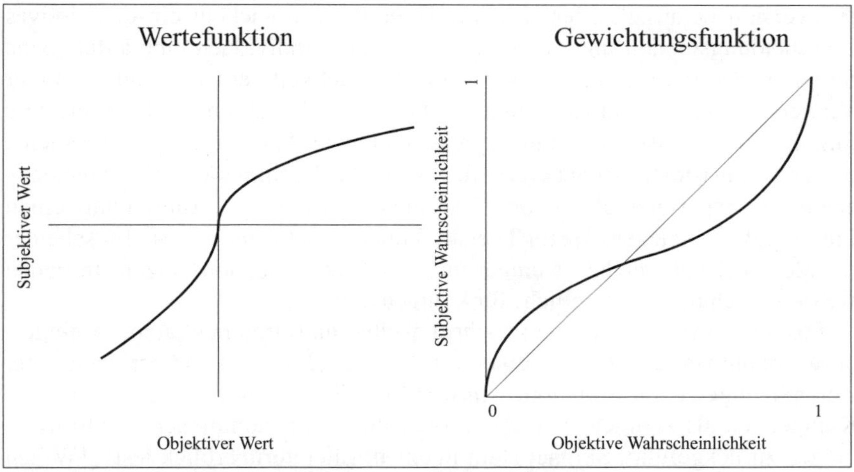

Abb. 23: Wertfunktion und Gewichtungsfunktion der Prospect Theory
(Quelle: Eigene Darstellung nach Kahneman/Tversky, Choices, Values and Frames, 2000, S. 34/58).

Die Neigungen bei der Risikowahrnehmung werden insbesondere bei komplexen Entscheidungssituationen relevant.[555] So ist eine zu geringe Risikowahrnehmung durch Selbstüberschätzung in Situationen typisch, in denen Entscheider – sei es durch Vorkenntnisse oder Erfahrungen, sei es durch bewährte Heuristiken oder analytische Verfahren – eine *überlegene Kontrolle zu haben glauben*.[556] Diese *Kontrollillusion* wird ebenso als Einflussfaktor für Ambiguitätsaversion fruchtbar gemacht.

iii) Begrenzte Rationalität und Wahrnehmung von Ambiguität

Auch die Wahrnehmung von Ambiguität ist nicht statisch, sondern ihrerseits stark kontextabhängig.[557] Dabei bestehen entscheidende Unterschiede in der Wahrnehmung von Risiko und Ambiguität. Hsu et al.[558] zeigen dies in den neuronalen Abläufen von Entscheidern, die einerseits mit Risiko, andererseits mit Ambiguität konfrontiert werden:

---

[555] *Hirschleifer,* Journal of Finance, Vol. 56, S. 1537 (theoretisch); *Kumar,* Journal of Financial and Quantitative Analysis, Vol. 44, S. 1375 ff. (empirisch).

[556] *Langer,* Journal of Personality and Social Psychology, Vol 32, S. 311 ff.

[557] *Kottke,* Entscheidungs- und Anlageverhalten von Privatinvestoren, 2005, S. 108.

[558] *Hsu et al.,* Science, Vol. 310, S. 1680 ff.

Unter Ungewissheit sei das Gehirn alarmiert „[due] to the fact that information is missing, that choices based on the information available therefore carry more unknown (and potentially dangerous) consequences, and that cognitive and behavioral resources must be mobilized in order to seek out additional information from the environment".[559]

In der Literatur wurde bisweilen versucht, Einflussfaktoren auf die Ambiguitätsaversion herauszustellen. Einhorn/Hogarth[560] entwickeln ein deskriptives Entscheidungsmodell unter Ambiguität, bei dem Individuen eine anfängliche Situationsbeurteilung als Ankerwahrscheinlichkeit nutzen und – unter Verwendung von Kenntnissen und Erfahrungen – Anpassungen durch mentale Simulationsprozesse vornehmen. Anschließende Entscheidungsexperimente belegen konsistente Voraussagen des Modells. Kashima/Maher[561] können – ebenfalls experimentell – bei Entscheidungen unter Ambiguität einen Framingeffekt belegen. Heath/Tversky können nachweisen, dass Entscheider in solchen Sachbereichen weniger zu Ambiguitätsaversion neigen, in denen sie sich (auch nur vermeintlich) für kompetent halten.[562]

Fox/Tversky[563] gehen einen Schritt weiter und argumentieren, Ambiguitätsaversion werde erst durch einen internen *Vergleich* mit anderen mehr oder weniger ungewissen Situationen *ausgelöst*. Teilweise wird dies weniger auf Kompetenz, als vielmehr auf das individuell wahrgenommenen Kontrollvermögen zurückgeführt. Skinner stellt in einem Literaturüberblick fest: „[W]hen people perceive that they have a high degree of control, they exert effort, try hard, initiate action, and persist in the face of failures and setbacks; they evince interest, optimism, sustained attention, problem solving, and an action orientation".[564] Mit einem hohen Maß an wahrgenommener Kontrolle scheint entsprechend die Neigung der Entscheider zu steigen, Ambiguität zu akzeptieren.[565] Obgleich noch nicht abschließend geklärt, legen diese Befunde ähnliche Einflussfaktoren der Art nach nahe, wie sie schon für die Risikowahrnehmung ausgearbeitet wurden.

Die Effekte der Wahrnehmungsunterschiede zwischen Risiko und Ambiguität lassen sich exemplarisch an Versicherungsmärkten beobachten. Während Versicherungsnehmer generell als risikoavers betrachtet werden (sodass überhaupt erst die Übertragung von Risiken gegen Entgelt nachgefragt wird), werden Versicherer als nahezu risikoneutral charakterisiert. Dies ist im Wesentlichen auf die Bildung eines Risikopools aus der Vielzahl der übernommenen und möglichst unabhängigen Einzelrisiken zurückzuführen, sodass eine (naive) Diversifikation (*Risikoausgleich im Kollektiv*) realisiert

---

[559] *Hsu et al.,* Science, Vol. 310, S. 1683.
[560] *Einhorn/Hogarth,* Journal of Business, Vol. 59, S. 225 ff.
[561] *Kashima/Maher,* Journal of Behavioral Decision Making, Vol. 8, S. 40 ff.
[562] *Heath/Tversky,* Journal of Risk and Uncertainty, Vol. 4, S. 5 ff.
[563] *Fox/Tversky,* Quarterly Journal of Economics, Vol. 110, S. 585 ff.
[564] *Skinner,* Journal of Personality and Social Psychology, Vol. 17, S. 556.
[565] *Goodie/Young,* Judgment and Decision Making, Vol. 2, S. 189 ff.

wird und sich das Gesamtrisiko des Versicherers dem systematischen Risiko im Portfolio angleicht.[566] Dieses ist über die Schadensstatistiken der Versicherer für sie mit hinreichender Sicherheit bestimmbar. Der Risikoausgleich im Kollektiv und die überlegende Information der Versicherer machen diese nahezu risikoneutral.

Dagegen weisen Hogarth/Kunreuther[567] für Versicherer ein *höhes Maß an Ambiguitätsaversion* nach als Versicherungsnehmer und bestätigen das Ergebnis experimentell. Der Effekt ist am größten, wenn neben der potentiellen Schadenshöhe auch die Eintrittswahrscheinlichkeit nicht mit hinreichender Sicherheit bestimmt werden kann. Aufgrund der unsicheren Informationslage durch fehlende Erfahrungswerte – etwa bei Katastrophen- oder Terrorrisiken – neigen die Entscheider zu Pessimismus und schlagen die potentiellen Insolvenzkosten als Ambiguitätsprämie auf die Versicherungsprämie auf. Die Versicherungsnehmer sind ihrerseits nicht zur Zahlung sehr hoher Versicherungsprämien bereit, sodass Risiken mit geringen Eintrittswahrscheinlichkeiten, aber potentiell hohen Schäden regelmäßig unversichert bleiben.

b) Vertrauen

i) Vertrauensformen

Neben Rationalität ist Vertrauen eine wesentliche Bewältigungsstrategie unter Unsicherheit. Der Akt der Vertrauensvergabe kann dabei als impliziter (rechtlich nicht bindender) Vertrag verstanden werden. Die einzige Strafe im Falle enttäuschten Vertrauens ist der Abbruch der Vertragsbeziehungen. Deshalb lässt sich Vertrauen als *Erwartung kooperativen Verhaltens der anderen Parteien* interpretieren.[568] Der Vertrauensgeber erwartet von Vertrauensnehmern, ex ante und ex post opportunistisches Verhalten zu unterlassen.[569] Implizit agiert der Vertrauensgeber dabei, *als bestünde lediglich eine verminderte Anzahl von Handlungsmöglichkeiten* für die Vertrauensnehmer.[570] Dadurch werden zugleich die vom Vertrauensgeber kognitiv zu verarbeitenden Handlungsalternativen reduziert, was sowohl die Informationskosten, als auch die subjektiv zu verarbeitende Komplexität der Entscheidungssituation selbst mindert. Zugleich wird das Risiko opportunistischen Verhaltens durch die Vertrauensnehmer akzeptiert. Vertrauen dient damit subjektiv der Minderung wahrgenommener Unsicherheit.[571] Rechtlich bindende (explizite)

---

566 Vgl. ausführlich S. 217 ff.
567 *Hogarth/Kunreuther,* American Economic Review, Vol. 75, S. 386 ff.
568 *Hellgardt,* Kapitalmarktdeliktsrecht, 2008, S. 180.
569 *Ripperger,* Ökonomik des Vertrauens, 1998, S. 45.
570 *Luhmann,* Vertrauen, 2000, S. 24.
571 *Bosshardt,* Homo Confidens, 2001, S. 129.

Verträge und Vertrauensgewährung als impliziter Vertrag sind als funktionale Äquivalente zwar grundsätzlich substituierbar. Je höher aber Komplexitätsgrad und finanzielles Risiko einer Transaktion, umso mehr wird der komplementäre Einsatz dieser Mechanismen erforderlich.[572]

Neben dem klassischen bilateralen Vertrauen können Marktteilnehmer zugleich Vertrauen in den Fortbestand von Verhaltensmustern setzten, die sich durch wiederholte Interaktionen in der Vergangenheit verfestigt haben. Da sich das platzierte Vertrauen weniger auf den Transaktionspartner, als vielmehr auf seine funktionale Rolle innerhalb des Systems bezieht, soll es hier als *institutionelles Vertrauen* festgehalten werden.[573] Diese Vertrauensart wird typischerweise in Spezialisten als Teilnehmer der Finanzmärkte gesetzt, insbesondere Experten zur Bewertung (Ratingagenturen[574]) oder Experten zur Risikoübernahme (Spekulanten). Institutionelles Vertrauen kann aber auch in die Wirksamkeit technischer Modelle gesetzt werden. Obgleich die dem Black/Scholes-Modell zugrunde liegende Normalverteilung die reale Verteilung nicht zutreffend reflektiert, liefert das Modell nur deshalb zutreffende Ergebnisse, weil die große Mehrheit der Marktteilnehmer dieses Modell nutzt.[575] Insofern wird ein Modellfehler durch eine sich selbst erfüllende Prophezeiung basierend auf Vertrauen korrigiert. Daneben vertrauen Marktteilnehmer in die Fähigkeit des Marktes als solchen, einen verlässlichen Mechanismus zur Bestimmung von Assetpreisen bereit zu stellen. Diese Integrität des Preisbildungsprozesses[576] könnte im Falle unerwartet hoher Volatilität erodieren, sodass Marktteilnehmer Vertrauen in die Funktionsfähigkeit des Marktes als Institution verlieren.[577]

Nach Luhmann[578] stellen Vertrauen und Misstrauen letztlich *funktionale Äquivalente* zur Reduktion subjektiver Unsicherheit dar. Dabei habe jedes Individuum eine Akzeptanzschwelle für negativ wahrgenommene Information, bei deren Überschreitung Vertrauen schlagartig in Misstrauen umschlägt und vice versa.[579] Allerdings würden im Misstrauensfall sehr viel höhere Anforderungen an die Verlässlichkeit einer Information (als im Vertrauensfall) gestellt, damit sie als Entscheidungsgrundlage akzeptiert wird. Da der Misstrauende tendenziell weniger Information akzeptiert, ist es *strukturell aufwen-*

---

[572] *Ripperger,* Ökonomik des Vertrauens, 1998, S. 50.

[573] *Bosshardt,* Homo Confidens, 2001, S. 131.

[574] Vgl. *Fischer,* Haftungsfragen des Ratings, 2007, S. 161.

[575] Vgl. S. 108 m.w.N.

[576] *Hellgardt,* Kapitalmarktdeliktsrecht, 2008, S. 493 ff.

[577] Ein bemerkenswertes Beispiel liefert wohl die europäische Kommission, indem sie Amendments in die IFRS als Reaktion auf die Finanzkrise 2008 integriert, die eine neue Bewertung einzelner Finanzinstrumente erlaubte und damit eine wesentliche Ausnahme vom Mark-to-Market Fair-Value-Accounting etablierte.

[578] *Luhmann,* Vertrauen, 2000, S. 92 ff.

[579] *De La Motte/Czernomoriez/Clemens,* Vertrauensökonomik, 2010, S. 24.

diger, Misstrauen durch Vertrauen zu ersetzen.[580] Um Vertrauen wieder herzustellen, ist verlässliche Information sowie eine Karenzzeit ohne als negativ wahrgenommene Information erforderlich.[581]

Vertrauensfördernde Maßnahmen werden regelmäßig an der Vorgabe eines sanktionsbewährten Handlungsrahmens für den Vertrauensnehmer ansetzen, der den Akt der Vertrauensgewährung schützt.[582]

ii) Vertrauen im strategischen Kontext

Kapitalmarktteilnehmer sind mit Informationsasymmetrien konfrontiert. Sie können sowohl die Motivation anderer Spieler, als auch die Qualität der angebotenen Produkte nicht oder nur eingeschränkt beobachten. Akerlof[583] zeigt, dass ein Markt mit rationalen Teilnehmern unter diesen Bedingungen illiquide werden kann. Dabei wird indes implizit *Vertrauen ignoriert.*[584]

Neuere Modelle berücksichtigen dagegen Vertrauen, welches zumeist durch wiederholte Interaktion der Marktteilnehmer begründet wird. Während es bei einperiodischen Spielen für alle Spieler unter simultaner Entscheidung rational ist, eine nicht-kooperative Strategie zu wählen (*Gefangenendilemma*), können durch wiederholte Interaktion der Spieler Kooperationsabreden (implizite Verträge) entstehen. Die *Folk-Theoreme*[585] belegen, dass bei ausreichender Geduld der Spieler jede Kombination von erreichbaren und individuell rationalen Auszahlungen ein teilspielperfektes Nash-Gleichgewicht begründen kann. Dies entspricht einem Gleichgewicht unter gegenseitigem Vertrauen.[586]

Unter Bedingungen asymmetrischer Information begründet die Spieltheorie die Platzierung von Vertrauen erst nach einer Karenzzeit als eine *Schutzstrategie der Teilnehmer*. Beispielsweise hat der Kreditnehmers einen kurzfristigen Anreiz, den Kredit nicht zu tilgen. Er wird dies dennoch tun, um auch zukünftig einen Kreditgeber zu finden. Können sich Kreditgeber untereinander jedoch nur unvollständig beobachten, so werden opportunistische Kreditnehmer nicht tilgen und zum nächsten (uninformierten) Kreditgeber weiterziehen. Um dem vorzubeugen, werden Kreditgeber anfangs mangels Vertrauen kleine Beträge anbieten, die mit zunehmenden Vertrauen sukzessive ansteigen. Den Kreditnehmern werden dadurch (implizite) Kosten zur Begründung einer neuen Vertragsbeziehung auferlegt.

---

[580] *Luhmann,* Vertrauen, 2000, S. 118.

[581] *De La Motte/Czernomoriez/Clemens,* Vertrauensökonomik, 2010, S. 25.

[582] *Hellgardt,* Kapitalmarktdeliktsrecht, 2008, S. 181.

[583] *Akerlof,* Quarterly Journal of Economics, Vol. 84, S. 488 ff.

[584] *Kollock,* American Journal of Sociology, Vol. 100, S. 318.

[585] Vgl. *Fudenberg/Mashkin,* Econometrica, Vol. 54, S. 533 ff.; (perfektes Monitoring) *Elya/Välimäki,* Journal of Economic Theory, Vol. 102, S. 84 ff. (imperfektes Monitoring).

[586] *Binmore,* Game Theory, 2007, S. 76 ff.

Interessanterweise besteht auch ein *Zusammenhang zwischen Unsicherheit* über die Produktqualität *und Vertrauen.* Kollock[587] untersucht experimentell die Stellung von Vertrauen in Austauchbeziehungen. Dabei werden die Probanden in mehrere Gruppen aus Käufern und Verkäufern eingeteilt, bei denen gruppenabhängig Käufer über umfassende oder keine Information zur Produktqualität verfügten. Die Teilnehmer konnten nun mit anderen handeln und wurden nach einer Vielzahl von Handelsrunden befragt. Das angegebene Vertrauensrating – sowohl von Käufern, als auch von Verkäufern – in die Gegenpartei war bei unbekannter Produktqualität wesentlich höher als bei bekannter Produktqualität. Zudem platzierten Käufer unter Unsicherheit absolut mehr Vertrauen in den Verkäufer, den sie am meisten vertrauten, als dies Verkäufer ihrerseits tun (Abb. 24).

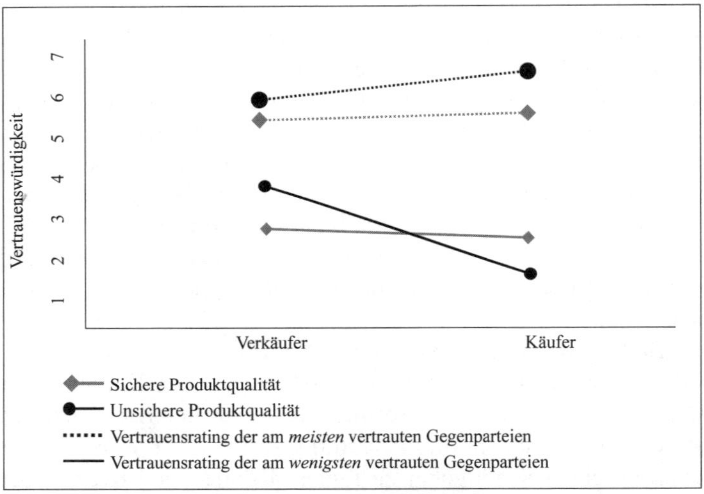

Abb. 24: Vertrauen und Information zur Produktqualität (Quelle: Eigene Darstellung in Anlehnung an Kollock, American Journal of Sociology, Vol. 100, S. 156–157).

Umgekehrt platzierten Käufer unter Unsicherheit relativ zu Verkäufern erheblich weniger Vertrauen in die Gegenpartei, der sie am wenigsten vertrauten. Kollock führt dies auf die höheren (wahrgenommenen) Risiken für den Käufer im Vergleich zum Verkäufer durch bestehende Informationsasymmetrien zurück. Folgerichtig verschwindet der Effekt nachweisbar bei Sicherheit über die Produktqualität, da Käufer und Verkäufer in diesem Fall gleichen Risiken ausgesetzt sind.

587 *Kollock,* American Journal of Sociology, Vol. 100, S. 313 ff.

c) Schlussfolgerung

Die Wahrnehmung von bestimmbaren Risiko und Ambiguität ist dem Grunde nach ähnlich, unterscheidet sich aber dem Ausmaß nach. Ambiguität wird durch ein höheres Informationsdefizit – etwa hinsichtlich der Wahrscheinlichkeitsverteilung oder der potentiellen Schadenshöhe – *intensiver wahrgenommen* und führt zur nachweisbaren Ambiguitätsaversion der Entscheider. Im Lichte dessen sind die Schlussfolgerungen von Kollock bemerkenswert, stellen sie doch einen Zusammenhang zwischen Unsicherheit und Vertrauen her. Scheinbar füllen Entscheider die wahrgenommene Unsicherheit als Folge des Informationsdefizits hinsichtlich der Produktqualität in besonderem Maße entweder durch Vertrauen oder durch Misstrauen aus. Vertrauen bzw. Misstrauen dienen dann als funktional austauschbare Heuristiken im Umgang mit Unsicherheit. Allerdings fällt ein gegebenes Informationsdefizit bei Misstrauen sehr viel mehr ins Gewicht als im Vertrauensfall. Das Informationsdefizit als übereinstimmende Auslöser einerseits von Ambiguität (als Teil der Unsicherheit), andererseits von der kognitiven Reaktion zu vertrauen oder zu misstrauen, macht ein Zusammentreffen dieser Erscheinungen in der Kapitalmarktrealität überaus wahrscheinlich. Dies wiederum hat interessante Folgen für den Zusammenhang zwischen der Komplexität derivativer Finanzinstrumente und systemischen Risiken.

2. Das Konzept des systemischen Risikos

Ein einheitliches Begriffsverständnis von systemischen Risiken konnte sich bislang noch nicht durchsetzen. Allerdings ist man sich einig, dass sie letztlich die Basis jeder nicht nur lokalen *Finanzkrise* darstellen.[588] Dieses Wirkungsverständnis wird auch in verschiedenen Definitionsansätzen reflektiert. Die verbreitete Definition vom FSB umschreibt systemisches Risiko als „[the risk of] disruption to the flow of financial services that is (i) caused by an impairment of all or parts of the financial system; and (ii) has the potential to have serious negative consequences for the real economy“.[589] Ähnlich charakterisieren Kaufmann/Scott systemisches Risiko als „the risk or probability of breakdowns in an entire system, as opposed to breakdowns in individual parts or components“.[590] Kernelement dieser Definitionsansätze ist jeweils eine Verbindung zwischen den einzelnen – originär rechtlich und wirtschaftlich unabhängigen – Marktteilnehmern, die eine Abhängigkeit untereinander begründet, die wiederum die Grundlage von Ansteckungseffekten (*Contagion*) bildet. Diese Interdependenzen bewirken eine Korrelation von Störfällen bei einzelnen Marktteilnehmern (*Systemisches Ereignis*), die im

---

[588] *Lähn,* Hedge Fonds, Banken und Finanzkrisen, 2004, S. 33.
[589] *FSB/BIS/IMF,* Report to G20 Finance Ministers and Governors, 2009, S. 5.
[590] *Kaufman/Scott,* Independent Review, Vol. 7, S. 371.

Extremfall im Zusammenbruch[591] des gesamten Systems münden.[592] Die Voraussetzungen für diesen Wirkungsverlauf sind für die Finanzmärkte bereits theoretisch und empirisch untersucht worden.

a) Initialereignis

Ausgangspunkt ist dabei stets ein von Marktteilnehmern *unerwartetes* Initialereignis. Dies kann zunächst ein adverser Schock sein. Allerdings wirken diese Schocks simultan auf eine Vielzahl von Marktteilnehmer ohne Karenzzeit[593] und beruhen regelmäßig auf der gemeinsamen Abhängigkeit der Marktteilnehmer von volkswirtschaftlichen Rahmenbedingungen.[594] Adverse Schocks haben daher – zu Recht – in der Literatur zu Ansteckungseffekten lediglich vorbereitende Wirkung für die eigentliche(n) Initialereignis(se). Das klassische auslösende Ereignis entspringt vielmehr der Sphäre eines einzelnen Marktteilnehmers. Beispielsweise können empfindliche Verluste durch Bilanzbetrug, Untreue oder unerwarteten Absatzeinbruch öffentlich bekannt werden.[595] Klassisch ist auch die Realisierung des Finanzierungsrisikos mangels Fristenkongruenz zwischen Forderungen und Verbindlichkeiten einer Bank. Das auslösende Ereignis muss sich *erheblich* auf die ökonomische Leistungsfähigkeit des Marktteilnehmers auswirken. Bloße Bagatellereignisse sind hingegen nicht ausreichend. Entsprechend wird das Initialereignis als *idiosynkratischer Schock* bezeichnet.

b) Übertragungskanäle

Ein idiosynkratischer Schock wird erst dann systemrelevant, wenn er über Transmissionskanäle auch bei anderen Marktteilnehmern ökonomische Wirkungen entfaltet. Die Literatur differenziert hier zwischen realen und informationellen Übertragungskanälen.

i) Reale Übertragungskanäle

Erklärungsversuche von Ansteckungseffekten durch reale Übertragungskanäle konzentrieren sich auf gegenseitigen Risikobeziehungen zwischen den Marktteilnehmern.[596] Diese werden beispielsweise durch Vertragsbeziehungen

---

591 Vgl. *Brandt/Hartmann,* Working Paper, 2000, Fn. 5 (Ein Marktzusammenbruch oder „Crash" werde allgemein als ein von der historischen Preisentwicklung ungewöhnlich stark abweichender Preisverfall definiert).

592 *Kaufman/Scott,* Independent Review, Vol. 7, S. 371.

593 *Brandt/Hartmann,* Working Paper, 2000, S. 11.

594 *Prokopczuk,* Essays on Systemic Risk, 2009, S. 4.

595 *Brandt/Hartmann,* Working Paper, 2000, S. 11.

596 Vgl. *Allen/Gale,* Journal of Political Economy, Vol. 108, S. 1 ff.; *Lagunoff/Schreft,* Journal of Economic Theory, Vol. 99, S. 220 ff.; *Brusco/Castiglionesi,* Journal of Finance, Vol. 62, S. 2275 ff.; *Gai/Kapadia,* Working Paper, 2010, S. 10 ff.

begründet, die ein *Ausfallrisiko* in sich bergen. Fällt ein Unternehmen bei der Erfüllung seiner Verbindlichkeiten aus, so können die Gläubiger durch notwendige Forderungsabschreibungen bzw. Minderungen der beizulegenden Zeitwerte der Assets ebenfalls in Liquiditätsschwierigkeiten geraten.[597] Dieser Transmissionskanal ist dort von Bedeutung, wo die vertraglichen Nominalvolumen ein hohes Niveau erreichen, insbesondere für Finanzintermediäre.[598]

ii) Informationelle Übertragungskanäle

Als weitere Möglichkeit zur Übertragung idiosynkratischer Schocks wird die Verwertung neuer Information durch die Marktteilnehmer diskutiert (*Wake-up call*[599]). So können schlechte Nachrichten über den Ausfall eines Unternehmens Rückschlüsse auf die Liquiditätslage von Vertragspartnern zulassen. Hier ist die *Qualität der Information* entscheidend.

Entsprechend wird einerseits *vollständige Information* klassifiziert, die den finanziellen Zustand eines Marktteilnehmers umfassend und wahrheitsgemäß an Dritte vermittelt.[600] Allerdings wird in der Kapitalmarktrealität oftmals nur *unvollständige Information* verfügbar sein, sodass Marktteilnehmer ex ante nicht beurteilen können, ob und wie viel Wahrheitsgehalt die neue Information enthält. Diese Lücke werden sie durch *Erwartungsbildung* schließen.[601] Risiko- und Ambiguitätsaversion kann dann zu Pessimismus und Misstrauen führen, sodass es individuell rational erscheint, sich so zu verhalten, als sei die schlechte Nachricht wahr oder die gute Nachricht unwahr. Daneben können Marktteilnehmer die Reaktion einzelner, von der Information direkt betroffener Marktteilnehmer auch als Signale bezüglich der finanziellen Situation *anderer* Unternehmen deuten.[602] Diese, im Wesentlichen auf asymmetrische Information beruhende vermutete Abhängigkeit wird insbesondere für Unternehmen relevant, die offenkundig im selben Markt agieren wie das betroffenen Unternehmen.[603] Ausschlaggebend ist, dass Marktteilnehmer *subjektiv* einen wirtschaftlichen Zusammenhang zwischen den beiden Unternehmen zu erkennen glauben, obgleich dieser objektiv nicht zwingend bestehen muss (*Correlated-Information-Channel*[604]).

---

[597] *Kaufman/Scott,* Independent Review, Vol. 7, S. 374.

[598] *Prokopczuk,* Essays on Systemic Risk, 2009, S. 4.

[599] *Rijckeghem/Weber,* Journal of International Money and Finance, Vol. 22, S. 484.

[600] *Brandt/Hartmann,* Working Paper, 2000, S. 15.

[601] *Gilboa/Schmeidler,* Journal of Mathematical Economics, Vol. 18, S. 142.

[602] *Lang/Stulz,* Journal of Financial Economics, Vol. 32, S. 59 („The contagion effect is the wealth loss experienced by firms with cash flow characteristics similar to those of the bankrupt firm because the bankruptcy announcement conveys information about the present value of cash flows for these firms.").

[603] *Kaufman/Scott,* Independent Review, Vol. 7, S. 375.

[604] *Kordes/Pritsker,* Journal of Finance, Vol. 57, S. 770.

Exemplarisch stellen Lagunoff/Schreft[605] in einem spieltheoretischen Modell die Risikobeziehungen durch Finanzkontrakte dar, die die Teilnehmer in ihrem diversifizierten Portfolio halten. Dabei kennen Teilnehmer nur die Zusammensetzung des eigenen Portfolios, können die Portfolios anderer oder den gesamten Markt dagegen nicht beobachten. Durch die unerwartete Änderung fundamentaler Daten werden Anpassungen in der Gewichtung der Einzelpositionen bei einigen Teilnehmern erforderlich, sodass einzelne Vertragsbeziehungen abgebrochen werden. Diese Vertragsabbrüche führen im Modell zu unzureichender Finanzierung der ehemaligen Vertragspartner, sodass auch diese ihr Portfolio anpassen. Der Prozess setzt sich solange fort, bis sich ein neues Gleichgewicht einstellt. Der konkrete Verlauf der Gleichgewichtsfindung wiederum – so zeigen die Autoren – hängt wesentlich von der Fähigkeit der einzelnen Teilnehmer ab, die gegenseitigen Verbindungen zu erkennen. Damit erlangt unter Bedingungen asymmetrischer Information der Marktteilnehmer die *Qualität der Information* einen wesentlichen Einfluss auf Ansteckungseffekte.

Kordes/Pritsker[606] modellieren einen Markt mit mehreren Assets, in dem sich die Teilnehmer rational verhalten. Die langfristigen Marktwerte der Assets werden dabei durch makroökonomische Rahmenbedingungen in verschiedenen Ländern bestimmt. Ansteckungseffekte treten grundsätzlich zwischen Ländern auf, in denen Marktteilnehmer durch Risikopositionen miteinander verbunden sind. Erleidet ein Marktteilnehmer einen idiosynkratischer Schock, so wird er sein Portfolio anpassen. Verfügen die Marktteilnehmer in anderen Ländern nur über unvollständige Information, so *missinterpretieren* sie die Handelsaktivität als Folge einer Änderung des beizulegenden Zeitwertes der Assets und passen ihr Portfolio gleichsam an. Damit zeigen die Autoren einerseits, dass sich Ansteckungseffekte bei abnehmender Informationsqualität der Marktteilnehmer tendenziell verstärken. Andererseits ist die Übertragung eines idiosynkratischen Schocks im Modell allein über informationelle Übertragungskanäle möglich, selbst wenn also direkt *keine realen Übertragungskanäle* bestehen.[607]

In einem ähnlichen Modell zeigt Yuan,[608] dass eine äquivalente Ansteckung auch durch unvollkommene Information der Marktteilnehmer über individuelle *Restriktionen zur Risikoaufnahme* erfolgen kann. Sie argumentiert, wenn uninformierte Marktteilnehmer nach Eintritt einem Initialereignis nicht sicher beurteilen können, ob informierte Marktteilnehmer ohne Restriktionen in der Lage sind, ihre Information einzupreisen, so werden sie eine hohe Risikoprämien für risikoreiche Assets fordern, sodass die Assetpreise letztlich sinken. Auch so könne ein idiosynkratischer Schock übertragen werden, selbst wenn

---

605 *Lagunoff/Schreft,* Journal of Economic Theory, Vol. 99, S. 220 ff.

606 *Kordes/Pritsker,* Journal of Finance, Vol. 57, S. 769 ff.

607 *Kaminsky/Reinhart/Vegh,* Journal of Economic Perspectives, Vol. 17, S. 58.

608 *Yuan,* Journal of Finance, Vol. 60, S. 379 ff.

die Fundamentaldaten der Assets konstant bleiben und direkt keine realen Übertragungskanäle bestehen.

c) Einflussfaktoren auf den Verlauf systemischer Ereignisse

i) Marktstruktur

Allen/Gale[609] modellieren ein Gleichgewicht, in dem Banken zur Minderung ihres Liquiditätsrisikos Vertragsbeziehungen mit Banken anderer Regionen unterhalten. Im Falle einer plötzlichen Änderung der Liquiditätspräferenzen der Einleger in einer Region kommt es bei Banken anderer Regionen nur dann zu Liquiditätsengpässen, wenn die Netzwerkstruktur im Bankensystem unvollkommen ausgestaltet ist, d.h. die eine Bank immer nur über eine (oder wenige andere) Bank(en) vernetzt ist, da die aggregierte finanzielle Leistungsfähigkeit aller direkten Vertragspartner als Sicherungsgeber dann gering ist (*Common-Lender-Effekt*).

Ist umgekehrt jede Bank direkt mit allen anderen Banken über vertragliche Sicherungsbeziehungen vernetzt, so ist die Absorptionsfähigkeit des gesamten Systems maximal, da jeder Bank *direkt alle anderen* Banken als Sicherungsgeber zur Seite stehen. Dies spricht zunächst dafür, auf ein Finanzsystem hinzuwirken, in dem möglichst alle Teilnehmer direkt miteinander homogene Risikopositionen teilen.

Allerdings zeigen Gai/Kapadia[610] in ihrem Modell, dass *a priori* gleiche Ausgangssituationen selbst bei optimaler Verbundstruktur der Marktteilnehmer zu stark unterschiedlichen Kausalverläufen bei der Ausbreitung idiosynkratischer Schocks – abhängig von der individuellen Leistungsfähigkeit der konkret betroffenen Teilnehmer – führen können. Obgleich das modellierte Finanzsystem durch die optimale Netzwerkstruktur eine höhere Absorptionsfähigkeit habe, dürfe man sich – so warnen die Autoren – nicht der trügerischen Sicherheit hingeben, die Fähigkeit des Finanzsystems zur Absorption vergangener Schocks werde auch zukünftige idiosynkratische Schocks gleicher Intensität absorbieren.[611]

Empirische Hinweise für den Common-Lender-Effekt liefern Rijckeghem/Weder[612], die in einer Regressionsanalyse von Paneldaten zur Mexikokrise (1994) und Asienkrise (1997) einen statistisch signifikanten Einfluss dieser realen Übertragungskanäle auf die Verbreitung der Krise nachweisen. Allerdings sei an dieser Stelle auf bestehende Probleme in den Messdaten nahezu aller empirischer Studien hingewiesen, da Banken ihre – regelmäßig zugrunde gelegten – Vertragsbeziehungen aus dem Interbankenverkehr bisweilen nur

---

[609] *Allen/Gale,* Journal of Political Economy, Vol. 108, S. 10 ff.
[610] *Gai/Kapadia,* Working Paper, 2010, S. 10 ff.
[611] *Gai/Kapadia,* Working Paper, 2010, S. 26.
[612] *Rijckeghem/Weber,* Journal of International Money and Finance, Vol. 22, S. 494.

vierteljährlich berichten. So werden insbesondere die kurzfristigen Vertragsbeziehungen der Banken untereinander nicht berücksichtigt, sodass die Daten die tatsächlichen Risikoexpositionen nicht zutreffend erfassen könnten.[613]

ii) Moralisches Risiko

Brusco/Costiglionesi[614] konstruieren ein ähnliches Modell wie Allen/Gale und schlussfolgern, durch die höhere Vernetzung der Teilnehmer über Vertragsbeziehungen steige die Anfälligkeit zur Verbreitung systemischer Ereignisse. Sie argumentieren, wenn Banken ein leistungsstarkes Absicherungsnetz durch gut verteilte Sicherungsverträge antizipieren, werden sie tendenziell riskantere Investitionsprojekte finanzieren, sodass sich die finanzielle Leistungsfähigkeit aller Sicherungsgeber im System verschlechtere.

Lui[615] zeigt in seinem Modell, dass durch exzessive Risikoübernahme in Kenntnis der Absicherungsmöglichkeit durch derivative Finanzinstrumente die Vorteile des Risikotransfers durch Wohlfahrtsverluste kompensiert werden können. Da andere Marktteilnehmer unter asymmetrischer Information die exzessive Risikoübernahme nicht beobachten können, werden sie Absicherungsverträge anbieten, ohne sich des höheren Risikos bewusst zu sein und sich ihrerseits angemessen abzusichern. So steige durch moralische Risiken die Anfälligkeit des gesamten Systems für systemische Ereignisse.

iii) Verschuldungsgrad und Liquiditätsbedarf

Als erheblicher Einflussfaktor auf die Verbreitung idiosynkratischer Schocks wird das Zusammenwirken von Verschuldung (*Leverage*) und Laufzeitinkongruenz (*Maturity Mismatch*) diskutiert. Der Ansatz soll hier anhand eines einfachen Modells in Anlehnung an Minky[616] aufgezeigt werden.

Ausgangspunkt des Modells sei ein hohes Geldangebot, ausgelöst etwa durch eine Niedrigzinspolitik der Zentralbank. Zudem sei das realwirtschaftliche Umfeld durch eine solide bisherige und künftig zu erwartende Ertragslage der Unternehmen gekennzeichnet. Sowohl das Management, als auch Kapitalgeber neigen bei anhaltenden Trends zu abnehmender Risikosensitivität – sie nehmen also im Zeitverlauf konstante Risiken weniger stark wahr.[617] Um das wahrgenommene Risikomaß konstant zu halten, werden zunehmend risikoreiche Investitionsprojekte durchgeführt.[618]

---

[613] *Upper,* BIS Working Paper, Vol. 234, S. 7.

[614] *Brusco/Castiglionesi,* Journal of Finance, Vol. 62, S. 2275 ff.

[615] *Lui,* Working Paper, 2010, S. 30 ff.

[616] *Minsky,* Nebraska Journal of Economics and Business, Vol. 8, S. 3 ff.; *Shin,* Economic Journal, Vol. 119, S. 309 ff.; *Mendoza,* American Economic Review, Vol. 100, S. 1941 ff.

[617] *Roßbach,* Working Paper, 2001, S. 13; *Sinn,* Kasino Kapitalismus, 2010, S. 123.

[618] *Wagner,* Journal of Banking and Finance, Vol. 31, S. 123.

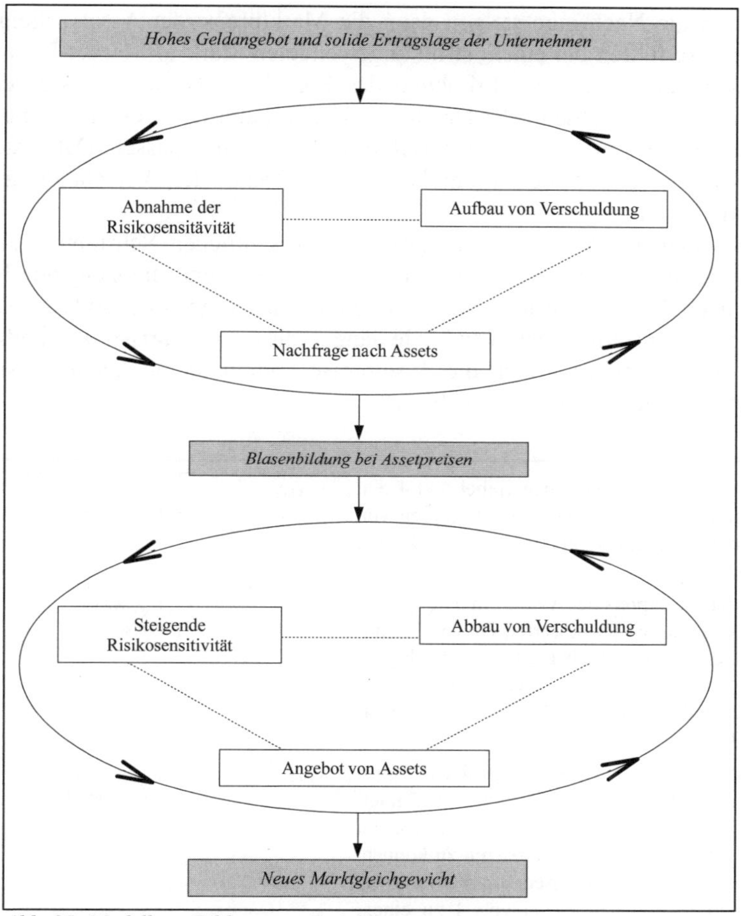

Abb. 25: Modell zur Bildung von Preisblasen (Quelle: Eigene Darstellung).

Aufgrund der niedrigen Fremdkapitalkosten ist es sowohl für das Management selbst, als auch für Anteilseigner rational, den Fremdkapitalanteil der Investitionsprojekte zu erhöhen, um deren Eigenkapitalrendite zu maximieren.[619] Dies erhöht zugleich das Risiko auf das eingesetzte Eigenkapital und gleicht es dem Niveau an, das die Anteilseigner fordern. Insgesamt steigen Anzahl und Umfang der Investitionsprojekte.

---

[619] *Sachverständigenrat,* Jahresgutachten, 2008/09, S. 127; vgl. *Adrian/Shin,* Journal of Financial Intermediation, Vol. 18, S. 510 ff. m.w.N. (Die Autoren weisen empirisch einen steigenden Verschuldungsgrad insbesondere für US-amerikanische Investmentbanken in Phasen guter wirtschaftlicher Entwicklung nach).

Durch die Nachfrage steigen dann die Marktpreise der Assets. Steigende Assetpreise führen bei einem strikt angewendeten Mark-to-Market-Regime in der Rechnungslegung zur Erhöhung des Eigenkapitals und zur Ausweitung der Beleihungsspielräume.[620] Das Management kann den Leverage erneut an das von den Anteilseignern gewünschte Risikoniveau anpassen. Dabei steigen die Nominalbeträge des Fremdkapitals, während der Verschuldungsgrad konstant bleibt.

Zwischen den bis hierher aufgezeigten wesentlichen Schritten – abnehmende Risikosensitivität, Aufbau von Verschuldung und die steigende Nachfrage nach Assets – besteht eine *strukturelle Rückkoppelung*, sodass sich die Effekte gegenseitig verstärken.[621] Je länger diese Aufwärtsspirale andauert, umso weiter entfernen sich die Assetpreise vom fundamentaldatenbasierten Niveau. Es bildet sich eine Preisblase.

Setzt ein Unternehmen einen Hebel von 4 ein, so kann es Assets zum aktuellen Marktpreis von 100 durch 80 Fremdkapital und 20 Eigenkapital finanzieren.	Assets	100	Eigenkapital Fremdkapital	20 80
Sinkt der Marktpreis der Assets um 5%, so werden die Assets zu 95 bewertet. Da das Fremdkapital unverändert 80 beträgt, wird das Eigenkapital nunmehr zu 15 bewertet. Nach dem Rückgang der Assetpreise beträgt der Hebel daher 5,3.	Assets	95	Eigenkapital Fremdkapital	15 80
Um den Hebel auf das Ausgangsniveau von 4 anzupassen, muss das Unternehmen 20 Einheiten der Assets zum Marktpreis verkaufen, um das Fremdkapital auf 60 reduzieren zu können. Ein Preisrückgang der Assets um 5% führt bei einem ursprünglichen Hebel von 4 zu einem Verkauf von 20 Assets. Durch das gestiegene Angebot verringern sich die Assetpreise weiter.	Assets	75	Eigenkapital Fremdkapital	15 60
Unter steigender Risikosensitivität im wirtschaftlichen Abschwung werden die Kapitalgeber vom Management eine Reduktion der Verschuldung verlangen. Um im Beispiel den Hebel auf 3 zu senken, muss das Unternehmen 15 Einheiten der Assets veräußern.	Assets	60	Eigenkapital Fremdkapital	15 45

Abb. 26: Verkaufsdruck durch Abbau von Verschuldung
(Quelle: Eigene Darstellung in Anlehnung an Sachverständigenrat, Jahresgutachten, 2008/09, S. 128).

[620] *Ruhnke,* Rechnungslegung, 2008, S. 511.
[621] *Brunnermeier/Pedersen,* Review of Financial Studies, Vol. 22, S. 2204.

Die Extrapolation der Assetpreise schreitet bis zu einem Niveau voran, ab dem mehr und mehr Marktteilnehmer die Angemessenheit des Preisniveaus kritisch hinterfragen.[622] Die Risikosensitivität steigt. Dadurch werden riskante Investitionsprojekt weniger nachgefragt, sodass der Leverage zurück gefahren wird (*Deleveraging*[623]). Zugleich flacht die Nachfrage nach Assets ab, sodass die Preise sinken. Das Zusammenspiel zwischen Deleveraging, steigender Risikoaversion und Preisreduktion der Assets hat wiederum eine sich selbst verstärkende Tendenz (Abb. 26).[624]

Chowdhry/Nanda[625] unterstellen in ihrem Modell zwei symmetrisch informierte und rational handelnde Investortypen, die sich in der Risikoneigung unterscheiden. Die risikoneutralen Investoren (Spekulanten) finanzieren ihre Portfolios teilweise über Fremdkapital und haben dafür einen Eigenkapitalpuffer als Sicherheit vorzuhalten. Die Autoren zeigen, dass unter diesen Bedingungen selbst bei konstanten Fundamentaldaten nach mehreren Handelsrunden große Preisbewegungen beobachtet werden können. Der Grund liegt gerade darin, dass die Umsetzung der Risikopräferenzen durch Positionierung in risikobehaftete Assets von der Fähigkeit der Spekulanten abhängt, Fremdkapital zu beschaffen, was wiederum an die Höhe des Eigenkapitalpuffers gekoppelt ist, den Fremdkapitalgeber abhängig von den *aktuellen Marktpreisen* der Assets als Sicherheitsleistung fordern werden[626] (*Verschuldungskapazität des Assets*). Sinkende Assetpreise vermindern wiederum die Fähigkeit der Spekulanten, ihren Risikopräferenzen entsprechend Assets zu finanzieren. So müssen riskante Assets nunmehr von den risikoaversen Investoren erworben werden, die eine entsprechend höhere Risikoprämie verlangen. Durch diesen eigendynamischen Prozess werden große Preisbewegungen bei konstanten Fundamentaldaten *ausschließlich rational* erklärbar. Damit argumentieren die Autoren aber letztlich auch mit der ex ante fehlenden Fähigkeit der Fremdkapitalgeber zu *beobachten*, ob der erforderliche Anteil der Eigenkapitalfinanzierung als Sicherheitsleistung auf einer fundamentaldatenbasierten Änderung der Assetpreise beruht oder nicht.[627]

---

[622] Vgl. *Calvo,* Working Paper, 1999, S. 9; *Acharya/Gale/Yorulmazer,* Working Paper, Vol. 15674, S. 3 (mit anschaulichem Beispiel aus dem Sommer 2007); *Coval/Jurek/Stafford,* Journal of Economic Perspectives, Vol. 23, S. 20.

[623] *Brunnermeier/Pedersen,* Review of Financial Studies, Vol. 22, S. 2205.

[624] *Thurner/Doyne/Geanakoplos,* arXiv:0908.1555v2, S. 9.

[625] *Chowdhry/Nanda,* Journal of Business, Vol. 71, S. 179 ff.

[626] Dies ist auf die verbreitete Praxis zurückzuführen, bei der langfristige Ansprüche über kurzfristige Fremdkapitalinstrumente finanziert werden. Bei der Vertragsverlängerung (*Roll-Over*) werden die Kapitalgeber die Höhe der geforderten Vergütungen für die Kapitalüberlassung an den aktuellen Marktpreisen orientieren; vgl. *Thurner/Doyne/Geanakoplos,* arXiv:0908.1555v2, S. 2; *IMF,* Global Financial Stability Report, 2010, S. 64.

[627] Entsprechend lässt sich auch die Kritik an einer strikten Mark-to-Market-Bewertung bei der Bilanzierung der Assets verstehen, der im obigen Modell eine erhebliche Überträgerrolle zu kam. Durch die kontinuierliche Bewertung der vom Unternehmen gehaltenen Assets

Hier setzen Brunnermeiner/Pedersen[628] an und zeigen, dass sich mit den steigenden Sicherheitsleistungen die Marktliquidität für diese Assets verringert, da Spekulanten ihr Liquiditätsangebot zurück fahren.[629] Da die verschärften Finanzierungsbedingungen aber das Liquiditätsangebot des Spekulanten bezüglich *aller* Assets betrifft, beschränken sich Liquiditätsschocks nicht auf die Märkte einzelner Assets, sondern breiten sich aus. Da uninformierte Kapitalgeber in dieser Situation hohe Sicherheiten fordern, wird das für Spekulanten verfügbare Kapital eher in Assets mit geringen Risiken (mit entsprechend geringen Sicherheitsleistungen) investiert. Damit erklären die Autoren zugleich eine *Flucht in sichere Anlagen*, wenn Märkte illiquide werden.

Neben dieser budgetbedingten Begründung kann die Ausbreitung von Liquiditätsschocks auch durch die Gewinnmaximierungsannahme hergeleitet werden. Im obigen Modell wurde gezeigt, dass im rezessiven Marktumfeld ein verschuldungsbedingter Verkaufsdruck entsteht. Assets müssen abgestoßen werden, um das von den Anteilseignern geforderte Risikoniveau beizubehalten. Bei der erforderlichen Portfolioanpassung wird in der Literatur[630] auf ein Interesse des Marktteilnehmers verwiesen, nicht das bereits im Marktpreis gefallene Asset zu veräußern, da andere Marktteilnehmer den Akt der Veräußerung als Signal für die schlechte Qualität des Assets selbst interpretieren könnten und so einen weiteren Preisabschlag fordern werden (*Lemon-Premium*[631]). Da der betroffene Marktteilnehmer folglich die Assets mit (noch) hohem Marktpreis veräußern wird, trägt er gleichsam zur Verbreitung von idiosynkratischen Schocks bei.

---

kommt es zu nicht realisierten Gewinnen (bzw. Verlusten), der die Beleihungsspielräume der Unternehmen erhöht (bzw. verringert). Damit werden einerseits gerade die Voraussetzungen für die Steigerung (bzw. Verringerung) des Leverage und damit des prozyklisch wirkenden Aktes selbst geschaffen. Andererseits wirkt sich der durch die Mark-to-Market-Bewertung an die Kapitalmärkte bezweckte *true and fair view* im Modell verstärkend auf die jeweilige Tendenz der Risikosensitivität der Marktakteure aus. Die Ausweitung der Beleihungsspielräume geht aber gerade auf das Unvermögen der Kapitalgeber zurück, die im Jahresabschluss ausgewiesenen Erträge (bzw. Verluste) als nicht fundamentaldatenbasierte Preissteigerung der Assets zu erkennen; vgl. allgemein *Sinn,* Kasino Kapitalismus, 2010, S. 204; *Sachverständigenrat,* Jahresgutachten, 2008/09, S. 126 ff.; *FSF,* Addressing Procyclicality in the Financial System, 2009, S. 26.

[628] *Brunnermeier/Pedersen,* Review of Financial Studies, Vol. 22, S. 2201 ff.

[629] Dafür ist im Modell zunächst der Umstand maßgeblich, dass aufgrund der sinkenden Assetpreise Spekulationsverluste bei den Investoren anfallen (*loss spiral*) und die Kapitalgeber zugleich eben nicht beobachten können, ob die Preisänderungen auf eine Änderung der fundamentalen Datenlage zurück geht (*margin spiral*). Interessanterweise ist der Effekt aus dem Zusammenwirken der loss spiral und der margin spiral insgesamt größer als die Summe der einzelnen Effekte.

[630] Vgl. *Kaminsky/Reinhart/Vegh,* Journal of Economic Perspectives, Vol. 17, S. 57; *Calvo,* Working Paper, 1999, S. 6; *Kordes/Pritsker,* Journal of Finance, Vol. 57, S. 770.

[631] Vgl. *Akerlof,* Quarterly Journal of Economics, Vol. 84, S. 488 ff.

Acharya et al.[632] erklären in ihrem Model, unter welchen Umständen selbst „sichere“ Wertpapieren von Fremdkapitalgeber nicht mehr als Collateral akzeptiert werden.[633] Die Fremdkapitalverträge in ihrem Modell müssen mehrmals verlängert werden, bis das finanzierte Asset – welches zugleich als Sicherheit dient – fällig wird. Die Verschuldungskapazität des Assets bestimmt sich nach der für die Marktteilnehmer zufälligen fundamentalen Informationslage. Unter der Annahme von Liquiditätskosten – so argumentieren die Autoren – wird der Fremdkapitalnehmer auf eine Verschuldung hinwirken, die exakt der Verschuldungskapazität des Assets für die nächste Periode entspricht. Da er aber auch die Gefahr negativer Information berücksichtigt, wird die Verschuldungskapazität systematisch unter dem fundamentalen Wert des Assets liegen. Für kurze Laufzeiten der Fremdkapitalfinanzierung (mit hohem Finanzierungsrisiko) sinkt die Verschuldungskapazität wesentlich unter den fundamentalen Wert des Assets und kann in extremen Fällen nahe bei null liegen.

Nach alldem wird deutlich, wie variable Risikosensitivität der Fremdkapitalgeber über deren Forderung nach Sicherheiten zum prozyklischen Einsatz von Verschuldung führt, sodass die Assetpreise ebenfalls prozyklisch variieren und in Rezessionsphasen die Eigenkapitalpuffer verringern. Damit wird das Unternehmen als Marktteilnehmer anfälliger für idiosynkratische Schocks. Die variable Risikosensitivität als entscheidender Faktor geht auf die Unfähigkeit der Kapitalgeber zurück, Volatilität der Assetpreise als Folge einer Änderung der Fundamentaldaten oder lediglich des Liquiditätsbedarfs anderer Marktteilnehmer (bedingt durch Anpassung an Sicherheitsforderungen) zu identifizieren.

iv) Risikomanagement

Als weiterer Einflussfaktor auf den Verlauf systemischer Ereignisse wird auf die prozyklische Wirkung bei der Verwendung bestimmter Modelle zum Risikomanagement verwiesen. Wenn Kapitalgeber Maßnahmen zur Risikobegrenzung (und damit den gerade noch akzeptable Verschuldungsgrad) auf der Grundlage von Modellen bestimmen, die als Risikomaß auf die historische Volatilität zurück greifen und deren Ausgangsdaten lediglich eine kurze Zeitspanne (z.B. 2 Jahre) innerhalb eines Konjunkturzyklus abdecken, so werden sie letztlich *systematisch* einen hohen Leverage akzeptieren, wenn die Volatilität gering ist und einen geringen Leverage fordern, wenn die Volatilität hoch ist. Obgleich dieses Risikoverhalten der Kapitalgeber individuell gerechtfertigt erscheint, führt es auf einer aggregierten Ebene unbewusst zum gleichge-

---

632 *Acharya/Gale/Yorulmazer,* Working Paper, Vol. 15674, S. 5 ff.

633 Vgl. *IMF,* Global Financial Stability Report, 2010, S. 70 (für Beispiele aus dem Geldmarkt zu Beginn der Finanzkrise 2007).

richteten, prozyklischen Verhalten vieler Kapitalgeber.[634] Damit bestimmt diese Praxis in der Terminologie des obigen Modells die Risikosensitivität der Kapitalgeber und ist so in der Lage, erhebliche Preiseffekte zu erzielen. Aus systemischer Sicht handelt es sich um eine Modellunvollkommenheit, da das Modell in der Risikobeurteilung die Wirkungen eigenen Handelns auf systemischer Ebene unberücksichtigt lässt.[635]

v) Informationskaskaden und Herdenverhalten

Auch die menschliche Tendenz zur sozialen Imitation wird als Einflussfaktor auf systemische Risiken diskutiert.[636] So bildet diese entscheidende menschliche Heuristik im Umgang mit Unsicherheit und Komplexität bereits in den traditionellen – hier aber weniger relevanten – Modellen zu Bank-Run-Szenarien ein Kernelement.[637]

Calvo/Mendoza[638] unterstellen in ihrem Modell, dass uninformierte Marktteilnehmer sich nicht an fundamentalen Daten orientieren, da sie erforderliche Informationsbeschaffungskosten in globalisierten Finanzmärkten als zu hoch erachten. Statt dessen orientieren sie sich an den jeweils aktuellen Kauf- und Verkaufsaufträgen in der Hoffnung, „der Markt" inkorporiere vollständige Information, auf deren Grundlage sie dann zu handeln glauben. Unter diesen Bedingungen – so zeigen die Autoren – entwickeln uninformierte Marktteilnehmer *systematisch* eine Präferenz dafür, sich in ein breit gestreutes Portfolio mit Verbindungen in viele Länder zu positionieren. Da aber zugleich der Anteil fundamentaler Information in den globalen Assetpreisen sinkt und die Investoren ex ante nicht die Qualität der Information als Grundlage neuer Preisbewegungen erkennen, können bereits kleine Preisbewegungen durch lokale Marktgerüchte oder unbeobachtete Absicherungsaktivitäten[639] zu erheblichen globalen Preisbewegungen führen. Damit kann Herdenverhalten als Verstärker von Initialereignissen betrachtet werden.

vi) Entscheidungsverhalten unter Ambiguität

Im Lichte der von Ellsberg nachgewiesene Ambiguitätsaversion ist die Unterscheidung zwischen Risiko und Ambiguität überaus relevant für das Verhalten

---

[634] *Thurner/Doyne/Geanakoplos,* arXiv:0908.1555v2, S. 9; *FSF,* Addressing Procyclicality in the Financial System, 2009, S. 9; *Posner,* Failure of Capitalism, 2009, S. 78; *Sinn,* Kasino Kapitalismus, 2010, S. 124.

[635] *IMF,* Global Financial Stability Report, 2010, S. 58 („[Market participants] were not aware of the systemic implications of institutional funding and liquidity management, and how idiosyncratic risk (e.g., sub-prime credit risk) could quickly morph into a systemic liquidity risk for the financial system as a whole").

[636] Vgl. dazu S. 90 (Herdenverhalten).

[637] Vgl. ausführlich *Brandt/Hartmann,* Working Paper, 2000, S. 19 ff. m.w.N.

[638] *Calvo/Mendoza,* Journal of International Economics, Vol. 51, S. 79 ff.

[639] *Gennotte/Leland,* American Economic Review, Vol. 80, S. 999 ff.

der Entscheider.[640] In der Literatur[641] werden Entscheidungen unter Ambiguität einerseits über Choquet-Erwartungsnutzen abgebildet, bei der der Entscheider den Erwartungsnutzen im Lichte eines (nichtadditiven) Bündels möglicher Wahrscheinlichkeiten für ein Ereignis zu maximieren hat. Dow/Werlang[642] übernehmen diese Abbildungsmethode in ihr Modell und unterstellen einen rationalen Marktteilnehmer, der ein Asset dann kauft (bzw. verkauft), wenn der Erwartungswert über (bzw. unter) den Anschaffungskosten liegt. Unter diesen Bedingungen gibt es indes eine Preisspanne, innerhalb derer der Marktteilnehmer weder zu kaufen noch zu verkaufen bereit ist. Das konkrete Ausmaß der Preisspanne ist ausschließlich von der Einstellung des Marktteilnehmers gegenüber Ambiguität abhängig. Die Einstellung gegenüber Risiko hat dagegen keinen Einfluss.

Ein ähnliches Resultat können Gilboa/Schmeidler[643] mit ihrer Maximin-Erwartungsnutzentheorie herleiten. Im Gegensatz zu den nicht-additiven Wahrscheinlichkeiten bei der Choquet-Erwartungsnutzentheorie, verfügt der Marktteilnehmer hier über eine Vielzahl möglicher (additiver) Bündel aus Wahrscheinlichkeiten für ein Ereignis. Der Marktteilnehmer hat schlichtweg zu wenig Information, um nur eine einzige Erwartung zu bilden. Die Aufgabe des Marktteilnehmers besteht dann darin, den Erwartungsnutzen zu maximieren, indem das ungünstigste aller Wahrscheinlichkeitsbündel unterstellt wird. Die implizite *Unterstellung von Pessimismus in Gegenwart von Ambiguität* hat – in Konsistenz mit empirischen Beobachtungen – diesem Entscheidungsmodell wohl zur überwiegenden wissenschaftlichen Akzeptanz verholfen.

Mukerji/Tallon[644] zeigen, wie Ambiguitätsaversion der Marktteilnehmer zu einer unvollständigen Marktstruktur führen kann. Sind die zukünftigen Zahlungsströme von Wertpapieren mit Ambiguität behaftet, so wird es für Marktteilnehmer relativ zu anderen Wertpapieren unattraktiv, sich in diese Finanzinstrumente zu positionieren. Dies begrenze in den Finanzmärkten selbst die Möglichkeiten zum Risikoaustausch, sodass Risiken nicht mehr an den Ort der besten Verwendung gelangen. Ambiguität leiste so einen nicht unerheblichen Beitrag zur Unvollkommenheit der Finanzmärkte.

Cabellero/Krishnamurthy[645] untersuchen, welche Auswirkungen die plötzliche Steigerung der durch die Marktteilnehmer wahrgenommenen Ambiguität aufgrund eines exogenen Schocks hat. In ihrem Modell kann der Anstieg der Ambiguität bei einsetzender Liquiditätsreduktion letztlich in eine Systemkrise

---

[640] *Williams* in: Cook/Noyes/Masakowsky, Decision Making in Complex Environments, 2007, S. 44.

[641] *Schmeidler,* Econometrica, Vol. 57, S. 571 ff.

[642] *Dow/Werlang,* Econometrica, Vol. 60, S. 197 ff.

[643] *Gilboa/Schmeidler,* Journal of Mathematical Economics, Vol. 18, S. 141 ff.

[644] *Mukerji/Tallon,* Review of Economic Studies, Vol. 68, S. 883 ff.

[645] *Cabellero/Krishnamurthy,* Journal of Finance, Vol. 63, S. 2195 ff.

münden. Antizipieren ambiguitätsaverse Marktteilnehmer die nur begrenzte Liquidität der Finanzmärkte, so werden sie – in Anlehnung an Gilboa/ Schmeidler – einem Liquiditätsschock in den Markten für riskante Assets zu entgehen versuchen, indem sie diese Assets abstoßen und sich in geringen Risiken positionieren (*Flight-to-Quality*). Den Autoren zufolge führt Ambiguität dann zu einer *kollektiven Verzerrung* der Entscheidungen aller, da sich jeder gegen sein unterstelltes Worst-Case-Szenario schützen will, selbst wenn es als Kollektivhandlungsproblem in der unterstellten Form objektiv unmöglich ist.

Routledge/Zin[646] stellen einen interessanten Zusammenhang zwischen Modellrisiko als Proxy für Ambiguität und Marktliquidität her. In ihrem Modell operiert ein einziger Finanzintermediär als Market-Maker für ein Derivat. Er wählt unter Beachtung der Handelsaktivität sein optimales Portfolio und stellt den Bid-Ask-Spread, der später als Indikator für Liquidität dient. Modellunsicherheit wird ihrerseits mittels der ambiguitätsaversen Nutzenfunktion von Epstein/Wang[647] abgebildet. Die Autoren zeigen, dass der Market-Maker den Bid-Ask-Spread mit steigender Unsicherheit leicht erhöhen wird, da er stets die für ihn ungünstigste Renditeverteilung unterstellt. Langfristig kann das Verhalten des Market-Makers unter konstanten Umweltbedingungen zu kurzzeitigen und exzessiven Einbrüchen des Liquiditätsangebots führen. Maßgeblich dafür ist die übergeordnete Bedeutung der Ambiguitätsaversion *als Nebenbedingung* bei der Portfoliooptimierung. Notwendige Anpassungen an kleine Änderungen der Zahlungsströme aus dem Derivat bleiben vom Market-Maker unberücksichtigt, sodass seine Fähigkeit unterlaufen wird, Risiken effektiv abzusichern. Das höhere Risiko wird er sich durch einen höheren Bid-Ask-Spread als *Ambiguitätsprämie* vergüten lassen oder sein Liquiditätsangebot vollkommen zurück fahren. Für diese extremen Liquiditätseffekte ist die Ambiguitätsaversion des Market-Makers lediglich eine notwenige, aber noch keine hinreichende Bedingung. Vielmehr ist zusätzlich die *Größe und Marktmacht* des Market-Makers entscheidend, um die Auswirkungen der Ambiguitätsaversion auf die Marktliquidität zu übertragen.

d) Schlussfolgerung

Während das Timing einer Finanzkrise bisweilen unvorhersehbar bleibt, kündigt sie sich regelmäßig durch ein starkes Wachstum des Kredit- und Preisniveaus für Assets sowie durch abnehmende Risikosensitivität mit entsprechend geringen Risikoprämien an.[648] Umfang und Ausmaß der Krise wird sodann von den vorstehend genannten Einflussfaktoren bestimmt. Dabei

---

[646] *Routledge/Zin,* Working Paper, 2009, S. 5 ff.
[647] *Epstein/Wang,* Econometrica, Vol. 62, S. 283 ff.
[648] *FSF,* Addressing Procyclicality in the Financial System, 2009, S. 8.

wurde gezeigt, dass einzelne Einflussfaktoren andere teilweise bedingen und es so gerade das Zusammenspiel der Faktoren im Einzelfall ist, das den Zusammenhang zwischen der Komplexität derivativer Finanzinstrumente und systemischen Risiken zu begründen vermag.

3. Komplexität von Finanzderivaten und systemische Risiken

Anhand der identifizierten Einflussfaktoren auf den Verlauf systemischer Ereignisse unter besonderer Berücksichtigung des Entscheidungsverhaltens unter Ambiguität soll nun geprüft werde, inwiefern Derivate zu systemischen Risiken beitragen. Zunächst soll dabei die Marktstruktur analysiert werden, die als zentraler Einflussfaktor sowohl auf systemische Risiken im allgemeinen, als auch für den Einfluss der Reaktion der Marktteilnehmer bei Ambiguität im besonderen ausgearbeitet wurde.

a) Konzentration in den OTC-Märkten

Überträgt der Risikoverkäufer das Marktrisiko mittels eines derivativen Finanzinstruments auf den Risikokäufer, so hat er das Risiko zu tragen, dass der Risikokäufer seinen Zahlungspflichten ganz oder teilweise nicht nachkommt. Das Marktrisiko aus dem Basiswert wird entsprechend durch das *Ausfallrisiko* des Vertragspartners substituiert, das gleichwohl eine Funktion des Marktrisikos darstellt. Wird beispielsweise der Sicherungsgeber eines Credit Default Swaps bei Eintritt des Kreditereignisses zahlungsunfähig, so wird die mit der Transaktion bezweckte ökonomische Übernahme der Schäden nicht realisiert.[649] Der Sicherungsnehmer hat dann seinerseits die Verluste aus der Realisierung des Kreditereignisses zu tragen und wird regelmäßig bereits Prämien für die Übernahme des Risikos an den Sicherungsgeber gezahlt haben. Handelte es sich um einen Kontrakt mit hohem Nominalvolumen oder wurde mit dem Kontrakt die Diversifikation von Klumpenrisiken bezweckt, kann der Ausfall des Sicherungsgebers den Sicherungsnehmer ebenfalls in Liquiditätsschwierigkeiten bringen.[650] Dies stellt den klassische Fall realer Übertragungskanäle dar. Voraussetzung dafür ist aber stets der Bestand hinreichend hoher Nominalvolumen, da sie nur dann systemrelevant werden können.[651] Demnach stehen Zins- und Währungsderivate, Kreditderivate und Derivate auf Eigenkapital im Zentrum der Untersuchung.

i) Marktkonzentration bei Kreditderivaten

Klassischerweise wird der Eigenhandel von Finanzinstituten mit Kreditderivaten damit begründet, diese Instrumente ermöglichten den *Transfer von*

---

[649] Vgl. Handelsblatt vom 14.10.2008 „Lehman-Pleite belastet Anleiheversicherer“, S. 26.
[650] *Posner,* Failure of Capitalism, 2009, S. 131.
[651] Vgl. *Hentschel/Smith,* Journal of Risk and Insurance, Vol. 64, S. 338.

Gegenparteirisiken aus dem Finanzsystem heraus und stärkten somit die Absorptionsfähigkeit des Finanzsystems als Ganzes.[652] Allerdings sind wesentliche Teilnehmer an den Märkten für Kreditderivate Banken, Hedge-Fonds und Versicherungsunternehmen. Eine detaillierte Betrachtung, aufgeschlüsselt nach Käufer und Verkäufer von Kreditderivaten ergibt folgende Verteilung (Abb. 27).

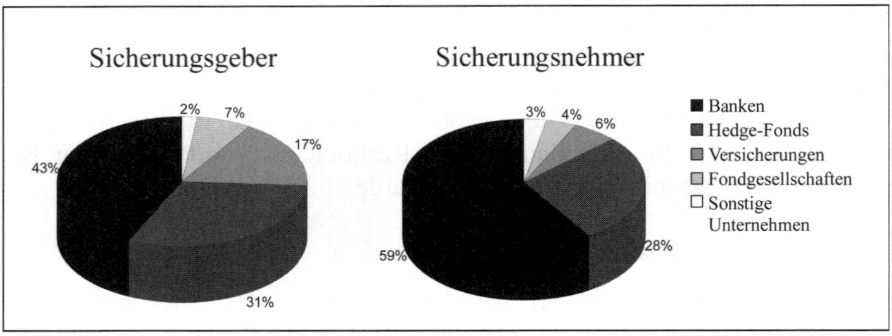

Abb. 27: Sicherungsgeber und Sicherungsnehmer von Kreditderivaten (Quelle: IMF, Global Financial Stability Report, 2008, S. 79).

Danach bilden Banken und Hedge-Fonds mit einem Anteil von zusammen 87% den größten Sicherungsnehmerkreis ab. Diese Verteilung ist erwartungskonform, gehört es doch zum originären Geschäftsfeld von Banken, Kreditrisiken zu tragen. Dem gegenüber treten Banken zugleich mit einem Anteil von 43% als Sicherungsgeber auf.[653] Dieser hohe Anteil steht der traditionellen Begründung zum Eigenhandel mit Kreditderivaten entgegen, besteht diese doch in der Erschließung neuer Märkte, die mit dem operativen Geschäft nicht oder nur mit hohen Kosten erreichbar wären.[654] Auch Hedge-Fonds stellen mit 28% auf der Sicherungsnehmerseite und 31% auf der Sicherungsgeberseite einen großen Teil des Gesamtmarktes dar.

Diese Daten über relevante Marktteilnehmer legen eine Konzentration der Risiken innerhalb des Finanzsystems nahe. Tatsächlich stehen *wenige Dealer im Zentrum der Märkte* für Kreditderivate. Nach Erhebung der Bundesbank (2004) für den deutschen Markt hielten vier Großbanken ca. 78% der Positionen an Kreditderivaten.[655]

---

[652] *Darby,* Advances in International Banking and Finance, Vol. 3, S. 215.

[653] Diese auf internationaler Ebene in 2009 ermittelten Zahlen stimmen weitestgehend mit bereits in 2004 für den deutschen Raum ermittelten Zahlen überein. So treten deutsche Banken nach einer Studie der Deutschen Bundesbank zu 53% als Sicherungsnehmer (Verkäufer) und zu 46% als Sicherungsgeber (Käufer) von CDS auf, vgl. *Cremers/Walzer,* Working Paper, 2007, S. 16 m.w.N.

[654] *Cremers/Walzer,* Working Paper, 2007, S. 42.

[655] *Deutsche Bundesbank,* Monatsbericht April, 2004, aaO.

Aktuelle Studien[656] stellen – abhängig von den zugrunde gelegten Messmethoden – im ersten Quartal 2009 weltweit eine Konzentration zwischen 60% bis über 90% der Risikopositionen aus Kreditderivaten auf die zehn größten Investmentbanken, von denen JP Morgan, Goldman Sachs, Citigroup, Morgan Stanley und die Bank of America die größten Marktteilnehmer repräsentieren. Zugleich sind neben den Vertragsparteien von Kreditderivaten auch die Referenzaktiva auf große Teilnehmer der Finanzmärkte konzentriert, soweit Staaten als Referenzschuldner unberücksichtigt bleiben.[657] Insgesamt findet kein wesentlicher Risikotransfer aus dem Finanzsektor heraus statt. Entsprechend mangelt es dem Markt für Kreditderivate sowohl an einer *intersektoralen*, als auch einer *intrasektoralen Risikodiversifikation*. Die durch den Risikotransfer bewirkte Vernetzung der Marktteilnehmer mindert unter diesen Bedingungen zwar die Gefahr des Ausfalls nur eines Marktteilnehmers, steigert aber die Wahrscheinlichkeit des simultanen Ausfalls aller Marktteilnehmer erheblich.[658]

ii) Marktkonzentration bei anderen Derivaten

Eine vergleichbare Marktstruktur besteht grundsätzlich auch in den Märkten für Derivate auf andere Basiswerte.[659] So konstatierte die BIS bereits 1999[660] eine erhebliche Konzentration in den OTC-Derivatemärkten generell, die sich bis heute mit leicht steigender Tendenz fortsetzt.[661] Die Konzentration geht auf die verbreitete Praxis unter diesen Wertpapierhändlern zurück, Sicherungsgeschäfte mit anderen Wertpapierhändlern abzuschließen. Zur wirtschaftlichen Begründung wird auf den Zusammenhang zwischen Marktrisiko und Gegenparteirisiko verwiesen.[662] Die Fluktuationen vieler (möglichst unkorrelierter) Marktwerte von derivativen Finanzinstrumenten mit der selben Gegenpartei bewirken eine naive Diversifikation, die wiederum das Gegenparteirisiko mindert. Entsprechend agieren Wertpapierhändler als klassische Finanzintermediäre für eine Vielzahl von Endnutzern und sichern sich ihrerseits durch derivative Finanzinstrumente mit anderen Wertpapierhändlern ab, um sich möglichst neutral zu positionieren. Dies bewirkt eine erhebliche Abhängigkeit aller Wertpapierhändler von verlässlichen Absicherungsstrategien einerseits, und der Werthaltigkeit von geleisteten Sicherheiten andererseits.

---

[656] *ECB,* CDS and Counterparty-Risk, 2009, S. 21 ff.; *Fitch,* Disclosures, 2009, S. 1 ff.; *Dickinson,* Working Paper, 2008, S. 7; *BIS,* Triennial Central Bank Survey, 2010, S. 7.

[657] *ECB,* CDS and Counterparty-Risk, 2009, S. 26.

[658] *Lui,* Working Paper, 2010, S. 17.

[659] *Emm/Gay,* Analysis of Dealer Holdings, 2003, S. 34.

[660] *BIS,* Review of Financial Market Events, 1999, S. 14.

[661] *BIS,* Triennial Central Bank Survey, 2010, S. 6.

[662] *Bliss/Kaufman,* Journal of Financial Stability, Vol. 2, S. 61.

iii) Schlussfolgerung

Die Aufgabe der Finanzintermediären in den OTC-Märkten für derivative Finanzinstrumente ist es, das Liquiditätsangebot zu sichern. Dabei treten sie in der Regel direkt als Vertragspartei in den Derivateverträgen auf. Auch Finanzmarktteilnehmer wie Long-Term Capital Management oder Lehmann Brothers nahmen bis zu ihren Insolvenzen (1998 bzw. 2008) als Wertpapierhändler jeweils eine zentrale Rolle in den OTC-Märkten ein.[663] Dies erfordert die Fähigkeit, die abgeschlossenen Derivate verlässlich bewerten und absichern zu können. Die Risikoadjustierung erfolgt in der Kapitalmarktpraxis oftmals durch *dynamische Absicherungsstrategien*, bei denen – etwa auf der Grundlage des Options-Deltas – die zur Glattstellung der Position erforderlichen Gegenpositionen durch einfache Umformung ermittelt werden kann.[664] Daneben ist auch das – für Finanzintermediäre regulatorisch zwingende – unternehmerische Risikomanagement des Marktteilnehmers durch den Industriestandard Value-at-Risk (*VaR*) selbst stark modellabhängig. Wie schon für Optionspreismodelle aufgezeigt, ist auch hier die Reliabilität und Validität der Modellergebnisse an die Erfüllung der zugrunde liegenden Annahmen – insbesondere statistische Verteilungen und Unabhängigkeit – gebunden.[665] Entsprechend sind diese Marktteilnehmer bei der Liquiditätssicherung *erheblichen operationellen Risiken und Modellrisiken* ausgesetzt. Zugleich konzentriert sich der Markt – empirisch nachweisbar – auf wenige Wertpapierhändler. Angesichts des Modells von Routledge/Zin ist mit der Marktkonzentration *eine zentrale Voraussetzung für die Systemrelevanz von Ambiguitätsaversion bei diesen Marktteilnehmern erfüllt.*

b) Rückwirkungen auf die Risikoqualität

Der Risikotransfer mittels derivativer Finanzinstrumente könnte darüber hinaus auch Rückwirkungen auf die Risikoqualität haben. Soweit Marktteilnehmer dies ex ante nicht erkennen, könnte diesem Umstand eine Schlüsselrolle bei der Verbreitung systemischer Ereignisse zukommen.

i) Kreditderivate

Durch Kreditderivate erhält der Kreditgeber die Möglichkeit, Kreditrisiken an einen Dritten (Sicherungsgeber) zu übertragen. Gleichwohl verbleibt der Kreditgeber in der Position des Vertragspartner mit dem Kreditnehmer. Damit zieht er auch *nach der Risikoübertragung wirtschaftlichen Nutzen* aus dem

---

[663] Vgl. *Scholes,* American Economic Review, Vol. 90, S. 17 ff.; *House of Lords,* Future Regulation of Derivatives Markets, 2010, S. 38; *Scherer,* Corporate Finance Law, 2010, S. 99.

[664] *Ni/Pearson/Poteshman,* Journal of Financial Economics, Vol. 78, S. 73; *Deutsche Bundesbank,* Monatsbericht Juli, 2006, S. 63.

[665] *Routledge/Zin,* Working Paper, 2009, S. 3.

Kreditvertrag. Als Kreditgeber genießt er jedoch auch Kontrollrechte. Diese erhielt er ursprünglich als Kompensation für das zu tragende Risiko. Die Kontrollrechte werden durch die Risikoübertragung jedoch nicht angetastet und verbleiben beim Kreditgeber. Da dieser die wirtschaftlichen Nutzungsrechte und die Kontrollrechte, nicht jedoch die ökonomischen Risiken trägt, wird die *Anreizstruktur modifiziert.*[666]

(1) Anreizstruktur zwischen Sicherungsgeber und Kreditgeber

Überträgt der Kreditgeber die Kreditrisiken auf den Sicherungsgeber, so bleibt die Kreditbeziehung zwischen Kreditgeber und Kreditnehmer intakt. Jedoch wird der Kreditgeber zum Agenten des Sicherungsgebers.[667] Da der Kreditgeber weiterhin Vertragspartner des Kreditnehmers bleibt, besteht ein Informationsgefälle zwischen Kreditgeber und Sicherungsgeber. Denn als externer Dritter hat der Sicherungsgeber keinen Einblick in die Kreditbeziehung.[668] Daraus ergeben sich zwei wesentliche Anreizprobleme bezüglich des Risikoscreenings:

Einerseits besteht ein steigender Anreiz des Kreditgebers, seine Überwachungsanstrengungen innerhalb der Kreditbeziehung zu reduzieren und so den Interessen seines Prinzipals zu konterkarieren. Keys et al.[669] weisen empirisch eine verbriefungsbedingte Steigerung der Ausfallwahrscheinlichkeit eines Portfolios um 10 – 25% nach. Zwar lässt sich nach Diamond[670] Monitoring teilweise durch Reputation substituieren. Allerdings weist Morrison[671] überzeugend nach, dass bei der einfachen und kostengünstigen Möglichkeit der Externalisierung von Kreditrisiken Reputation allein diese Substitutionsleistung nicht mehr erbringen kann. Zwar könnte der Sicherungsgeber seinerseits die Überwachungsfunktion ausüben.[672] Wegen der fehlenden Vertragsbeziehung zwischen Sicherungsgeber und Kreditnehmer werden die Informationskosten des Sicherungsgebers indes überproportional hoch. In der Praxis müsste er etwa aus datenschutzrechtlichen Gründen das Einverständnis des Kreditnehmers einholen.[673] Daneben wird der Sicherungsgeber über unzureichende Kenntnisse und Erfahrungen im Umgang mit Monitoring verfügen.[674] Da Sicherungsgeber entsprechend nicht über die private Information des

[666] *Mekat,* Grundsatz der Wesentlichkeit, 2009, S. 47.
[667] *Ayadi/Behr,* Journal of Banking Regulation, Vol. 10, S. 188.
[668] *Henschel,* Credit Default Swaps in der Finanzkrise, 2009, S. 48.
[669] *Keys/Mukherjee/Seru/Vig,* Quarterly Journal of Economics, Vol. 125, S. 307 ff.
[670] *Diamond,* Journal of Political Economy, Vol. 99, S. 689 ff.
[671] *Morrison,* Journal of Business, Vol. 78, S. 641.
[672] *Partony/Skeel,* University of Cincinnati Law Review, Vol. 75, S. 1033.
[673] *Arlt,* True Sale Securitisation, 2008, S. 576 ff.
[674] *Dickinson,* Working Paper, 2008, S. 14.

Kreditgebers verfügen, werden sie sich die Unsicherheit über die Risikoqualität durch einen Risikoaufschlag vergüten lassen.[675]

Andererseits besteht durch die asymmetrische Information auch ein geringerer Anreiz des Kreditgebers, die Risikoprüfung bereits vor Vertragsschluss mit dem Kreditnehmer ordnungsgemäß zu betreiben und so schlechte Kreditrisiken auszusondern (*Adverse Selektion*). So können Cebenoyan/Strahan[676] empirisch belegen, dass Banken durch die Möglichkeit der Externalisierung von Kreditrisiken einen signifikant höheren Anteil ihres Kreditportfolios in riskanten Krediten im Vergleich zu Banken halten, die diese Möglichkeit nicht nutzen. Gann zeigt für CDOs, dass „es für Emittenten in Zeiten sehr niedriger Risikoaversion besonders vorteilhaft sein kann, Assets mit hohem Ausfallrisiko an den Markt zu bringen".[677] Dies könnte zu einer qualitativen Minderung der am Markt für Kreditderivate gehandelten Risiken führen. Zwar stellte die Deutsche Bundesbank in ihrem Monatsbericht April 2004 fest, es gäbe durch deutsche Banken „kaum einen nennenswerten Kreditrisikotransfer von schlechten Bonitäten über Kreditderivate oder Verbriefungen".[678] Als Hauptgrund führt sie die Einbehaltung der Equity-Tranche beim Originator an, was bis dahin einer weit verbreiteten Praxis entsprach.[679] Indem der Originator durch die Einbehaltung der Equity-Tranche an den externalisierten Risiken beteiligt wird, werden die Interessen von Kreditgeber und Sicherungsgeber harmonisiert. Insbesondere soll die sorgfältige Auswahl und Überwachung der Risiken durch den Kreditgeber sichergestellt werden. Ein ähnlicher Mechanismus findet sich in der Versicherungsökonomik durch die Selbstbeteiligung im Schadensfall. Tatsächlich weist die Bundesbank für die deutschen Kreditmärkte die Wirksamkeit dieses Mechanismus nach, indem sie feststellt, die Emission von Kreditderivaten werde kaum zur Vermeidung von Abschreibungen, sondern vorwiegend zur Begrenzung von Klumpenrisiken eingesetzt.[680] Die Praxis zur Einbehaltung der Equity-Tranche ist jedoch bis 2008 – zumindest nachweisbar für den US-amerikanischen Markt[681] – zu einem „Originate-to-Distribute"-Geschäftsmodell erodiert, bei dem die veräußernde Bank nicht mehr am Kreditrisiko des Referenzschuldners partizipierte.[682] Die Einschätzung der Bundesbank im Jahre 2004, dass die Emission guter Risiken durch die freiwillige Einbehaltung der Equity-Tranche als ein

---

[675] *Duffie,* BIS Working Paper, 2008, S. 5.
[676] *Cebenoyan/Strahan,* Journal of Banking and Finance, Vol. 28, S. 19 ff.
[677] *Gann,* Working Paper, 2009, S. 74.
[678] *Deutsche Bundesbank,* Monatsbericht April, 2004, S. 35.
[679] *Krahnen,* Perspektiven der Wirtschaftspolitik, Vol. 6, S. 509 ff.
[680] *Deutsche Bundesbank,* Monatsbericht April, 2004, S. 35.
[681] *Brunnermeier,* Journal of Economic Perspectives, Vol. 23, S. 78.
[682] *Berndt/Gupta,* Journal of Monetary Economics, Vol. 56, S. 725.

„Phänomen der Frühphase des Marktes“[683] zu deuten sei, dürfte sich damit bestätigt haben.

(2) Anreizstruktur zwischen Kreditgeber und Kreditnehmer

Die Übertragung der Kreditrisiken könnte auch Rückwirkungen auf den Kreditnehmer haben. So könnte die Minderung der Überwachungsqualität den Kreditnehmer *entdisziplinieren*: Er wird weniger Anstrengungen unternehmen, den Kreditverpflichtungen tatsächlich nachzukommen. So zeigen Berndt/Gupta empirisch, dass die Ausfallwahrscheinlichkeit von Kreditnehmern um durchschnittlich 9% steigt, wenn deren Kreditrisiken an einem Sekundärmarkt gehandelt werden.[684] Daneben wird der Kreditgeber weniger Ressourcen für Umschuldungen und andere Hilfeleistungen aufwenden wollen, sollte der Kreditnehmer in wirtschaftliche Schwierigkeiten geraten.[685] Denn der Kreditgeber wird im Insolvenzfall bei voller Absicherung vom Sicherungsgeber entschädigt. Die Minderung der Überwachungsqualität und der Restrukturierungsanstrengungen durch die Kreditgeber führt – empirisch nachweisbar[686] – zu einer *Risikoverschlechterung im Kreditmarkt.*

Die Trennung von Kontrolle und Risiko birgt noch ein weiteres Gefahrenpotential: Der Kreditgeber könnte sich durch Kreditderivate bis zu einem Niveau absichern, ab dem der Zahlungsstrom aus den zu leistenden Sicherungsgeschäften *größer* ist als der tatsächlich erlittene Schaden aus dem Ausfall des Kreditnehmers.[687] Dieser *Übersicherungstatbestand* könnte den Kreditgeber veranlassen, die bei ihm verbliebenen Kontrollrechte aktiv zu Lasten des Kreditnehmers auszuüben, um das Kreditereignis zu erzwingen (*Empty Creditor Hypothesis*[688]). So könnte der Kreditgeber einen Teil seiner Kredite abziehen, den Kreditnehmer so in Zahlungsschwierigkeiten bringen und eine aussichtsreiche Restrukturierung verweigern. Inwieweit diese aggressiven Geschäftsstrategien tatsächlich praktiziert werden, ist schwer nachweisbar.[689] Der Bestand und die Struktur dieses Anreizproblems hängt jedoch entscheidend von der vertraglichen Ausgestaltung des Kreditereig-

683 *Deutsche Bundesbank,* Monatsbericht April, 2004, S. 35.
684 *Berndt/Gupta,* Journal of Monetary Economics, Vol. 56, S. 741.
685 *Ayadi/Behr,* Journal of Banking Regulation, Vol. 10, S. 189.
686 *Keys/Mukherjee/Seru/Vig,* Quarterly Journal of Economics, Vol. 125, S. 307 ff.
687 *Vasudev,* Journal of Corporate Law, Vol. 35, S. 762.
688 *Mengle,* ISDA Research Notes, 3/2009, S. 2.
689 Vgl. *Hu/Black,* European Financial Management, Vol. 14, S. 682 (Die Autoren weisen auf die Vertragspraxis hin und führen aus: „We are informally advised that some credit default swap contracts now include customized terms which require the protection buyer, if it is also a creditor, to act in the interests of other creditors. This suggests concern that the protection buyer might not otherwise do so“. Verwiesen wird auch auf qualifizierte Einschätzungen von Banker oder Richter, die Akteneinsicht in entsprechende Strafprozesse haben); ähnlich *Partony/Skeel,* University of Cincinnati Law Review, Vol. 75, S. 1035.

nisses ab:[690] Ist das Kreditereignis beispielsweise als Restrukturierung des Referenzschuldners definiert, so kann der Kreditgeber auch auf eine Restrukturierung hinwirken. Gegen die Übersicherungsmöglichkeit wird auch angeführt, dass selbst in der schwächsten Form effizienter Märkte die exzessive Absicherungsstrategie letztlich scheitern muss, weil die Absicherungsinstrumente mit zunehmendem Sicherungsgrad teurer würden.[691]

ii) Andere Derivate

Anders als bei Kreditderivaten scheint der Risikotransfer durch derivative Finanzinstrumente, die von anderen Basiswerten abgeleitet sind, keinen wesentlichen Einfluss auf die Qualität des zugrunde liegenden Risikos zu haben. Die Besonderheit bei Kreditderivaten besteht gerade darin, dass durch Weitergabe des Risiko an den Sicherungsgeber ein *Kontrolldefizit* entsteht, wenn und soweit die Equity-Tranche nicht einbehalten wurde. Die erforderlichen Voraussetzungen sind jedoch bei anderen Basiswerten nicht gegeben. Denn oftmals fehlt es schon an einer Informationsasymmetrie zwischen Risikoverkäufer und Risikokäufer. Die meisten Basiswerte werden bereits an Kassamärkten gehandelt. Die Märkte haben Publizitätswirkung für bewertungsrelevante Information. Sofern keine der betroffenen Parteien über private Informationen hinsichtlich der zukünftigen Preisentwicklungen des Underlyings verfügt, wird die Informationslage durch den Markt angeglichen und es fehlt an der erforderlichen Informationsasymmetrie. Daneben fehlt es regelmäßig auch am Einflusspotential einer der Parteien auf das Underlying. Die Besonderheit bei Kreditderivaten besteht zudem gerade in der vertraglichen Beziehung zwischen Kreditgeber und Kreditnehmer, aus der Kontrollrechte und damit Einflusspotentiale erwachsen. Diese Voraussetzungen sind bei anderen Underlyings jedenfalls dann nicht gegeben, wenn sie an einem Kassamarkt gehandelt werden, an dem keine Partei eine marktbeherrschende Stellung einnimmt. Dies ist zumindest an liquiden Kapitalmärkten nicht anzunehmen.

iii) Schlussfolgerung

Lediglich bei Kreditderivaten können durch die Trennung von Kontrolle und Risiko die in Abb. 28 zusammen gefassten Anreizprobleme entstehen. Sie bewirken tendenziell eine qualitativen Minderung der im Kreditmarkt gehandelten Risiken. Da es an einer inter- und intrasektoralen Risikodiversifikation mangelt, würden sich die qualitativ schlechteren Risiken auf wenige Marktteilnehmer konzentrieren.

---

[690] *Mengle,* ISDA Research Notes, 3/2009, S. 7.
[691] *Mengle,* ISDA Research Notes, 3/2009, S. 10.

Moral Hazard	*Anreizsubjekt*
Entdisziplinierung durch geringeren Überwachungsdruck	Kreditnehmer
Geringere Restrukturierungsanstrengungen	Kreditgeber
Anreiz zum Hinwirken auf das Kreditereignis	Kreditgeber
Adverse Selektion	
Abbau von Risikoscreening vor Vertragsschluss	Kreditgeber
Anreiz zur Kreditvergabe an Schuldner schlechter Bonität	Kreditgeber

Abb. 28: Anreizprobleme durch die Externalisierung von Kreditrisiken (Quelle: Eigene Darstellung).

Entsprechend dem Modell von Lui[692] steigt damit schon a priori die Gefahr eines idiosynkratischen Schocks. Da die Änderung der Risikoqualität ex ante nicht beobachtet werden kann und von den Marktteilnehmern bei der Risikobeurteilung nicht berücksichtigt zu werden droht, steigen letztlich die operationellen Risiken durch Schätzfehler.

c) Entscheidungen unter Ambiguität und systemische Risiken

Sowohl die Marktkonzentration in den OTC-Derivatemärkten, als auch die unbeobachtete Erosion der Risikoqualität durch den Transfer von Risiko – wie für Kreditderivate festgestellt – schaffen wiederum die Voraussetzungen dafür, dass dem Entscheidungsverhalten unter Ambiguität systemische Relevanz zukommt.

i) Unvollständige Information zur Risikoverteilung und -bewertung

Die Teilnehmer an den Finanzmärkten (wie auch die Öffentlichkeit) nehmen die Marktkonzentration im Rahmen ihrer Marktbeobachtung wahr. Jedoch können sie nur unvollständige Information über die Vernetzung einzelner Marktakteure durch reale Übertragungskanäle erlangen. So werden in den OTC-Derivatemärkten selbst empirische Basisdaten wie die involvierten Parteien, Nominalbeträge und Handelsfrequenz und -richtung bisweilen noch nicht zentral erhoben, sondern auf Grundlage freiwilliger Befragungen durch staatliche oder internationale Organisationen *geschätzt*. Dies bewirkt zunächst einen heterogenen Informationsstand bezüglich der Risikoallokation unter den Marktteilnehmern.[693]

Zudem besteht a priori unvollständige Information zur Risikobewertung. Insbesondere poolingbasierte Mehrfachableitung derivativer Finanzinstrumente – so wurde gezeigt – induziert *erhebliche operationelle Risiken und Modellrisiken*. Während einerseits die ökonomischen Wirkungen von Schätz-

---

[692] Vgl. dazu S. 176.

[693] *Effenberger,* Working Paper, 2004, S. 5.

fehlern bei der Wahl der Ausgangsparameter systematisch gesteigert werden, grenzt der Informationsvernichtungseffekt die Verfügbarkeit der bewertungsrelevanten Information stark ein, sodass erhebliche operationelle Risiken entstehen. Andererseits bilden aktuelle Bewertungsmodelle die Sensitivitätsänderungen durch poolingbasierte Mehrfachableitung nur unzureichend ab. Dies manifestiert sich in Modellrisiken.

All dies begründet wiederum erhebliches *Ambiguitätspotential:* Solange Modellnutzer institutionelles Vertrauen in die Funktionsfähigkeit des genutzten Modells platzieren, sind sie in der Terminologie von Knight mit Risiko konfrontiert, da sie durch das Modell die Konsequenzen von stochastisch bedingten Ereignissen vermeintlich sicher beurteilen können. Mit zunehmenden Zweifeln an der Verlässlichkeit des Modells zur Risikobeurteilung operieren sie dagegen unter Ambiguität, da für sie die zukünftige Rendite*verteilung* unsicher wird.[694]

ii) Aggregation von Vertrauen

Sowohl die heterogene Information bezüglich der Risikoverteilung unter den Marktteilnehmern, als auch das erhebliche Ambiguitätspotential durch operationelle Risiken und Modellrisiken münden letztlich in ein *Informationsdefizit* des individuellen Marktteilnehmers und machen die Akkumulation von Vertrauen oder Misstrauen zur Reduktion der zu verarbeitenden Komplexität erforderlich.

In *ökonomischen Boomphasen* platzieren Marktteilnehmer weit überwiegend Vertrauen statt Misstrauen. Dazu trägt die *homogen positive Nachrichtenlage* bei,[695] die sich in steigenden Assetpreisen manifestiert und für diese Phase typisch ist. So wird die Voraussetzung dafür geschaffen, dass sich *Erwartungen verfestigen* und Vertrauen überhaupt erst platziert werden kann. Die in Boomphasen ebenfalls typische abnehmende Risikosensitivität trägt ihrerseits dazu bei, dass die Hemmschwelle zur Vertrauensplatzierung absinkt. In Folge dessen sinkt der Anreiz der Kapitalgeber zum Risikoscreening sowie auch der angewendete Sorgfaltsmaßstab ab, sodass Rückwirkungen auf die Risikoqualität – jedenfalls bei Kreditderivaten – entstehen. Leichtfertiges Vertrauen verstärkt zudem die Neigung der Marktteilnehmer zu Herdenverhalten und positiven Feedbacktrading, sodass die Qualität der Preisinformation mit zunehmender Boomdauer sukzessive absinkt. Durch die geringen Risikosensitivität und die geringe Hemmschwelle zur Vertrauensplatzierung wird das den Assets beigemessene Risiko- und Preisniveau *tendenziell weniger hinterfragt*. Damit wird der den Märkten ursprünglich immanente

---

[694] *Maccheroni/Marinacci/Rustichini,* Econometrica, Vol. 74, S. 1448.
[695] *Coval/Jurek/Stafford,* Journal of Economic Perspectives, Vol. 23, S. 20.

Kontrollmechanismus geschwächt.[696] Sicherheiten können nun überbewertet werden, sodass das Verschuldungsniveau überakkumuliert wird.

Bemerkenswerterweise steigt mit zunehmendem Komplexitätsgrad der Finanzinstrumente zugleich die Neigung der Marktteilnehmer, Risikobewertungsaufgaben an *spezialisierte Marktteilnehmer zu delegieren*, die nun ihrerseits institutionelles Vertrauen als Bewertungsspezialisten genießen. Sowohl die nur unvollständig beobachtbare Risikoverteilung im Markt, als auch die komplexe Gestaltung der gehandelten Finanzinstrumente haben einen erheblichen Einfluss auf das im Markt aggregierte Vertrauensniveau. In systemischer Terminologie bergen Vertrauensbeziehungen dagegen informationelle Übertragungskänale kraft unvollständiger Information.

iii) Substitution von Vertrauen und Misstrauen

Kaminsky et al.[697] weisen in einer historischen Analyse ausgewählter Finanzkrisen seit den 1980er Jahren darauf hin, dass die Verbreitung idiosynkratischer Schocks und die Intensität systemischer Ereignisse wesentlich mit der *Enttäuschung verfestigter Erwartungen* der Marktteilnehmer einher geht. Die in der späten Boomphase typischen hohen Markterwartungen verstärken beispielsweise die Anreize für betrügerische Verhaltensweisen und damit – aus systemischer Sicht – die Gefahr eines idiosynkratischen Schocks. Allerdings ist allein dadurch eine *fundamentale* Enttäuschung des systemweiten Vertrauens eher unwahrscheinlich und das Gefahrenpotential damit geringer als beispielsweise bei einer wahrnehmbaren Zunahme von Verlusten einzelner Spekulanten oder gar dem Bekanntwerden von systematischen Bewertungsfehlern durch Bewertungsspezialisten wie Ratingagenturen.[698] Die zunehmend *negativen Nachrichten* bewirken dann einem Strukturbruch mit dem kurz- bis mittelfristigen Erfahrungswissen der Marktteilnehmer.[699]

Entsprechend substituieren die Marktteilnehmer nun Vertrauen durch Misstrauen, um die wahrgenommene Komplexität weiterhin innerlich bewältigen zu können. Je höher das Komplexitätsniveau, mit dem Marktteilnehmer konfrontiert sind und je unvollständiger die verfügbare Risikoinformation, desto höher war das im Markt aggregierte Vertrauensniveau, das nunmehr durch Misstrauen substituiert wird. Für mehrfach abgeleitete, poolingbasierte Derivate begrenzt der Informationsvernichtungseffekt die Verfügbarkeit der bewertungsrelevanten Information dagegen erheblich. Zudem tragen sowohl die zunehmende Neigung zu generellem Misstrauen, als auch die steigende Risikosensitivität der Marktteilnehmer dazu bei, dass das institutionelle Vertrauen in die Reliabilität und Validität der Bewertungsmodelle erodiert.

---

[696] *Schwarcz,* Washington University Law Review, Vol. 87, S. 220.
[697] *Kaminsky/Reinhart/Vegh,* Journal of Economic Perspectives, Vol. 17, S. 66.
[698] *Coval/Jurek/Stafford,* Journal of Economic Perspectives, Vol. 23, S. 19.
[699] *De La Motte/Czernomoriez/Clemens,* Vertrauensökonomik, 2010, S. 71.

Entsprechend sind die Modellnutzer nunmehr mit *Ambiguität* konfrontiert. Die intensivere Wahrnehmung von Ambiguität gegenüber Risiko bewirkt einerseits nochmals eine Steigerung der Risikosensitivität – im obigen Modell ein zentraler Einflussfaktor auf den Verschuldungsgrad und die Nachfrage nach riskanten Assets. Andererseits wird über die starke Neigung zu Pessimismus Misstrauen abermals gestärkt.[700] Demnach besteht eine *sich selbst verstärkenden Tendenz* zwischen der Risikosensitivität, Ambiguität und Misstrauen, die ausschließlich in rezessiven Phasen, nicht aber reziprok in Boomphasen wirkt. Dies steht zunächst im Einklang mit der empirischen Beobachtung,[701] dass Vertrauensindikatoren zum Teil stark auf negative Entwicklungen an den Finanzmärkten reagieren. Darüber hinaus macht die einfache Substitution von Vertrauen durch Misstrauen zur Komplexitätsreduktion und die folgende stärkere Wahrnehmung von Ambiguität die schon vielfach beobachteten plötzlichen Stimmungsumschwünge bzw. Paniken plausibel.[702] Die Existenz einer Marktkonzentration in den OTC-Märkten für Derivate lässt die informationellen Übertragungskanäle kraft des Entscheidungsverhaltens unter Ambiguität – wie Routledge/Zin zeigten – überaus relevant werden.

Um das Misstrauensniveau zu senken und Vertrauen wiederherzustellen bedarf es als verlässlich wahrgenommene Information. Da Komplexität die Qualität der verfügbaren Informationen mindert und Entscheider die Akzeptanzschwelle für die Vertrauensplatzierung im Misstrauensfall hoch ansetzen, können die Marktteilnehmer die zur Wiederherstellung des Vertrauens *erforderliche Information nicht erlangen*. Dies lässt darauf schließen, dass ein hoher Komplexitätsgrad derivativer Risikotransferinstrumente sowie deren Marktstruktur wesentlichen Einfluss auf die Intensität und Dauer der Liquiditätseffekte haben.

4. Zusammenfassung

Auf der Grundlage ausgewählter Literatur wurde ein Zusammenhang zwischen der Komplexität derivativer Finanzinstrumente und systemischen Risiken hergestellt. Dabei wurde die Komplexität derivativer Finanzinstrumente anhand der Effekte durch poolingbasierte Mehrfachableitung konkretisiert. Das Pooling der Risiken auf jeder Ableitungsebene macht es für den Emittent des Derivats attraktiv, lediglich einen Teil der bewertungsrelevanten Information an Investoren zu kommunizieren. Werden die Risiken zusätzlich strukturiert, verschiebt sich die Relevanz einzelner Risikofaktoren auf das Gesamtrisiko des Derivats. Werden diese Derivate nochmals gepoolt und wiederum strukturiert, so steigert dies die ökonomische Wirkung von Schätzfehlern auf den ermittelten Wert dieser Derivate 2. Grades *systematisch*. Es

---

[700] Vgl. schon S. 171; *Kollock,* American Journal of Sociology, Vol. 100, S. 157.
[701] *Sachverständigenrat,* Jahresgutachten, 2008/09, S. 30 m.w.N.
[702] *Covitz/Liang/Suarez,* Working Paper, 2009, S. 3; *Gorton,* Working Paper, 2009, S. 5.

wurde geschlussfolgert, dass ab einer – pauschal nicht bestimmbaren – Ableitungsebene für Entscheider schlichtweg zu wenig Information verfügbar sein wird, um im Lichte der zunehmenden Wirkung von Schätzfehlern eine verlässliche Risikobeurteilung leisten zu können. Während einerseits die ökonomischen Wirkungen von Schätzfehlern bei der Wahl der Ausgangsparameter systematisch gesteigert werden, grenzt der Informationsvernichtungseffekt die Verfügbarkeit der bewertungsrelevanten Information stark ein, sodass erhebliche operationelle Risiken entstehen. Andererseits bilden aktuelle Bewertungsmodelle die Sensitivitätsänderungen durch poolingbasierte Mehrfachableitung nur unzureichend ab. Daher bestehen für mehrfach-abgeleitete, poolingbasierte Derivate erhebliche operationelle Risiken und Modellrisiken.

Solange Entscheider institutionelles Vertrauen in die Funktionsfähigkeit der verwendeten Modelle und Schätzheuristiken platzieren, sind sie in der Terminologie von Knight mit bestimmbaren Risiken konfrontiert. Erodiert dieses Vertrauen, so nehmen sie dagegen Ambiguität wahr – ein Zustand, in dem Entscheider die Kontrolle zu verliere glauben und mit Pessimismus reagieren. Der entscheidende Unterschied zwischen den Zuständen, in denen Entscheider mit Risiko oder Ambiguität konfrontiert sind, ist in diesem Falle die ex ante herrschende Neigung, zu vertrauen oder zu misstrauen.

Je höher das Komplexitätsniveau, mit dem Marktteilnehmer konfrontiert sind und je unvollständiger die verfügbare Risikoinformation, desto höher ist das absolute, im Markt aggregierte Vertrauensniveau. Sowohl individuelle, als auch institutionelle Vertrauensbeziehungen stellen aus systemischer Sicht letztlich informationelle Übertragungskanäle kraft unvollständiger Information dar. Denn es wurde ein Wirkungszusammenhang aufgezeigt, bei dem das in ökonomischen Boomphasen akkumulierte Vertrauensniveau nach einem unerwarteten Initialereignis schlagartig in Misstrauen umschlägt, um die wahrgenommene Komplexität unter asymmetrischer Information dennoch bewältigen zu können. Da Entscheider nun mit Ambiguität konfrontiert sind und – so wurde gezeigt – zwischen Misstrauen, Ambiguität und der Risikosensitivität der Entscheider eine sich selbst verstärkende Tendenz besteht, die über die Risikosensitivität auf den Verschuldungsgrad und die Nachfrage hinsichtlich riskanter Assets nach außen wirkt, können Märkte letztlich illiquide werden. Die kausalen Effekte komplexer Derivate bleiben nicht auf diese Märkte begrenzt, weil sowohl Vertrauen, als auch Ambiguitätsaversion nicht bloß instrumentenspezifisch, sondern auf die Entscheidungen unter Unsicherheit als solche wirken. Da Entscheider nicht trennscharf zwischen Finanzinstrumenten differenzieren, ändert sich – wie bei Brunnermeier/ Pedersen – das Entscheidungsverhalten des Marktteilnehmers hinsichtlich *aller* Assets, sodass die komplexitätsbedingte Abwärtsspirale auch auf Märkte für andere Finanzinstrumente und realwirtschaftliche Vorgänge wirkt.[703] Im

---

[703] Vgl. dazu *Romer,* Quarterly Journal of Economics, Vol. 105, S. 597 ff.

Gegensatz zu den oben hergeleiteten kurzfristigen Liquiditätseffekten[704] durch den Handel mit derivativen Finanzinstrumenten haben die hier aufgezeigten Effekte einen *potentiell langfristigen* Wirkungseinschlag und sind über die aufgezeigten Ansteckungseffekte nicht auf einzelne Märkte begrenzt.

Interessanterweise wird systemisches Risiko auch von der Literatur zur Unternehmensfinanzierung aufgegriffen.[705] Dabei konzentriert man sich auf einen Vergleich über die Zusammensetzung des Portfolios bei Investoren, die systemische Risiken bei der Portfoliobildung berücksichtigen und solchen, die dies nicht tun.[706] Die Berücksichtigung erfolgt dabei durch Antizipation möglicher simultaner Preissprünge bei den Einzelpositionen im Portfolio bei der Schätzung der Ausgangsparameter und/oder bei der Portfoliooptimierung. Im Ergebnis ändert sich die Portfoliostruktur nicht wesentlich. Jedoch neigt der risikoignorante Investor dazu, ein Portfolio mit riskanteren Positionen zu wählen.[707] Kommt es zur Realisierung systemischen Risikos durch simultane Preissprünge, so hat dieser Investortyp mit höheren finanziellen Verlusten zu rechnen als ein Investor, der das systemische Risiko bei der Portfoliozusammenstellung berücksichtigt hätte. Damit benachteiligt systemisches Risiko direkt Investoren mit höherem Risikoappetit.[708]

C. Ergebnis

In diesem Kapitel wurde die *ökonomische* Eignung derivativer Finanzinstrumente zur Unternehmensfinanzierung untersucht. Ziel der Unternehmensfinanzierung ist es, das Spannungsfeld zwischen Liquidität und Rentabilität aufzulösen. Sie soll Methoden bereitstellen, so viel Liquidität wie nötig, aber so wenig wie möglich vorzuhalten, um so die Rentabilität der Unternehmung zu maximieren. Derivative Finanzinstrumente fördern diese Zielstellung, indem sie zur Realisierung abschlusspolitischer Zielstellungen eingesetzt werden können. Dies kann eine günstige Darstellung der Verschuldungssituation der Gesellschaft betreffen, sodass die Finanzierungskosten des Unternehmens sinken. Zudem kann der Einsatz dieser Instrumente im betrieblichen Risikomanagement insgesamt zur steuerlichen Entlastung, Senkung der Kapitalkosten und Steigerung des Unternehmenswertes beitragen.

Im Anschluss wurde aufgezeigt, dass Derivate die Finanzmärkte bei ihrer zentralen Funktion unterstützen, Kapital und Risiko zum Ort der optimalen Verwendung zu transferieren. So trägt die separate Handelbarkeit von Risiken mit derivativen Finanzinstrumenten zur Vervollständigung der Finanzmärkte

---

[704] Vgl. dazu S. 147 ff.

[705] *Das/Uppsal,* Journal of Finance, Vol. 59, S. 2809 ff.

[706] Vgl. *Prokopczuk,* Essays on Systemic Risk, 2009, S. 94 ff.

[707] Vgl. *Prokopczuk,* Essays on Systemic Risk, 2009, S. 131.

[708] *Das/Uppsal,* Journal of Finance, Vol. 59, S. 2832.

bei und der Risikotransfer kann kostengünstiger und effizienter gestaltet werden. Terminmärkte fördern zudem die Transparenz über Erwartungen der Marktteilnehmer bzgl. unsicheren Ereignissen und helfen so, den Preisfindungsprozess an den Kassamärkten zu stabilisieren und zu beschleunigen.

Diesen positiven Effekten wurden negative Effekte gegenüber gestellt. Dynamische Absicherungsstrategien und automatisierter Handel mit Derivaten kann unter asymmetrischer Information der Marktteilnehmer zu kurzfristigen Informationseffekten führen. Zudem wurde gezeigt, wie derivative Finanzinstrumente eine zufällige Verknappung des Basiswertes durch eine zeitliche Konzentration von Lieferverpflichtungen bewirken können, die wesentlich von der Unkenntnis der Marktteilnehmer über die zukünftige Liquiditätslage zum Fälligkeitszeitpunkt des eigenen Vertrages abhängt.

Darüber hinaus werden derivative Finanzinstrumente bei mehrfacher Ableitung zunehmend komplexer. Insbesondere poolingbasierte Mehrfachableitung schränkt die Fähigkeit der Marktteilnehmer zur Risikobeurteilung systematisch ein. Während das Pooling der Risiken es für den Emittent des Derivats attraktiv macht, lediglich einen Teil der bewertungsrelevanten Information nach außen zu kommunizieren, verschiebt sich durch Strukturierung zugleich die Relevanz einzelner Risikofaktoren auf das Gesamtrisiko des Derivats. Werden diese Derivate mehrfach gepoolt und strukturiert, so steigt die ökonomische Wirkung von Schätzfehlern auf den ermittelten Wert dieser Derivate. Es wurde geschlussfolgert, dass ab einer – pauschal nicht bestimmbaren – Ableitungsebene für Entscheider schlichtweg zu wenig Information verfügbar sein wird, um im Lichte der zunehmenden Wirkung von Schätzfehlern eine verlässliche Risikobeurteilung leisten zu können. Dies birgt ein erhebliches Potential für *Bewertungsfehler*.

Auf dieser Grundlage konnte ein Zusammenhang zwischen der Komplexität derivativer Finanzinstrumente und systemischen Risiken hergestellt werden. Dabei wurde gezeigt: je höher das Komplexitätsniveau, mit dem Marktteilnehmer konfrontiert sind und je unvollständiger die verfügbare Risikoinformation, desto höher ist das absolute, im Markt aggregierte Vertrauensniveau. Bei einem unerwarteten Initialereignis am Ende einer Boomphase substituieren Marktteilnehmer schlagartig Vertrauen durch Misstrauen, um die wahrgenommene Komplexität dennoch bewältigen zu können. Unter diesen Bedingungen wird über sich selbst verstärkende Effekte zunächst die Liquidität in den Märkten für diese komplexen Finanzinstrumente advers beeinträchtigt. Die Übertragung auf andere Märkte erfolgt dann über das nunmehr pessimistische Entscheidungsverhalten der Marktteilnehmer hinsichtlich *aller* Entscheidungen unter Unsicherheit. Es wurde geschlussfolgert, dass ein hoher Komplexitätsgrad derivativer Risikotransferinstrumente im Lichte der aktuellen Marktstruktur in den OTC-Märkten wesentlichen Einfluss auf die Intensität und Dauer von krisentypischen Liquiditätseffekten hat.

Kapitel 3

Zulässigkeit derivativer Finanzinstrumente in Unternehmen, Banken und Kommunen

Die Gegenüberstellung von positiven und negativen Effekten durch den Einsatz derivativer Finanzinstrumente in der Unternehmung allein ließ vorstehend noch keine Rückschlüsse auf eine a priori fehlende *Eignung* dieser Instrumente zum Einsatz in der Unternehmensfinanzierung zu. Gleichwohl deuten etwa die Effekte der komplexen Vertragsgestaltung, kurzfristiger Liquidität- und Informationseffekte sowie die mögliche Steigerung systemischer Risiken durchaus in dieser Richtung. Dieser Schritt kann erst unter Hinzuziehung rechtlicher Wertungen gelingen, muss dann aber treffender als fehlende rechtliche *Zulässigkeit* dieser Instrumente zum Einsatz in der Unternehmung bezeichnet werden. Die nachfolgende Analyse greift deshalb die wesentlichen Ergebnisse des ökonomischen Teils auf – ohne auf diese beschränkt zu sein – und wird zeigen, dass sich auf diesem Wege sehr wohl einzelne Arten derivativer Finanzinstrumente identifizieren lassen, deren Einsatz in der Unternehmung unzulässig ist.

A. Derivate am Schnittpunkt von Banken- und Versicherungsaufsicht

Banken und Versicherungen zählen zu den wichtigsten Finanzinstitutionen einer Volkswirtschaft. Die Risikodeckung durch Versicherungen bestärkt die Versicherten in der Durchführung von riskanten, aber produktiven Tätigkeiten.[1] Banken übernehmen im Wesentlichen die Aufgabe, Kapital und Risiko von Überschusseinheiten zu Defiziteinheiten zu transferieren. Obwohl die Institute im Rahmen ihrer Geschäftsmodelle unterschiedliche Risiken eingehen,[2] können sich die Umsetzungsinstrumente überschneiden.[3] Derivative Finanzinstrumente sind Paradebeispiele für diesen Grenzbereich zwischen Banken- und Versicherungswesen. Sie weisen regelmäßig einen Bezug zu den Kapitalmärkten auf, dem originären Geschäftsbereich von Banken. Gleichwohl können durch sie auch gezielt Risiken abgesichert

[1] *Schwintowski,* JZ 1996, 702, (703).
[2] *Nurullah/Staikouras,* Multinational Finance Journal, Vol. 12, S. 158.
[3] *Winter,* Versicherungsaufsichtsrecht, 2007, S. 332.

werden, sodass das Geschäftsfeld der Versicherer berührt ist.[4] Nicht selten werden Derivate auch als Versicherungen bezeichnet.[5] Vor dem Hintergrund, dass diese Branchen unterschiedlichen Aufsichtsregimen unterliegen, innerhalb derer die Behandlung der branchentypischen Geschäfte variiert, ist eine rechtlich exakte Zugehörigkeitsbestimmung derivativer Finanzinstrumente zum Banken- oder Versicherungswesen geboten. Daraus könnten sich letztlich Rückschlüsse auf die Eignung einzelner Derivate zur Unternehmensfinanzierung ergeben.

I. Schutzrichtung von Bankenaufsicht und Versicherungsaufsicht

Die Schutzrichtungen der beiden Aufsichtsregime in Deutschland überschneiden sich zu großen Teilen. Sie haben aber grundsätzlich unterschiedliche Schwerpunkte. In der Bankenaufsicht steht der *Schutz öffentlicher Interessen* im Vordergrund. Dies ist auf die herausragende Funktion der Banken in einer Volkswirtschaft zurück zuführen.[6] Banken übernehmen im Wesentlichen die Aufgabe, Kapital von Überschusseinheiten zu Defiziteinheiten zu transferieren. Dazu sammeln und vergeben sie Kredite von und an Unternehmen, öffentliche Hand und private Haushalte. Sie wickeln den Zahlungsverkehr ab und leiten so Zahlungsströme durch die Volkswirtschaft. Durch die volkswirtschaftliche Geldschöpfung werden Geldumlauf und die Güternachfrage in der Realwirtschaft durch die Aktivität der Banken beeinflusst.[7] Durch die Kreditvergabe sind Banken jedoch in Besonderem Maße systemischen Risiken – insbesondere der Gefahr eines Bank-Run[8] – ausgesetzt. Aus diesem Grund hat die Bankenregulierung den Primärzweck, die *Funktionsfähigkeit der Banken- und Zahlungssysteme zu sichern*[9] (§ 6 Abs. 2 KWG). Freilich hat sie auch die Aufgabe, die den Instituten anvertrauten Vermögenswerte und damit die Einleger selbst zu schützen. So hat der BGH in den Entscheidungen Wetterstein[10] und Herstatt[11] hervorgehoben, dass auch der Schutz des einzelnen Anlegers Ziel der Bankenaufsicht sei. Trotzdem ist aufgrund der systemtragenden Funktion des Bankensektors der Funktionsschutz des Kreditwesens und die Prävention einer generellen Bankenkrise vorrangig.

---

[4] *Briyes/Varenne* in: Jacque/Vaaler, Financial Innovations, 2001, S. 306; *Hull,* Optionen Futures und andere Derivate, 2009, S. 715.

[5] *Reiner/Schacht,* WM 2010, 337, (389) m.w.N.

[6] *Fischer* in: Boos/Fischer/Schulte-Mattler, KWG, Einf. zum KWG, Rn. 61 ff.

[7] *Rümker/Keßeböhmer* in: Schimansky/Bunte/Lwowski, BankR, § 124, Rn. 1.

[8] Dazu oben S. 173.

[9] *Möschel,* Wirtschaftsrecht der Banken, 1972, S. 249 ff.; *Höhns,* Aufsicht über Finanzdienstleister, 2002, S. 50 ff.; *Rümker/Keßeböhmer* in: Schimansky/Bunte/Lwowski, BankR, § 124, Rn. 4.

[10] BGH vom 15.02.1979, Az. III ZR 108/76, BGHZ 74, 144.

[11] BGH vom 12.07.1979, Az. III ZR 154/77, BGHZ 75, 120.

Bei der Versicherungsaufsicht dagegen steht der *Schutz der Versicherungsnehmer* im Mittelpunkt.[12] Die oftmals langfristigen Verpflichtungen aus den Versicherungsverträgen sollen dauerhaft erfüllbar sein. Daher hat die *Solvenzaufsicht* besonderes Gewicht. Insbesondere die Kapitalanlagemöglichkeiten von Versicherungsunternehmen ist deshalb recht konkret vorgegeben und zugleich beschränkt. Daneben hat die Versicherungsaufsicht auch die ausreichende Wahrung anderer Belange der Versicherten in den Versicherungsmärkten zu achten, insbesondere den *Schutz vor Übervorteilung und Missbrauch* durch den Versicherer.[13] Zwar hat die Aufsicht auch die Funktionsfähigkeit der Versicherungsmärkte zu sichern.[14] Im Unterschied zum Bankensektor ist hier allerdings das Risiko viel geringer ausgeprägt, dass die Versicherten – von Zweifel an der finanziellen Leistungsfähigkeit getrieben – die Geschäftsbeziehungen zum Versicherungsunternehmen abbrechen und Gelder abziehen.[15] Umgekehrt werden Versicherungen gerade im Vertrauen darauf abgeschlossen, Absicherung im Schadensfall zu erlangen. Neben ihrer originären Stellung als Gläubiger erbringen die Versicherungsnehmer der Leistungsfähigkeit des Versicherers ein *starkes Vertrauen* entgegen, das sie besonders schutzwürdig macht.

II. Bankenaufsichtsrecht als obligatorischer Rahmen für Derivate

Das deutsche Bankenaufsichtsrecht knüpft an die Begriffe des Bankgeschäfts und der Finanzdienstleistung an. Die Begriffe werden durch die in § 1 Abs. 1 und 1a KWG aufgezählten Dienstleistungen konkretisiert. Soweit als Gegenstand dieser Dienstleistung ein Finanzinstrument genannt ist, umfasst dessen Definitionsbereich gem. § 1 Abs. 11 S. 1 KWG auch Derivate. In § 1 Abs. 11 S. 4 KWG sind Derivate definiert als „als Kauf, Tausch oder anderweitig ausgestaltete Festgeschäfte oder Optionsgeschäfte, die zeitlich verzögert zu erfüllen sind und deren Wert sich unmittelbar oder mittelbar vom Preis oder Maß eines Basiswertes ableitet (Termingeschäfte)“. Damit konkretisiert die Rechtsordnung den Begriff des Derivats über die Qualität als Termingeschäft. Entsprechende Basiswerte werden danach umfassend aufgezählt.

1. Termingeschäfte nach alter Rechtslage

Auch vor dem 01.11.2007 wurde der Anwendungsbereich von Anlegerschutz- sowie aufsichtsrechtlichen Regelungen betreffend derivativer Finanzinstru-

---

[12] Dazu ausführlich *Schwintowski,* private Versicherungsvertrag, 1987, S. 79 ff. m.w.N.

[13] Diese staatliche Schutzpflicht auch der Aufsichtsbehörde wurde vom BVerfG wegen der beim Versicherungsvertragsschluss typischen ungleichen Verhandlungspositionen aus dem objektiv-rechtlichen Gehalt der Art. 2 Abs. 1 GG und Art. 14 Abs. 1 GG hergeleitet; vgl. BVerfG vom 26.07.2005, Az. 1 BvR 782/94, BVerfGE 114, 1, Rn. 130 ff.

[14] BVerfG vom 26.07.2005, Az. 1 BvR 80/95, BVerfGE 114, 73, Rn. 90 m.w.N.

[15] *Winter,* Versicherungsaufsichtsrecht, 2007, S. 19.

mente über den Rechtsbegriff des (Finanz- bzw. Börsen-)Termingeschäfts bestimmt.[16] Der Begriff des Börsentermingeschäfts wurde im Jahre 1896 in das BörsG eingeführt und enthielt eine Legaldefinition.[17] Diese wurde jedoch bereits 1908 wieder verworfen.[18] Grund war die fehlende Regelungseffizienz: So sollten Börsentermingeschäfte einerseits von Kassageschäften, andererseits von Differenzgeschäften[19] abgegrenzt werden. Schnell entwickelten sich jedoch Umgehungsgeschäfte in Form verdeckter Differenzgeschäfte.[20] Der Gesetzgeber zog die Konsequenz aus dieser Entwicklung und überließ die Definition der Börsentermingeschäfte fortan der Rechtsprechung.[21]

Die Rechtsprechung unternahm den Versuch einer Begriffsdefinition nach konkreten Merkmalen. Danach waren (Börsen-)Termingeschäfte „Verträge über Wertpapiere, vertretbare Sachen oder Devisen nach gleichartigen Bedingungen, die von beiden Seiten erst zu einem bestimmten, späteren Zeitpunkt zu erfüllen sind und die zudem eine Beziehung zu einem Terminmarkt haben, die es ermöglicht, jederzeit ein Gegengeschäft abzuschließen".[22]

---

[16] Vgl. *Granzow,* Die Aufsicht über den Handel mit Energiederivaten, 2006, S. 72 (Der Begriff des Börsentermingeschäfts wurde 1896 in das BörsG aufgenommen und erst 2002 durch das 4. Finanzmarktförderungsgesetz durch den Begriff des Finanztermingeschäfts ersetzt).

[17] Die Legaldefinition in § 48 BörsG in der Fassung vom 22.6.1896 lautete: „Als Börsentermingeschäfte in Waren oder Wertpapieren gelten Kauf oder sonstige Anschaffungsgeschäfte auf eine fest bestimmte Lieferzeit oder mit einer fest bestimmten Lieferungsfrist, wenn sie nach Geschäftsbedingungen abgeschlossen werden, die von dem Börsenvorstande für den Terminhandel festgesetzt sind und wenn für die an den betreffenden Börsen abgeschlossenen Geschäfte solcher Art die Feststellung von Terminpreisen (§§ 29, 35) erfolgt.".

[18] RGBl. I 1908, 193 ff.

[19] Für Differenzgeschäfte (Geschäfte mit Barausgleich) galt der Differenzeinwand des § 764 BGB a.F., der im Zuge des 4. Finanzmarktförderungsgesetzes abgeschafft wurde, vgl. BGBl. I, 2002, S. 2059.

[20] Sowohl bei offenen, als auch bei verdeckten Differenzgeschäften wollen die Parteien keine physische Lieferung des Basiswertes erreichen. Während beim offenen Differenzgeschäft dieser Wille vertraglich manifestiert und so erkennbar nach außen tritt (z.B. in Form einer Barausgleichsabrede im Vertragswerk), liegt er beim verdeckten Differenzgeschäft in der – außerhalb der beiderseitigen Erklärungen anzusiedelnden – Motivation der Parteien. Beispielsweise könnten sich die Parteien einig sein, dass sie zwar formal Festgeschäfte mit vereinbarter physischer Lieferung abschließen, aus „Vereinfachungsgründen" die Schulden bei Fälligkeit jedoch verrechnen wollen.

[21] Begründung in den Verhandlungen des Reichstags 1907/1908, Aktenstück Nr. 483, S. 2597, (2606) („Die Gerichte haben es bisher vermocht, auch ohne gesetzliche Begriffsbestimmung das Wesen der Börsentermingeschäfte zutreffend zu erfassen. Es würde die Durchführung des Gesetzes gefährden, wenn der Rechtsprechung für die zu beantwortende Frage, ob ein Börsentermingeschäft vorliegt, nicht freie Hand gelassen würde. Denn nur bei völliger Freiheit wird die Rechtsprechung in der Lage sein, den wechselnden Formen des Handels zu folgen.").

[22] BGH vom 16.04.1991, Az. XI ZR 88/90, BGHZ 114, 177, (179) m.w.N.

Dieser Ansatz war an die traditionelle Ausgestaltung eines Börsentermingeschäfts als Festgeschäft angelehnt und stieß durch die Innovationskraft der Praxis schnell an seine Grenzen:[23] So kamen in den 1980er Jahren Terminkontrakte auf Indices und Zinssätze (insbesondere: Swaps) auf, die wirtschaftlich als Termingeschäfte eingestuft wurden, aber nicht auf die vorgegebenen Basiswerte passten. Zudem wurde das Merkmal der standardisierten Vertragsbedingungen dem aufkommenden OTC-Handel und damit der Möglichkeit nicht mehr gerecht, die Geschäfte auch außerbörslich abzuschließen. Auch das Merkmal der Glattstellungsmöglichkeit selbst war problematisch: Einerseits konnten die Terminkurse derart vom Marktpreis des Basiswertes abweichen, dass faktisch keine Glattstellungsmöglichkeit mehr besteht.[24] Andererseits wurden moderne Derivate oftmals als offene Differenzgeschäfte ohne Liefer- und Abnahmeverpflichtung ausgestaltet, sodass eine Glattstellung nicht mehr erforderlich war. Aufgrund dieser Defizite rückte der BGH[25] 1998 schließlich von seiner starren Definition ab.

Auch in der Literatur wurden die Probleme schon frühzeitig aufgearbeitet. Um den innovativen Vorgaben des Terminhandels gerecht zu werden, wurde zunächst auf das Wesen[26], später auf den Typus[27] des Börsentermingeschäfts abgestellt. Nach dieser vielfach vertretenen Meinung[28] „muss keines der Merkmale zwingend vorliegen, solange dessen Fehlen durch das stärkere Vorliegen anderer Merkmale wieder ausgeglichen wird",[29] sodass die Gesamtbetrachtung immer noch der des Termingeschäfts entspricht. Um hinreichende Bestimmtheit zu gewährleisten, war die Herausarbeitung *typusbildender Merkmale* erforderlich. Der Wortlaut des § 50 Abs. 1 S. 2 BörsG a.F.[30] und der Zweck WpHG – unerfahrenen Anleger vor den Risiken der Finanztermingeschäfte zu schützen[31] – legen eine wirtschaftliche Betrachtungsweise bei der Festlegung der typusbildende Merkmale nahe. Danach wurden folgende Typusmerkmale von Termingeschäften herausgearbeitet:

- hinausgeschobener Erfüllungszeitpunkt
- die Möglichkeit, überproportional an Kursänderungen zu partizipieren (Hebeleffekt)
- das über das allgemeine Insolvenzrisiko hinausgehende Risiko des Totalverlusts

---

23 *Schwark,* WM, 2001, 1973, (1980).
24 *Reiner,* Derivative Finanzinstrumente, 2002, S. 91.
25 BGH vom 12.05.1998, Az. XI ZR 180/97, BGHZ 139, 1, (5).
26 So schon Göppert, BankArch 1912/13, S. 271.
27 *Koller,* WM 1985, 593; *Canaris,* WM, 1988, SoB 10, S. 6.
28 Beck in: Schwark-KMR § 2 WpHG Rn 13 m.w.N.
29 *Jaskulla,* ZBB, 1997, 171, (174); *Koller,* WM 1985, 593; *Dötsch/Kellner,* WM, 2001, 1994, (1995).
30 Erfasst wurden auch Geschäfte „die wirtschaftlich gleichen Zwecken dienten". [d. Verf].
31 Schwark in: Schwark-KMR Vor § 37d WpHG Rn 9.

- das Risiko, planwidrig zusätzliche Geldmittel aufbringen zu müssen
- die Möglichkeit, das Geschäft nicht nur zu Spekulations-, sondern auch zu Absicherungszwecken nutzen zu können

Obgleich der Vorteil der Typuslehre darin liegt, ein flexibles Werkzeug für die Zuordnung zum (Finanz-)Termingeschäft bereitzustellen, zeigt er zugleich auch das Defizit auf. Denn diesem Mechanismus wohnt eine erhebliche Rechtsunsicherheit inne.[32] Dennoch hatte auch der Gesetzgeber in der Begründung[33] zum 4. Finanzmarktförderungsgesetz noch ausdrücklich für die Typuslehre plädiert.

Diese Rechtsunsicherheit wird in der Literatur[34] zum Anlass genommen, von einem *festen Kernbereich* an unverzichtbaren Merkmalen und zusätzlichen, typusbildenden Merkmalen auszugehen. Notwendige, aber nicht hinreichende Merkmale seien mit Hinweis auf die Wortlautauslegung des Termingeschäfts[35] der hinausgeschobene Erfüllungszeitpunkt, die Abhängigkeit der Preisbildung des Derivats vom Underlying, sowie der daraus resultierende Hebeleffekt. Diese Merkmale allein begründen jedoch noch kein Termingeschäft. Zusätzlich müssen einzelne, nicht jedoch alle typusbildenden Merkmale vorliegen. Diese seinen das aus dem Hebeleffekt folgende Risiko des Totalverlusts, das Risiko, über das eingesetzte Kapital hinaus zusätzliche Geldmittel nachschießen zu müssen sowie die zumindest abstrakte Eignung des Geschäfts zu Kurssicherungszwecken.[36]

2. Termingeschäfte nach heutiger Rechtslage

Auch nach heutiger Rechtslage ist zentrales Definitionsmerkmal eines Derivats im Bankenaufsichtsrecht der Begriff des Termingeschäfts.[37] Während das Typenmerkmal des hinausgeschobenen Erfüllungszeitpunkts bisher aus einer Wortlautauslegung des Termingeschäfts gewonnen wurde, nennt das Gesetz dieses Erfordernis nunmehr ausdrücklich. Weitere Konkretisierungen des

---

[32] *Derleder/Knops,* Bankrecht, 2009, § 54, Rn. 18.

[33] Regierungsbegründung, BT-Drucks., 14/8017 S. 85.

[34] *Canaris,* WM, 1988, SoB 10, (3ff.); *Casper,* WM, 2003, 161, (163); *Granzow,* Die Aufsicht über den Handel mit Energiederivaten, 2006, S. 109.

[35] *Casper,* WM, 2003, 161, (163).

[36] *Casper,* WM, 2003, 161, (163) (Die Eignung zur Kurssicherung stoße dann an ihre Grenzen, wenn „zum Beispiel bei Wetterderivaten oder Optionen auf den Ausgang einer Wahl nur noch Absicherung gegen allgemeine klimatische, politische oder wirtschaftliche Risiken erfolgen soll"); Dies läuft auf eine ähnlichen Einschränkung möglicher Basiswerte hinaus wie es auch *Reiner,* Derivative Finanzinstrumente, 2002, S. 51 durch sein Merkmal der „jederzeitigen Reproduzierbarkeit" vertritt. (vgl. auch oben S. 69) Bei beiden Varianten fielen Geschäfte mit illiquiden, nicht handelbaren Basiswerten aus dem Definitionsbereich heraus. Im Unterschied zu Reiner ist dieses Merkmal hier aber gerade fakultativer Natur. Es kann, muss aber nicht zwingend vorliegen.

[37] Regierungsbegründung zum Finanzmarkt-Richtlinie-Umsetzungsgesetz (FRUG), BT-Drucks. 16/4028, S. 55.

Begriffs des Termingeschäfts werden allerdings nicht unternommen. Ein alleiniges Abstellen auf den hinausgeschobenen Erfüllungszeitpunkt des Geschäfts würde den Anwendungsbereich *zu weit ausdehnen*, da dann alltägliche Dauerschuldverhältnisse bzw. bloße Zeitgeschäfte mit umfasst wären. Auch die Ableitung von einem Basiswert ist als konkretisierendes Definitionsmerkmal zu unscharf. Sämtliche von Unternehmen emittierten Finanztitel wie Aktien oder Obligationen leiten ihren Wert von der Wirtschaftslage des Unternehmens und damit vom Unternehmenswert selbst ab. Der Rückgriff auf die Ableitung von einem Basiswert ohne zusätzliche, konkretisierende Eigenschaften würde zur synonymen Verwendung von Derivaten und Finanztiteln führen.[38]

Dies erfordert auch zukünftig den Rückgriff auf die Typuslehre bei der Einordnung einzelner Geschäfte als Derivate. Allerdings bezieht der Gesetzgeber damit klar Stellung hin zum Erfordernis von unabdingbaren Merkmalen bei der Typusbestimmung. Damit bewegt er sich wieder in Richtung einer starren Begrifflichkeit und läuft so Gefahr, erneut an Produktinnovationen der Bankenpraxis zu scheitern. Umgekehrt wird so die Rechtssicherheit bei der Einordnung einzelner Geschäfte als Derivate gefördert. Aus diesem Grunde erscheint die gesetzgeberische Lösung jedenfalls vertretbar.

Im Zusammenspiel mit den in § 1 Abs. 11 S. 4 KWG aufgezählten Basiswerten gelten als Derivate i.S.d. KWG jedenfalls Festgeschäfte, Optionen oder Swapgeschäfte, die sich auf Wertpapiere wie Aktien, Anleihen oder Bonds, auf Zinssätze oder Devisen oder auf Finanzindices beziehen. Durch das FRUG wurden auch solche Derivate ausdrücklich (§ 1 Abs. 11 S. 4 Nr. 4) und umfassend erfasst, die dem Transfer von Kreditrisiken dienen. Dadurch wurde die nach alter Rechtslage[39] bestehenden Unsicherheit über die Behandlung von CDS beseitigt.[40] Diese Geschäfte sind nunmehr handelsbuchfähig und unterliegen durch die deckungsgleiche Definition im WpHG auch den Insiderregeln.[41]

Termingeschäfte mit Bezug auf Waren, Emissionsberechtigungen, meteorologischen oder volkswirtschaftlichen Variablen sind nur dann aufsichts-

---

[38] So auch *Reiner*, Derivative Finanzinstrumente, 2002, S. 12 (Der Autor stellt fest, dass sich der Derivatebegriff nur dann sinnvoll einschränken lässt, „wenn man die Abgeleitetheit des Marktwertes über den reinen (empirischen) Kausalzusammenhang mit dem Basiswert hinaus i.S. der (theoretischen) Berechenbarkeit des Wertes zu jedem Zeitpunkt während der Laufzeit versteht (Abgeleitetheit i.S. von Ableitbarkeit des Wertes).“).

[39] Die BaFin hat sich in ihrem Rundschreiben 10/99 vom 16.6.1999 (http://www.bafin.de) dafür ausgesprochen, CDS im Rahmen des KWG wie Optionen zu behandeln. Denn wie bei Optionen bestehe auch hier eine asymetrische Verteilung des Risikos. Von der Literatur wurden CDS dagegen nicht ohne weiteres unter den Derivatebegriff des KWG subsumiert, da es mit dem definierten Kreditereignis an einem tauglichen Basiswert fehlte, wenn sich dieses ausschließlich auf ein Darlehen oder ein Kreditportfolio bezog.

[40] Regierungsbegründung, BT-Drucks. 16/4028, S. 55.

[41] *Schäfer* in: Boos/Fischer/Schulte-Mattler, KWG, § 1 KWG, Rn. 219.

rechtlich erfasst, wenn sie eine Barausgleichsabrede enthalten oder an einem organisierten Markt bzw. einem multilateralen Handelssystem gehandelt werden (§ 1 Abs. 11 S. 4 Nr. 2 KWG). Auch Wetterderivate sind – entgegen der früheren Rechtslage[42] – dieser Regelung unterworfen.[43] Strom ist – so der Gesetzgeber ausdrücklich[44] – als Ware i.S.d. KWG aufzufassen, sodass auch Stromderivate hiervon erfasst sind.[45] Für all diese Geschäfte ist der Spieleinwand des § 762 BGB durch § 37e WpHG ausgeschlossen und damit – entgegen der früheren Rechtslage[46] – ohne praktische Bedeutung.

3. Bereichsausnahmen

Für Unternehmen, die Bank- oder Finanzdienstleistungsgeschäfte gewerbsmäßig oder in einem Umfang betreibt, der einen in kaufmännischer Weise eingerichteten Geschäftsbetrieb erfordert, sind von der Erlaubnispflicht unter den Voraussetzungen gem. § 2 Abs. 1 und Abs. 6 Satz 1 KWG ausgenommen.[47]

(1) Konzernprivileg

In der Praxis ist zunächst das Konzernprivileg gem. § 2 Abs. 1 Nr. 7 KWG sowie § 2 Abs. 6 Satz 1 Nr. 5 KWG von hoher Relevanz. Danach gelten Unternehmen, die Bank- oder Finanzdienstleistungen mit Derivaten ausschließlich für ihre Mutter-, Tochter- oder Schwesterunternehmen betreiben, nicht als Institut. Das Konzernprivileg greift jedoch nur bei *Ausschließlichkeit*. Soweit das Unternehmen auch nur ein weiteres Bank- oder Finanzdienstleistungsgeschäft mit einem nicht konzernverbundenen Vertragspartner tätigt, werden seine Geschäfte insgesamt erlaubnispflichtig.[48]

(2) Eigengeschäft und Eigenhandel

Gem. § 2 Abs. 6 S. 1 Nr. 14 KWG werden solche Unternehmen grundsätzlich vom Anwendungsbereich des KWG ausgenommen, die ausschließlich Eigengeschäfte und Eigenhandel betreiben.[49] Eine Rückausnahme besteht einerseits für Market-Maker, andererseits für solche Unternehmen, die außerhalb orga-

---

[42] Vgl. dazu *Schäfer* in: Boos/Fischer/Schulte-Mattler, KWG, § 1 KWG, Rn. 231.

[43] *Derleder/Knops,* Bankrecht, 2009, § 54, Rn. 32.

[44] Regierungsbegründung zum FRUG, BT-Drucks. 16/4028, S. 55.

[45] Vgl. BaFin in: Merkblatt „Hinweise zur Erlaubnispflicht von Geschäften im Zusammenhang mit Stromhandelsaktivitäten" (http://www.bafin.de).

[46] RG vom 08.10.1902, Rep. I 145/02, RGZ 52, 250, (251); vgl. *Lehmann,* Finanzinstrumente, 2009, S. 104.

[47] *Fischer* in: Boos/Fischer/Schulte-Mattler, KWG, § 32 KWG, Rn. 11.

[48] BaFin in Merkblatt: „Hinweise zur Erlaubnispflicht von Geschäften im Zusammenhang mit Stromhandelsaktivitäten" (http://www.bafin.de).

[49] *Schäfer* in: Boos/Fischer/Schulte-Mattler, KWG, § 2 KWG, Rn. 68c.

nisierter Märkte oder multilateraler Handelssysteme in „organisierter und systematischer Weise häufig für eigene Rechnung Handel treiben, indem sie ein für Dritte zugängliches System anbieten, um mit ihnen Geschäfte durchzuführen“. Die zweite Rückausnahme soll weit zu verstehen sein, um „eine zweckwidrige Umgehung des auch bislang erlaubnispflichtigen Geschäfts des Eigenhandels für andere nach § 1 Abs. 1a S. 2 Nr. 4 KWG und der damit verbundenen Pflichten nach dem KWG und dem WpHG auszuschließen“.[50] Erlaubnispflichtig bleiben damit insbesondere *Systematische Internalisierer*, die in organisierter und systematischer Weise regelmäßig Handel für eigene Rechnung durch Ausführung von Kundenaufträgen betreiben.[51] Erlaubnisbefreit sind dagegen Personen, die nur Eigengeschäfte betreiben, insbesondere Industrieunternehmen und Familienvermögensverwaltungsgesellschaften, die ihr eigenes Risikoexposure verwalten.

(3) Terminbörsenprivileg

Eine weitere praxisrelevante Bereichsausnahme ist das Terminbörsenprivileg gem. § 2 Abs. 1 Nr. 8 KWG. Danach sind Unternehmen von der Erlaubnispflicht befreit, die – ohne grenzüberschreitend tätig zu sein – ausschließlich Finanzkommissionsgeschäfte an inländischen Börsen oder multilateralen Handelssystemen schließen, an denen Derivate gehandelt werden und für die Geschäfte jeweils Mitglieder der Clearingstelle haften. Eine ähnliche Ausnahme gewährt § 2 Abs. 6 S. 1 Nr. 9 KWG für Unternehmen, die – ohne grenzüberschreitend tätig zu sein – entweder Eigenhandel in Derivatemärkten betreiben und an Kassamärkten nur zur Absicherung dieser Positionen handeln oder Eigenhandel für andere Mitglieder der Derivatemärkte erbringen oder als Market-Maker (§ 23 Abs. 4 WpHG) Preise durch Eigenhandel stellen, sofern für die Geschäfte letztlich Clearingmitglieder haften. Sachgrund für die Freistellung dieser *Locals* ist, dass für die Geschäfte letztlich Clearingmitglieder wirtschaftlich einstehen, die ihrerseits beaufsichtigt werden.[52]

(4) Warenprivileg

Das Warenprivileg der § 2 Abs. 1 Nr. 9 KWG und § 2 Abs. 6 Satz 1 Nr. 11 KWG gilt für Unternehmen, die als Nebengeschäft zu ihrer kapitalmarktfernen Haupttätigkeit Finanzkommissionsgeschäfte oder Finanzdienstleistungen in Bezug auf Derivate i.S.d. § 1 Abs. 11 S. 4 Nr. 2 KWG tätigen. Die Ausnahme erfasst nach Ansicht der BaFin[53] dagegen solche Unternehmen nicht, die das Derivategeschäft zwar selbst als Annex zu ihrer Produktionstä-

---

[50] Regierungsbegründung (FRUG), BT-Drucks. 16/4028, S. 59.

[51] RL 2004/39/EG (MiFiD) vom 21.04.2004, Abl. L 145/1, S. 10.

[52] Regierungsbegründung (FRUG), BT-Drucks. 16/4028, S. 91.

[53] BaFin in Merkblatt: „Hinweise zur Erlaubnispflicht von Geschäften im Zusammenhang mit Stromhandelsaktivitäten“ (http://www.bafin.de).

tigkeit betreiben, die aber einer Unternehmensgruppe angehören, deren geschäftlicher Schwerpunkt auf der Erbringung von Bank- oder Finanzdienstleistungen liegt. Die Ausnahme erfasst auch den Handel der Energieversorger und anderer Produktionsunternehmen auf eigene Rechnung, etwa wenn sie durch Eigengeschäfte mit Derivaten Geschäftsrisiken absichern oder Eigenhandel zur Absicherung der Kundengeschäfte betreiben.

Selbst wenn Unternehmen Eigengeschäfte und Eigenhandel mit Derivaten in Bezug auf Waren (§ 1 Abs. 11 Satz 4 Nr. 2 KWG) im Rahmen ihrer Haupttätigkeit betreiben, unterliegen sie gem. § 2 Abs. 6 Satz 1 Nr. 13 KWG nicht der Erlaubnispflicht, soweit sie nicht einer Unternehmensgruppe angehören, deren geschäftlicher Schwerpunkt auf der Erbringung von Bank- oder Finanzdienstleistungen liegt. Dadurch sollen spezialisierte Waren- und Warenderivatehändler freigestellt werden, da bisweilen noch kein Konsens unter den Mitgliedstaaten der EU zu deren Regulierung besteht.[54] Die Freistellung bezieht sich jedoch ausschließlich auf Waren als Basiswert, nicht jedoch auf damit verbundene Frachtsätze, Indices oder andere Variablen.[55]

4. *Schlussfolgerung*

Derivate werden vom deutschen Gesetzgeber als *aufsichtsrechtliche Bankgeschäfte* qualifiziert und unterliegen damit im Grundsatz der Erlaubnispflicht gem. §§ 32, 33 KWG. Die Qualifikation als Bankgeschäft ist historisch bedingt, da Banken als klassische Finanzintermediäre schon frühzeitig Derivate angeboten hatten. Der vom Gesetzgeber gewählte Definitionsansatz für Derivate ist geeignet, sowohl die klassischen Formen derivativer Finanzinstrumente (Festgeschäfte, Optionsgeschäfte und Swaps), als auch solche Geschäfte zu erfassen, die sich auf zunehmend exotische Basiswerte beziehen. Da die handelsregulierenden Regelungen des WpHG ebenfalls auf diesen Definitionsansatz zurück greifen, ist für *diese* Geschäfte auch der Spieleinwand (§ 764 Abs. 1 BGB) gem. § 37e S. 1 WpHG ausgeschlossen, sodass sie zivilrechtlich durchsetzbare Verträge darstellen.[56]

III. Derivate als aufsichtsrechtliche Versicherungsgeschäfte

Obwohl Versicherungsunternehmen auch Bankgeschäfte betreiben[57] – etwa Garantiegeschäfte als Übernahme wirtschaftlicher Risiken – zählen sie gem. § 2 Abs. 1 Nr. 4 KWG nicht zu den Kreditinstituten und unterstehen auch nicht der Bankenaufsicht. Für sie gilt die strengere Aufsicht der Versicherungsunternehmen, wenn sie gem. § 1 Abs. 1 Nr. 1 VAG „den Betrieb von Versicherungsgeschäften zum Gegenstand haben". Betreiben Banken umgekehrt Versi-

---

[54] *Schäfer* in: Boos/Fischer/Schulte-Mattler, KWG, § 2 KWG, Rn. 68b.
[55] Regierungsbegründung (FRUG), BT-Drucks. 16/4028, S. 92.
[56] Vgl. ausführlich *Reiner/Schacht,* WM 2010, 337 ff.
[57] *Fischer* in: Schimansky/Bunte/Lwowski, BankR, § 125, Rn. 10.

cherungsgeschäfte, unterliegen sie der *strengeren Versicherungsaufsicht*, da das VAG seinerseits keine Ausschlussregelung für Banken trifft. Auch Versicherungsgeschäfte sind erlaubnispflichtig. Ein ohne Erlaubnis betriebenes Versicherungsgeschäft kann gem. § 81 VAG untersagt werden. Zudem unterliegen sie eigenen Solvabilitätsanforderungen. Vor diesem Hintergrund könnten auch einzelne Gestaltungsformen derivativer Finanzinstrumente als aufsichtsrechtliche Versicherungsgeschäfte eingeordnet werden.

1. Vertragstypische Pflichten

Der Rechtsbegriff des Versicherungsgeschäfts ist nicht legal definiert. § 1 S. 1 VVG umschreibt lediglich die vertragstypischen Pflichten. Danach verpflichtet sich der Versicherer, „ein bestimmtes Risiko des Versicherungsnehmers oder eines Dritten durch eine Leistung abzusichern, die er bei Eintritt des vereinbarten Versicherungsfalles zu erbringen hat. Der Versicherungsnehmer ist verpflichtet, an den Versicherer die vereinbarte Zahlung zu leisten". In dieser Leistungsbeschreibung kommt zunächst das Risiko als ein *zentrales Element* des Versicherungsvertrages zum Ausdruck. Dies trifft für Derivateverträge jedoch gleichsam zu. Denn sowohl Versicherungsgeschäfte,[58] als auch Derivate[59] sind seit langem als Risikoverträge (*aleatorische Verträge*) anerkannt, bei denen die Risikoübernahme selbständiger Gegenstand des Vertrages ist. Bei beiden Vertragstypen ist die Zahlungshöhe mindestens einer Vertragspartei stochastisch bedingt. Und bei beide Vertragstypen verpflichten sich die Vertragsparteien gerade um dieser Unsicherheit willen. Umgekehrt würden mit dem Wegfall der Unsicherheit die gegenseitigen Leistungsversprechen zumindest aus Sicht einer Vertragspartei ihren Sinn verlieren: Stünde der Eintritt des Versicherungsfalls fest, würde zumindest der Versicherer der Risikoübernahme nicht mehr zustimmen. Würde der zukünftige Kassapreis einer Aktie bereits fest stehen, so würden Termingeschäfte nicht mehr abgeschlossen.

In der gesetzlichen Leistungsbeschreibung ist sowohl die Leistung des Versicherers, als auch die Definition des Versicherungsfalls nicht näher umschrieben. Sie soll vielmehr den Vertragsparteien selbst überlassen bleiben. Derivate und Versicherungsgeschäfte lassen sich daraus nicht unterscheiden. Letztlich wird von der Leistungsbeschreibung noch eine wirksame Verpflichtung der Vertragsparteien vorausgesetzt. Dieses Erfordernis könnte zumindest dann bei Derivaten fehlen, wenn sich einige Geschäfte rechtlich als Spiel i.S.d. § 762 Abs. 1 S. 1 BGB einordnen ließen. Allerdings schafft der Gesetzgeber in § 37 e WpHG ausdrücklich Rechtsklarheit, indem er die Verbindlich-

---

[58] Vgl. BVerwG vom 12.05.1992, Az. 1 A 126/89, BVerwGE 90, 168 m.w.N.

[59] *Reiner,* Derivative Finanzinstrumente, 2002, S. 29; *Schwintowski,* JZ 1996, 702, (704); *Henssler,* Risiko als Vertragsgegenstand, 1994, S. 15; *Casper,* Der Optionsvertrag, 2005, S. 67.

keit von Derivaten jedenfalls dann anordnet, wenn ein Unternehmen als Vertragspartei auftritt.[60] Damit hilft die gesetzliche Leistungsbeschreibung in § 1 VVG als solche für die Abgrenzung zwischen Versicherungsgeschäft und Derivat nicht weiter.

2. Zwecksetzung des Vertrages

Möglicherweise lassen sich Unterschiede bei einer Analyse des jeweiligen Vertragszwecks beider Geschäftstypen erkennen.

(1) Versicherungsvertrag

Der Versicherungsnehmer erwirbt mit dem Versicherungsvertrag einen stochastisch bedingten Zahlungsanspruch und hat dafür seinerseits eine Versicherungsprämie zu leisten (§ 1 VVG). Der für den Versicherungsnehmer maßgebliche Vertragszweck ist aber nicht die Erlangung der stochastisch bedingten Versicherungsleistung, sondern der unbedingte Erhalt des Versicherungsschutzes während der Vertragslaufzeit.[61] Diese *Sicherungsfunktion des Versicherungsvertrags* bringt das Gesetz nunmehr in § 1 VVG direkt zum Ausdruck, indem es zur vertragstypischen Pflicht des Versicherer gehört, „ein bestimmtes Risiko [...] abzusichern". Zugleich stellt das Versicherungsvertragsrecht – etwa durch die Regeln zur Übersicherung (§ 74 VVG) – sicher, dass der Versicherungsvertrag nicht losgelöst vom Sicherungsinteresse verwendet werden kann.[62] Daher steht die Sicherungsfunktion des Versicherungsvertrags für den Versicherungsnehmer im Vordergrund.[63] Schon durch

---

[60] Vgl. schon S. 206; *Lehmann,* Finanzinstrumente, 2009, S. 106 (mit dem zutreffenden Hinweis, der Gesetzgeber erwecke mit dem Wortlaut des § 37e WpHG misslicherweise den Eindruck, Finanztermingeschäfte seien – unabhängig von ihrer rechtlichen Wirksamkeit – als Spiel oder Wette zu qualifizieren.).

[61] *Reiner/Schacht,* WM 2010, 337, (385).

[62] Ebenda.

[63] Im Detail ist die Sicherungsfunktion allerdings umstritten. Nach der Schadenstheorie liegt den Vertragszweck des Versicherungsvertrages im Ausgleich zukünftig ungewisser Schäden wirtschaftlicher Art. Dieser Zweck stellte sich aber schon für die Lebensversicherung als zu eng heraus, da beim Eintritt des Versicherungsfalls (Tod) kein Schaden vorlag. Die sich später durchsetzende Bedarfsdeckungstheorie versuchte deshalb, den Schadensbegriff zu vermeiden, indem sie der Versicherung die Funktion zuschrieb, einen beim Eintritt eines Versicherungsfalls entstehenden Bedarf zu decken. Der Bedarfsbegriff wurde wirtschaftlich und weit verstanden, stellte sich aber schon bald als zu weit und deshalb unpraktikabel heraus und wird heute auch nicht mehr vertreten. Moderner ist die Plansicherungstheorie, nach der die Versicherung die Funktion hat, durch ungewisse Ereignisse ausgelöste Störungen in den Wirtschaftsplänen der Versicherten (planwidrig entgehende Einnahmen, außerplanmäßige Ausgaben) auszugleichen. Ähnlich macht auch die Gefahrtragungstheorie die Übernahme des versicherten, wirtschaftlichen Risikos zum Hauptzweck des Versicherungsvertrages. Im Unterschied dazu betont die Geldleistungstheorie die Auszahlung der Versicherungsleistung, indem sich der Vertragszweck in der durch Eintritt des Versicherungsfalls aufschiebend bedingten (§

Abschluss des Versicherungsvertrages ergibt sich für den Versicherungsnehmer durch die Übertragung des Risikos ein subjektiver Mehrwert.[64] Deshalb erfüllt sich der Vertragszweck für ihn auch dann, wenn der Versicherungsfall nicht eintritt.[65] Der Versicherungsgeber seinerseits schließt den Vertrag mit dem Ziel ab, den Anspruch auf die Versicherungsprämie zu erlangen, um daraus wirtschaftliche Gewinne zu generieren.[66] Denn er fasst die versicherten Risiken in einem Risikopool zusammen. Durch das Gesetz der großen Zahlen wird das Zufallselement der Einzelrisiken für den Versicherer erheblich reduziert, indem sich die Schadensfälle im Risikopool einem Durchschnittswert annähern, auf dessen Grundlage der Versicherer wiederum die Versicherungsprämien planungssicher bestimmt[67] (*Risikoausgleich im Kollektiv*[68]). Aus diesem Grund ist der Vertragszweck für den Versicherer schon dann erfüllt, wenn ein wirksamer Vertrag entstanden ist.

(2) Derivatevertrag

Grundsätzlich ist auch bei Derivaten der beiderseitige Vertragszweck darauf gerichtet, einen wirtschaftlichen Vorteil durch die Übertragung des Marktrisikos zu erlangen. Wird ein Absicherungsmotiv verfolgt, so soll das Marktrisiko des Derivats das des Grundgeschäfts kompensieren. Der Sicherungsnehmer stellt die wirtschaftliche Wertsteigerung der Summe beider Geschäfte in den Vordergrund. Für das Derivatgeschäft allein wird er dagegen nicht auf eine Wertsteigerung hoffen. Es soll eben nur hilfsweise die Verluste des Grundgeschäfts mindern, wenn sich die Erwartungen hinsichtlich des Grundgeschäfts nicht erfüllen. Deshalb tritt für einen zu Absicherungszwecken abgeschlossenen Derivatvertrag die bloße Chance auf Gewinn *in den Hintergrund.* Wie beim Versicherungsnehmer wird der Vertragszweck selbst dann erfüllt, wenn das Derivategeschäft als solches Verluste generiert.[69]

Interessant ist aber der Zeitpunkt der Zweckerfüllung für den Spekulant: Für ihn steht die Erlangung eines werthaltigen Spekulationsgewinns und damit die Erfüllungsleistung selbst im Vordergrund. Die Zweckerfüllung tritt damit nicht zum Zeitpunkt des wirksamen Vertragsschlusses ein, sondern erst bei Realisierung des Spekulationsgewinns. Da die Erlangung eines Spekulationsgewinns stochastisch bedingt ist, kann der Spekulant auch in der vertraglichen Zweckerfüllung gänzlich enttäuscht werden. Dies scheint zunächst dafür

---

158 Abs. 1 BGB) Geldzahlung des Versicherers erschöpfe.; vgl. ausführlich *Gütersloh,* Umwelthaftungsfonds, 1999, S. 113 ff. m.w.N.; vgl. *Vasudev,* Journal of Corporate Law, Vol. 35, S. 761 (zur Sicherungsfunktion im US-amerikanische Versicherungsrecht).

[64] *Farny,* Versicherungsbetriebslehre, 2006, S. 36; *Reiner/Schacht,* WM 2010, 337, (394).

[65] *Reiner,* Derivative Finanzinstrumente, 2002, S. 153.

[66] *Schwintowski,* private Versicherungsvertrag, 1987, S. 54.

[67] *Henssler,* Risiko als Vertragsgegenstand, 1994, S. 459 ff.

[68] *Schwintowski,* JZ 1996, 702, (706).

[69] Vgl. *Kimball-Stanley,* Connecticut Insurance Law Journal, Vol. 15, S. 265.

zu sprechen, Geschäfte mit derivativen Finanzinstrumenten, die mindestens eine Vertragspartei aus Spekulationsmotiven abschließt, nicht als Versicherungsgeschäfte zu qualifizieren.

Allerdings wurde gezeigt, dass Zweckerfüllung für das Versicherungsunternehmen ausschließlich deshalb schon zum Zeitpunkt des Vertragsschlusses eintritt, weil es das Einzelrisiko durch den Risikoausgleich im Kollektiv für sich kalkulierbar macht und zugleich Anspruch auf die Versicherungsprämie erlangt, sodass der Erwartungswert aus dem Geschäft positiv ist.[70] Würde es umgekehrt den Risikoausgleich im Kollektiv nicht betreiben, so wäre – wie beim Spekulant – die Erfüllung des Vertragszwecks stochastisch bedingt und die Zweckerfüllung könnte erst bei Beendigung des Versicherungsverhältnisses eintreten.

Damit würden neben beidseitigen Hedgegeschäften auch solche Derivate als Versicherungsgeschäfte gelten, an denen auf mindestens einer Vertragsseite ein Spekulant beteiligt ist, der hinreichend viele spekulative Derivate in seinem Wertpapierdepot zusammen führt. Denn dann betreibt er naive Diversifikation und damit zugleich einen Risikoausgleich im Kollektiv. Folglich „verschiebt“[71] sich die Zweckerfüllung des einzelnen Vertrages auf den Zeitpunkt des Vertragsschlusses, da die Interessenlage exakt der oben beim Versicherer hergeleiteten entspricht.[72] Dann könnte – zu Unrecht – etwa der termingeschäftliche Erwerb einer Aktie als Versicherungsvertrag gelten, wenn der Erwerber sein Wertpapierbestand gut diversifiziert. Die Zweifel an der Tauglichkeit der Zweckerfüllung als Differenzierungskriterium werden dadurch verstärkt, dass Absicherungsgeschäfte mit Derivaten nach diesem Kriterium nicht ausgeschlossen werden, der Gesetzgeber selbst aber in § 7 Abs. 2 VAG[73] zwischen Versicherungsgeschäften und derivativen Finanzinstrumenten differenziert, die er ausdrücklich als versicherungsfremde Geschäfte bezeichnet. Obgleich dieses gesetzgeberische Votum keine tiefgreifende Analyse ersetzt, zeigt es jedenfalls, dass die bis hierher angestellte Differenzierung unzureichend ist.

3. Versicherbares Interesse

Aus der Sicherungsfunktion des Versicherungsvertrages folgt, dass nur bestimmte Interessen vertraglich geschützt sein können, andere hingegen

[70] *Schwintowski,* private Versicherungsvertrag, 1987, S. 54.

[71] Im Vergleich zur Spekulation mit nur einem risikobehafteten Finanztitel.

[72] *Briyes/Varenne* in: Jacque/Vaaler, Financial Innovations, 2001, S. 306.

[73] Gem. § 7 Abs. 1 S. 1 VAG dürfen Versicherungsunternehmen „[...] neben Versicherungsgeschäften nur solche Geschäfte betreiben, die hiermit in unmittelbarem Zusammenhang stehen.“ In § 7 Abs. 1 S. 2 VAG heißt es dann: „Bei Termingeschäften und Geschäften mit Optionen und ähnlichen Finanzinstrumenten ist ein solcher Zusammenhang anzunehmen, wenn sie [...]“.

nicht. Dies könnte zugleich ein Unterscheidungskriterium zu derivativen Finanzinstrumenten begründen.

(1) Abgrenzungsansatz im US-amerikanischen Recht

Tatsächlich wird sowohl im US-amerikanischen, als auch im britischen Rechtsraum zur Abgrenzung von derivativen Finanzinstrumenten von Versicherungsgeschäften an ein nachweisbares versicherbares Interesse (*Insurable Interest*) der im Schadensfall begünstigten Vertragspartei abgestellt.[74] Nur wenn der Versicherungsnehmer ein wesentliches Interesse am Gegenstand der Versicherung hat,[75] liegt dieses versicherbare Interesse vor. Die Feststellung erfolgt anhand *äußerer Umstände und einer Gesamtschau der Vertragsbedingungen*. Ein versicherbares Interesse kann beispielsweise durch eine Eigentümerstellung oder sonstigen wesentlichen Vermögensinteresse am versicherten Objekt indiziert sein. Im Kapitalmarktbereich entspräche dies einer wesentlichen Beteiligung am „versicherten" Unternehmen (*wesentliche Eigenkapitalposition*), aber auch einer wesentlichen Gläubigerstellung, durch die das Ausfallrisiko als Risikoposition relevant wird (*wesentliche Fremdkapitalposition*). Soweit die vertraglich vereinbarte Höhe der Ausgleichszahlung im Schadensfall an die Höhe des tatsächlich erlittenen Schaden gebunden ist, kann auch dies das versicherbare Interesse begründen.[76]

Mit dem Kriterium des *Insurable Interest* hat die zuständige Versicherungsaufsichtsbehörde im Bundesstaat New York einige, besonders strittige Derivatearten von Versicherungsgeschäften unterschieden. Katastrophenoptionen verpflichteten den Stillhalter im konkreten Fall nicht, den Käufer bei Überschreiten des Basispreises für einen Schaden zu entschädigen, den dieser tatsächlich erlitten hat.[77] Im Fall eines Wetterderivats stellte die Behörde fest, dass weder das Wetterereignis selbst, noch die vertraglich vereinbarte Zahlungshöhe bei dessen Eintritt begründe einen Zusammenhang zum

---

[74] Stellungnahme von Robin Potts QC, Erskine Chambers, an die ISDA (24 Juni, 1997); *FSA*, Cross-Sector Risk Transfers, 2002, S. 73 (Annex B 2); Stellungnahme der ISDA an die britische Versicherungsbehörde (18 April, 2006) (http://www.isda.org); Stellungnahme des N.Y. Department of Insurance (16 Juni, 2000) („Indemnification of loss is an essential indicia of an insurance contract which courts have relied upon in the analysis of whether a particular agreement is an insurance contract under New York law"); *Schwartz,* Fordham Journal of Corporate and Financial Law, Vol. 7, S. 200 („Where a party enters into a contract for contingent recovery possessing no economic interest in protecting the covered property from loss or damage, the contract is not insurance"); *Nirenberg/Hoffmann,* Derivatives Report, Vol. 7, S. 15; N.Y. Department of Insurance, Circular Letter No. 19 (22 Sept., 2008) („[A financial instrument] is an insurance contract when it is purchased by a party who, at the time at which the agreement is entered into, holds, or reasonably expects to hold, a 'material interest' in the referenced obligation").

[75] *Venokur/Magidson/Singer,* Futures & Derivatives Law Report, Vol. 28, S. 6.

[76] *Schwartz,* Fordham Journal of Corporate and Financial Law, Vol. 7, S. 200.

[77] Stellungnahme des N.Y. Department of Insurance (25 Juni, 1998), S. 2.

tatsächlich erlittenen Schaden.[78] Auch im Fall eines CDS führte die Behörde aus, es sei vertraglich nicht sicher gestellt, dass die Höhe der Ausgleichszahlung beim Eintritt des Kreditereignisses an die tatsächlich erlittenen Schaden anknüpft, sodass der CDS *nicht als Versicherung* zu qualifizieren sei.[79] Gleichwohl stellte die Behörde im Jahre 2008 ausdrücklich klar, dass CDS Versicherungsgeschäfte seien, wenn der Käufer zugleich eine wesentliche Risikoposition im Referenzaktivum inne hat (*gedeckte CDS*), da dies das versicherbare Interesse begründen könne.[80] Dennoch *wendet die Behörde Versicherungsaufsichtsrecht nicht an*, da CDS nunmehr über zentrale Gegenparteien abgeschlossen und durch die Regelungen des Dodd–Frank Wall Street Reform and Consumer Protection Act[81] (*Dodd-Frank-Act*) spezialgesetzlich reguliert seien.[82]

(2) Übernahme des Abgrenzungsansatzes

Auch im deutschen Recht ist das Erfordernis eines versicherbaren Interesses anerkannt,[83] wird aber bisweilen zur Abgrenzung von derivativen Finanzinstrumenten und Versicherungen – soweit ersichtlich – noch nicht heran gezogen. Dabei hat das versicherbare Interesse einerseits eine normative Funktion als *Seriösitätsindiz*,[84] mit dem Versicherungsverträge vom unverbindlichen Spiel abgegrenzt werden.[85] Andererseits besteht eine wirtschaftliche Funktion darin, die Beziehung zum Vermögensgut zu beschreiben, „bei dessen Beeinträchtigung jemand einen wirtschaftlichen Nachteil erleidet".[86] Damit bezieht sich das Erfordernis eines versicherbaren Interesses auf *Moral*

---

[78] Stellungnahme des N.Y. Department of Insurance, Office of General Counsel (15 Feb., 2000) („[n]either the amount of the payment nor the trigger itself in the weather derivative bears a relationship to the purchaser's loss. Absent such obligations, the instrument is not an insurance contract").

[79] Stellungnahme des N.Y. Department of Insurance (16 Juni, 2000).

[80] N.Y. Department of Insurance, Circular Letter No. 19 (22 Sept., 2008); *Venokur/Magidson/Singer,* Futures & Derivatives Law Report, Vol. 28, S. 10.

[81] Public Law 111-203 (21.07.2010).

[82] N.Y. Department of Insurance, 1st Supp. Circular Letter No. 19 (20 Nov., 2008); a.A. Missouri Insurance Department, Insurance Bulletin 08-12 (19 Nov., 2008) (Hier hatte die Behörde die Anwendung von Versicherungsaufsichtsrecht bekannt gegeben); Nunmehr erteilt der Dodd-Frank-Act den Bundesbehörden CFTC und SEC die Regelungskompetenz für nahezu alle OTC-Derivate und schließt ausdrücklich die Regulierung als Versicherungsgeschäfte durch die Bundesstaaten aus.

[83] Vgl. nur die Vorschriften der §§ 80 Abs. 1 VVG, die jeweils auf das versicherte Interesse abstellen, das aber im Schrifttum von dem versicherbaren Interesse getrennt behandelt wird; vgl. ausführlich *Schwintowski,* private Versicherungsvertrag, 1987, S. 46 ff.

[84] *Basedow/Fock,* Europäisches Versicherungsvertragsrecht I, 2002, S. 56.

[85] *Armbrüster* in: Prölss/Martin, VVG, Vor. §§ 74 ff, Rn. 24; vgl. auch S. 342 ff. (Abgrenzung Derivate und Spiel).

[86] *Basedow/Fock,* Europäisches Versicherungsvertragsrecht I, 2002, S. 56.

Hazard-Risiken, die Versicherungsverträge typischerweise erzeugen.[87] Insbesondere bei Kreditderivaten besteht die Gefahr der Übersicherung, dass also wesentliche Eigen- oder Fremdkapitalgeber des Referenzschuldners CDS-Positionen in einem Umfang aufbauen, die es für sie rational werden lassen, mit den (faktischen) Kontrollrechten auf die Realisierung des Kreditereignisses hinzuwirken (*Empty Creditor Hypothesis*[88]). Einige[89] meinen darin Parallelen zur frühen Versicherungswirtschaft zu erkennen. Jedoch ist die Erzeugung von *Moral Hazard*-Risiken kein ausschließlich Versicherungsgeschäften vorbehaltenes Merkmal, da es gerade auch bei klassischen Bank- und Finanzgeschäften ohne Versicherungscharakter latent ist.[90] Daher kann nicht überzeugen, einige Derivatearten wegen der bloßen Existenz eines *Moral Hazard*-Risikos als Versicherungsgeschäfte zu qualifizieren. Wohl aber kann dies dafür sprechen, einzelne Regelungen des Versicherungsrechts zur Prävention dieser Risiken auch bei derivativen Finanzinstrumenten zu verwenden.

Gegen die Übernahme der Abgrenzung anhand des versicherbaren Interesses könnte das *Prinzip der Bedarfsdeckung* sprechen, wie es im deutschen Versicherungsrecht gilt.[91] Während Schadensversicherungen der Deckung des konkret entstandenen Bedarfs durch Eintritt des schädigenden Ereignisses dienen, sollen Summenversicherungen zumindest einen abstrakten Bedarf durch Eintritt des Versicherungsfalls decken. Insbesondere Summenversicherungen sind deswegen aber ausschließlich Personenversicherungen vorbehalten, da hier das versicherbare Interesse durch den *Selbsterhaltungstrieb der Person* sicher gestellt wird.[92] Entsprechend sind Nicht-Personenversicherungen ausschließlich als Schadensversicherungen zulässig, bei der die „Leistung des Versicherers durch die Höhe des Schadens bestimmt und begrenzt"[93] wird. Gerade die für die Abgrenzung besonders problematischen CDS sehen die Vertragsbedingungen i.d.R. eine *fixe Ausgleichszahlung* vor, sodass sie gestalterisch einer Summenversicherung entsprechen, aber keine natürliche Person absichern. Vielmehr beziehen sie sich auf das Ausfallrisiko einer juristischen Person. Zwar ist bei diesen über die Kapitalinteresse der Anteilseigner und Gläubiger sowie wirksamer Anreizstrukturen des Managements der Wille zur Unternehmensfortführung idealtypisch im Grundsatz gewährleistet. Dieser dürfte aber aus der Möglichkeit von Anreiz- und Organisationsmängeln im

---

[87] *Kimball-Stanley,* Connecticut Insurance Law Journal, Vol. 15, S. 262; *Schwartz,* Fordham Journal of Corporate and Financial Law, Vol. 7, S. 190.

[88] Vgl. ausführlich S. 191 ff.

[89] *Kimball-Stanley,* Connecticut Insurance Law Journal, Vol. 15, S. 266.

[90] Vgl. S. 83 ff.

[91] BGH vom 04.10.1989, Az. IVa ZR 220/87, VersR 1989, 1250, Rn. 25; BGH vom 24.09.1969, Az. IV ZR 776/68, BGHZ 52, 350, Rn. 9; *Armbrüster* in: Prölss/Martin, VVG, Vor. §§ 74 ff., Rn. 23 ff.

[92] Vgl. ähnlich schon *Schwintowski,* private Versicherungsvertrag, 1987, S. 48 ff.

[93] BGH vom 24.09.1969, Az. IV ZR 776/68, BGHZ 52, 350, Rn. 9.

Unternehmen als *kupierter Selbsterhaltungstrieb* zu beurteilen sein. Entsprechend werden Kreditversicherungen als Nicht-Personenversicherungen qualifiziert, sodass sie lediglich als Schadensversicherung, nicht aber als Summenversicherungen zulässig sind. Versicherungsgegenstand kann nur der Forderungsausfall einer bestimmten Waren- oder Dienstleistungsforderungen sein,[94] nicht aber Finanzierungsverträge. Faktisch wird so die Abgrenzung zum Bankgeschäft erreicht. Zwar stellen die Vertragsbedingungen bei CDS regelmäßig auch auf den Zahlungsausfall einer bestimmten Referenzforderung ab. Diese ist einerseits aber Finanzierungsinstrument und damit gerade keine Waren- oder Dienstleistungsforderung. Andererseits stellen die Vertragsbedingungen des idealtypischen CDS gerade keine Verbindung zwischen dem Nominal des Referenzaktivums und der zu leistenden Ausgleichszahlung bei Eintritt des Kreditereignisses her. Sie sind vielmehr als Summenversicherung ausgestaltet und verletzen damit das *Verbot der Summenversicherung bei Nicht-Personenversicherungen.*

Darüber kann auch nicht der Umstand hinweg helfen, dass ein irgendwie gearteter Bedarf über die nach diesem Abgrenzungsansatz zusätzlich erforderliche Eigen- oder Fremdkapitalgeberposition entsteht. Die Ausgleichszahlung deckt dennoch lediglich einen abstrakten Bedarf ab. Solange die Vertragsbedingungen bei CDS die Höhe der Ausgleichszahlung nicht an den Nominalbetrag des Referenzaktivums koppeln, werden sie gegen das im deutschen Recht geltenden *Verbot der Summenversicherung bei Nicht-Personenversicherungen* verstoßen. Da die Abgrenzung von Derivat und Versicherung anhand des versicherbaren Interesses – wie sie im US-amerikanischen Recht praktiziert wird – dies nicht berücksichtigt, ist eine Übertragung ins deutsche Recht durchaus kritisch zu beurteilen.

4. Risikoausgleich im Kollektiv

In der rechtswissenschaftlichen Literatur wurde schon früh als ein Merkmal des Versicherungsgeschäfts auf den Risikoausgleich im Kollektiv abgestellt, der den zentralen Bestandteil des traditionellen Geschäftsmodells von Versicherungsunternehmen bildet.[95] Dies hat auch die Rechtsprechung[96] aufgegriffen. Danach erfordert ein Versicherungsgeschäft, dass sich:

„[E]in Unternehmen gegen Entgelt rechtlich verpflichtet, für den Fall des Eintritts eines ungewissen Ereignisses bestimmte Leistungen zu erbringen, wenn das übernommene Risiko auf

---

[94] Vgl. § 1 AVB-WKB.

[95] *Schwintowski,* JZ 1996, 702, (704); *Meixner/Steinbeck,* Versicherungsvertragsrecht, 2008, § 1, Rn. 6; *Reiner,* Derivative Finanzinstrumente, 2002, S. 154; *Prölss* in: Prölss/Martin, VVG, § 1, Rn 12; *Trafkowski,* Risikotransferverträge, 2008, S. 89.

[96] Seit BVerwG vom 22.03.1956, Az. I C 147.54, BVerwGE 3, 220, (221); BGH vom 11.07.1960, Az. II ZR 254/58, BGHZ 33, 97; BVerfG vom 26.07.2005, Az. 1 BvR 80/95, BVerfGE 114, 73 m.w.N.

eine Vielzahl durch die gleiche Gefahr bedrohter Personen verteilt wird und der Risikoübernahme eine auf dem Gesetz der großen Zahl beruhende Kalkulation zu Grunde liegt und wenn die Risikoübernahme selbstständiger Gegenstand des Vertrags und nicht nur Gegenstand einer Nebenverpflichtung ist".[97]

(1) Verpflichtung zur Risikoübernahme

Der erste Teil der Definition ist für Derivate unproblematisch erfüllt. Da Derivategeschäfte grundsätzlich rechtsverbindlich sind (§ 37e WpHG),[98] verpflichten sich beide Vertragspartner einander wirksam. Bei jedem Derivategschäft ist ein Zahlungsstrom als vertragliche Leistung bestimmt, der von einem ungewissen Ereignis – etwa dem Eintritt eines Kreditereignisses oder dem Überschreiten einer festgelegten Preisschwelle – abhängt. Die Rechtsprechung stellt an das Merkmal der Ungewissheit geringe Anforderungen. Es sei schon ausreichend, wenn sich die Höhe des zu erwartenden Schadens nicht im Voraus bestimmen lässt.[99] So ist das Überschreiten des Basispreises durch den Marktpreis des Underlyings bei Fälligkeit selbst dann unsicher, wenn der Basispreis anfänglich überschritten ist. Auch der letzte Teil der Definition ist für alle Derivategeschäfte unproblematisch erfüllt, da aufgrund der Qualität als Risikovertrag die Risikoübernahme stets selbständiger Vertragsgegenstand und nicht bloße Nebenverpflichtung ist.

(2) Vielzahl gleicher Gefahren

Abgrenzungsrelevant wird erst die mittlere Definitionspassage, nach der „das übernommene Risiko auf eine Vielzahl durch die gleiche Gefahr bedrohter Personen verteilt wird". Gemeint ist damit wohl das übernommene Gesamtrisiko durch den Versicherer. Wenn das übernommene Gesamtrisiko einer Vielzahl von Einzelrisiken zu entspringen hat, wird der *Risikoausgleich im Kollektiv* zum Definitionsmerkmal erkoren. Dahinter steckt ein Verweis auf das klassische Geschäftsmodell der Versicherungsunternehmen. Indem sie möglichst unabhängige Risiken gleicher Art in einem Risikopool zusammen führen, nähert sich das Gesamtrisiko des Pool einem statistischen Grenzwert an.[100] Eben dies würde ein Investor an den Finanzmärkten in gleicher Weise realisieren, der seine Einzelwerte in einem gut diversifizierten Portfolio zusammen führt. In der Finanzwissenschaft wurde eine ausreichende Diversifikation jedenfalls für Risikopools aus Wertpapieren nachgewiesen, die mehr als 40 Einzeltitel beinhalten.[101] Professionelle Investoren an den Kapitalmärkten werden regelmäßig ein gut diversifiziertes Portfolio halten, das sie

---

[97] BVerwG vom 12.05.1992, Az. 1 A 126/89, BVerwGE 90, 168, Rn 20.
[98] Vgl. schon S. 206.
[99] BVerwG vom 19.06.1969, Az. I A 3.66, VersR 1969, 819, (820).
[100] Vgl. dazu Abb. 14 (S. 111).
[101] *Statman,* Journal of Financial Analysis, Vol. 22, S. 353 ff. m.w.N.

mit dem Derivategeschäft nach der Portfoliotheorie optimieren. Damit wird aber das Kriterium des Risikoausgleichs im Kollektiv – zumindest für die Abgrenzung von Finanzgeschäft und Versicherung – weitestgehend unzweckmäßig.

Zudem ist am Wortlaut der Abgrenzungsformel nicht ohne weiteres erkennbar, ob der Risikokäufer zugleich auch den Risikoausgleich im Kollektiv durchzuführen hat. So könnten auch poolingbasierte Derivate erfasst sein, selbst wenn der Investor kein gut diversifiziertes Portfolio hält. Denn hier findet der Risikoausgleich im Kollektiv bereits durch Pooling der Risiken beim Emittenten statt. Erst dann werden die Risiken auf die Investoren als „Versicherungsgeber" übertragen. Dagegen ließe sich einwenden, die Versicherungsdefinition verweise auf das klassische Geschäftsmodell der Versicherer. Hier werden externe Risiken der Versicherten durch Vertragsschluss auf den Versicherer übertragen, sodass der Risikoausgleich im Kollektiv und damit auch die Prämienkalkulation *bei diesem* erst möglich werden. Für diese strenge Sicht gibt es indes keine Anhaltspunkte. Aus der bloßen Forderung, dass der Risikoübernahme eine auf dem Gesetz der großen Zahl beruhende Kalkulation zu Grunde liegen muss, lässt sich nicht ableiten, dass der Risikoausgleich im Kollektiv auf der Seite des Risikokäufers stattzufinden hat. Vielmehr ist zum personellen Auseinanderfallen dieser Merkmale – soweit ersichtlich – von Gerichten noch nicht Stellung bezogen worden. Danach erscheint es zumindest nicht ausgeschlossen, den Risikoausgleich im Kollektiv als Versicherungsmerkmal schon beim Emittenten zu suchen ist.

Einschränkend könnten solche Derivategeschäfte nicht als Versicherungsgeschäft qualifiziert werden, bei denen auf beiden Seiten Absicherungszwecke verfolgt werden (*Hedgegeschäfte*). Denn hier wird der Risikoausgleich nicht im Kollektiv, sondern im individuellen Grundgeschäft realisiert.[102] Zwingend ist diese Überlegung allerdings nur, wenn man ausschließlich auf das Grundgeschäft abstellt, selbst wenn Grund- und Sicherungsgeschäft Teil eines gut diversifizierten Portfolios sind. Dies erscheint aber deshalb überzeugend, weil der Parteiwille des Hedgers (§§ 133, 157 BGB) hauptsächlich darauf gerichtet sein wird, das Marktrisiko des Grundgeschäfts zu mindern. Erst subsidiär und dann bezogen auf die Einheit von Grund- und Sicherungsgeschäft tritt die Erwägung hinzu, den Risikoausgleich im Kollektiv zu fördern. Deshalb kommen beiderseitige Absicherungsgeschäfte mit Derivaten für eine Qualifikation als Versicherungsgeschäfte nicht in Betracht.

Aus dem versicherungstypischen Risikoausgleich im Kollektiv wird teilweise[103] eine *tiefere Verbundenheit der Versicherten* zu einer Gefahrengemeinschaft abgeleitet. Die Mitglieder schließen sich mit dem gemeinsamen Interesse zusammen, die ungewissen Vermögenseinbußen, die ursprünglich die

---

[102] *Schwintowski* in: Honsell, BK-VVG, § 1, Rn. 32.

[103] FG Hamburg vom 10.02.2009, Az. Z K 14/09, DStRE 2009, 1216, Rn. 29 m.w.N.

einzelnen Mitglieder selbst treffen, nunmehr gemeinsam tragen zu wollen. Allerdings sollte dieses Merkmal restriktiv behandelt werden. Denn eine strikte Interpretation wird der Tatsache nicht gerecht, das die Versicherten das Versicherungsgeschäft gerade deshalb abschließen, um ihr eigenes Risiko zu übertragen und der Gemeinschaftsgedanke nur *Mittel zum Zweck der Prämienreduktion* ist. Gerade dieser restriktiven, eher prämienpolitisch geprägten Interpretation der versicherungstechnischen Gefahrengemeinschaft folgt die überwiegende Rechtsprechung, indem sie lediglich fordert, dass „der Risikoübernahme eine auf dem Gesetz der großen Zahlen beruhende Kalkulation zu Grunde liegt".

(3) Prämienkalkulation nach dem Gesetz der Großen Zahlen

Da die Risikoübernahme für den Versicherer von der Höhe der Versicherungsprämie abhängt, ist es letztere, die nach dem Gesetz der großen Zahlen kalkulierbar sein soll. Allerdings verweist der Wortlaut der Formulierung auf die *bloße Berechenbarkeit*. Die wirtschaftliche Rentabilität der ermittelten Prämienhöhe ist damit nicht erforderlich.[104] Ausreichend ist bereits die Absicht des Versicherers, eine ausreichende Deckung der Ausgaben durch die verlangte Prämie herbei führen zu wollen.[105] Gleichwohl muss eine hinreichende methodische Präzision bei der Prämienermittlung gewährleistet sein. Eine nur willkürlich festgesetzte Versicherungsprämie widerspricht der geforderten Kalkulation. Jedenfalls ausreichend ist eine durch *anerkannte Modelle* hergeleitete oder marktüblich ermittelte Prämie.

Sowohl für derivativen Finanzinstrumente, als auch für Versicherungsverträge erfolgt die Prämienermittlung überwiegend modellbasiert. Diese muss aber – so fordert es der Abgrenzungsansatz – gerade auf dem Gesetz der großen Zahlen beruhen. Zur Bewertung der überwiegenden Mehrzahl derivativer Finanzinstrumente werden *Optionspreismodelle* herangezogen. Zwar basiert die Preisermittlung bei diesen Modellen auf analytischen Zusammenhängen und nicht auf einer Approximation nach dem Gesetz der großen Zahlen. Deshalb kann eine Zinsoption (Cap, Floor oder Collar) nicht ohne weiteres als Versicherungsgeschäft eingestuft werden.[106] Allerdings hat Boyle[107] gezeigt, dass zur Optionsbepreisung auch Approximationsverfahren eingesetzt werden können, die durchaus auf dem Gesetz der großen Zahlen beruhen (*Monte-Carlo-Simulationen*). Diese Technik wird in der Praxis insbesondere bei der Preisermittlung komplexerer Derivate genutzt. Entsprechend könnten poolingbasierte Derivate (CDOs oder andere Basket-Derivate) unter das Merkmal der auf dem Gesetz der großen Zahlen beruhenden Prämienkal-

---

[104] *Schwintowski* in: Honsell, BK-VVG, § 1, Rn. 19.
[105] *Schwintowski,* private Versicherungsvertrag, 1987, S. 51.
[106] So aber LG Bochum vom 22.11.1994, Az. 11 S 327/94, WM 1996, 629.
[107] *Boyle,* Journal of Financial Economics, Vol. 4, S. 323 ff.

kulation subsumiert werden. Sofern der dem Derivat zugrunde liegende Risikopool wesentlich mehr als 40 Einzeltitel beinhaltet, liegt eine ausreichende naive Diversifikation vor, sodass die Prämie grundsätzlich als auf Grundlage des Gesetzes der großen Zahlen ermittelt werden kann. Tatsächlich erfolgt in der Bankenpraxis die Prämienermittlung – ebenso wie in der Versicherungswirtschaft – auf Modellen, die das Gesetz der großen Zahl zur Gesamtrisikoermittlung im Pool nutzen.[108]

(4) Übernahme des Abgrenzungsansatzes

Welche derivativen Finanzinstrumente danach als Versicherungsgeschäft in Frage kommen, kann nicht pauschal beantwortet werden, sondern ist im Einzelfall sowohl von der individuellen Anlagestrategie des Investors, als auch vom verwendeten Bewertungsmethode abhängig. Damit steht die Qualifikation des Derivats als Versicherungsvertrag nach diesem Ansatz aber unabhängig von der Vertragsgestaltung zur *Disposition der Parteien*. Insgesamt wird deutlich erkennbar, dass der traditionelle Abgrenzungsansatz von Versicherungsgeschäften bei neueren Gestaltungsformen von Finanzinstrumenten an den Kapitalmärkten an seine Grenzen stößt. Dies ist eindeutig *historisch bedingt*. Das Wesen des Versicherungsvertrages und damit auch die einer Abgrenzung zu anderen Geschäfts- und Vertragsformen zugrunde liegenden Annahmen wurden *überwiegend vor 1965* diskutiert.[109] Damals waren sowohl die realen Erscheinungsformen an den Kapitalmärkten, als auch die methodischen Ansätze zu deren Bewertung noch unterentwickelt. Während sich die Kapitalmarkttheorie und die Kapitalmarktinstrumente in den letzten Dekaden rasant entwickelten, wurde das Abgrenzungsverständnis zwischen Versicherungsvertrag und Finanzinstrumenten nur unzureichend weiter entwickelt. So ist es nicht verwunderlich, dass die wenigen Fälle, in denen sich die deutschen Gerichte mit der Abgrenzung von Versicherungsgeschäften und derivativen Finanzinstrumenten beschäftigen mussten, zu kontroversen Diskussionen führten.[110]

5. Risikobasierte Abgrenzung

Die Abgrenzung von Versicherungsgeschäften und derivativen Finanzinstrumenten ist im Bilanzrecht außerordentlich relevant. Die *internationalen Rech-*

---

[108] *Schweimayer,* Risiko Manager, 7/2008, S. 12.

[109] Vgl. *Schwintowski* in: Honsell, BK-VVG, § 1, Rn. 17; *Farny,* Handwörterbuch der Versicherung, 1988, S. 870.

[110] LG Bonn vom 22.11.1994, Az 11 S 327/94, WM 1996, 629 (Zinsbegrenzungsvereinbarungen in Darlehnsgeschäften seine Versicherungen); a.A. *Trabhardt,* VuR 1996, 159 ff. (Zinsbegrenzungsvereinbarungen als Disagio); *Wenzel,* WuB I E 3 Hypothekarkredit 4.96; *Winter,* WM 1995, 1169 ff. (Zinsbegrenzungsvereinbarungen als Serie von europäischen Optionen).

nungslegungsstandards enthalten mit den *IFRS 4* detaillierte Vorschriften zur Bilanzierung, aber auch zur Abgrenzung von Versicherungsverträgen zu Geschäften mit wirtschaftlich ähnlicher Wirkung.

(1) Abgrenzungsansatz in den IFRS 4

Ein Versicherungsvertrag ist danach jeder Vertrag, mittels dem ein wesentliches Versicherungsrisiko auf den Vertragspartner transferiert wird. Als *Versicherungsrisiko* wird jedes Risiko qualifiziert, das kein Finanzrisiko ist.[111] Ein *Finanzrisiko* wiederum ist das Risiko der zukünftigen Änderung eines „Zinssatzes, Wertpapierkurses, Rohstoffpreises, Wechselkurses, Preis- oder Zinsindexes, Bonitätsratings oder Kreditindexes oder einer anderen Variablen, vorausgesetzt, dass im Fall einer nicht-finanziellen Variablen die Variable nicht spezifisch für eine der Parteien des Vertrages ist."[112] Ausdrücklicher als bei der Rechtsprechung erfolgt die Abgrenzung zwischen Versicherungsgeschäft und Finanzinstrument in IFRS 4 durch die Merkmale des Risikos.

Leiten derivative Finanzinstrumente ihren Wert von einem der in der Definition des Finanzrisikos aufgezählten finanzielle Variablen ab, so sind sie nicht als Versicherungsgeschäft zu qualifizieren. Ist als Basiswert eine der aufgezählten oder eine andere finanzielle Referenzgröße vereinbart, für die bereits ein liquider Kassamarkt besteht (Marktpreis von Aktien oder anderen Wertpapiere), so ist das übertragene Risiko ein Finanzrisiko. Damit sind Aktienoptionen, Zinsswaps, Währungsswaps oder optionsbasierte Zinsbegrenzungsverträge nicht als Versicherungsgeschäfte einzuordnen. Ausdrücklich als Quelle eines Finanzrisikos genannt wurde auch ein von einer Drittpartei abgegebenes Bonitätsrating. Damit ist jedenfalls eine Bonitätsverschlechterung (Credit Spread), die bei einigen Kreditderivaten als zahlungsauslösendes Ereignis vereinbart ist, nicht als Versicherungsrisiko einzustufen.

Die Aufzählung möglicher Variablen in der Definition ist aber lediglich beispielhaft. So kann ein Finanzrisiko auch aus anderen Variablen entstehen, wenn und soweit diese nicht individuell einer Partei spezifisch zuzuordnen ist. Beispielhaft wird im Anhang[113] als nicht-spezifische Variable ein Index über Erdbebenschäden in einem bestimmten Gebiet oder ein Index über Temperaturen in einer bestimmten Stadt genannt. Insofern unterliegen Katastrophenderivate oder Wetterderivate wegen des Indexbezugs regelmäßig keinem Versicherungsrisiko.[114] Auch andere Indices – etwa Zinsindices oder Kreditindices – werden beispielhaft genannt, deren Änderungsrisiko ein Finanzrisiko ist.

---

[111] IFRS 4.A (VO 1126/2008/EG vom 09.11.2008, Abl. L 320/1, S. 399).
[112] IFRS 4.A (VO 1126/2008/EG vom 09.11.2008, Abl. L 320/1, S. 398).
[113] IFRS 4.B9 (VO 1126/2008/EG vom 09.11.2008, Abl. L 320/1, S. 400).
[114] IFRS 4.B19 (VO 1126/2008/EG vom 09.11.2008, Abl. L 320/1, S. 403).

Die Behandlung finanzieller Garantieverträge – zu denen auch Credit-Default-Produkte zählen – wurde lange Zeit kontrovers diskutiert.[115] Erst als die konkretisierenden Amendments to IAS 39 and IFRS 4 im August 2005 veröffentlicht wurden, fand die Behandlung weitestgehende Akzeptanz.[116] So werden finanzielle Garantieverträge, Kreditversicherungen und ausfallbasierte Swap- oder Optionsgeschäfte ausdrücklich als Versicherungsverträge in IFRS 4 genannt.[117] Diese Geschäfte leiten ihren Wert je nach Ausgestaltung des Vertrages von einer spezifischen Variable – i.d.R. Zahlungsfähigkeit des Schuldners – ab. Das Änderungsrisiko dieser Variable ist daher ein Versicherungsrisiko i.S.d. IFRS 4. Allerdings sollen diese Geschäfte in den Anwendungsbereich anderer IAS/IFRS fallen, um eine sachgerechte Abbildung im Jahresabschluss zu gewährleisten.[118] Die grundsätzlichen Einordnung als Versicherungsrisiko bleibt davon jedoch unberührt.

Viele Verträge enthalten neben einem Versicherungsrisiko zumindest auch ein Finanzrisiko. Daher wird zur Qualifikation als Versicherungsvertrag ein signifikantes Versicherungsrisiko verlangt. Die Signifikanzgrenze ist dann – und nur dann – überschritten, wenn das versicherte Ereignis bewirken könnte, dass der Versicherer zusätzliche Leistungen zu erbringen hat, die „wahrnehmbare Wirkung auf die wirtschaftliche Sicht des Geschäfts haben".[119] Für derivative Finanzinstrumente ist dies besonders für die Ausgestaltung der vertraglichen Nebenbedingungen relevant. Enthält eine Nebenbedingung ein signifikantes Versicherungsrisiko, so ist das Geschäft gleichwohl als Versicherungsvertrag zu qualifizieren. Letztlich bleibt dies jedoch von den konkreten Voraussetzungen im Einzelfall abhängig. Ein in den Nebenbedingungen des Derivatevertrages vereinbartes Storno- oder Bestandsfestigkeitsrisiko[120] ist jedoch kein Versicherungsrisiko, da die Leistung an die Gegenpartei nicht von einem ungewissen künftigen Ereignis abhängt, das die Gegenpartei nachteilig betrifft.

(2) Übernahme des Abgrenzungsansatzes

Die IFRS werden regelmäßig durch Verordnungen der EG in unmittelbar anwendbares Unionsrecht transformiert, das keines weiteren Umsetzungsaktes bedarf (Art. 288 AEUV). So wurden auch die aktuellen IFRS 4 mit einer

[115] *Struffert,* ABS und Kreditderivate nach IFRS und HGB, 2006, S. 217.

[116] *Alexander/Archer,* International Accounting, 2009, Rn. 34.06.

[117] IFRS 4.B18(g) (VO 1126/2008/EG vom 09.11.2008, Abl. L 320/1, S. 402).

[118] *Struffert,* ABS und Kreditderivate nach IFRS und HGB, 2006, S. 220 ff.; *Alexander/Archer,* International Accounting, 2009, Rn. 34.06.

[119] IFRS 4.B22 (VO 1126/2008/EG vom 09.11.2008, Abl. L 320/1, S. 403).

[120] Damit ist das Risiko gekennzeichnet, dass die Gegenpartei den Vertrag früher oder später kündigt als bei der Preisfestsetzung des Vertrags vom Anbieter erwartet, vgl. IFRS 4.B15 (VO 1126/2008/EG vom 09.11.2008, Abl. L 320/1, S. 401).

Verordnung[121] übernommen und sind unmittelbar anwendbar.[122] Die Verordnung regelt jedoch lediglich die Rechnungslegungsstandards für kapitalmarktorientierte Unternehmen,[123] nicht aber den Geltungsbereich des Versicherungsaufsichtsrechts in den Mitgliedstaaten. Da das Versicherungsaufsichtsrecht (bzw. Versicherungsvertragsrecht) vom Regelungsbereich der Verordnung nicht erfasst wird, lässt sich aus der Verordnung als solcher die Anwendbarkeit der in den IFRS 4 enthaltenen Grundsätzen nicht herleiten. Auch aus dem europarechtlichen Effektivitätsgebot[124] (*Effet Utile*) lässt sich die Anwendung der Grundsätze nach IFRS 4 nicht begründen, da auch ohne die Übernahme der Abgrenzung von Versicherungsgeschäft und Derivat in das deutsche Versicherungsaufsichtsrecht die Normziele der Verordnung effektiv erreicht werden.

Letztlich sprechend aber sachliche Gründe für diesen risikobasierten Abgrenzungsansatz. Die IFRS wollen die Bereitstellung entscheidungsnützlicher Information über die Vermögens-, Finanz- und Ertragslage eines Unternehmens gewährleisten.[125] Die Abschlussadressaten sollen die Möglichkeit erhalten, ihre wirtschaftlichen Entscheidungen auf der Grundlage von verständlicher, relevanter, verlässlicher und vergleichbarer Information in den Jahresabschlüssen zu treffen.[126] Die Entscheidungsnützlichkeit der Information soll insbesondere durch eine Abbildung der Geschäftsvorfälle nach ihrem tatsächlichen wirtschaftlichen Gehalt erreicht werden (*Substance over Form*[127]). Dieser Grundsatz durchzieht nicht nur die Ausgestaltung der Ansatzmethoden, sondern wird bereits im Verständnis des Anwendungsbereichs – und damit auch in den zugrunde liegenden Begriffen – reflektiert.

Deshalb wird in den IFRS 4 die Abgrenzung zu anderen Geschäftstypen ausschließlich unter Betrachtung des durch den Vertrag übertragenen Risikos erreicht. Gerade weil anhand der Qualifikation eines signifikanten Versicherungsrisikos die Einordnung als Versicherungsgeschäft erfolgt, ist diese Qualifikation als Versicherungsgeschäft auch für das Aufsichtsrecht sachgerecht. Denn das Versicherungsaufsichtsrecht soll präventiv die *Solvenz einzelner Versicherungsunternehmen* und damit auch die Funktion des gesamten Versicherungswesens schützen. Um eine effektive Solvenzaufsicht zu gewährleisten, muss es jedoch auch dort anwendbar sein, wo es wirtschaftlich geboten ist. Konsequenterweise hat sich die Gebotenheit primär am Risikoge-

---

[121] VO 1126/2008/EG vom 09.11.2008, Abl. L 320/1, S. 390 ff.

[122] VO 1606/2002/EG vom 19.07.2002, Abl. L 243/1, S. 1 ff.

[123] IFRS 4, Zielsetzung (VO 1126/2008/EG vom 09.11.2008, Abl. L 320/1, S. 390).

[124] Grundlegend EuGH vom 16.11.1977, Az. C-13/77, Slg. 1977, 2115; EuGH vom 21.09.1988, Az. C-267/86, Slg. 1988, 4769; EuGH vom 01.10.1998, Az. C-38/97, Slg. 1998, I-5955, Rn. 26.

[125] IASB Framework, 12.

[126] IASB Framework, 24 ff.

[127] IASB Framework, 35.

halt des Geschäfts zu messen und erst nachrangig am vom Unternehmen mit dem Geschäft umgesetzten Geschäftsmodell. Dafür spricht auch die Regelungssystematik der Richtlinie betreffend der Aufnahme und Ausübung der Versicherungs- und Rückversicherungstätigkeit[128] (*Solvency II*). Auch hier wird stärker als bisher auf das Risiko des einzelnen Geschäfts abgestellt, an der insbesondere die Kapitalunterlegung der Versicherungsgeschäfte auszurichten ist. Obgleich die Richtlinie die Definition des Versicherungsbegriffs offen lässt, spricht deren stark einzelrisikobezogener Regulierungsansatz dafür, auch den *Anwendungsbereich* der Regulierung einzelrisikobezogen zu erfassen.

Die Rechnungslegungsstandards haben für Finanzinnovationen indes eine wesentlich *höhere Anpassungs- und Adoptionsgeschwindigkeit.* Hier werden die Entscheidungen hinsichtlich der Qualifikation eines neuartigen Geschäftstyps bereits im Jahr der Entstehung getroffen, diskutiert und – bei Bedarf – korrigiert, bis sie zu einer festen Rechnungslegungspraxis erstarken. Dadurch können die Aufsichtsbehörden zeitnahe auf ausdifferenzierte Regelungen zur Einordnung von Geschäften zurück greifen. Sowohl für die Marktteilnehmer, als auch für die Unternehmen insgesamt wird die Anwendung von Versicherungsaufsichtsrecht auf neuartige Geschäfte dadurch vorhersehbarer und rechtssicherer.

Letztlich würde ein Gleichlauf von äußerem Anschein des Geschäfts durch den Ausweis als Versicherungsgeschäft im Jahresabschluss einerseits und der regulatorischen Behandlung des Geschäfts andererseits erfolgen. Dies ist sachgerecht, da dem Versicherungsaufsichtsrecht auch eine rechtsscheinbedingte Schutzdimension immanent ist.[129] Zwar kann der bloße Anschein eines Versicherungsgeschäfts die Anwendbarkeit von Versicherungsaufsichtsrecht nicht begründen.[130] Dennoch wird gerade durch den möglichen Ausweis einzelner derivativer Finanzinstrumente als Versicherungsgeschäfte im Jahresabschluss ein Rechtsschein geschaffen. Das dadurch begründete schutzwürdige Vertrauen der Marktteilnehmer in die Qualität der ausgewiesenen

---

[128] RL 2009/138/EG vom 25.11.2009, Abl. ABl. L 335/1.

[129] VG Frankfurt vom 07.09.2006, Az. 1 G 2541/06, Rn 41 (Das Gericht hat entschieden, dass der Versicherungsaufsicht nach § 81 ff. VAG auch solche Unternehmen unterliegen können, die im Geschäftsverkehr den Eindruck erwecken, Versicherungsgeschäfte zu tätigen, auch wenn sie tatsächlich keine Versicherungsgeschäfte zum Gegenstand haben. Zur Begründung verweist das VG auf die ausgeprägte Schutzrichtung des Versicherungsaufsichtsrechts für Verbraucher: Wenn das Recht den Verbraucher schon beim Abschluss echter Versicherungsgeschäfte durch die Versicherungsaufsicht schützen will, so müsse dies erst recht auch dann gelten, wenn nur zum Schein Versicherungsgeschäfte angeboten werden, da hier – bedingt durch die Irreführung des Verbrauchers – das Schutzbedürfnis noch stärker wiege. Allerdings hat das Gericht in einem späteren Beschluss diese Auffassung ausdrücklich wieder verworfen, vgl. VG Frankfurt vom 09.10.2008, Az. 1 K 159/08, Rn 30).

[130] VG Frankfurt vom 09.10.2008, Az. 1 K 159/08.

Geschäfte als Versicherungsgeschäfte ist wiederum bei der Auslegung des Versicherungsbegriffs zu berücksichtigen.

6. Schlussfolgerung

Die Abgrenzung von Derivat und Versicherung ist schwierig und kann nur durch eine Gesamtschau der bisher vorgebrachten Lösungsansätze geleistet werden. Die soeben angeführten sachlichen Gründe für den risikobezogenen Abgrenzungsansatz in den IFRS 4 sprechen dafür, ihn als Ausgangspunkt für die Gewinnung nachhaltiger Abgrenzungskriterien zu verwenden. Soweit in den Vertragsbedingungen eines derivativen Finanzinstruments die Leistung zumindest einer Vertragspartei an die Entwicklung eines Zinssatzes, Wechselkurses, Finanzindex, Bonitätsratings oder eines anderen *virtuellen* Wertes gebunden ist, wird die Qualifikation als Versicherung ausgeschlossen. Dies betrifft den überwiegenden Teil existierender Derivatekonstruktionen unabhängig von der verfolgten Strategie (Absicherungs, Spekulation oder Arbitrage).

Finanzelle Future- oder Forwardgeschäfte auf Aktien, Anleihen, Zinssätz oder Wechelkurse sind ebenso wie kapitalmarktorientierte Optionen oder Swapgeschäfte auf diese Basiswerte – ob mit physischer Lieferungsvereinbarung oder mit Barausgleichsabrede – von der Qualifikation als Versicherung ausgeschlossen. Soweit die Parteien dagegen in einem Derivat als zahlungsauslösendes Ereignis eine rein *tatsächliche Begebenheit* vereinbaren – etwa den Ausfall eines Schuldners, Ergebnis eines bestimmten Sport- oder Wettereignisses (ohne sich auf einen Index zu beziehen) – so ist die Qualifikation als Versicherung weiterhin möglich.

Für die Qualifikation als Versicherung ist ein Risikoausgleich im Kollektiv auf einer Vertragsseite – zumindest bei der Abgrenzung von Finanzgeschäften zu Versicherungen – nicht erforderlich. Die Idee ist in einer Zeit entstanden, in der die Kapitalmärkte unterentwickelt waren und man – damals zu Recht – davon ausging, der Risikoausgleich im Kollektiv sei ein ausschließlich den Versicherungsgeschäften anhaftendes Merkmal.[131] Die Erscheinungsformen der Finanzinstrumente haben sich indes weiter entwickelt und integrieren auch den Risikoausgleich im Kollektiv in ihre Konstruktion. Damit ist dieser aber nicht mehr nur Versicherungsgeschäften vorbehalten. Dieser Abgrenzungsansatz erscheint daher wenig sachgerecht. Statt dessen ist entsprechend des *Abgrenzungsansatzes anhand des versicherbaren Interesses* in einem zweiten Schritt darauf abzustellen, dass eine Beziehung zum Vermögensgut besteht, „bei dessen Beeinträchtigung jemand einen wirtschaftlichen Nachteil erleidet".[132]

---

[131] *Trafkowski,* Risikotransferverträge, 2008, S. 89.
[132] *Basedow/Fock,* Europäisches Versicherungsvertragsrecht I, 2002, S. 56.

Diese *normative Korrektur* der Abgrenzung ist erforderlich, um das Prinzip der Bedarfsdeckung zu gewährleisten. Soweit in einem derivativen Finanzinstrument die *Höhe der vertraglich geschuldeten Ausgleichszahlung im Schadensfall an die Höhe des tatsächlich erlittenen Schaden gebunden* ist, wird dies das versicherbare Interesse begründen und das Derivat ist als Versicherung zu qualifizieren. Im Übrigen lässt das Abstellen auf ein versicherbares Interesse als unbestimmter Rechtsbegriff Freiraum für zukünftige Gestaltungsformen (derivativer) Finanzinstrumente. Die für die Praxis erforderliche Rechtssicherheit wird bereits durch den ersten Schritt nach diesem Abgrenzungsansatz gewährleistet. Bei der Konkretisierung des versicherbaren Interesses ist aber das im deutschen Versicherungsrecht geltende *Verbot der Summenversicherung bei Nicht-Personenversicherungen* zu berücksichtigen. Deshalb kann – so wurde gezeigt – ein versicherbares Interesse nicht schon dann vorliegen, wenn durch CDS eine wesentliche Eigen- oder Fremdkapitalposition unabhängig von der tatsächlich erlittenen Vermögenseinbuße gesichert werden soll.

Legt man diesen Maßstab zugrunde, so ist nach derzeitiger Vertragsgestaltung von CDS – sowohl nach den deutschen Rahmenbedingungen für Finanztermingeschäfte, als auch den ISDA-Master Agreements – die Qualifikation als Versicherungsgeschäft ausgeschlossen, da die Höhe der vertraglich geschuldeten Ausgleichszahlung bei Eintritt des Zahlungsausfalls an nicht die Höhe des tatsächlich erlittenen Schaden gebunden ist. Auch bei Sport- oder Wetterderivaten ist es – soweit ersichtlich – untypisch, die Höhe der geschuldeten Zahlung neben der Ausformulierung des zahlungsauslösenden Ereignisses zusätzlich noch an einen tatsächlich entstandenen Schaden zu koppeln. Damit werden zumindest die heute verbreiteten derivativen Finanzinstrumente nicht als Versicherung zu qualifizieren sein.

IV. Zusammenfassung

Derivative Finanzinstrumente werden vom deutschen Gesetzgeber als aufsichtsrechtliche Bankgeschäfte qualifiziert und unterliegen – soweit sie gewerbsmäßig oder in einem Umfang abgeschlossen werden, der einen in kaufmännischer Weise eingerichteten Geschäftsbetrieb erfordert – der Wertpapier- und Bankenaufsicht. Allerdings weisen einige Derivate schon intuitiv durch die Nutzungsmöglichkeit zur Absicherung oder die konkrete Vertragsgestaltung (z.B. bei Optionen) eine Nähe zum Versicherungsgeschäft auf. Werden diese Geschäfte auch rechtlich als Versicherung qualifiziert, könnte Versicherungsaufsichtsrecht auf die Emittenten anwendbar sein mit der Folge einer erheblichen Kostenverlagerung.

Eine Abgrenzung von derivativen Finanzinstrumenten und Versicherungsgeschäften kann anhand des typischen Vertragszwecks der Parteien nicht gelingen. Neben beidseitigen Absicherungsgeschäften durch ein Derivat erscheint die Qualifikation als Versicherung nach der parteilichen Zwecksetzung auch dann angebracht, wenn auf einer Vertragsseite ein Spekulant steht, der das übernommene Risiko in sein gut diversifiziertes Portfolio integriert. Denn dann betreibt auch er ein für Versicherungsunternehmen typischen Risikoausgleich im Kollektiv, sodass die bezweckte Steigerung des Gesamtgewinns schon mit dem Abschluss des Derivategeschäfts erreicht wird.

Ein im US-amerikanischen Recht herrschender Abgrenzungsansatz stellt auf einen *Insurable Interest* ab und qualifiziert ein Derivat insbesondere dann als Versicherungsgeschäft, wenn eine der vertraglichen Leistungen der Höhe nach an einen tatsächlich erlittenen Schaden gekoppelt ist oder der Ausfall einer wesentlichen (bereits bestehenden) Eigen- oder Fremdkapitalposition als Grundgeschäft gesichert werden soll. Die letzte Alternative geht aber zu weit, da sie das im deutschen Versicherungsrecht geltende *Verbot der Summenversicherung bei Nicht-Personenversicherungen* nicht berücksichtigt.

Die deutsche Rechtsprechung und Literatur grenzen Derivate von Versicherungen im Wesentlichen durch das Merkmal des Risikoausgleichs im Kollektiv ab. Danach sind beidseitige Absicherungsgeschäfte nicht als Versicherungen zu qualifizieren, da ein Risikoausgleich hier nicht im Kollektiv, sondern individuell am Grundgeschäft erfolgt. Stellt ein derivatives Finanzinstrument aber für eine Vertragspartei ein Spekulationsgeschäft dar und übernimmt er dieses in sein gut diversifiziertes Portfolio, so hängt die Qualifikation als Versicherungsgeschäft nach diesem Abgrenzungsansatz vom gewählten Bewertungsverfahren ab, mittels dessen die Investitionsentscheidung getroffen wurde. Denn der Ansatz verlangt, dass der Risikoübernahme eine auf dem Gesetz der großen Zahl beruhende Kalkulation zugrunde liegt. Tatsächlich gibt es für Derivate in der Praxis Bewertungsverfahren, die dies erfüllen. Damit hängt die Qualifikation eines Derivats als Versicherung vom gewählten Bewertungsverfahren ab. Bei modernen Finanzinstrumenten stößt dieser traditionelle Qualifikationsansatz von Versicherungsgeschäften deshalb an seine Grenzen und hinterlässt erhebliche Rechtsunsicherheit.

Eine Alternative wurde mit dem in den IFRS 4 gewählten Abgrenzungsansatz aufgezeigt. Wird durch ein Derivat ein Finanzrisiko übernommen, so ist die Qualifikation als Versicherungsgeschäft ausgeschlossen. Der Begriff des Finanzrisikos ist in den Rechnungslegungsstandards nach dem Enumerationsprinzip konkretisiert und umfasst u.a. Risiken aus der Änderung von Zinssätzen, Wechselkursen, Finanzindices, Bonitätsratings oder anderen *virtuellen* Werten. Das Risiko des Kreditausfalls einer bestimmten Person oder der Ausgang eines bestimmten Sportereignisses wird hingegen als Versicherungsrisiko qualifiziert. Damit sind etwa CDS, bei denen der Ausfall eines bestimmten Schuldners als Zahlungsauslösendes Ereignis vereinbart ist, als Versicherungsgeschäft zu qualifizieren. Dieser Ansatz stellt letztlich die überzeugendere Abgrenzungsmethode bereit, die im Kontext der modernen Kapitalmarktpraxis eine rechtssichere und sachgerechtere Lösung bietet.

Der hier vertretene Abgrenzungsansatz greift in einem ersten Schritt auf den risikobasierten Abgrenzungsansatz nach den IFRS 4 zurück, um in einem zweiten Schritt eine normative Korrektur durch das Erfordernis eines versicherbaren Interesses vorzunehmen. Nur so können für Versicherungsgeschäfte erforderliche (rechtliche und ökonomische) Voraussetzungen gesichert werden. Im Ergebnis sind derivative Finanzinstrumente, die den ersten Abgrenzungsschritt erfüllen, nur dann als Versicherung zu qualifizieren, wenn die Höhe der vertraglich geschuldeten Ausgleichszahlung bei Eintritt des definierten Ereignisses an die Höhe der tatsächlich erlittenen Vermögenseinbußen gebunden ist.

B. Unternehmenszweck und der Einsatz von Derivaten

Unternehmen werden mit der Absicht ins Leben gerufen, einen bestimmten Zweck auf einem umgrenzten Tätigkeitsfeld zu verfolgen. Aufschluss über den Tätigkeitsbereich der Gesellschaft gibt im deutschen Aktienrecht der *Unternehmensgegenstand*[133] als zwingender[134] Satzungsbestandteil, im US-amerikanischen Rechtsraum die ebenfalls zwingende *Objects Clause*. Die Gegenstandsklausel steckt individuell den für die jeweilige Gesellschaft intendierten Wirkungskreis ab. Im Folgenden wird untersucht, inwieweit sich daraus Grenzen für den Einsatz von derivativen Finanzinstrumenten ableiten lassen. Damit geht es hier auch um die Frage, ob die Risikoübernahme einen Bezug zum Tätigkeitsfeld des Unternehmens haben muss.

I. Unternehmenszwecksetzung als Grenzen des rechtlichen Könnens

1. Herleitung aus dem Rechtsgedanken der Ultra-vires-Doktrin

Nach der aus dem anglo-amerikanischen Gesellschaftsrecht stammenden Ultra-vires-Doktrin fehlt einer Gesellschaft, die Verträge außerhalb des ihr durch Gesellschaftsvertrag oder Satzung erteilten Befugnisrahmens abschließt, nicht nur die Verpflichtungsmacht (*Authority*) der für die Gesellschaft handelnden Personen, sondern die Verpflichtungs*fähigkeit* (*Capacity*) der Gesellschaft selbst. Schließt eine Gesellschaft Verträge jenseits des ihr verliehenen Wirkungskreises ab, überschreitet sie ihr rechtliches Können

---

[133] Unternehmenszweck und -gegenstand (§ 23 Abs. 3 Nr. 2 AktG) werden nachfolgend nicht weiter unterschieden, da sich auch bisher in Rechtsprechung und Literatur keine trennscharfen Grenzen ausgearbeitet zu sein scheinen.; vgl. *Pentz* in: MüKo, AktG, § 23, Rn. 70 ff.; BGH vom 11.11.1985, Az. II ZB 5/85, BGHZ 96, 245 (Verein); BGH vom 05.10.1994, Az. XII ZR 53/93, BGHZ 127, 167 (zur stillen Gesellschaft).

[134] Vgl. § 23 Abs. 3 Nr. 2 AktG, § 3 Abs. 1 Nr. 2 GmbHG.

(„*beyond the legal powers*") und das Rechtsgeschäft ist unheilbar nichtig.[135] Ähnliche Rechtsgedanken für den deutschen Rechtsraum sind schon im 19. Jahrhundert in der Rechtsprechung des Reichsgerichts[136] sowie der deutschen Literatur[137] erkennbar. Ausdrücklich hat sich der BGH erstmals in einem Urteil von 1956 zum Gedanken der Ultra-vires-Lehre bekannt. Danach sind „Rechtsgeschäfte, die eine juristische Person des öffentlichen Rechts durch ihre Organe außerhalb des durch Gesetz oder Satzung bestimmten Wirkungskreises der juristischen Person vornimmt, rechtsunwirksam"[138] Offen gelassen hat der BGH aber, ob die Überlegungen auch für juristische Personen des Privatrechts greifen, wenn deren Satzungen Beschränkungen ihrer Aufgabenbereiche enthalten.

2. Wertungswidersprüche zum deutschen Gesellschaftsrecht

Eine der Kernaufgaben des Gesellschaftsrechts ist es, den Zielkonflikt zwischen Verkehrs- bzw. Gläubigerschutz einerseits und den Schutz der Anteilseigner anderseits aufzulösen. Der Rechtsgedanke der Ultra-vires-Doktrin dient in erster Linie dem Schutz der Anteilseigner. Sie sollen darauf vertrauen dürfen, dass das von ihnen eingesetzte Kapital nur im Rahmen der Zwecke verwendet wird, die im Gesellschaftsstatut manifestiert wurden und den sie zur Grundlage ihrer Investitionsentscheidung gemacht haben.[139] Über die Zwecksetzung der Unternehmung wird folglich das mit der Stellung als Gesellschafter übernommene Risiko gemindert. Potentielle Gläubiger hingegen können sich nicht darauf verlassen, dass der Abschluss des Rechtsgeschäfts vom rechtlichen Können der Gesellschaft gedeckt und damit wirksam ist, selbst wenn die Vertretungsmacht der Organe es decken würde. Diese Rechtsunsicherheit lässt die Ultra-vires-Doktrin zu einem *verkehrsfeindlichen Lösungsansatz* im Interessenwiderstreit zwischen Verkehrsschutz und Schutz der Anteilseigner werden.

(1) Privatrecht

Das deutsche Handels- und Gesellschaftsrecht betont traditionell[140] den Gläubiger- bzw. Verkehrsschutz. Potentielle Gläubiger sollen sich im Interesse der

---

[135] Schwintowski in: FS Schimansky, S. 766.

[136] RG vom 02.06.1885, Seuff. Arch. 40, Nr. 271, S. 389.

[137] Reskript des preußischen Handelsministers, ZBergR 1860, S. 640; *Gierke,* Genossenschaftstheorie, 1887, S. 636 Fn. 2.

[138] BGH vom 28.02.1956, Az. I ZR 84/54, BGHZ 20, 119 ff.

[139] Allerdings hat die Ultra-vires-Doktrin auch eine gläubigerschützende Dimension für diejenigen Gläubiger, deren Rechtsgeschäfte mit der Gesellschaft vom Wirkungskreis der Gesellschaft gedeckt sind. Sie werden das Fremdkapital im Glauben an die Profitabilität des Unternehmensgegenstandes gewähren und sollen darauf vertrauen dürfen, dass das ihnen haftende Gesellschaftsvermögen nicht durch gegenstandswidrige Verwendungen gemindert wird.

[140] *Protokolle zum Handelsgesetzbuch,* 1863, S. 359 ff.

Geschwindigkeit und Sicherheit des Handelsverkehrs grundsätzlich darauf verlassen dürfen, dass das intendierte Rechtsgeschäft bestand haben wird. Entsprechend gilt für juristische Personen des Privatrechts weitestgehend unbestritten, dass die Rechts- und Handlungsfähigkeit prinzipiell unbeschränkt ist.[141]

Das Problem unternehmenszweckwidriger Rechtsgeschäfte wird nicht über die Rechts- oder Handlungsfähigkeit der Gesellschaft, sondern über die Vertretungsmacht ihrer Organe gelöst. Diese ist im Außenverhältnis ausschließlich durch die gesetzlichen Regelungen zum Umfang der Vertretungsmacht beschränkt. Einschränkungen des Vertretenen wirken nur auf das rechtliche Dürfen im Innenverhältnis (*Geschäftsführungsbefugnis*), lassen das rechtliche Können im Außenverhältnis (*Vertretungsmacht*) jedoch unberührt. Für Kapitalgesellschaften kommt dies in den § 82 Abs. 1 AktG, § 37 Abs. 2 GmbHG zum Ausdruck, für Personengesellschaften ist in § 126 Abs. 2 HGB verankert. Nach innen soll so die gesellschaftsrechtliche Kompetenzordnung der Organe gewährleistet werden.[142] Nach außen – so die *ratio legis* – soll der Rechtsverkehr aber von lästigen Fesseln wie dem Erfordernis der Satzungseinsicht befreit[143] und die Rechtssicherheit und Rechtsklarheit gefördert werden. Sofern man das rechtliche Können der Gesellschaft selbst als durch den Unternehmenszweck beschränkt ansieht, wird der zugrunde liegende Verkehrsschutzgedanke a minori ad maius unterlaufen.

Die logische Folge, dass eine juristische Person des Privatrechts nur soweit überhaupt handeln kann, wie ihr Zweck reicht, wird dadurch *überlagert*, dass das Gesetz selbst dem Verkehrsschutz den Vorrang einräumt. Entsprechend hat auch der BGH in der Klöckner-Entscheidung[144] die Frage aufgeworfen, ob spekulative Derivategeschäfte vom Unternehmenszweck der Gesellschaft in diesem Fall noch gedeckt waren. Der BGH lässt diese Frage jedoch offen, da die Geschäfte im konkreten Fall ohnehin sorgfaltswidrig waren.[145] Damit wird aber implizit unterstellt, die zivilrechtliche Wirksamkeit der getätigten Geschäfte werde durch die Unternehmenszweckwidrigkeit nicht berührt.[146]

(2) Öffentliches Recht

Anders ist die Rechtslage bei juristischen Personen des öffentlichen Rechts. Hier wird der Wirkungskreis durch positive Ermächtigungen geschaffen. Dies ist Ausfluss des verfassungsrechtlichen *Vorbehalts des Gesetzes*.[147] Lässt sich

---

[141] *Roth/Altmeppen,* GmbHG, § 13, Rn. 2 m.w.N.
[142] *Koch,* Grundsätze ordnungsgemäßer Kapitalanlage, 2000, S. 69.
[143] *Protokolle zum Handelsgesetzbuch,* 1863, S. 360.
[144] BGH vom 05.10.1992, Az. II ZR 172/91, BGHZ 119, 305.
[145] Schwintowski in: FS Schimansky, S. 767.
[146] *Scholz/Schwintowski/Schuler,* Risikomanagement der Öffentlichen Hand, 2009, S. 208.
[147] *Pfeffer,* Verhältnis von Völkerrecht und Landesrecht, 2009, S. 39.

die Ultra-vires-Lehre im Bereich juristischer Personen des Privatrechts primär als Mittel zur Erreichung rechtspolitischer Zwecke werten, so ist sie für juristische Personen des öffentlichen Rechts zwingende Konsequenz der verfassungsrechtlich vorgegebenen Ausgestaltung des Staates selbst. Entsprechend wird in der Literatur der Anwendung der Ultra-vires-Lehre auf juristische Personen des öffentlichen Rechts überwiegend[148] zugestimmt, aber auch teilweise kritisch hinterfragt.[149] Hintergrund ist insbesondere die Sorge, dass sich Akte, die der Staatsgewalt nicht mehr zugerechnet werden, auch der Staatshaftung entziehen könnten. Allerdings bestimmt der Verfassungsgeber in Art. 34 S. 1 GG die Haftung selbst dann, wenn die schädigende Handlung jenseits der Grenzen des rechtlichen Könnens der juristischen Person des öffentlichen Rechts und somit auch des Amtswalters geschah und die zusätzlichen Anspruchsvoraussetzungen erfüllt sind.[150] Die Kritik zur Anwendung der Ultra-vires-Lehre bei Personen des öffentlichen Rechts ist damit letztlich unbegründet.

Neben diesen rechtsstrukturellen Unterschieden zwischen juristischen Personen des Privat- und des öffentlichen Rechts findet zugleich eine Gewichtsverschiebung zugunsten des Schutzes der Gesellschafter statt, wenn eine juristische Person des öffentlichen Rechts im Privatrechtsverkehr aktiv wird. Denn die Gesellschafter einer juristischen Person des Privatrechts können notfalls ihre Anteile veräußern und sich so dem Risiko entledigen. Diese Möglichkeit besteht bei juristischen Personen des öffentlichen Rechts aber nicht, wenn Zwangsmitgliedschaft besteht, sodass sich die Mitglieder nicht der mit der Mitgliedschaft verbundenen Risikoposition entziehen können. Daher sollte dem Gedanken des Anteilseignerschutzes bei juristischen Personen des öffentlichen Rechts ein höheres Gewicht zukommen. Umgekehrt ist es zugleich vertretbar, dem Verkehrsschutz ein geringeres Gewicht einzuräumen, denn juristische Personen des öffentlichen Rechts stellen außergewöhnliche Vertragspartner dar, deren Regelungsregime von öffentlich-rechtlichen Wertungen durchzogen und bei denen gerade deshalb die besondere Aufmerksamkeit des (potentiellen) Vertragspartners geboten ist. Aus diesen Gründen überzeugt die grundsätzliche Nichtigkeit von Rechtsgeschäften, die eine juristische Person des öffentlichen Rechts in Überschreitung ihres rechtlichen Könnens tätigt.

II. Derivate und der Zweck von juristischen Personen des Privatrechts

Das deutsche Recht löst die Interessenkollision zwischen Anteilseigner- und Verkehrsschutz bei juristischen Personen des Privatrechts *zugunsten des*

---

148 *Pfeffer,* Verhältnis von Völkerrecht und Landesrecht, 2009, S. 41.

149 *Hufeld,* Vertretung der Behörde, 2003, S. 390 ff.; *Ehlers,* Teilrechtsfähigkeit und Ultra-vires-Doktrin, 2000, S. 3 ff.

150 *Pfeffer,* Verhältnis von Völkerrecht und Landesrecht, 2009, S. 42.

Verkehrsschutzes auf. Werden zweckwidrige Rechtsgeschäfte dennoch abgeschlossen, so sind diese grundsätzlich wirksam. In eng begrenzten Ausnahmefällen wird dem Schutz der Anteilseigner dennoch Vorrang eingeräumt. So ist im Rahmen der Grundsätze zum Missbrauch der Vertretungsmacht anerkannt, dass ein missbräuchliches Rechtsgeschäft nach einer Meinung[151] gem. § 177 Abs. 1 BGB analog bis zur Genehmigung des Vertretenen schwebend unwirksam ist, nach der wohl herrschenden Rechtsprechung[152] zwar grundsätzlich wirksam zustande kommt, aber durch die prozesshindernde Einrede gem. § 242 BGB rechtlich nicht durchsetzbar ist. Wann einzelne Derivategeschäfte über den im Innenverhältnis vereinbarten Unternehmenszweck hinausgehen, sodass diese Grundsätze anwendbar sein könnten, soll im Folgenden untersucht werden.

1. Unternehmensgegenstand von Industrie- und Handelsunternehmen

Die Satzungen von Industrie- und Handelsunternehmen werden regelmäßig als Unternehmensgegenstand die Gattungen der hergestellten Erzeugnisse oder gehandelten Waren angeben.[153]

a) Gegenstandsklausel und Spekulationshandlungen

Soweit der Basiswert eines Derivats direkt vom Unternehmensgegenstand erfasst ist, wird man ohne weiteres auf die Geschäftsführungsbefugnis des Vorstandes auch für den Abschluss entsprechender Termingeschäfte schließen können. Danach werden selbst Derivategeschäfte, die durch die bewusste Risikoübernahme auf Gewinnerzielung gerichtet sind, nicht zu beanstanden sein. Denn hier werden die Kenntnisse und Erfahrungen aus der Kerngeschäftstätigkeit gerade auch auf die Einschätzung der Risiken aus diesen Derivategeschäften übertragbar sein.[154] Dagegen sieht Koch[155] Derivate mit Barausgleichsabrede wegen des *fehlenden Umsatzcharakters* selbst dann als gegenstandswidrig an, wenn der Unternehmensgegenstand den Basiswert ausdrücklich umfasst. Dies überzeugt letztlich nicht, da der – hier maßgebliche – *verobjektivierte Wille des Satzungsgebers* die Geschäftstätigkeit nicht nur auf Umsatzgeschäfte beschränken wird. Der Unternehmensgegenstand präzisiert regelmäßig nur das Tätigkeitsfeld und die *abstrakten* Mittel der Gewinnerzielung im operativen Geschäft. Die konkreten Maßnahmen – insbe-

---

[151] *Jauernig* in: Jauernig, BGB, § 177, Rn. 7; *Habermeier* in: BeckOK, BGB, § 167, Rn. 51; nun auch BGH vom 06.05.1999, Az. VII ZR 132/97, BGHZ 141, 357, Rn. 22.

[152] BGH vom 25.03.1968, Az. II ZR 208/64, BGHZ 50, 112; BGH vom 19.05.1980, Az. II ZR 241/79, WM 1980, 953; BGH vom 14.03.1988, Az. II ZR 211/87, WM 1988, 704.

[153] *Körber* in: HeidelKomm-AktG, § 23, Rn 31; *Koch,* Grundsätze ordnungsgemäßer Kapitalanlage, 2000, S. 57.

[154] *v. Randow,* ZGR 1996, 594, (610).

[155] *Koch,* Grundsätze ordnungsgemäßer Kapitalanlage, 2000, S. 75.

sondere die Ausgestaltung der Verträge – stehen jedoch unter der dem Vorstand zuerkannten Leitungsmacht gem. § 76 Abs. 1 AktG. Alles andere würde das durch das Aktienrecht zuerkannte Kompetenzgefüge zwischen Vorstand und Hauptversammlung durchbrechen. Nach der Konzeption des Gesellschaftsrechts soll das Gesellschaftsvermögen nunmehr durch die Sorgfaltspflichten des Vorstandes geschützt werden.[156]

b) Hilfsgeschäfte

Die Geschäftsführungsbefugnis des Vorstandes erstreckt sich über den ausdrücklichen Unternehmensgegenstand hinaus auch auf *damit verbundene Hilfsgeschäfte.*[157] Auch dies wird aus der allgemeinen Leitungsaufgabe des Vorstandes abgeleitet. Da der Vorstand die Gesellschaft aber nur im Rahmen des satzungsmäßig festgelegten Tätigkeitsbereichs die Gesellschaft in eigener Verantwortung leitet, ist ein Geschäft nicht mehr als Hilfsgeschäft zu qualifizieren, wenn es *selbständig und unabhängig vom Unternehmensgegenstand ist* und so ein neues Geschäftsfeld eröffnet.[158] Für die Qualifizierung als Hilfsgeschäft ist nicht an das Volumen, sondern vorwiegend an den Geschäftszweck anzuknüpfen.[159] Nach der Verkehrsauffassung muss der Geschäftsbetrieb im satzungsgemäßen Tätigkeitsbereich diese Geschäfte *üblicherweise mit sich bringen.*[160]

(1) Unproblematische Fälle

Als Hilfsgeschäfte sind jedenfalls Finanzierungsgeschäfte anzusehen, die Beschaffung der Rohstoffe, Produktion und Vertrieb finanziell vorbereiten und das operative Geschäft so erst ermöglichen.[161] Auch Geschäfte, die der Absicherung dieser Finanzierungshandlungen dienen, sind als Hilfsgeschäfte unproblematisch zulässig. Damit ist insbesondere auch die Positionierung in Termingeschäfte auf Rohstoffe – auch mit Barausgleichsabrede – als Hilfsgeschäft zu qualifizieren, wenn sie der Preissicherung eines im Produktionsprozess erforderlichen Grundstoffs dienen. Gleiches gilt als zulässige Unterstützungshandlung für Absatzgeschäfte[162] im Ausland, wenn durch derivative Finanzinstrumente der Wechselkurs zur Währung des Absatzlandes gesichert

---

[156] Dazu S. 264 ff.

[157] Ganz h.M.: BGH vom 15.05.2000, Az. II ZR 359/98, ZIP 2000, 1162; LG Stuttgart vom 28.05.2010, Az. 31 O 56/09 KfH, Rn. 314; Körber in: HeidelKomm-AktG, § 52, Rn. 23; *Koch,* Grundsätze ordnungsgemäßer Kapitalanlage, 2000, S. 63 ff.; *Spindler* in: MüKo, AktG, § 82, Rn. 35 m.w.N.

[158] OLG Nürnberg vom 14.10.1998, Az. 12 U 1538/98, AG 1999, 381, Rn. 54.

[159] LG Stuttgart vom 28.05.2010, Az. 31 O 56/09 KfH, Rn. 314.

[160] *Winter,* Versicherungsaufsichtsrecht, 2007, S. 316; ähnlich auch OLG Nürnberg vom 14.10.1998, Az. 12 U 1538/98, AG 1999, 381, Rn. 53.

[161] *Koch,* Grundsätze ordnungsgemäßer Kapitalanlage, 2000, S. 65.

[162] BGH vom 15.05.2000, Az. II ZR 359/98, BGHZ 144, 290, Rn 9.

wird. Zu Recht anerkannt ist auch die Verbindung zur satzungskonformen Geschäftstätigkeit, wenn die Gesellschaft Positionen in Derivategeschäfte eingeht, um *interne Anreizstrukturen* für Mitarbeiter und Management schaffen zu können. Das Eintreten in Stillhalteverpflichtungen in Optionen auf eigene Aktien kann damit folgerichtig als Hilfsgeschäft qualifiziert werden.[163]

(2) Grenzfälle

Weniger eindeutig ist die Rechtslage, wenn Derivategeschäfte die bewussten Übernahme eines *gegenstandsfremden Risikos* bezwecken. Grundsätzlich ist zwar die Anlage flüssiger Gelder am Kapitalmarkt als Hilfsgeschäft zulässig.[164] Der erforderliche Zuordnungszusammenhang zum Unternehmensgegenstand ergibt sich dann aus der betriebswirtschaftlichen Notwendigkeit, Kapitalreserven für die Erhaltung langfristiger Handlungsfähigkeit der Gesellschaft am Markt aufzubauen und zu *erhalten.*[165] Denn nur dann kann auch der Unternehmensgegenstand langfristig betrieben werden.

Neben diesem *Grundsatz vorsichtigen Anlageverhaltens* ist für die Qualität als Hilfsgeschäft auch darauf abzustellen, ob nach der Verkehrsauffassung der Geschäftsbetrieb *im durch die Satzung konkretisierten Tätigkeitsbereich diese Geschäfte üblicherweise mit sich bringen.*[166] Der Zuordnungszusammenhang zwischen Unternehmensgegenstand und Hilfsgeschäft wird so durch die *Branchenüblichkeit* der Anlage freier Mittel am Kapitalmarkt hergestellt. Dies bedeutet, dass die Anlage liquider Mittel nur in *begrenztem Umfang* möglich ist.[167] Eine Anlage wesentlicher liquider Mittel würde ein neues – aber satzungswidriges – Geschäftsfeld begründen, sodass der Vorstand seine Leitungsmacht gem. § 76 Abs. 1 AktG überschreitet.

Teilweise wird vorgeschlagen, Geschäfte zur Gewinnerzielung nur soweit als satzungsmäßiges Hilfsgeschäft zu erachten, wie sie nach § 7 Abs. 2 VAG zulässig wären.[168] Geschäfte zur Gewinnerzielung sind danach nur zulässig, wie die Gesellschaft durch sie kein zusätzliches Risiko eingeht. Dies käme

---

[163] Ihrig in: FS Ulmer, S. 831.

[164] *Scholz/Schwintowski/Schuler,* Risikomanagement der Öffentlichen Hand, 2009, S. 208.

[165] Vgl. zur Zielsetzung der Unternehmensfinanzierung S. 55.

[166] Vgl. *Koch,* Grundsätze ordnungsgemäßer Kapitalanlage, 2000, S. 68 („Der Verkehrsanschauung nach sind Kapitalanlagegeschäfte allein dem Tätigkeitsbereich von Banken, Versicherungen und Investmentgesellschaften zuzuordnen und eben nicht dem Unternehmensgegenstand eines Industrie- und Handelsunternehmens“).

[167] Hier sind zunächst quantitative Kriterien denkbar, beispielsweise das Verhältnis des Gewinns aus der Anlagetätigkeit zum Gesamtgewinn des Unternehmens. Dieser kennzahlenbasierter Ansatz wird etwa von *Koch,* Grundsätze ordnungsgemäßer Kapitalanlage, 2000, S. 70 auch vertreten, lässt im Rahmen dieser Arbeit aber keine derivatespezifischen Schlüsse zu.; vgl. auch *Krämer,* Finanzswaps, 1999, S. 286 ff.

[168] *Koch,* Grundsätze ordnungsgemäßer Kapitalanlage, 2000, S. 76.

einem effektiven Verbot von Derivaten gleich, die nicht der Absicherung dienen. Gegen diese Ansicht spricht aber der ausdrückliche Bezug des Gesetzgebers auf Derivate als Quelle bestandsgefährdender Risiken in der Begründung zu § 91 Abs. 2 AktG.[169] Der Gesetzgeber scheint ersichtlich davon auszugehen, dass „der Vorstand im Rahmen seiner allgemeinen Leitungsaufgabe [...] befugt ist, Anlageentscheidungen für das Unternehmen zu treffen, und zwar auch dann, wenn dies der Unternehmensgegenstand nicht ausdrücklich erwähnt".[170] Dem ließe sich entgegnen, der Gesetzgeber habe die Frage der Zulässigkeit als satzungsmäßiges Hilfsgeschäft nicht im Blick gehabt.[171] Dieses Argument lässt sich durch die Gesetzesmaterialien direkt zwar nicht belegen, aber auch nicht entkräften. Jedenfalls bringt der Gesetzgeber aber zum Ausdruck, dass er die Sorgfaltspflichten zur Früherkennung von Risiken aus Finanzgeschäften bei Industrie- und Handelsunternehmen nicht nur wegen Absicherungsaktivitäten, sondern gerade auch zur Kontrolle von Finanzgeschäften zur Ertragsmehrung geschaffen hat. Zudem bildet § 7 Abs. 2 VAG eine *versicherungsaufsichtsrechtliche Spezialregelung*. Sie soll primär den hohen Kapitalerhaltungsinteressen der Versicherungsnehmer gerecht werden, da sie sich auf die Leistungsfähigkeit des Versicherers im Schadensfall verlassen können müssen. Das Kapitalerhaltungsinteresse bei bloßen Hilfsgeschäften geht indes nicht soweit. Der Grundsatz vorsichtigen Anlageverhaltens folgt „nur" aus der Notwendigkeit, Kapitalreserven für die Erhaltung langfristiger Handlungsfähigkeit der Gesellschaft am Markt aufzubauen und zu erhalten. Die Leitungsbefugnis des Vorstandes reicht hier mangels ausdrücklicher gesetzlicher Beschränkung – wie durch § 7 Abs. 2 VAG für das Versicherungsrecht – wesentlich weiter. Damit ist es nicht überzeugend, den oben hergeleiteten Grundsatz des vorsichtigen Anlageverhaltens soweit auszudehnen, dass keine zusätzlichen Risiken mehr übernommen werden sollen.

Sowohl aus dem Grundsatz vorsichtigen Anlageverhaltens, als auch aus der notwendigen Branchenüblichkeit folgt, dass jedenfalls auch das Risikomaß des individuellen Geschäfts für die Qualifikation als satzungsmäßiges Hilfsgeschäft relevant ist. Bei der Übernahme von Einzelgeschäften mit unüblich hohen Risiken im Rahmen der Anlage liquider Mittel ist vorsichtiges Anlageverhalten nicht mehr gegeben. Hier wird der Verkehr – selbst wenn die Spekulationsgewinne schon vorab der Finanzierung zukünftiger Investitionen im Kerngeschäft gewidmet sind – die Förderung oder Ermöglichung einer zukünftigen gegenstandsbezogene Tätigkeit *ex ante* nicht zu erkennen vermögen. Vielmehr werden bereits im Bestand gehaltene Kapitalreserven unangemessen gefährdet. Allein durch die übermäßige Risikoaufnahme ist der

---

[169] Regierungsbegründung vom 28.01.1998, BT-Drucks. 13/9712, S. 15.
[170] *Scholz/Schwintowski/Schuler,* Risikomanagement der Öffentlichen Hand, 2009, S. 208.
[171] *Koch,* Grundsätze ordnungsgemäßer Kapitalanlage, 2000, S. 77.

Zuordnungszusammenhang zum Unternehmensgegenstand damit durchbrochen. Entsprechend sind Derivategeschäfte mit hoher Hebelwirkung nicht mehr als Hilfsgeschäfte vom Unternehmensgegenstand gedeckt.[172]

2. Betrieb von Bankgeschäften als Unternehmensgegenstand

Banken und andere Finanzinstitutionen werden regelmäßig mit dem Zweck errichtet, Bankgeschäfte aller Art zu tätigen. Eine konkretisierende Definition dieses Begriffs enthalten die Satzungen dagegen regelmäßig nicht. Auch *nach der gebotenen objektiven Auslegung der Satzung* wird daher Rechtsunsicherheit verbleiben. So könnten einige Arten derivativer Finanzinstrumente vom Begriff des Bankgeschäfts nicht mehr erfasst sein, wenn und soweit dieser Begriff durch die Funktion der Banken in einer Volkswirtschaft determiniert ist. Im Folgenden soll eine Auslegung dieses Rechtsbegriffs vorgenommen und geprüft werden, ob Derivategeschäfte mit bestimmten Vertragsmerkmalen – etwa einem hohe Risikogehalt oder spekulativen Charakter für das Unternehmen – nicht mehr erfasst sind.[173]

a) Bankgeschäfte und die volkswirtschaftliche Funktion der Bank

Beim satzungsmäßigen Begriff des Bankgeschäfts handelt es sich um einen unbestimmten Rechtsbegriff, bei dessen Auslegung ein *objektiver Maßstab* unter Berücksichtigung von Wortlaut und Zweck entscheidend ist.[174] Die Wortlautauslegung des Bankbegriffs selbst bringt zunächst wenig Klarheit. Der deutsche Begriff der Bank ist vom italienischen Wort „banco" abgeleitet und verweist lediglich auf den Tisch, an dem Münzen verschiedener Regionen ein- und ausgetauscht wurden.[175] Damit ist jedoch schon eine Verbindung zwischen dem Begriff der Bank und Zahlungsmittel hergestellt, die als Gegenleistung zum Erwerb von Gütern oder Dienstleistungen in der Realwirtschaft akzeptiert werden.

(1) Historisch-funktionales Grundverständnis des Bankgeschäfts

Hier knüpfen Vertreter des *funktionalen Bankgeschäftsbegriffs* in der rechtswissenschaftlichen Literatur an. Aus einer historischen Interpretation bankentypischer Tätigkeiten wird der Transfer von Geld als funktionaler Kern der Tätigkeiten von Banken identifiziert. Die Bank sei die funktionale Antwort auf die „Notwendigkeit, den Umlauf, die Aufbewahrung und [...] die Anlage

---

172 *v. Randow*, ZGR 1996, 594, (611).

173 Vgl. OLG Düsseldorf vom 09.12.2009, Az. 6 W 45/09, ZIP 2010, 28, (30) (Das Gericht merkte – allerdings ohne weitere Begründung – an, „dass unter den Begriff der Bankgeschäfte und Finanzdienstleistungen nicht beliebige Wertpapier-, Risiko- und Spekulationsgeschäfte, insbesondere auch nicht das Wettgeschäft mit Finanzinnovationen und -derivaten, fallen").

174 Statt vieler: BGH vom 11.11.1985, Az. II ZB 5/85, BGHZ 96, 245, (250) m.w.N.

175 *Schwintowski,* Bankrecht, 2011, § 1, Rn. 2.

von Geld zu professionalisieren".[176] Geld wiederum soll als abstrakter Wertmesser und transaktionskostenminderndes Tauschmittel[177] eine durch Spezialisierung geprägte und nicht mehr nur auf Subsistenz, sondern auf Wachstum gerichtete Volkswirtschaft ermöglichen. Heute beeinflusst die Geschäftstätigkeit der Banken über deren Geldschöpfungsprozess zugleich Geldumlauf und Güternachfrage in der Realwirtschaft.[178] Wird an die Funktion des Geldes zur Konkretisierung des Bankbegriffs angeknüpft, lässt sich eine enge Verbindung zwischen Bankgeschäften und Realwirtschaft herstellen. Die Sicherung der daraus resultierenden Systemrisiken ist zugleich Leitmotiv der Bankenregulierung.[179]

(2) Funktionserwägungen im aufsichtsrechtlichen Bankgeschäftsbegriff

Bankgeschäftliche Zweckerwägungen wurden auch bei der Diskussion um das aufsichtsrechtliche Bankgeschäft angestellt. Obgleich das aufsichtsrechtliche Bankgeschäft durch eine Beschreibung des originären Leistungsprogrammangebots einer Bank abschließend in § 1 Abs. 1 KWG konkretisiert wird, hängt die Einordnung der fraglichen Tätigkeit als Bankgeschäft letztlich von *Zweckerwägungen* ab. Der Schutzzweck des Aufsichtsrechts sei dabei – so das BVerwG[180] ausdrücklich – nur eine zu berücksichtigende Erwägung. Dem übergeordnet sei, welchen Zweck diese Geschäfte nach der *Verkehrsauffassung* haben. Auch das Abstellen auf die Verkehrsauffassung ist wiederum durch die Schutzfunktion des Aufsichtsrechts motiviert. Denn nur wenn der Verkehr bestimmte Geschäfte den Bankgeschäften zuordnet, also auch eine *bankgeschäftstypische Gefährlichkeit* zu erkennen glaubt, kann es zu Kollektivhandlungsproblemen wie Bank-Run-Szenarien kommen, vor denen das Aufsichtsrecht die Allgemeinheit primär schützen will.[181] Das Abstellen auf die Verkehrsauffassung soll damit die Effektivität des Aufsichtsrechts sichern.

Das Verständnis eines aufsichtsrechtlichen Bankgeschäfts ist danach sehr eng mit den *Gefahren für die Funktionsfähigkeit der Kreditmärkte* verbunden, die sich aus dem bankspezifischen Geschäftsmodell ergeben. Banken sollen als eine Kapitalsammelstelle für die Einlagen von Privat- und Geschäftskunden als ökonomische Überschusseinheiten fungieren, um Kapital anderer Fristen, Losgrößen und Risiken an ökonomische Defiziteinheiten transferieren zu können. Damit deckt das historische Geschäftsmodell der Banken die Primärfunktion der Finanzmärkte selbst ab, die Realwirtschaft mit *Finanzie-*

---

[176] *Schwintowski,* Bankrecht, 2011, § 1, Rn. 2; vgl. auch *Bülow* in: Derleder/Knops, Bankrecht, 2009, § 1, Rn. 7.

[177] *Samuelson/Nordhaus,* Volkswirtschaftslehre, 2005, S. 60 (Geld als „Schmiermittel"); ähnlich *Spremann/Gantenbein,* Kapitalmärkte, 2005, S. 24.

[178] *Rümker/Keßeböhmer* in: Schimansky/Bunte/Lwowski, BankR, § 124, Rn. 1.

[179] Siehe S. 201.

[180] BVerwG vom 27.03.1984, Az. 1 C 125/80, WM 1984, 1364, Rn. 18.

[181] *v. Randow,* ZGR 1996, 594, (624).

rungs- und Investitionskapital zu versorgen.[182] Entsprechend soll das Bankenaufsichtsrecht die Funktion der Kreditmärkte sichern.[183] Durch das Abstellen auf die Verkehrsauffassung ist zugleich auch gewährleistet, dass nicht alle Geschäfte mit realwirtschaftlicher Finanzierungsfunktion der Bankenaufsicht unterstehen. Nur soweit ein Gefährdungspotential für die Volkswirtschaft tatsächlich vorhanden ist,[184] soll das Geschäft als aufsichtsrechtliches Bankgeschäft qualifiziert und mit den Mitteln der Bankenaufsicht reguliert werden.

Diese Interpretation des Bankgeschäfts im KWG deckt sich im wesentlichen mit dem US-amerikanischen Rechtsverständnis des business of banking. Auch hier wird eine statische Begriffsdefinition aufgrund der Tätigkeitsvielfalt der modernen Bankenpraxis als unpraktikabel abgelehnt.[185] Vielmehr wird rechtstechnisch an eine Aufzählung bankentypischer Tätigkeiten wie Einlagengeschäft, Kreditvergabe oder Kreditaustausch angeknüpft.[186] Die unscharfen und teilweise zirkulären gesetzlichen Vorgaben für erlaubte Tätigkeiten von Banken wurden in *Arnold Tours v. Camp*[187] dann auf die zum Business of Banking notwendigen reduziert. Notwendig ist eine Tätigkeit, wenn und soweit sie convenient or useful – also förderlich oder nützlich – für die Ausübung von Einlagengeschäft, Kreditvergabe oder Kreditaustausch ist. Anknüpfungspunkt ist insofern auch hier eine volkswirtschaftliche Zweckerwägung der Bank. Bei der Beurteilung dieses Zusammenhangs wird den Regulierungsbehörden letztlich ein pflichtgemäßes Ermessen eingeräumt.[188] Leitlinien für die Ermessensausübung sind die Regulierungsziele eines Save and Sound Banking Systems. Über die Einzelgeschäfte hinaus wird eine Gesamtbetrachtung aller getätigten Geschäfte angestellt, bei denen die Regulierungsziele der Prävention systemischer Bankenrisiken und Bankinsolvenzen, der Sicherung eines gemäßigten Bankenwettbewerbs sowie der ausreichenden Versorgung der Öffentlichkeit mit Bankdienstleistungen eine

---

[182] Siehe S. 82.

[183] Regierungsbegründung vom 25. Mai 1959, BT-Drucks. 3/1114 S. 19; BVerwG vom 22.04.2009, Az. 8 C 2/09, BVerwGE 133, 358, Rn. 26 („Dieser Schutz erstreckt sich über die Liquiditätssicherung und den in § 6 Abs. 2 KWG genannten Anlegerschutz hinaus auf die volkswirtschaftlich wichtige Funktion der Kreditgewährung."); vgl. schon S. 201; *Fischer* in: Boos/Fischer/Schulte-Mattler, KWG, Einf. zum KWG, Rn. 3 ff. sowie Rn. 62; BVerwG vom 27.03.1984, Az. 1 C 125/80, WM 1984, 1364, Rn. 18.

[184] Entsprechend fehlt es beispielsweise Brauerei- oder Gastwirtdarlehen am bankmäßigen Charakter, weil diese ausschließlich einem eng umgrenzten (exklusiven) Personenkreis zur Verfügung stehen und daher die Ordnung und Funktionsfähigkeit des Kreditwesens i.d.R. nicht tangieren; vgl. *Fischer* in: Boos/Fischer/Schulte-Mattler, KWG, §32, Rn 5d.

[185] Brenham Production Credit Ass'n v. Zeiss, 264 S.W.2d 95, 97 (Tex. 1954).

[186] 12 U.S.C.A. § 24 (7).

[187] 472 F.2d 427 (1st Cir. 1972).

[188] NationsBank of North Carolina, N.A. v. Variable Annuity Life Ins. Co., 513 U.S. 251, 258 („We expressly hold that the 'business of banking' is not limited to the enumerated powers in § 24 Seventh and that the Comptroller therefore has discretion to authorize activities beyond those specifically enumerated").

übergeordnete Rolle spielen. Auch das zum deutschen Begriff des Bankgeschäfts funktionsäquivalente US-amerikanische Rechtskonstrukt des Business of Banking wird damit wesentlich im Lichte der volkswirtschaftlichen Funktion der Banken und der damit verbundenen Risiken interpretiert.

(3) Übertragbarkeit auf den satzungsmäßigen Bankgeschäftsbegriff

Letztlich bleibt damit zu klären, ob das Abstellen auf die Verkehrsauffassung auch bei der Auslegung des satzungsmäßigen Bankgeschäfts überzeugend ist. Zunächst ist das allgemein-methodische Argument anzuführen, dass der Verkehrsauffassung bei der gebotenen objektiven Auslegung materieller unbestimmter Rechtsbegriffe in der Satzung ein hoher Stellenwert zuzukommen hat, wenn die Satzung diese selbst nicht konkretisiert.[189] Zudem werden die Gründer einer Gesellschaft bei der Wahl des Unternehmensgegenstandes, Bankgeschäfte zu betreiben, regelmäßig davon ausgehen, dass die Geschäftstätigkeit auch der Bankenaufsicht unterliegt. Zwar wird man einen abgeschwächten Einschlag der allgemeinschützenden Zweckerwägungen des Bankenaufsichtsrechts beachten müssen, da der satzungsmäßige Bankgeschäftsbegriff den Umfang der Geschäfte im gewöhnlichen Geschäftsbetrieb des Unternehmens festlegen soll und damit primär dem Schutz des Gesellschaftsvermögens dient. Die grundsätzliche Übertragbarkeit der volkswirtschaftlichen Aufgaben einer Bank und das daraus erwachsende Gefährdungspotential lässt dies jedoch unberührt. Das Abstellen auf die Verkehrsauffassung für die Konkretisierung des Bankgeschäfts in der Satzung ist deshalb überzeugend.

Dies heißt umgekehrt aber nicht, dass die konkrete Ausgestaltung des Bankenaufsichtsrechts für die Interpretation des satzungsmäßigen Bankgeschäfts ungefiltert heranzuziehen ist. Zwar scheint dafür zunächst die aktienrechtliche Satzungsstrenge gem. § 23 Abs. 5 AktG zu sprechen, nach der in der Satzung getroffene Regelungen den zwingenden aktienrechtlichen Vorschriften nicht entgegen stehen dürfen. Würde die Interpretation des in der Satzung gebrauchten Begriff des Bankgeschäfts beispielsweise den Sorgfaltsmaßstab des Vorstandes gem. § 93 Abs. 1 AktG, den für Banken § 25a KWG konkretisiert, nicht umfassen, so wäre der Vorstand durch die Satzung zu Geschäften ermächtigt, die er aktienrechtlich durch zwingende Normen nicht abschließen darf. Der Grundsatz der Satzungsstrenge wäre dann verletzt. Dagegen ist aber anzuführen, dass strukturell die Regulierung der Banken auf den Gegenstand des Unternehmens abgewälzt würde. Damit würde dem Unternehmensgegenstand, der ausschließlich die Geschäftsführungsbefugnis des Vorstandes umgrenzen und nach außen kommunizieren soll,[190] aber eine *Schutzfunktion gegenüber der Allgemeinheit angemaßt*, die er nicht haben

---

[189] *Hüffer,* AktG, § 23, Rn. 39.
[190] *Hüffer,* AktG, § 23, Rn. 21; *Pentz* in: MüKo, AktG, § 23, Rn. 78.

soll. Entsprechend würde die Übernahme in ein systemwidriges Ergebnis münden. Deshalb kann die Ausgestaltung des Bankenaufsichtsrechts nur soweit für die Konkretisierung des Bankgeschäftsbegriffs heran gezogen werden, wie ihr selbst ein Verständnis des Begriffs des Bankgeschäfts zu entnehmen ist. Auch dies steht der grundsätzlichen Übertragbarkeit der volkswirtschaftlichen Aufgaben einer Bank und dem daraus erwachsende Gefährdungspotential für das Verständnis des satzungsmäßigen Bankgeschäfts nicht entgegen. Durch die Anerkennung der Verkehrsauffassung zur Zweckbestimmung eines satzungsmäßigen Bankgeschäfts ist letztlich ein Gleichlauf mit dem funktionalen Bankbegriff herstellt. Der satzungsmäßige Begriff des Bankgeschäfts ist deshalb im *Lichte der Verkehrsauffassung unter besonderer Berücksichtigung der volkswirtschaftlichen Funktion einer Bank* zu interpretieren.

b) Derivategeschäfte mit Spekulationszweck

Konkretisiert man den satzungsmäßigen Begriff des Bankgeschäfts durch die Verkehrsauffassung unter besonderer Berücksichtigung der volkswirtschaftlichen Funktion einer Bank, so wird ein Bankgeschäft dann nicht mehr vorliegen, wenn eine Bank durch ein Derivategeschäft keine ihrer volkswirtschaftlichen Funktionen mehr erfüllen würde und die Verkehrsauffassung das Geschäft nicht ausnahmsweise doch als Bankgeschäft anerkennt.

Derivategeschäfte mit Spekulationszweck könnten danach schon a priori vom Wertebereich des Bankgeschäfts ausgenommen sein. Ausgehend von der Funktion einer Bank als Finanzintermediär muss der Verkehr vernünftigerweise jedoch davon ausgehen, dass die Bank auch Risiken übernimmt, um dem Vertragspartner die Absicherung zu ermöglichen.[191] Dies entspricht der bankentypischen Aufgabe, die Transformation von Risiken in einer Volkswirtschaft zu gewährleisten. Die Versorgung mit Absicherungsinstrumenten bedingt damit auch die bewusste Übernahme von Risiken. Spekulationsgeschäfte können deshalb vernünftigerweise nicht generell vom Begriff des Bankgeschäfts ausgeschlossen sein.

Allerdings könnte sich aus dem zugrund gelegten Beurteilungsmaßstab der Verkehrsauffassung unter besonderer Berücksichtigung der volkswirtschaftlichen Funktion einer Bank ergeben, dass selbst bei Erfüllung einer oder mehrerer volkswirtschaftlicher Bankfunktionen das fragliche Derivategeschäft nicht mehr als Bankgeschäft zu qualifizieren ist. Der zugrunde gelegte Beurteilungsmaßstab lässt – so wurde oben ausgeführt – eine Nähe zum Leitmotiv der Bankenaufsicht (*Funktionsschutz der Kreditmärkte*) in das Begriffsverständnis des satzungsmäßigen Bankgeschäfts einfließen: Indem die Bank eine werbende, wirtschaftlich eigenständige Tätigkeit aufnimmt, handelt sie unter eigener Rechtspersönlichkeit als Wirtschaftssubjekt im Geschäftsverkehr und

---

[191] Vgl. *v. Randow,* ZGR 1996, 594, (611).

ist Träger von Rechten und Pflichten. Dies lässt – so der BGH[192] – zugleich Schutzerfordernisse entstehen, die sicherzustellen haben, dass sie „die Essentialien einhält, die für das Funktionieren des Wirtschaftskreislaufs unerlässlich sind und auf die der Rechtsverkehr vertrauen können muss".[193] Obgleich diese Formel vom BGH im sachlichen Zusammenhang mit der allgemeinen gesellschaftsrechtlichen Haftung durch existenzgefährdenden Eingriffs gebraucht wurde, muss sie wegen der intensiveren Einbindung in den Wirtschaftskreislauf erst recht für Banken gelten: Durch die Stellung der Bank als *Zentralgestalt des Wirtschaftskreislaufs* ist die Erwartungs- und Vertrauenshaltung der Öffentlichkeit – wie sie sich in der wirtschaftsethischen Fachliteratur[194] durch die Forderung nach „volkswirtschaftlicher Verantwortung" der Banken manifestiert – in besonderem Maße auf die Ausführung kreislauferhaltender und das Unterlassen kreislaufschädigender Maßnahmen gerichtet. Aus dem Beurteilungsmaßstab der Verkehrsauffassung unter besonderer Berücksichtigung der volkswirtschaftlichen Funktion einer Bank folgt deshalb, dass nur solche Geschäfte vom Begriff des satzungsmäßigen Bankgeschäfts erfasst sein können, die den Essentialien eines funktionierenden Wirtschaftskreislaufs nicht widersprechen.

Zu den Essentialien eines funktionierenden Wirtschaftskreislaufs zählt jedenfalls die Verfügbarkeit der zur Risikobewertung erforderlichen Information. In einer Marktwirtschaft müssen Marktteilnehmer die Produktqualität und die einhergehenden Risiken mit hinreichender Bestimmtheit erfassen können, um wirtschaftliche Entscheidungen eigenverantwortlich zu treffen. Ohne diesen Mechanismus könnten sich Marktteilnehmer keine angemessenen Preisvorstellungen mehr bilden und die Allokationsfunktion des Marktmechanismus wäre unterlaufen.[195] Folge wäre ein Effizienzverlust und im schlimmsten Fall Marktversagen.[196] Da alle Transaktionen im Wirtschaftsverkehr unter asymmetrischer Informationsverteilung statt finden, ist ein hoher Maßstab anzusetzen. Die Essentialien eines funktionierenden Wirtschaftskreislaufs wird man nur dann als unterlaufen ansehen können, wenn die Risikoinformation effektiv nicht mehr erlangt werden kann.

Bereits im ökonomischen Teil dieser Arbeit wurde herausgearbeitet, dass mehrfach abgeleiteten, poolingbasierten Derivaten ein Informationsvernichtungseffekt immanent ist der bewirkt, dass u.U. die für eine ordnungsgemäße Bewertung erforderliche Information unter Berücksichtigung von Informationsbeschaffungskosten effektiv nicht mehr erlangt werden kann. Da die Kosten der Informationsbeschaffung für eine Wirtschaftseinheit von deren Marktposition – Emittent oder Investor – abhängt, muss auch für die Frage

---

[192] BGH vom 13.05.2004, Az. 5 StR 73/03, BGHSt 49, 158.
[193] BGH vom 13.05.2004, Az. 5 StR 73/03, BGHSt 49, 158, Rn. 49.
[194] *Hellwig,* Perspektiven der Wirtschaftspolitik, Vol. 1, S. 337 ff. m.w.N.
[195] BVerfG vom 26.06.2002, Az. 1 BvR 558/91, BVerfGE 105, 252, Rn. 46.
[196] Dazu schon S. 83.

nach der Deckung des konkreten Geschäfts mit dem Bankgeschäftsbegriff nach der Stellung der Bank unterschieden werden. Emittiert die Bank ein mehrfach abgeleitetes, poolingbasiertes Derivat selbst oder bildet mit dem Emittent eines solchen Derivats eine organisationale Einheit, so dürfte der Informationsvernichtungseffekt moderat ausfallen, da die Informationskosten gering sind.[197] Nimmt die Bank bei einem solchen Derivat die Position des Investors ein, so schlägt der Informationsvernichtungseffekt dagegen in vollem Maße durch. Die Bank hat in diesem Fall durch das Pooling nicht mehr den Zugang zum gesamten Bündel aus bewertungsrelevanter Information. Durch die mehrfache Ableitung in Kombination mit Pooling auf jeder Ableitungsebene wird ein Zugang zur bewertungsrelevanten Information damit effektiv nicht mehr zu erlangen sein. Damit wäre zugleich eine essentielle Bedingung für einen funktionierenden Wirtschaftskreislauf unterlaufen, sodass die Investition in Geschäfte dieser Art durch die Bank letztlich nicht mehr vom satzungsmäßigen Begriff des Bankgeschäfts gedeckt wäre.

Neben diesem Informationsversagen[198] bei mehrfach abgeleiteten, poolingsbasierten Derivaten sind der für derivativer Finanzinstrumente nachweisbare Informations- bzw. Preiseffekt auf die Kassamärkte[199] – sofern nachweisbar – jedenfalls nicht ausreichend, um die Essentialien eines funktionierenden Wirtschaftskreislaufs zu berühren. Dies gilt im Ergebnis auch für systemische Risiken, die durch die Geschäfte im Finanzsektor verstärkt werden können. Denn hier erwächst das volkswirtschaftliche Gefährdungspotential nicht aus der Ausgestaltung eines individuellen Derivategeschäfts, an die für die Einordnung eines satzungsmäßigen Bankgeschäfts anzuknüpfen ist, sondern aus einer sektoralen Konzentration einer Vielzahl von einzelnen Geschäftsrisiken, die nicht notwendigerweise Derivategeschäften entstammen müssen. Soweit diese Risiken ihrerseits aus der Komplexität mehrfach-abgeleiteter, poolingbasierter Derivate erwachsen, gelten die soeben angestellten Ausführungen entsprechend.

c) Begrenzung der Hebelwirkung eines Derivats

Ist in einem derivativen Finanzinstrument ein wesentlicher Hebeleffekt vereinbart, so kann dies wirtschaftlich einem kreditfinanzierten Kauf des Basiswerts am Kassamarkt entsprechen, da im Verhältnis zum eingebrachten Eigenkapital übermäßig an Wertgewinnen und -verlusten partizipiert wird. Aus der Verkehrsauffassung unter besonderer Berücksichtigung der volkswirtschaftlichen Funktion einer Bank könnte folgen, dass Geschäfte mit übermäßigem Hebel von dem, was ein Bankgeschäft ist, nicht mehr gedeckt sind.

---

[197] Siehe S. 128 ff.
[198] *Samuelson/Nordhaus,* Volkswirtschaftslehre, 2005, S. 306 und 490.
[199] Dazu S. 141 ff.

Der Verkehr darf jedenfalls auch darauf vertrauen, dass eine Bank ihrer volkswirtschaftlichen Funktion entsprechend handelt, indem sie die durch die Bankenaufsicht gesetzten Rahmenschriften zur sorgfältigen und gewissenhaften Gesamtbankgeschäftsführung einhält. Diese aufsichtsrechtlichen Handlungsvorschriften sind – wie oben gezeigt – nur soweit für die Konkretisierung des satzungsmäßigen Bankgeschäftsbegriffs heran zuziehen, wie sie selbst allgemeine Grundsätze für das konstituieren, was eine Bank bei der Ausgestaltung der individuellen Geschäfte darf.

Zu den Leitmotiven des Bankenaufsichtsrechts zählen die Grundsätze der risikobewussten *Kreditvergabepolitik, der Grundsatz der Eigenmittelunterlegung von Risiken und die Risikomischung.*[200] Die Bank soll keine übermäßigen Einzel- oder Klumpenrisiken eingehen dürfen.[201] Durch den Grundsatz der Eigenmittelunterlegung gem. § 10 KWG kommt die gesetzgeberische Grundentscheidung zum Ausdruck, dass Risiken von Bankgeschäften stets in Relation mit den Eigenmitteln der Bank zu stehen haben.[202] Obgleich für die Feststellung sorgfaltskonformen Handelns auch auf eine konsolidierte Risikobetrachtung abzustellen ist, werden *a maiore ad minus* jedenfalls auch Bedingungen für individuelle Geschäfte gesetzt. Dies wird in den detaillierten Ausgestaltungen der Solvabilitätsverordnung offensichtlich, die die §§ 10 ff. KWG konkretisieren. Gegen die Anwendung dieses Regelungsgehalts bei der Auslegung des Bankgeschäfts spricht aber bereits der Umstand, dass § 10 KWG Regelungen trifft, die die Bank einzuhalten hat, *nachdem* sie ein Bankgeschäft abschließt. Es handelt sich nicht um eine Tatbestands-, sondern um eine diesbezügliche Rechtsfolgeregelung. Es müssten schon gewichtige Gründe dafür sprechen, warum der Verkehr den Grundsatz einer hinreichenden Eigenmittelunterlegung dem Kerngehalt eines Bankgeschäfts dennoch zuordnen sollte. Allerdings ist nicht erkennbar, dass eine nur geringe oder Nichtunterlegung mit Eigenmitteln den Essentialen eines funktionierenden Wirtschaftskreislaufs entgegen stehen würde. Vielmehr entspricht es – beispielsweise bei Handelsgeschäften – gerade verbreiteter Geschäftssitte, Vermögensgegenstände ausschließlich fremdfinanziert zu erwerben.[203] Insgesamt ist die Übertragung der Wertungen zur Eigenmittelunterlegung auf die Interpretation des Bankgeschäftsbegriffs nicht überzeugend.[204] Dem Begriff des Bankgeschäfts ist folglich auch keine Beschränkung der Hebelwirkung eines Derivats zu entnehmen.

---

[200] § 10 KWG; § 13–13b KWG; § 25a Abs. 1 S. 3 KWG sowie die konkretisierenden Mindestanforderungen an das Risikomanagement der Banken [MaRisk (BA)].

[201] *Säcker,* NJW 2008, 3313, (3314).

[202] *Reiner,* Derivative Finanzinstrumente, 2002, S. 226.

[203] Vgl. schon die Ziele der Unternehmensfinanzierung selbst S. 55.

[204] *Reiner,* Derivative Finanzinstrumente, 2002, S. 226 (ohne Begründung).

d) Konnexität zur realwirtschaftliche Finanzierungsfunktion

Eine Auslegung des Bankgeschäftsbegriffs anhand der Verkehrsauffassung unter besonderer Berücksichtigung der volkswirtschaftlichen Funktion einer Bank könnte einen konkreten Zuordnungszusammenhang zwischen Derivat und der Finanzierung der Realwirtschaft erforderlich machen. Dies könnte eine Grenze für den spekulativen Derivateeinsatz für Banken begründen. Je nach Ausgestaltung des Zuordnungszusammenhangs könnte sich bereits aus der Vertragsstruktur einzelner Derivatearten eine Nichtgeltung als Bankgeschäft ergeben.

(1) Begründung eines Zuordnungszusammenhangs

Zunächst müsste das zwingende Erfordernis eines solchen Zuordnungszusammenhangs aus der Verkehrsauffassung unter Berücksichtigung der volkswirtschaftlichen Funktion einer Bank überhaupt abzuleiten sein. Bereits oben[205] wurde ein enger funktionaler Zusammenhang zwischen Bankgeschäften und der Finanzierungsleistung hergestellt, die Banken in einer Volkswirtschaft traditionell erbringen. Sie sollen als eine Kapitalsammelstelle für die Einlagen von Privat- und Geschäftskunden als ökonomische Überschusseinheiten fungieren, um Kapital anderer Fristen, Losgrößen und Risiken an ökonomische Defiziteinheiten transferieren zu können. Obgleich an diesen Transaktionen mit der Bank ursprünglich und ausschließlich Teilnehmer der Realwirtschaft beteiligt waren, ist die Geschäftstätigkeit heute durch Interbankengeschäfte oder Geschäfte mit anderen Teilnehmern der Finanzmärkte geprägt. Dieser Prozess ist Ausdruck einer zunehmenden Arbeitsteilung und Spezialisierung auf dem Gebiet der Finanzdienstleistungen.[206] Auch durch diese indirekten Maßnahmen wird eine Steigerung der an die Realwirtschaft zur Verfügung gestellten Bankdienstleistungen realisiert: Finanzielle Absicherungshandlungen mit anderen Finanzmarktteilnehmern ermöglichen dem Institut, das Risikoprofil zu optimieren, sodass neue Risiken übernommen und damit auch mehr Kapital vergeben werden kann.[207] Gleiches gilt auch für die im Rahmen eines Bankgeschäfts grundsätzlich zulässigen Spekulationshandlungen einer Bank – beispielsweise durch die bewusste Übernahme von Kreditrisiken durch Positionierung in Kreditderivate. Als notwendiger Schritt zur Allokationsoptimierung des Finanzmarktes wird die Kapitalvergabefähigkeit anderer Institute ausgeweitet, sodass die Vergabebilanz insgesamt positiv ausfällt. Diese wirtschaftswissenschaftlich anerkannten[208] Wirkungszusam-

---

[205] Siehe S. 239.

[206] *Spremann/Gantenbein,* Kapitalmärkte, 2005, S. 24.

[207] Zwar kann das zusätzliche Vergabepotential durch Kapitalgewährung an Teilnehmer der Realwirtschaft oder der Finanzwirtschaft ausgefüllt werden. Dies ist allerdings ein Steuerungsproblem, das durch adäquate Anreizsysteme gelöst werden muss.

[208] Siehe die Nachweise zur ökonomischen Legitimität von Spekulationshandlungen am

menhänge bilden zugleich das Fundament der gesellschaftspolitischen Legitimation der Bank- und Finanzmärkte. Sie stellen die notwendigen Voraussetzungen für die allgemeine Anerkennung einer Existenzrechtfertigung der Finanzmärkte und der Banken als zentrale Intermediäre in der Öffentlichkeit dar.

Ausgehend von dieser *politischen Notwendigkeit eines Zuordnungszusammenhangs zwischen der Bankentätigkeit und der Finanzierung der Realwirtschaft* wird ein solcher auch beim aufsichtsrechtlichen Bankgeschäft voraus gesetzt: Soweit das Bankenaufsichtsrecht dem Schutz öffentlicher Interessen aus der systemrelevanten Stellung der Banken für eine Volkswirtschaft dient, soll damit zumindest auch die realwirtschaftliche Stabilität und Entwicklung geschützt werden.[209] Diese Schutzdimension des Aufsichtsrechts lässt zwar nur den Schluss auf einen zwingenden Zuordnungszusammenhang der Bankentätigkeit als Ganzes zur Realwirtschaft zu. Die Notwendigkeit eines Zuordnungszusammenhang zwischen jedem einzelnen Bankgeschäft und der Realwirtschaft lässt sich daraus noch nicht zwingend ableiten. Aus der Stellung des aufsichtsrechtlichen Bankgeschäfts als Anknüpfungspunkt für die Anwendbarkeit des Aufsichtsrechts muss jedoch geschlossen werden, dass die Schutzfunktion des Aufsichtsrechts für die Realwirtschaft auf das Verständnis des aufsichtsrechtlichen Bankgeschäftsbegriffs *ausstrahlt.* Tatsächlich argumentieren Rechtsprechung[210] und Literatur[211] bei der Auslegung des Bankgeschäfts mit der Funktionsfähigkeit der Kreditmärkte und damit der Kapitalversorgung der Realwirtschaft selbst.

Durch Auslegung des satzungsmäßigen Bankgeschäftsbegriffs anhand der Verkehrsauffassung gehen sowohl das gesellschaftspolitische, als auch das aufsichtsrechtliche Erfordernis eines Zuordnungszusammenhangs zwischen Bankgeschäft und realwirtschaftlicher Finanzierung in dieses Begriffsverständnis ein. Durch diesen doppelten Einschlag muss grundsätzlich vorausgesetzt werden, dass ein Bankgeschäft in einem funktionalen Zusammenhang mit der Versorgung der Realwirtschaft mit Kapital zu stehen hat.

Kapitalmarkt allgemein (S. 93) sowie die theoretischen und empirischen Ausführungen zur Marktvervollständigung durch Derivate (S. 95 ff.).

[209] Regierungsbegründung vom 25. Mai 1959, BT-Drucks. 3/1114 S. 19; BVerwG vom 22.04.2009, Az. 8 C 2/09, BVerwGE 133, 358, Rn. 26 („Dieser Schutz erstreckt sich über die Liquiditätssicherung und den in § 6 Abs. 2 KWG genannten Anlegerschutz hinaus auf die volkswirtschaftlich wichtige Funktion der Kreditgewährung."); vgl. schon S. 201; *Fischer* in: Boos/Fischer/Schulte-Mattler, KWG, Einf. zum KWG, Rn. 3 ff. sowie Rn. 62; BVerwG vom 27.03.1984, Az. 1 C 125/80, WM 1984, 1364, Rn. 18.

[210] BVerwG vom 22.04.2009, Az. 8 C 2/09, BVerwGE 133, 358, Rn. 26.

[211] *Fischer* in: Boos/Fischer/Schulte-Mattler, KWG, § 32 KWG, Rn. 5d („Diese [enge] Auslegung ist dadurch gerechtfertigt, dass in den Brauereidarlehensfällen keine Schäden drohen, welche die Ordnung und die Funktionsfähigkeit des Kreditwesens in Frage stellen könnten.") m.w.N.

(2) Ausgestaltung des erforderlichen Zuordnungszusammenhangs

Fraglich bleibt dann die konkrete Ausgestaltung des Zuordnungszusammenhangs. Die erforderliche Verbindung wird jedenfalls dann vorliegen, wenn die Bank im Rahmen eines Derivategeschäfts mit einem Teilnehmer der Realwirtschaft unmittelbar kontrahiert. In diesem Fall geht der Teilnehmer der Realwirtschaft erkennbar davon aus, durch das Derivategeschäft einen Vorteil zu erlangen. Dieser Vorteil liegt zwar nicht in einer reinen Kapitalgewährung, da im Zusammenhang mit Derivaten die Risikotransformation regelmäßig im Vordergrund steht.[212] Dies durchbricht den erforderlichen Zusammenhang aber nicht, da zur volkswirtschaftlichen Aufgabe einer Bank gerade auch die Risikotransformation zählt. Der erforderliche Zuordnungszusammenhang zwischen Derivat und Realwirtschaft bewirkt letztlich eine *teleologische Reduktion* des aus der Verkehrsauffassung abgeleiteten funktionalen Erfordernisses der Risikotransformation durch die Bank.

Darüber hinaus wird der Zuordnungszusammenhang auch bei *nur mittelbaren* Verbindungen grundsätzlich anzuerkennen sein. Denn um eine arbeitsteilige Bank- und Finanzwirtschaft zu ermöglichen, müssen auch Geschäfte zwischen Finanzintermediären und anderen Finanzmarktteilnehmern zulässig sein. Würde dagegen bei Banken ein mittelbarer Zuordnungszusammenhang grundsätzlich nicht anerkannt, so wäre die Risikoumverteilung – eine Primärfunktion der Finanzmärkte[213] – nur noch beschränkt möglich. Ein wesentlicher Effizienzverlust wäre zu erwarten. Damit ist die Zulässigkeit gleichfalls erforderlich, um die positiven volkswirtschaftlichen Effekte der Derivatemärkte – insbesondere die sektorweite Allokationsoptimierung der Risiken[214] – zu erhalten.

(3) Grenzen des Zuordnungszusammenhangs

Nach der grundsätzlichen Anerkennung der Zulässigkeit eines auch nur mittelbaren Zuordnungszusammenhangs stellt sich die finale Frage, wann die Grenzen der möglichen Zuordnung zwischen Derivategeschäft und Realwirtschaft erreicht werden. Dazu bedarf es eines konkretisierenden Standards zur Bestimmung des Zusammenhangs. Ein ähnliches Regelungsproblem existiert bereits bei der satzungsmäßigen Zulässigkeit als Hilfsgeschäft.[215] Dort muss der Geschäftsbetrieb im durch die Satzung konkretisierten Tätigkeitsbereich diese Geschäfte üblicherweise mit sich bringen, um als satzungsgemäßes Hilfsgeschäft qualifiziert zu werden. Während durch den Zuordnungszusam-

[212] Vgl. zur rechtlichen Einordnung eines Derivats als Risikovertrag S. 209 ff.

[213] Vgl. dazu S. 82 ff.

[214] Vgl. *Sykuta,* Journal of Corporate Finance, Vol. 2, S. 317 ff.; *Danthine,* Journal of Economic Theory, Vol. 17, S. 93 ff.; *Ross,* Quaterly Journal of Economics, Vol. 90, S. 75 ff.; Siehe ferner S. 94 ff.

[215] Vgl. dazu S. 234 ff.

menhang zwischen Unternehmensgegenstand und Hilfsgeschäft die Leitungsmacht des Vorstandes an die Regelungsautonomie der Hauptversammlung gebunden wird, soll der Zuordnungszusammenhang zwischen Realwirtschaft und Bankgeschäft das Risikoallokationsbedürfnis der Bank- und Finanzwirtschaft an das Kapitalversorgungsbedürfnis der Realwirtschaft binden. Bei beiden Regelungsproblemen soll das Abgrenzungskonzept Anteilseigner und Gläubiger vor der Verselbständigung unternehmerischen Handelns schützen, indem es sich zu weit von dem durch die Satzung gesetzten Tätigkeitsfeld entfernt, dessen Reichweite *durch die Verkehrsauffassung* determiniert ist. Während die Lehre vom satzungsmäßigen Hilfsgeschäft zwar an einem bereits konkretisierten Unternehmensgegenstand anknüpft, wird der Unternehmensgegenstand bei der Übertragung auf die Bestimmung eines Zuordnungszusammenhangs zwischen Bankgeschäft und Realwirtschaft erst ausgefüllt. Dies steht der Übertragung jedoch nicht entgegen, da in beiden Fällen ausgehend von einem unternehmerischen Kernbereich die zulässige Reichweite möglicher Tätigkeiten ermittelt werden soll. Die Übertragung der Lehre vom satzungsmäßigen Hilfsgeschäft auf die Bestimmung des Zuordnungszusammenhangs zwischen Realwirtschaft und Bankgeschäft würde gerade einen *funktionalen Gleichlauf* und konsistente Ermittlungsmethoden für die Bestimmung satzungsmäßig zulässiger Tätigkeiten gewährleisten. Deshalb erscheint es geboten, die Lehre vom satzungsmäßigen Hilfsgeschäft auch bei der Bestimmung des Zuordnungszusammenhangs zwischen Bankgeschäft und Realwirtschaft anzuwenden.

Ein Derivategeschäft mit einem anderen Teilnehmer der Bank– und Finanzmärkte muss – um noch als Bankgeschäft satzungsmäßig zulässig zu sein – eine Qualität als „realwirtschaftliches Hilfsgeschäft" erkennen lassen. Dazu muss die Umverteilung der durch die Finanzierung der Realwirtschaft geschaffenen Risiken innerhalb der Bank- und Finanzmärkte ein Geschäft dieser Art üblicherweise mit sich bringen, um die Kapitalvergabefunktion einer Bank an die Realwirtschaft zu fördern. Anzuknüpfen ist auch hier nicht vorwiegend an das Volumen, sondern an den Geschäftszweck. Eine Förderungswirkung für die realwirtschaftliche Kapitalvergabe kann insbesondere dann bestehen, wenn eine Umverteilung bzw. Externalisierung der eigenen Risiken realisiert wird,[216] die bankeigenen Risiken sinken und dies der Bank ermöglicht, neues Kapital an Teilnehmer der Realwirtschaft zu vergeben. So können Absicherungsgeschäfte einer Bank mit anderen Teilnehmern der Finanzmärkte grundsätzlich als Bankgeschäft qualifiziert werden.

Bei Spekulationshandlungen hingegen ist zu differenzieren. Der Zuordnungszusammenhang kann zwar nicht schon a priori durch die Übernahme von Risiken durchbrochen sein, die in keiner hinreichend negativen Korrela-

---

[216] Vgl. *Mülbert/Böhmer,* WM 2006, 937, (949) (Mit Verweisen auf das Erfordernis der „objektiven Eignung zur Kurssicherung" i.R.d. Abgrenzung von Spiel und Wette).

tion mit anderen bankeigenen Risiken stehen. Zum Einen muss eine Bank als Finanzintermediär auch Geschäfte für andere mit Teilnehmern der Finanzmärkte abschließen können, obgleich diese auf eigene Rechnung erfolgen.[217] Der *Dienstleistungscharakter*[218] *eines Finanzgeschäfts* muss deshalb den Zuordnungszusammenhang „verlängern" können. So kann der Zusammenhang beispielsweise über den Kundenauftrag beim Eigenhandel[219] oder die Platzierungsvereinbarung beim Emissionsgeschäft[220] hergeleitet werden. Zum Anderen bedingt die Umverteilung der durch die Finanzierung der Realwirtschaft geschaffenen Risiken innerhalb der Bank- und Finanzmärkte, grundsätzlich auch die Gegenposition zu Absicherungsgeschäften einzunehmen und auf beiden Marktseiten tätig werden zu können. Nur dann wird aktiv ein Markt gefördert, der eine Risikoumverteilung bewirken kann.

Wird das Derivategeschäft daher auf eigene Rechnung ohne Dienstleistungscharakter für andere geschlossen (Eigengeschäft[221]), so ist allein dessen Förderungswirkung für die Realwirtschaft maßgeblich. Für die Beurteilung ist dann die Motivation der Vertragsgegenseite ausschlaggebend. Schließt auch der Vertragspartner das Derivategeschäft als spekulatives Eigengeschäft ab (beidseitiges Spekulationsgeschäft), so wird eine hinreichende Förderungswirkung jedenfalls nicht herzuleiten sein. Allein die Effekte der Spekulationshandlungen auf den Preis des Basiswertes[222] sind zu schwach ausgeprägt, um für das individuelle Geschäft eine hinreichende Förderungswirkung zu begründen. Zudem haben beidseitige Spekulationsgeschäfte den ökonomischen Charakter von Spiel oder Wette i.S.d. § 762 Abs. 1 BGB: Geschäfte mit Spielcharakter haben gerade keinen realwirtschaftliche Produktionswirkung, sondern steigern lediglich den Individualnutzen der Spieler.[223] Auch der bedingte Kursgewinn einer der Vertragsparteien kann einen Zuordnungszusammenhang zur Realwirtschaft nicht herstellen, selbst wenn der Spekulationsgewinn zur Kapitalisierung der Realwirtschaft diente. Der erforderliche Zuordnungszusammenhang muss vor Vertragsschluss sicher bestimmbar sein und darf nicht von für die Vertragsparteien zufälligen Ereignissen abhängen. Entsprechend kann für beidseitig spekulative Eigengeschäfte nicht mehr angenommen werden, dass die Umverteilung von durch die Finanzierung der Real-

---

[217] *Büschgen,* Bankbetriebslehre, 1998, S. 455.

[218] Vgl. *Granzow,* Die Aufsicht über den Handel mit Energiederivaten, 2006, S. 149 ff.

[219] Vgl. *Schäfer* in: Boos/Fischer/Schulte-Mattler, KWG, § 1, Rn. 133.

[220] Vgl. *Schäfer* in: Boos/Fischer/Schulte-Mattler, KWG, § 1, Rn. 106b.

[221] Vgl. zur Abgrenzung BaFin in: Merkblatt „Hinweise zum Tatbestand des Eigenhandels und der Eigengeschäfte", 2009, (http://www.bafin.de); *Granzow,* Die Aufsicht über den Handel mit Energiederivaten, 2006, S. 153 ff.

[222] Vgl. schon S. 93 ff. (allgemein zu Spekulationshandlungen) und S. 98 ff. sowie S. 139 ff. (speziell für derivative Finanzinstrumente).

[223] *Samuelson/Nordhaus,* Volkswirtschaftslehre, 2005, S. 305; *Lehmann,* Finanzinstrumente, 2009, S. 105.

wirtschaft geschaffenen Risiken solche Geschäfte üblicherweise mit sich bringt.

Schließt der Vertragspartner eines spekulativen Eigengeschäfts der Bank dieses dagegen zu Absicherungszwecken ab, so kann dies eine Förderungswirkung für die Realwirtschaft wiederum begründen, wenn das durch den Derivatevertrag transferierte Risiko für das Bankmanagement nachweisbar einen realwirtschaftlichen Ursprung hat. Allerdings ist ein konkreter Nachweis erforderlich. Allein der Hinweis auf statistische Angaben über das Kapitalvergabeverhalten an die Realwirtschaft kann einen Zuordnungszusammenhang für das konkrete Geschäft nicht begründen, da ein eindeutiger Kausalzusammenhang für die Förderungswirkung durch das dieses Geschäft nicht erbracht ist. Andernfalls würden die Anforderungen an die Förderungswirkung für die Realwirtschaft derart verwässert, dass sie letztlich obsolet würden.

Das Bankmanagement hat sich – beispielsweise durch eine entsprechende Vertragsklausel – vom Absicherungsmotiv der Vertragsgegenseite zu vergewissern und kann es so dokumentieren. Damit lässt sich gewährleisten, dass über *die gesamte Vertragskette zur Risikoverteilung hinweg* ein Spekulant und ein Hedger miteinander kontrahieren, sodass letztlich ein Risiko gehandelt würde, das in einer Finanzierungstätigkeit für einen Teilnehmer der Realwirtschaft wurzelt. Stehen sich allerdings an nur einer Stelle dieser Kette zwei Teilnehmer der Finanzmärkte als Vertragsparteien jeweils mit Spekulationsmotiv gegenüber, so wird man die erforderliche Verbindung zur Kapitalvergabe an Teilnehmer der Realwirtschaft nicht mehr herstellen können. Deshalb wird der Bankvorstand nur dann von dem realwirtschaftlichen Bezug des gehandelten Risikos sicher ausgehen können, wenn eine ununterbrochene Kette von wechselseitigen Absicherungs-Spekulationsmotiven für ihn nachweisbar ist.

e) Schlussfolgerung

Die aufgestellten Anforderungen an den Zuordnungszusammenhang zwischen Bankgeschäft und Realwirtschaft lassen auch Rückschlüsse für die Zulässigkeit einiger Derivatearten als Bankgeschäft zu. Der Zuordnungszusammenhang ist unabhängig von der Art des Basiswertes. Als Bankgeschäfte kommen daher sowohl Derivate auf klassische Bankenrisiken wie Kreditderivate, Zins- oder Währungsswapgeschäfte und Eigenkapitalderivate in Frage, als auch solche auf exotische Basiswerte wie Wetter- oder Katastrophenrisiken. Maßgeblich ist nicht die Art des dem Derivat zugrunde liegenden Risikos, sondern eine nachweisbare Verbindung dieses Risikos zur Finanzierungstätigkeit eines Teilnehmers der Realwirtschaft.

Ist ein derivatives Finanzinstrument von einer *Vielzahl von Basiswerten* abgeleitet, so kann die Umverteilung der durch eine Kapitalvergabetätigkeit an einen Teilnehmer der Realwirtschaft geschaffenen Risiken auch solche

Geschäfte grundsätzlich mit sich bringen. Der Ankauf dieser Derivate auf dem Sekundärmarkt ist als Eigengeschäft aber nur dann zulässig, wenn der aufgezeigte Nachweis eines Zuordnungszusammenhangs *dokumentiert* ist. Sind die zugrunde liegenden Einzelrisiken im Portfolio bereits fungibel ausgestaltet – beispielsweise bei Synthetic CDOs, CDO^2 und anderen mehrfach abgeleiteten Derivaten[224] – so hat der Nachweis eines Zuordnungszusammenhangs jedoch für *jedes* der Einzelrisiken zu erfolgen. Mit zunehmender Anzahl der Einzelrisiken steigt auch der Aufwand hinsichtlich der Informationsbeschaffung, sodass eine wirtschaftliche Grenze für den Nachweis eines Zuordnungszusammenhangs und damit für die Qualifikation dieses Geschäfts als Bankgeschäft besteht. Diese ist allerdings von den Umständen des Einzelfalls abhängig. Pauschale Aussagen über die Qualität einzelner Derivatearten als Bankgeschäft lassen sich deshalb nicht treffen. Dies deckt sich mit der ebenfalls vertretenen Auslegungsmöglichkeit eines Bankgeschäfts nach der Verkehrsauffassung unter besonderer Berücksichtigung der volkswirtschaftlichen Funktion einer Bank. Daraus folgte, dass nur solche Geschäfte vom Begriff des satzungsmäßigen Bankgeschäfts umfasst sein können, die den Essentialien eines funktionierenden Wirtschaftskreislaufs nicht grundsätzlich entgegen stehen. Es wurde gezeigt, dass mehrfach abgeleitete, poolingbasierte Derivate aufgrund des Informationsvernichtungseffekts diesen Essentialien widersprechen und aus diesem Grunde nicht mehr als Bankgeschäft qualifiziert werden könnten.

III. Derivate und juristische Personen des öffentlichen Rechts

1. Derivategeschäfte durch Landesbanken

Landesbanken unterstützen einzelne oder mehrere Bundesländer bei ihrer bankmäßigen Geschäftsbesorgung. Diese Aufgabe ist im Staatsvertrag der jeweiligen Träger festgeschrieben und durch die Satzungen konkretisiert. Entsprechend wird auch die Abschlusskompetenz der Landesbanken für derivative Finanzinstrumente regelmäßig über die in den Satzungen festgeschriebene Aufgabenzuweisung konstruiert, als Sparkassenzentralbank sowie Staats- und Kommunalbank zu fungieren und in diesem Rahmen bankmäßige Geschäfte bzw. Bankgeschäfte abschließen zu können.[225] Soweit die Satzung

---

[224] Vgl. dazu S. 44 ff.

[225] Vgl. § 5 Abs. 6 Satzung der Helaba (Stand: 19.10.2009) („Die Bank kann Bankgeschäfte aller Art und weitere im kreditwirtschaftlichen Bereich übliche Dienstleistungen und Geschäfte betreiben, soweit die Bankgeschäfte und weiteren Dienstleistungen und Geschäfte unmittelbar oder mittelbar der Zweckerfüllung der Bank dienen."); § 2 Abs. 1 der Satzung der WestLB AG (Stand: 27.11.2009) („Die WestLB AG betreibt bankmäßige Geschäfte aller Art und ergänzende Geschäfte"); § 2 Abs. 1 der Satzung der LBB AG (Stand: 24.06.2009) („Gegenstand des Unternehmens ist der Betrieb von Bankgeschäften jeder Art und die Durchführung der damit zusammenhängenden Handelsgeschäfte").

keine weiteren Konkretisierungen hinsichtlich zulässiger Risikogeschäfte trifft, gelten die Ausführungen zum Verständnis des satzungsmäßigen Bankgeschäfts hier entsprechend. Darüber hinaus sind Landesbanken als *mittelbare Staatsverwaltung* bei ihrer Tätigkeit an einen öffentlichen Zweck gebunden.[226] Dies gilt unabhängig von der rechtlichen Organisationsform als Anstalt des öffentlichen Rechts oder privatrechtliche Aktiengesellschaft.[227] Der Staat soll sich nicht ins Privatrecht flüchten können, um seinen rechtlichen Bindungen zu entgehen. Aus der öffentlichen Zweckbindung könnten dann weitere Begrenzungen des Tätigkeitsfeldes dieser Gesellschaften bezüglich des Einsatzes von Derivaten abzuleiten sein.

a) Konkretisierung des öffentlichen Zwecks

Staatliches Handeln ist auf die Wahrung des Gemeinwohls beschränkt.[228] Nur so lässt sich die grundsätzlich zulässige[229] wirtschaftliche Betätigung des Staates verfassungsrechtlich rechtfertigen. Entsprechend wird auch der öffentliche Zweck grundsätzlich als Gemeinwohlorientierung i.S.e. *einwohnernützlichen Betätigung* verstanden.[230] Bei der Bestimmung der an den Bedürfnissen der Einwohnerschaft ausgerichteten Tätigkeitszielen und der Wahl der Mittel wird der staatlichen Verwaltung eine breite *Einschätzungsprärogative* zuerkannt,[231] die der richterlichen Überprüfung weitestgehend entzogen ist.[232]

Allerdings soll nach ganz herrschender Meinung[233] die rein erwerbswirtschaftliche Betätigung des Staates, die also ausschließlich der Erzielung wirt-

---

[226] *Rümker/Keßeböhmer* in: Schimansky/Bunte/Lwowski, BankR, § 124, Rn. 15 (Der öffentliche Zweck sei „die verfassungsrechtliche Legitimation für die Betätigung des Staates im Kreditgewerbe"); *König,* WM 1995, 317, (321) (Selbst im Geschäftsbankenbereich jeder Landesbank bedürfe jedes Geschäft einer Legitimation durch den öffentlichen Zweck).

[227] *Rümker/Keßeböhmer* in: Schimansky/Bunte/Lwowski, BankR, § 124, Rn. 18.

[228] BVerfG vom 21.09.1976, Az. 2 BvR 350/75, BVerfGE 42, 312, Rn 55 (Das Grundgesetz habe „den Zweck des Staates materialiter auf die Wahrung des Gemeinwohls beschränkt"); BVerfG vom 07.07.2010, Az. 2 BvL 14/02, DB 2010, 1858, Rn 57 („dem Gemeinwohl verpflichteten Gesetzgeber").

[229] *Hauser,* Wirtschaftliche Betätigung von Kommunen, 2004, S. 21 (Dem Grundgesetz sei zwar keine ausdrücklicher Ermächtigung, jedenfalls aber eine billigende Kenntnisnahme zur allgemein-wirtschaftlichen Betätigung des Staates zu entnehmen.).

[230] *Hauser,* Wirtschaftliche Betätigung von Kommunen, 2004, S. 22/124; *Danner/Theobald* in: Danner/Theobald, Energierecht, XII, B1, Rn. 24; *Lutter,* BB 2009, 786, (789).

[231] St. Rspr., vgl. BVerfG vom 19.03.1975, Az. 1 BvL 20/73, BVerfGE 39, 210, Rn. 46; BVerfG vom 08.06.2010, Az. 1 BvR 2011/07, DVBl 2010, 1035, Rn. 96 m.w.N.

[232] BVerwG vom 22.02.1972, Az. I C 24.69, BVerwGE 39, 329, Rn. 17. (Die Bestimmung der Einwohnerbedürfnisse sei im Grunde eine politische Entscheidung).

[233] Ganz h.M: BVerwG vom 22.02.1972, Az. I C 24.69, BVerwGE 39, 329, Rn. 17; *Danner/Theobald* in: Danner/Theobald, Energierecht, XII, B1, Rn. 25 (Mit Hinweis auf § 116 Abs. 1 Nr. 3 GO Sachsen-Anhalt: „Alle Tätigkeiten, die im Wirtschaftsleben ausschließlich zu Gewinnzwecken verfolgt werden, entsprechen keinem öffentlichen Zweck."); *Lutter,* BB 2009, 786, (789); *Hauser,* Wirtschaftliche Betätigung von Kommunen, 2004, S. 22.

schaftlicher Gewinne dient, keinem öffentlichen Zweck mehr dienen, selbst wenn der erzielte Gewinn später Maßnahmen der Daseinsvorsorge finanzieren würde. Zwar sei der Rechtsordnung kein ausdrückliches Verbot rein erwerbswirtschaftlicher Betätigung des Staates zu entnehmen.[234] Jedoch erfordere verfassungsrechtliche Gemeinwohlbindung des Staates implizit, dass staatliche Tätigkeit *unmittelbar* dem Gemeinwohl dienen müsse. Die Anerkennung einer nur mittelbaren Gemeinwohlförderung zur Rechtfertigung staatlichen Handelns würde unbegrenztes Staatshandeln bedeuten und das verfassungsrechtliche Gebot der Gemeinwohlbindung letztlich leer laufen lassen. Zudem habe der Staat sich durch Steuern und Abgaben zu finanzieren und nicht durch außerhalb seiner Aufgaben liegenden Tätigkeiten am Markt.[235] Das *Steuerprivileg des Staates* sei nur dann gerechtfertigt, wenn es dem Staat verwehrt bleibt, wie ein Privater am Wirtschaftsleben teilzunehmen.[236] Zudem möchte die Finanzverfassung des Grundgesetzes dem Staat zur Erfüllung seiner essentiellen Aufgaben auch eine sichere Einnahmequelle bereitstellen, um die langfristige Aufgabenerfüllung zu sichern. Daher ist die Anerkennung eines Verbots rein erwerbswirtschaftlicher Betätigung des Staates von Verfassungsrang überzeugend.

Dies schließt gleichwohl Tätigkeiten, die *zumindest auch* auf wirtschaftliche Gewinnerzielung gerichtet sind, nicht aus.[237] Ohnehin wird die Betätigung des Staates auf Motivbündeln beruhen, bei denen die Gewinnerzielung oftmals auch maßgeblich sein wird und nur schwerlich von der Förderung der Gemeinwohlbelange zu trennen ist. Die erwerbswirtschaftliche Betätigung des Staates ist aber lediglich als *untergeordneter Nebenzweck* im Zusammenhang mit der Wahrnehmung originär-öffentlicher Aufgaben zulässig,[238] solange sie die Erfüllung öffentlicher Belange nicht negativ beeinträchtigen.[239]

---

[234] *Hauser,* Wirtschaftliche Betätigung von Kommunen, 2004, S. 23.

[235] *Lutter,* BB 2009, 786, (789); BVerfG vom 08.07.1982, Az. 2 BvR 1187/80, BVerfGE 61, 82, Rn. 69 (Staatliches Handeln müsse „unmittelbar durch seine Leistung, nicht nur mittelbar durch seine Gewinne und Erträge" dem Wohle der Bürger dienen.).

[236] *Hauser,* Wirtschaftliche Betätigung von Kommunen, 2004, S. 24.

[237] *Schneider/Busch,* WM 1995, 326, (328).

[238] BVerfG vom 08.07.1982, Az. 2 BvR 1187/80, BVerfGE 61, 82, Rn. 70; *Danner/Theobald* in: Danner/Theobald, Energierecht, XII, B1, Rn. 25.

[239] BGH vom 02.07.1985, Az. X ZR 77/84, BGHZ 95, 155, Rn 10 m.w.N. (In „Erwerbsabsicht kann auch eine öffentlich-rechtliche Körperschaft handeln, und zwar unabhängig davon, ob sie daneben zugleich in Erfüllung einer gemeinnützigen öffentlich-rechtlichen Aufgabe tätig wird; Voraussetzung ist nur das Betreiben eines wirtschaftlichen Unternehmens, also einer Tätigkeit, die nicht allein [...] mit der Zielrichtung einer öffentlichen Aufgabe betrieben wird.); *Hauser,* Wirtschaftliche Betätigung von Kommunen, 2004, S. 127; *Schneider/Busch,* WM 1995, 326, (328) (Staatliches Handeln sei stets am Nutzen der Allgemeinheit auszurichten und dürfe „nicht in erster Linie gewinnorientiert und damit auf die Erzielung von zusätzlichen Einnahmen" abzielen.); *Danner/Theobald* in: Danner/Theobald, Energierecht, XII, B1, Rn. 25.

Nach dieser Maßgabe ändert eine einhergehende Gewinnerzielung an der öffentlichen Zwecksetzung der Gesamtbanktätigkeit nichts.

b) Derivateeinsatz im Lichte der öffentlichen Zweckbindung

Der öffentliche Zweck einer Landesbank liegt darin, als Staatsbank an Programmen zur Verbesserung der Wirtschaftsstruktur und der regionalen Wirtschaftsförderung teilzunehmen sowie Mittelstandskreditprogramme, Arbeitsplatzsicherungsprogramme und den Immissionsschutz zu fördern.[240] Zudem ist sie als Zentralbank für die Sparkassen des Landes eingeschaltet und zugleich Hausbank einzelner Länder und Kommunen. Sie hat insoweit für die Deckung des Kreditbedarfs zu sorgen und ist verpflichtet, dafür *möglichst günstige Finanzierungsquellen* zu erschließen. Danach hat die Tätigkeit der Landesbank wesentliche Rückwirkungen auf die Fähigkeit von Ländern und Kommunen, ihrer Aufgabe der Daseinsfürsorge überhaupt nachkommen zu können.[241]

Eine Landesbank handelt jedenfalls im Rahmen ihrer öffentlichen Zwecksetzung, wenn sie grundlegende Absicherungsbedürfnisse von Ländern und Kommunen – regelmäßig Finanzierungsrisiken aus Zinsschwankungen ihrer Kreditfinanzierung – befriedigt.[242] Auch beim Abschluss von Derivategeschäften mit regional ansässigen Wirtschaftsunternehmen zur Risikoabsicherung kommt die Landesbank ihrer Förderungsfunktion direkt nach.[243] Hier ermöglicht sie aktiv als Gegenpartei die Konditionengestaltung eines existenten Risikos. Damit erfüllt die Landesbank die ihr obliegende regionale Versorgung mit Bankgeschäften und -dienstleistungen (*Hausbanken- und Gewährleistungsfunktion*).[244] Dieser öffentliche Zweck wird auch dann erfüllt, wenn die Handelspartner der Landesbanken kein Absicherungsmotiv verfolgen, sondern mit den Geschäften ihrerseits Gewinne erzielen wollen. Die öffentliche Zwecksetzung einer Landesbank erfordert keine allgemeine Risikoregulierung regionalwirtschaftlicher Tätigkeiten i.S.e. Recht- und Zweckmäßigkeitskontrolle der durch den potentiellen Vertragspartner angestrebten Positionierung. Sie erfordert lediglich, Lösungen für die individuellen Risikobedürfnisse bereit zustellen, die die Vertragspartner autonom entwickelt haben. Der öffentlichen Zwecksetzung einer Landesbanken ist damit grundsätzlich keine Einschränkung hinsichtlich der Vertragsgestaltung von deriva-

---

240 BGH vom 10.03.1983, Az. 4 StR 375/82, BGHSt 31, 264, Rn. 25.

241 BGH vom 10.03.1983, Az. 4 StR 375/82, BGHSt 31, 264, Rn. 37 (Der Vorstand einer Landesbank hat über die „Verwendung der Mittel der Bank zu befinden [...] [und] trifft deshalb, auch wenn er im Geschäftsbankbereich tätig ist, regelmäßig Entscheidungen, die Auswirkungen auf die anderen, der Daseinsvorsorge dienenden Bereiche haben.“).

242 *Schneider/Busch,* WM 1995, 326, (329) (mit Bezug auf die Hausbankfunktion für Land und Kommunen).

243 *Lutter,* BB 2009, 786, (789).

244 *Schneider/Busch,* WM 1995, 326, (329).

tiven Finanzinstrumenten zu entnehmen.[245] Selbst wenn das Geschäft konstruktionsbedingt nicht konnex zu einer bestehenden Risikoposition des Vertragspartners verläuft und daher ausschließlich Spekulationszwecken dient, so erfolgt der Geschäftsabschluss in Erfüllung des öffentlichen Gewährleistungsfunktion einer Landesbank.

Die öffentliche Zwecksetzung des Abschlusses von Derivategeschäften mit Gebietskörperschaften und Teilnehmern der regionalen Wirtschaft wird auch dann nicht beseitigt, wenn die Landesbank durch den Geschäftsabschluss *zumindest auch* Gewinne erzielen möchte. Wenn aber die in Staatsverträgen und Satzungen ausformulierten gemeinwohlfördernden Aufgaben einer Landesbank durch die Zwecksetzung der Gewinnerzielung objektiv erkennbar *weit in den Hintergrund* treten, so ist eine Verfolgung öffentlicher Zwecke durch die Tätigkeit nicht mehr anzunehmen. Trägt eine Landesbank Gebietskörperschaften und regionalen Wirtschaftsunternehmen diese Geschäfte *aggressiv an* und schafft sich so die regionalen Risikonachfrage selbst, so bedeutet dies prima facie die Dominanz von Gewinnstreben. Dann ist die erforderliche öffentliche Zwecksetzung der Tätigkeit nicht mehr anzunehmen.

Auch der Abschluss von Derivategeschäften mit anderen Banken und Finanzinstituten ist grundsätzlich von der Zwecksetzung einer Landesbank gedeckt. Dies folgt bereits mittelbar schon aus der Gewährleistungsfunktion einer Landesbank: Diese kann langfristig nur dann aufrecht erhalten und umfassend erfüllt werden, wenn die Landesbank übernommene Risiken auch umfassend an Teilnehmer der Kapitalmärkte übertragen kann, sich also an der Risikoallokationsfunktion der Finanzmärkte beteiligt. Zudem umfasst der öffentliche Auftrag der Landesbanken regelmäßig und ausdrücklich, dass diese nach den Grundsätzen eines ordentlichen (Bank)Kaufmanns zu führen sind.[246] Dieses Wirtschaftlichkeitsgebot umfasst die Durchführung risikosenkender Maßnahmen. Die Nutzung derivativer Finanzinstrumente im Rahmen des Risikomanagements einer Bank gehört heute zu weit verbreiteten Handesusancen in der Bankenpraxis. Die Zulässigkeit erscheint durch diesen Verweis geradezu intendiert.[247] Dies umfasst indes lediglich Absicherungshandlungen zur Senkung der Bankenrisiken. Die Abschlusskompetenz für spekulative Eigengeschäfte einer Landesbank in derivative Finanzinstrumente folgt daraus nicht.

---

[245] *Krämer,* Finanzswaps, 1999, S. 329; *Schneider/Busch,* WM 1995, 326, (330); a.A. *König,* WM 1995, 317.

[246] Vgl. § 5 Staatsvertrag über die Norddeutsche Landesbank Girozentrale, Stand: 22.08.2007 („Die Geschäfte der Bank sind nach kaufmännischen Grundsätzen unter Beachtung allgemein-wirtschaftlicher Gesichtspunkte zu führen."); Für einen Überblick zu den Satzungen der Landesbanken vgl. *Lutter,* BB 2009, 786 ff.

[247] *Schneider/Busch,* WM 1995, 326, (329) (Das Unterlassen der Inanspruchnahme von derivativen Finanzinstrumenten käme einem „kaufmännischen Kunstfehler" gleich.).

Diese *Geschäfte mit erwerbswirtschaftlichen Charakter* stehen nach wohl herrschender Meinung[248] – zu Recht – der öffentlichen Zwecksetzung einer Landesbank nicht entgegen, solange sie in begrenztem Umfang stattfinden, für die Gesamtgeschäftstätigkeit der Bank eine nur untergeordnete Rolle spielen und kein eigenständiges Geschäftsfeld begründen. Die Anlage freier Mittel zur Gewinnerzielung schafft wiederum die wirtschaftliche Voraussetzung, um den Kunden der Landesbanken flächendeckend konkurrenzfähige Bankprodukte und -dienstleistungen bieten zu können. Auch die Anlage freier Mittel am Kapitalmarkt ist damit indirekt durch die Förderungs- und Gewährleistungsfunktion der Landesbanken gedeckt. Es macht grundsätzlich keinen Unterschied, mit welchen Mitteln die erwerbswirtschaftliche Betätigung vollzogen wird.[249] Zulässig sind demnach die klassischen Darlehnsgeschäfte im Rahmen des Overnight-Lending, Swapgeschäfte und andere bankentypische Derivate. Die Volumenbegrenzung des Eigenhandels folgt aus der kategorischen Begrenzung erwerbswirtschaftlicher Tätigkeit durch den öffentlichen Zweck,[250] ist aber nichts derivatespezifisches.

2. Derivategeschäfte im kommunalen Schuldenmanagement

Deutsche Kommunen sind gem. Art. 28 GG zur *kommunalen Selbstverwaltung* berechtigt. Daraus wird die kommunale Finanzhoheit abgeleitet, die nicht nur die Befugnis zur Kreditaufnahme, sondern auch zur Konditionsgestaltung der übernommenen Schulden umfasst.[251]

a) Das kommunale Spekulationsverbot

Die Kommunen sind gem. § 6 Abs. 1 HGrG allgemein und durch die jeweiligen Gemeindeordnungen[252] im Besonderen zur sparsamen und wirtschaftlichen Haushaltsführung verpflichtet. Diese unbestimmten Rechtsbegriffe werden durch Landesrecht konkretisiert. Sparsames Handels bedeutet dabei, „die Ausgaben so gering wie möglich zu halten und sie erst dann zu veranschlagen und zu leisten, wenn die Aufgabenerfüllung dies erfordert“[253] (*Erforderlichkeitsprinzip*). Entsprechend ist auch in der Rechtsprechung[254] anerkannt, dass zur Erfüllung gemeindlicher Aufgaben nicht mehr ausgegeben

---

[248] *Schneider/Busch,* WM 1995, 326, (329); *Krämer,* Finanzswaps, 1999, S. 330; wohl auch *Lutter,* BB 2009, 786, (790) („durchaus isolierter Geschäftszweig rein spekulativer Art“ mit Hinweis auf den Umfang der von deutschen Landesbanken getätigten Kreditderivategeschäfte).

[249] *Schneider/Busch,* WM 1995, 326, (329).

[250] Vgl. S. 253.

[251] Ganz h.M., vgl. *Krämer,* Finanzswaps, 1999, S. 324 m.w.N.

[252] Vgl. §75 Abs. 1 Satz. 2 GemO NRW.

[253] AnwHinwKommHHR (Sachsen) v. 14.12.2007, S. 7.

[254] BGH vom 07.03.1962, Az. V ZR 132/60, BGHZ 38, 395, (397).

werden darf, als bei wirtschaftlicher und sparsamer Haushaltsführung notwendig ist und dass leichtfertige Ausgaben und übertriebener Aufwand zu meiden sind. Aus dem Erforderlichkeitsprinzip wird daher das *Verbot der ausschließlichen Betätigung zur Gewinnerzielung* abgeleitet.[255]

Die Gemeindeordnungen der Länder enthalten regelmäßig klarstellende Vorschriften, die für Geldanlagen der Kommunen einen angemessenen Ertrag sowie eine ausreichende Sicherheit vorschreiben.[256] Danach ist das Erforderlichkeitsprinzip nicht verletzt, wenn das eingegangene Risiko für die Kommune *tragfähig und beherrschbar* ist. Einschränkend konkretisieren viele Runderlasse[257] der Landesregierungen die Nutzungsmöglichkeiten von derivativen Finanzinstrumenten für Kommunen dahingehend, dass sie ausschließlich zu Absicherungszwecken und damit zur Konditionsgestaltung zulässig sind.[258] Damit bringen die Landesregierungen zum Ausdruck, dass das mit einem Derivategeschäft verbundene Gesamtrisiko, sofern es kein Grundgeschäft sichern soll, nicht mehr als angemessen erscheint. Ausschließlich zu spekulativen Zwecken abgeschlossene Derivategeschäfte sind zur Konditionsgestaltung nicht erforderlich. Dies verdeutlicht das *kommunale Spekulationsverbot*.

Ähnlich hat schon das House of Lords im Fall Hazell v. London Borough of Hammersmith and Fulham[259] für das englische Recht entschieden. Der britische Stadtbezirk Hammersmith and Fulham (London) schloss im Zeitraum von 1987 bis 1989 über 600 Swapgeschäfte ab, berief sich jedoch auf das rechtliche Unvermögen, diese Transaktionen überhaupt abschließen zu können, als sich Verluste anhäuften. Das Gericht bestätigte die Unwirksamkeit der Verträge. Sec. 111(1) des Local Government Act ermächtige ausschließlich zum Abschluss von Darlehensverträgen, nicht aber von Swapgeschäften, da diese keine Darlehensfunktion hätten und auch keine Funktion als konditionsgestaltende Nebengeschäfte im konkreten Fall erkennbar sei.

Um das (deutsche) Spekulationsverbot nicht zu verletzen, muss ein Derivategeschäft zwingend einen *objektiven Sicherungscharakter* (Konnexität) aufweisen, indem es sich auf bereits bestehende oder konkret geplante Kredite als Grundgeschäft bezieht.[260] Für bereits bestehende Kredite muss das Derivat

---

[255] *Hauser*, Wirtschaftliche Betätigung von Kommunen, 2004, S. 127 („Da die erwerbswirtschaftliche Betätigung kein Sachziel ist, liegt die alleinige Absicht der Gewinnerzielung zur Haushaltskonsolidierung außerhalb der gemeindlichen Verbandszuständigkeit."); *Danner/Theobald* in: Danner/Theobald, Energierecht, XII, B1, Rn. 25.

[256] Vgl. § 116 Abs. 1 Nr. 3 GO Sachsen-Anhalt („Alle Tätigkeiten, die im Wirtschaftsleben ausschließlich zu Gewinnzwecken verfolgt werden, entsprechen keinem öffentlichen Zweck.").

[257] Vgl. Ministerialblatt für das NRW Nr. 27 v. 23.10.2006, S. 505 ff.

[258] OLG Stuttgart vom 27.10.2010, Az. 9 U 148/08, ZIP 2010, 2189, Rn. 98.

[259] Hazell v. London Borough of Hammersmith and Fulham [1992] 2 A.C. 1.

[260] *Krämer*, Finanzswaps, 1999, S. 314; *Gundermann/Nieding*, Gemeindehaushalt, 2007-12, S. 267.

so konstruiert sein, dass die Wertentwicklung des Grundgeschäfts durch die Wertentwicklung des Derivats *hinreichend effektiv kompensiert wird.* Zur Konkretisierung könnten die IFRS heran gezogen werden: Im Rahmen des Hedge Accountings wird eine Sicherungsbeziehung als hoch effektiv qualifiziert, wenn das Unternehmen sowohl zu Beginn als auch während der Laufzeit der Sicherungsbeziehung erwarten kann, dass die zukünftigen Änderungen der Cash Flows des Grundgeschäftes durch die zukünftigen Änderungen der Cash Flows des Sicherungsinstrumentes kompensiert werden (prospektiver Effektivitätstest) und sich die aktuellen Ergebnisse in einer Bandbreite zwischen 80% und 125% bewegen (retrospektiver Effektivitätstest).[261] Zur Effektivitätsmessung wurden Verfahren auf periodenbezogener oder kumulierter Basis entwickelt, sodass die praktische Umsetzung gewährleistet ist. Bei Absicherungsgeschäften für konkret geplante Kredite der Kommune sollte die Bank *dokumentieren*, dass ein Kreditbedarf hinsichtlich nomineller Höhe und Bedarfszeitpunkt besteht. Dazu sollte die Bank sowohl der Gemeindebeschluss selbst, als auch eine Erklärung des zuständigen Kämmerers einholen. Der gute Glaube der Bank an die Kreditaufnahmewilligkeit der Kommune ist dagegen nicht geschützt.

b) Spekulationsverbot als Verbotsgesetz i.S.d. § 134 BGB

Während die Existenz des kommunalen Spekulationsverbots als gefestigt gelten kann, bestehen für die *Rechtsfolgen eines Verstoßes* durchaus unterschiedliche Lösungsansätze. In der Literatur wird teilweise[262] vertreten, das Spekulationsverbot sei ein Verbotsgesetz i.S.d. § 134 BGB, dessen Auslegung ergibt, dass die Geschäfte keinen Bestand haben sollen. Schließt die Kommune dennoch spekulative Derivategeschäfte ab, sind sie ex tunc nichtig. Diese Ansicht überzeugt aber schon deshalb nicht, weil dem kommunale Spekulationsverbot der *Charakter als Verbotsgesetz i.S.d. § 134 BGB fehlt.* Maßgeblich für den Charakter als Verbotsgesetz ist der Verbotszweck.[263] Zwar will das Spekulationsverbot die Interessen der Allgemeinheit schützen, indem für die Daseinsfürsorge nicht erforderliche Risiken durch die Kommune auch nicht übernommen werden sollen. Allerdings können auch *bloße Ordnungsvorschriften* den Schutz allgemeiner Interessen bezwecken, die sich nur gegen die Art und Weise des Rechtsgeschäfts richten. Das Spekulationsverbot richtet sich gegen das Eingehen eines überhöhten Risikos durch ein ausschließlich spekulativen Zwecken dienenden Finanzgeschäft. Damit betrifft es aber die *Umstände* des eingegangenen Geschäfts, sodass das kommunale Spekulati-

[261] Vgl. IAS 39.A105.

[262] *Gundermann/Nieding,* Gemeindehaushalt, 2007-12, S. 267; *Krämer,* Finanzswaps, 1999, S. 324.

[263] BGH vom 05.05.1992, Az. X ZR 134/90, NJW 1992, 2557.

onsverbot eher als Ordnungsvorschrift, denn als Verbotsgesetz zu qualifizieren ist.

Auch das OLG Naumburg vertritt – allerdings ohne weitere Begründung – die Ansicht, dass „der aus dem Verfassungsrecht abgeleitete Grundsatz des Spekulationsverbots kein Verbotsgesetz i.S.d. § 134 BGB“[264] sei. Statt dessen gewährt das Gericht Schadensersatz wegen fehlerhafter Beratung dann, wenn die Bank nicht hinreichend über öffentlich-rechtliche Beschränkungen im Zusammenhang mit dem hochspekulativen Charakter derjenigen Derivategeschäfte aufklärt, für die kein zu sicherndes Grundgeschäft existiert.[265] Erfüllt sie diese Beratungsvoraussetzungen, so hat eine Kommune die Risiken eines ausschließlich spekulativen Zwecken dienenden Derivategeschäfts letztlich selbst zu tragen.[266] Dies zeigt die schwache Schutzwirkung des Spekulationsverbots auf, wenn und soweit es ausschließlich über Beratungspflichten zivilrechtliche Berücksichtigung findet. Beim kommunalen Spekulationsverbot handelt es sich aber um ein Gebot von Verfassungsrang. Der Verfassungsgeber duldet keine Finanzspekulation der Kommunen. Der Stellenwert des Normgehalts spricht daher für eine entschlossene Unterbindung dieser Praxis.

c) Sittenwidrigkeit

Nach der Rechtsprechung des BGH[267] sind solche Rechtsgeschäfte sittenwidrig und daher gem. § 138 Abs. 1 BGB nichtig, die im krassen Widerspruch zum Gemeinwohl stehen und alle am Geschäft beteiligten Personen dies kennen oder kennen müssen. Demnach kann auch ein Verstoß gegen öffentliches Haushaltsrecht die Sittenwidrigkeit eines Rechtsgeschäfts begründen. Allerdings impliziert die Normverletzung allein noch keinen krassen Widerspruch zum Gemeinwohl. Vielmehr stellt die Rechtsprechung aus Gründen der Privatautonomie und des Verkehrsschutzes – zu Recht – hohe Anforderungen. So wurde ein krasser Widerspruch zum Gemeinwohl in Fällen anerkannt, in denen eine Gemeinde Schenkungs-[268] oder Leasingverträge[269] schließt, durch die *erhebliche Vermögenseinbußen mit an Sicherheit grenzender Wahrscheinlichkeit absehbar* und eine Misswirtschaft daher evident war.

---

[264] OLG Naumburg vom 24.03.2005, Az. 2 U 111/04, WM 2005, 1313, (1316); OLG Sachsen-Anhalt vom 24.03.2005, Az. 2 U 111/04, WM 2005, 1313, Rn. 58.

[265] OLG Naumburg vom 24.03.2005, Az. 2 U 111/04, WM 2005, 1313 (Währungsswaps); LG Würzburg vom 31.03.2008, Az. 62 O 661/07 und LG Frankfurt vom 28.10.2008, Az.: 2-19 O 13/08 (Spread-Ladder-Swaps); OLG Stuttgart vom 27.10.2010, Az. 9 U 148/08, ZIP 2010, 2189, Rn. 102 ff (CMS Spread Sammler Swap); gegen Sonderberatungspflichten *Roller/Elster/Knappe,* ZBB 2007, 345, (363).

[266] LG Magdeburg vom 21.01.2008, Az. 9 O 1989/06, WM 2008, 537.

[267] BGH vom 25.01.2006, Az. VIII ZR 398/03, WM 2006, 1110.

[268] BGH vom 07.03.1962, Az. V ZR 132/60, BGHZ 36, 395.

[269] BGH vom 25.01.2006, Az. VIII ZR 398/03, WM 2006, 1110.

Daran fehlt es aber bei einer Verletzung des kommunalen Spekulationsverbots durch Abschluss spekulativer Derivategeschäfte durch die Gemeinde. Die Bindung der Gemeinde an ein spekulatives Geschäft stellt letztlich einen *Eventualschaden* dar, dessen Eintritt und Schadensumfang noch nicht fest steht. Regelmäßig wird dem Risiko auch eine Gewinnchance gegenüber stehen. Der Eventualschaden verdichtet sich lediglich dann zu einem sicheren Schaden, wenn zusätzliche, für eine Partei nachteilige Umstände hinzutreten. Dies hat die Rechtsprechung[270] insbesondere bei wesentlichen Aufschlägen – größer 10% – für Vermittlungsleistungen auf die Optionsprämie anerkannt, die das Chancen-Risiko-Verhältnis des Geschäfts zulasten einer Partei verzerren. Dann müsste die Option – um Gewinne zu erzielen – im Wert stärker steigen als die Summe aus Optionsprämie und Aufschlag.[271] Dies allein ist schon recht unwahrscheinlich. Bei Abschluss mehrerer Geschäfte wäre der Vertragspartner dann *praktisch chancenlos gestellt*. In diese Fallgruppe der Sittenwidrigkeit könnten auch vertragsgestaltende Nebenbedingungen von Derivategeschäfte fallen, die das ökonomische Chancen-Risiko-Verhältnis wesentlich zugunsten einer Vertragspartei verschieben. Stark/Loose[272] haben dies für ein Kündigungsrecht bei Spread-Ladder-Swaps gezeigt.[273] Allerdings wird unter den Voraussetzungen des § 139 BGB regelmäßig nur eine *Teilnichtigkeit des Geschäfts* in Betracht kommen.

Neben dieser, bereits anerkannten Fallgruppe ist der erforderliche krasse Widerspruch zum Gemeinwohl nicht schon dadurch verwirklicht, dass sich die Gemeinde einem zusätzlichen Risiko aussetzt, auch wenn ein Zusammenhang mit dem öffentlichen Auftrag der Kommune nicht erkennbar ist. So will der Gesetzgeber gem. § 37e WpHG schon bei Unternehmen den Einwand nicht gelten lassen, Spekulationsgeschäfte seien bloße Naturalobligationen und deren Erfüllung deshalb nicht durchsetzbar. Dann können aber *a fortiori* auch solche Spekulationsgeschäfte nicht gem. § 138 Abs. 1 BGB nichtig sein, die eine Gemeinde zu Spekulationszwecken abschließt. Andernfalls liefe die ratio legis des § 37e WpHG leer. Allerdings ist das Geschäft gem. § 134 BGB nichtig, wenn und soweit durch Abschluss des spekulativen Derivategeschäfts Straftatbestände – hier insbesondere Untreue gem. § 266 StGB[274] – verwirk-

---

[270] Seit BGH vom 16.11.1993, Az. XI ZR 214/92, BGHZ 124, 151; BGH vom 16.10.2001, Az. XI ZR 25/01, ZIP 2001, 2274; BGH vom 28.05.2002, Az. XI ZR 150/01, WM 2002, 1445; OLG Düsseldorf vom 27.02.2008, Az. I-15 U 59/07.

[271] *Lenenbach,* Kapitalmarkt- und Börsenrecht, 2002, Rn. 8.54.

[272] *Stark/Loose,* Finanz Betrieb, 2007-10, S. 614.

[273] Siehe oben S. 120; ebenso *Roller/Elster/Knappe,* ZBB 2007, 345, (362); a.A. OLG Frankfurt vom 30.12.2009, Az. 23 U 175/08, ZIP 2010, 921; offen gelassen BGH vom 22.03.2011, Az. XI ZR 33/10, ZIP 2011, 756.

[274] Dazu unten S. 293.

licht wurden.[275] Für die Anwendung des § 138 Abs. 1 BGB verbleibt dann kein Raum mehr.

d) Überschreiten des rechtlichen Könnens

Einen sachgerechten Lösungsansatz bietet letztlich der Rechtsgedanken der Ultra-vires-Lehre. Diese ist – wie oben aufgezeigt – bei juristischen Personen des öffentlichen Rechts grundsätzlich anwendbar. Der Umstand, dass die Ultra-vires-Doktrin den Verkehrsschutz zugunsten des Schutzes der Mitglieder der Gemeinde abschwächt, indem sie das Rechtsgeschäft nichtig werden lässt, wird von den Ultra-vires-Gläubigern freilich als unzumutbare Härte abgelehnt.[276]

Tatsächlich sind auch in der englischen Rechtsprechung[277] Ansätze erkennbar, die einseitige Belastung des Ultra-vires-Gläubigers abzumildern. Wenn und soweit beide Parteien das Rechtsgeschäft nachweisbar im Glauben eingingen, dass es Bestand hat, soll es nur soweit nichtig sein, wie es das rechtliche Können der Kommune überschreitet. Diesen Rechtsgedanken der geltungserhaltenden Reduktion bietet das deutsche Recht bereits in § 139 BGB an. Ist das Spekulationsverbot etwa verletzt, weil die Ausgestaltung des Derivats mit *Nebenbestimmungen* der erforderlichen Konnexität zwischen Grundgeschäft und Derivat entgegen steht, so kann das Derivategeschäft rechtswirksam bleiben, soweit nachweisbar ist, dass die Parteien das Derivategeschäft *auch ohne die konnexitätsbeseitigenden Nebenbestimmungen* abgeschlossen hätten. So könnten Spread-Ladder-Swaps[278] geltungserhaltend dahingehend reduziert werden, dass die Nebenbestimmungen für den variablen Zahlungsstrom – insbesondere Steigungsterm und Ladder-Faktor, aber auch das Rücktrittsrecht – wegfallen, sodass überhaupt hinreichende Konnexität zwischen Swapgeschäft und Darlehen möglich ist. Ist hingegen *kein Grundgeschäft vorhanden*, so kommt eine geltungserhaltende Reduktion nicht in Betracht.

Letztlich hat die Nichtgeltung eines Derivategeschäfts, das entgegen des kommunalen Spekulationsverbots abgeschlossen wird, eine *starke Disziplinierungswirkung* für die Bank, die dem Stellenwert der Norm gerecht wird.

---

[275] *Armbrüster* in: MüKo, BGB, § 134, Rn. 53.

[276] Vgl. die Argumentation der Bank in Hazell v. Hammersmith and Fulham London Borough Council [1992] 2 A.C. 1 („the application of the ultra vires doctrine in the present circumstances is so harsh that if swap transactions entered into by local authorities are unlawful, the swap market and the banks and other parties to swap transactions will be involved in great difficulties, the creditworthiness of local authorities would be impaired and there would be an increase in taxation." Das Gericht ist davon aber letztlich nicht überzeugt und bezweifelt die ökonomische Validität des Arguments).

[277] Westdeutsche Landesbank Girozentrale v. Islington London Borough Council [1996] AC 669.

[278] Vgl. oben S. 119.

Rechtspolitisch ist dies vertretbar. Die Bank ist die Spezialistin, die sowohl über branchenspezifisches, als auch derivatespezifisches Know-how verfügt. Sie ist besser in der Lage, die Einhaltung des Spekulationsverbots – insbesondere hinsichtlich des Bestandes des Verbots und die Absicherungseffektivität zwischen Grund- und Sicherungsgeschäft – im Zusammenhang mit dem angebotenen Derivategeschäft sicher zu stellen. Dann muss sie aber auch die Partei sein, der die faktische Durchsetzung obliegt. Insgesamt erscheint es deshalb überzeugend, die Nichtigkeit des Derivategeschäfts anzuerkennen, soweit dessen Abschluss gegen das kommunale Spekulationsverbot verstößt.[279]

IV. Zusammenfassung

Der Einsatz derivativer Finanzinstrumente in der Unternehmung wird durch den satzungsmäßigen Unternehmenszweck begrenzt. Dieser engt den Kreis der von der Geschäftsführung potentiell abschließbaren Geschäftsrisiken ein und hat so eine risikobegrenzende Funktion für die Gesellschafter. Die Rechtswirkung für unternehmenszweckwidrige Rechtsgeschäfte hängt von der Rechtsform der Gesellschaft ab. Die Rechtsordnung erkennt für juristische Personen des Privatrechts zugunsten des Verkehrsschutzes die *grundsätzliche Wirksamkeit* von zweckwidrigen Rechtsgeschäften an, schränkt diesen Grundsatz aber beim Missbrauchs der Vertretungsmacht durch das Geschäftsführungsorgan der Gesellschaft ein. Der Wirkungskreis juristischer Personen des öffentlichen Rechts muss durch staatliche Ermächtigungen dagegen erst geschaffen werden. Gehen geschlossene Rechtsgeschäfte über bestehende Ermächtigungen hinaus, so werden sie wegen Überschreitung des rechtlichen Könnens als nichtig zu qualifizieren sein.

Soweit Industrie- und Handelsunternehmen Derivategeschäfte in Spekulationsabsicht abschließen, deren Basiswert vom Unternehmensgegenstand gedeckt ist, wird eine Überschreitung des Unternehmenszwecks unabhängig vom übernommenen Risiko nicht in Betracht kommen. Zusätzlich können Derivate als *satzungsmäßige Hilfsgeschäfte* zu qualifizieren sein, wenn sie Einzelhandlungen der operativen Geschäftstätigkeit vorbereiten oder erst ermöglichen. Auch die Anlage flüssiger Mittel am Kapitalmarkt ist als Hilfsgeschäft zulässig, soweit sie in Relation zur operativen Geschäftstätigkeit steht und als untergeordnete Nebentätigkeit des Unternehmens zu qualifizieren ist. Zusätzlich muss das Einzelgeschäftsrisiko auf ein *angemessenes Niveau* begrenzt sein, sodass die Förderung und Ermöglichung zukunftsbezogener zweckkonformer Geschäftstätigkeit durch dieses Geschäft nicht ausgeschlossen ist. Der Abschluss eines Derivategeschäfts mit einem nicht nur unerheblichen Risiko des Totalverlusts, das nicht der Absicherung dient, wird

---

[279] Vgl. *König,* WM 1995, 317, (324) („Neben dem Schutz […] der objektiven Rechtsordnung werden die Staatsinteressen durch die Ultra-Vires-Lehre präventiv gewahrt.")

deshalb unabhängig vom Nominalbetrag des Geschäfts nicht mehr als Hilfsgeschäft zu qualifizieren sein.

Sodann wurde der satzungsmäßige Begriff des Bankgeschäfts untersucht. Es wurde auf der Grundlage zweier teleologischer Auslegungsansätze des Begriffs des Bankgeschäfts aufgezeigt, dass mehrfach-abgeleitete, poolingbasierte Derivate nicht mehr unter diesen Begriff fallen können, soweit sie von einem Pool mit hinreichend großer Masseerscheinung abgeleitet sind. Durch den Informationsvernichtungseffekt ist die Verfügbarkeit der für die Risikobewertung erforderlichen Information nicht mehr gewährleistet und auf dem Markt für dieses Finanzinstrument kann es zu Marktversagen kommen. Da ein Bankgeschäft aber den Essentialien eines funktionierenden Wirtschaftsverkehrs nicht entgegen zu stehen hat, sind solche Geschäfte nicht als *satzungsmäßiges* Bankgeschäfte zu qualifizieren. Auch der alternative Auslegungsansatz, nach dem ein Zuordnungszusammenhang zwischen Bankgeschäft und der Finanzierung eines Teilnehmers der Realwirtschaft erforderlich ist, führt zum selben Ergebnis. Für die Konkretisierung des Zuordnungszusammenhangs wurde auf die Lehre vom satzungsmäßigen Hilfsgeschäft zurück gegriffen. Schließt die Bank ein Derivategeschäft mit Spekulationszweck als Eigengeschäft ab, so hängt die Qualifikation des Derivats als Bankgeschäft vom Nachweis ab, dass die Gegenpartei mit dem Geschäft Absicherungszwecke verfolgt. Handelt es sich dagegen um beidseitige Spekulationsgeschäfte der beteiligten Banken, so vermag ein objektiver Dritter nicht mehr zu erkennen, dass die Umverteilung der durch die Finanzierung eines Teilnehmers der Realwirtschaft geschaffenen Risiken dieses Geschäft üblicherweise mit sich bringt, um eine realwirtschaftliche Finanzierungstätigkeit vorzubereiten oder erst zu ermöglichen. Dem Derivategeschäft kommt dann nicht die Qualität eines „realwirtschaftlichen Hilfsgeschäfts" zu, sodass es auch nicht als Bankgeschäft zu qualifizieren ist.

Über diese Restriktionen hinaus haben Landesbanken aufgrund ihrer zusätzlichen Bindung an den öffentlichen Zweck Geschäfte zu unterlassen, bei denen die Gemeinwohlförderung zugunsten der Gewinnerzielungsabsicht objektiv erkennbar weit in den Hintergrund tritt, sodass eine Verfolgung öffentlicher Zwecke durch die Tätigkeit nicht mehr vorliegt. Dies ist insbesondere anzunehmen, wenn die Bank dem Kunden das Geschäft aggressiv anträgt und sich so die regionale Nachfrage selbst schafft. Der Abschluss von Derivategeschäften mit anderen Teilnehmern der Finanzmärkte steht dem öffentlichen Zweck der Landesbank nicht entgegen, soweit er in begrenztem Umfang erfolgt und für die Gesamtgeschäftstätigkeit der Landesbank von nur untergeordneter Bedeutung sind und kein eigenes Geschäftsfeld begründen.

Kommunen hingegen unterliegen einem Spekulationsverbot von Verfassungsrang. Sie können derivative Finanzinstrumente lediglich zur Konditionsgestaltung ihrer finanziellen Risiken und damit zu Absicherungszwecken, nicht aber zur (spekulativen) Gewinnerzielung abschließen. Wird das kommunale Spekulationsverbot bei Abschluss eines Derivategeschäfts verletzt, so handelt die Kommune jenseits des ihr verliehenen rechtlichen Könnens (Ultra-Vires) und das Derivategeschäft ist insoweit ex tunc nichtig.

C. Sorgfaltspflichten der Geschäftsführung beim Einsatz von Derivaten

Der Vorstand einer Aktiengesellschaft hat diese gem. § 76 Abs. 1 AktG in *eigener Verantwortung zu leiten*. Dabei hat er die Sorgfalt eines ordentlichen und gewissenhaften Geschäftsführers anzuwenden, § 93 Abs. 1 S. 1 AktG. Soweit der Vorstand im Rahmen der Geschäftsführung unternehmerische Entscheidungen trifft, die *stets risikobehaftet* sind, wird ihm deshalb ein Ermessensspielraum eingeräumt.[280] Der Vorstand handelt jedenfalls sorgfaltsgemäß, wenn er vernünftigerweise annehmen durfte, auf der Grundlage angemessener Information zum Wohle der Gesellschaft zu handeln, § 93 Abs. 1 S. 2 AktG. Diese *Business Judgement Rule* erlaubt folglich auch die bewusste Übernahme geschäftlicher Risiken mit der Gefahr von Fehlbeurteilungen und Fehleinschätzungen.[281] Allerdings handelt der Vorstand nicht schon dann pflichtwidrig, wenn diese Voraussetzungen nicht erfüllt sind.[282] Die Pflichtwidrigkeit soll kraft des notwendigen unternehmerischen Ermessensspielraum erst bei einer *deutlichen Überschreitung* der aus dem Unternehmenswohl abgeleiteten Grenzen folgen.[283] Dieser allgemeine Umriss der Sorgfaltspflichten ist ausfüllungsfähig und ausfüllungsbedürftig. Gerade im Hinblick auf *derivative Finanzinstrumente* ist eine Konkretisierung aber erforderlich, fallen sie doch naturgemäß in den Grenzbereich zwischen noch erlaubtem Risiko und rechtlich missbilligter Gefahr. Nachfolgend soll deshalb untersucht werden, wann diese Grenze beim Abschluss von derivativen Finanzinstrumenten überschritten ist und sich der Vorstand aus der Sorgfaltspflichtverletzung heraus der Gesellschaft gegenüber für den entstandenen Schaden ersatzpflichtig macht.

I. Entscheidungsfindung auf angemessener Informationsgrundlage

Die Ausgestaltung unternehmerischer Sorgfaltspflichten wurde vom Gesetzgeber durch die *Business Judgement Rule* konkretisiert.[284] Diese setzt als *Safe Harbour* konkrete Anforderungen an das Vorstandshandeln und stellt bei erfolgreichen Nachweis eine unwiderlegbare *Vermutung objektiv pflichtkon-*

---

[280] BGH vom 21.04.1997, Az. II ZR 175/95, BGHZ 135, 244, (253).
[281] BGH vom 03.12.2001, Az. II ZR 308/99, WM 2002, 220, Rn 9.
[282] *Hüffer,* AktG, § 93, Rn 4c.
[283] *Hüffer,* AktG, § 93, Rn 4b.
[284] *Spindler* in: MüKo, AktG, § 93, Rn. 36.

formen Verhaltens auf.[285] Als Voraussetzungen muss der Vorstand vernünftigerweise annehmen dürfen, seine unternehmerische Entscheidung auf der Grundlage angemessener Information zum Wohle der Gesellschaft zu treffen (§ 93 Abs. 1 S. 2 AktG). Die im Rahmen sorgfaltsgemäßer Ermessensausübung erforderliche *Abwägung der Chancen und Risiken* kann nur auf umfassender Informationsgrundlage vorgenommen werden.[286] Dazu hat sich der Vorstand zunächst über Tatsachen zu informieren, die zur Wahrung der Gesellschaftsinteressen im Hinblick auf Art und Umfang der beabsichtigten Geschäfte erforderlich sind. Dabei sind die Anforderungen an die Informationsbreite und -tiefe umso höher, je höher auch das geschäftsspezifische Risiko ist.[287] Die *Informationsbeschaffungspflicht* umfasst die Identifizierung und Quantifizierung aller nicht nur unerheblicher Risikofaktoren für den Wert des Derivats unter Ausnutzung aller dem Vorstand ex ante zur Verfügung stehenden Informationsquellen tatsächlicher und rechtlicher Art.[288] Hier stellt sich zunächst die Frage, ob die einigen Derivategeschäften immanente Komplexität bewirkt, dass der Pflichtenkatalog zur Informationsbeschaffung a priori nicht erfüllbar ist und die erforderlich Angemessenheit deshalb nie vorliegen kann, sodass der Vorstand bei Abschluss dieser Geschäfte stets seine pflichtgemäße Sorgfalt verletzt.

1. Verschleierungspotential bei strukturierten Derivaten

Bei strukturierten Derivatekonstruktionen wie CDOs wurde gezeigt, dass einmal ermittelte Schätzwerte im Rahmen der Tranchenbemessung durch den Emittent von Dritten ex ante nur eingeschränkt verifizierbar sind.[289] Antizipiert der Emittent diese begrenzte Kontrollmöglichkeit, so kann er die geschätzten Korrelationswerte – ob in- oder außerhalb des zulässigen Beurteilungsspielraums – gezielt niedrig ansetzen, während er höhere Schätzwerte nach außen kommuniziert, die wiederum die Grundlage der Risikobewertung von externen Dritten bilden. Da die Schätzwerte auch *ex post* nicht verifizierbar sind, kann ein opportunistisch handelnder Emittent die Risiken in den Tranchen teilweise verschleiern. Neben der möglichen strafrechtlichen Implikation[290] für den Emittent könnte dieser Umstand auch der für die Anwendbarkeit des § 93 Abs. 1 S. 2 AktG erforderlichen Gutgläubigkeit („*vernünftigerweise annehmen dürfen*“) des erwerbenden Unternehmens entgegen stehen.

---

[285] *Hüffer,* AktG, § 93, Rn 4d.
[286] OLG Oldenburg vom 22.06.2006, Az. 1 U 34/03, DB 2006, 1263.
[287] *Lutter,* ZIP 2007, 841, (844).
[288] BGH vom 14.07.2008, Az. II ZR 202/07, WM 2008, 1688, Rn. 11.
[289] Vgl. ausführlich S. 129 ff.
[290] Vgl. S. 296 ff.

Grundsätzlich hat die Geschäftsführung die Grundlagen der Entscheidung anhand gesicherter, anerkannter und praktisch bewährter betriebswirtschaftlicher Erkenntnisse zu ermitteln.[291] Die Einhaltung des Angemessenheitsmaßstabes *erfordert also nicht*, abweichende Einzelmeinungen zu berücksichtigen. Die Erkenntnisse über das strukturierungsbedingte Verschleierungspotential sind in der betriebswirtschaftlichen Literatur recht jung und können *noch nicht als gefestigt* gelten. Allerdings sind strukturierte Derivate ebenfalls eine junge Kapitalmarkterscheinung. Insbesondere bei neuartigen Finanzprodukten, für die weder gesicherte Erfahrungswerte, noch gefestigte wissenschaftliche Erkenntnisse bestehen, ist eine gesteigerte Beachtung auch ungefestigter betriebswirtschaftlicher Erkenntnisse angemessen. Das in der neueren betriebswirtschaftlichen Literatur aufgezeigte Verschleierungspotential hat demnach grundsätzlich Relevanz für die Gutgläubigkeit im Rahmen der Sorgfaltspflichten.

Indes handelt es sich beim Verschleierungspotential um eine abstrakte Gefahr, die zusätzliche Schritte des Emittenten erforderlich macht, um zur *konkreten Gefährdung* zu erstarken. Der Unterschied zu anderen abstrakten Gefährdungslagen bei unternehmerischen Entscheidungen besteht hier aber gerade darin, dass die Verifizierung ex ante und ex post überhaupt nur teilweise *möglich* ist. Dies stellt die sachliche Rechtfertigung für die Sonderbehandlung des Verschleierungspotentials dar und macht eine *kritische Grundhaltung des Vorstandes* beim Umgang mit strukturierten Derivaten erforderlich. Der Maßstab für das, was ein Vorstand vernünftigerweise annehmen darf, ist im Umgang mit strukturierten Derivaten, deren Auszahlungsstrukturen auf Risikopools basieren und nach dem Subordinationsprinzip in Tranchen unterteilt sind, deshalb hoch anzusetzen. Insoweit hat der Vorstand *intensivere Nachforschungen* zu betreiben, um vernünftigerweise davon ausgehen zu können, auf angemessener Informationsgrundlage zu handeln.

2. Informationsbeschaffung und Informationsvernichtungseffekt

Allgemein umfasst die Informationsbeschaffungspflicht die Identifizierung und Quantifizierung aller nicht nur unerheblicher Risikofaktoren für den Wert des Derivats.[292] Dazu ist eine entsprechende Analyse der Risikofaktoren auf jeder Ableitungsebene, angefangen von der Ebene des Basiswertes, vorzunehmen. Liegt dem Derivat eine Vielzahl von Assets zugrunde, so ist insbesondere der Einfluss von gesamtwirtschaftlichen Rahmenbedingungen und ähnlichen Parametern zu ermitteln, die *korrelationsbestimmend* wirken.

---

[291] Vgl. *Spindler* in: MüKo, AktG, § 93, Rn. 29.

[292] *Säcker*, NJW 2008, 3313, (3316); *Spindler* in: MüKo, AktG, § 93, Rn. 47 (Zu allgemeinen Vorstandentscheidungen mit dem zusätzlichen Hinweis auf eine Beschränkung dieses Standards durch eine Kosten-Nutzen-Abwägung, wohl im Hinblick auf eilbedürftige Entscheidungen).

Erneut sei auf den bereits oben[293] ausgearbeiteten Umstand verwiesen, dass die Renditekorrelation der einem Derivat zugrunde liegenden Assets für dessen Risikoeinschätzung entscheidend ist.

Für poolingbasierte Derivate würde in der ökonomischen Analyse dieser Arbeit ein Informationsvernichtungseffekt aufgezeigt.[294] Durch das Pooling wird es aufwendiger, die Risikoqualität der im Portfolio befindlichen Assets zu kommunizieren. Verfügt der Emittent über private Information zur Risikoqualität, so wird er diese preisbestimmende Information nur dann kommunizieren, wenn er die Risiken der Assets einzeln verkauft. Durch Pooling steigen dagegen die zur Signalisierung der Risikoqualität erforderlichen Kosten, sodass sich eine Kommunikation der Qualität in vollem Umfang nicht mehr lohnen kann. Dieser Effekt verläuft umgekehrt proportional zur Renditekorrelation der Assets. Da Emittenten den Assetpool nach ihren Möglichkeiten mit dem Ziel einer möglichst geringen Korrelation zusammen stellen, um einen hohen Diversifikationseffekt zu erzielen, steigern sie *systematisch* auch den Informationsvernichtungseffekt. Dieser Effekt steigt mit jeder zusätzlichen Ableitungsebene, auf der ein Pool gebildet wird, exponentiell an. Bereits bei durchweg poolingbasierten Derivaten 2. Grades ist dieser Effekt so hoch, dass bewertungserhebliche Information aller Wahrscheinlichkeit nach nicht mehr kommuniziert wird. Insbesondere Überlappungsrisiken zwischen den Ebenen sind für den Investor in Finanzinstrumente der letzten Ebene dann nicht mehr erkennbar und können entsprechend bei der Risikoeinschätzung nicht berücksichtigt werden – nicht nur weil gängige Bewertungsmodelle diese Problematik nur unzureichend berücksichtigen, sondern *gerade weil* die bewertungsrelevante Information für Derivate 2. Grades nur noch lückenhaft verfügbar ist. Bei mehrfach-abgeleiteten, poolingbasierten Derivaten, die auf jeder Ableitungsebene ihrerseits Strukturierungen in Tranchen nach dem Subordinationsprinzip vornehmen, wird die Einhaltung der intensiveren Nachforschungspflichten durch den Vorstand wegen dem Informationsvernichtungseffekt schlichtweg nicht mehr zu leisten sein. Unter diesen Umständen wird ein ordentlicher und gewissenhafter Vorstand vernünftigerweise nicht mehr davon ausgehen können, auf der Grundlage angemessener Information zum Wohle der Gesellschaft zu handeln, da kraft Mangel an Information bewertungsrelevante Risikofaktoren entweder nicht identifiziert oder nur fehlerhaft quantifiziert werden.[295]

---

[293] Siehe S. 110 ff.

[294] Siehe S. 128 ff.

[295] Vgl. OLG Düsseldorf vom 09.12.2009, Az. 6 W 45/09, ZIP 2010, 28, Rn. 45 ff. („Bereits die übermäßige Komplexität und Intransparenz […] bedingte nahezu die Unmöglichkeit für den Vorstand, Entscheidungen auf ausreichender Informationsgrundlage zu treffen. […] Die mehrfach hintereinander geschaltete Strukturierung der Portfolios hatte zur Folge, dass schließlich kaum mehr abschätzbar war, welche Risiken aus den Investments resultierten“).

3. Informationsbeschaffung bei externen Dritten

In diesem Zusammenhang stellt sich die Frage, ob der Vorstand sich vernünftigerweise auf eine Risikoeinschätzung durch externe Spezialisten wie Ratingagenturen oder Berater verlassen darf, die besonderes Vertrauen für sich in Anspruch nehmen. Insbesondere Ratingagenturen könnten – so die idealtypische Annahme – als *Informationsintermediäre* auf jeder Ableitungsebene bewertungsrelevante Information vom Emittent zu geringeren Kosten erlangen.[296] Dadurch können sie mehr bewertungsrelevante Information sammeln, den Informationsvernichtungseffekt mindern und auf dieser Grundlage zu einer präzisieren Risikoeinschätzung gelangen.

Allerdings ist die Vorstandspflicht zur Beschaffung einer angemessenen Informationsgrundlage eine *eigene* Pflicht. Vorstände haben selbst verantwortlich auf ausreichender Informationsgrundlage zu handeln.[297] Dies erfordert die Identifizierung und Quantifizierung der Risikofaktoren. Verlassen sie sich ausschließlich auf das Ergebnis der Risikoeinschätzung einer Ratingagentur, so sind die Risikofaktoren – selbst bei ausreichender Berücksichtigung durch die Ratingagentur – aus diesem Grunde nicht in ausreichender Weise erkennbar. Das Ratingergebnis allein ist aber kein Substitut für die Abwägung der zugrunde liegenden Risikofaktoren. Denn der Vorstand hat im Rahmen der Investitionsentscheidung immer auch abzuwägen, wie die instrumentenspezifischen Risikofaktoren mit der konkreten Risikotragfähigkeit des Unternehmens interagieren.[298] Erst auf Grundlage dieser Abwägung kann die Auswirkung der Übernahme des Geschäftsrisikos durch das Unternehmen sachgerecht beurteilt werden. Unbenommen bleibt aber die Möglichkeit zur *Verwertung der Information* der Ratingagenturen im Rahmen der eigenen Risikobeurteilung.[299]

Zudem wird das Vertrauen auf die Angemessenheit der Informationsgrundlage insbesondere dann gestört, wenn der Vorstand sich auf Informationen der Ratingagenturen trotz *erkennbarer Interessenkonflikte* und ohne weitere Information hinzuzuziehen verlässt. Denn die Rechtsprechung des BGH[300] fordert

---

[296] Vgl. *Fischer,* Haftungsfragen des Ratings, 2007, S. 161.

[297] *Lutter,* ZIP 2009, 197, (199).

[298] Vgl. *Spindler* in: MüKo, AktG, § 93, Rn. 57 (Mit dem Hinweis auf die erforderliche Suche nach Alternativen zur Risikoabsicherung durch Derivate).

[299] Vgl. IDW PS 321 / ISA 610 (Jeweils mit dem Rechtsgedanke für die Verwertung von Arbeiten der Internen Revision des Unternehmens durch den beauftragten Wirtschaftsprüfer); Vgl. auch IDW PS 320 (Zur Verwertung der Arbeiten eines externen Abschlussprüfers muss sowohl dessen berufliche Qualifikation und fachliche Kompetenz sichergestellt sein. Zudem muss der übernehmende Prüfer nach eigener Durchsicht zum Ergebnis gelangen, dass die Qualität der Arbeit des anderen Abschlussprüfers sichergestellt ist); ähnlich ebenfalls ISA 600 (Zur Übernahme von Prüfungsurteilen des Abschlussprüfers der Tochtergesellschaft im Rahmen der Abschlussprüfung der Konzernmutter).

[300] BGH vom 14.05.2007, Az. II ZR 48/06, NJW 2007, 2118, (2119).

als Voraussetzung für berechtigtes Vertrauen zumindest die – für den Entscheider ex ante erkennbare – *Unabhängigkeit der Auskunftsperson.*[301] Nehmen Ratingagenturen für den Vorstand erkennbar neben der Bewertung der Finanzinstrumente zugleich auch eine Beratungsaufgabe im Emissionsprozess wahr, so kann das reputationsbedingte Vertrauen auf die Unabhängigkeit rechtlich nicht mehr als schutzwürdig erachtet werden. Allerdings sind die Anforderungen an das, was für Vorstände erkennbar sein muss, nicht zu streng zu wählen. Denn der Gesetzgeber selbst bekräftigt mit der Möglichkeit, Eigenkapitaldecken durch Ratingagenturen berechnen zu lassen (§§ 52 ff. SolvV), die starke Vertrauensstellung der Ratingagenturen. Deshalb können für Vorstände nur im Verkehrskreis offenkundige Tatsachen als erkennbar erachtet werden, nicht aber verdeckte Tatsachen, die unter anfänglicher kritischer Grundhaltung erst mit einigem Aufwand selbständig recherchiert werden müssen. Bei diesen Anforderungen kann sich der Vorstand auch nicht auf eine abweichende Verkehrssitte berufen. Denn bei den Anforderungen des § 93 Abs. 1 AktG handelt es sich um normative Standards.[302] Deshalb bemessen sich die Verhaltensanforderungen an einen ordentlichen und gewissenhaften Vorstand „nicht nach dem Üblichen, sondern nach dem Erforderlichen".[303]

4. Schlussfolgerung

Zur Sorgfalt eines ordentlichen und gewissenhaften Geschäftsführers gehört die Entscheidungsfindung auf angemessener Informationsgrundlage. Diese Informationsbeschaffungspflicht hat der Vorstand selbst zu erfüllen. Er kann sich daher nicht ohne weiteres auf die Schlussfolgerungen externer Dritter verlassen. Allerdings kann er die hier ermittelten Information im Rahmen der eigenen Entscheidungsfindung *verwerten.*

Die konkrete Ausgestaltung dieser Informationsbeschaffungspflicht richtet sich grundsätzlich nach Art und Umfang des geschäftsimmanenten Risikos. Zusätzlich wurde gezeigt, dass auch ein wirtschaftlich nachweisbares Verschleierungspotential für die Risikoqualität bei strukturierten Derivaten, deren Auszahlungsstrukturen auf Risikopools basieren und nach dem Subordinationsprinzip in Tranchen unterteilt sind, zu einer Intensivierung der Nachforschungspflichten führt. Dieser Nachforschungsmaßstab ist bei mehrfacher Ableitung dieser Derivate wegen des Informationsvernichtungseffekts schlichtweg nicht mehr einzuhalten. Dies wird insbesondere mehrfach abgeleitete CDO-Produkte (CDO^2 bzw. CDO^3) betreffen. Da die Informationsbeschaffung als Sorgfaltspflicht für Unternehmen aller Branchen gleichermaßen

301 Vgl. *Fischer,* Haftungsfragen des Ratings, 2007, S. 163 (neutrale, objektive Soll-Stellung der Agenturen).

302 *Hüffer,* AktG, § 93, Rn. 4.

303 *Fleischer,* NJW 2010, 1504, (1506).

besteht, erlangen die vorstehenden Schlussfolgerungen nicht nur für Industrie- und Handelsunternehmen, sondern auch für Finanzunternehmen Geltung.

II. Gesellschaftswohl

Die Handeln eines ordentlichen und gewissenhaften Vorstandes im Umgang mit derivativen Finanzinstrumenten hat dem Wohle der Gesellschaft zu dienen. Jedenfalls ist in Rechtsprechung[304] und Literatur[305] anerkannt, dass zum Wohle der Gesellschaft nicht mehr handeln kann, wer bestandsgefährdende Risiken eingeht.

1. Übernahme bestandsgefährdender Risiken

Die Pflicht des Vorstandes, bestandsgefährdende Risiken zu meiden, betrifft hohe Einzelrisiken, aber auch die Übernahme von Klumpenrisiken. Ausschlaggebend für die rechtliche Wertung ist demnach eine *konsolidierte Risikobetrachtung*. Obgleich die Existenz dieser Vorstandspflicht allgemein anerkannt ist, wird die konkrete Ausgestaltung bisweilen unterschiedlich interpretiert. Zunächst ist unklar, welcher objektive Maßstab für die Feststellung einer Bestandsgefahr überhaupt anzusetzen ist.

a) Maßstab eines nicht gesicherten Unternehmensfortbestandes

Der Unternehmensbestand wird jedenfalls dann nicht mehr gesichert sein, wenn das Unternehmen nach Abschluss des Derivategeschäfts für den Vorstand erkennbar die allgemeinen Insolvenzgründe – Zahlungsunfähigkeit[306] (§ 17 Abs. 1 InsO), drohende Zahlungsunfähigkeit (§ 18 Abs. 1 InsO) oder Überschuldung (§ 19 Abs. 1 InsO) – erfüllen würde.[307] Nach der Regierungsbegründung[308] zum KonTraG liegen bestandsgefährdende Risiken aber auch schon dann vor, wenn sich nachteilige Veränderungen auf „die Vermögens-, Finanz-, und Ertragslage des Unternehmens wesentlich auswirken können". Damit bringt der Gesetzgeber selbst zum Ausdruck, dass Bestandsgefährdung jedenfalls nicht erst bei Insolvenzreife des Unternehmens vorliegen soll. Deshalb wird auch schon dann auf die Eingehung eines bestandsgefährdenden Risikos zu schließen sein, wenn die Gesellschaft durch das Geschäft erkennbar in eine Krise steuert, also eine Situation, in der ein

---

[304] BGH vom 04.07.1977, Az. II ZR 150/75, BGHZ 69, 207; BGH vom 03.12.2001, Az. II ZR 308/99, WM 2002, 220.

[305] *Lutter,* ZIP 2009, 197, (199); *Fleischer,* NJW 2010, 1504, (1505); *Redeke,* ZIP 2010, 159 ff.

[306] Vgl. auch IDW PS 800 (Zur Beurteilung eingetretener oder drohender Zahlungsunfähigkeit).

[307] Vgl. *Vuia,* Verantwortlichkeit von Banken in der Krise, 2007, S. 38 ff.; *Redeke,* ZIP 2010, 159, (161) m.w.N.

[308] Regierungsbegründung vom 28.01.1998, BT-Drucks. 13/9712, S. 15.

objektiver Dritter der Gesellschaft keinen Kredit zu marktüblichen Zinsen gewähren würde.[309] Diese Interpretation wird der Forderung des Gesetzgebers durchaus gerecht, da die Insolvenzreife die letzte Phase der Unternehmenskrise darstellt. Ihr vorgelagert sind die Liquiditätskrise und die Erfolgskrise.[310] Auf eben diese unternehmerischen Bezugsgrößen weist auch die Regierungsbegründung hin, wenn sie eine wesentliche Beeinträchtigung der Vermögens-, Finanz-, und Ertragslage verlangt.[311] Zudem erscheint ein Gleichlauf von Bestandsgefahr und Unternehmenskrise jedenfalls deshalb sachgerecht, weil sowohl den von der früheren Rechtsprechung entwickelten und inzwischen in der Insolvenzordnung kodifizierten Grundsätzen zum Eigenkapitalersatzrecht, als auch den Sorgfaltspflichten des Vorstandes eine insolvenzpräventive Zweckdimension immanent ist. Ein ausschließlicher Bezug auf Insolvenzgründe würde der präventiven Schutzfunktion der Organisations- und Sorgfaltspflichten des Vorstandes nicht gerecht.

b) Allgemeiner Gefährdungsmaßstab

Ungeklärt ist bisweilen, welcher Maßstab für die Gefährdung des Unternehmensbestandes anzusetzen ist. So wird teilweise[312] vertreten, dass schon eine *abstrakte Gefährdung* des Unternehmensbestandes ausreichen soll, um sorgfaltswidrig zu handeln. Dann könnte bereits die Übernahme von Derivategeschäften sorgfaltswidrig sein, deren potentielle Leistungspflichten die Eigenmittel des Unternehmens derart übersteigen, dass bei Totalverlust – sei er auch noch so unwahrscheinlich – das Unternehmen nach dem eben entwickelten Maßstab in eine Krise oder Insolvenz geraten würde. Die Übernahme von theoretisch unbegrenzten Risiken wie der Eintritt in eine Stillhalterposition eines Optionsgeschäfts wäre folglich a priori sorgfaltswidrig.

Dieses undifferenzierte Abstellen auf den theoretischen Totalverlust wird aber – zu Recht – kritisiert.[313] Die unternehmerische Ermessensfreiheit – insbesondere in Unternehmen der Finanzbranche, deren Geschäftsmodell auf der entgeltlichen Übernahme von Risiken basiert – würde im Ergebnis zu stark eingeschränkt, da der Totalverlust theoretisch jeder Finanzanlage – auch der erstklassiger Schuldner – inne wohne[314] und die konsolidierte Risikobetrachtung die Einschränkung nochmals erheblich verstärke. Vielmehr sei auf

---

[309] *Scholz/Schwintowski/Schuler,* Risikomanagement der Öffentlichen Hand, 2009, S. 210; *Heeren,* Hybride Finanzierungsinstrumente, 2009, S. 42; *Vuia,* Verantwortlichkeit von Banken in der Krise, 2007, S. 214.

[310] *Winter,* Risikomanagement und Effektive Corporate Governance, 2003, S. 99.

[311] Regierungsbegründung vom 28.01.1998, BT-Drucks. 13/9712, S. 15.

[312] *Lutter,* ZIP 2009, 197, (199); *Lutter,* ZIP 2007, 841, (846); *Säcker,* NJW 2008, 3313, (3314); OLG Düsseldorf vom 09.12.2009, Az. 6 W 45/09, ZIP 2010, 28.

[313] *Fleischer,* NJW 2010, 1504, (1506); *Spindler,* NZG 2010, 281, (284); *Schäfer/Zeller,* BB 2009, 1706, (1708); *Redeke,* ZIP 2010, 159, (161); *v. Randow,* ZGR 1996, 594, (609).

[314] *Schäfer/Zeller,* BB 2009, 1706, (1708).

eine *konkrete Bestandsgefährdung* abzustellen. Dazu muss die Realisierung einer bestandsgefährdenden Situation aus der ex ante-Sicht des Vorstandes überwiegend wahrscheinlich sein.[315]

Das AktG selbst konkretisiert den Gefahrenmaßstab nicht. Lediglich § 91 Abs. 2 AktG spezifiziert die allgemeinen Sorgfaltspflichten indem gefordert wird, dass der Vorstand ein Überwachungssystem einzurichten hat, um bestandsgefährdende Risiken frühzeitig zu erkennen. Der Gesetzgeber[316] will diese Maßnahme ausdrücklich so ausgestaltet sehen, dass bereits „wesentliche Auswirkungen" von risikobehafteten Geschäften auf die Vermögens-, Finanz- und Ertragslage vermeidbar sind. Obgleich der Regelungsbereich des § 91 Abs. 2 AktG mit der Statuierung von Organisationspflichten zur Risikofrüherkennung endet und Aussagen hinsichtlich der Behandlung von als bestandsgefährdend erkannten Risiken gerade nicht getroffen werden sollen,[317] ist die *starke Indizwirkung* für das vom Gesetzgeber intendierte Gesamtkonzept der Vorstandspflichten zweifellos anzuerkennen und spricht daher eher für die Anknüpfung an die abstrakte Bestandsgefährdung.

Die Vertreter der konkreten Bestandsgefährdung argumentieren mit der Regelung des § 92 Abs. 2 S. 3 AktG, die einen Teilbereich zur Haftung wegen existenzvernichtenden Eingriffs regelt[318] und nach der an eine konkrete Gefahr („führen musste") anzuknüpfen sei.[319] Dagegen spricht aber, dass § 92 Abs. 2 S. 3 AktG selbst den existenzvernichtenden Eingriff durch Einhaltung der Sorgfalt gem. § 93 Abs. 1 AktG rechtfertigt. Dann kann die in § 92 Abs. 2 AktG umschriebene konkrete Existenzgefahr nicht zur Bestimmung des Sorgfaltsmaßstabes herangezogen werden. Alles andere liefe auf einen Zirkelschluss hinaus.

Zudem wird auf den konzernrechtlichen Nachteilsbegriff des § 311 Abs. 1 AktG verwiesen, der nach der Rechtsprechung des BGH eine „Minderung oder konkrete Gefährdung der Vermögens- oder Ertragslage der Gesellschaft"[320] erfordere und damit auch eine Sorgfaltspflichtverletzung umfasse.[321] Zudem habe der BGH im MPS-Urteil auf das Erfordernis einer konkreten Bestandsgefahr abgestellt, was die Anwendbarkeit innerhalb der Sorgfaltspflicht impliziere. Zwingend ist aber auch das nicht. So musste der BGH im MPS-Urteil[322] nur deshalb auf eine konkrete Gefahr abstellen, weil es um eine Verletzung des § 311 Abs. 1 AktG durch den Vorstand ging. Die konkrete Gefährdung wurde folglich als Erfordernis zur Einhaltung des § 311 Abs. 1

---

315 *Redeke,* ZIP 2010, 159, (160).
316 Regierungsbegründung vom 28.01.1998, BT-Drucks. 13/9712, S.
317 *Redeke,* ZIP 2010, 159, (161).
318 Regierungsbegründung, BT-Drucks. 16/6140, S. 46.
319 *Redeke,* ZIP 2010, 159, (162).
320 BGH vom 01.12.2008, Az. II ZR 102/07, BGHZ 179, 71, Rn. 8 m.w.N.
321 *Redeke,* ZIP 2010, 159, (163).
322 BGH vom 01.12.2008, Az. II ZR 102/07, BGHZ 179, 71, Rn. 13.

AktG über die zweifellos bestehende Legalitätspflicht des Vorstandes im Rahmen des § 93 Abs. 1 AktG in die allgemeine Sorgfaltspflicht übernommen. Zudem ist die Übertragung der für § 311 Abs. 1 AktG erforderlichen konkreten Gefahr auf den Sorgfaltsmaßstab des Vorstandes auch deshalb zweifelhaft, weil der konzernrechtliche Nachteil bereits bei einem geringeren potentiellen Schaden vorliegen kann[323] als die Bestandsgefahr für eine Gesellschaft und deshalb als „Kompensation" eine konkrete Gefährdung erforderlich wird, um es von anderen wirtschaftlich unvorteilhaften Geschäften abzugrenzen. Die Übertragung der konkreten Gefahr vom konzernrechtlichen Nachteilsbegriff ist deshalb zweifelhaft.

c) Gefährdungsmaßstab im Umgang mit Derivaten

Nach alledem könnte es zumindest für den Sorgfaltsmaßstab des Vorstandes im Umgang mit derivativen Finanzinstrumenten überzeugender erscheinen, grundsätzlich eine abstrakte Bestandsgefährdung bereits als Pflichtverstoß anzuerkennen. Schließlich sind die historischen „Betriebsunfälle" durch Positionen in derivativen Finanzinstrumenten regelmäßig auf die Realisierung von Ereignissen zurückzuführen, die aus der ex ante-Sicht des Vorstandes als unwahrscheinlich galten, also den Rändern der statistisch erwarteten Renditeverteilung zuzuordnen waren.[324] Umgekehrt würde ein undifferenzierter Gefahrenmaßstab der durch derivative Finanzinstrumente bestehenden Möglichkeit nicht gerecht, ein Absicherungsinstrument für nahezu alle unternehmerische Risiken zu bieten, da auf konsolidierter Risikobetrachtung die unternehmerische Ermessensfreiheit zu stark eingeschränkt wäre. Ein angemessener Sorgfaltsmaßstab im Umgang mit derivativen Finanzinstrumenten muss dies berücksichtigen.

Ein Differenzierungskriterium könnte der Unternehmensgegenstand sein.[325] Ist der Abschluss derivativer Finanzinstrumente *vom Unternehmensgegenstand nicht mehr gedeckt*, darf das Derivat also lediglich als Hilfsgeschäft abgeschlossen werden, so könnte bereits eine *abstrakte Bestandsgefährdung* dem Unternehmenswohl entgegen stehen. Deckt der Unternehmensgegenstand dagegen den Abschluss von Derivategeschäften direkt ab, so könnte ein konkreter Gefährdungsmaßstab für eine Sorgfaltspflichtverletzung erforderlich sein. Diese differenzierende Lösung überzeugt zunächst deshalb, weil sie den Interessen der Anteilseigner gerecht wird. Deckt der Unternehmensgegenstand die Positionierung in risikoreiche Derivategeschäfte, so antizipieren die Anteilseigner schon bei ihrer Investitionsentscheidung die erhöhte Gefährdungslage und gehen folglich davon aus, dass der Vorstand diese Geschäfte

---

[323] *Hüffer*, AktG, § 311, Rn. 31.

[324] Vgl. *Roth*, Ökonomische Analyse des Versicherungsaufsichtsrechts, 2002, S. 117.

[325] Ansatzweise auch *Schäfer/Zeller*, BB 2009, 1706, (1708), die nach der Branche differenzieren wollen.

unter Wahrung der Sorgfalt mit potentiell hohen Leistungspflichten abschließen darf. Zudem wird der Unternehmensgegenstand regelmäßig den Abschluss von derivativen Finanzinstrumenten dann einschließen, wenn das Unternehmen in der ohnehin stärker regulierten Finanzbranche tätig ist. So sieht beispielsweise das Bankenaufsichtsrecht ausgehend von den Basisregelungen im KWG zur Eigenmittelausstattung (§ 10 ff. KWG), Großkreditvorschriften (§§ 13 ff. KWG) und Risikomanagement (§ 25a KWG) sowie der konkretisierenden Solvabilitätsverordnung (SolvV) und der Richtlinie zu den Mindestanforderungen für das Risikomanagement der Banken [MaRisk (BA)] detaillierte Regelungen zur Bestandssicherung durch Eigenmittelunterlegung und Risikomischung vor,[326] die bereits lange vor Realisierung des Gefährdungsmaßstabs – ob abstrakt oder konkret – die Positionierung der Gesellschaft in Großrisiken sorgfaltspflichtwidrig werden lassen. Im Hinblick auf den Regelungszweck des § 93 Abs. 1 AktG, das Gesellschaftsvermögen zu schützen,[327] ist ein abstrakter Gefährdungsmaßstab hier nicht erforderlich. Umgekehrt wird die Anerkennung der Sorgfaltswidrigkeit einer abstrakten Bestandsgefährdung bei Unternehmen, deren Unternehmensgegenstand den Abschluss von Derivategeschäften nicht umfasst, ebenfalls der Interessenlage der Anteilseigner gerecht. Denn hier haben sie die berechtigte Erwartung, mit ihren Anteilen im Wesentlichen die Erfolgsrisiken des durch den Unternehmensgegenstand umrissenen operativen Kerngeschäfts zu tragen und nur subsidiär auch den Risiken dazu erforderlicher finanzieller Hilfsgeschäfte ausgesetzt zu sein. Deshalb ist die Zuerkennung eines abstrakten Gefährdungsmaßstabs hier sehr wohl geboten.

2. Übernahme von Großrisiken und Klumpenrisiken

Der Vorstand könnte aber auch schon dann nicht mehr ohne Weiteres davon ausgehen sorgfaltsgemäß zu handeln, wenn er durch derivative Finanzinstrumente Risiken eingeht, die zwar noch nicht bestandsgefährdend i.S.d. soeben entwickelten Standards wirken, aber aus anderen Gründen dem Wohle der Gesellschaft entgegen stehen. Dies wäre beispielsweise dann möglich, wenn der Vorstand eine gesellschaftsrechtliche Pflicht zur Vermeidung von Großrisiken bzw. zur Risikomischung missachtet, wie sie bereits im Bank- und Investmentrecht kodifiziert ist.

a) Eigenmittelunterlegung und Risikomischung im Bankrecht

Das Bankenaufsichtsrecht will den Einlegerschutz insbesondere durch die Großkreditvorschriften § 13 – 13b KWG sowie die Vorschrift des § 25a Abs. 1 S. 3 KWG und den konkretisierenden Mindestanforderungen an das Risiko-

---

[326] Vgl. dazu S. 274 ff.

[327] *Hüffer,* AktG, § 93, Rn. 1.

management der Banken [MaRisk (BA)] gewährleisten. Die Großkreditvorschriften der § 13 – 13b KWG unterscheiden zunächst zwischen Nichthandelsbuchinstituten und Handelsbuchinstituten. Hier besteht eine Meldepflicht der Deutschen Bundesbank für Großkredite, deren Wert 10% des haftenden Eigenkapitals von Nichthandelsbuchinstituten bzw. 10% der Eigenmittel eines Handelsbuchinstituts erreicht oder übersteigt. Diese Kredite müssen zunächst durch einstimmigen Beschluss aller Geschäftsführer gewährt werden. Zudem besteht eine Großkrediteinzelobergrenze für Kreditgeschäfte mit wirtschaftlich einheitliche Kunden, dessen Gesamtbetrag 25% des haftenden Eigenkapitals eines Nichthandelsbuchinstituts bzw. 25% der Eigenmittel eines Handelsbuchinstituts ausmacht. Daneben besteht eine Großkreditgesamtobergrenze nach der sicherzustellen ist, dass alle Großkredite zusammen nicht das achtfache des haftenden Eigenkapitals des Nichthandelsbuchinstituts bzw. alle Gesamtbuchkredite zusammen nicht das achtfache der Eigenmittel des Handelsbuchinstituts übersteigen. Überschreitungen der *Großkrediteinzel- bzw. Großkreditgesamtobergrenzen*, die jeweils auf konsolidierter Grundlage ermittelt werden,[328] bedürfen einer Zustimmung der BaFin.

Hinter den Großkreditvorschriften steht der Rechtsgedanke, die eingegangenen Verbindlichkeiten stets in Relation zu den Eigenmitteln bzw. haftende Eigenkapital der Bank zu halten und zugleich auf eine hinreichende Risikodiversifikation hinzuwirken.[329] Allerdings ist der Gedanke der Risikodiversifikation nachrangig. Denn die Großkreditvorschriften selbst unterscheiden nicht nach bonitätsstarken und -schwachen Schuldnern.[330] Erst gem. § 20 Abs. 2 und 3 KWG sind Kredite von Schuldnern hoher Bonität wie Bund, Länder oder Gemeinden bei der Berechnung der Obergrenzenauslastung nicht zu berücksichtigen. Zudem bleibt die Korrelation der Ausfallrisiken von Großkrediten bei der aufsichtsrechtlichen Behandlung unberücksichtigt.[331] Sie dienen damit keiner systematischen, sondern lediglich einer naiven Risikodiversifikation (*Risikozerfällung*).

Die Zielsetzungen der Großkreditvorschriften werden durch die konkretisierenden Anforderungen an ein ordnungsgemäßes Risikomanagement der Banken gem. § 25a Abs. 1 S. 3 KWG gestützt. Danach ist insbesondere ein internes Kontrollsystem einzurichten, das Geschäftsrisiken rechtzeitig identifiziert, kommuniziert, steuert und überwacht. Gem. § 25a Abs. 1 S. 4 KWG bestimmt sich die konkrete Ausgestaltung des Risikomanagementsystems nach Art, Umfang, Komplexität und Risikogehalt der Geschäftstätigkeit und ist regelmäßig auf Angemessenheit und Wirksamkeit zu überprüfen (§ 25a Abs. 1 S. 5 KWG). Insbesondere im Hinblick auf die Behandlung von Groß- und Klumpenrisiken werden diese Grundsätze durch die Mindestanforde-

---

[328] *Boos/Fischer/Schulte-Mattler,* KWG, § 13b, Rn. 1.
[329] *Fleischer/Schmolke,* ZHR 179 (2009), 649, (660).
[330] *Fleischer/Schmolke,* ZHR 179 (2009), 649, (661).
[331] *Dürselen,* ZBB 1996, 46, (50).

rungen an das Risikomanagement [MaRisk (BA)] konkretisiert. Eine Risikokonzentration ist danach insbesondere bei der Festlegung der Risikostrategie[332] sowie bei der Strukturierung der Risikosteuerungs- und -controllingprozesse[333] zu berücksichtigen. Zudem haben interne Stresstests auf Institutsebene stattzufinden, „die insbesondere auch Risikokonzentrationen und Risiken aus außerbilanziellen Gesellschaftskonstruktionen“[334] berücksichtigen. Einschätzungen von Konzentrationsrisiken hat das Institut auf quantitative und qualitative Standards zu stützen.[335] Sie sind durch geeignete Vorkehrungen zu steuern und zu überwachen. Hier führt die Richtlinie exemplarisch Limite oder Ampelsysteme an.[336]

b) Risikomischung im Investmentrecht

Der Grundsatz der Risikomischung bildet gem. § 1 S. 2 InvG bereits einen *typusbildenden Bestandteil des Investmentvermögens* selbst. Damit konkretisiert der Gesetzgeber lediglich die primäre wirtschaftliche Funktion dieser Finanzintermediäre, ihren Anlegern – zumeist Inhaber nur kleiner Vermögen – Zugang zu einer risikodiversifizierten kollektiven Kapitalanlage zu ermöglichen.[337] Die realisierte Risikominderung soll einhergehen mit einer Wahrung der Anlegerchancen.[338] Da dieser Grundsatz sowohl die Anlagepolitik der Kapitalanlagegesellschaften, als auch die Gewichtung der gewählten Risiken leitet, *wirkt er einer Risikokonzentration entgegen.* Allerdings lässt der Gesetzgeber eine Einschränkung der Risikomischungspraxis im Investmentvermögen zu, wenn der Anleger gem. § 42 Abs. 1 S. 1 InvG im Verkaufsprospekt an hervorgehobener Stelle über die Einschränkung des Grundsatzes der Risikomischung informiert wird, um eine eigenverantwortliche Entscheidung treffen zu können. Dies wird teilweise als Ausdruck eines stillen Bedeutungswandels im Investmentrecht interpretiert,[339] nach dem der Grundsatz der Risikomischung zwar nicht in seinem Kerngehalt angetastet wird, jedoch in dem Maße eingeschränkt praktiziert werden darf, wie die Vertragsbedingungen den Anlagegegenstand und damit die mit dem Investment verbundenen Risiken für den Anleger erkennbar konkretisieren. Erst wenn das Vermögen innerhalb des vertraglich formulierten Anlagespektrums faktisch nicht mehr diversifiziert wird oder aufgrund eines geringen Spektrums nicht durchgeführt werden kann, ist der Kerngehalt des Risikomischungsgebots verletzt.

---

[332] Rundschreiben vom 14.08.2009, 15/2009 (BA), AT 4.2, Nr. 2.
[333] Rundschreiben vom 14.08.2009, 15/2009 (BA), AT 4.3.2, Nr. 1.
[334] Rundschreiben vom 14.08.2009, 15/2009 (BA), AT 4.3.2, Nr. 3.
[335] Rundschreiben vom 14.08.2009, 15/2009 (BA), BTO 1.3, Nr. 2.
[336] Rundschreiben vom 14.08.2009, 15/2009 (BA), BTR 1, Nr. 6.
[337] Kritisch: *Köndgen/Schmies* in: Schimansky/Bunte/Lwowski, BankR, § 113, Rn. 34.
[338] *Fleischer/Schmolke,* ZHR 179 (2009), 649, Fn. 105.
[339] *Köndgen/Schmies* in: Schimansky/Bunte/Lwowski, BankR, § 113, Rn. 70.

Das Gebot der Risikomischung wird durch eine Vielzahl von Regelungen – insbesondere den Anlage- und Ausstellergrenzen der §§ 60 ff. InvG – konkretisiert. So darf eine Kapitalanlagegesellschaft in Wertpapiere und Geldmarktinstrumente eines Ausstellers höchstens 5% des Wertes des Sondervermögens anlegen. Im – praktisch sehr relevanten[340] – Ausnahmefall dürfen bis zu 10% des Sondervermögens in diese Titel angelegt werden, wenn die Vertragsbedingungen diese Praxis decken und der Gesamtwert der Wertpapiere und Geldmarktinstrumente dieser Aussteller 40% des Sondervermögenswertes nicht übersteigt (§ 60 Abs. 1 InvG). Die Berechnung der *Anlage- und Ausstellergrenzen* erfolgt auf konsolidierter Basis.[341]

Das Investmentrecht schwächt den Grundsatz der Risikomischung lediglich in der Anlaufphase des Fonds, durch die Erlaubnis in Schuldtitel von öffentlich-rechtlichen Ausstellern wie Bund und Ländern bis zu 35% des Sondervermögens zu investieren sowie dann ab, wenn die Vertragsbedingungen dies ausdrücklich vorsehen (§ 60 Abs. 2 S. 1 InvG).

Das Risikomischungsgebot wird letztlich auch durch organisatorische Anforderungen an das Risikomanagement gem. § 9a Abs. 1 Nr. 1 InvG sowie dem internen Kontrollverfahren gem. § 9a Abs. 1 Nr. 6 InvG gestützt. Obgleich die Ausgestaltung gesetzgeberisch nicht so detailliert ausfällt wie in § 25a KWG, indem das Investmentrecht ausdrücklich die Überwachung und Messung der Einzelrisiken sowie deren Wirkung aus das Gesamtrisikoprofil des Investmentvermögens fordert, werden die in der MaRisk entwickelten Konkretisierungen auch teilweise auf Kapitalanlagegesellschaften angewendet.[342] Weitere Konkretisierungen zum Risikomanagement finden sich in § 80b InvG. Hier wird im Hinblick auf die Risikokonzentration insbesondere die Einführung eines Limitsystems gefordert.

c) Risikomischung als gesellschaftsrechtlicher Grundsatz

Diese Grundsätze der Investmentgesellschafts- und Bankgeschäftsführung könnten ganz oder teilweise über die Öffnungsklausel der allgemeinen Sorgfaltspflichten eines Vorstandes auf Gesellschaften anderer Industriezweige *ausstrahlen.*

Dabei könnte schon eine allgemeine Pflicht des Vorstandes bestehen, bereits bei der Wahl der Geschäftsstrategie auf eine Risikominimierung hinzuwirken. Immerhin wird dem Vorstand von der Rechtsprechung eine „selbständige treuhänderische Wahrnehmung fremder Vermögensinteressen"[343] aufer-

---

[340] *Fleischer/Schmolke,* ZHR 179 (2009), 649, (670).

[341] Siehe § 60 Abs. 7 InvG, wonach Konzernunternehmen als einheitlicher Aussteller zusammen gefasst werden; Gem. § 73 Abs. 2 InvG hat eine Mehrzahl von Immobilien, die aber eine wirtschaftliche Einheit bilden, als einheitliche Immobilie zu gelten.

[342] Zum Streitstand *Knöfler/Ghedina,* WM 2008, 1341, (1345) m.w.N.

[343] BGH vom 20.02.1995, Az. II ZR 143/93, BGHZ 129, 30, Rn. 10.

legt, die auch das Gebot der Risikomischung umfassen könnte. Allerdings werden die Sorgfaltspflichten durch die Ausgestaltung des Unternehmenszwecks konturiert. Für Investmentaktiengesellschaften muss der satzungsmäßige Unternehmensgegenstand gem. § 96 Abs. 2 InvG gerade „die Anlage und Verwaltung ihrer Mittel nach dem Grundsatz der Risikomischung" umfassen. Bezeichnet der Unternehmensgegenstand dagegen nicht ausdrücklich die Risikomischung, so kann dies grundsätzlich als schwächere Stellung des Grundsatzes im Gefüge der Organisationspflichten der Unternehmensführung gewertet werden. Zudem kann der Unternehmensgegenstand in sich bereits die Eingehung von Risikokonzentrationen bedingen, etwa bei Einproduktunternehmen oder Projektgesellschaften.[344] Investoren scheinen eine am Unternehmenszweck ausgerichtete Konzentrationsstrategie sogar zu honorieren, da kapitalmarktorientierte Studien einen Aufschlag auf die Anteilspreise für die Fokussierung der Geschäftsstrategie nachweisen können.[345] Dies spricht dafür, dass Anteilseigner dieser Unternehmen gerade eine Maximierung der Erträge im Rahmen des satzungsmäßigen Unternehmensgegenstandes erwarten, anhand dessen sie primär das Investitionsrisiko bemessen. Erst auf Anteilseignerebene wird dann eine Risikomischung realisiert, die individuelle Präferenzen der Anteilseigner berücksichtigt und daher effizienter ist.[346] Eine *allgemeine* Pflicht des Vorstandes zur Risikomischung erscheint deshalb nicht sachgerecht.

Allerdings wird eine Vorstandspflicht zur Risikomischung zumindest des *frei verfügbaren Gesellschaftsvermögen* befürwortet.[347] Diese sei aus der Pflicht zur treuhänderischen Wahrnehmung fremder Vermögensinteressen abzuleiten und durch die Grundsätze zur Risikomischung des Bank-, und Investmentrechts konkretisiert. Eine analoge Anwendung der Grundsätze verbiete sich zwar, da sie auf Unternehmen der Finanzbranche zugeschnitten sind und damit der *aktienrechtlichen Artenvielfalt* nicht gerecht werden. Dem Regelungsgehalt der Normen wird gleichwohl eine *mittelbare Ausstrahlungswirkung*[348] zuerkannt.[349] So schließen Fleischer/Schmolke bei Verletzung der 5% bzw. 10%-Grenze auf ein Rechtfertigungsbedürfnis der unterlassenen

---

[344] *Fleischer/Schmolke,* ZHR 179 (2009), 649, (674).

[345] *Berger/Ofek,* Journal of Financial Economics, Vol. 37, S. 39 ff.

[346] Danach haben Unternehmen die mit der Betätigung im Rahmen des Unternehmensgegenstandes verbundenen Risiken zu minimieren. Die entsprechenden Vorteile der Unternehmen gegenüber der Investoren wurden bereits nachgewiesen, vgl. S. 79. Zur Vorteilhaftigkeit der Risikomischung durch den Investor vgl. *Fleischer/Schmolke,* ZHR 179 (2009), 649, Fn. 150.

[347] *Fleischer/Schmolke,* ZHR 179 (2009), 649, (676); *Fleischer,* NJW 2010, 1504, (1505); *Brüning/Samson,* ZIP 2009, 1089, (1092); *Schäfer/Zeller,* BB 2009, 1706, (1707).

[348] Dazu methodisch: *Dreher,* ZGR 2010, 496, (501 ff.).

[349] LG Berlin vom 03.07.2002, Az. 2 O 358/01, AG 2002, 682, Rn. 25; OLG Celle vom 28.05.2008, Az. 9 U 184/07, WM 2008, Rn. 39; *Hüffer,* AktG, § 91, Rn. 8 m.w.N.

Risikomischung bzw. Risikominderung durch den Vorstand.[350] Mögliche Rechtfertigungsgründe können – so die Autoren – eine „angemessene Risikoprämie oder eine überlegene Risikobeurteilung“ sein, die sie aus dem Recht der Unternehmensbeteiligungsgesellschaften ableiten. Die Anforderungen an die Rechtfertigung steigen mit zunehmender Risikokonzentration an und werden bei einer Gesamtrisikoposition, die die Großkrediteinzel-, oder -gesamtobergrenzen überschreiten würde, nur noch höchst selten zu erfüllen sein.[351]

Der Vorteil der Anerkennung dieser Risikomischungspflichten als Konkretisierung des Gesellschaftswohls liegt in der Rechtssicherheit. Vorständen werden recht klare Richtlinien vorgegeben, anhand derer sie die Einhaltung der ihnen auferlegten Pflichten fortwährend erkennen und kontrollieren können. Ist die Tatbestandsverletzung bestimmbar, wird ein gewissenhafter Vorstand Maßnahmen zur Risikoreduktion einleiten, sodass klar erkennbare Leitlinien eine effizientere Steuerungswirkung zur Folge haben und die Risikoprävention fördern. Umgekehrt verbleibt durch die bloße Anerkennung einer Rechtfertigungspflicht im Falle des Überschreitens der Grenzen ein Spielraum für einzelfallbezogene Wertungen, die der aktienrechtlichen Artenvielfalt gerecht werden.

Allein aus methodischer Sicht könnte die Anerkennung einer Ausstrahlungswirkung der aufgezeigten bank- und investmentaufsichtsrechtlichen Erfordernisse auf die aktienrechtlichen Sorgfaltspflichten des Vorstandes problematisch sein. Immerhin bringt der Gesetzgeber selbst durch die Regelungen des Banken- bzw. Investmentaufsichtsrecht erkennbar zum Ausdruck, dass er „damit nur allgemeine Rechtsprinzipien für diese, ihm besonders wichtig erscheinenden Sachverhalte konkretisiert“.[352] Nur soweit der Gesetzgeber durch die aufsichtsrechtlichen Regelungen auch allgemeine, im Aktienrecht geltende Grundsätze *nachweisbar konkretisiert*, ist eine Übertragung methodisch zulässig.

Im Aktienrecht sind indes tatsächlich allgemeine Grundsätze zur Vermeidung übermäßiger Groß- und Klumpenrisiken nachweisbar. So trifft den Vorstand gem. § 92 Abs. 1 AktG eine Anzeigepflicht an die Hauptversammlung, wenn ein Verlust in Höhe der Hälfte des Grundkapitals zu erwarten ist. Die Aktionäre sollen unverzüglich über die krisenhafte Zuspitzung der Wirtschaftslage informiert und in die Lage versetzt werden, zu handeln.[353] Zwar lässt sich der Regelung keine „unmittelbare inhaltlich Missbilligung solcher Verluste“[354] entnehmen. Sie bringt zumindest aber zum Ausdruck, dass die

[350] Vgl. auch *v. Randow,* ZGR 1996, 594, (614).
[351] *Fleischer/Schmolke,* ZHR 179 (2009), 649, (681).
[352] *Dreher,* ZGR 2010, 496, (504); ähnlich *Schäfer/Zeller,* BB 2009, 1706, (1707) („aus rechtssystematischer Sicht zweifelhaft“).
[353] *Hüffer,* AktG, § 92, Rn. 1.
[354] *v. Randow,* ZGR 1996, 594, (609).

alleinige Zuständigkeit des Vorstandes bei solchen Verlusten nicht mehr ohne weiteres vorliegen soll.

Zudem besteht die Pflicht des Vorstandes zur Einrichtung eines Risikofrüherkennungssystems gem. § 91 Abs. 2 AktG, die dessen Leitungsverantwortung nach § 76 Abs. 1 AktG konkretisiert. Nach dem Willen des Gesetzgebers sollen „insbesondere risikobehaftete Geschäfte [überwacht werden], die sich auf die Vermögens-, Finanz- und Ertragslage der Gesellschaft [...] wesentlich auswirken“,[355] um bestandsgefährdenden Entwickelungen noch rechtzeitig entgegen steuern zu können. Danach kann und muss es im Rahmen der ordentlichen Geschäftstätigkeit möglich sein, Risiken mit wesentlicher Wirkung auf die Gesellschaft einzugehen. Für diesen Fall sollen aber permanente Informationspflichten bestehen.[356] Eine ähnliche Wirkungsrichtung ist dem skizzierten System zur Behandlung von Groß- und Klumpenrisiken immanent, da konkrete Begründungspflichten für die Übernahme wesentlicher Risiken bestehen sollen. Eine Anerkennung dieser Standards im Rahmen der Sorgfaltspflichten würde dem im deutschen Aktienrecht erkennbaren System entsprechen, die *Übernahme wesentlicher Risiken an Informationspflichten zu koppeln.*

Im Gegensatz zu einer bloßen Berichtspflicht bei Überschreiten der investmentrechtlichen Wesentlichkeitsgrenzen leitet sich eine darüber hinaus gehende Begründungspflicht aus der – in Rechtsprechung[357] und Literatur[358] anerkannten – selbständigen treuhänderischen Wahrnehmung fremder Vermögensinteressen des Vorstandes ab. Der Maßstab wird im Kapitalgesellschaftsrecht aus den Treuepflichten im Rahmen des Auftragsverhältnisses hergeleitet,[359] in dem der Vorstand zur Gesellschaft steht. Diese organschaftlichen Treuepflichten gehen über das Maß der allgemeinen vertraglichen Treuepflichten gem. § 242 BGB hinaus, weil ein Geschäftsleiter eben kein normaler Vertragspartner, sondern ein Verwalter fremder Vermögensinteressen mit einer entsprechend höheren Treubindung ist.[360] Schon im Rahmen der schuldvertraglichen Treueverpflichtung gem. § 242 BGB sind Aufklärungspflichten dort anerkannt, wo Umstände im Rahmen der vertraglichen Leistungspflichten „erkennbar von wesentlicher Bedeutung“[361] für die Rechts- und Vermögensinteressen der anderen Partei sind und sie „die Mitteilung der verschwiegenen Tatsache nach der Verkehrsauffassung [deshalb] erwarten

---

[355] Regierungsbegründung vom 28.01.1998, BT-Drucks. 13/9712, S. 15.

[356] *Lohse,* Unternehmerisches Ermessen, 2005, S. 94; *Preußner,* NZG 2004, 57, (60).

[357] BGH vom 28.04.1954, Az. II ZR 211/53, BGHZ 13, 188, (192); BGH vom 26.03.1956, Az. II ZR 57/55, BGHZ 20, 239, (246); BGH vom 09.11.1967, Az. II ZR 64/67, BGHZ 49, 30, (31).

[358] Statt vieler: *Hüffer,* AktG, § 84, Rn. 9 m.w.N.

[359] *Löhnig,* Treuhand, 2006, S. 351 m.w.N.

[360] *Hüffer,* AktG, § 93, Rn. 5.

[361] BGH vom 13.03.2008, Az. III ZR 165/07, WM 2008, 993, Rn. 15.

durfte".[362] Wenn danach bereits im allgemeinen Vertragsrecht eine Begründungspflicht anerkannt ist, soweit hinreichend hohe Risiken bestehen, dann muss dies doch *erst recht* im Rahmen der intensiveren organschaftlichen Treuepflichten gelten.

3. Grenzen zulässiger Risikoübernahme durch Derivate

Anhand des umschriebenen Sorgfaltsmaßstabs lassen sich Aussagen darüber treffen, wann der Einsatz derivativer Finanzinstrumente vernünftigerweise nicht mehr mit dem Wohl des Unternehmens vereinbar ist.

a) Absicherungshandlungen

Absicherungshandlungen sollen Risiken mindern. Soweit für die Ermittlung einer Pflichtverletzung an das Maß der durch das Geschäft veranlassten Risikoerhöhung für das Unternehmen angeknüpft wird, ist eine Sorgfaltsverletzung regelmäßig ausgeschlossen. Dazu muss aber auf das *effektive Gesamtrisiko* abgestellt werden, das sich aus der einheitlichen Betrachtung von Grund- und Sicherungsgeschäft ergibt.[363] Diese haftungsprivilegierende Gesamtbetrachtung erscheint nur bei hinreichender Konnexität zwischen Grund- und Sicherungsgeschäft wirtschaftlich gerechtfertigt, die durch die bereits beschriebenen bilanziellen Grundsätze zum Hedge-Accounting konkretisiert werden könnte.[364] Soweit zu erwarten ist, dass die zukünftigen Änderungen der Cash Flows des Grundgeschäftes durch die zukünftigen Änderungen der Cash Flows des Sicherungsinstrumentes kompensiert werden (prospektiver Effektivitätstest) und sich diese Werte bei ex post-Betrachtung in einer Bandbreite zwischen 80% und 125% bewegen (retrospektiver Effektivitätstest),[365] ist die gewählte Absicherungsposition als hoch-effektiv zu qualifizieren, sodass für das Ausmaß des geschäftsbezogenen Risikos jedenfalls auf eine Gesamtbetrachtung abgestellt werden kann.

Zwar muss es grundsätzlich auch zulässig sein, ein festgestellten Konnexitätsmangel durch den Einbezug anderer, vom Unternehmen gehaltenen Risiken in die Grundposition zu „heilen", also einen Mikro-Hedge in einen Makro-Hedge umzuqualifizieren. Denn unabhängig von der bilanziellen Zulässigkeit dieser Maßnahme gilt für den Sorgfaltsmaßstab des Vorstandes der Grundsatz der konsolidierten Risikobetrachtung, wie er aus dem Banken- und Investmentaufsichtsrecht hergeleitet wurde.[366] An den Effektivitätsnachweis dieses umqualifizierten Makro-Hedges sind jedoch erhöhte Anforde-

---

[362] BGH vom 13.07.1988, Az. VIII ZR 224/87, NJW 1989, 763, Rn. 11; BGH vom 13.07.1983, Az. VIII ZR 142/82, NJW 1983, 2493, Rn. 16.

[363] Vgl. *Säcker,* NJW 2008, 3313, (3314).

[364] Vgl. schon S. 257 (kommunales Spekulationsverbot).

[365] Vgl. IAS 39.A105 (b).

[366] *Fleischer/Schmolke,* ZHR 179 (2009), 649, (678).

rungen zu stellen. Der Nachweis bedingt insbesondere eine präzise Risikoidentifizierung und -quantifizierung sowie die Überwachung und detaillierte Dokumentation dieser Risiken und der Effektivität im Zeitverlauf. Der Vorstand hat sich ein umfassendes Verständnis darüber zu verschaffen, wie die bestehenden Risiken im Unternehmen zusammen wirken.[367] Denn er hat es jedenfalls aus Gründen unternehmerischer Effizienz zu vermeiden, ein zusätzliches Absicherungsgeschäft abzuschließen, obwohl das Risiko des Grundgeschäfts bereits mit anderen Risikoexpositionen des Unternehmens hinreichend negativ korreliert und so das Gesamtrisiko des Unternehmens durch Eintritt in das Absicherungsgeschäft letztlich planwidrig erhöht wird.[368] Sorgfaltswidrig ist dies dennoch nicht, solange der effektive Risikozuwachs ein Groß- bzw. Klumpenrisiko nicht begründet.

b) Spekulationshandlungen

Der Vorstand hat auf Grundlage der unternehmensspezifischen Verhältnisse sowie Kenntnisse und Erfahrungen im Umgang mit dem Kapitalmarkt generell, sowie der Positionierung in Risiken des konkreten Sektors eine *Anlagestrategie* zu entwickeln. Kursspekulation als eine nicht auf Absicherung eines Grundgeschäfts gerichtete Positionierung ist – vorbehaltlich der Deckung durch den Unternehmenszweck – *nicht generell sorgfaltswidrig*.[369] Wenn das unternehmerische Ermessen auch die bewusste Übernahme geschäftlicher Risiken mit der Gefahr von Fehlbeurteilungen und Fehleinschätzungen deckt,[370] so kann für die Zulässigkeit von Spekulationshandlungen nicht auf den Spekulationszweck allein abgestellt werden, sondern es müssen zusätzliche Voraussetzungen wie das Überschreiten einer potentiellen Schadenshöhe erfüllt sein.

Dafür spricht zunächst schon die Entscheidung des Strafgesetzgebers, Spekulationshandlungen gem. § 283 Abs. 1 Nr. 2 i.V.m. Abs. 6 StGB lediglich dann als strafbewehrt zu erfassen, wenn zusätzlich die Zahlung eingestellt oder die Insolvenz eröffnet wurde. Je geringer die Auswirkungen einer Risikoverwirklichung auf die Vermögens-, Finanz-, und Ertragslage des Unternehmens, desto größer ist der Ermessensspielraum des Vorstandes.[371] Gesellschaftsrechtliche Anhaltspunkte für ein pflichtwidriges übergroßes Risiko mit derivativen Finanzinstrumenten liefern die bank- und investmentaufsichtsrechtlichen Regelungen zur Vermeidung von Groß- und Klumpensrisiken. Ein Überschreiten der 5% bzw. 10%-Grenze ist zwar zulässig, aber *rechtferti-*

---

[367] *v. Randow,* ZGR 1996, 594, (598).
[368] *v. Randow,* ZGR 1996, 594, (597).
[369] Ihrig in: FS Ulmer, S. 831; *Koch,* Grundsätze ordnungsgemäßer Kapitalanlage, 2000, S. 120.
[370] BGH vom 03.12.2001, Az. II ZR 308/99, WM 2002, 220, Rn 9.
[371] Ihrig in: FS Ulmer, S. 832.

gungsbedürftig.[372] Als Rechtfertigungsgründe kommen eine *überlegene Risikoeinschätzung oder eine angemessene Risikoprämie in Betracht.*[373] Die Anforderungen an die Rechtfertigung sind umso höher, je weiter die Grenzen überschritten sind und wird bei Überschreitung der Großkrediteinzel- oder -gesamtobergrenzen des Bankenaufsichtsrecht nur noch höchst selten zu erbringen sein. Danach kann die Positionierung in derivative Finanzinstrumente auch dann sorgfaltswidrig sein, wenn die Refinanzierung bzw. Deckung der eingegangenen Risiken durch die Gesellschaft nicht gesichert ist.[374] Weist das Unternehmen bereits einen hohen Verschuldungsgrad auf, so ist kraft der Pflicht des Vorstandes, den Bestand des Unternehmens zu sichern,[375] eine eher konservative Strategie zu wählen. Der Versuch, eine Gesellschaft durch Positionierung in hohe Risiken zu „retten", die außer Verhältnis zur finanziellen Reserve oder absehbaren zukünftigen Leistungsfähigkeit stehen (Gambling for Resurrection), ist als Intensivierung einer bestehenden Bestandsgefahr mit dem Unternehmenswohl schlechthin nicht mehr vereinbar und daher stets sorgfaltswidrig.[376] Der Umstand, dass die nur beschränkt haftenden Anteilseigner in dieser Situation hohe Verlustrisiken auf ihre ohnehin als entwertet geglaubten Anteile bereitwillig in Kauf nehmen, wenn dadurch die Rettung der Gesellschaft selbst mit geringer Wahrscheinlichkeit noch möglich erscheint[377] ist unerheblich, da § 93 Abs. 1 AktG nicht dem Interessenschutz der Anteilseigner dient, sondern das Gesellschaftsvermögen als solches sichern möchte.[378] Und wenn schon das Eingehen bestandsgefährdender Risiken sorgfaltswidrig ist, dann muss dies erst recht für die Intensivierung der Bestandsgefahr gelten.

III. Einrichtung eines Risikofrüherkennungssystems

Als spezielle Ausgestaltung des Vorstandshandels auf angemessener Informationsgrundlage kann dessen Pflicht gem. § 91 Abs. 2 AktG interpretiert werden, ein Risikofrüherkennungssystem zu installieren, um den Fortbestand des Unternehmens zu sichern.

1. Maßstab eines Risikomanagements für den Derivateeinsatz

Der Vorstand hat danach geeignete Maßnahmen zu treffen, um Information zu bestandsgefährdenden Risiken im Unternehmen rechtzeitig zu erhalten um noch gegensteuern zu können.

---

[372] *Fleischer/Schmolke,* ZHR 179 (2009), 649, (681).
[373] Ebenda.
[374] *Brüning/Samson,* ZIP 2009, 1089, (1092).
[375] *Hüffer,* AktG, § 76, Rn 13.
[376] Vgl. *Redeke,* ZIP 2010, 159, (160) (bzgl. Ausnahmen für „Sanierungsfälle").
[377] *v. Randow,* ZGR 1996, 594, (601).
[378] *Hüffer,* AktG, § 93, Rn. 1.

a) Allgemeiner Maßstab

Welche Maßnahmen geeignet sind, steht durch die Leitungsverantwortung des Vorstandes in dessen *pflichtgemäßen Ermessen.* Sie sind an den individuellen Verhältnissen des Unternehmens auszurichten.[379] Aus der Intention des Gesetzgebers bei der Einführung des § 91 Abs. 2 AktG, die ohnehin bestehenden Organisationspflichten eines ordentlichen und gewissenhaften Vorstandes konkretisierend zu kodifizieren, wird allgemein abgeleitet, dass das Früherkennungssystem den im Rahmen des § 93 Abs. 1 AktG geltenden *Standard für angemessene Information* erfüllen muss.[380] § 91 Abs. 2 AktG betrifft aber angemessene Information über *bereits bestehende* Unternehmensrisiken. Über die konkrete Ausgestaltung des Risikofrüherkennungssystems will und kann das Gesetz aufgrund der Vielfalt unternehmerischer Formen und Betätigungen keine konkreten Vorgaben festsetzen. Insbesondere plädiert der Gesetzgeber für *kein bestimmtes betriebswirtschaftliches Risikomanagementsystem.*[381] Eine starre Festlegung des juristischen Organisationsmaßstabs auf den Prüfungsstandard IDW PS 340, nach dem deutsche Wirtschaftsprüfer das Risikofrüherkennungssystem gem. § 317 Abs. 4 HGB für börsennotierte Aktiengesellschaften auf seine Angemessenheit hin überprüfen, ginge deshalb zu weit.[382] Dies würde das dem Vorstand zuerkannte Leitungsermessen gem. § 76 AktG und die den Anteilseignern im Rahmen von Art. 14 GG eingeräumte Organisationsfreiheit verkennen. Das erforderliche System hat jedoch *bewährte betriebswirtschaftliche Einsichten* sowie branchenübliche Vorsichtsmaßnahmen angemessen zu berücksichtigen[383] und ist nach Maßgabe des § 289 Abs. 2 Nr. 2a HGB im Lagebericht offen zu legen. Letztlich ist es an der Eignung zu messen, die frühzeitige Erkennung bestandsgefährdender Entwicklungen als Prüfungsziel zu realisieren.[384]

b) Maßstab für Finanzierungsmaßnahmen durch Derivate

Der allgemeine aktienrechtliche Grundsatz zur Einrichtung eines Risikofrüherkennungssystems wird vielfältig für Akteure in der Finanzwirtschaft konkretisiert. Neben den einfachgesetzlichen Spezialnormen[385] hat die BaFin

---

[379] *Hüffer,* AktG, § 91, Rn. 7.

[380] *Preußner/Becker,* NZG 2002, 846, (847).

[381] *Schäfer/Zeller,* BB 2009, 1706, (1707); *Spindler* in: MüKo, AktG, § 91, Rn. 19; *Schwintowski* in: FS Schimansky, S. 771.

[382] *Spindler* in: MüKo, AktG, § 91, Rn. 29.

[383] *v. Randow,* ZGR 1996, 594, (623); Hier wiederum entfaltet IDW PS 340 erhebliche Orientierungswirkung.

[384] *Spindler* in: MüKo, AktG, § 91, Rn. 16; OLG Celle vom 28.05.2008, Az. 9 U 184/07, WM 2008, 1745, Rn. 39; *Säcker,* NJW 2008, 3313, (3315).

[385] § 25a KWG (Kreditinstitute); § 64a VAG (Versicherungsunternehmen); § 9a Nr. 1, 80b und 90k InvG (Kapitalanlagegesellschaften); § 27 PfandBG (Pfandbriefbanken); § 33 WpHG (Wertpapierdienstleistungsunternehmen).

die organisatorischen Anforderungen insbesondere durch die Mindestanforderungen für das Risikomanagement für Banken, Versicherungsunternehmen und Investmentgesellschaften (als *Safe Harbor*) umschrieben. Für Investmentgesellschaften existiert mit § 51 InvG und der DerivateV[386] auch eine höherrangige Konkretisierung für das Risikomanagement beim Einsatz von derivativen Finanzinstrumenten. Gem. § 1 Abs. 1 DerivateV haben Kapitalanlagegesellschaften

> „[F]ür jedes ihrer Sondervermögen, in denen Derivate enthalten sind, über ein Risikomanagement zu verfügen, das die Risiken des Sondervermögens unter Verwendung von hinreichend fortgeschrittenen Risikomanagementtechniken fortlaufend erfasst, misst und steuert. [...] Die angewendeten Risikomanagementtechniken haben sich am aktuellen Stand der Entwicklung zu orientieren".

Insbesondere für Risikomodelle zur Bestimmung des Marktrisikos werden qualitative und quantitative Vorgaben getroffen sowie Anforderungen an die Prognosegüte gesetzt. Danach ist der *VaR* des Sondervermögens mit dem eines geeigneten derivatefreien Vermögens zu vergleichen. Zu keinem Zeitpunkt darf der VaR des Sondervermögens das zweifache des derivatefreien Vergleichsvermögens übersteigen (§ 8 DerivateV). Für die Bestimmung des VaR ist dabei von einer Halteperiode von mindestens zehn weiteren Arbeitstagen sowie ein historischer Betrachtungszeitraum von mindestens einem Jahr und ein Konfidenzniveau von 99% zugrunde zu legen (§ 11 DerivateV). Darüber hinaus hat die Kapitalanlagegesellschaft ein Limitsystem zu erstellen (§ 1 Abs. 3 DerivateV), das unabhängig von Erfolg oder Misserfolg vergangener Investitionen strikt einzuhalten ist.[387] Die strikte Einhaltung von Risikolimits beugt zugleich einer *schleichenden Aufgaben- und Tätigkeitsverschiebung* einzelner Entscheider (z.B. von Arbitrage- zu Spekulationshandlungen) im Unternehmensverbund vor.[388] Um auch Risiken aus Extremereignissen gerecht zu werden, sind mindestens allmonatlich Stresstests durchzuführen, die „sich auf alle Risiken erstrecken, die den Wert oder die Schwankungen des Werts des Sondervermögens nicht nur unwesentlich beeinflussen" (§ 24 Abs. 1 DerivateV). In der Investmentpraxis kommen häufig auch historische Stresstests zum Einsatz, die sich an Struktur und Ablauf vergangener Extremereignisse orientieren.

---

[386] Verordnung über das Risikomanagement und Risikomessung beim Einsatz von Derivaten in Sondervermögen nach dem Investmentgesetz, abrufbar unter http://www.bafin.de.

[387] Vgl. *Hull,* Optionen Futures und andere Derivate, 2009, S. 923 (Mit dem Hinweis, eine ungeahndete Übertretung es Risikolimits im Erfolgsfalle sei kurzsichtig, da das Risikolimit in der Unternehmenskultur an Legitimität einbüße).

[388] Vgl. *Vasudev,* Journal of Corporate Law, Vol. 35, S. 766 (Tätigkeitsverschiebung von Absicherungs- zu Spekulationsaktivitäten); *Hull,* Optionen Futures und andere Derivate, 2009, S. 923 (Tätigkeitsverschiebung von Arbitrage- zu Spekulationsaktivitäten).

Nach ganz herrschender Meinung[389] konkretisieren diese Anforderungen an das Risikomanagement die Vorschrift des § 91 Abs. 2 AktG, *soweit sie auf die Gesellschaft unmittelbar anwendbar sind.* Strittig ist hingegen, ob der Regelungsgehalt der konkreten Anforderungen zum Risikomanagement auch dann auf § 91 Abs. 2 AktG übertragbar ist, wenn die DerivateV nicht unmittelbar anwendbar ist. Das VG Frankfurt[390] und Stimmen in der Literatur[391] vertreten eine – wohl unbeschränkte – Übertragung branchenspezifischer Anforderungen an das Risikomanagement. Die wohl herrschende Meinung[392] geht hingegen davon aus, dass die Organisationsanforderungen gem. § 91 Abs. 2 AktG hinter denen der branchenspezifischen Sonderregelungen grundsätzlich zurückstehen, schließen aber eine Übertragung der Anforderungen auf das Management von nicht-operative Risiken (Finanzierungs- und Investitionsrisiken) nicht gänzlich aus. § 91 Abs. 2 AktG erfordere grundsätzlich nur, unmissverständliche Zuständigkeiten zu setzen, ein engmaschiges Berichtswesen aufzubauen und für eine ausführliche Dokumentation zu sorgen. Diese restriktive Auslegung folge aus der Entstehungsgeschichte der Norm, da die weite Fassung des Referentenentwurfs zu § 93 Abs. 1 S. 3 AktG nur sprachlich abgekürzt umgesetzt wurde.[393] Eine eingeschränkte Übertragbarkeit des Regelungsgehalts bleibt davon jedoch unberührt.

Jedenfalls für den Einsatz derivativer Finanzinstrumente wurde vorstehend[394] bereits eine Ausstrahlungswirkung spezieller aufsichtsrechtlicher Regelungen zu den Sorgfaltspflichten gem. § 93 Abs. 1 S. 1 AktG vertreten. Entsprechend ist auch hier die Anerkennung einer Ausstrahlungswirkung möglich, wenn der Gesetzgeber durch die aufsichtsrechtlichen Regelungen allgemeine, im Aktienrecht geltende Grundsätze nachweisbar konkretisiert. Sowohl die Organisationspflichten gem. § 91 Abs. 2 AktG, als auch darüber hinaus gehende finanzbranchenspezifische Anforderungen konkretisieren die allgemeinen Leitungs- und Sorgfaltspflichten des Vorstandes gem. § 76, 93 Abs. 1 S. 1 AktG.[395] Sie fordern damit nichts neues, sondern stellen lediglich

---

[389] LG Berlin vom 03.07.2002, Az. 2 O 358/01, AG 2002, 682, Rn. 25; OLG Celle vom 28.05.2008, Az. 9 U 184/07, WM 2008, Rn. 39; *Schäfer/Zeller,* BB 2009, 1706, (1707); *Hüffer,* AktG, § 91, Rn. 8; *Braun* in: Boos/Fischer/Schulte-Mattler, KWG, § 25a KWG, Rn. 8.

[390] VG Frankfurt vom 08.07.2004, Az. 1 E 7363/03, WM 2004, 2157 (Übertragung der Wertungen des § 25a KWG auf das Risikomanagement von Versicherungsunternehmen).

[391] *Preußner,* NZG 2004, 57, (60).

[392] *Hüffer,* AktG, § 91, Rn. 8 (Die Erstreckung der aufsichtsrechtlichen Erfordernisse auf jede AG ohne Rücksicht auf Gegenstand und sonstige Verhältnisse des Unternehmens sei überzogen); *Spindler* in: MüKo, AktG, § 91, Rn. 30. (Spezifische Organisationsnormen könnten „lediglich vorsichtig und mit erheblichen Abstrichen“ herangezogen werden, was aber grundsätzlich bei der Absicherung von Währungsrisiken möglich erscheine); *Fleischer,* NJW 2010, 1504.

[393] Hüffer aaO.

[394] Dazu S. 277 ff.

[395] *Braun* in: Boos/Fischer/Schulte-Mattler, KWG, § 25a KWG, Rn. 8.

das klar, was ohnehin schon nach pflichtgemäßen Ermessen des Vorstandes erforderlich ist.[396]

Bei der Auslegung unbestimmter Rechtsbegriffe entfalten auch die Grundrechte *mittelbare Wirkung* dergestalt, dass der Grundrechtsgehalt über das Medium der einzelnen Normen fortzuwirken hat.[397] Gem. Art. 3 Abs. 1 GG ist Ungleiches ungleich, Gleiches aber gleich zu behandeln, sofern es keinen sachlichen Grund für eine Ungleichbehandlung gibt. Die weite Fassung sowohl des § 76 Abs. 1 AktG, als auch dessen Konkretisierung durch § 91 Abs. 2 AktG soll den besonderen Schwierigkeiten der in ständiger Entwicklung befindlichen technischen Möglichkeiten zur Risikoermittlung Rechnung tragen. Zwar obliegt die Entscheidung eines geeigneten, den Schutz des Gesellschaftsvermögens sicherstellenden Verfahrens zum Risikomanagement im Umgang mit derivativen Finanzinstrumenten aufgrund der grundrechtlich geschützten Organisationsfreiheit des Eigentums gem. Art 14 GG im Wesentlichen dem leitungsbefugten Vorstand. Er kann die konkreten Maßnahmen jedoch nicht willkürlich wählen, sondern hat sich seinerseits am Stand technischer Entwicklung zu orientieren. Mögliches Differenzierungskriterium ist hier insbesondere *Art und Umfang des übernommenen Risikos*. Entspricht das durch ein Industrieunternehmen übernommene Risiko nach Art und Umfang dem typischen eines Finanzunternehmens, so muss der Vorstand grundsätzlich auch auf ein funktional entsprechendes Risikomanagementsystem hinwirken, um sein Ermessen hinsichtlich der Wahl des Risikomanagementsystems pflichtgemäß auszuüben. Gerade dies trifft für Derivate zu: Unabhängig von den zugrunde liegenden Basiswerten sind die Risiken aus derivativen Finanzinstrumenten mit denen anderer Finanzgeschäfte identisch. Es besteht jedenfalls ein für alle *Finanzgeschäfte typisches* Marktrisiko, Gegenparteirisiko und Liquiditätsrisiko. Für den Umgang mit diesen Risikoarten gibt die DerivateV instrumentenspezifische Anforderungen an das Risikomanagement vor. Insofern kommt dem Finanzaufsichtsrecht gerade für das Risikomanagement von derivativen Finanzinstrumenten eine *Schrittmacherfunktion* für das Aktienrecht zu.[398]

Diese Auffassung zur Organisationspflicht des Risikomanagements von derivativen Finanzinstrumenten durch den Vorstand wird auch durch die Entstehungsgeschichte des § 91 Abs. 2 AktG gestützt. Mit der erstmaligen gesetzlichen Forderung zur Einrichtung eines Risikofrühwarnsystems reagierte der Gesetzgeber auf die Unternehmenszusammenbrüche der 1990er Jahre, die auf Organisationsversäumnisse um Umgang mit derivativen Finanz-

[396] *Preußner/Becker,* NZG 2002, 846, (847).

[397] BVerfG vom 15.01.1958, Az. 1 BvR 400/51, BVerfGE 7, 198; BVerfG vom 26.02.1969, Az. 1 BvR 619/63, BVerfGE 25, 256; BVerfG vom 23.04.1986, Az. 2 BvR 487/80, BVerfGE 73, 261 m.w.N.

[398] *Fleischer,* ZIP 2003, 1, (10); zustimmend: *Preußner,* NZG 2004, 57; *Schäfer/Zeller,* BB 2009, 1706, (1707).

instrumente zurück zu führen waren. Entsprechend verweist die Regierungsbegründung zunächst auf die Ausrichtung des Risikomanagements an „Größe, Branche, Struktur [oder] Kapitalmarktzugang“[399] des Unternehmens, nimmt dann aber ausdrücklich Bezug[400] auf die Risiken von Derivaten, die für den Gesetzgeber einen – politisch verständlichen – herausgehobenen Stellenwert zu haben scheinen. Dies spricht dafür, dass der Gesetzgeber jedenfalls für diesen besonders risikointensiven Bereich unternehmerischer Betätigung ein *umfassendes Risikomanagementsystem als Zielvorgabe* etablieren wollte.[401]

Auch die IFRS setzen dem Wortlaut der Rechnungslegungsstandards für Finanzinstrumente (*IAS 39*) zufolge ein umfassendes Risikomanagementsystem für den Umgang mit Risiken aus derivativen Finanzinstrumenten voraus.[402] Da der Standard durch eine Verordnung[403] jedenfalls für börsennotierte Aktiengesellschaften unmittelbar anwendbares Recht darstellt, spricht auch dies – jedenfalls für börsennotierte Aktiengesellschaften – unter dem Gesichtspunkt der Einheit der Rechtsordnung dafür, eine Ausstrahlungswirkung der finanzbranchenspezifischen Anforderungen an das Risikomanagement beim Einsatz derivativer Finanzinstrumente grundsätzlich anzuerkennen.

2. Anforderungen an die Risikoerkennung

a) Anforderungen an die Mitarbeiter

Der Einsatz derivativer Finanzinstrumente im Unternehmen erfordert zunächst, in den einzelnen Führungsebenen bis hin zu jeden Mitarbeiter ein hinreichendes Risikobewusstsein auszubilden und aufrecht zu erhalten. Dies hat als fester Bestandteil in die *Unternehmenskultur* einzugehen und soll den Mitarbeitern die Notwendigkeit der Risikofrüherkennung permanent vor Augen führen.[404]

Die Risikolage durch das Derivategeschäft ist grundsätzlich vom sachnächsten Mitarbeiter zu beurteilen.[405] Dies wird regelmäßig auch der Mitar-

---

[399] Regierungsbegründung vom 28.01.1998, BT-Drucks. 13/9712, S. 15.

[400] Ebenda („Gegen die vielfältigen Unternehmensrisiken zum Beispiel bei Geschäften mit Derivaten [...] kann eine Absicherung nur über entsprechende Maßnahmen der gesetzlichen Vertreter und die Überwachung dieser Maßnahmen erfolgen.“).

[401] Vgl. auch *Säcker*, NJW 2008, 3313, (3315).

[402] Vgl. IAS 39.AG 107 („Die von einem Unternehmen gewählte Methode zur Beurteilung der Wirksamkeit einer Sicherungsbeziehung richtet sich nach seiner Risikomanagementstrategie.“); IAS 39.AG 114 (a) („Das Unternehmen identifiziert als Teil seines Risikomanagement-Prozesses ein Portfolio von Posten, deren Zinsänderungsrisiken abgesichert werden sollen.“); IAS 39.AG 117 („Die Methode für eine solche Zuordnung hat jedoch in Übereinstimmung mit dem Risikomanagementverfahren und der -zielsetzung des Unternehmens zu erfolgen.“).

[403] VO 1725/2003/EG vom 15.11.2005, Abl. L 299, S. 45.

[404] *Preußner/Becker*, NZG 2002, 846, (850).

[405] Preußner/Becker, aaO.

beiter sein, der den Geschäftsabschluss bewirkt. Hier hat das Management eine *hinreichende Kompetenz* sicherzustellen.[406] Er hat sowohl über die kognitive Fähigkeit, als auch die fachlichen Kenntnisse und Erfahrungen zu verfügen, die wesentlichen Risikofaktoren des Derivategeschäfts zu durchdringen.

Weitestgehend anerkannt zum Nachweis des erforderlichen Kenntnisstandes des Mitarbeiters ist dessen wirtschaftswissenschaftliche bzw. mathematische Hochschulausbildung, um die nachstehenden Maßnahmen zur laufenden Risikomessung überhaupt durchführen zu können.[407] Durch regelmäßige Weiterbildungsmaßnahmen sind sowohl diese Kenntnisse, als auch solche im Hinblick auf die Risikowirkung bestimmter Vertragskonstruktionen aktuell zu halten. Nur so kann die Geschäftsführung angemessen sicher stellen, dass die Mitarbeiter die Möglichkeit einer Bestandsgefährdung im Einzelfall zutreffend beurteilen und auf dieser Grundlage weitere investigative und kommunikative Maßnahmen zu ergreifen.[408]

b) Methodische Anforderungen an die laufende Risikomessung

Die Fähigkeit zur rechtzeitigen Erkennung bestandsgefährdender Risiken setzt methodisch nicht nur den Einsatz von statistischen Verfahren zur Risikobewertung voraus, die oft auf der Grundannahme einer Normalverteilung beruhen, sondern auch – und insbesondere für derivative Finanzinstrumente – solche Verfahren, die einerseits mit empirisch fundierten Verteilungsannahmen arbeiten, andererseits auch Extremereignisse[409] (*Large-Loss-Events*) und Risikokonzentrationen sowohl auf dieselbe Wirtschaftseinheit (*Adresskonzentration*) als auch auf wirtschaftlich vernetzte Einheiten (*Sektorkonzentration bzw. systemische Risiken*) ausreichend erfassen und ins Risikobewusstsein des Managements rücken. Die erreichte Prognosegüte ist dabei in angemessenen Intervallen zu überprüfen (*Backtesting*). Da die verbreitet eingesetzten Modelle, die ausschließlich auf dem Risikomaß Value-at-Risk basieren,[410] mit dem Bezug auf ein bestimmtes Konfidenzniveau methodisch zwingend Extremereignisse außer Betracht lassen, will man mit brauchbaren Werten arbeiten, sind sie allein nicht ausreichend.[411] Vielmehr sind ergänzende betriebswirtschaftliche Methoden (z.B. *Stresstests*) erforderlich, um die

---

[406] *Benzler,* Nettingvereinbarungen, 1999, S. 77.

[407] *Koch,* Grundsätze ordnungsgemäßer Kapitalanlage, 2000, S. 134; Schwintowski in: FS Schimansky, S. 771 und S. 778.

[408] Klarer IAPS 1012.35 (Der Wirtschaftsprüfer hat bei der Analyse der unternehmensinternen Kontrollumgebung festzustellen, ob „[t]he permitted instruments and approval levels [...] reflect the expertise of those involved in derivative activities.“).

[409] *v. Randow,* ZGR 1996, 594, (627).

[410] Vgl. auch IAPS 1012.28.

[411] *Scholz/Schwintowski/Schuler,* Risikomanagement der Öffentlichen Hand, 2009, S. 219; vgl. auch Schwintowski in: FS Schimansky, S. 775.

Auswirkungen von bestandsgefährdenden Risiken aus statistischen Randereignissen sowie Risikokonzentrationen auf die Gesamtsituation des Unternehmens zuverlässig zu ermitteln. Für Eigengeschäfte mit Derivaten – soweit satzungsmäßig zulässig – hat das Management grundsätzlich sowohl die Art der Risiken selbst, als auch absolute Risikoobergrenzen im Rahmen eines *Limitsystems* zu konkretisieren.[412] Dabei kann auf für den Derivatehandel von Finanzinstituten zugeschnittene aufsichtsrechtliche Konkretisierungen – insbesondere der DerivateV – zurück gegriffen werden, soweit keine konkreteren aufsichtsrechtlichen Anforderungen an das Risikomanagement für das fragliche Unternehmen bestehen.

Allerdings gelten aufsichtsrechtliche Sonderregelungen nicht für alle Gesellschaften gleichermaßen.[413] Die Anforderungen des Risikofrüherkennungssystems bestimmen sich vielmehr nach den individuellen Verhältnissen des Unternehmens.[414] Dies gilt auch für den Einsatz derivativer Finanzinstrumente. Nominalvolumen und Handelsintensität abgeschlossener Derivategeschäfte kann dabei als Maß für den Identifikationsaufwand dienen.[415] Bei nur gelegentlichen Abschluss von Derivategeschäften in geringen Volumen durch ein mittelständisches Industrieunternehmen zu Absicherungszwecken wird unter Beachtung des unternehmerischen Ermessensspielraums des Vorstandes ein geringerer Maßstab vertretbar sein.[416] Mit steigendem Gesamtvolumen der Derivatepositionen werden die Anforderungen an die Risikoidentifikation und nachfolgende Überwachung wesentlich steigen und sich – soweit zweckdienlich – den oben aufgezeigten Anforderungen annähern.

Diesem Maßstab zur Risikoerkennung sind aufgrund seines offenen gesetzlichen Charakters keine rechtlichen Restriktionen zum Einsatz bestimmter Derivatearten oder darin enthaltener Risiken zu entnehmen. Die Wirkungsrichtung ist vielmehr umgekehrt: § 91 Abs. 2 AktG stellt Anforderungen an eine den eingegangenen Derivategeschäften angemessene Wahl von Risikomodellen. Daraus lässt sich lediglich ableiten, dass ein Derivategeschäft durch seine Konstruktion im Einzelfall dann unzulässig ist, wenn ein für diese Vertragskonstruktion angemessenes Risikomodell nach dem derzeitigen Stand der wirtschaftswissenschaftlichen Forschung *nicht existiert* oder *zu wenig risikorelevante Information verfügbar* ist, um eine adäquate Bewertung mit diesem Modell leisten zu können.

---

[412] Vgl. IAPS 1012.64; *Koch,* Grundsätze ordnungsgemäßer Kapitalanlage, 2000, S. 130.
[413] *Hüffer,* AktG, § 91, Rn. 8.
[414] *Preußner,* NZG 2004, 57, (58).
[415] IAPS 1012.41.
[416] Vgl. Claussen/Korth in: FS Lutter, S. 340.

c) Exkurs: Exkulpationsmöglichkeiten bei Modellversagen

Die Verletzung der Organisationspflichten kann zu einer Haftung des Vorstandes gem. § 93 Abs. 2 AktG führen. Der haftungsbegründenden Pflichtwidrigkeit könnte es allerdings schon entgegen stehen, dass der Vorstand ein von Gesetzgeber oder Finanzaufsichtsbehörde gebilligtes Risikomodell verwendet. Dann könnte sich der Vorstand mit dem Einwand entlasten, er habe „sich am Aufsichtsrecht orientiert und dessen Vorgaben eingehalten".[417] Dazu müssten aber öffentlich-rechtliche Maßgaben die im Verkehr erforderliche Sorgfalt verbindlich festlegen. Dies wird jedoch ganz überwiegend[418] mit dem Hinweis abgelehnt, staatliche Aufsicht diene nicht dazu, „den Unternehmer vor Schadensersatzansprüchen Dritter infolge technischer Fehler zu bewahren".[419] Die Einhaltung technischer Standards obliege vielmehr dem Unternehmer selbst und können nicht an den Staat delegiert werden. Deshalb können sie lediglich zur Konkretisierung des erforderlichen Sorgfaltsmaßstabes *Indizwirkung entfalten*, ohne abschließend zu sein.[420] Dies trifft auch auf die Sorgfaltspflicht im Umgang mit technischen Modellen zur Risikobewertung zu. Auch die Einhaltung der quantitativen und qualitativen Anforderungen[421] an das verwendete Risikomodell, Stresstests und sonstige Methoden zur Risikoermittlung hat stark entlastende Indizwirkung, *schließt eine Sorgfaltsverletzung jedoch nicht vollends aus*. Den Unternehmer trifft stets eine eigene Pflicht, das verwendete Risikomodell auf eine angemessene Umsetzung des aktuellen Standes betriebswirtschaftlicher Forschung zu überprüfen und ggf. neu auszurichten.

Daneben könnte eine entlastende Wirkung nicht nur aus der aufsichtsrechtlichen Legitimationen folgen, sondern schon aus der Branchenüblichkeit des verwendeten Modells. Schließlich ist die branchenweite Etablierung eines bestimmten Modells das Ergebnis eines langwierigen betriebswirtschaftlichen Erkenntnisprozesses[422] und entfaltet damit ähnliche Vertrauenswirkung in die Modellqualität wie die aufsichtsbehördliche Plädoyer für ein bestimmtes Risikomodell. Allerdings ist auch hier der eigene Charakter des Sorgfaltsmaßstabes anzuerkennen. Unerheblich, ob die starke Vertrauensstellung durch Markt oder Staat etabliert wurde – eine abschließende Legitimation vermag

---

[417] *Schäfer/Zeller,* BB 2009, 1706, (1710).

[418] BGH vom 09.12.1980, Az. VI ZR 121/79, VersR 1981, 262; BGH vom 07.10.1986, Az. VI ZR 187/85, WM 1986, 1563; BGH vom 09.12.1986, Az. VI ZR 65/86, BGHZ 99, 167; BGH vom 25.02.1988, Az. VII ZR 348/86, BGHZ 103, 298; *Spindler* in: BeckOK, BGB, § 823, Rn. 488; Schäfer/Zeller, aaO; Zurückhaltender: *Unberath* in: BeckOK, BGB, § 276, Rn. 24 („Hat der Handelnde [...] maßgebende technische Regeln eingehalten, kann ein Verschulden nur ausnahmsweise bejaht werden").

[419] *Spindler* in: BeckOK, BGB, § 823, Rn. 490; Vgl. schon S. 201 ff.

[420] *Grundmann* in: MüKo, BGB, § 276, Rn. 99.

[421] Vgl. §§ 315 – 317 SolvV; §§ 11 – 13 und § 24 DerivateV.

[422] *Schäfer/Zeller,* BB 2009, 1706, (1710).

sie nicht zu begründen. Entsprechend kann auch der Branchenüblichkeit des Risikomodells lediglich Indizwirkung für die Einhaltung der Sorgfalt zukommen. Eingerissene Verkehrsunsitten entschuldigen dagegen nicht.[423]

3. Risikokommunikation und Dokumentation

§ 91 Abs. 2 AktG erfordert die Zuweisung *eindeutiger Zuständigkeiten, ein engmaschiges Berichtswesen und eine Dokumentation.*[424] Es gilt sicherzustellen, dass vom verantwortlichen Sachbearbeiter über die Hierarchieebenen bis hin zum Vorstand alle relevanten Stellen von den ermittelten Risiken Kenntnis erlangen. Diese Risikokommunikation muss – auch im Hinblick auf § 317 Abs. 4 HGB – dokumentiert werden, um auf dieser Grundlage die Handlungsabläufe wiederum zu optimieren.[425] Erst die Dokumentation liefert Nachweise zur ordnungsgemäßen Ausgestaltung und Funktionsfähigkeit des Systems und kann die ordnungsgemäße Erfüllung der Einrichtungsverpflichtung belegen. Zu berichten ist nicht nur dem Vorstand, sondern auch dem Aufsichtsrat, will er die ihm gem. § 111 Abs. 1 AktG übertragene Überwachungsaufgabe – regelmäßig im Zusammenwirken mit den gewählten Wirtschaftsprüfern – sachgerecht wahrnehmen.

Abhängig von der implementierten Zwecksetzung und dem Ausmaß des Derivateeinsatzes im Unternehmen kann es geboten sein, Kommunikationsstrukturen für eine hohe Berichtsfrequenz zu schaffen[426] (*Ad-hoc Berichterstattung*). Das Vorstandsermessen zur Einrichtung einer solchen Komponente des Risikomanagementsystems wird sich insbesondere dann zu einer Rechtspflicht verdichten, wenn die Derivategeschäfte in nicht nur unerheblichen Volumen abgeschlossen werden, deren Cash-Flows nicht mit denen einer Grundposition hinreichend negativ korrelieren und Geschäfte dieser Art sowohl hinsichtlich des zugrunde liegenden Risikos, als auch der Vertragsausgestaltung erfahrungsgemäß einer erheblichen Volatilität unterliegen.

4. Überwachung und Kontrolle

Die wirksame Umsetzung der vorstehend genannten Standards ist wiederum durch Überwachungs- und Kontrollmaßnahmen sicher zu stellen. Dies gilt insbesondere für die Risikofrüherkennung beim Einsatz derivativer Finanzinstrumente.[427] So hat das Unternehmen zunächst organisatorisch sicherzustellen, dass die eindeutig formulierte Anlagestrategie mit Derivaten sowie die für die Umsetzung festgelegten eindeutigen Zuständigkeiten auch eingehalten werden. Zur wirksamen Missbrauchsprävention wird es regelmäßig erforder-

---

[423] *Stadler* in: Jauernig, BGB, § 276, Rn. 29.
[424] *Spindler* in: MüKo, AktG, § 91, Rn. 25.
[425] LG München vom 05.04.2007, Az. 5HK O 15964/06, BB 2007, 2171, Rn. 54.
[426] *Preußner/Becker,* NZG 2002, 846, (849).
[427] In re Citigroup Inc. Shareholder Derivative Litigation, 964 A.2d 106 (Del. Ch. 2009).

lich sein, die Person des Entscheiders strikt von der mit der Abwicklung des Geschäfte beauftragten Person zu trennen[428] (*Funktionstrennung*). Verpflichtungs- und Erfüllungsgeschäft sind demnach von unterschiedlichen Personen auszuführen.[429] Abhängig von der verfolgten Anlagestrategie oder der Risikoposition aus dem Derivat kann es erforderlich sein, schon auf Ebene des Verpflichtungsgeschäfts nach dem 4-Augen-Prinzip die Einhaltung der organisatorischen Richtlinien (*Anlagestrategien; Limite* usw.) durch zwei voneinander unabhängige Personen als *gemeinsam* zuständige Entscheider zu verankern.[430] Auch hier hängt die Qualität dieses Standards als rechtlich zwingendes Erfordernis aber von den individuellen Verhältnissen des Unternehmens einerseits und den Vertrags- und Risikomerkmalen des Derivategeschäfts andererseits ab und kann damit nicht verallgemeinert werden.

IV. Strafrechtliche Grenzen des Derivateeinsatzes im Unternehmen

Bisher wurden die Sorgfaltspflichten der Geschäftsführung als – teilweise spezialgesetzlich verankerte – gesellschaftsrechtliche Pflichten hergeleitet. Handlungsgebote und -verbote der Geschäftsführung im Umgang mit derivativen Finanzinstrumenten könnten sich aber auch aus strafrechtlichen Normen ergeben.

1. Betrug und Kapitalanlagebetrug

Das Betrugsverbot ist die zentrale Norm zur Gewährleistung strafrechtlichen Vermögensschutzes.[431] Gem. § 263 Abs. 1 StGB macht sich wegen Betruges strafbar, wer in rechtswidriger Bereicherungsabsicht durch Vorspielen falscher oder Entstellung bzw. Unterdrückung wahrer Tatsachen einen Anderen irreführt und ihn oder einen Dritten so in seinem Vermögen schädigt. Im Wirtschaftsstrafrecht sind hier regelmäßig die Tatbestandsmerkmale der Täuschung, Irrtum und Vermögensschaden relevant.[432] Mit dem Kapitalanlagebetrug gem. § 264a StGB hat der Gesetzgeber ein abstraktes Gefährdungsdelikt geschaffen, um die für den Betrugsnachweis im Kapitalmarktbereich[433]

---

[428] Vgl. IDW PS 261.52 (zum Grundsatz der Funktionstrennung im internen Kontrollsystem, wonach „genehmigende, ausführende, verwaltende und abrechnende Funktionen" organisatorisch zu trennen sind); vgl. schon *Koch,* Grundsätze ordnungsgemäßer Kapitalanlage, 2000, S. 144 m.w.N.

[429] vgl. darüber hinaus gehend auch IAPS 1012.35 („Derivative activities may be categorized into tree functions: Committing the entity to the transaction (dealing); Initiating cash payments and accepting cash receipts (settlement); and [r]ecording of all transactions correctly in the accounting records, including the valuation of derivatives.").

[430] *Preußner/Becker,* NZG 2002, 846, (850).

[431] Janssen in: Hb Wirtschaftsstrafrecht, V, I, Rn. 1.

[432] *Zieschang* in: Park, Kapitalmarktstrafrecht, § 263, Rn. 40.

[433] Damit ist § 264a StGB die speziellere Norm gegenüber § 4 UWG, vgl. *Borchard,* Gehalt und Nutzen des § 264a StGB, 2004, S. 156.

bestehenden Beweisschwierigkeiten für Schaden und Schädigungsvorsatz zu kompensieren, indem bereits die bloße vorsätzliche Täuschung unter zusätzlichen Voraussetzungen strafbar sein kann.[434] Im Rahmen dieser Arbeit wurde bereits auf das Verschleierungspotential sowohl durch Strukturierung, als auch durch sonstige Nebenbestimmungen in den Derivateverträgen hingewiesen.[435] Schon durch einen erhöhten Komplexitätsgrad der Geschäfte entsteht demnach zusätzliches Potential, durch Täuschung einen Irrtum zu erregen.

a) Anwendbarkeit von § 264a StGB auf Derivate

Gem. § 264a Abs. 1 StGB ist die Anwendbarkeit der Strafvorschrift auf bestimmte Bezugsobjekte beschränkt. Lediglich eine Täuschung im Zusammenhang mit dem Vertrieb von Wertpapieren, Bezugsrechten oder von Anteilen, die eine Beteiligung an dem Ergebnis eines Unternehmens gewähren sollen, stellen taugliche Bezugsobjekte dar. Jedenfalls im Zusammenhang mit *Warenterminoptionen* soll Kapitalanlagebetrug nach überwiegender Auffassung[436] keine Anwendung finden. Sie seien keine Instrumente zum Vertrieb von Wertpapieren, Bezugsrechten oder Anteilen, die eine Beteiligung an dem Ergebnis eines Unternehmens gewähren und lägen damit jenseits der Wortlautgrenze des § 264a Abs. 1 Nr. 1 StGB. Teilweise wird auch mit dem spekulativen Charakter dieser Geschäfte und dem Wille des Gesetzgebers argumentiert, diese Geschäfte von § 264a StGB nicht erfassen zu wollen.[437] Andere[438] wollen dieses Ergebnis *auch generell auf Wertpapier-Termingeschäfte ausweiten* und so einen wesentlichen Teil gehandelter Derivatearten dem Anwendungsbereich des § 264a StGB entziehen. Dagegen wird eingewandt,[439] dem Wortlaut des § 264a StGB sei nicht zu entnehmen, spekulative Geschäfte generell vom Anwendungsbereich der Norm auszuschließen. Der Einbezug sei durch das erhöhte Schutzbedürfnis der Anleger in diesen Bereichen vielmehr geboten. Auch nach dieser Meinung sollen jedoch vom Begriff des Bezugsrechts nur bedingte Termingeschäfte[440] erfasst sein, nicht jedoch unbedingte Termingeschäfte wie Futures, Forwards oder Swapgeschäfte, da es sich hier lediglich um einen Kaufvertrag mit zukünftigen Leistungszeitpunkt mit Abnahmepflicht handele.

Ungeachtet dieses diffusen Meinungsstandes könnten einige Derivatearten bereits Wertpapiere i.S.d. § 264a Abs. 1 Nr. 1 StGB sein und so als taugliches

---

[434] *Momsen* in: BeckOK, StGB, § 264a, Rn. 2.
[435] Vgl. S. 123 ff. (Strukturierung) und S. 119 ff. (Nebenbestimmungen).
[436] *Park* in: Park, Kapitalmarktstrafrecht, § 264a, Rn. 22; *Knauth,* NJW 1987, 28;
[437] *Momsen* in: BeckOK, StGB, § 264a, Rn. 6.
[438] *Cramer/Perron* in: Schönke/Schröder, StGB, § 264a, Rn. 11.
[439] *Wohlers* in: MüKo, StGB, § 264a, Rn. 24.
[440] *Wohlers* in: MüKo, StGB, § 264a, Rn. 24 (Der Autor spricht von „bedingten Optionsgeschäften", meint wohl aber bedingte Termingeschäfte).

Bezugsobjekt in Betracht kommen. Der Begriff ist für diese Norm weder legal definiert, noch konkretisiert der Gesetzgeber ihn in seiner Gesetzesbegründung. Es findet sich aber der Hinweis, dass Schuldverschreibungen in den Schutzbereich fallen sollen.[441] Jedenfalls die börsengehandelten Derivategeschäfte sind als Inhaberschuldverschreibung (§ 793 BGB) ausgestaltet. So können Optionsscheine[442] und andere Derivategeschäfte Inhaberschuldverschreibungen darstellen, wenn sie Forderungen – und nicht wie Aktien: Mitgliedschaftsrechte[443] – verbriefen. Das Verständnis, als Wertpapiere i.S.d. § 264a StGB alle als Urkunde verbrieften Rechte aufzufassen, die zur Geltendmachung des Rechts die Innehabung der Urkunde erfordern, deckt sich auch mit dem Wertpapierbegriff des § 151 StGB im Rahmen der Wertzeichenfälschung. Allerdings divergieren die Schutzzwecke der beiden Strafrechtsnormen wesentlich: § 151 StGB schützt vor Fälschung selbst, § 264a StGB schützt Anleger vor betrügerischem Handel mit ungefälschten Wertpapieren.[444] Der Wertpapierbegriff des § 151 StGB kann damit für die Konkretisierung i.R.d. § 264a StGB keine Anhaltspunkte bieten. Vielmehr ist eine eigenständige, am Schutzzweck des § 264a StGB ausgerichtete Begriffsbestimmung vorzunehmen.[445] Dabei sind unbestimmte Rechtsbegriffe im Rahmen einer als abstraktes Gefährdungsdelikt ausgestalteten Strafrechtsnorm verfassungskonform *restriktiv auszulegen*.[446] § 264a StGB dient jedenfalls dem umfassenden Vermögensschutz der Anleger vor betrügerischen Vertriebsmethoden auf den Kapitalmärkten,[447] soll – ob direkt oder als Schutzreflex – aber auch das Vertrauen der Anleger in die Funktionsfähigkeit der Kapitalmärkte wahren.[448] Daher muss schon das Bezugsobjekt so ausgelegt werden, dass die Tathandlung gegenüber einem größeren Personenkreis vorgenommen werden kann, indem sie eine massenhafte Kapitalanlagemöglichkeit bieten.[449] Dies erfordert die Vertretbarkeit der Papiere und deren massenhafte Ausgabe und wird zumindest auf börsengehandelte Derivategeschäfte unabhängig von der konkreten Ausgestaltung des Rechts zutreffen. Auf eine Verkörperung des Rechts durch Verbriefung kann umgekehrt nicht verzichtet werden, da dies die Wortlautgrenze (*Wertpapier*) überschreiten würde.[450] Unverbriefte OTC-Derivategeschäfte sind damit nicht als Wertpapier erfasst.

---

[441] Regierungsbegründung, BT-Drucks. 10/318, S. 22.
[442] BGH vom 16.04.1991, Az. XI ZR 88/90, BGHZ 114, 180, Rn. 14.
[443] BGH vom 23.10.1958, Az. II ZR 4/57, BGHZ 28, 259.
[444] *Borchard,* Gehalt und Nutzen des § 264a StGB, 2004, S. 41.
[445] *Momsen* in: BeckOK, StGB, § 264a, Rn. 6.
[446] *Momsen* in: BeckOK, StGB, § 264a, Rn. 3.
[447] *Cramer/Perron* in: Schönke/Schröder, StGB, § 264a, Rn. 1 (vorrangig); *Momsen* in: BeckOK, StGB, § 264a, Rn. 2 (gleichrangig).
[448] *Park* in: Park, Kapitalmarktstrafrecht, § 264a, Rn. 3; *Knauth,* NJW 1987, 28.
[449] *Borchard,* Gehalt und Nutzen des § 264a StGB, 2004, S. 41.
[450] *Borchard,* Gehalt und Nutzen des § 264a StGB, 2004, S. 42.

Gleichwohl könnten diese Geschäfte als Bezugsrecht i.S.d. § 264a StGB gelten. Auch dieser Begriff beschränkt sich nicht auf die in § 186 AktG genannten Bezugsrechte, sondern ist an der Funktion des § 264a StGB auszurichten.[451] Der Ausschluss von Geschäften mit Spekulationscharakter[452] steht dem jedoch gerade entgegen. Denn jede Kapitalanlage ist stets auch Spekulation, sofern kein zu sicherndes Grundgeschäft beim Anleger existiert. Die Höhe der potentiellen Gewinnchance ist kein taugliches Abgrenzungskriterium. Zudem muss sich diese Meinung dem Willkürvorwurf aussetzen: Es ist kein sachlicher Grund ersichtlich, warum verbriefte Optionsscheine taugliche Bezugsobjekte i.S.d. § 264a StGB sein sollen, nicht aber wirtschaftlich identisch wirkende unverbriefte Optionen, die von der breiten Anlegerschaft bei Discount-Brokern gleichwohl mit wenig Aufwand bezogen werden können. Denn gerade hier besteht – wie einige höchstrichterliche Entscheidungen[453] vor Einführung des § 264a StGB exemplarisch zeigen – eine erhöhte Anlegergefährdung beispielsweise durch Täuschung zu überhöhten Provisionen, die dem Anleger keine reale Gewinnchance belassen. Bei beiden Vertriebswegen sind Anleger insofern schutzbedürftig. Der zugrunde liegende Basiswert ist dabei unerheblich.

Mangels Wertpapier-, Bezugsrechts- oder Anteilsqualität sind außerbörslich gehandelte unbedingte Termingeschäfte wie Forwards oder Swapgeschäfte von § 264a StGB nicht erfasst. Dies ist deshalb sachgerecht, weil diese Geschäfte ohnehin nicht der breiten Anlegerschaft als Kapitalanlage dienen. Sie werden zwischenparteilich über höhere Summen ausgehandelt. Der konkrete Irrtums- und Schadensnachweis wird oftmals leichter zu führen sein, sodass dem strafrechtlichen Schutzbedürfnis der Parteien schon durch den einfachen Betrugstatbestand entsprochen wird.

b) Betrugsrelevanz der Wahl von Modellparametern

Ein interessantes Problem stellt sich bei der Frage, wann der zulässige Beurteilungsspielraum bei der Wahl der bei Bewertungsmodellen angewendeten Ausgangsparameter überschritten ist. Dabei handelt es sich letztlich um die Problematik, inwiefern *Prognosen*[454] *als Werturteile oder als Tatsachenbehauptungen* einzuordnen sind, da nur letztere betrugsrelevanter Täuschungsgegenstand sein können. Als Täuschung wird dabei das intellektuelle Einwirken auf das Vorstellungsbild eines anderen mit dem Ziel der Irreführ-

---

[451] *Knauth,* NJW 1987, 28, (29).

[452] *Knauth,* NJW 1987, 28, (30).

[453] BGH vom 08.09.1982, Az. 3 StR 147/82, BGHSt 31,115; BGH vom 08.07.1981, Az. 3 StR 457/80, BGHZ 30,177; BGH vom 23.02.1982, Az. 5 StR 685/81, BGHZ 30, 388; BGH vom 02.11.1982, Az. 5 StR 358/82, wistra 1983, 30.

[454] *Seibt/Huizinga,* Corporate Finance Law, 2010, S. 289 ff. (allgemein zu kapitalmarktrechtlichen Pflichten i.V.m. Prognosen).

rung über Tatsachen verstanden.[455] Tatsachen sind alle dem Beweis zugänglichen Ereignisse oder Zustände der Gegenwart oder Vergangenheit.[456] Werturteile hingegen sind als bloße Meinungsäußerungen oder Urteile empirisch nicht überprüfbar. Auch die Prognose künftiger Zustände hat mangels empirischer Überprüfbarkeit grundsätzlich stark wertenden Charakter, kann aber im Einzelfall dennoch als Tatsache behandelt werden, wenn sich die Behauptung auf schon jetzt gegenwärtige Bedingungen bezieht.[457] Denn nach herrschender Meinung[458] ist für die Abgrenzung von Tatsachenbehauptung und Werturteil auf einen wahren, der Überprüfung zugänglichen Kerngehalt der Aussage abzustellen. Dieser Kerngehalt kann sich auch auf subjektive, innere Tatsachen wie dem schon anfänglichen Mangel am Rückzahlungswillen des Darlehensnehmers beziehen.[459] So wird ein Vermögensverwalter mit Vertragsschluss auch immer die (konkludente) Erklärung abgeben, die Anlageentscheidung an den Vermögensinteressen des Kunden auszurichten und nicht an mit den Transaktionen verbundenen Provisionen und Spesen.[460] Die auf künftiges Handeln bezogene Absicht ist damit schon eine gegenwärtige Tatsache,[461] deren Nachweis im Prozess freilich schwierig zu erbringen ist.[462]

Entsprechend wird für kapitalmarktbezogene Kurs- und Risikoprognosen vertreten, dass jedenfalls die *Prognosegrundlage* Tatsachencharakter habe und damit tauglicher Täuschungsgegenstand sein könne.[463] Nach dieser Ansicht kann die Wahl von Modellparametern dann betrugsrelevant sein, wenn die Parameter ihrer strukturellen Bedeutung im Modell entsprechend vergangenheitsbezogene oder gegenwärtige und damit empirisch überprüfbare Zustände erfassen sollen. Umgekehrtes gilt, wenn die Modellparameter selbst zukunftsbezogen und damit stets originär *zu schätzen* sind. Dann wird mangels gegenwärtiger empirischer Überprüfbarkeit diesem Parameter kein Tatsachencharakter zukommen und eine Betrugsrelevanz regelmäßig ausscheiden. Praxisrelevant wird zumeist jedoch ein Zwischenform dieser Fälle sein, da eine Viel-

[455] Ganz h.M., vgl. BGH vom 36.08.2003, Az. 5 StR 145/03, BGHSt 48, 331, Rn. 41; BGH vom 26.04.2001, Az. 4 StR 439/00, BGHSt 47, 1, Rn. 10; *Zieschang* in: Park, Kapitalmarktstrafrecht, § 263, Rn. 19; *Cramer/Perron* in: Schönke/Schröder, StGB, § 263, Rn. 8.

[456] *Beukelmann* in: BeckOK, StGB, § 263, Rn. 3.

[457] Beukelmann aaO.

[458] BGH vom 06.10.2009, Az. 4 StR 307/09, NStZ-RR 2010, 146, Rn. 3; BGH vom 36.08.2003, Az. 5 StR 145/03, BGHSt 48, 331, (344); *Cramer/Perron* in: Schönke/Schröder, StGB, § 263, Rn. 9; *Zieschang* in: Park, Kapitalmarktstrafrecht, § 263, Rn. 23.

[459] BGH vom 03.06.1960, Az. 4 StR 121/60, BGHSt 15, 24, Rn. 16 (Anfänglicher Mangel an der Rückzahlungswilligkeit des Darlehensnehmers); BGH vom 08.03.2001, Az. 1 StR 28/01, StV 2002, 132; BGH vom 30.07.1996, Az. 5 StR 168/96, NStZ 1997, 32 (Mangelnde Ernsthaftigkeit der Erklärung); *Cramer/Perron* in: Schönke/Schröder, StGB, § 263, Rn. 10.

[460] Schönke/Schröder, aaO.

[461] *Zieschang* in: Park, Kapitalmarktstrafrecht, § 263, Rn. 32.

[462] Janssen in: Hb Wirtschaftsstrafrecht, V, I, Rn. 27.

[463] *Zieschang* in: Park, Kapitalmarktstrafrecht, § 263, Rn. 27.

zahl der Risikomodelle Ausgangsparameter verlangt, die nach der technischen Bedeutung im Modell zwar zukunftsbezogen sind (erwartete Rendite bzw. zukünftige Volatilität oder Korrelation der Assets), die aber nach weit verbreiteten Handelsusancen stets auf vergangenheits- oder gegenwartsbezogenen Daten zu ermitteln gepflegt werden.

Zur Lösung dieses Problems könnte auf das Vorstellungsbild des Opfers abgestellt werden. Dieses wird – widerlegbar – davon ausgehen, dass es sich bei den Rückgriff auf historische Daten lediglich um eine Approximation des zukunftsbezogenen Parameters handelt, dieser aber auf der Grundlage anerkannter statistischer Methoden ermittelt wurde. Diese Erwartungshaltung könnte auch durch entsprechende Äußerungen in den Verkaufsprospekten der Wertpapiere hervorgerufen oder bestärkt werden. Eine weitere Determinante könnte die Reputation des Erklärenden sein. Einen betrugsrelevanten Tatsachenkern kann eine modellbasierte Prognose auch dadurch erhalten, dass der Erklärende besondere Fachkompetenz für sich in Anspruch nimmt, da er so konkludent für die Richtigkeit seiner Prognose einen gesteigerten Geltungsanspruch erhebt.[464] Insbesondere Fachleuten in den Handelsabteilungen großer Investmentbanken sowie Spezialisten zur Risikobewertung von derivativen Finanzinstrumenten bei Ratingagenturen kommt nach der Verkehrsanschauung ein solch zusätzlicher Erklärungswert zu. Diese Spezialisten sind originär an den *Informationsknoten der Kapitalmärkte* positioniert und haben dadurch erweiterten Zugang zu bewertungsrelevanter Information der zugrunde liegenden Assets. Sie berufen sich für ihr Bewertungsergebnis auf ausdifferenzierte technische Bewertungsverfahren, deren Leistungsfähigkeit regelmäßig durch zusätzliche Äußerungen in den Prospekten unterstrichen wird. Indem die Prognoseergebnisse unter diesen – öffentlich wahrgenommenen – Modalitäten erstellt werden, wird einerseits vorgegeben, das Risikobewertungsergebnis aufgrund plausibler und nachprüfbarer Parameter nach anerkannten statistischen Methoden (lege artis) ermittelt zu haben, während zugleich die mangelnde Nachprüfbarkeit durch externe Dritte gesichert ist. Andererseits wird durch die Veröffentlichung unter reputationsträchtigem Namen jedenfalls ein *gesteigerter Objektivitätsanspruch* erhoben, der nach der Verkehrsauffassung bis in einen Anspruch auf Verbindlichkeit der Äußerung münden kann.[465] Werden ein oder mehrere zugrunde liegenden Parameter zugunsten von Eigen- oder Drittinteressen verfälscht, wird jedenfalls auch über den auf Fachkompetenz beruhenden Tatsachenkern getäuscht, die

[464] BGH vom 26.08.2003, Az. 5 StR 145/03, BGHSt 48, 331, Rn. 41 („nach der Verkehrsanschauung ein gewisser Erklärungswert beizumessen"); OLG Stuttgart vom 19.06.1979, Az. 3 Ss (8) 237/79, NJW 1979, 2573, Rn. 16 (Ablehnung des Objektivitätsanspruchs durch die Behauptung des Gläubigers, ihm stehe ein Anspruch zu).

[465] *Cramer/Perron* in: Schönke/Schröder, StGB, § 263, Rn. 10 (mit Hinweis auf Rechtsauskünfte eines Anwalts und Äußerungen eines Kunstsachverständigen).

Prognose lege artis erstellt zu haben, sodass insofern eine Irreführung über Tatsachen in Betracht kommt.

Zusammenfassend bleibt festzuhalten, dass neben dem Wesen der Anfangsparameter bei Risikomodellen für eine Betrugsstrafbarkeit insbesondere relevant wird, ob der Erklärende besondere Fachkompetenz für sich in Anspruch nimmt und so einen erhöhten Geltungsanspruch für seine Bewertungsergebnisse erhebt. Dann stellt sich zuletzt die zentrale Frage, wann ein zulässiger Beurteilungsspielraum bei der Wahl der Modellparameter überschritten ist. Grundsätzlich knüpft der Betrugstatbestand nicht an eine bestimmte Abweichung der wahren von den kommunizierten Tatsachen an. Maßgeblich ist nicht der individuelle Parameter, sondern das *nachgelagerte Modellergebnis*. Denn zum Einen wird ein nur irgendwie gearteter Widerspruch zwischen dem subjektiven Vorstellungsbild und der Wirklichkeit als ausreichend für den Irrtum erachtet.[466] Zum Anderen wird sich der Tätervorsatz regelmäßig darauf beziehen, durch das Prognoseergebnis (und nicht durch die Parameter) die Vermögensverfügung des Opfers oder eines Dritten zu bewirken. Die Parameterwahl ist lediglich das gewählte Mittel, um die Erkennbarkeit der Täuschung zu erschweren. Entsprechend ist selbst bei nur minimalen Veränderungen eines Parameters von der Täuschungseignung auszugehen, wenn die Auswirkung auf das Prognoseergebnis wesentlich ausfällt. Bei nur unwesentlichen Veränderungen des Prognoseergebnisses wird das Täuschungsmerkmal sowohl bei § 264a StGB an der Erheblichkeit scheitern.[467] Bei § 263 StGB hingegen wird der erforderliche Kausalitätsnachweis[468] zwischen Täuschung und Irrtum nur in Ausnahmefällen zu führen sein. Andererseits ist der erforderliche Nachweis eines Vermögensschadens umso schwieriger zu führen, je geringer die Manipulationsintensität des Prognoseergebnisses ausfällt.

2. *Untreue beim Einsatz von Derivaten*

Neben dem Betrug stellt der Straftatbestand der Untreue gem. § 266 StGB einen weiteren *Grundtypus des Wirtschaftsverbrechens*[469] dar. Anders als der Betrug als irrtumsbedingtes Selbstschädigungsdelikt, ist die Untreue ein Fremdschädigungsdelikt. Der Tatbestand dient dem Schutz des Vermögensinhabers gegen Bedrohungen „von innen heraus"[470] und ist damit strafrechtliche Notwendigkeit in einer Wirtschaftsordnung, in der Vermögensinhaberschaft und Verfügungsmacht auseinanderfallen und der Vermögensinhaber auf die

466 *Zieschang* in: Park, Kapitalmarktstrafrecht, § 263, Rn. 44.
467 Vgl. *Wohlers* in: MüKo, StGB, § 264a, Rn. 43 ff.
468 Janssen in: Hb Wirtschaftsstrafrecht, V, I, Rn. 76.
469 Seier in: Hb Wirtschaftsstrafrecht, V, II, Rn. 1.
470 *Schünemann,* NStZ 2005, 473, (474).

Redlichkeit des Verfügenden angewiesen ist.[471] Entsprechend schützt § 266 StGB allein das Vermögen einer Person und nur als bloßer Schutzreflex auch das Vertrauen in die Redlichkeit des Rechts- und Wirtschaftsverkehrs.[472]

Der objektive Tatbestand der Untreue erfordert dem Wortlaut nach den Missbrauch einer Verfügungsbefugnis (Missbrauchstatbestand) oder einer sonstigen Pflicht zur Wahrnehmung fremder Vermögensinteressen (Treuebruchtatbestand). Er ist daher abstrakt formuliert und von großer Weite, aber dennoch verfassungskonform,[473] da der Normgehalt durch Rechtsprechung und Lehre bisweilen hinreichen konkretisiert wurde. Danach erfordert die Untreue gem. § 266 StGB neben der bestehenden Vermögenstreuepflicht des Täters eine Verletzung dieser Pflicht sowie einen kausalen Vermögensschaden.[474] Die Vermögensbetreuungspflicht setze „eine Beziehung des Täters zum (potentiell) Geschädigten [voraus], die eine besondere, über die für jedermann geltenden Pflichten zur Wahrung der Rechtssphäre anderer hinausgehende Verantwortung für dessen materielle Güter mit sich bringt".[475] Sie obliegt kraft der Leitungsbefugnis regelmäßig den Geschäftsführungsorganen als Prototyp eines Treuepflichtigen,[476] kann aber auch für Aufsichtsräte,[477] führende Mitarbeiter mit Ermessensspielraum[478] oder öffentliche Amtsträger bei Verletzung von Haushaltsrecht bestehen.[479]

a) Erhebliche Pflichtverletzung durch Risikogeschäfte

Die Pflichtenstandards für diesen – breiten – Adressatenkreis sind durch den Strafgesetzgeber nicht abstrakt-generell geregelt. Vielmehr ist der Rückgriff auf individuelle Verhaltensnormen und Wertungen außerhalb des Strafrechts erforderlich.[480] Insofern ist der Untreuetatbestand *akzessorisch*.[481] Umgekehrt erhalten diese zivil- und öffentlich-rechtlichen Wertungen durch die Akzessorietät auch strafrechtliche Relevanz.

---

[471] BVerfG vom 23.06.2010, Az. 2 BvR 105/09, ZIP 2010, 1596, Rn. 86.

[472] BGH vom 04.11.1997, Az. 1 StR 273/97, BGHSt 43, 293; BGH vom 20.07.1999, Az. 1 StR 668/98, wistra 2000, 18; *Perron* in: Schönke/Schröder, StGB, § 266, Rn. 1 m.w.N.

[473] BVerfG vom 23.06.2010, Az. 2 BvR 105/09, ZIP 2010, 1596.

[474] *Brüning/Samson,* ZIP 2009, 1089, (1090).

[475] BVerfG vom 23.06.2010, Az. 2 BvR 105/09, ZIP 2010, 1596, Rn. 92.

[476] BGH vom 06.04.2000, Az. 1 StR 280/99, BGHSt 46, 30; BGH vom 15.11.2001, Az. 1 StR 185/01, BGHSt 47, 148; *Zieschang* in: Park, Kapitalmarktstrafrecht, § 266, Rn. 10.

[477] BGH vom 21.12.2005, Az. 3 StR 470/04, BGHSt 50, 331.

[478] BGH vom 23.08.1995, Az. 5 StR 371/95, BGHSt 41, 224.

[479] BGH vom 04.11.1997, Az. 1 StR 273/97, BGHSt 43, 293.

[480] *Brüning/Samson,* ZIP 2009, 1089, (1090).

[481] *Wittig* in: BeckOK, StGB, § 266, Rn. 35.

(1) Maßstab und Safe Harbour einer erheblichen Pflichtverletzung

Zu den Verhaltensnormen, die eine Vermögensbetreuungspflicht konkretisieren, gehören grundsätzlich die Vorstandspflichten aus §§ 76, 93 AktG sowie die konkretisierenden Organisationspflichten gem. § 91 Abs. 2 AktG.[482] Allerdings ist nicht jede Sorgfaltspflichtverletzung geeignet, eine Strafbarkeit wegen Untreue zu begründen. Denn die abstrakte Tatbestandsgestaltung erfordert im Hinblick auf die verfassungsmäßigen Grundsätze der Bestimmtheit (Art. 103 Abs. 2 GG) und der Verhältnismäßigkeit (Art. 20 Abs. 3 GG) eine *restriktive Auslegung aller Tatbestandsmerkmale.*[483] Daher ist nach herrschender Meinung eine gravierende, geradezu evidente Verletzung dieser Sorgfaltspflichten erforderlich.[484] Für die Sorgfaltspflichten im Umgang mit derivativen Finanzinstrumenten gilt dies umso mehr, da die Konkretisierungen der Sorgfaltspflichten gem. §§ 76, 93 AktG mit der Ausstrahlungswirkung finanzaufsichtsrechtlicher Verhaltensnormen begründet wurde. Der Schutzzweck dieser Normen ist jedoch auf den Erhalt von Vertrauen und Funktionsfähigkeit der Bank- und Kapitalmärkte gerichtet und *deckt sich damit nicht* mit dem Vermögensschutzzweck der strafrechtlichen Untreue. Insofern ist der gesellschaftsrechtliche Pflichtenkatalog mit dem strafrechtlichen keineswegs deckungsgleich.

Umgekehrt kann aber durchaus geschlossen werden, dass Vorstände bei Einhaltung dieser Regelungen jedenfalls keine Treuepflichtverletzung begehen können. Immerhin wird den gesellschaftsrechtlichen Pflichten gem. § 76, 93 AktG wesentlicher Hinweischarakter für die Ausgestaltung des Pflichtmaßstabs nach § 266 Abs. 1 StGB zugesprochen,[485] der dann im Zuge verfassungskonformer Auslegung zu verengen ist. Solange das Handeln des Entscheiders ein „von Verantwortungsbewusstsein getragenes, ausschließlich am Unternehmenswohl orientiertes, auf sorgfältiger Ermittlung der Entscheidungsgrundlagen beruhendes unternehmerisches Handeln“[486] reflektiert, komme eine Pflichtwidrigkeit nicht in Betracht. Selbst der Abschluss von

---

[482] BGH vom 21.12.2005, Az. 3 StR 470/04, BGHSt 50, 331, Rn. 13; *Schünemann,* NStZ 2005, 473, (476); *Brüning/Samson,* ZIP 2009, 1089, (1092); *Perron* in: Schönke/Schröder, StGB, § 266, Rn. 35a; *Dierlamm* in: MüKo, StGB, § 266, Rn. 151; BGH vom 06.12.2001, Az. 1 StR 215/01, BGHSt 47, 187, Rn. 29 ff.

[483] BVerfG vom 23.06.2010, Az. 2 BvR 105/09, ZIP 2010, 1596; *Dierlamm* in: MüKo, StGB, § 266, Rn. 5.

[484] *Brüning/Samson,* ZIP 2009, 1089, (1094) („vorgegebene Grenzen […] massiv überschritten“); BVerfG vom 23.06.2010, Az. 2 BvR 105/09, ZIP 2010, 1596, Rn. 110; BGH vom 06.04.2000, Az. 1 StR 280/99, BGHSt 46, 30, Rn. 7; *Schünemann,* NStZ 2005, 473, (476); weniger eindeutig: *Perron* in: Schönke/Schröder, StGB, § 266, Rn. 36 und 19b; ablehnend: *Wittig* in: BeckOK, StGB, § 266, Rn. 19.

[485] *Perron* in: Schönke/Schröder, StGB, § 266, Rn. 19b ff.; *Zieschang* in: Park, Kapitalmarktstrafrecht, § 266, Rn. 71; *Wittig* in: BeckOK, StGB, § 266, Rn. 19; *Hellmann,* ZIS 2007, 433, (437).

[486] BGH vom 21.12.2005, Az. 3 StR 470/04, BGHSt 50, 331, Rn. 15.

Derivategeschäften zu Spekulationszwecken wird in diesen Grenzen keine Pflichtwidrigkeit begründen. Lediglich dann, wenn der Vorstand erheblich satzungswidrige Geschäfte abschloss[487] oder ein Mitarbeiter im Rahmen seiner Tätigkeit ausdrückliche Anweisungen zu den Abschlussmodalitäten erhielt, sich dann aber bei der Ausübung seines verbliebenen Ermessens gravierend darüber hinweg setzt, kommt eine Pflichtwidrigkeit als Missbrauchsuntreue in Betracht.[488]

Daneben haben Rechtsprechung[489] und Literatur[490] eine Fallgruppe beim Eingehen überhöhter Risiken entwickelt, indem sie auf die Einhaltung kaufmännischer Maßstäbe bei der Investitionsentscheidung abstellen. Weder aus der Realisierung eines übergroßen, noch eines bestandsgefährdenden Vermögensschadens sei a priori auf die Pflichtwidrigkeit zu schließen.[491] Wird die Investitionsentscheidung aber nach Art eines Spielers dergestalt getroffen, dass der Täter bewusst und entgegen den Regeln kaufmännischer Sorgfalt ein erhebliches Verlustrisiko eingeht, um nur eine zweifelhafte Gewinnchance zu erhalten, so hat er seine Pflicht verletzt.[492] Dann wird die Risikoübernahme in pflichtwidriger Weise als eindeutig unvertretbar einzuordnen sein und dem Unternehmenswohl[493] bzw. dem mutmaßlichen Wille des Vermögensinhabers[494] in krasser Weise widersprechen.

Die frühere Rechtsprechung stellt dabei vereinzelt[495] auf eine schlichte Abwägung der Gewinn- und Verlustchancen ab, wie sie sich ex ante aus der Sicht des Entscheiders ergeben hat. Dem entspricht die Literaturansicht,[496]

---

[487] OLG Hamm vom 29.04.1999, Az. 2 Ws 71/99, wistra 1999, 350.

[488] Vgl. BGH vom 12.03.1997, Az. 3 StR 5/97, wistra 1997, 181 (Täter und Opfer hatten einen Vermögensbetreuungsvertrag geschlossen, in dem ausdrücklich eine konservative Anlagestrategie unter Ausschluss von Termingeschäften vereinbart wurde. Da der Täter absprachewidrig erhebliche Teile des Vermögens spekulativ in Derivategeschäfte investierte, verletzte er – so der BGH – die im Vermögensbetreuungsvertrag konturierte Vermögensbetreuungspflicht [erheblich] und machte sich so wegen Untreue strafbar).

[489] BGH vom 04.02.2004, Az. 2 StR 355/03, StV 2004, 424; BGH vom 24.03.1982, Az. 3 StR 68/82, wistra 1982, 148.

[490] *Perron* in: Schönke/Schröder, StGB, § 266, Rn. 19b.

[491] *Wittig* in: BeckOK, StGB, § 266, Rn. 19.

[492] BVerfG vom 23.06.2010, Az. 2 BvR 105/09, ZIP 2010, 1596, Rn. 147; BGH vom 21.12.2005, Az. 3 StR 470/04, BGHSt 50, 331, Rn. 13 (§ 266 StGB enthalte das Gebot, „Maßnahmen zu unterlassen, die den Eintritt eines sicheren Vermögensschadens bei der Gesellschaft zur Folge haben"); BGH vom 16.02.1996, Az. 3 StR 185/94, wistra 1996, 184, Rn. 2 (Die gewählte Anlageform muss mit einem Verlustrisiko behaftet sein, „das deutlich höher lag als diejenige Vermögensgefährdung, die die Geschädigten nach ihrem bis dahin gezeigten Verhalten selbst in Kauf zu nehmen bereit gewesen sind").

[493] BGH vom 21.12.2005, Az. 3 StR 470/04, BGHSt 50, 331, Rn. 15; BGH vom 06.04.2000, Az. 1 StR 280/99, BGHSt 46, 30; *Wittig* in: BeckOK, StGB, § 266, Rn. 19.

[494] *Hellmann,* ZIS 2007, 433, (437); *Murmann,* JURA 2010, 561.

[495] BGH vom 24.03.1982, Az. 3 StR 68/82, wistra 1982, 148, Rn. 13.

[496] *Wittig* in: BeckOK, StGB, § 266, Rn. 19.

zumindest für Risikogeschäfte bei der Abgrenzung zwischen noch erlaubtem Risiko und strafrechtlich missbilligter Vermögensverschwendung vom gravierenden Charakter der Pflichtwidrigkeit abzusehen. Dieser Ansatz leidet aber an zwei Schwächen: Er übersieht einerseits das Gebot von Verfassungsrang, eine hinreichende *Evidenz* der Pflichtverletzung in den Tatbestandsmerkmalen sicher zu stellen.[497] Ein nur knapp disproportionales Chancen-Risiko-Verhältnis durch ein abzuschließendes Geschäft scheint nach der Verkehrsanschauung bestenfalls im Hinblick auf die gesellschaftsrechtlichen Sorgfaltspflichten bedenklich; eine Strafbewährung dieser Verhaltensweise wird für die Geschäftsführung regelmäßig – mangels Evidenz – nicht vorhersehbar sein.[498] Andererseits gibt es Wirtschaftszweige, die den Abschluss von riskanten Geschäften geradezu erfordern und so der Geschäftsabschluss dem mutmaßlichen Wille der Vermögensinhaber nicht entgegen stehen wird.[499] Das Einverständnis wirkt dann tatbestandsausschließend.[500] Dann käme es für Risikogeschäfte – insbesondere im Zusammenspiel mit den Grundsätzen zur schadensgleichen Vermögensgefährdung – zu einer *verfassungswidrigen Tatbestandsweitung* der Untreue, sodass – auch rechtspolitisch bedenklich – selbst unternehmerische Entscheidungen pflichtbewusster Vorstände pönalisiert würden.

(2) Grenzfälle beim Einsatz derivativer Finanzinstrumente

Für die Untreuestrafbarkeit beim Einsatz derivativer Finanzinstrumente ist jedenfalls eine Verletzung der Grundsätze kaufmännischer Sorgfalt erforderlich, wie sie durch §§ 76, 93 AktG vorgezeichnet sind. Nicht jede der oben[501] aufgezeigten Verletzungspotentiale gesellschaftsrechtlicher Verhaltensstandards kann jedoch eine Pflichtwidrigkeit i.R.d. Untreuetatbestandes begründen. Vielmehr muss eine *gravierende und geradezu evidente Verletzung dieser Verhaltensstandards* nachweisbar sein. Dies wird insbesondere bei nachweisbarer Entscheidungsfindung auf evident mangelhafter Informationsgrundlage zutreffen. Nach den Umständen des Einzelfalls kann auch der Abschluss von mehrfach abgeleiteten, poolingbasierten Derivaten auf evident unzureichender Information beruhen. Die oben angeführte Argumentation,

---

[497] BVerfG vom 23.06.2010, Az. 2 BvR 105/09, ZIP 2010, 1596, Rn. 110 und Rn. 111 („Der gegen die Rechtsprechung [zur gravierenden Pflichtverletzung] erhobene Einwand, dass sich dem Wortlaut des Tatbestands das Erfordernis einer gravierenden Pflichtverletzung nicht entnehmen lasse [...], überzeugt angesichts der dargelegten Notwendigkeit einer Beschränkung (Restriktion) des sehr weiten Wortlauts nicht.“).

[498] Vgl. BGH vom 21.12.2005, Az. 3 StR 470/04, BGHSt 50, 331, Rn. 15 („[U]nternehmerische Entscheidungen [müssen] regelmäßig aufgrund einer zukunftsbezogenen Gesamtabwägung von Chancen und Risiken getroffen werden [...], die wegen ihres Prognosecharakters die Gefahr erst nachträglich erkennbarer Fehlbeurteilungen enthält.“).

[499] *Hellmann,* ZIS 2007, 433, (437).

[500] *Hellmann,* ZIS 2007, 433, (439).

[501] Vgl. S. 264 ff.

bereits durch die Existenz des Informationsvernichtungseffekts bei diesen Derivatearten ab einer höheren Ableitungsebene auf das generellen Unvermögen des Entscheidungsträgers zu schließen, auf angemessener Informationsgrundlage zu handeln, ist hier jedoch nicht ohne weiteres übertragbar. Zum Einen wird die erforderliche gravierende Pflichtverletzung der kaufmännischen Sorgfalt höhere Anforderungen an die Auswirkungen des Geschäfts auf die Vermögens,- Finanz- und Ertragslage der Gesellschaft stellen. Zum Anderen wird der prozessuale Nachweis regelmäßig über das Mittel des Anscheinsbeweis gelingen. Dessen Gebrauch ist zwar auch im Strafprozessrecht grundsätzlich möglich. Die Beweisführung hat jedoch dem Grundsatz der Unschuldsvermutung (Art. 6 Abs. 2 EMRK) zu entsprechen. Anscheinsmaßstab hat damit die nach § 261 StPO erforderliche prozessuale Gewissheit i.S.e. an Sicherheit grenzender Wahrscheinlichkeit zu sein.[502]

Die erforderliche Qualität als gravierende Pflichtverletzung stellt auch andere Anforderungen an das Handeln zum Wohle der Gesellschaft. So ist der Einbezug der Pflicht zur Risikomischung in den untreuerelevanten Pflichtenstandard fragwürdig. Die gesellschaftsrechtliche Pflicht zur Risikomischung des frei verfügbaren Kapitals wurde oben[503] aus finanzaufsichtsrechtlichen Regelungen abgeleitet, deren Zwecksetzung vorwiegend der Wahrung öffentlicher Interessen dient. Demgegenüber soll § 266 StGB individuellen Vermögensschutz gewährleisten. Zwar ist für die Anerkennung der Ausstrahlungswirkung auf allgemein-gesellschaftsrechtliche Sorgfaltspflichten gerade erforderlich, dass der Gesetzgeber durch die aufsichtsrechtlichen Regelungen auch allgemeine, im Aktienrecht geltende Grundsätze nachweisbar konkretisiert, die wiederum dem Schutz des Gesellschaftsvermögen dienen. So wird der Aufsichtsnorm im Fall ihrer Ausstrahlung bereits originär eine wesentliche vermögensschützende Wirkungsrichtung zukommen.[504] Allerdings erfordert das Bestimmtheitsgebot des Art. 103 Abs. 2 GG für die untreuebegründende Pflichtverletzung, dass Bestand und Umfang der Pflicht für den Beschuldigten zum Tatzeitpunkt *sicher erkennbar* ist. Das BVerfG[505] knüpft hier regelmäßig an eine gefestigte Rechtsprechungspraxis an. Entsprechend kann zwar die Eingehung bestandsgefährdender Risiken als evidente Pflichtverletzung qualifiziert werden, nicht aber die Verletzung der Pflicht zur Risikomischung frei verfügbaren Gesellschaftsvermögens.

---

[502] *Kühne,* Strafprozessrecht, 2010, Rn. 758.

[503] Vgl. S. 274 ff.

[504] Auch die Rechtsprechung greift zur Konkretisierung der Pflichten bei der Bonitätsprüfung auf die aufsichtsrechtliche Regelung des § 18 KWG zurück, allerdings mit dem Hinweis auf dessen Schutzrichtung für das Bankvermögen, BGH vom 15.11.2001, Az. 1 StR 185/01, BGHSt 47, 148; vgl. auch *Perron* in: Schönke/Schröder, StGB, § 266, Rn. 20a.

[505] BVerfG vom 23.06.2010, Az. 2 BvR 105/09, ZIP 2010, 1596, Rn. 109.

b) Risikoübernahme als gefährdungsgleicher Vermögensschaden

Der Wortlaut des § 266 Abs. 1 StGB erfordert für die strafbare Untreue einen Nachteil. Dieser ist als Taterfolg durch einen Vermögensvergleich vor und nach der pflichtwidrigen Verfügung der Höhe nach zu bestimmen.[506] Bereits im Jahre 1887 hatte das Reichsgericht[507] entschieden, dass eine Vermögensbeeinträchtigung schon dann als Nachteil zu qualifizieren ist, wenn sie nach wirtschaftlicher Betrachtung bereits gegenwärtig zu einer Vermögensminderung führt.[508] Anhaltspunkt dafür sei eine nach den Grundsätzen ordnungsgemäßer Buchführung *erforderliche Wertberichtigung*. Maßgeblich ist demnach eine Minderwertigkeit des Gegenleistungsanspruchs durch eine konkrete Vermögensgefahr. Durch diese Rechtsfigur wird letztlich dem Umstand Rechnung getragen, dass in einer Marktwirtschaft zukünftige Erwartungen der Teilnehmer über den Mechanismus von Angebot und Nachfrage in den erzielbaren Marktpreis eingehen und so den Wert wesentlich prägen.[509]

Für zum Marktpreis erworbene Spekulationsgeschäfte wird nach herrschender Meinung[510] das Chancen-Risiko-Verhältnis zum Zeitpunkt des Vertragsschlusses wirtschaftlich ausgeglichen sein, sodass der Vermögensinhaber unmittelbar kein Nachteil erleidet. Die Wertminderung des Spekulationsgeschäfts wird erst bei einem nachträglich erkannten und wesentlichen Risiko vorzunehmen sein. Hier wird auf die Voraussetzungen der Einzelwertberichtigung (§ 253 HGB bzw. IAS 39.58 ff.) oder der Bildung von Drohverlustrückstellungen (§ 249 HGB) verwiesen.[511] Für die Beurteilung des Gefährdungsschadens ist aber der Zeitpunkt des Vertragsschlusses maßgeblich. Die spätere Preisentwicklung des Geschäfts wird mangels konkreter Vorhersehbarkeit für die anfängliche wirtschaftliche Werthaltigkeit des Anspruchs nicht heran zu ziehen sein.[512]

---

[506] BGH vom 23.05.2002, Az. 1 StR 372/01, BGHSt 47, 295, Rn. 31; BGH vom 17.08.2006, Az. 4 StR 117/06, StV 2007, 31, Rn. 6; *Dierlamm* in: MüKo, StGB, § 266, Rn. 178 m.w.N.

[507] RG vom 20.04.1887, Az. Rep. 2237/86, RGSt 16, 1.

[508] BVerfG vom 10.03.2009, Az. 2 BvR 1980/07, NJW 2009, 2370, Rn. 32; BGH vom 07.10.2003, Az. 1 StR 212/03, BGHSt 48, 354, Rn. 9 ff.; *Perron* in: Schönke/Schröder, StGB, § 266, Rn. 45 m.w.N.

[509] BVerfG vom 23.06.2010, Az. 2 BvR 105/09, ZIP 2010, 1596, Rn. 139.

[510] BGH vom 23.02.1982, Az. 5 StR 685/81, BGHSt 30, 388, Rn. 4; BGH vom 09.07.1987, Az. 4 StR 216/87, BGHSt 34, 394; BGH vom 15.12.2006, Az. 5 StR 181/06, BGHSt 51, 165, Rn. 38; *Hellmann,* ZIS 2007, 433, (440); *Hefendehl* in: MüKo, StGB, § 263, Rn. 718; *Dierlamm* in: MüKo, StGB, § 266, Rn. 195 ff.

[511] BGH vom 18.02.2009, Az. 1 StR 731/08, BGHSt 53, 199, Rn. 13.

[512] *Dierlamm* in: MüKo, StGB, § 266, Rn. 196 (wertmindernden Tatsachen müssten bereits feststehen).

Dem stehen die ältere Rechtsprechung[513] und Teile der Literatur[514] entgegen, die die wirtschaftliche Betrachtungsweise bei Nachteil durch normative Kriterien ersetzen wollen. Danach soll für die Annahme eines Nachteils – wie bei der Pflichtwidrigkeit – erforderlich sein, dass „Geschäfte betrieben werden, die von dem Gebot kaufmännischer Sorgfalt weit abweichen, indem einer aufs Äußerste gesteigerten Verlustgefahr nur eine höchst zweifelhafte Aussicht auf einen günstigen Verlauf gegenübersteht, durch die der Beschuldigte wie beim Glücksspiel alles auf eine Karte setzt".[515] Im Gegenzug soll in der Strafzumessung der qualitative Unterschied des Nachteils als Gefährdungsschaden Berücksichtigung finden.

Das BVerfG hat diese Spruchpraxis nunmehr – zu Recht – als verfassungswidrig gerügt.[516] Indem die konkrete Gefährdung des Vermögens durch normative Kriterien ersetzt werde, wird eine Verquickung von Pflichtwidrigkeit und Nachteil erreicht. Durch die Pflichtwidrigkeit können dann allzu leicht auf einen Nachteil geschlossen werden. Dies verlagere den Taterfolg derart weit vor, dass die Grenzen zwischen Tatvollendung und Versuch verschwimmen.[517] Der Gesetzgeber habe sich aber bewusst gegen eine Versuchsstrafbarkeit der Untreue entschieden.[518] Der als Vermögensverletzungsdelikt geschaffene Tatbestand der Untreue werde so richterrechtlich zu einem Vermögensgefährdungsdelikt kupiert[519] und verstoße sowohl gegen den Vorbehalt des Gesetzes, als auch gegen das Bestimmtheitsgebot des Art. 103 Abs. 2 GG. Zudem bestehen im Gegensatz zum Betrug beim subjektiven Untreuetatbestand keine erhöhten Anforderungen hinsichtlich Stoffgleichheit und Bereicherungsabsicht. Die Lehre vom Gefährdungsschaden sei daher nicht ohne kontrollierende Wertung auf die Untreue übertragbar. Vielmehr müsse die Rechtsprechung die „eigenständige strafbarkeitsbegrenzende Funktion des Nachteilsmerkmals"[520] wahren. Danach hat eine ausschließlich wirtschaftliche Betrachtungsweise bei der Feststellung eines Gefährdungsschadens maßgeblich zu sein. Dem Merkmal der konkreten Gefährdung kommt danach besondere Bedeutung zu. Der Täter hat durch den Vertragsschluss einen Kausalzusammenhang in Gang zu setzen, der *unumkehrbar auf eine Wertminderung des Vermögens hinaus läuft.*[521] Nur dann kann eine Gefähr-

---

[513] BGH vom 27.02.1975, Az. 4 StR 571/74, NJW 1975, 1234; BGH vom 12.06.1990, Az. 5 StR 268/89, BB 1990, 1664; BGH vom 24.03.1984, Az. 3 StR 68/82, wistra 1982, 148.

[514] *Perron* in: Schönke/Schröder, StGB, § 266, Rn. 45a m.w.N.

[515] BVerfG vom 23.06.2010, Az. 2 BvR 105/09, ZIP 2010, 1596, Rn. 147.

[516] BVerfG vom 23.06.2010, Az. 2 BvR 105/09, ZIP 2010, 1596, Rn. 149.

[517] *Dierlamm* in: MüKo, StGB, § 266, Rn. 6.

[518] Regierungsbegründung vom 25.09.1997, BT-Drucks 13/8587, S. 43; BVerfG vom 10.03.2009, Az. 2 BvR 1980/07, NJW 2009, 2370, Rn. 35.

[519] *Hellmann,* ZIS 2007, 433, (441); BGH vom 18.02.2009, Az. 1 StR 731/08, BGHSt 53, 199, Rn. 12.

[520] BVerfG vom 23.06.2010, Az. 2 BvR 105/09, ZIP 2010, 1596, Rn. 148.

[521] Hellmann, aaO.

dungssituation eine solche Intensität erreichen, dass sie einem Schaden gleichsteht.

Entsprechend kann mit der herrschenden Meinung bei zum Marktpreis erworbenen Spekulationsgeschäften grundsätzlich kein Gefährdungsschaden festgestellt werden. Denn es spricht eine – widerlegbare – Vermutung dafür, dass der Marktpreis als erzielbarer Wert eine angemessene Gegenleistung für das durch das Geschäft übernommene Risiko darstellt. Das für den Nachteil erforderlichen anfänglichen Missverhältnis kann aber dann bestehen, wenn Aufwendungen wie Beratungs- oder Maklergebühren die Gewinnchancen mindert. Da marktübliche Transaktionskosten regelmäßig schon eingepreist sein werden, müssen die Aufwendungen ihrerseits marktunüblich sein oder auf individuelle Leistungsbeanspruchung des Täters zurück gehen. Dieses Problem ist allerdings nicht derivatespezifisch.

V. Zusammenfassung

Beim Einsatz derivativer Finanzinstrumente in der Unternehmung hat das Führungsorgan die Sorgfalt eines ordentlichen und gewissenhaften Geschäftsführers anzuwenden. Ordentlich und gewissenhaftes Führungshandeln liegt jedenfalls dann vor, wenn der Entscheider vernünftigerweise davon ausgehen durfte, auf angemessener Informationsgrundlage zum Wohle der Gesellschaft zu handeln. Allerdings wurde gezeigt, dass der Entscheider kraft des Informationsvernichtungseffekts bei mehrfach abgeleiteten, poolingbasierten Derivaten nicht mehr ohne weiteres davon ausgehen kann, auf der Grundlage angemessener Information zu handeln.

Dem Wohle der Gesellschaft steht es entgegen, wenn die Geschäftsführung durch die Positionierung in ein Derivategeschäft ein bestandsgefährdendes Risiko eingeht. Bestandsgefährdend ist ein Risiko, wenn die Gesellschaft durch das Geschäft in eine Krise zu steuern droht. Deckt der satzungsmäßige Unternehmensgegenstand den Abschluss von Derivategeschäften als Hauptgeschäft ab, so ist ein konkreter Gefährdungsmaßstab erforderlich. Ist der Abschluss von derivativen Finanzinstrumenten durch das Unternehmen allerdings nur als satzungsmäßiges Hilfsgeschäft zulässig, so verstößt schon eine nur abstrakte Bestandsgefährdung durch Eingehung des Derivategeschäfts gegen das Wohl der Gesellschaft.

Das Handeln zum Wohle der Gesellschaft erfordert von der Geschäftsführung auch, eine Risikomischung zumindest beim frei verfügbaren Gesellschaftsvermögen aktiv zu fördern. In Anlehnung an die investmentrechtlichen Vorschriften zur Vermeidung von Groß- und Klumpenrisiken ist eine Überschreitung der 5% bzw. 10%-Grenze durch Spekulationsgeschäfte zwar zulässig, aber rechtfertigungsbedürftig.[522] Als Rechtfertigungsgründe kommen eine überlegene Risikoeinschätzung oder eine angemessene Risikoprämie in

---

[522] *Fleischer/Schmolke,* ZHR 179 (2009), 649, (681).

Betracht. Die Anforderungen an die Rechtfertigung sind umso höher, je weiter diese Grenzen überschritten sind und wird bei analoger Überschreitung der Großkrediteinzel- oder -gesamtobergrenzen des Bankenaufsichtsrechts nur noch höchst selten zu erbringen sein.

Weiterhin hat die Geschäftsführung das von ihr einzurichtende Risikofrüherkennungssystem an Art und Umfang des Derivateeinsatzes auszurichten. Konkretisierende Anhaltspunkte an die erforderlichen Maßnahmen geben die investmentrechtlichen Vorschriften der DerivateV, die teilweise auf den allgemeinen Maßstab gem. § 91 Abs. 2 AktG ausstrahlen.

Diese gesellschaftsrechtlichen Sorgfaltsvorschriften werden durch Betrugs- und Untreuestrafbarkeit abgesichert. Dabei wurde insbesondere aufgezeigt, unter welchen Bedingungen die Wahl von Modellparametern bei der (bilanziellen) Bewertung komplexer Derivate als Täuschung zu qualifizieren ist und damit betrugsrelevant wird. Allerdings ist der Tatbestand des Kapitalanlagebetruges (§ 264a StGB) lediglich auf börsengehandelte Derivategeschäfte sowie OTC-Optionen anwendbar. Für außerbörsliche Forward- oder Swapgeschäfte kommt dann der allgemeine Betrugstatbestand mit höheren Beweisanforderungen in Betracht. Der Untreuetatbestand (§ 266 StGB) ist zu den gesellschaftsrechtlichen Sorgfaltspflichten grundsätzlich akzessorisch, stellt nach der gebotenen verfassungskonformen Auslegung aber ungleich höhere Anforderungen an eine Sorgfaltspflichtverletzung. Die erforderliche gravierende und geradezu evidente Pflichtverletzung i.S.d. § 266 StGB liegt regelmäßig weder beim Abschluss mehrfach-abgeleiteter, poolingbasierter Derivate vor, noch bei Verletzung der Pflicht zur Risikomischung des frei verfügbaren Gesellschaftsvermögens.

D. Funktionsschutz der Kapitalmärkte

Der Funktionsschutz der Kapitalmärkte ist neben Anlegerschutz und Wettbewerbssicherung in vielen Rechtsordnungen das oberste Ziel des Kapitalmarktrechts.[523] In der juristischen Literatur werden unter dem Dach der Funktions-

---

[523] *Hellgardt,* Kapitalmarktdeliktsrecht, 2008, S. 165; *Buck-Heeb,* Kapitalmarktrecht, 2009, Rn. 8; Anlegerschutz, Wettbewerbssicherung und Funktionsschutz des Marktes sind als Schutzziele des Kapitalmarktrechts eng verwoben und gehen teilweise ineinander über. So ist der Funktionsschutz originär auf die Korrektur von externen Effekten am Markt gerichtet, die bis zum Marktversagen führen können. Die Allokation von Kapital und Risiko soll langfristig gewährleistet werden. Damit wird zugleich Wettbewerbssicherung betrieben. Maßnahmen zum Anlegerschutz wiederum sollen die wirtschaftliche Ausnutzung schlecht informierter Marktteilnehmer verhindern. Das Mittel sind regelmäßig weitgehende Informationspflichten, um dem Anleger eine eigenverantwortliche Investitionsentscheidung zu ermöglichen, vgl. *Kasten,* Explorations und Informationspflichten, 2009, S. 145; Information über die Risikoqualität ist aber wiederum notwendige Voraussetzung für die Funktionsfähigkeit eines Marktmechanismus selbst. Informationspflichten sind damit auch Mittel zur Funktionssicherung der

fähigkeit der Kapitalmärkte drei wesentliche Schutzziele zusammengefasst. Die *institutionelle Funktionsfähigkeit* des Marktes umfasst die Voraussetzungen eines funktionsfähigen Marktmechanismus. Dazu zählen insbesondere der freie Marktzutritt und -austritt sowie die Sicherung hinreichender Marktbreite und -tiefe. Die *operationelle Funktionsfähigkeit* ist auf die Minderung von Transaktionskosten gerichtet, damit der Markt seine Steuerungsfunktion optimal erfüllen kann. Damit ist auch das dritte – und wichtigste – Schutzziel identifiziert: Die *allokative Funktionsfähigkeit* ist auf die Förderung der Steuerungseffizienz des Marktes gerichtet. Das Kapital soll dorthin gelangen, wo es am effektivsten eingesetzt und die höchste Rendite erwirtschaftet wird; das Risiko dorthin gelangen, wo es am besten getragen werden kann. Die allokative Funktionsfähigkeit ist demnach auf die Förderung der Primärfunktion der Finanzmärkte selbst gerichtet.[524]

Derivative Finanzinstrumente könnten dem im Kapitalmarktrecht verwirklichten Funktionsschutz des Marktes in dreifacher Hinsicht entgegen stehen. Erstens könnte durch die *komplexe* Vertragsgestaltung die von Rechts wegen erforderliche Versorgung der Marktteilnehmer mit Information nicht mehr gewährleistet sein. Zweitens könnten Derivate *a priori* durch die Vertragsgestaltung oder aber durch deren effektive Wirkung auf die Preisbildung (an den Termin- und Kassamärkten) die Akzeptanz und Teilnahme des Anlegerpublikums an den Kapitalmärkten wesentlich mindern. Drittens könnten Derivate als potenzielle Transmissionsvehikel von systemischen Risiken die Existenz wesentlicher Marktteilnehmer und so den Bestand des Marktes selbst gefährden. Inwieweit das Funktionsschutzkonzept des Kapitalmarktrechts durch diese drei Aspekte tatsächlich unterlaufen wir, soll nachfolgend untersucht werden, um so finale Rückschlüsse für die fehlende Zulässigkeit einzelner Derivate zum Einsatz in der Unternehmung ziehen zu können.

I. Zugang zu bewertungsrelevanter Information und Derivate

Vertrauen – so wurde gezeigt[525] – ist für die Funktionsfähigkeit eines Marktes essentiell. Funktionsschutz bedeutet daher zu großen Teilen auch Vertrauensschutz. Sowohl individuelles Vertrauen (etwa in die wirtschaftliche Leistungsfähigkeit der Gegenpartei) als auch institutionelles Vertrauen (beispielsweise in die Integrität des Preismechanismus) sollen nach dem Gesetzgeber regel-

---

Kapitalmärkte. Auch anlegerschützende Haftungsregelungen können präventiv auf das Kapitalmarktverhalten einzelner Akteure wirken und so zumindest auch dem Funktionsschutz dienen, vgl. *Damrau,* Selbstregulierung im Kapitalmarktrecht, 2003, S. 45. Ziel des Kapitalmarktrechts ist es damit, die wirtschaftlichen Bedingungen für einen leistungsfähigen Markt insgesamt zu schaffen und aufrecht zu erhalten, vgl. *Hellgardt,* Kapitalmarktdeliktsrecht, 2008, S. 197; ausführlich zum Verhältnis Funktionsschutz und Anlegerschutz auch *Merkt,* Unternehmenspublizität, 2001, S. 301 ff.

[524] Vgl. S. 82 ff. (Primärfunktionen der Kapitalmärkte).

[525] Vgl. S. 171 ff.

mäßig über das Mittel der Informationspflichten gewährleistet werden. Denn der *Zugang zur Information* stellt eine zwingende Voraussetzung dafür dar, dass Marktteilnehmer eine eigenverantwortliche Risikoübernahme- und Investitionsentscheidung überhaupt treffen können.[526] Diese Aussage hat als universales Grundprinzip[527] einer dezentral organisierten Marktwirtschaft nicht nur für Privatanleger erhebliche Bedeutung, sondern gilt grundsätzlich auch dort, wo Anleger mit erheblicher wirtschaftlicher Kompetenz und Professionalität interagieren. Denn sie können ihre Professionalität nur dann ausüben, wenn sie über eine hinreichende Informationsgrundlage verfügen. Dies bedingt einen entsprechenden Zugang zur Kapitalmarktinformation. Sowohl das europäische, als auch das US-amerikanische Kapitalmarktrecht zeichnet diesen Grundsatz zur Funktionssicherung der Kapitalmärkte bereits *de lege lata* für alle Anleger- bzw. Investorengruppen vor. Derivative Finanzinstrumente – so die These – können indes einen Komplexitätsgrad erreichen, für den der erforderliche Zugang zur Information als Rechtspflicht nicht mehr zu erfüllen ist.

1. Zugangserfordernis im US-amerikanisches Kapitalmarktrecht

Charakteristisches Kennzeichen des US-amerikanische Kapitalmarktrechts ist der Grundsatz des *Full and Fair Disclosure*.[528] Unternehmensbezogen wird dieser Grundsatz durch die Pflichten zur Regelpublizität erreicht. Wertpapierbezogen steht hingegen der Securities Act of 1933[529] (*SA*) für die Emissionspublizität im Mittelpunkt. Hier soll das Prinzip des informationellen Anlegerschutzes durch Offenlegung systematisch verwirklicht werden, indem jedes Wertpapier vor dem Angebot grundsätzlich bei der US-amerikanischen Börsenaufsichtsbehörde (*SEC*) zu registrieren ist. Das einzureichende *Registration Statement* umfasst insbesondere eine Umschreibung des Geschäftsfeldes und der Vermögensgegenstände des Unternehmens, Information zum Management, eine Beschreibung des anzubietende Wertpapieres sowie die von einem

[526] BVerfG vom 26.06.2002, Az. 1 BvR 558/91, BVerfGE 105, 252, Rn. 46 („Erst die Informiertheit der Marktteilnehmer ermöglicht eine an den eigenen Interessen orientierte Entscheidung über die Bedingungen der Marktteilhabe, insbesondere über das Angebot von oder die Nachfrage nach Gütern und Leistungen."); *Mehringer,* Kapitalmarktrechtliches Gleichbehandlungsprinzip, 2007, S. 40 (für Kapitalmarktprodukte).

[527] *Mekat,* Grundsatz der Wesentlichkeit, 2009, S. 53. („Mandatory Disclosure" als Bestandteil der Wirtschaftsverfassung nahezu jeder fortgeschrittenen Industrienation); *Merkt,* Unternehmenspublizität, 2001, S. 300.

[528] Europe & Overseas Commodity Traders, S.A. v. Banque Paribas London, 147 F.3d 118, 126 (2d Cir. 1998) („Through mandatory disclosure, Congress sought to promote informed investing and to deter the kind of fraudulent salesmanship that was believed to have led to the market collapse of 1929."); SEC v. Capital Gains Research Bureau, Inc., 375 U.S. 180, 186 (1963) („[The Securities Act of 1933] substitute a philosophy of full disclosure for the philosophy of caveat emptor").

[529] 15 U.S.C.A. Sec. 77a ff.

unabhängigen Wirtschaftsprüfer beglaubigte Bilanz.[530] Zudem ist der später an die Investoren vergebene Verkaufsprospekt einzureichen. All diese Informationen werden zeitnah im elektronischen *EDGAR-System*[531] der SEC der Öffentlichkeit zur Verfügung gestellt. Bis der Registrierungsprozess abgeschlossen ist und die Information öffentlich verfügbar wird, ist der Verkauf der Wertpapiere gem. Sec. 5(a) SA grundsätzlich untersagt.

Dieser umfassende Grundsatz der Offenlegung preisrelevanter Kapitalmarktinformation wird wiederum durch zahlreiche Ausnahmen sowohl im SA selbst, als auch in den konkretisierenden Regelungen der SEC (*Rules*) eingeschränkt. Die Ausnahmen sind ihrerseits aber wieder durch den Grundsatz beschränkt, dass der Zugang zur preisrelevanten Kapitalmarktinformation durch den Investor sichergestellt sein muss.

a) Private Offerings

Der US-amerikanische Gesetzgeber hat in Sec. 4(2) SA private Angebote von Wertpapieren weitestgehend von der Registrierungspflicht ausgeschlossen, ohne allerdings den Rechtsbegriff des privaten Angebots legal zu definieren. Dies wurde später durch Gerichte geleistet.

Der Supreme Court setzt in SEC v. Ralston Purina Co.[532] (*Ralston Purina*) zur Abgrenzung von öffentlichem und privatem Angebot am Schutzbedürfnis für den Angebotsempfänger an. Der SA gehe vom Leitbild des schutzbedürftigen Investors aus, der auf die im Rahmen der Registrierung offengelegte Information angewiesen sei, um informierte Investitionsentscheidungen treffen zu können. Damit könne sich – so das Gericht – ein privates Angebot i.S.d. Sec. 4(2) SA ausschließlich an solche Investoren richten, „who are shown to be able to fend for themselves“.[533] Dabei müsse nachweislich sichergestellt sein, dass schon jeder Angebotsempfänger (und nicht erst der Käufer) Zugang zu der Information hat, die im Registrierungsprozess offen zu legen wäre.[534] In nachfolgenden Entscheidungen[535] wurde diese Gruppe von Angebotsempfängern als *Sophisticated Investors* charakterisiert. Besondere Bedeutung zur Feststellung von *Sophistication* erlangen „wealth, age, education, professional status, investment experience, and business background“.[536]

---

[530] §§ 5-7 SA, 15 U.S.C. §§ 77e-77g.

[531] http://http://www.sec.gov/edgar.shtml.

[532] SEC v. Ralston Purina Co., 346 U.S. 119 (1953).

[533] SEC v. Ralston Purina Co., 346 U.S. 119, 125 (1953).

[534] SEC v. Ralston Purina Co., 346 U.S. 119, 127 (1953) („must have access to the kind of information which registration would disclose“).

[535] Value Line Fund, Inc. v. Marcus, 161 F.Supp. 533 (S.D.N.Y. 1958); Ackerberg v. Johnson, 892 F.2d 1328, 1337 (8th Cir. 1989) („is a sophisticated investor, not in need of the protections afforded by registration“).

[536] Banca Cremi, S.A. v. Alex. Brown & Sons, Inc., 132 F.3d 1017, 1018 (4th Cir. 1997); ähnlich Ackerberg v. Johnson, 892 F.2d 1328 (8th Cir. 1989) (Anstellen auf Finanzkraft).

Zwingende Gründe sind dies gleichwohl nicht. So hat die SEC einen Investor als *Unsophisticated* klassifiziert, der Mehrheitseigner einer Holdinggesellschaft war, sowie ein Wertpapierdepot im Wert von 3 Mio. USD und einen Universitätsabschluss in Betriebswirtschaft inne hatte.[537]

Allerdings wurde in Hill York Corp. v. American International Franchises, Inc.[538] auch klargestellt, dass der Charakter als *Sophisticated Investor* allein keine hinreichende Basis zur Beurteilung des Schutzbedürfnisses der Zielgruppe darstellt. Vielmehr müsse jeder Angebotsempfänger nachweislich – neben einem außergewöhnlichen Maße an wirtschaftlicher Kompetenz – in einer Position befinden, aus der heraus er regulär *Zugang zu all der Information hat, die im Registrierungsprozess offen zu legen wären.*[539] In Doran v. Petroleum Management Corp. stellte die Rechtsprechung dann ausdrücklich klar, dass der Nachweis außergewöhnlicher *Investor Sophistication* allein, ohne dass auch der Zugang zur Information nachgewiesen ist, die Angebotsempfänger nicht in die Lage versetzt, die Risiken des Wertpapieres angemessen zu erfassen.[540] Zugangs zur Information kann dabei durch ein Arbeitsverhältnis, durch Familienangehörigkeit oder eine Verhandlungsposition nachgewiesen werden, die den Angebotsempfänger effektiv in die Lage versetzen, die erforderliche Information zu erlangen.[541] Nur wenn der Zugang zur Information sicher gestellt ist – so die ratio des Gerichts – könne der Angebotsempfänger seine *wirtschaftliche Kompetenz auch ausüben.* Gleichwohl besteht ein Zusammenhang zwischen *Sophistication* und Zugang zur Information: In der Kapitalmarktrealität werden wirtschaftlich kompetente Investoren den Kauf solange ablehnen, bis ihnen angemessener Zugang zur Information eingeräumt wurde. Sie werden einzeln oder als Gruppe eine ausreichend starke Verhandlungsposition zu erlangen suchen, um die Offenlegung der Information autonom durchzusetzen.[542] Auf der Grundlage dieses – im

---

[537] In re Frey, S.E.C. Release No. 221, 79 (2003); ähnlich: Bucchieri, 52 S.E.C. 800, 804 (1996) (Klassifizierung als „unsophisticated“ trotz Universitätsabschluss der Harvard Business School).

[538] Hill York Corp. v. American International Franchises, Inc., 448 F.2d 680 (5th Cir. 1971).

[539] Hill York Corp. v. American International Franchises, Inc., 440 F.2d 631, 633 (10th Cir. 1971) („[A group sophisticated offerees] include[s] only persons of exceptional business experience, and a position where they have regular access to all the information and records which would show all the potential for the corporation.“).

[540] Doran v. Petroleum Management Corp., 545 F.2d 893, 902 (5th Cir. 1977) („evidence of a high degree of business or legal sophistication on the part of all offerees does not suffice to bring the offering within the private placement exemption.“).

[541] Doran v. Petroleum Management Corp., 545 F.2d 893, 902, 903 (5th Cir. 1977) („[Access to information can be implied by] a relationship based on facts such as employment, family, or economic bargaining power that enables the offeree effectively to obtain such information.“).

[542] Value Line Fund, Inc. v. Marcus, [1964-66 Transfer Binder] CCH Federal Securities Law Report 91,535 at 94, 970 (S.D.N.Y. 1965) („[T]he offerees possessed enough sophistication to demand and enough leverage at the bargaining table to receive [information]“).

Hinblick auf *Herdenverhalten und Feedbacktrading fragwürdigen*[543] – Arguments scheint das Gericht in Van Dyke v. Coburn Enterprises, Inc.[544] den Zugang zur Information als Oberbegriff zu verwenden und ihm *Sophistication* lediglich unterzuordnen. Dies entspricht letztlich der Auffassung, *Sophistication* (nur) als Fähigkeit des Investors zu begreifen, sich kognitiven Zugang zu verschaffen.

Die SEC hat zur Stärkung von Rechtssicherheit und Rechtsklarheit einzelne *Safe Harbor*-Tatbestände erlassen, in denen sie jedenfalls die Qualität eines privaten Angebots anerkennt (*Regulation D*). Diese schwächen das von der Rechtsprechung recht stringent entwickelte Erfordernisses des Zugangs zur Information leicht ab, ohne ihn wesentlich zu entkräften oder ganz aufzuheben. So gewährleistet Rule 506 einen Safe Harbor für Angebote von Wertpapieren in nominell unbegrenzter Höhe ohne Registrierung, sofern sich das Angebot – unter anderem – ausschließlich an *akkreditierte Investoren* richtet. Der Rechtsbegriff des akkreditierten Investors wird sowohl in Sec. 2(a)(15) SA, als auch in Rule 215 und 501(a) konkretisiert. Bereits Sec. 2(a)(15) SA knüpft sowohl an den institutionellen Status eines Investors (Bank, Versicherungsgesellschaft, Fondgesellschafts usw.) an, als auch an nicht-institutionelle Investoren. Für letztere haben wiederum Kriterien vorzuliegen, die sehr stark an die durch *Ralston Purina* aufgestellten Kriterien erinnern.[545] So kommt der Zugang zur Information als leitendes Motiv für den Status als akkreditierter Investor durch Rule 501(a)(4) zum Ausdruck, der wesentlich auf eine Position im Management des Emittent abstellt.[546] Im Übrigen stellt die Norm für die Qualifikation als akkreditierter Investor auf die Vermögenslage der natürlichen Person ab,[547] wohl weil der Nachweis hier einfach und rechtssicher zu führen ist. Diese Regelungsgehalt wurde kritisiert, da die Vermögensverhältnisse einer Person weder deren Qualität als *Sophisticated Investor* hinreichend sicherstellt, noch dem Erfordernis des Zugangs zur Information Rechnung trägt.[548] Diese leichte Schwächung des Zugangserfordernisses der Information in Regulation D kommt auch in Rule 502(b)(1) zum

---

[543] Vgl. dazu S. 90 ff.

[544] Van Dyke v. Coburn Enterprises, Inc., 873 F.2d 1094, 1098 (8th Cir. 1989).

[545] Sec. 2(a)(15)(ii) SA („any person who, on the basis of such factors as financial sophistication, net worth, knowledge, and experience in financial matters, or amount of assets under management").

[546] Rule 501(a)(4) („Any director, executive officer, or general partner of the issuer of the securities being offered or sold, or any director, executive officer, or general partner of a general partner of that issuer").

[547] Rule 501(a)(5) („individual net worth, or joint net worth with that person's spouse, at the time of his purchase exceeds $1,000,000"); (7) („individual income in excess of $200,000 in each of the two most recent years or joint income with that person's spouse in excess of $300,000 in each of those years and has a reasonable expectation of reaching the same income level in the current year").

[548] NASD Notice to Members 05-26 (2005).

Ausdruck. So weist die SEC ausdrücklich darauf hin, dass es keineswegs zwingend ist, dem akkreditierten Investor eine im Vergleich zum Registration Statement abgeschwächte Information zukommen zu lassen, sofern Rule 506 einschlägig ist.[549] Allerdings empfiehlt die SEC selbst die Information im Hinblick auf die relativ weitreichenden Betrugsvorschriften des US-Kapitalmarktrechts (Rule 10b-5) auf freiwilliger Basis offen zu legen und entkräftet die systematische Bedeutung des Regelungsgehalts damit selbst. Damit bleibt das durch die Rechtsprechung aufgestellte Zugangserfordernis zur bewertungsrelevanten Kapitalmarktinformation weitestgehend erhalten.

b) Emissionsbanken und Sekundärmarkttransaktionen

Der Rechtsgedanke zur Abgrenzung von privatem und öffentlichem Angebot wurde später von der Rechtsprechung auch zur Konkretisierung der Ausnahme von der Registrierungspflicht gem. Sec. 4(1) SA genutzt. Die Regelung befreit alle Personen von der Registrierungspflicht, die nicht als Emittent (*Issuer*), Wertpapierhändler (*Dealer*) oder Emissionsbank (*Underwriter*) agieren. Während die Begriffe des Emittent und Wertpapierhändlers hinreichend bestimmt sind, blieb der Begriff der Emissionsbank lange vage. Sec. 2(a)(11) SA qualifiziert dabei jeden Marktteilnehmer als *Underwriter*, der Wertpapiere vom Emittent „with a view to a distribution“ erwirbt. Dieser Definitionsansatz wird von der ökonomischen Funktion der Emissionsbank geleitet, die als Finanzintermediär die Verbindung zwischen Emittent und Käufer herstellt und in der Kapitalmarktpraxis oftmals mit anderen Banken ein Übernahmekonsortium bildet, um dem Emittent so das Absatzrisiko für die Wertpapiere abzunehmen. Maßgeblich für die Reichweite von Sec. 4(1) SA ist demnach der Rechtsbegriff der *Distribution*, der bis heute allerdings nicht legal definiert ist.

In Gilligan, Will & Co. v. SEC[550] leitet das Gericht aus dem informationellen Schutzbedürfnis der Käufer Umfang und Grenzen einer *Distribution* ab und verweist dabei ausdrücklich auf den Regelungsgehalt in *Ralston Purina*. Entsprechend gelten all diejenigen Personen nicht als *Underwriter*, die Wertpapiere an Personen verkaufen, die als sophisticated zu qualifizieren sind und über angemessenen Zugang zur Information verfügen. Damit stellt die Ausnahme letztlich alle Sekundärmarkttransaktionen an *ausschließlich* solche Personen von der Registrierungspflicht frei. Der Zugang zur Information wird so zum systemtragender Rechtsgedanke gekoren.

Sec. 2(a)(11) SA stellt für die Qualifikation als *Underwriter* auf einen hinreichenden Zusammenhang zwischen dem eigenen Wertpapiererwerb und der Weiterveräußerung ab („with a view to“). Der ökonomischen Funktion des *Underwriters* entsprechend gilt es diese Weiterveräußerungsabsicht von der

---

[549] Note to 17 CFR Sec. 230.502(b)(1) (http://www.sec.gov), Abruf am 18.05.2011.
[550] Gilligan, Will & Co. v. SEC, 267 F.2d 461 (2nd Cir. 1959).

Investitionsabsicht abzugrenzen. Die Rechtsprechung stellt hier auf objektive Kriterien ab und hat eine widerlegbare Vermutung für eine Investitionsabsicht ab einer Haltedauer von zwei Jahren anerkannt.[551] Eine kürzere Halteperiode wurde gleichwohl bei einer unvorhergesehenen *Änderung der wirtschaftlichen Umstände* für den Verkäufer zuerkannt.[552] Da aber ausschließlich auf Umstände auf der Verkäuferseite abgestellt wird und das Schutzbedürfnis des Käufers unberücksichtigt bleibt, schwächt diese *Change of Circumstances*-Doktrin das Gewicht des Zugangs zur Information.

Die SEC lehnt die *Change of Circumstances*-Doktrin ausdrücklich ab.[553] Zwar erinnert der Regelungsgehalt von Rule 144 – ein Safe Harbor zu Sec. 4(1) SA – noch daran, soweit er an Haltefristen anknüpft. Allerdings stellt Rule 144(e) zugleich Mengenbegrenzungen für den Wiederverkauf auf, sodass die SEC den Anlegerschutz ausdrücklich nicht durch diese Regelung gemindert sieht.[554] Zudem kommt dem Zugang des Käufers zur Information dadurch Bedeutung zu, dass Rule 144(e) für die Ermittlung der zulässigen Verkaufsmenge Wiederverkäufe an qualifizierte Investoren nicht berücksichtigt, zu denen auch die gem. Sec. 4(1) SA freigestellten zählen. Ohnehin bleibt fraglich, ob die Rechtsprechung heute im eindeutigen Kontext der Rule 144 die *Change of Circumstances*-Doktrin aufrecht erhalten würde.[555]

Einen weiteren Safe Harbor mit hoher Praxisrelevanz gewährt Rule 144A, die Wiederverkäufe von privat platzierten Wertpapieren an qualifizierte institutionelle Investoren (*QIB*) ohne Registrierung gestattet. *QIB*s sind Investoren mit einem Wertpapierportfolio im Gesamtwert von von mindestens 100 mio. USD. Dies bildet ein hinreichendes Indiz für Sophistication und Zugang zur Kapitalmarktinformation über das zu erwerbende Wertpapier. In allen Safe Harbor-Regelungen zu Sec. 4(1) SA wird der Zugang zur Kapitalmarktinformation dadurch sichergestellt, dass der Verkäufer – obgleich von der Registrierungspflicht freigestellt – den Käufer dennoch mit aktueller Information zu versorgen hat, freilich in geringerem Umfang. Diese Voraussetzungen gehen über das durch die Rechtsprechung für Sec. 4(1) SA geforderte Maß an Information hinaus. So ist gem. Rule 144A(d)(4) u.a. erforderlich, einen Überblick zur Geschäftstätigkeit des Emittent zu geben sowie Bilanz und GuV für die letzten beiden Geschäftsjahre bereit zu stellen. Rule 144(b) differenziert für das verbleibende Informationserfordernis nach wirtschaftlichen Merkmalen des Emittent, der Art des Wertpapiers sowie der Haltedauer und erfordert

---

[551] US v. Sherwood, 175 F.Supp. 480 (S.D.N.Y. 1959).

[552] Gilligan, Will & Co. v. SEC, 267 F.2d 461, 468 (2nd Cir. 1959).

[553] SEC Release No. 33-8869, 1663 PLI/Corp 725, 815 („Experience has shown […] that reliance upon such factors [gemeint ist die Haltedauer] has led to uncertainty in the application of the regulation provisions of the Act.“).

[554] SEC Release No. 33-8869, 1663 PLI/Corp 725, 744.

[555] *Choi/Pritchard,* Securities Regulation, 2008, S. 346.

grundsätzlich, aktuell verfügbare und öffentliche Information an den Käufer zu übermitteln.[556]

c) Schlussfolgerung

Der weitgehende Anwendungsbereich des US-amerikanischen Kapitalmarktrechts wird über einen weiten Wertpapierbegriff realisiert. Allerdings schloss Sec. 2A SA Swapgeschäfte bis 2010 ausdrücklich schon von der Definition des Wertpapiers aus, sodass auch die Registrierungspflicht für diese Geschäfte nicht bestand. Die Regelung geht auf den Gramm-Leach-Bliley Act[557] (1999) sowie dem Commodity Futures Modernization Act[558] (2000) zurück. Die Gesetze sollten den bis dahin andauernden Zuständigkeitsstreit von SEC und der CFTC bei der Regulierung von OTC-Swapgeschäften beilegen. Seitdem wurde der SEC verboten, Melde-, oder Informationspflichten für diese Geschäfte zu fordern. Für Kapitalmarktbetrug war sie dagegen ausdrücklich zuständig, dessen Verfolgung allerdings durch die begrenzte Kompetenz erschwert war.[559]

Im Zuge der Umsetzung des *Dodd–Frank-Act*[560] vom Juli 2010 wurde als gesetzgeberische Reaktion auf die Finanzkrise 08/09 der CFTC grundsätzlich die Regulierungskompetenz über *Swaps* zuerkannt, ein Rechtsbegriff der – entsprechend dem deutschen Rechtsbegriffs des Derivats in § 2 Abs. 2 WpHG – im Wesentlichen alle derivativen Finanzinstrumente umfasst.[561] Der SEC wurde die Regulierungskompetenz über *Security-Based Swaps* zuerkannt.[562] Von dieser Rechtsfigur sind gem. Sec. 3(a)(68) des Securities Exchange Act *Swaps* erfasst, die lediglich auf einem einzelnen Wertpapier oder Kredit basieren oder nur vom Eintritt oder Nicht-Eintritt eines einzelnen, fest definierten Ereignisses das direkte Auswirkung auf die Finanz-, Ertrag-, und Vermögenslage des Emittenten hat.[563] Als Basiswert eines *Security-Based Swaps* kann auch ein Wertpapierindex dienen, der sich lediglich aus neun oder weniger Einzelwerten zusammen setzt.[564] Entsprechend gelten CDS als *Swaps* und werden grundsätzlich von der CFTC reguliert. Soweit sie ihren Wert allerdings aus einem Portfolio aus neun oder weniger Einzelwerten ableiten,

---

[556] *Choi/Pritchard,* Securities Regulation, 2008, S. 355.

[557] Public Law 106–102 (12.11.1999).

[558] Public Law 106–554 (21.12.2000).

[559] SEC vom 30.09.2010 (http://www.sec.gov/spotlight/dodd-frank/derivatives.shtml), Abruf am 19.10.2010.

[560] Public Law 111-203 (21.07.2010).

[561] Sec. 712 Dodd-Frank-Act (124 Stat. 1641); vgl. auch Sec. 1(a) Commodity Exchange Act (7 U.S.C. 1a) (zur Definition eines „swap").

[562] Sec. 712 Dodd-Frank-Act (124 Stat. 1641).

[563] 15 U.S.C. 78c(a); vgl. Sec. 761(a)(6) Dodd-Frank-Act.

[564] Vgl. zur Begriffsdefinition des „narrow-based security index", CFTC Glossary (http://www.cftc.gov), Abruf am 06.11.2010.

so sind sie als *Security-Based Swaps* zu qualifizieren und werden durch die SEC reguliert. *Security-Based Swaps* sind nunmehr auch von der Definition des Wertpapiers in Sec. 2(a)(1) SA umfasst.[565] Die oben aufgestellten Grundsätze gelten für sie entsprechend.

2. Zugangserfordernis im europäischen Kapitalmarktrecht

Auch das europäische und deutsche Kapitalmarktrecht geht systematisch davon aus, dass der Zugang zur Kapitalmarktinformation grundsätzlich zu gewährleisten ist. Relevante Rechtsquellen auf europäischer Ebene sind insbesondere die Kapitalmarktpublizitätsrichtlinie,[566] die Marktmissbrauchsrichtlinie[567] sowie der Richtlinie über Märkte für Finanzinstrumente[568] (*MiFID*), die jeweils national umgesetzt sind. Die deutschen Regelungen finden sich überwiegend im WpHG, das – zu Recht – als „Grundgesetz des deutschen Kapitalmarktes"[569] bezeichnet wurde. Weitere Transparenzregelungen finden sich aber auch im Börsenrecht sowie Bilanz- und Aktienrecht und unterstreichen damit die Geltung des Kapitalmarktrechts als Querschnittsmaterie.

a) Prospektpflicht

Die Prospektpflicht stellt den Prototyp der standardisierten Informationspflicht am Kapitalmarkt dar. Soll ein derivatives Finanzinstrument an einer Terminbörse als organisierten Markt gehandelt werden, so hat der Emittent gem. § 32 Abs. 2 Nr. 2 BörsG i.V.m. § 3 Abs. 3 WpPG regelmäßig einen Prospekt zu veröffentlichen. Der Prospekt hat in einfacher und verständlicher Weise sämtliche Angaben zu den mit dem Derivatevertrag verbundenen Rechten und Pflichten zu enthalten (§ 5 Abs. 1 WpPG). Für derivative Finanzinstrumente hat der Prospekt insbesondere Informationen sowohl zu Funktionsweise und Risiken des Derivats als auch zum Basiswerts zu enthalten.[570] Die Prospektpflicht soll dem Anlegerschutz durch Information dienen und wird zugleich als wirksames Mittel gesehen, „um das Vertrauen in die Wertpapiere zu erhöhen und so zur reibungslosen Funktionsweise und zur Entwicklung der Wertpapiermärkte beizutragen".[571] Für öffentliche Angebote am

---

[565] Vgl. Sec. 768(a)(1) Dodd-Frank-Act (Korrektur der Definition des Wertpapierbegriffs im SA); vgl. auch Sec. 768(a)(2) Dodd-Frank-Act (entsprechende Modifikation des Wertpapierbegriffs im Securities Exchange Act).

[566] RL 2001/34/EG vom 28.05.2001, Abl. L 217, S. 18 ff.; vgl. auch RL 2004/109/EG (Transparenzrichtlinie) vom 15.12.2004, Abl. L 390, S. 38 ff.

[567] RL 2003/6/EG vom 28.01.2003, Abl. L 096, S. 16 ff.

[568] RL 2004/39/EG vom 21.04.2004, Abl. L 145, S. 1 ff.

[569] *Buck-Heeb,* Kapitalmarktrecht, 2009, Rn. 23.

[570] *Wiegel,* Prospektrichtlinie und Prospektverordnung, 2008, S. 277 ff.

[571] RL 2003/71/EG vom 04.11.2003, Abl. L 345, S. 64, (65); *Tanega,* Journal of International Banking Law and Regulation, Vol. 3, S. 312 (Mit Ausführungen zum Anlegerschutz durch Information mittels Prospekten in den Märkten für Asset Backed Securities).

grauen Kapitalmarkt hat der Gesetzgeber eine entsprechende Prospektpflicht in § 8f ff. VerkProspG geschaffen. Die Prospektpflicht gilt indes nur für öffentliche Angebote. Insofern besteht eine zum US-Kapitalmarktrecht vergleichbare Rechtslage. Auch hier kommt der Abgrenzung zwischen privatem und öffentlichem Angebot erhebliche Bedeutung zu.

Mit der Definition in § 2 Nr. 4 WpPG wird erstmals[572] der Begriff des öffentlichen Angebots legal definiert. Wie durch die Prospektrichtlinie vorgegeben ist ein öffentliches Angebot „eine Mitteilung an das Publikum [...], die ausreichende Informationen [...] enthält, um einen Anleger in die Lage zu versetzen, sich für den Kauf oder die Zeichnung dieser Wertpapiere zu entscheiden".[573] Ein öffentliches Angebot richtet sich demnach an das Anlegerpublikum als einen unbestimmten Personenkreis.[574] Entscheidend sind nach ganz herrschender Meinung qualitative, nicht quantitative Kriterien.[575] Dafür spricht der Umkehrschluss aus § 3 Abs. 2 Nr. 2 WpPG. Danach ist die Prospektpflicht für Angebote ausgeschlossen, die sich in jedem Staat des EWR an weniger als 100 qualifizierte Anleger richtet. Dieser Ausschluss wäre nicht erforderlich, wenn es schon für den öffentlichen Charakter des Angebots auf die Zahl der Angebotsempfänger ankäme.[576] Diese Auslegung wird durch die Entstehungsgeschichte der Norm gestützt: Die Begriffsdefinition des öffentlichen Angebots wurde von den Ausnahmetatbeständen den Art. 3 Abs. 2 der Prospektrichtlinie getrennt, um klarzustellen, dass die Fallgestaltungen der Ausnahmetatbestände grundsätzlich von der Richtlinie erfasst sind, jedoch Ausnahmen von der Prospektpflicht gewähren.[577] Auch der Schutzzweck den WpPG, potentielle Investoren mit umfassenden Informationen zu versorgen, deutet auf die Bestimmung des öffentlichen Charakters des Angebots anhand qualitativer Kriterien hin.[578]

Kommt es für die Bestimmung des öffentlichen Charakters eines Angebots auf qualitative Kriterien des Investors als Angebotsadressat an, so ist dessen *Informationsbedürfnis* maßgeblich. Schon der Gesetzeswortlaut („um einen Anleger […] zu versetzen") deutet auf den Wille des Richtliniengebers hin, zumindest auch an das Informationsbedürfnis des Anlegers anzuknüpfen. Entsprechend stellt auch die BaFin in ihrer Aufsichtspraxis zur Bestimmung des öffentlichen Charakters des Angebots auf das Informationsbedürfnis ab.[579]

---

[572] *Feldhaus/Kollmorgen,* BB 2007, 225, (226).

[573] RL 2003/71/EG vom 04.11.2003, Abl. L 345, S. 64, (69).

[574] *Haarmann,* Prospekthaftung am Grauen Kapitalmarkt, 2009, S. 67; *Buck-Heeb,* Kapitalmarktrecht, 2009, Rn. 162; *Groß* in: Groß, KMR, § 2 WpPG, Rn. 16; *Schnorbus,* AG 2008, 389, (394).

[575] *Feldhaus/Kollmorgen,* BB 2007, 225, (226); *Groß* in: Groß, KMR, § 2 WpPG, Rn. 17.

[576] *Schlitt/Schäfer,* AG 2005, 498, (500).

[577] *Wiegel,* Prospektrichtlinie und Prospektverordnung, 2008, S. 154.

[578] *Schnorbus,* AG 2008, 389, (395).

[579] *Foelsch* in: Holzborn, WpPG, § 2 Rn. 19.

Hinweise auf das Informationsbedürfnis kann das Bildungsniveau[580] oder Kenntnisstand[581] der Adressaten sowie ein alternativer Zugang zur im Prospekt vermittelten Information sein. So wird beispielsweise für Mitarbeiterbeteiligungsprogramme argumentiert, das Unternehmen könne eine Prospektpflicht jedenfalls dadurch umgehen, dass es den Kreis der Mitarbeiter mit Information zum Unternehmen und zum konkreten Wertpapier versorgt und so deren Informationsbedürfnis befriedigt, sodass eine Prospektpflicht nicht mehr erforderlich ist.[582] Mit anderen Worten: Bestehen sowohl Zugang zur Information als auch die Fähigkeit des Mitarbeiters, aus dieser Information die Chancen und Risiken der Investition zutreffend beurteilen zu können, so ist eine Steigerung des Informationsniveaus[583] durch den Prospekt nicht mehr zu erwarten. Dies macht die Informationspflicht entbehrlich. Die Parallelen zu den Erwägungen des Supreme Courts in *Ralston Purina* für das US-amerikanischen Kapitalmarktrecht sind evident.

Stärker kommt der Zugang zur Information als systematisches Kriterium in den Ausnahmen zur Prospektpflicht zur Geltung. Gem. § 3 Abs. 2 WpPG ist der Emittent insbesondere dann von der Veröffentlichungspflicht des Prospekts freigestellt, wenn sich das Angebot ausschließlich an qualifizierte Anleger richtet. Als qualifizierte Anleger gelten *ipso iure* Kreditinstitute, Investmentgesellschaften und andere juristische Personen, die in Bezug auf ihre Tätigkeit auf den Finanzmärkten zugelassen sind oder beaufsichtigt werden. Für sie bestehe – so stellt der Gesetzgeber in der Prospektrichtlinie[584] ausdrücklich klar – kein Schutzbedürfnis durch die mit dem Wertpapierprospekt vermittelte Information. Eine Begründung liefert der Richtliniengeber selbst aber nicht. Entsprechend der Begründung in der US-amerikanischen Rechtslage wird diesen Instituten wohl unterstellt, sie halten ausreichende wirtschaftliche Kompetenz vor, um eine informierte Entscheidungen treffen zu können.[585] Dies umfasst sowohl die Sicherstellung des Zugangs zur Information durch die Ausübung von Verhandlungsmacht, als auch die angemessene kognitive Verarbeitung der Information.[586] Der Zugang zur Information wird vom Gesetzgeber für diese Marktteilnehmer unterstellt.

Auch Großunternehmen gelten als qualifizierte Anleger, wenn sie mindestens zwei der drei Kriterien kumulativ erfüllt: Es beschäftigte im letzten

---

580 *Feldhaus/Kollmorgen,* BB 2007, 225, (226).

581 *von Kopp-Colmb/Knobloch* in: Assmann/Schlitt, WpPG/VerkProspG, § 2 WpPG, Rn. 38 m.w.N.

582 *Feldhaus/Kollmorgen,* BB 2007, 225, (226); *Foelsch,* BKR 2007, 94, (99); *Gottwald,* Europäische Prospektrichtlinie, 2008, S. 71; *Foelsch* in: Holzborn, WpPG, § 2 Rn. 19.

583 *von Kopp-Colmb/Knobloch* in: Assmann/Schlitt, WpPG/VerkProspG, § 2 WpPG, Rn. 42.

584 RL 2003/71/EG vom 04.11.2003, Abl. L 345, S. 64, (65) (Erwägungsgrund 16).

585 *Wiegel,* Prospektrichtlinie und Prospektverordnung, 2008, S. 208; *Schnorbus,* AG 2008, 389, (403).

586 Vgl. dazu S. 312.

Geschäftsjahr durchschnittlich mehr als 250 Personen; die Gesamtbilanzsumme übersteigt 43 Mio. EUR; der Jahresnettoumsatz übersteigt 50 Mio. EUR. Kleine und mittlere Unternehmen sind originär aus diesem Kreis ausgeschlossen, können sich aber optional in ein Register eintragen lassen, um so den Status eines qualifizierten Anlegers zu erlangen. Dadurch wird anerkannt, dass durch die Finanzkraft des Unternehmens bzw. dessen Mitarbeiterzahl auf die Befähigung geschlossen werden kann, die für die Investitionsentscheidung erforderliche wirtschaftliche Kompetenz vorzuhalten oder zu beschaffen. Hinsichtlich den Zugangs zur Information ist dieser Regelungsgehalt angemessen, da große Unternehmen regelmäßig eine mit Kreditinstituten vergleichbare *Verhandlungsposition* haben, klein und mittlere Unternehmen mit entsprechend schwächerer Finanzkraft und Verhandlungsposition dagegen autonom über ihr Schutzbedürfnis entscheiden können. Insgesamt strebt das deutsche und europäische Recht durch die derzeitige Ausgestaltung des qualifizierten Investors an, den Zugang zur im Prospekt enthaltenen Information für Unternehmen sicher zu stellen.[587] Diesem Ergebnis steht auch nicht entgegen, dass die EU-Kommission nunmehr eine Angleichung des Begriffs des qualifizierten Anlegers in der Prospektrichtlinie mit dem des professionellen Kunden in der MiFID anstrebt. Qualifizierte Anleger sollen durch einen dynamischen Verweis auf die einschlägigen Regelungen der MiFID definiert werden.[588] Damit strahlen die nun aufzuzeigenden Wertungen zum Zugang zur Kapitalmarktinformation durch die Ausgestaltung der MiFID zum Teil auch auf Offenlegungsregime der Prospektrichtlinie aus.

b) Wohlverhaltenspflichten

Neben der standardisierten Information aus den Wertpapierprospekten treffen Wertpapierdienstleistungsunternehmen weitere Informationspflichten gegenüber dem Kunden, die die Prospektinformation ergänzen sollen. Einen Sondertatbestand für Informationspflichten beim Abschluss von Derivategeschäften sieht das europäische Recht nicht vor. Demnach gelten auch hier die allgemeinen Wohlverhaltensregeln, die von der generalklauselartigen Verpflichtung des Art. 19 Abs. 1 MiFID geleitet werden, *ehrlich, redlich und professionell im bestmöglichen Interesse des Kunden* zu handeln. Dies

---

[587] Diese – bis hierhin recht stringente Wertung – wird allerdings durch die Ausnahmen für Angebote an einen begrenzten Adressatenkreis durchbrochen, bei denen der Gesetzgeber die Abwägung zwischen Anlegerschutz und den mit der Prospekterstellung verbundenen Kosten zugunsten der Emittenten entscheidet, vgl. *von Kopp-Colmb/Gajdos* in: Assmann/Schlitt, WpPG/VerkProspG, § 3 WpPG, Rn. 34. Die US-amerikanischen Regulation D, die eine ähnliche Freistellung von der Registrierungspflicht vorsieht, knüpft die diese Freistellung jedoch an eine verbleibende Offenlegungspflicht. Die Prospektrichtlinie passt die Offenlegung nicht an, sondern setzt diese vollkommen aus. Dies ist – zu Recht – Gegenstand von Kritik gewesen, vgl. *Wiegel,* Prospektrichtlinie und Prospektverordnung, 2008, S. 207.

[588] Kompromissvorschlag der Ratspräsidentschaft vom 28.05.2010, 10254/10, S. 17.

umfasst, wie Art. 19 Abs. 2 MiFID klarstellt, die Verpflichtung, eindeutig und nicht irreführend zu informieren. Die eigenständige Informationspflicht gliedert sich in personelle, lokale, objektbezogene sowie monetäre Information und soll dem Kunden die Risiken des Finanzinstruments vor Augen führen, sodass dieser eine *informierte Anlageentscheidung* treffen kann.[589]

Die objektbezogene Informationspflicht umfasst lediglich die Kundeninformation nach Art und Gruppen von Finanzinstrumenten und ist damit abstrakt-generell konzipiert.[590] Die Informationspflicht beinhaltet nach Art. 31 Abs. 1 – 5 der Durchführungsrichtlinie[591] (*DRL*) zur MiFID insbesondere eine Erläuterung der Hebelwirkung von derivativen Finanzinstrumenten und – soweit bestehend – des Risikos des Totalverlusts.[592] Zusätzlich ist über Volatilitäts- und Liquiditätsrisiken sowie über bestehende Nachschusspflichten aufzuklären. Handelt es sich beim Derivat um eine aus mehreren Komponenten zusammen gesetztes Produkt, so ist klarzustellen, dass die Risiken des Gesamtinstruments von dem der Summe der einzelnen Komponenten abweichen kann.[593] Neben diese abstrakte Information kann auch eine individuelle Informationspflicht treten.[594] Diese kann etwa aus Beratungsvertrag folgen, an dessen Begründung die Rechtsprechung traditionell geringe Anforderungen stellt.[595]

Diese Informationspflichten sollen stets angemessen und verhältnismäßig sein. Die MiFID unterscheidet deshalb strukturell zwischen Kleinanlegern, professionellen Kunden und geeigneten Gegenparteien.[596] Bereits im Zuge des Lamfalussy-Verfahrens wurde von Marktteilnehmern[597] und dem Committee of European Securities Regulators (*CESR*)[598] einheitlich anerkannt, dass professionelle Marktteilnehmer weniger schützenwert seien. Nach Erwägungsgrund 44 der DRL ist es deshalb angemessen, für „professionelle Kunden weniger strenge Informationspflichten vorzusehen als für Kleinanleger. Professionelle Kunden dürften, von wenigen Ausnahmen abgesehen, selber wissen, welche Informationen sie für eine fundierte Entscheidung

---

[589] Art. 19 Abs. 3 MiFID.

[590] *Kasten,* Explorations und Informationspflichten, 2009, S. 357.

[591] RL 2006/73/EG vom 10.08.2006, Abl. L 241, S. 26 ff.

[592] *Fuchs* in: Fuchs, WpHG, § 31, Rn. 174.

[593] *Kasten,* Explorations und Informationspflichten, 2009, S. 305.

[594] *Mehringer,* Kapitalmarktrechtliches Gleichbehandlungsprinzip, 2007, S. 38.

[595] BGH vom 22.03.1979, Az. VII ZR 259/77, BGHZ 74, 103; BGH vom 04.03.1987, Az. IVa ZR 122/85, BGHZ 100, 117; BGH vom 06.07.1993, Az. XI ZR 12/93, BGHZ 123, 126; OLG Nürnberg vom 28.01.1998, Az. 12 U 2131/97, ZIP 1998, 380.

[596] Vgl. Erwägungsgrund 31 der MiFID („Die Vorkehrungen zum Schutz der Anleger sollten den Eigenheiten jeder Anlegerkategorie (Kleinanleger, professionelle Kunden, Gegenparteien) angepasst sein.“).

[597] Zentraler Kreditausschuss vom 18.02.2005, Stellungnahme zu CESRs Call for Opinions, CESR/04-689, S. 2.

[598] CESR, CESR-05/291b, S. 28; CESR, CESR-04/689, S. 6.

benötigen, und die Wertpapierfirma gegebenenfalls um Übermittlung dieser Informationen bitten". Entsprechend werden in Anhang II der MiFID Kunden als professionell klassifiziert, die „über ausreichend Erfahrungen, Kenntnisse und Sachverstand" verfügen, um die mit der Anlageentscheidung verbundenen Risiken angemessen beurteilen zu können. Diese – schon aus der US-amerikanischen Rechtsprechung[599] bekannten – Kriterien schreibt die MiFID a priori[600] institutionellen Anlegern zu, die zugelassen sein oder unter Aufsicht stehen müssen, um auf den Finanzmärkten tätig werden zu können (Banken, Versicherungen, Investmentgesellschaften usw.). Auch andere institutionelle Anleger, deren Finanzkennzahlen eine vorgegebene Grenze überschreiten (Großunternehmen) oder solche, deren Haupttätigkeit in der Anlage in Finanzinstrumenten besteht, sind grundsätzlich als professionelle Kunden zu qualifizieren. Insoweit werden professionelle Kunden nach dem erkennbaren Wille des Richtliniengebers durch eine tägliche Verbindung zum Effektenhandel gekennzeichnet, kraft derer sie die erforderliche *Expertise vorhalten*, um die Risiken der Anlageentscheidung eigenständig beurteilen zu können.[601] Die Verbindung zum Zugang zur Information kann wiederum über die Verhandlungsposition hergestellt werden, die diesen Anleger durch Finanzkraft und Expertise[602] zuzuerkennen ist. Dies scheint auch der Richtliniengeber anzuerkennen, wenn er die Informationspflicht gegenüber diesen Anlegern von einer Bring- in eine *Holschuld* umwandelt: Soweit die Informationsgesuche professioneller Kunden angemessen und verhältnismäßig sind, sollen Wertpapierdienstleister die gewünschte Information zur Verfügung stellen.[603] Insofern erkennt der europäische Normgeber hier klar ein Bedürfnis zur Information auch von professionellen Anlegern an. Dies kann als erstes Indiz für eine Verwurzlung des Zugangs zur Information als systembildender Grundsatz im System der Wohlverhaltensregelungen gewertet werden.

In der *Systematik der Anlegerkategorien* werden geeignete Gegenparteien nach Erwägungsgrund 41 der MiFID als diejenigen Anleger mit der höchsten wirtschaftlichen Kompetenz anerkannt, für die das geringsten Schutzbedürfnis besteht. Entsprechend sind nach Art. 24 Abs. 2 MiFID Wertpapierfirmen, Kreditinstitute oder Versicherungen zwingend als geeignete Gegenparteien zu qualifizieren. Wertpapierdienstleister haben als geeigneten Gegenparteien klassifizierten Kunden gegenüber weder die Informationspflichten, noch die Wohlverhaltensregelungen bei der Auftragsausführung einzuhalten.[604] Gleich-

---

[599] Vgl. dazu S. 311 ff.

[600] CESR, CESR/10-1040, S. 8.

[601] *Kasten,* Explorations und Informationspflichten, 2009, S. 184.

[602] Vgl. die Anforderungen in Anhang II, Nr. 2 der MiFID zum optionalen Einbezug in den Status des professionellen Kunden auf Antrag des Kunden (sog. Gekorener professioneller Kunde).

[603] RL 2006/73/EG vom 10.08.2006, Abl. L 241, S. 30.

[604] Art. 24 Abs. 1 MiFID.

wohl bleiben die Vorschriften zur Behandlung von Interessenkonflikten anwendbar.[605] Dies könnte dafür sprechen, dass der Richtliniengeber die gegenüber professionellen Kunden geltende Informationsbereitstellungsgebot auf Verlangen gem. Erwägungsgrund 44 DRL sichern wollte. Dafür spricht jedenfalls, dass der Status als professioneller Kunde selbst dann erhalten bleibt, wenn der Anleger als geeignete Gegenpartei zu qualifizieren ist. Unabhängig davon gelten die für professionelle Kunden aufgestellten Implikationen für den Zugang zur Information dort fort, wo der Status als geeignete Gegenpartei irrelevant ist.[606] Dieser beschränkte Anwendungsbereich[607] der Regelungen zur geeigneten Gegenpartei kommt insbesondere hinsichtlich der Art der zu erbringenden Dienstleistung zur Geltung. So sind Dienstleistungen wie Portfolioverwaltung oder Anlageberatung gegenüber diesen Anlegern von den Sonderregelungen für geeigneten Gegenparteien nicht erfasst,[608] sodass die gegenüber professionellen Kunden geltenden Standards anwendbar sind.

Auf diesen Grundsatz hat auch der deutsche Gesetzgeber im Rahmen der innerstaatlichen Umsetzung Bezug genommen. So wurde in der Gesetzesbegründung zum FRUG ausgeführt:

„[H]insichtlich der Intensität und des Umfangs der Informationen bestehen unterschiedliche Anforderungen, je nachdem an welche Art von Kunden (professionelle Kunden oder Privatkunden) sich die Information richtet und um welche Art von Information es sich handelt“.[609]

Folgerichtig erkennt der Finanzausschuss bei den Beratungen zur Umsetzung der MiFID an, ein Wertpapierdienstleistungsunternehmen dürfe im Umgang mit professionellen Kunden davon ausgehen,

„dass das Geschäft oder die Wertpapierdienstleistung im Rahmen der Finanzportfolioverwaltung für ihn finanziell tragbar ist“ und „dass er über Kenntnisse und Erfahrungen verfügt, die entsprechenden Risiken zu verstehen“.[610]

So lautet denn auch die Vermutungsregel des § 31 Abs. 9 WpHG, die für professionelle Kunden eine Erleichterung für die Angemessenheitsprüfung gewährt.[611] In der Verordnung zur Konkretisierung der Verhaltensregeln und Organisationsanforderungen (*WpDVerOV*) wird die Differenzierung zwischen professionellen Kunden und Privatanlegern weiter erkennbar. § 4 WpDVerOV unterscheidet für die Umschreibung der Informationsstandards nach dem *angesprochenen Kundenkreis*. Der deutsche Verordnungsgeber hatte danach klar das Leitbild der MiFID im Blick, maximale Informationspflichten lediglich im Umgang mit Privatanlegern bestehen zu lassen. Für professionelle

---

605 *Buve/Keller,* BB 2006, 2425, (2431).
606 *Fuchs* in: Fuchs, WpHG, § 31b, Rn. 4.
607 *Kasten,* Explorations und Informationspflichten, 2009, S. 186 (Fn. 84).
608 *Buve/Keller,* BB 2006, 2425, (2428).
609 Regierungsbegründung (FRUG), BT-Drucks. 16/4028, S. 64.
610 Bericht des Finanzausschusses (FRUG), BT-Drucks. 16/4899, S. 26.
611 *Fuchs* in: Fuchs, WpHG, § 31a, Rn. 46a.

Kunden habe eine abgeschwächte Informationspflicht zu gelten. Immerhin spricht § 5 Abs. 2 WpDVerOV ohne Differenzierung generell vom *Kunden*. So muss Risikoinformation, soweit relevant, nach Sicht des Verordnungsgebers sowohl professionellen, als auch privaten Kunden zur Verfügung gestellt werden.[612]

c) Schlussfolgerung

Sowohl für die europäischen Vorgaben durch MiFID und DRL, als auch für deren nationale Umsetzung in Deutschland durch das WpHG und die WpDVerOV kann zusammenfassend festgehalten werden, dass der Gesetzgeber die Informationspflichten erkennbar am *Grad der Professionalität* des Anlegers ausrichtet, um die Informationsanforderungen angemessen und verhältnismäßig auszugestalten. Die Differenzierung findet aber dort ihre Grenzen, wo der Informationszugang des Anlegers gefährdet ist. Unabhängig vom wirtschaftlichen Kompetenzniveau des Anlegers ist der *Zugang zur Information* annahmegemäß *stets zu gewährleisten*. Dies wurde sowohl für die Wohlverhaltenspflichten, als auch für die Prospektpflichten aufgezeigt. Die ökonomische Notwendigkeit wird rechtlich einerseits an den Kriterien erkennbar, anhand derer die Anleger nach dem Grad ihrer Professionalität klassifiziert werden, andererseits an einer systematischen Betrachtung des Pflichtprogramms, selbst wenn sie als Anleger mit außergewöhnlich hoher Professionalität qualifiziert werden. An diesem Ergebnis wird auch die geplante Überarbeitung der MiFID nichts Wesentliches ändern. So ist das CESR weiterhin von der Zweckmäßigkeit der Kundenkategorisierung überzeugt[613] und schlägt daher nur für dieses Ergebnis unwesentliche Anpassungen an aktuelle wirtschaftliche Bedingungen vor. Damit bleibt festzustellen, dass der Zugang zur Information ein leitender Rechtsgedanke für die Ausgestaltung nicht nur des US-amerikanischen, sondern auch des deutschen und europäischen Kapitalmarktrechts ist.

3. Zugang zur Information als informationelle Gleichbehandlung

Dogmatisch könnte der Grundsatz zur Sicherung des Zugangs zur bewertungsrelevanten Information spezielle Ausgestaltung einer allgemeinen Pflicht zur informationellen Gleichbehandlung der Anleger sein. Die Pflicht zur Gleichbehandlung ist im Privatrecht nicht der Regelfall, sondern die Ausnahme.[614] Man ist sich insoweit einig, dass eine Drittwirkung der Grundrechte zwischen Privaten für den allgemeinen Gleichheitssatz in Art. 3 Abs. 1

[612] Regierungsbegründung (WpDVerOV), S. 7, http://www.bundesfinanzministerium.de, Abruf am 21.10.2010.

[613] CESR, CESR/10-1040, S. 3 („CESR believes that the current tiered approach to client categorisation provides adequate and appropriate levels of investor protection").

[614] *Mehringer*, Kapitalmarktrechtliches Gleichbehandlungsprinzip, 2007, S. 128.

GG nicht gilt, denn der Staat würde die durch die Verfassung gewährten Freiheitsrechte durch die Verordnung von Gleichheit im Privatrecht selbst aushöhlen.[615] Privatautonomie bedingt gerade die Ungleichbehandlung von Marktteilnehmern. Nur in gerechtfertigten Sonderfällen ist eine Gleichbehandlung erforderlich, etwa bei der Diskriminierung durch marktbeherrschende Unternehmen, in der Insolvenz der Gesellschaft gegenüber den Gläubigern (*Par Conditio Creditorum*) oder im Verbandsrecht. Die letzten beiden Gleichbehandlungsgebote fußen auf der Stellung als Gläubiger bzw. Gesellschafter und damit auf einer bestehenden Rechtsbeziehung.[616] § 53a AktG gewährt den Aktionären gegenüber den Gesellschaftsorganen das Recht, unter gleichen Voraussetzungen auch gleich behandelt zu werden. Die informationelle Gleichbehandlung wird insbesondere durch § 131 Abs. 4 AktG gewährleistet.[617] Die Norm will indes lediglich Informationsasymmetrien zwischen Aktionären vermeiden, nicht jedoch solche zwischen Aktionären und gesellschaftsexternen Dritten,[618] zu denen *potentielle* Aktionäre zählen.

a) Informationelle Gleichbehandlung im Kapitalmarktrecht

Die informationelle Gleichstellung *potentieller* Investoren sollen vorrangig kapitalmarktrechtliche Regelungen bewirken. Für den Primärmarkt sind es insbesondere die schon umfassend behandelten Prospekt- und Wohlverhaltenspflichten,[619] die auf eine informationelle Gleichstellung der Anleger gerichtet sind. Für den Sekundärmarkt wird die Gleichstellung wesentlich durch das Insiderhandelsverbot (§ 14 WpHG) sowie die Ad-Hoc-Publizität (§ 15 WpHG) gewährleistet. Der Inhaber einer Insiderinformation – so drückt es Bachmann[620] prägnant aus – werde faktisch vor die Wahl gestellt, diese publik zu machen oder deren Ausnutzung zu unterlassen. Entsprechend zielen auch die Regelungen in Ziff. 6 des Deutschen Corporate Governance Kodex[621] (*DCGK*) auf informationelle Gleichstellung. Nach Ziff. 6.3 DCGK soll die Gesellschaft neuen Tatsachen, die Finanzanalysten und vergleichbaren Adressaten mitgeteilt worden sind, unverzüglich veröffentlichen.[622] Ziff. 6.5 DCGK erweitert diesen Grundsatz auch auf Information, die aufgrund rechtlicher

---

615 *Bachmann,* ZHR 2006, 144, (154).

616 *Bungeroth* in: MüKo, AktG, § 53a, Rn. 6.

617 *Fleischer,* NZG 2009, 505, (521).

618 Vgl. dazu *Wieneke* in: Grundmann/Schwintowski/Singer, Anleger- und Funktionsschutz, 2006, S. 52.

619 *Mehringer,* Kapitalmarktrechtliches Gleichbehandlungsprinzip, 2007, S. 116 und 180.

620 *Bachmann,* ZHR 2006, 144, (149); Bachmann in: FS Schwark, S. 336.

621 DCGK vom 26.05.2010 (http://www.corporate-governance-code.de), Abruf am 03.11.2010.

622 *Verse,* Gleichbehandlungsgrundsatz im Recht der Kapitalgesellschaften, 2006, S. 526; *Fleischer,* NZG 2009, 505, (515) (Auch zur US-amerikanischen Regulation FD).

Vorschriften im Ausland zu veröffentlichen war.[623] Gem. § 30a Abs. 1 Nr. 1 WpHG hat der Emittent von zugelassenen Wertpapieren alle Investoren unter gleichen Umständen gleich zu behandeln. Diese auf Art. 17 Abs. 1 der Transparenzrichtlinie[624] ausgehende Pflicht bezieht sich jedenfalls auf die informationelle Gleichbehandlung,[625] hat wohl aber für inländische Emittenten von Aktien neben § 53a AktG keine eigenständige Bedeutung. § 30a Abs. 1 Nr. 1 WpHG bezieht sich gleichwohl – wie schon die Vorgängerregelung[626] des § 39 Abs. 1 Nr. 1 BörsG a.F. – auf sämtliche Schuldverschreibungen[627] und ist daher auch für den Emittent von derivativen Finanzinstrumenten relevant. Im Übernahmerecht ist die informationelle Gleichbehandlung durch ein ganzes Regelungssystem verwirklicht,[628] an dessen Spitze § 3 Abs. 1 WpÜG steht. Nach dieser *Magna Charta*[629] des Übernahmerechts sind Inhaber von Wertpapieren der Zielgesellschaft, die derselben Gattung angehören, auch gleich zu behandeln. Diese Übersicht zeigt, dass der Gesetzgeber für den Kapitalmarkt punktuell und dort ausdrücklich die Privatautonomie zugunsten einer informationellen Gleichbehandlung einschränkt. Die Einschränkungen – so soll im Anschluss gezeigt werden – basieren auf einer Erwägung, die den Zugang des Investors zur bewertungsrelevanten Information als Teil des informationellen Gleichbehandlungsgebots rechtfertigt und dem Staat zugleich gebietet, dies auch durchzusetzen.

b) Zugang zur Information als informationelle Gleichbehandlung

Der Markt ist zur Erfüllung der Allokationsfunktion auf eine möglichst freie Präferenzausübung seiner Teilnehmer angewiesen. Gleichbehandlungspflichten überlagern aber individuelle Präferenzen und verzerren daher die marktmäßige Ressourcenverteilung.[630] Mit diesem Argument hält man – jenseits von bestehenden Schuldverhältnissen – die Gleichbehandlung grundsätzlich für rechtfertigungsbedürftig.

---

[623] *Wieneke* in: Grundmann/Schwintowski/Singer, Anleger- und Funktionsschutz, 2006, S. 55; Bachmann in: FS Schwark, S. 344.

[624] Vgl. Art. 17 Abs. 1 Transparenzrichtlinie, RL 2004/109/EG vom 15.12.2004, Abl. L 390, S. 38 ff.

[625] *Verse,* Gleichbehandlungsgrundsatz im Recht der Kapitalgesellschaften, 2006, S. 32; *Fleischer,* NZG 2009, 505, (528) (Mit Hinweis auf die Überschrift des Abschnitts des deutschen Umsetzungsgesetzes).

[626] *Verse,* Gleichbehandlungsgrundsatz im Recht der Kapitalgesellschaften, 2006, S. 31.

[627] Vertiefend: *Wieneke* in: Grundmann/Schwintowski/Singer, Anleger- und Funktionsschutz, 2006, S. 53.

[628] Vgl. *Bachmann,* ZHR 2006, 144, (149).

[629] *Wieneke* in: Grundmann/Schwintowski/Singer, Anleger- und Funktionsschutz, 2006, S. 53 (allgemein zur Begrifflichkeit und der übernahmerechtlichen Systematik).

[630] *Friedman,* Capitalism and Freedom, 1962, S. 108 ff.

(1) Prävention von Marktversagen

Die klassische ökonomische Begründung zur gebotenen Gleichbehandlung ist die Minderung von Marktunvollkommenheiten bzw. *Prävention von Marktversagen.*[631] Dies ist nicht nur leitender Rechtsgedanke des kartellrechtlichen Diskriminierungsverbots für marktbeherrschende Unternehmen (§ 20 GWB), sondern mit dem Verbot der Marktmanipulation in § 20a WpHG gleichwohl im Kapitalmarktrecht anzutreffen.[632] Die Publizitäts- und Transparenzregelungen des Kapitalmarktrechts zielen dagegen auf die *Prävention von Informationsversagen* als besondere Form des Marktversagens. Marktteilnehmer sollen die Risikoqualität des potentiellen Investments eigenverantwortlich beurteilen können und benötigen dazu bewertungsrelevante Information. Diese Zielstellung wurde für die Prospekt- und die Wohlverhaltenspflichten umfassend aufgezeigt. Bereits zum Zeitpunkt der Emission soll für potentielle Investoren – unabhängig vom individuellen Professionalitätsgrad – der Zugang zur bewertungsrelevanten Information als wirtschaftliche Notwendigkeit sichergestellt sein. Wirtschaftlich notwendig deshalb, weil der Markt nach Akerlof[633] illiquide werden kann, wenn Teilnehmer die Qualität der zu erwerbenden Assets nicht beurteilen können und vom Markt abwandern.[634] Der Zugang zur Information ist seinerseits Voraussetzung dafür, dass die Risikoqualität angemessen beurteilt werden kann.

Die vom Gesetzgeber vorgenommene *Abstufung der Informationspflichten* rechtfertigt sich durch den Professionalitätsgrad der Investoren. Obgleich der Zugang zur Information stets gesichert sein soll, geht der Gesetzgeber für hoch-professionelle Investoren davon aus, dass sie *eigenverantwortlich* den Zugang zur Information durch Verhandlungsmacht soweit herstellen, wie sie ihn für erforderlich halten. Er setzt für diese Investorengruppe auf eine *Selbstregulierung* hinsichtlich der Prävention von Informationsmängeln. Die Gültigkeit dieses Arguments für den Funktionsschutz des Kapitalmarktes stet und fällt aber mit dem *zugrunde gelegten Anlegerleitbild.* Nur soweit die Investoren rational und all-umsichtig handeln, hat das Argument bestand. Dann werden die Anleger es ablehnen zu investieren, solange ihnen der Zugang zur erforderlichen Information nicht eingeräumt wurde. Was erforderlich ist, entscheiden die (hoch-professionellen) Investoren jedoch stets selbst. Inte-

---

631 *Bachmann,* ZHR 2006, 144, (163).

632 Vgl. *Mehringer,* Kapitalmarktrechtliches Gleichbehandlungsprinzip, 2007, S. 113 ff.

633 *Akerlof,* Quarterly Journal of Economics, Vol. 84, S. 488 ff.; dazu ausführlich S. 83 ff.

634 *Mehringer,* Kapitalmarktrechtliches Gleichbehandlungsprinzip, 2007, S. 134; vgl. auch BVerfG vom 26.06.2002, Az. 1 BvR 558/91, BVerfGE 105, 252, Rn. 46 („Grundlage der Funktionsfähigkeit des Wettbewerbs ist ein möglichst hohes Maß an Informationen der Marktteilnehmer über marktrelevante Faktoren. Erst die Informiertheit der Marktteilnehmer ermöglicht eine an den eigenen Interessen orientierte Entscheidung über die Bedingungen der Marktteilhabe, insbesondere über das Angebot von oder die Nachfrage nach Gütern und Leistungen“).

griert man die *Existenz von Herdenverhalten*[635], *schwankender Risikoaversion*[636] und *selektiver Wahrnehmung* in das Anlegerleitbild, so senkt sich das Anspruchsniveau und damit das ab, was die Investoren für erforderlich halten. Damit ziehen sich die Investoren zwar nicht kurzfristig vom Markt zurück. Sie treffen ihre Investitionsentscheidung aber faktisch auf unzureichenden Informationsgrundlage. Der vom Staat unterstellte Selbstregulierungsmechanismus kraft Professionalität erfüllt seine Funktion dann nicht mehr uneingeschränkt. Marktbezogen kann dies zur Fehlallokationen der Risiken und damit zu einem Effizienzverlust führen.[637] Unternehmensbezogen kann ein Missverhältnis zwischen tatsächlich übernommenen Risiken und eigener Risikotragfähigkeit entstehen. Dieses Missverhältnis kann zur *finanziellen Überforderung des Unternehmens* führen, sodass dieses mittel- bis langfristig aus dem Markt scheidet. Mit dieser Erwägung ist die Gleichbehandlung hinsichtlich des Zugangs zur Information von hoch-professionellen Investoren mit weniger professionellen Investoren als Eingriff in die Privatautonomie geboten.

(2) Kapitalmarktrechtliche Treuepflichten

Das Kapitalmarktrecht verpflichtet mit den Regeln zum Insiderhandel und der Prospekthaftung diejenigen, die sich zur Unternehmensfinanzierung der öffentlichen Kapitalmärkte bedienen dazu, „redlich über die eigene Geschäftsführung zu berichten und nicht durch Verstöße gegen kapitalmarktrechtliche Rechenschaftspflichten eigene Vorteile zu erzielen“.[638] In der Infomatec-Rechtsprechung hat der BGH die Haftung des Vorstandes aus vorsätzlich sittenwidriger Schädigung (§ 826 BGB) wegen der Veröffentlichung einer grob unrichtigen Ad-hoc-Mitteilung dadurch hergeleitet, dass die Veröffentlichung „derart gegen die Mindestanforderungen im Rechtsverkehr auf dem Kapitalmarkt“[639] verstoße, dass sie im Zusammenspiel mit der Motivation des Vorstandes, durch rücksichtslosen Eigennutz Gewinn zu erzielen, die Verwerflichkeit des Verhaltens begründet. Daraus leitet Hellgardt[640] *allgemeine kapitalmarktrechtliche Treuepflichten* der Organwalter ab: Wenn Zweck der Kapitalmärkte die effiziente Allokation von Kapital sei, so verpflichten sich Organwalter durch die Teilnahme der Gesellschaft an der Finanzierung über den Kapitalmarkt konkludent zur Einhaltung des für die ordnungsgemäße Funktionsweise des Marktes *erforderlichen Informationsverhaltens*. Durch grob fehlerhaftes Informationsverhalten werden die Kontrollmechanismen des Marktes hinsichtlich der Managementqualität

---

[635] Vgl. oben S. 90 ff.

[636] Vgl. S. 175 ff.

[637] *Samuelson/Nordhaus,* Volkswirtschaftslehre, 2005, S. 306.

[638] *Hellgardt,* Kapitalmarktdeliktsrecht, 2008, S. 440.

[639] BGH vom 19.07.2004, Az. II ZR 402/02, BGHZ 160, 149, Rn. 49.

[640] *Hellgardt,* Kapitalmarktdeliktsrecht, 2008, S. 433.

unterlaufen. Dies schädigt nicht nur Anteilseigner und Inhaber anderer, vom Unternehmenserfolg abhängiger Wertpapiere, sondern auch die Volkswirtschaft als solche, indem das angelegte Risikokapital nicht der optimalen Verwendung zuführt wird.[641] Diese kapitalmarktrechtliche Treuepflicht zur Begründung deliktischer Haftung durch Fehlinformation würde auch die Verpflichtung beinhalten, den Zugang zur bewertungserheblichen Information bereitzustellen. Auch die Begründung dieser Treuepflichten basiert letztlich auf dem Gedanken der Prävention von Marktversagen.

(3) Gefährdung der Vertragsparität

Neben der bisher angeführten rechtsökonomischen Argumentation lässt sich die Gleichbehandlung der Investoren hinsichtlich des Zugangs zur bewertungsrelevanten Information aus einem bürgerlich-rechtlichen Argument herleiten. Für derivative Finanzinstrumente gewinnt das mit dem Vertrag transferierte Risiko als Vertragsgegenstand übergeordnete Bedeutung für beide Parteien.[642] Als Korrelat einer Auslegung des Parteiwillens unter besonderer Berücksichtigung der Verkehrssitte (§§ 133, 157 BGB) wird man davon ausgehen müssen, dass *keine der Parteien ein ungewisses Risiko mit dem Vertrag übernehmen will*, sondern ein solches, das zum Zeitpunkt des Vertragsschlusses hineichend bestimmbar ist.[643] Entsprechend setzen die Parteien konkludent durch den Vertragsschluss jedenfalls den Zugang zur bewertungsrelevanten Information voraus. Haben sie keinen Zugang zur Information, können sie die Gleichwertigkeit von Leistung und Gegenleistung nicht hinreichend beurteilen und die Vertragsparität wird im günstigsten Fall nur zufällig hergestellt. Gerade diese Fähigkeit ist aber innere Rechtfertigung für die Geltung der Privatautonomie.[644] Soweit der Zugang zur Information schon anfänglich nicht gewährleistet ist, besteht dieser Geltungsgrund nicht. Bei struktureller Unterlegenheit eines Vertragsteils – so das BVerfG – muss die Rechtsordnung „darauf reagieren und Korrekturen ermöglichen".[645] Dieser Befund gilt umso mehr für Verträge, bei denen eine der Vertragsleistungen im Kern eine selbst bei nahezu vollständiger Information nur schwer zu beurteilende stochastische Leistungspflicht darstellt. Der Erwerb von Investitionschancen und -risiken mittels derivativer Finanzinstrumente kann hier als Paradebeispiel gelten. Freilich bezieht sich das Argument zunächst lediglich auf

---

[641] *Hellgardt,* Kapitalmarktdeliktsrecht, 2008, S. 435.

[642] Vgl. S. 211 ff.

[643] Vgl. *Habersack* in: MüKo, BGB, § 765, Rn. 68 (Bestimmbarkeit der Risiken der Hauptforderung zum entstehen der Bürgschaftsschuld).

[644] BVerfG vom 06.02.2001, Az. 1 BvR 12/92, BVerfGE 103, 89, (100) (Die in Art. 2 Abs. 1 GG gewährleistete Privatautonomie setze voraus, „dass die Bedingungen der Selbstbestimmung des Einzelnen auch tatsächlich gegeben sind."); *Roth* in: MüKo, BGB, § 242, Rn. 423.

[645] BVerfG vom 19.10.1993, Az. 1 BvR 567/89, BVerfGE 89, 214, Rn. 54; *Schwintowski,* Bankrecht, 2011, § 1, Rn. 8.

bereits bestehende Rechtsbeziehungen und entspricht somit der Herleitung der kapitalmarktrechtlichen Gleichbehandlungspflicht aus dem Gemeinschaftsgedanken.[646] Allerdings erlangen auch originär vertragliche Pflichten durch § 311 Abs. 2 BGB eine Vorwirkung.[647]

(4) Schlussfolgerung

Unabhängig vom Professionalitätsgrad des potentiellen Investors ist es ein leitender Rechtsgedanke des Kapitalmarktrechts, den Zugang zur bewertungsrelevanten Information stets zu gewährleisten. Dieses Gebot kommt sowohl im US-amerikanischen, als auch im europäischen und deutschen Kapitalmarktrecht *de lege lata* zum Ausdruck. Vorstehend wurde argumentiert, dass das *Gebot zur Sicherung des Zugangs zur bewertungsrelevanten Information eine spezielle Ausformung der informationellen Gleichbehandlung der Teilnehmer am Kapitalmarkt* ist. Der Eingriff in die Privatautonomie der Marktteilnehmer durch dieses Gleichbehandlungsgebot wird insbesondere zur Minderung von Marktunvollkommenheiten bzw. Prävention von Marktversagen begründet.

4. Inhaltliche Ausgestaltung und Rechtsfolge des Grundsatzes

Die bisherigen Aussagen beziehen sich auf den Bestand des Gebots, also *ob* der Zugang zur bewertungsrelevanten Information für alle Investorgruppen sicher zu stellen ist. Nur durch präzisiere Vorstellungen von Inhalt und Umfang des Grundsatzes sind aber Rückschlüsse auf den Umgang mit derivativen Finanzinstrumente möglich. Zugleich müsste der konkretisierte Grundsatz mit der europarechtlichen Kapitalverkehrsfreiheit vereinbar sein, die er regelmäßig beschränken wird.

a) Entscheidung auf angemessener Informationsgrundlage

Inhalt und Umfang des Gebots bestimmen sich im Wesentlichen durch die Qualifikation einer Information als bewertungsrelevant. Hinweise können die anerkannten Grundsätze zur Bestimmung von *bewertungserheblichen Umständen* i.R.d. Qualifikation einer Marktmanipulation gem. § 20a WpHG bieten. Maßgeblich ist danach die *Beurteilung eines sachverständigen Anlegers*. Nur Tatsachen und Werturteile, die ein sachverständiger Anleger bei seiner Anlageentscheidung berücksichtigen würde, gelten als bewertungserheblich. Mit anderen Worten würde sich diese Information auf die Risikoprämie auswirken, die der Investor für das Papier zu zahlen bereit wäre. Diese

---

[646] *Mehringer,* Kapitalmarktrechtliches Gleichbehandlungsprinzip, 2007, S. 131; *Bachmann,* ZHR 2006, 144, (161).
[647] Vgl. dazu *Grigoleit,* Vorvertragliche Informationshaftung, 1997.

– teilweise kritisierte[648] – Formel wird vom Gesetzgeber in § 2 Abs. 3 und 4 MaKonV durch nicht abschließende Regelbeispiele konkretisiert.[649] Zugleich stellt er in Abs. 2 klar, dass die Schwelle zur Bewertungserheblichkeit niedriger anzusetzen ist als bei der Kurserheblichkeit der Information i.R.d. Qualifikation eines Insiderdelikts, die ihrerseits der Aussonderung von Bagatellfällen dient.[650] Insgesamt wird eine Information jedenfalls aber immer dann bewertungsrelevant sein, wenn sie zur Wahrung der kaufmännischen Sorgfalt gem. § 93 Abs. 1 AktG erforderlich ist, um also eine *Entscheidung auf angemessener Informationsgrundlage* zu treffen. Dieser Schluss erscheint zur Sicherung der Einheit der Rechtsordnung geboten. Zwar wird so zur Konkretisierung eines unbestimmten Rechtsbegriffs ein anderer herangezogen. Angesichts der bereits oben vorgenommenen Grenzziehung des Einsatzes derivativer Finanzinstrumente durch den Sorgfaltsmaßstab gem. § 93 Abs. 1 AktG ist der Rückschluss an dieser Stelle dennoch zielführend.

b) Verletzung durch derivative Finanzinstrumente

Das Gebot zur Sicherung des Zugangs zur bewertungsrelevanten Information wird demnach durch die Ausgestaltung bestimmter Derivate verletzt. Im Rahmen dieser Arbeit[651] wurde gezeigt, dass der Vorstand eine sorgfaltsgemäße Informationsbeschaffung insbesondere beim Kauf von mehrfach-abgeleiteten CDO-Produkten nicht mehr leisten kann. Denn hier führt ein wirtschaftlich nachweisbares Verschleierungspotential für die Risikoqualität zu einer *Intensivierung der Nachforschungspflichten*, denen bei mehrfacher Ableitung dieser Derivate wegen des Informationsvernichtungseffekts schlichtweg nicht mehr nachzukommen ist. Dies betrifft insbesondere mehrfach-abgeleitete, poolingbasierte Derivate wie CDO^2 bzw. CDO^3, ist jedoch nicht auf diese Vertragsgestaltungen beschränkt.

Der Wert der Erkenntnis, dass diese Derivate nicht nur mit den Sorgfaltspflichten der Geschäftsführung unvereinbar sind, sondern auch gegen den Grundsatz verstoßen, den Zugang zur bewertungsrelevanten Information stets zu gewährleisten, liegt in dessen *Qualität als kapitalmarktrechtlicher Grundsatz:* Die gesellschaftsrechtlichen Sorgfaltspflichten sind auf die einzelnen Marktteilnehmer bezogen. Das Handels auf angemessener Informationsgrundlage ist für den *Risikokä*ufer maßgeblich. Während dessen ist der kapitalmarktrechtliche Grundsatz *objektbezogen* und betrifft damit das Derivategeschäft selbst. Er ist damit weiter und erlangt nicht nur für den Käufer, sondern auch für den Verkäufer und Emittent Bedeutung. Ökonomisch setzt dieses

---

648 *Sorgenfrei* in: Park, Kapitalmarktstrafrecht, § 20a WpHG, Rn. 41–42.
649 *Sorgenfrei* in: Park, Kapitalmarktstrafrecht, § 20a WpHG, Rn. 57 ff.
650 *Fischer,* Insiderrecht und Kapitalmarktkommunikation, 2004, S. 120.
651 Vgl. S. 264 ff.

Verbot deshalb nicht nur an der Nachfrageseite, sondern auch (schon) an der Angebotsseite für mehrfach-abgeleitete, poolingbasierte Derivate an.

c) Rechtsfolge

Es schließt sich die Frage an, welche Rechtsfolge sich an eine Verletzung des Grundsatzes zur Sicherung des Zugangs zur bewertungsrelevanten Information knüpft. Sowohl die europäischen, als auch die US-amerikanischen Rechtsquellen, aus denen der Grundsatz hergeleitete wurde, setzen diesen voraus, ohne auf die Folgen von Zuwiderhandlungen hinzuweisen. Angesichts der lediglich systematisch, nicht aber explizit verwirklichten Natur des Grundsatzes dürfen fehlende ausdrückliche Rechtsfolgen auch nicht verwundern. Indes wurde der Grundsatz vorstehend als Ausformung der informationellen Gleichbehandlung der Kapitalmarktteilnehmer zur Prävention von Marktversagen hergeleitet. Ein zur Prävention von Marktversagen geeignetes Mittel stellt ein *Verbot* der für das Marktversagen kausalen Handlung dar. Diese wohl *eingriffsintensivste Rechtsfolge* müsste sich aber an rechtlichen Kriterien messen lassen. Dies soll hier am Maßstab des Kapitalverkehrsfreiheit erfolgen.

d) Vereinbarkeit der Rechtsfolgen mit der Kapitalverkehrsfreiheit

Ein Verbot mehrfach-abgeleiteter, poolingbasierter Finanzderivate durch den Grundsatz zur Sicherung des Zugangs zur bewertungsrelevanten Information wird regelmäßig die durch Art. 63 Abs. 1 AEUV gewährte und nicht nur für Unionsbürger geltende Freiheit des Kapitalverkehrs beschränken. Eine Beschränkung der Kapitalverkehrsfreiheit kann aber sowohl durch die geschriebenen Rechtfertigungsgründe des AEUV, als auch durch die von der Rechtsprechung des EuGH anerkannten zwingenden Gründe des Allgemeinwohl gerechtfertigt sein.

i) Ordre Public-Vorbehalt und zwingende Gründe des Allgemeinwohls

Gem. Art. 65 Abs. 1 b) AEUV kann eine Beschränkung der Kapitalverkehrsfreiheit aus „*Gründen der öffentlichen Ordnung und Sicherheit*" gerechtfertigt sein. Der Begriff der öffentlichen Sicherheit und Ordnung ist im Unionsrecht autonom von nationalen Regelungen ausgestaltet und zur Rechtfertigung der Beschränkung einer Grundfreiheit eng auszulegen. So ist eine Berufung auf die öffentliche Sicherheit – als Spezialfall der Öffentlichen Ordnung – nach dem EuGH nur dann möglich, „wenn eine tatsächliche und hinreichend schwere Gefährdung vorliegt, die ein Grundinteresse der Gesellschaft berührt".[652] Vorliegend hat die Gesellschaft ein Grundinteresse an funktionsfä-

[652] EuGH vom 14.03.2000, Az. C-54/99, Slg. 2000, I-1335 (Église de scientologie), Rn. 17; EuGH vom 11.11.2010, Az. C-543/08, ZIP 2010, 2340, Rn. 85.

higen Finanzmärkten, die eine effiziente Allokation von Kapital und Risiko leisten und so erst Stabilität und wirtschaftliches Wachstum ermöglichen.[653] Mehrfach-abgeleitete, poolingbasierte Derivate bewirken dagegen, dass ab einer – pauschal nicht bestimmbaren – Ableitungsebene für Investoren schlichtweg zu wenig Information verfügbar sein wird, um im Lichte der zunehmenden Wirkung von Schätzfehlern eine verlässliche Risikobeurteilung leisten zu können.[654] Dies konterkariert die Effizienz der Allokation von Kapital und Risiko, begünstigt die Entstehung systemischer Risiken und beeinträchtigt so die Funktionsfähigkeit der Finanzmärkte wesentlich. Der Grundsatz zur Sicherung des Zugangs zur bewertungsrelevanten Information ist damit nicht nur auf die Prävention einer bloßen *Störung der Kapitalmärkte* gerichtet, die nach Ansicht des EuGH für sich genommen noch nicht ausreicht, um eine Beschränkung der Kapitalverkehrsfreiheit zu rechtfertigen.[655] Vielmehr gewährleistet der Grundsatz gerade die Voraussetzung dafür, dass Primär-, und Sekundärmärkte überhaupt funktionieren können, systemische Risiken gemindert werden und Finanzkrisen nicht oder mit erheblich milderen Verlauf auftreten.[656]

In gleicher Weise kommen auch zwingende Gründe des Allgemeinwohls zur Rechtfertigung der Beschränkung in Betracht. Denn aus der Rechtsprechung des EuGH ergibt sich:

> „[D]ass nationale Maßnahmen, die die Ausübung der durch den Vertrag garantierten grundlegenden Freiheiten behindern oder weniger effektiv machen, vier Voraussetzungen erfüllen müssen: Sie müssen in nichtdiskriminierender Weise angewandt werden, sie müssen aus zwingenden Gründen des Allgemeinwohls gerechtfertigt sein, sie müssen geeignet sein, die Verwirklichung des mit ihnen verfolgten Ziels zu gewährleisten und sie dürfen nicht über das hinausgehen, was zur Erreichung dieses Ziels erforderlich ist".[657]

Der EuGH hat bisher eine Reihe von Schutzzielen als Gründe des Allgemeininteresses anerkannt, darunter auch die *Integrität und Funktionsfähigkeit des nationalen Finanzsektors*.[658] Mit der angeführten Begründung zum Schutz der öffentlichen Sicherheit dient der Grundsatz zur Sicherung des Zugangs zur bewertungsrelevanten Information auch den zwingenden Gründe des Allgemeinwohls.

---

[653] Vgl. ausführlich S. 82 ff.

[654] Vgl. dazu S. 105 ff.

[655] EuGH vom 08.07.2010, Az. C-171/08, WM 2010, 1362, Rn. 71.

[656] Vgl. S. 390 ff.

[657] EuGH vom 30.11.1995, Az. C-55/94, Slg. 1995, I-4165 (Gebhard), Rn. 37.

[658] EuGH vom 10.05.1995, Az. C-384/93, NJW 1995, 2541 (Alpine Investments) (ausdrücklich zum guten Ruf und Integrität des nationalen Finanzsektors); *Ress/Ukrow* in: Grabitz/Hilf/Nettesheim, EUV/AEUV, Art. 63 AEUV, Rn. 180 (mit dem überzeugenden Schluss auf die Sicherung der Funktionsfähigkeit der nationalen Finanzmärkte).

ii) Verhältnismäßigkeit eines Totalverbots

Ein allgemeines Verbot mehrfach-abgeleiteter, poolingbasierter Derivate, die gegen den Grundsatz verstoßen, ist grundsätzlich geeignet, die Funktionsfähigkeit der Kapitalmärkte zu gewährleisten. Indes könnten aber mildere Mittel mit gleicher Eignung verfügbar sein. Ein milderes Mittel wären zunächst *Informationspflichten des Emittenten.* Diese könnten den Informationsvernichtungseffekt mildern und schon so eine informierte Entscheidungsfindung bezüglich der betroffenen Derivate ermöglichen.

(1) Pflichtinformation im US-amerikanischen Recht

Im US-amerikanischen Kapitalmarktrecht hat die SEC durch die Regulation AB spezielle Informationspflichten für öffentliche Angebote von mehrfach-abgeleiteten, poolingbasierten Derivaten geschaffen. Diese umfassen einerseits die Information, die sich professionelle Marktteilnehmer bis zum Erlass der Regelungen (2005) ohnehin üblicherweise ausgetauscht haben, insbesondere aber auch statistische Informationen auf der Ebene des Assetpools (*Static Pool Analysis*), die die Investoren zusätzlich in die Lage versetzen soll, auf der Grundlage vergangenheitsbezogener Analysen, Trends zu erkennen.[659] Nunmehr sieht der Vorschlag[660] der US-amerikanische *Regulation AB* auch für Angebote dieser Derivate Informationspflichten der Emittenten vor, die sich sachlich sowohl auf die Ebene des Pools, als auch auf die *Ebene der Basiswerte* beziehen. Die Informationen über die Basiswerte umfassen beispielsweise den Originator, Angaben zu den erwarteten Rückflüssen sowie detaillierte Angaben zu den Charakteristika der Basiswerte. Die Informationspflicht besteht zunächst für den Zeitpunkt der Emission, umfasst aber auch eine Aktualisierungspflicht. Die Daten sind an das EDGAR-System der SEC zu übertragen, sodass sie von den Investoren im gängigen Datenformat (XML) zeitnahe bezogen und mit Hilfe informationstechnischer Systeme/technischer Modelle verwertet werden können. Auch für poolingbasierte Mehrfachableitung werden für jede Ableitungsebene diese Daten erforderlich. Darüber hinaus hat der Emittent – als Teil des Prospekts – im EDGAR-System auch ein Computerprogramm in anwendbaren Quelltext zum Download für die Investoren zu hinterlegen, sodass sie auf Grundlage verfügbaren Daten die Zahlungsströme aus den Finanzinstrumente abhängig von den Ausgangsparametern nachvollziehen können. Damit soll zugleich die Abhängigkeit der Investoren von den Beurteilungen der Ratingagenturen reduziert werden.[661]

---

[659] SEC vom 07.01.2005, Federal Register, Vol. 70, No. 5, S. 1509.
[660] SEC vom 03.05.2010, Federal Register, Vol. 75, No. 84, S. 23328 ff.
[661] SEC vom 03.05.2010, Federal Register, Vol. 75, No. 84, S. 23332.

(2) Pflichtinformation im europäischen Recht

Das Europäische Recht kennt solch detaillierte Informationspflichten für mehrfach abgeleitete, poolingbasierte Derivate nicht. Der Zugang zur bewertungsrelevanten Information soll – über die bereits dargestellten Regelungen hinaus – durch eine Verordnung[662] sichergestellt werden. Hier werden für einzelne Wertpapiergattungen spezifische Listen von Mindestangaben (Schemata) definiert, die auf die „spezifische Natur der unterschiedlichen Arten von Emittenten und/oder die verschiedenen involvierten Wertpapiere abgestimmt sind".[663] Für mehrfach abgeleitete, poolingbasierte Derivate wird sich die Pflichtinformation regelmäßig nach Schema VII und VIII richten. Dies umfasst insbesondere wichtige Fälligkeitstermine der Aktiva, Hinweise zu bestehenden Zusicherungen und Sicherheiten und die Beleihungsquote. Zudem hat der Emittent zu bestätigen, dass die verbrieften Aktiva Merkmale aufweisen, um die fälligen Zahlungen für die Wertpapiere bedienen zu können.[664] Der Zugang der Investoren zu elektronischer Risikoinformation, die durch den Einsatz technischer Modelle verwertet werden können, ist bislang von Gesetzes wegen nicht vorgesehen. Obgleich teilweise auf eine – letztlich fragliche – Ausstrahlungswirkung der Regulation AB zur Konkretisierung der europäischen Regelungen verwiesen wird,[665] hält die Kommission derzeit – soweit ersichtlich – an der Lösung durch geschriebene Informationspflichten weiter fest.

(3) Stellungnahme

Gegen bloße Informationspflichten spricht aber zunächst, dass der Informationsvernichtungseffekt bipolar ausgelöst wird: Er begründet sich einerseits aus dem fehlenden Anreiz zum Informationstransfer durch den Emittent aufgrund hoher Informationskosten, andererseits aus dem Information-Overflow des (potentiellen) Investors bzw. Emittenten des Derivats der nächsthöheren Ableitungsebene, der sich tendenziell auf Information konzentriert, die leicht zu ermitteln ist und die Charakteristika möglichst vieler Risikopositionen zugleich abdeckt.[666] Informationspflichten des Emittenten setzen lediglich an den mangelnden Anreizen des Emittenten und dessen Vorselektion an, lassen aber die selektive Wahrnehmung des Informationsempfängers unberücksichtigt. Zudem bewirkt gerade das *Zusammenspiel* von Informationsvernichtungseffekt, Verschleierungspotential und Sensitivitätsverschiebung für Schätzfehler bei der Bewertung mehrfach abgeleiteter, poolingbasierter Deri-

---

[662] VO 809/2004/EG vom 29.04.2004, Abl. L 149, S. 1 ff.; zuletzt geändert durch ÄndVO 1289/2008/EG vom 12. 12. 2008, Abl. Nr. L 340 S. 17 ff.

[663] Art. 2 Nr. 1 VO 809/2004/EG.

[664] Anhang XIII, 2.1 VO 809/2004/EG.

[665] *Tanega,* Journal of International Banking Law and Regulation, Vol. 3, S. 315.

[666] Vgl. schon S. 122.

vate die Gefahr des Informationsversagens auf diesen Märkten. Selbst wenn der Informationsvernichtungseffekt durch Pflichtinformation der Emittenten gemindert werden kann, so bestehen die anderen Ursachen fort, sodass der Gesamteffekt lediglich moderat gemindert, keinesfalls aber ausgeschalten wird. Auch nach der Bereitstellung eines Computerprogramms und entsprechend nutzbaren Daten durch den Emittent bleibt die Problematik der Schätzfehler mit erheblichen Wirkungsgrad bestehen.[667] Insgesamt sind Informationspflichten des Emittenten *jedenfalls nicht gleich geeignet*, ein Marktversagen auf den Märkten für mehrfach abgeleitete, poolingbasierte Derivate zu vermeiden. Ein Verbot ist daher das zur Funktionssicherung der Finanzmärkte erforderliche Mittel. Im Lichte der Relevanz der Finanzmärkte für die Leistungsfähigkeit einer Volkswirtschaft steht deren Funktionssicherung auch in einem angemessenen Verhältnis zum Mittel des Verbots. Nach alledem stellt ein durch den Grundsatz zur Sicherung des Zugangs zur bewertungsrelevanten Information bewirktes Verbot mehrfach abgeleiteter, poolingbasierter Derivate einen verhältnismäßigen Eingriff in die Kapitalverkehrsfreiheit dar.

5. Durchsetzung des Grundsatzes

Der Grundsatz zur Sicherung des Zugangs zur bewertungsrelevanten Information wurde vorstehend – zumindest auch – als Bestandteil des europäischen Rechts hergeleitet. Schon früh wurde die unmittelbare Anwendbarkeit und Wirkung des Unionsrechts in den Mitgliedstaaten anerkannt, sodass sich Einzelne auf die ihnen durch Unionsrecht verliehenen Rechte berufen können.[668] Nur so kann die Union „die ihr gestellten Aufgaben effektiv und einheitlich erfüllen".[669] Dieser Effektivitätsgrundsatz ist für das Unionsrecht prägend und kommt insbesondere in den Loyalitäts- und Vertragstreuepflichten der Mitgliedstaaten gem. Art. 4 Abs. 3 EUV zum Ausdruck.[670]

---

[667] Allerdings wird dem Verschleierungspotential durch bewusste Designfehler im Computerprogramm einerseits schon durch die Pflicht, den lesbaren Quelltext bereit zu stellen, entgegen gewirkt. Zudem haftet der Emittent – nach derzeitiger Rechtslage im US-amerikanischen Kapitalmarktrecht – für Fehler des Computerprogramms gem. Sec. 11 SA verschuldensunabhängig, soweit die Fehler des Computerprogramms (als Teil des Wertpapierprospekts) als Material Misstatements zu qualifizieren sind.

[668] EuGH vom 05.02.1963, Az. C-26/62, Slg. 1963, 1 ff. (van Gend & Loos); EuGH vom 15.07.1964, Az. C-6/64, Slg. 1964, S. 1251 ff. (Costa/ENEL) (jeweils für europäisches Primärrecht); Vgl. auch Art. 288 AEUV (Für europäisches Sekundärrecht: „unmittelbar in jedem Mitgliedstaat").

[669] *Nettesheim* in: Grabitz/Hilf/Nettesheim, EUV/AEUV, Art. 1 AEUV, Rn. 67; BVerfG vom 06.07.2010, Az. 2 BvR 2661/06, BVerfGE 126, 286, Rn. 53 („Das Recht der Europäischen Union kann sich nur wirksam entfalten, wenn es entgegenstehendes mitgliedstaatliches Recht verdrängt. […] [D]ie Union [könne] als Rechtsgemeinschaft nicht bestehen [...], wenn die einheitliche Wirksamkeit des Unionsrechts in den Mitgliedstaaten nicht gewährleistet wäre.").

[670] *Herdegen*, Europarecht, 2011, S. 81.

Daraus hat der EuGH auch eine Haftung der Mitgliedstaaten für Unionsrechtsverstöße begründet: „Die volle Wirksamkeit der gemeinschaftsrechtlichen Bestimmungen wäre beeinträchtigt und der Schutz der durch sie begründeten Rechte gemindert, wenn der einzelne nicht die Möglichkeit hätte, für den Fall eine Entschädigung zu erlangen, da[ss] seine Rechte durch einen Verstoß gegen das Gemeinschaftsrecht verletzt werden, der einem Mitgliedstaat zuzurechnen ist".[671] In seiner Folgerechtsprechung legt der EuGH einen weiten und einheitlichen Staatsbegriff zugrunde und erstreckt den *unionsrechtlichen Staatshaftungsanspruch* auf Verstöße sowohl der nationalen Legislativ-, Judikativ- und Exekutivorgane.[672] Dabei stellt die unterlassene oder fehlerhafte Umsetzung einer Richtlinie einen klassischen Anwendungsfall dar. Im Lichte des Grundsatzes zur Sicherung des Zugangs zur bewertungsrelevanten Information stellt sich die Frage, ob sich die Mitgliedstaaten bei mangelnder Umsetzung einer entsprechenden Haftung aussetzen.

a) Umsetzungspflicht der Mitgliedstaaten

Der Grundsatz zur Sicherung des Zugangs zur bewertungsrelevanten Information ist zunächst *nicht ausdrücklich* im Kapitalmarktrecht der Union geregelt. Vielmehr wurde er als ökonomisch unerlässlicher, aber *bisweilen lediglich systematisch* im europäischen Sekundärrecht verankerter Grundsatz hergeleitet. Anders als bei spezifischen Regelungen des europäischen Sekundärrechts, die den Mitgliedstaaten konkrete Pflichten auferlegen und deren Verbindlichkeit Art. 288 AEUV für die Mitgliedstaaten festlegt, ist dies für den fraglichen Grundsatz nicht ohne weiteres gewährleistet. Insofern wird hier zunächst – der Haftungsfrage vorgelagert – zu untersuchen sein, ob die Mitgliedstaaten überhaupt zur Umsetzung des Grundsatzes verpflichtet sind.

Zu den Pflichten der Mitgliedstaaten gehören – wie einleitend angedeutet – die *Loyalitäts- und Vertragstreuepflichten* gem. Art. 4 Abs. 3 EUV. Die Mitgliedstaaten haben über den allgemeinen völkerrechtlichen Grundsatz des *pacta sunt servanda* hinaus für die vollumfängliche Erfüllung ihrer primär- und sekundärrechtlichen Verpflichtungen zu sorgen und dem Unionsrecht so zur vollen praktischen Wirksamkeit zu verhelfen[673] (*Effektivitätsgrundsatz*). Insbesondere ist die nationale Rechtsordnung durch aktives Tun oder Unterlassen der mitgliedstaatlichen Organe so auszugestalten, dass „der Norm-

---

[671] EuGH vom 19.11.1991, Az. C-6/90, Slg. 1991, I-5357 (Francovich).

[672] EuGH vom 05.03.1996, Az. C-46/93, Slg. 1996, I-1029 (Brasserie du pêcheur); EuGH vom 30.09.2003, Az. C-224/01, Slg. I-10239; EuGH vom 23.05.1996, Az. C-5/94, Slg. 1996, I-2553.

[673] EuGH vom 09.03.1978, Az. C-106/77, Slg. 1978, 00629, Rn. 14 – 16 (Simmenthal) (Die Bestimmungen des Gemeinschaftsrechts müssten „ihre volle Wirkung einheitlich in sämtlichen Mitgliedstaaten vom Zeitpunkt ihres Inkrafttretens an und während der gesamten Dauer ihrer Gültigkeit entfalten"); EuGH vom 19.06.1990, Az. C-213/89, Slg. 1990, I-2433, Rn. 19 (Factortame I).

zweck nicht gefährdet oder vereitelt wird".[674] Die Mitwirkungs- und Stillhaltepflichten gehen anerkanntermaßen so weit, dass die Mitgliedstaaten etwa schon vor Ablauf der Umsetzungsfrist einer Richtlinie gehalten sind, auf deren Zielverwirklichung hinzuwirken und entgegen stehende Rechtsakte zu unterlassen.[675] Der Effektivitätsgrundsatz hat für das Unionsrecht einen überragenden Stellenwert. Gerade deshalb konnte der EuGH auf dessen Grundlage richterliche Rechtsfortbildung mit erheblichen praktischen Auswirkungen betreiben.[676]

Der Effektivitätsgrundsatz bezieht sich indes nicht nur auf ausdrückliche und eindeutige Verpflichtungen, sondern auch auf allgemeine Grundsätze und Zielstellungen. So enthalten auch Richtlinien lediglich Zielbestimmungen und ein Rahmenkonzept, überlassen den Mitgliedstaaten aber einen – teilweise erheblichen – *Gestaltungsspielraum* bei der nationalen Umsetzung.[677] Bei Problemen der praktischen Umsetzung von Zielbestimmungen argumentiert der EuGH zudem auch selbst mit dem Effektivitätsgrundsatz.[678] Gerade wo Gestaltungsspielräume bei der Art und Weise der Umsetzung des Normziels bestehen, wird der Effektivitätsgrundsatz relevant. Maßgeblich ist insofern lediglich die unionsrechtliche Qualität der Vorschrift. Umgekehrt ist der Umstand, dass eine Rechtsnorm lediglich systematisch verwirklicht, nicht aber ausdrücklich ausformuliert wurde, für den Effektivitätsgrundsatz unerheblich. Da die unionsrechtliche Qualität des Grundsatzes zur Sicherung des Zugangs zur bewertungsrelevanten Information gewährleistet ist, haben die Organen der Mitgliedstaaten die Verpflichtung, diesen Grundsatz zur praktischen Wirksamkeit zur verhelfen.

b) Haftung der Mitgliedstaaten

Als Voraussetzungen für die unionsrechtliche Haftung der Mitgliedstaaten fordert der EuGH, dass die verletzte europäische Rechtsnorm bezweckt, dem Geschädigten hinreichend bestimmte Rechte zu verleihen, „der Verstoß hinreichend qualifiziert ist und zwischen diesem Verstoß und dem dem einzelnen entstandenen Schaden ein unmittelbarer Kausalzusammenhang besteht".[679]

Insbesondere durch das Tatbestandsmerkmal des hinreichend qualifizierten Verstoßes wird die Reichweite der Haftung deutlich begrenzt. Dies dient dem Schutz des Gestaltungsspielraums des nationalen Gesetzgebers, der selbst

---

[674] *Herdegen,* Europarecht, 2011, S. 81.

[675] EuGH vom 18.12.1997, Az. C-129/96, Slg. 1997, I-07411, Rn. 45 (Inter-Environnement Wallonie).

[676] Vgl. nur *Herdegen,* Europarecht, 2011, S. 169 (zur unmittelbaren Wirkung von Richtlinien), S. 209 ff (zum europarechtlichen Staatshaftungsanspruch).

[677] Vgl. *Mayer* in: Grabitz/Hilf/Nettesheim, EUV/AEUV, Art. 19 EUV, Rn. 72.

[678] EuGH vom 08.04.1976, Az. 48/75, Slg. 1976, 497 ff.

[679] EuGH vom 05.03.1996, Az. C-46/93, Slg. 1996, I-1029, Rn. 74.

dann über ein weites Ermessen verfügen kann, wenn er sich auf einem harmonisierten Gebiet betätigt. Würde dem Bürger dagegen bei jedem mitgliedstaatlichen Handeln oder Unterlassen auf harmonisiertem Gebiet die Möglichkeit zur Schadensersatzklage eröffnet, so werde der verlässliche Gestaltungsspielraum der Mitgliedstaaten übermäßig eingeschränkt.[680] Nur wenn der Mitgliedstaat die ihm auferlegten Pflichten als Grenzen seines Ermessens *offenkundig und erheblich überschritten* hat, ist der Verstoß als hinreichend qualifiziert zu bewerten.[681] Dies entspricht allgemeinen Rechtsgrundsätzen, die den Rechtsordnungen der Mitgliedstaaten gemeinsam sind. Da unter diesen Bedingungen auch die Union selbst gem. Art. 340 Abs. 2 AEUV haftet, werden letztlich kohärente Haftungsbedingungen für legislatives Unrecht geschaffen.[682] Insofern ist für die Qualifikation als offenkundiger und erheblicher Verstoß die *konkrete Ausgestaltung der Rechtsnorm* maßgeblich. Der EuGH knüpft hier insbesondere an Merkmale wie die Bestimmtheit der Rechtsnorm und den Umfang des Ermessensspielraums an, der den Mitgliedstaaten durch die Rechtsnorm belassen wurde, aber auch an subjektive Elemente wie Vorsatz oder Fährlässigkeit des Verstoßes oder bestehende Rechtsirrtümer.[683] Ist die Rechtsnorm allerdings eindeutig so ausgestaltet, dass den Mitgliedstaaten gar kein Ermessensspielraum belassen wurde oder ist ein bestehender Ermessensspielraum auf Null reduziert, so wird der Verstoß stets als hinreichend qualifiziert zu beurteilen sein.[684]

Der Grundsatz zur Sicherung des Zugangs zur bewertungsrelevanten Information ist zunächst *nicht ausdrücklich* im sekundären Kapitalmarktrecht der Union ausformuliert. Vielmehr wurde er als ökonomisch unerlässlicher, aber bisweilen lediglich systematisch verankerter Grundsatz hergeleitet. Insofern stellt sich – selbst wenn der nationale Gesetzgeber untätig bleibt – die zentrale Frage nach der Bestimmtheit der Rechtsnorm. Für die Bestimmtheit verweist der EuGH auf das „Maß an Klarheit und Genauigkeit der verletzten Vorschrift“,[685] pflegt im Rahmen dieser Prüfung allerdings wiederum – leicht zirkulär – auf einen bestehenden Ermessensspielraum der Mitgliedstaaten abzustellen. Ein bestehender Ermessensspielraum spricht nicht grundsätzlich gegen die Bestimmtheit des Individualrechts, soweit das dem Einzelnen

---

680 *Ruffert* in: Grabitz/Hilf/Nettesheim, EUV/AEUV, Art. 340 AEUV, Rn. 46.

681 EuGH vom 05.03.1996, Az. C-46/93, Slg. 1996, I-1029, Rn. 45.

682 EuGH vom 04.07.2000, Az. C-352/98, Slg. 2000, I-05291 (Bergaderm und Goupil) („Der Schutz der Rechte, die der einzelne aus dem Gemeinschaftsrecht herleitet, kann nämlich nicht unterschiedlich sein, je nachdem, ob die Stelle, die den Schaden verursacht hat, nationalen oder Gemeinschaftscharakter hat“).

683 EuGH vom 05.03.1996, Az. C-46/93, Slg. 1996, I-1029, Rn. 56.

684 EuGH vom 23.05.1996, Az. C-5/94, Slg. 1996, I-02553 (Hedley Lomas); EuGH vom 08.10.1996, Az. C-178/94, Slg. 1996, I-04845, Rn. 25 (Dillenkofer).

685 EuGH vom 26.03.1996, Az. C-392/93, Slg. 1996, I-01631, Rn. 42 (British Telecommunications).

verliehene Individualrecht selbst bestimmbar bleibt.[686] Zudem hat der EuGH in *British Telecommunications*[687] eine zweite Alternative zur *Auslegung* einer Richtlinienbestimmung, die dem Zweck der Richtlinie nicht entgegen stand, zum Anlass genommen, die hinreichende Bestimmtheit der Rechtsnorm abzulehnen.

Bei Umfang und Reichweite des Grundsatzes zur Sicherung des Zugangs zur bewertungsrelevanten Information verbleiben aufgrund der lediglich systematischen, nicht aber ausdrücklichen Verwurzelung zunächst erhebliche Auslegungsspielräume. So können beispielsweise zur inhaltlichen Ausgestaltung des Merkmals der Bewertungserheblichkeit sowohl die Regelungen der Marktmissbrauchs- oder Insiderrichtline – jeweils mit im Detail unterschiedlicher Reichweite – herangezogen werden, als auch die Grundsätze zum Vorstandshandeln auf angemessener Informationsgrundlage. Obgleich jedenfalls die Angemessenheit der Information – wie oben aus Gründen der Rechtseinheit dargelegt – einen überzeugenden Mindestgehalt für die Bewertungsrelevanz repräsentiert, ist diese inhaltliche Ausgestaltung keineswegs offensichtlich und eindeutig erkennbar. Obgleich das Ermessen der Mitgliedstaaten jedenfalls für diesen Mindestgehalt erheblich eingeschränkt sein dürfte, ist der Grundsatz zur Sicherung des Zugangs zur bewertungsrelevanten Information aufgrund seiner generalklauselartigen Qualität *derzeit* inhaltlich nicht ausreichend bestimmt, um eine unionsrechtliche Haftung der Mitgliedstaaten auszulösen.

6. Zusammenfassung

Der *Zugang zur Information* ist nach den Vorstellungen des US-amerikanischen, des europäischen und des deutschen Gesetzgebers unabhängig von der individuellen Professionalität des Investors als *allgemeiner Rechtsgrundsatz im Kapitalmarktrecht* stets zu gewährleisten. Der europäische und deutsche Gesetzgeber statuiert für Emittenten und Wertpapierunternehmen Informationspflichten, die nach dem Grad der Professionalität des Investors abgestuft sind. Dabei besteht für Kleinanleger ein hoher Standard an Pflichtinformation, während der Gesetzgeber bei hoch-professionellen Investoren unterstellt, diese würden ihr Informationsbedürfnis autonom durchsetzen.[688] Die zusätzlichen Informations- und Beratungspflichten tangieren den regelungssystema-

[686] EuGH vom 08.10.1996, Az. C-178/94, Slg. 1996, I-04845, Rn. 45 (Dillenkofer); *Ruffert* in: Grabitz/Hilf/Nettesheim, EUV/AEUV, Art. 340 AEUV, Rn. 63.

[687] EuGH vom 26.03.1996, Az. C-392/93, Slg. 1996, I-01631, Rn. 43 (British Telecommunications).

[688] Entsprechend hat der Gesetzgeber hier bisweilen keine wesentlichen Informationspflichten statuiert. Letztere Erwägung der marktinternen Selbstregulierung verkennt jedoch die (auch) für hoch-professionelle Investoren nachweisbaren Verhaltenstendenzen wie abnehmende Risikosensitivität und Herdenverhalten. Diese sind geeignet, den unterstellten Selbstregulierungsmechanismus für hoch-professionelle Investoren außer Kraft zu setzen.

tisch erkennbaren Grundsatz aber nicht, den Zugang zur Information stets zu gewährleisten. Dieses Gebot ist spezielle Ausformung der informationellen Gleichbehandlung der Teilnehmer am Kapitalmarkt. Der Eingriff in die Privatautonomie der Marktteilnehmer durch dieses Gleichbehandlungsgebot ist zum Zwecke der Minderung von Marktunvollkommenheiten bzw. Prävention von Marktversagen gerechtfertigt. Schließlich wurde gezeigt, dass mehrfach-abgeleitete CDO-Produkte den Zugang zur bewertungsrelevanten Kapitalmarktinformation systematisch nicht mehr gewährleisten. Soweit Finanzinstrumente gegen den Grundsatz verstoßen, ist deren Emission verboten. Das Verbot ist die zur Prävention von Marktversagen erforderliche Rechtsfolge.

Der Grundsatz zur Sicherung des Zugangs zur bewertungsrelevanten Information ist systematisch auch im europäischen Sekundärrecht gewährleistet. Die Mitgliedstaaten sind durch das unionsrechtliche Effektivitätsgebot verpflichtet, dem Grundsatz zur praktischen Wirksamkeit zu verhelfen. Soweit die Mitgliedstaaten hinter dieser Rechtspflicht zurück bleiben, ist eine unionsrechtliche Haftung derzeit aber ausgeschlossen, da der Grundsatz de lege lata nicht offensichtlich und eindeutig erkennbar ist. De lege ferenda sollte der Grundsatz im Unionsrecht konkretisiert werden, um der bestehenden Umsetzungspflicht Nachdruck zu verleihen, den Harmonisierungsgrad zu erhöhen und einheitliche Grundvoraussetzungen für funktionsfähige Kapitalmärkte in der Union zu schaffen.

II. Legitimation des Risikohandels mit Derivaten

Um die Akzeptanz und Teilnahme eines möglichst breiten Anlegerspektrums an den Kapitalmärkten zu stärken, bedient sich der Gesetzgeber integritätsfördernder Maßnahmen. Diese zielen vorwiegend auf die Festigung der von den Marktteilnehmern subjektiv wahrgenommene *Fairness des Marktgeschehens*,[689] aber auch auf eine objektiv funktionsfähige Handelskontrolle und Schutzgewähr.[690] All diese Maßnahmen sind auf die Sicherung und Förderung des institutionellen Vertrauens der Anlegerschaft sowohl in den Markt als Institution, als auch in die dort gehandelten Verträge gerichtet.[691] Dieses

---

[689] Vgl. *Bachmann,* ZHR 2006, 144, (169) (Mit dem Hinweis auf das Insiderrecht: Dort soll das Vertrauen der Anleger gestärkt werden, die es als unfair empfinden, dass ihre Chancengleichheit durch zufällige Informationsvorsprüngen von Insidern verletzt wird.).

[690] *Mehringer,* Kapitalmarktrechtliches Gleichbehandlungsprinzip, 2007, S. 37.

[691] RL 2003/6/EG vom 28.01.2003, Abl. L 96, S. 16 ff.; RL 2004/109/EG vom 15.12.2004, Abl. L 390, S. 38 ff. (Erwägungsgrund 1: Die „rechtzeitige Bekanntgabe zuverlässiger und umfassender Informationen über Wertpapieremittenten“ solle das Anlegervertrauen stärken und so „die Markteffizienz“ erhöhen); vgl. Commodity Exchange Act im US-amerikanischen Kapitalmarktrecht, U.S. Code Congressional and Administrative News, 93rd Congress, 2nd Session (1974), S. 5856 (Für das US-amerikanische Recht: „A fundamental purpose of the Commodity Exchange Act is to ensure fair practice and honest dealing on the commodity exchanges and to provide a minimum of control for those forms of speculative

Vertrauen ist wiederum Voraussetzung dafür, dass Anleger nicht vom Kapitalmarkt abwandern und bildet damit eine Bedingung für die Funktionsfähigkeit der Finanzmärkte.[692]

1. Vertragliche Integrität derivativer Finanzinstrumente

Schon seit langem werden die wenigsten Derivate mit der Vereinbarung zur physischen Lieferung des Basiswertes ausgestattet. Statt dessen stehen sich durch die regelmäßig getroffene Barausgleichsabrede zwei Geldleistungen gegenüber, von denen zumindest eine der Höhe nach stochastisch bedingt ist. Dieser *aleatorische Charakter* derivativer Finanzinstrumente lässt traditionell die *Grenze zu Spiel* bzw. Wette verschwimmen. In der Öffentlichen Diskussion werden Derivate deshalb mit auffallender Regelmäßigkeit als Spiel oder Wetten bezeichnet. Handelt es sich dabei lediglich um ein strategisches Mittel im Rahmen der (oftmals politischen) Argumentation, um die Legitimation der Gegenargumente schon anfangs in Frage zu stellen? Oder hat der Gesetzgeber mit der Stärkung des Finanzplatzes Deutschland durch die vier Finanzmarktförderungsgesetze in den letzten 20 Jahren beinahe blind ein rechtspolitisches Ziel verfolgt, ohne kontrollierende rechtssystematische Erwägungen hinsichtlich der Rechtsqualität derivativer Finanzinstrumente anzustellen?[693] Legitimiert die positive Rechtsordnung Geschäfte mit der Rechtsqualität als Spiel, Wette oder Glücksspiel,[694] so könnte der Handel dieser Instrumente die Integrität der Kapitalmärkte selbst schwächen und damit das schädigen, was der Gesetzgeber mit dem Kapitalmarktrecht eigentlich zu stärken gedachte.

a) Derivate als Spiel oder Wette (§ 762 BGB)

Der Vertragszweck des Spiels ist nicht nur die Erlangung einer bloßen Gewinnchance, sondern er liegt im *Erzielen des Spielgewinns* selbst, der den subjektiven Vorteil des Geschäfts für jede Vertragspartei darstellt. Dies macht die zeitgleiche Zweckerfüllung für alle Vertragsparteien unmöglich.[695] Der Umstand, dass (mindestens) eine Vertragspartei *zwingend* in der vertraglichen Zweckerfüllung enttäuscht wird, ist ein wesentliches Merkmal des Spiels.[696] Bei der Wette ist der Vertragszweck dagegen auf die Bekräftigung einer

---

activity which too often demoralize the markets to the injury of producers and consumers and the exchanges themselves“).

[692] *Buck-Heeb,* Kapitalmarktrecht, 2009, Rn. 13.

[693] *Reiner/Schacht,* WM 2010, 337, (337).

[694] Vgl. Stotler & Co. v. Sonnenschein, 703. F.Supp. 686, (691) (N.D. III, 1988) (Mit dem Verweis des Terminhandels als legalisiertes Glücksspiel); OLG Stuttgart vom 27.10.2010, Az. 9 U 148/08, ZIP 2010, 2189, Rn. 84 ff. (Swapgeschäft als Geschäft mit Glücksspielcharakter).

[695] *Reiner/Schacht,* WM 2010, 337, (341).

[696] *Habersack* in: MüKo, BGB, § 762, Rn. 5.

Behauptungen gerichtet.[697] Steht die Erlangung des Gewinns für die Parteien im Vordergrund, so ist die Vereinbarung als Spiel zu qualifizieren.

Beim Abschluss derivativer Finanzinstrumente wird für die Vertragsparteien in der Kapitalmarktrealität monetäre Interessen im Vordergrund stehen. Damit lassen sich Derivate ggf. als Spiel, nicht aber als Wette einordnen. Denn auch hier ist aufgrund der Ausgestaltung des Geschäfts als individuelles Nullsummenspiel der Verlust der einen Partei zwingend der Gewinn der anderen, sodass jedenfalls eine der Vertragsparteien in der Zweckerfüllung des Vertrages enttäuscht wird.[698] Dies gilt sowohl für Festgeschäfte, als auch für Derivate mit Optionscharakter.[699] Zudem ist für die Qualifikation als Spiel die Art des Basiswertes unerheblich. Erfasst sind damit sowohl Derivate auf physische und monetäre Basiswerte, als auch ereignisbezogene Derivate.

i) Abgrenzung nach der Zweckverfehlungstheorie

Reiner/Schacht[700] unterscheiden Spiel und Derivat durch den *Vertragszweck*. Ausgangspunkt des von Reiner schon in seiner Habilitationsschrift[701] erarbeiteten Ansatzes ist die Unmöglichkeit der Erfüllung des Vertragszwecks bei allen Spielern *zugleich*. Vertragszweck sei das Erlangen eines subjektiven Mehrwertes. Dieser liege nicht allein im Unterhaltungswert durch die Teilnahme am Spiel, sondern in der Erlangung des (materiellen oder immateriellen) Spielgewinns. Das klassische Spiel habe indes stets mindestens einen Verlierer, der in seinem Vertragszweck enttäuscht wird. Dieses *hinkende Austauschverhältnis* stelle die sachliche Rechtfertigung für die Anerkennung des Spiels als bloße Naturalobligation dar.

Die Abgrenzung vom Spiel zu anderen aleatorischen Verträgen erfolgt dann an der Feststellung eines subjektiven Mehrwerts auf allen Vertragsseiten unabhängig vom Risikoverlauf. Für Versicherungsverträge entfällt die Qualifikation als Spiel aus dem Ziel des Versicherungsnehmers heraus, ein beste-

---

[697] *Stadler* in: Jauernig, BGB, § 762, Rn. 2.

[698] *Reiner/Schacht,* WM 2010, 337, (343) (Von einem Scheitern des Vertragszwecks wegen der Wertänderung des Basiswertes könnte man nur dann ausgehen, wenn für die jeweilige Gegenseite erkennbar feststehen würde, dass es der Partei trotz der Erfüllung in Natur lediglich um das Erzielen eines Differenzgewinns geht. Wenn jedoch für die jeweilige Gegenseite bei Vertragsschluss die Differenzerzielungsabsicht der Vertragspartner nicht erkennbar ist, dass zumindest eine der Parteien ein reales, nicht nur finanzwirtschaftliches Interesse am Erwerb bzw. an der Veräußerung des Basiswertes verfolgt, steht bei Vertragsschluss auch noch nicht zwingend fest, dass zumindest eine Vertragspartei den mit ihrer Verpflichtung angestrebten subjektiven Mehrwert verfehlen wird).

[699] Hinderlich ist insbesondere nicht die wohl herrschende Trennungstheorie für die vertragliche Qualifikation des Optionsrechts (vgl. *Casper,* Der Optionsvertrag, 2005, S. 55), da auch der Hauptvertrag regelmäßig von § 762 Abs. 1 BGB erfasst sind wird, vgl. *Mülbert/Böhmer,* WM 2006, 937, (946).

[700] *Reiner/Schacht,* WM 2010, 337, (340).

[701] *Reiner,* Derivative Finanzinstrumente, 2002, S. 140 ff.

hendes Risiko abzusichern, sodass der subjektive Mehrwert bereits zum Zeitpunkt des Vertragsschlusses entsteht, während auch das Versicherungsunternehmen durch die Übernahme des Risikos in den Risikopool zum Zeitpunkt des Vertragsschlusses seinen subjektiven Mehrwert erreicht.[702]

Entsprechend sind auch zu *Absicherungszwecken abgeschlossene Derivategeschäfte* nach der Zweckverfehlungstheorie nicht als Spiel zu qualifizieren, da der Derivatevertrag durch die Konnexität zum Grundgeschäft den subjektiven Mehrwert schon beim Vertragsschluss generiert. Dies gilt auch dann, wenn auf der Vertragsgegenseite ein Spekulationszweck verfolgt wird, da auch weiterhin die reale Möglichkeit zur allseitigen Vertragszweckerfüllung besteht.

Für beidseitige Spekulationsgeschäfte – so die Autoren weiter – sei das allseitige Erlangen eines subjektiven Mehrwertes als Zweckerfüllung nur dann nicht von vorn herein ausgeschlossen, wenn Steigerungen des beizulegenden Zeitwerts der Rechtsposition durch den Verkauf des Derivats an einem *liquiden Sekundärmarkt* für diese Termingeschäfte oder aber durch die *Glattstellung des Derivats am Kassamarkt* gesichert werden kann.[703] Existiert umgekehrt für das von beiden Seiten zu spekulativen Zwecken geschlossenene Derivat *kein liquider Sekundärmarkt* und ist es auch nicht am Kassamarkt glattstellbar, so ist es nach der Zweckverfehlungstheorie als Spiel zu qualifizieren. Insbesondere durch die Bewertungsprobleme sei für komplexe Kreditderivate die Liquidität sowohl am Kassamarkt, als auch auf dem Sekundärterminmarkt nicht ohne weiteres gewährleistet,[704] sodass diese Geschäfte als Spiel zu qualifizieren und nur durch die Norm des § 37e WpHG zivilrechtlich durchsetzbar seien.

ii) Abgrenzung durch die wirtschaftliche Berechtigung

Die ganz herrschende Meinung knüpft für die Qualifikation eines Derivats als Spiel an die fehlende *wirtschaftliche Berechtigung* als normatives Kriterium an.[705] Soweit dagegen eingewendet wird, es sei mit einer freiheitlich-demokratische Grundordnung unvereinbar, privatautonom geschlossene Verträge auf ihre Berechtigung hin zu überprüfen,[706] verkennt dies die Wirkungsrichtung der Prüfung. Denn das Kriterium der wirtschaftlichen Berechtigung dient dazu, eigentlich unverbindliche Geschäfte dennoch verbindlich werden zu

---

[702] Vgl. ausführlich schon S. 211 ff.

[703] *Reiner/Schacht,* WM 2010, 337, (389).

[704] *Reiner/Schacht,* WM 2010, 337, (393).

[705] BGH vom 29.09.1977, Az. III ZR 164/75, BGHZ 69, 295, Rn. 16; BGH vom 07.11.2001, Az. VIII ZR 13/01, WM 2002, 48, Rn. 47; *Lehmann,* Finanzinstrumente, 2009, S. 106; *Krämer,* Finanzswaps, 1999, S. 281 ff. (Kriterien der wirtschaftlichen Berechtigung bei derivativen Finanzinstrumenten); *Henssler,* Risiko als Vertragsgegenstand, 1994, S. 448.

[706] *Habersack* in: MüKo, BGB, § 762, Rn. 4; *Reiner/Schacht,* WM 2010, 337, (339).

lassen.[707] Es bewirkt damit keine Einschränkung, sondern eine Ausweitung der Privatautonomie.

(1) Physische Lieferung als Kriterium für wirtschaftliche Berechtigung

Das begrifflich unscharfe Kriterium der wirtschaftlichen Berechtigung wurde bislang nur bruchstückhaft konkretisiert. Frühe Ansätze stellen zumeist auf die vertragliche Vereinbarung der *physischen Lieferung* als ganz klassischen Publizitätsträger für ein ernsthaftes wirtschaftliches Nutzungs- oder Verwertungsinteresse ab.[708] Dieser Ansatz verkennt aber einerseits, dass individuellen wirtschaftlichen Interessen auch (und vielleicht sogar sehr viel besser) Rechnung getragen werden kann, wenn die Lieferung in liquiden Zahlungsmitteln erfolgt.[709] Erst dadurch werden Absicherungsgeschäfte ermöglicht, bei denen der Hedger den Basiswert auch während der Sicherungslaufzeit nutzt.[710] Zudem lässt diese Ansicht – für derivative Finanzinstrumente nachweisbare – positive volkswirtschaftliche Effekte vollkommen unberücksichtigt.[711] Entsprechend wird diese Ansicht heute wohl auch nicht mehr vertreten.

(2) Externe Effekte als Kriterium für wirtschaftliche Berechtigung

Anders als zweifellos anerkannte Spieltatbestände wie Glücks- oder Lotteriespiele erfüllen derivative Finanzinstrumente wichtige wirtschaftliche Aufgaben. Sie sind wesentliches Mittel zur Risikoallokation in den Kapitalmärkten und vervollständigen die wirtschaftlichen Risikobedürfnisse der Marktteilnehmer.[712] Zudem unterstützt der Derivatehandel den Informationsfluss in den Märkten und kann den Preisfindungsprozess stimulieren. Das Gewicht dieser positiven Effekte wird durch *konditional auftretende negative Effekte* keineswegs gemindert. Denn bisweilen sind durch Spekulationshandlungen an den Derivatemärkten langfristige Fälligkeits- und Liquititätseffekte in statistisch lediglich unwesentlichem Maße nachweisbar.[713] Fraglich ist aber, ob positive externe Effekte überhaupt bei der Qualifikation als Spiel i.S.d. § 762 BGB zu berücksichtigen sind. Der Normzweck des § 762 BGB bringt hier keine Klarheit. Soweit man ihn im Individualschutz der Beteiligten vor den finanziellen und psychischen Folgen der Spielleidenschaft erkennt,[714]

---

[707] *Mülbert/Böhmer,* WM 2006, 937, (948).

[708] Elster, ArchBürgR 1905, 34, (44); *Rössner/Weber,* BB 1979, 1048, (1054); *Raines/Leathers,* Journal of Business Ethics, Vol. 13, S. 198; Dickson v. Uhlmann Grain Co., 288 US. 188 (1933) (Als Argument des Supreme Courts für die Anwendbarkeit des Gambling-Statuts des Staates Missouri).

[709] *Dannhoff,* Recht der Warentermingeschäfte, 1993, S. 162.

[710] Vgl. Board of Trade v. Christie Grain & Stock Co., 198 U.S. 236 (1905).

[711] *Henssler,* Risiko als Vertragsgegenstand, 1994, S. 449.

[712] Vgl. S. 94 ff.

[713] Vgl. S. 141 ff.

[714] *Janoschek* in: BeckOK, BGB, § 762, Rn. 1; *Mülbert/Böhmer,* WM 2006, 937, (949).

spricht dies eher für das Abstellen auf die individuelle wirtschaftliche Berechtigung. Soweit man ihn darin erkennt, staatliche Organe von der Durchsetzung von aus höchstpersönlichem Amüsement eingegangene Verpflichtungen zu befreien,[715] lässt dies wohl auch volkswirtschaftliche Erwägungen für möglich erscheinen. Gegen die Berücksichtigung externer Effekte spricht aber die rechtssystematischer Erwägung, dass der Gesetzgeber mit § 37e WpHG[716] selbst eine Vermutung für die wirtschaftliche Berechtigung des Geschäfts aufstellt.[717] Indem mindestens eine Vertragspartei zum Ausschluss des Spieleinwands gem. § 762 BGB *Unternehmer* zu sein hat, wird die Sicherstellung wirtschaftlicher Berechtigung des Geschäfts an die *pflichtgemäße Ausübung unternehmerischer Leitungsverantwortung* gebunden. Damit ist die „wirtschaftliche Berechtigung" gem. § 37e WpHG an die individuelle, nicht aber die volkswirtschaftliche Berechtigung des Geschäfts gebunden. Es erscheint daher überzeugend, externe Effekte durch den Geschäftsabschluss für die Qualifikation des individuellen Vertrages als Spiel i.S.d. § 762 BGB unberücksichtigt zu lassen.

(3) Fallgruppen für die wirtschaftliche Berechtigung

Die Rechtsprechung[718] knüpft für die Feststellung der wirtschaftlichen Berechtigung auf die objektive *Eignung zur Kurssicherung* an. Auch die Literatur grenzt Sicherungsgeschäfte wie Bürgschaft, Garantie oder Versicherungsvertrag über den Einsatz des Geschäfts zur Absicherung zumindest einer Vertragspartei ab.[719] Die wirtschaftliche Berechtigung des Vertrages werde durch das *mangelnde Interesse des Sicherungsnehmers am Eintritt des Sicherungsfalles* hergestellt.[720] Daneben wurde zur Ermittlung der wirtschaftlichen Berechtigung an die Leistungsfähigkeit der Parteien im Hinblick auf die eingegangene Verbindlichkeit angeknüpft. Dies bezieht sich einerseits auf die intellektuelle bzw. organisationelle Leistungsfähigkeit als die Fähigkeit, eine angemessene Ausstattung mit Humankapital oder IT-Strukturen bereit zu stellen[721] (*Professionalität der Marktteilnehmer*). Andererseits wurde auf die finanzielle Leistungsfähigkeit oder dem fehlenden Sachzusammenhang des

---

[715] *Lehmann,* Finanzinstrumente, 2009, S. 106.

[716] Vgl. dazu schon S. 206.

[717] a.A. OLG Stuttgart vom 27.10.2010, Az. 9 U 148/08, ZIP 2010, 2189, Rn. 86 (Das Gericht will § 37e WpHG bei der Qualifikation als Spiel vollkommen unberücksichtigt lassen, da es die Norm den Spielcharakter des Geschäfts schon voraussetzt und lediglich die Rechtsfolge betrifft).

[718] BGH vom 11.10.1988, Az. XI ZR 67/88, BGHZ 105, 263, Rn. 17; BGH vom 20.12.1971, Az. II ZR 156/69, BGHZ 58, 1, Rn. 10.

[719] *Janoschek* in: BeckOK, BGB, § 762, Rn. 5; *Henssler,* Risiko als Vertragsgegenstand, 1994, S. 459; *Reiner/Schacht,* WM 2010, 337, (339).

[720] Vgl. ausführlich S. 213 ff. (versicherbares Interesse).

[721] *Krämer,* Finanzswaps, 1999, S. 293.

Spekulationsgegenstandes zum operationellen Geschäft des Unternehmens abgestellt.[722] Letztere Erwägung scheint aus rechtssystematischer Sicht überzeugend. § 37e WpHG knüpft für die Ausnahme vom Spieleinwand an den Status als Unternehmen an, dessen Geschäftsführung nur solche Geschäfte abschließen darf, die einerseits vom Unternehmenszweck gedeckt und andererseits nicht sorgfaltswidrig sind. Beim Abschluss von Geschäften mit fehlenden Sachzusammenhang zum Unternehmensgegenstand oder Geschäften, die zur finanziellen Überforderung führen, handelt die Geschäftsführung aber stets pflichtwidrig. Damit ist ein Gleichlauf zwischen der Beurteilung wirtschaftlicher Berechtigung i.R.d. Qualifikation als Spiel und dem pflichtgemäßen Handeln der Geschäftsführung sichergestellt.

iii) Stellungnahme

Die Zweckverfehlungstheorie nimmt für sich in Anspruch, konkreter und damit rechtssicherer ein Derivat als Spiel qualifizieren zu können als die Abgrenzung anhand der wirtschaftlichen Berechtigung, muss ihrerseits aber zur Feststellung des erforderlichen *hinkenden Austauschverhältnisses* auf Fallgruppen zurück greifen. Der Vorteil des Ansatzes liegt indes scheinbar darin, objektive Kriterien (Liquidität der Sekundärtermin- oder -kassamärkte) und nicht subjektive Kriterien wie bei der Ermittlung der wirtschaftlichen Berechtigung zu berücksichtigen. Tatsächlich ist das gerade auch ein Schwachpunkt, da die rechtliche Qualität des Vertrages dann von äußeren Umständen wie der Marktliquidität abhängen würde, die sich binnen kurzer Zeit ändern kann. Dies führt zu *erheblicher Rechtsunsicherheit*. Das Abstellen auf die wirtschaftliche Berechtigung durch die aufgezeigten Fallgruppen fügt sich zudem besser in die bestehende Gesetzessystematik ein, da auch § 37e WpHG zum Ausschluss des Spieleinwandes an subjektive Kriterien anknüpft. Die Abgrenzung von Derivat und Spiel ist deshalb anhand der wirtschaftlichen Berechtigung vorzunehmen.

b) Unerlaubte Veranstaltung eines Glücksspiels (§ 284 StGB)

§ 284 Abs. 1 StGB stellt das unerlaubte öffentliche Veranstalten von Glücksspielen unter Strafe und könnte damit insbesondere für Emittenten von derivativen Finanzinstrumenten herausragende Bedeutung erlangen.[723] Der Begriff des Glücksspiels wird von ganz herrschender Meinung als Unterfall des Spiels angesehen.[724] Wird mit dem Geschäft ein berechtigter wirtschaftlicher Zweck verfolgt, kann es tatbestandlich nicht mehr als Glücksspiel qualifiziert werden. Weiterhin ist für die Qualifikation als Glücksspiel die Abhängigkeit

---

[722] Burke Grain Co. v. St. Paul-Mercury Indemnity Co., 94 F.2d 458 (8th Cir. 1938).

[723] *Mülbert/Böhmer*, WM 2006, 937, (988).

[724] *Groeschke/Hohmann* in: MüKo, StGB, § 284, Rn. 6; *Heine* in: Schönke/Schröder, StGB, § 284, Rn. 3 m.w.N.

der Gewinn- und Verlustverteilung vom Zufall maßgeblich.[725] Beim straffreien Geschicklichkeitsspiel hingegen wird die Entscheidung über Gewinn und Verlust wesentlich von den Fähigkeiten, Kenntnissen und vom Aufmerksamkeitsgrad der Spieler bestimmt.

i) Tatbestandsausschluss durch Timing bei derivativen Finanzinstrumenten

Die Gewinnverteilung bei derivativen Finanzinstrumenten wird aber wesentlich vom Zeitpunkt des Geschäftsschlusses (*Timing*) mitbestimmt. Bei amerikanischen Optionen haben die Parteien darüber hinaus durch das zeitraumbezogene Wahlrecht wesentlichen Einfluss auf die Verteilung von Gewinn und Verlust. Entsprechend könnten einige Derivate als straffreies Geschicklichkeitsspiel einzuordnen sein. Mit dieser Argumentation hat der BGH[726] exemplarisch eine Bandbreitenoption als Geschicklichkeitsspiel qualifiziert. Die Entscheidung des BGH ist indes schon unter Berücksichtigung der übrigen Rechtsprechung inkonsistent. So war schon vor der ergangenen Entscheidung anerkannt, dass die Gewinn- und Verlustverteilung auch dann vom Zufall abhängt, wenn sie auf einem dem steuernden Einfluss der Parteien zumindest weitgehend entzogenen Kausalverlauf beruht.[727] Unter der Annahme mittelstarker Informationseffizienz der Kapitalmärkte ist es für die Parteien lediglich *ex post*, nicht aber ex ante möglich, die Vorteilhaftigkeit eines konkreten Zeitpunkts zum Abschluss oder Ausübung eines Optionsgeschäfts zu beurteilen.[728] Unter dieser Prämisse unterliegt das Gericht definitionsgemäß einem *Rückschaufehler*. Wird in schwach informationseffizienten Kapitalmärkten die Anlage- bzw. Ausübungsentscheidung auf der Grundlage von vermeintlichen Trends oder anderen Handelsheuristiken getroffen, wird das damit verbundene Geschicklichkeitselement nicht über die erforderliche Wesentlichkeitsgrenze hinweg steigen.[729] Wie auch bei anderen Spielen ergibt sich das

---

[725] BGH vom 18.04.1952, Az. 1 StR 739/51, BGHSt 2, 274 (276); BGH vom 29.09.1986, Az. 4 StR 148/86, BGHSt 34, 171 (175); BGH vom 11.01.1989, Az. 2 StR 461/88, BGHSt 36, 74, (80).

[726] BGH vom 07.12.1979, Az. 2 StR 315/79, BGHSt 29, 152, Rn. 29 (Die Parteien konnten „ihren Gewinnanspruch dadurch maßgeblich selbst beeinflussen, dass sie auf Grund eigener Beurteilung der Preisentwicklung auf den Warenmärkten und der davon abhängigen Börsenkurse bestimmten, wann sie von der Option „Gebrauch“ machten. Eine weitere Einflussnahme war dadurch möglich, dass sie eine Doppeloption jeweils für eine solche Ware wählten, deren Preis ständig großen Schwankungen unterworfen war.“).

[727] BGH vom 7.02.1952, Az. 3 StR 331/51, BGHSt 2, 139; BGH vom 26.01.1956, Az. 3 StR 405/55, BGHSt 9, 39; BVerwG vom 28.03.2001, Az. 6 C 2/01, BVerwGE 114, 92, Rn. 23.

[728] *Mülbert/Böhmer,* WM 2006, 937, (990).

[729] BGH vom 7.02.1952, Az. 3 StR 331/51, BGHSt 2, 139, (141) (Für den Ausstiegszeitpunkt aus einem Schneeballsystem); a.A. AG Karlsruhe-Durbach vom 13.07.2000, Az. 1 Ds 26 Js 31893/98, NStZ 2001, 254, Rn. 36 (Das Gericht sieht eine wesentliche Abhängigkeit von den Fähigkeiten einer Person bei Sportwetten schon dann als gegeben an, wenn sie sich

erhebliche Gewicht des Zufallselements hier aus der Vielzahl der für den Kausalverlauf maßgeblichen Einflussfaktoren, die für die Parteien (jenseits unzulässiger Manipulation) nicht sicher abzuschätzen sind.[730] Wie bei Sportwetten beruht die Teilnahme am Kapitalmarkt mittels derivativer Finanzinstrumente gerade auf der Unsicherheit zukünftiger Preisentwicklungen und damit der Ergebnisoffenheit, die mit der Zielvorstellung der Marktfairness durch das Kapitalmarktrecht gerade gewährleistet sein soll. Die Qualifikation von derivativen Finanzinstrumenten als Geschicklichkeitsspiel mit Hinweis auf das Timing ist demnach verfehlt.

ii) Tatbestandsausschluss durch § 37e WpHG

Der Ausschluss des Spieleinwands durch § 37e WpHG könnte für Finanztermingeschäfte zugleich tatbestandsausschließend für die Qualifikation als Glücksspiel i.S.d. § 284 StGB wirken. Dagegen spricht zwar Wortlaut und systematische Stellung der Norm, wonach § 37e WpHG scheinbar lediglich die zivilrechtliche Wirksamkeit, nicht aber die strafrechtliche Einordnung regeln will. Allerdings bezweckte der Gesetzgeber mit der Einführung des § 37e WpHG eine rechtssichere Sphäre für den unternehmerischen Einsatz von Finanztermingeschäften zu schaffen.[731] Konsequenterweise muss der Regelungsgehalt der Norm dann auch für strafrechtliche Fragestellungen heran zu ziehen sein. § 37e WpHG wirkt dabei tatbestandsausschließend für alle Finanztermingeschäfte. Der Gesetzgeber koppelt die Anwendung des § 37e WpHG an die Eigenschaft als Unternehmen. Der Abschluss von Finanzderivaten durch das Unternehmen ist stets an die pflichtgemäße Ausübung unternehmerischer Leitungsverantwortung (§§ 76, 93 AktG) gebunden. Ein Geschäft zur bloßen Befriedigung der Spielleidenschaft bzw. aus bloßem Unterhaltungsbedürfnis steht idealtypisch – und unabhängig von der praktischen Nachweisbarkeit – der Sorgfalt eines gewissenhaften Geschäftsführers diametral entgegen.[732] Nach dem gesetzlichen Leitbild kann – soweit § 37e WpHG anwendbar ist – das von § 284 StGB geschützte Rechtsgut nicht mehr tangiert sein. Nach ganz herrschender Meinung entfällt dann schon die Möglichkeit einer Tatbestandsverletzung.[733]

---

in „einschlägigen Sportgazetten und Sportsendungen in Radio und Fernsehen informiert" hat, um so vermeintlich zu einer überlegenen Ergebniseinschätzung zu gelangen.).

[730] BVerwG vom 28.03.2001, Az. 6 C 2/01, BVerwGE 114, 92, Rn. 24 (Die Richtigkeit der Vorhersage hänge „sowohl aus der Sicht des Spielers als auch objektiv von einer Vielzahl nicht sicher abzuschätzender Einflussfaktoren und damit vom Zufall ab.").

[731] Regierungsbegründung, BT-Drucks., 14/8017 S. 96.

[732] Vgl. dazu S. 282 ff.

[733] *Horn,* NJW 2004, 2047, (2053); *Groeschke/Hohmann* in: MüKo, StGB, § 284, Rn. 11; *Mülbert/Böhmer,* WM 2006, 937, (992); *Heine* in: Schönke/Schröder, StGB, § 284, Rn. 6 und 8a m.w.N.

Soweit gegen die Anwendung des § 37e WpHG die fehlende Gesetzgebungskompetenz des Bundes für Regelungen des Glücksspiels vorgebracht wird, vermag dies nicht zu überzeugen. Ordnet man im Hinblick auf das Schutzgut des § 284 StGB, die kommerzielle Ausbeutung der natürlichen Spielleidenschaft staatlich zu kontrollieren,[734] das Glücksspielrecht dem Gefahrenabwehrrecht und damit der *ausschließlichen Gesetzgebungskompetenz* der Länder zu, bleibt durch das Verständnis des § 37e WpHG als tatbestandsausschließendes Einverständnis für § 284 StGB das Gefahrenabwehrrecht der Länder letztlich unberührt. Denn dem Bundesgesetzgeber kann das strafrechtliche Glücksspielverbot gegenüber den landesrechtlichen Glücksspielverboten beliebig verkürzen, ohne in die landesrechtlichen Glücksspielverbote einzugreifen.[735] Fasst man dagegen Glücksspielrecht als Teil des Gewerberechts auf,[736] so besteht *konkurrierende Gesetzgebungskompetenz* gem. Art. 74 Abs. 1 Nr. 11 GG und der Bund könnte gem. Art. 72 Abs. 2 GG eine Regelung treffen. In beiden Fällen erscheint die Anwendung des § 37e WpHG zur Begründung eines Tatbestandsausschlusses aus kompetenzrechtlicher Sicht nicht bedenklich. Aus der Anwendung des § 37e WpHG bei der Interpretation des Glücksspielbegriffs folgt demnach ein Ausschluss aller Finanztermingeschäfte aus dem Straftatbestand des § 284 StGB. Der Tatbestandsausschluss erstreckt sich auch auf § 287 StGB, da Lotterien und Ausspielungen lediglich Sonderformen des Glücksspiels gem. § 284 StGB darstellen.

c) Derivate als Glücksspiel i.S.d. Glücksspielgesetze

Derivative Finanzinstrumente könnten darüber hinaus teilweise von den landesrechtlichen Glücksspielgesetzen erfasst sein, die ihrerseits den Glücksspielstaatsvertrag[737] (*GlüStV*) umsetzen. Obgleich der GlüStV sowohl durch das BVerfG,[738] als auch später durch den EuGH[739] beanstandet wurde, scheint sich trotz der unsicheren Rechtslage eine Änderung des Anwendungsbereichs nicht abzuzeichnen.

---

[734] Regierungsbegründung, BT-Drucks. 13/8587, S. 67 ff.; BGH vom 04.02.1958, Az. 5 StR 579/57, BGHSt 11, 209; *Beckemper* in: BeckOK, StGB, § 284, Rn. 5; a.A. *Groeschke/Hohmann* in: MüKo, StGB, § 284, Rn. 1 („Vertrauen des Einzelnen in die Gewährleistung einer manipulationsfreien Spielchance").

[735] *Mülbert/Böhmer,* WM 2006, 937, (992).

[736] BVerfG vom 14.10.2008, Az. 1 BvR 928/08, NVwZ 2008, 1338, Rn. 28.

[737] GlüStV vom 01.01.2008 (http://www.juris.de), Abruf am 20.07.2010.

[738] BVerfG vom 28.03.2006, Az. 1 BvR 1054/01, BVerfGE 115, 276.

[739] EuGH vom 08.09.2010, Az. C-409/06, RIW 2010, 720.

i) Derivate als Glücksspiel

Nach § 3 Abs. 1 Glücksspielstaatsvertrag liegt Glücksspiel dann vor, „wenn im Rahmen eines Spiels für den Erwerb einer Gewinnchance ein Entgelt verlangt wird und die Entscheidung über den Gewinn ganz oder überwiegend vom Zufall abhängt. Die Entscheidung über den Gewinn hängt in jedem Fall vom Zufall ab, wenn dafür der ungewisse Eintritt oder Ausgang zukünftiger Ereignisse maßgeblich ist". Mit der Anknüpfung an die Zufallsabhängigkeit ist ein weitgehender Gleichlauf sowohl mit dem Begriff des Spiels (§ 762 BGB), als auch des Glücksspiels (§ 284 StGB) erreicht. Obgleich die obigen Ausführungen zum Tatbestandsausschluss durch die wirtschaftliche Berechtigung übertragbar sind,[740] können einzelne Derivate grundsätzlich noch vom Begriff des Glücksspiels gem. § 3 Abs. 1 GlüStV erfasst sein.

ii) Verfassungskonforme Auslegung des Glücksspielbegriffs

Der GlüStV verfolgt *primär ordnungsrechtliche Ziele*, wenn er Glücksspiel- und Wettsucht präventiv verhindern und die Voraussetzungen für eine wirksame Suchtbekämpfung schaffen möchte (§ 1 GlüStV). § 37e WpHG findet aufgrund des ordnungspolitischen Charakters des GlüStV bei der Auslegung des Glücksspielbegriffs mangels Bundeskompetenz jedenfalls keine direkte Berücksichtigung.

Das BVerfG[741] knüpft zur Begründung des ordnungsrechtlichen Charakter des Glücksspielrechts entscheidend an den Umstand an, dass beim Betrieb einer Spielbank nicht auf die Erzeugung, Herstellung und Verteilung von Gütern des wirtschaftlichen Bedarfs gerichtet sei, sondern auf die Erzielung von Gewinnen durch einen für das Unternehmen langfristig günstigen Gewinnüberhang der zufällig wechselnden Einzelspielverläufe. Daher sei – so das BVerfG weiter – der Betrieb einer Spielbank grundsätzlich eine unerwünschte Tätigkeit, die der Staat gleichwohl unter strengen Auflagen erlaube, um das „illegale Glücksspiel um Geld einzudämmen und dem nicht zu unterdrückenden Spieltrieb des Menschen staatlich überwachte Betätigungsmöglichkeiten zu verschaffen".[742] Im US-amerikanischen Recht wurden mit dieser Begründung die Anfang des zwanzigsten Jahrhundert aufkommenden Buckett Shops verboten. Diese „simulierten" Wertpapierhändler verbuchten im Einverständnis des Kunden lediglich deren Orders, ohne diese an einer Wertpapierbörse auszuführen.[743] Auch hier stellte man im Wesentlichen auf das hohe Potential zur Steigerung der Spielsucht und finanzieller Überforderung

[740] *Mülbert/Böhmer,* WM 2006, 937, (993).

[741] BVerfG vom 18.03.1970, Az. 2 BvO 1/65, BVerfGE 28, 119, Rn. 100; BVerfG vom 19.07.2000, Az. 1 BvR 539/96, BVerfGE 102, 197, Rn. 67.

[742] BVerfG vom 18.03.1970, Az. 2 BvO 1/65, BVerfGE 28, 119, Rn. 101.

[743] *Raines/Leathers,* Journal of Business Ethics, Vol. 13, S. 199; vgl. Revised Code of Washington, 9.47.080.

der Teilnehmer durch einfache Teilnahmemöglichkeit ab. Zudem wurde auf manipulative und *betrügerische Begleiterscheinungen* verwiesen. Diese hohen sozialen Kosten rechtfertigten in der damaligen Diskussion letztlich die Regulierung.

Im Gegensatz dazu haben derivative Finanzinstrumente als Produkte des Kapitalmarkts erhebliche Wohlfahrtseffekte. Sie steigern die allokative Effizienz der Kapitalmärkte, indem sie einfachen Risikotransfer ermöglichen und die Risikotransfermärkte vervollständigen.[744] Zudem verbessern sie i.d.R. die Geschwindigkeit und Qualität der Preisfindung an Kassamärkten. Zur Realisierung dieser positiven externen Effekte ist der Derivatehandel gerade auch auf Teilnehmer mit Spekulationsmotiv angewiesen, um Liquidität zu schaffen, die Markttiefe zu erhöhen und Transaktionskosten zu senken.[745] Für die professionellen Terminmärkte hat der Gesetzgeber daher einen *rechtlichen Sondersphäre* geschaffen, die das rechtspolitische Ziel der Stärkung des Finanzplatzes Deutschland verfolgt.[746] Auf Grundlage der positiven Wohlfahrtseffekte kann der spekulative Derivatehandel nach dem Abgrenzungsansatz des BVerfG nicht mehr dem Gefahrenabwehrrecht zugeordnet werden. Er ist vielmehr als *Recht der Wirtschaft* i.S.d. Art. 74 Abs. 1 Nr. 11 GG und damit als Gegenstand konkurrierender Gesetzgebungskompetenz zu qualifizieren.

Hier knüpfen Mülbert/Böhmer[747] an und argumentieren, dem Bundesgesetzgeber stehe als Annexkompetenz aus Art. 74 Abs. 1 Nr. 11 GG auch das besondere Gefahrenabwehrrecht im Bereich des Derivatehandels zu. Im Rahmen seiner Entscheidungsprärogative könne er diese Aufgabe nicht nur durch den Erlass originär öffentlich-rechtlicher Normen, sondern auch durch ein Wirkungsgeflecht aus zivil- und strafrechtlichen Normen für diesen Bereich nachkommen. Für den Bereich der Gefahrenabwehr ergäbe sich dann ein qualifiziertes Unterlassen mit der Wirkung, dass die Regelungen zum Glücksspielmonopol der Länder – soweit sie spekulative Derivate erfassen – in die vom Bundesgesetzgeber wahrgenommene konkurrierende Gesetzgebungskompetenz eingreife. Der Glücksspielbegriff gem. § 3 Abs. 1 GlüStV sei deshalb verfassungskonform dahingehend auszulegen, dass er die von § 37e i.V.m. § 2 Abs. 2 WpHG erfassten Derivate nicht umfasse.[748]

---

[744] Eingehend dazu S. 94 ff.

[745] Vgl. S. 93 ff.

[746] Vgl. Regierungsbegründung (1. FFG, 1989), BT-Drucks. 11/4177, S. 9; Regierungsbegründung (4. FFG), BR-Drucks. 936/01, S. 268 („Der Ausschluss des Spieleinwandes [durch § 37e WpHG] gegen Finanztermingeschäfte […] führt den Gedanken der Schaffung einer sicheren Rechtssphäre im Bereich der Termingeschäfte fort, der bereits § 58 Satz 1 BörsG zugrunde lag.“).

[747] *Mülbert/Böhmer,* WM 2006, 937, (995).

[748] *Mülbert/Böhmer,* WM 2006, 937, (997).

Dieser Ansatz erscheint *überzeugend.* Der Bundesgesetzgeber verfolgt mit dem Sonderrecht für Termingeschäfte ein eigenständiges und geschlossenes Anlegerschutzkonzept mit langer Historie.[749] Schon bei der Einführung des BörsG im Jahre 1896 sollten die enthaltenen Regelungen zu Termingeschäften dem Missbrauch der Zeitgeschäfte entgegen wirken und die Vertragspartner *vor Gewinnsucht und Spielleidenschaft schützen.*[750] Die Normen haben damit zumindest auch gefahrenabwehrrechtlichen Charakter. Mit der Einführung des zivilrechtlichen Anlegerschutzmodells kraft Information haben sich zwar die Regelungsmechanismen geändert; die Geschlossenheit des Schutzkonzepts wurde aber kontinuierlich gefestigt. Dies wird auch durch die Umsetzung der MiFID deutlich, die den Derivatebegriff nochmals wesentlich ausweitet, um den Handel mit derivativen Kapitalmarktprodukten *umfassend auf rechtssichere Grundlage* zu stellen.[751] Das zivilrechtliche Schutzsystem wird durch ein strafrechtliches Schutzsystem flankiert, in dessen Mitte die Betrugsvorschriften (§§ 263, 264a StGB) stehen. Darüber hinaus stellt der Bundesgesetzgeber in §§ 26, 49 BörsG das Verleiten zu Börsenspekulationsgeschäften unter Strafe. Die Insiderstrafnorm des §§ 38, 39 WpHG und das Verbot der Marktmanipulation gem. § 20a WpHG runden das strafrechtliche Schutzsystem ab.

Die Anerkennung eines „qualifizierten Unterlassens" als Wahrnehmung der *Annexkompetenz* aus Art. 74 Abs. 1 Nr. 11 GG im Bereich der Gefahrenabwehr ist auch im Kapitalgesellschaftsrecht anerkannt. Auch hier wird der Gläubigerschutz in deutscher Tradition wesentlich durch zivil- und strafrechtliche Regelungen verwirklicht. Soweit man dem öffentlichen Aufsichtsrecht in wirtschaftlich sensiblen Bereichen (Banken,- Versicherungs-, Investmentsektor) eine gläubigerschützende Reflexwirkung zubilligt,[752] ist doch jedenfalls durch das intendierte Unterlassen in anderen Wirtschaftssektoren anerkannt, *dass die Länder diese Lücke nicht mit dem Hinweis schließen können, der Bundesgesetzgeber habe seine konkurrierende Gesetzgebungskompetenz nicht wahrgenommen.*[753]

Der Ausschluss aller Derivate i.S.d. § 2 Abs. 2 WpHG von der Definition des landesrechtlichen Glücksspielbegriffs ist im Ergebnis konsistent mit der US-amerikanischen Rechtslage. Auch hier wird die Anwendung der einzelstaatlichen *Gambling-Statutes* seit dem Erlass des Commodity Exchange Act

---

[749] Vgl. dazu S. 202 ff.

[750] Schäfer in: FS Immenga, S. 689.

[751] Regierungsbegründung (FRUG), BT-Drucks. 16/4028, S. 55 („Der Ausschluss des Einwands nach §762 des Bürgerlichen Gesetzbuchs richtet sich zwangsläufig auf alle nach dem Wertpapierhandelsgesetz in den Begriff der Finanzinstrumente einbezogenen Derivate. [...] Ein einheitlicher Begriff der Finanzinstrumente erleichtert hingegen die Anwendung des Gesetzes und stärkt somit das Anlegervertrauen.").

[752] BGH vom 12.07.1979, Az. III ZR 154/77, BGHZ 75, 120; BGH vom 15.02.1979, Az. III ZR 108/76, BGHZ 74, 144.

[753] *Mülbert/Böhmer,* WM 2006, 937, (996).

(CEA) im Jahre 1974 soweit ersichtlich einheitlich durch Gerichte zurück gewiesen. Der Wille des Bundesgesetzgebers gehe nach Einführung des CEA dahin, den Derivatehandel unter den dort statuierten Voraussetzungen zu legalisieren. Entsprechend verbleibe für die Anwendbarkeit der landesrechtlichen *Gambling-Statutes* kein Raum.[754]

d) Schlussfolgerung

Soweit derivative Finanzinstrumente mit Barausgleichsabrede ausgestattet und daher eine zufallsabhängige Geldleistungspflicht begründen, fehlt es an der physischen Lieferungsvereinbarung als klassischen Publizitätsträger für die wirtschaftliche Ernsthaftigkeit des Geschäfts. Seit jeher werden diese Vertragsgestaltungen daher verdächtigt, Glücksspiel mit geminderten Legitimitätsanspruch zu sein. Diese verbreitete Meinung ist aus rechtlicher Sicht unzutreffend.[755]

Derivative Finanzinstrumente werden regelmäßig schon durch ein – im Einzelfall festzustellendes – berechtigtes wirtschaftliches Interesse nicht als Spiel zu qualifizieren sein. Als berechtigtes wirtschaftliches Interesse kommt insbesondere ein Absicherungsmotiv unabhängig vom abgesicherten Risiko in Betracht. Absicherungsgeschäfte gegen Zins-, Währungs-, oder Marktpreisrisiken von Eigen- oder Fremdkapitaltiteln sind ebenso wenig als Spiel (§ 762 BGB) bzw. Glücksspiel (§ 284 StGB) zu qualifizieren wie Absicherungsgeschäfte auf Kreditausfall-, Wetter- oder Katastrophenrisiken. Verfolgt ein Unternehmen mit dem Derivat dagegen kein wirtschaftlich berechtigtes Interesse i.S.d. § 762 BGB, so bewirkt die bloße Qualifikation als Finanztermingeschäft i.S.d. § 37e WpHG nicht nur den Ausschluss des zivilrechtlichen Spieleinwands, sondern zugleich den Ausschluss als strafrechtsrelevantes Glücksspiel. Als Finanztermingeschäfte gelten alle Derivate i.S.d. § 2 Abs. 2 WpHG.[756] Durch das FRUG wurde der wertpapierrechtliche Derivatebegriff nochmals ausgeweitet,[757] sodass jedenfalls alle Derivatearten auf ereignisbezogenen Basiswerte mit Barausgleichsabrede erfasst sind. Daher werden auch ereignisbezogene Derivate wie Wetter- oder Sportderivate, (selbst wenn beidseitig ein Spekulationsmotiv verfolgt wird) regelmäßig weder für den Straftatbestand des unerlaubten Veranstaltens eines Glücksspiels in Frage kommen, noch die Glücksspielgesetze der Länder tangieren.

---

[754] Paine, Webber, Jackson & Curtis, Inc. v. Conaway, 515 F.Supp. 202, (207) (N.D. Alabama, 1981); Stotler & Co. v. Sonnenschein, 703. F.Supp. 686 (N.D. III, 1988); Deutschman v. Beneficial Corp., 941 F.2d 502 (3rd Cir., 1988); Golden Nugget, Inc. v. American Stock Exchange, Inc., 828 F.2d 586 (9th Cir., 1987).

[755] a.A. *Reiner/Schacht,* WM 2010, 337, (395).

[756] Vgl. dazu S. 202 ff.

[757] *Reiner/Schacht,* WM 2010, 337, (340).

Der Gesetzgeber versucht, der spieltypischen Gefährlichkeit des Derivatehandels in einem *eigenen Schutzsystem* Rechnung zu tragen, das an die kapitalmarktspezifischen Besonderheiten angepasst ist. Es möchte den Anleger *durch bewertungsrelevante Information* in die Lage versetzen, eine eigenverantwortliche Investitionsentscheidung unter Beachtung der wesentlichen Risiken selbst zu treffen. Dadurch soll nicht nur dem Anlegerschutz-, sondern auch dem Funktionsschutz Rechnung getragen werden. Soweit das Schutzsystem des Gesetzgebers aber die spieltypische Gefährdungsdimension durch Derivate (Spielleidenschaft; Unterhaltungstrieb) ausschließlich mit Risikoinformation zu begegnen sucht, könnten sich freilich *Defizite im Anlegerschutz* ergeben. Spielleidenschaft bewirkt nämlich eine Abnahme der Risikosensitivität und des rational intendierten Anlageverhaltens. Einem der Spielleidenschaft Verfallenen wird man – überspitzt ausgedrückt – nicht ausschließlich durch Risikoinformation vor Investitionen schützen, die potentiell den finanziellen Ruin bedeuten.[758] Wie bereits im Rahmen der Argumentation zum Zugang der Information festgestellt, basiert auch dieses Schutzdefizit auf einem Anlegerleitbild, das der Kapitalmarktrealität nicht vollumfänglich gerecht wird.

Für Unternehmen wird dieser Gefahr durch die zwingenden Normen der Organisations- und Sorgfaltspflichten der Geschäftsführung entgegen gewirkt. In den letzten Jahren wurden die Grundsätze guter Unternehmensführung durch den DKGK konkretisiert, der Vorstand und Aufsichtsrat zwar rechtlich nicht verpflichtet, aber durch die zu veröffentlichende Entsprechungserklärung gem. § 161 AktG erhebliche praktische Bedeutung entfaltet.[759] Eine im Unternehmen nachhaltig umgesetzte, „gelebte" gute Unternehmensführung wirkt myopischen Unternehmens-, und damit zugleich Marktverhalten entgegen.[760] Teilweise wird daher – zu Recht – eine *Wechselwirkung zwischen Corporate Governance und Funktionsschutz* des Kapitalmarkts unterstrichen.[761]

2. Integrität des Preisbildungsmechanismus und Derivate

Ziel des Kapitalmarktrechts ist es mit dem Funktionsschutz auch, die Integrität des Preisbildungsprozesses zu sichern. Neben der Sicherstellung des Zugangs zu bewertungsrelevanter Information verwirklicht das Kapitalmarktrecht diese Schutzdimension u.a. durch Marktmissbrauchsregelungen.[762] Entsprechend sind Handlungsformen, die die Preisintegrität systematisch

---

[758] Vgl. *Schwintowski/Nicodem,* VuR 2004, 314, (316).

[759] Vgl. *Schwarz,* Regulierung durch Corporate Governance Kodizes, 2004, S. 149.

[760] Vgl. *Géczy/Minton/Schrand,* Journal of Finance, Vol. 62, S. 2420.

[761] *Hellgardt,* Kapitalmarktdeliktsrecht, 2008, S. 188.

[762] RL 2003/6/EG vom 28.01.2003, Abl. L 096, S. 16 ff.; vgl. auch § 20a WpHG; Marktmanipulations-Konkretisierungsverordnung (MaKonV) vom 01.03.2005, BGBl. I S. 515 ff.

konterkarieren und das Anlegervertrauen schädigen, vom Kapitalmarktrecht gesondert zu behandeln.

a) Herdenverhalten und positives Feedbacktrading

Politisch kontrovers wird in regelmäßigen Zeitabständen der Handel mit Derivaten diskutiert,[763] deren Basiswerte für natürliche Personen schlicht lebensnotwendige Bedeutung haben. Dazu zählen insbesondere Grundnahrungsmittel wie Reis, Mais, Weizen usw. Die Diskussion erstreckt sich aber auch auf Rohstoffe, bei denen eine wirtschaftliche Abhängigkeit besteht, insbesondere Energieträger. Die Argumentation wird auch für Derivate auf Eigen- oder Fremdkapitaltitel von Unternehmen oder Staaten gebraucht, dann freilich mit dem politischen Interesse der Bestandssicherung des Verbrandes bzw. Arbeitsplatzsicherung. Obgleich der *Grad der Abhängigkeit* zwischen den Gruppen von Basiswerten – Grundnahrungsmittel, wirtschaftlich relevante Rohstoffe, finanzielle Basiswerte – variiert, waren und sind die Argumentationsmuster strukturell gleich: Während einerseits[764] mit der Förderung von Preisstabilität durch Unterbindung von destabilisierender Spekulation argumentiert wird, um Planungs- und Versorgungssicherheit zu schaffen, stehen auf der anderen Seite traditionell jene,[765] die die positiven Informationseffekte der Spekulation hervorheben, sodass ebenfalls die Preisstabilität gefördert werde. Für die Funktion des Kapitalmarktrechts (und damit der Unternehmensfinanzierung) ist das insofern relevant, als dass die Allokationsfunktion des Marktes gestört und das Investitionsverhalten der Unternehmen fehlgesteuert werden könnte.[766]

i) Identifizierung des wirtschaftlichen Regelungsproblems

Auffallend dabei ist der teilweise geringe Grad an Differenzierung beider Positionen. Mag er bis vor wenigen Jahrzehnten mangels wirtschaftstheoretischer Erkenntnisse hinsichtlich der Wirkung von Spekulation auf den Markt-

---

[763] Spiegel Online vom 05.10.2010, „Merkel und Sarkozy sagen Weizen-Zockern den Kampf an"; Spiegel Online vom 30.08.2010, „Zocker spekulieren die Armen in den Hunger"; Handelsblatt vom 18.07.2009, „Vom Wert des Korns"; Wirtschaftswoche vom 20.06.2008, „Die Verantwortung der Spekulanten für teures Öl und Hunger in der Welt".

[764] Williams in: 62 Congress Records 9411-12 (1922) („My opinion is that every transaction on a board of trade where the actual delivery of the grain is not contemplated is more or less a gambling transaction"); Capper in: 61 Congress Records 4763 (1921) („[W]e are permitting the biggest gambling hell in the world to be operated in the Chicago Board of Trade."); *Cobbers,* Globalisierung der Finanzmärkte, 2005, S. 174; *Markham,* Iowa Law Review, Vol. 87, S. 89; BaFin, BaFinJournal 05/10, S. 3 (zum vorübergehenden Verbot ungedeckter Leerverkäufe sowie CDS auf bestimmte Basiswerte).

[765] *Lower,* Duke Law Journal, Vol. 1978, 1095 ff.; *Rainbold,* Hofstra Law Review, Vol. 6, S. 1 ff.; *Dannhoff,* Recht der Warentermingeschäfte, 1993, S. 23 und 71.

[766] Vgl. schon S. 82 ff.

mechanismus noch gerechtfertigt gewesen sein,[767] so scheinen diese pauschalen Verallgemeinerungen heute schon angesichts der wissenschaftlichen Fortentwicklung nicht mehr überzeugend. Denn langfristig konnten weder wesentliche Fälligkeitseffekte durch Derivate, noch Liquiditätseffekte durch den Terminhandel am Kassamarkt empirisch nachgewiesen werden.[768] Damit überwiegen grundsätzlich die langfristig-positiven Effekte von Spekulationshandlungen. Interessant ist in diesem Zusammenhang das Ergebnis der Studie von Chatrath et al.,[769] die – basierend auf den Handelsdaten der CFTC von 1986 bis 1995 – einen höheren Einfluss von nicht-spekulativen Handelsaktivitäten auf die Volatilität des Underlyings nachweisen, als von Spekulation. Die positive Wirkung auf den Marktpreis des Underlyings gilt allerdings (neben dem schon begrifflich nicht von Spekulation erfassten Fall der Marktmanipulation[770]) dann nicht, wenn das Spekulationsverhalten der Marktteilnehmer aggregiert in Herdenverhalten mündet und wesentliche, nicht fundamentaldatenbasierte Preisänderungen bewirkt.[771] Insofern stellt Herdenverhalten und positives Feedbacktrading[772] ein Regelungsproblem bei der Sicherung der Integrität des Preisbildungsmechanismus dar.

ii) Privatautonomie bei Anlageentscheidungen

Historisch will die Rechtsordnung im Bereich des Waren- und Kapitalmarktes den Anleger nicht durch Begrenzung seiner Entscheidungsfreiheit vor sich selbst schützen.[773] Funktionsschutz des Kapitalmarktes bedingt gerade auch, das Risiko eines frei gebildeten Marktpreises grundsätzlich beim Anleger zu belassen. Der *informierte Anleger* soll frei entscheiden können, ob er mit einer Anlageentscheidung einem vermeintlichen Trend folgt oder nicht. So unterstreicht auch der BGH, die Anlageentscheidung eines potentiellen Investors stelle „einen durch vielfältige rationale und irrationale Faktoren, insbesondere teils spekulative Elemente beeinflussten, sinnlich nicht wahrnehmbaren indi-

---

[767] *Raines/Leathers,* Journal of Business Ethics, Vol. 13, S. 198 („On purely economic grounds, farmers and millers believed that speculative commodity futures trading created unfavorable market prices.").

[768] Vgl. dazu S. 139 ff.

[769] *Chatrath/Ramchander/Song,* Journal of Economics and Business, Vol. 50, S. 323 ff. (mit Bezug auf finanzielle Basiswerte).

[770] Vor diesem Hintergrund scheint die wahrnehmbare Tendenz politischer Entscheidungsträger in den letzten Jahren äußerst fragwürdig, beinahe reflexartig Spekulation für regelmäßig fundamentaldatenbasierte Preisänderungen verantwortlich zu machen. Die im Rahmen verantwortlicher politischer Kommunikation gebotene Differenzierung zwischen Spekulation und Marktmanipulation löst sich oftmals auf.

[771] *Hellgardt,* Kapitalmarktdeliktsrecht, 2008, S. 545 (zur prozessualen Nachweisbarkeit).

[772] Vgl. dazu S. 90 ff.

[773] BGH vom 08.05.2001, Az. XI ZR 192/00, BGHZ 147, 343, Rn. 23; BGH vom 11.11.2003, Az. XI ZR 21/03, ZIP 2004, 111, Rn. 21 (jeweils zu den Informations- und Beratungspflichten des Wertpapierdienstleistungsunternehmens).

viduellen Willensentschluss dar".[774] Traditionell wird damit auch die Gefahr, Markttendenzen und -trends zu verkennen und entsprechende (Opportunitäts-) Verluste zu erzielen, der eigenverantwortlichen Anlegersphäre zugeordnet.[775] Diese – regelmäßig für die Bestimmung des kapitalmarktrechtlichen Individualschutzes angeführte Erwägung – bedeutet indes nicht zwingend, Herdenverhalten generell von der Reichweite des (überindividuellen) Funktionsschutzes auszuschließen. Immerhin wird Herdenverhalten schon in der ökonomischen Literatur als *Marktanomalie bzw. Marktunvollkommenheit* betrachtet. Der Funktionsschutz des Kapitalmarktrechts ist jedoch gerade auf die Minderung von Marktunvollkommenheiten gerichtet.[776] Obgleich Herdenverhalten für den kapitalmarktrechtlichen Individualschutz scheinbar keine Bedeutung erlangt, ist dies für den überindividuellen Funktionsschutz jedenfalls nicht ausgeschlossen.

iii) Herdenverhalten als Marktmanipulation

Die Regelungen zum Marktmissbrauch stellen ein zentrales Element des europäischen Funktionsschutzkonzepts dar. Mit der Marktmissbrauchsrichtlinie[777] verbietet der europäische Gesetzgeber Handlungsformen, die Preisverzerrungen hervor rufen und nach der Wertung des Gesetzgebers als ungerechtfertigt gelten, indem sie – etwa durch Marktmacht oder Ausnutzung eines systematischen Informationsvorsprungs – das Marktrisiko eines Investors (oder einer begrenzten Gruppe von Investoren) ganz oder teilweise ausschließt. Normativ strebt der Gesetzgeber damit u.a. die *Chancengleichheit aller Marktteilnehmer* an.[778]

Als *handelsgestützte Manipulation* (§ 20a Abs. 1 S. 1 Nr. 2 WpHG) sind Geschäfte verboten, die geeignet sind, falsche oder irreführende Signale für Angebot oder Nachfrage nach einem Finanzinstrument zu geben oder ein künstliches Preisniveau herbeizuführen. Herdenverhalten oder positives Feedbacktrading könnte zunächst geeignet sein, falsche oder irreführende Signale zu erzeugen. Soweit ein Finanzinstrument auf einer Handelsplattform gehandelt wird, sind Handelsdaten für andere Marktteilnehmer nach außen hin sichtbar und erzeugen so ein Signal. Falsch oder irreführend wird das Signal aber erst durch die Täuschung anderer Marktteilnehmer über den tatsächlichen Hintergrund des Handelsgeschehens.[779] Das erforderliche Täuschungselement ist Herdenverhalten bzw. positiven Feedbacktrading jedoch fremd.

---

774 Vgl. BGH vom 19.07.2004, Az. II ZR 218/03, BGHZ BGHZ 160, 134, Rn. 42.

775 *Dryander,* Individualschutz bei Marktmissbrauch am Kapitalmarkt, 2009, S. 56; *Dannhoff,* Recht der Warentermingeschäfte, 1993, S. 134.

776 *Hellgardt,* Kapitalmarktdeliktsrecht, 2008, S. 185 (Marktanomalien abzubauen sei „legitimes, wenn nicht sogar vorrangiges Ziel des Kapitalmarktrechts").

777 RL 2003/6/EG vom 28.01.2003, Abl. L 096, S. 16 ff.

778 *Buck-Heeb,* Kapitalmarktrecht, 2009, Rn. 281.

779 *Knauth/Käsler,* WM 2006, 1041, (1045).

Diese Verhaltensweisen stellen lediglich einen internen Entscheidungsmechanismus des Marktteilnehmers dar, ohne auf einer Täuschung als *bewusstes* hervorrufen eines Irrtums zu beruhen. *Vielmehr halten die Marktteilnehmer ihrerseits autonom uninformierten Handel für informierten.* Obgleich der Richtliniengeber die Marktmissbrauchstatbestände weitestgehend objektiv definierte, ohne den diese Verhaltensweisen tragenden Vorsatz einzubeziehen, bleibt er als tatbestandsbildendes Element gleichwohl erforderlich.[780] Zudem kommt es durch Herdenverhalten und positives Feedbacktrading gerade nicht zu einer manipulationstypischen einseitigen Risikoverschiebung, die die Marktmissbrauchsrichtlinie verhindern will. Vielmehr bleibt auch nach der Verhaltensweise der einzelnen Marktteilnehmer deren Marktrisiko erhalten. Ebenso erfordert die Tatbestandsvariante der Erzeugung eines künstlichen Preisniveaus ein Täuschungselement.[781] Herdenverhalten oder positives Feedbacktrading sind daher weder geeignet, falsche oder irreführende Signale, noch ein künstliches Preisniveau i.S.d. § 20a WpHG zu erzeugen und kommen für die handelsgestützte Marktmanipulation nicht in Betracht. Dies spricht auch gegen die Relevanz von Herdenverhalten und positiven Feedbacktrading für den überindividuellen Funktionsschutz.

iv) Herdenverhalten als zulässiges Parallelverhalten

Ein ähnliches Regelungsproblem stellt sich auch im europäischen Kartellrecht, wo der *Abgrenzung zwischen abgestimmten Verhaltensweisen* i.S.d. Art. 101 Abs. 1 AEUV *und zulässigem Parallelverhalten* erhebliche Bedeutung zukommt. In der Auslegung zur abgestimmten Verhaltensweise weist der EuGH stets darauf hin, dass Art. 101 Abs. 1 AEUV den Marktteilnehmern „nicht das Recht nimmt, sich dem festgestellten oder erwarteten Verhalten ihrer Wettbewerber auf intelligente Weise anzupassen“.[782] Entsprechend erfordern abgestimmte Verhaltensweisen ein Minimum an gegenseitigen Kontakt, während das auf autonome Meinungsbildung fußende Parallelverhalten grundsätzlich nicht von Art. 101 AEUV erfasst ist.[783] Lediglich für oligopolistische Märkte wird unter der Fallgruppe des *bewussten Parallelverhaltens* eine Ausnahme diskutiert. Über die Reaktionsverbundenheit im Oligopol wird hier die relevante Abstimmung „über den Markt“ erzeugt.[784] Für das Kapitalmarktrecht wird diese Ausnahme regelmäßig ohne jeden Belang sein, da die

---

[780] EuGH vom 23.12.2009, Az. C-45/08, WM 2010, 65 (ausdrücklich für Insiderhandel gem. Art. 2 Abs. 1 Marktmissbrauchsrichtlinie; Der Nachweis der Insiderinformation zum Handelszeitpunkt indiziere die – widerlegbare – Vermutung des Nutzens der Insiderinformation); vgl. auch *BaFin,* Emittentenleitfaden, 2010, S. 113.

[781] *Knauth/Käsler,* WM 2006, 1041, (1046).

[782] EuGH vom 02.10.2003, Az. C-179/99, Slg. 2003, I-10725.

[783] *Gippini-Fournier/Mojzesowicz* in: Loewenheim/Meessen/Riesenkampff, Kartellrecht, 2009, Art. 81, Rn. 96.

[784] *Bunte,* Kartellrecht, 2008, S. 76.

Märkte als recht vollkommen gelten. Damit scheint das europäische – und entsprechend auch das deutsche[785] – Kartellrecht kollektive Handlungsweisen nur dann als funktionsschutzrelevant für einen Markt zu qualifizieren, wenn ihnen eine auf Abstimmung gerichtete Kommunikation einzelner Marktteilnehmer vorausgeht. Da Herdenverhalten und positives Feedbacktrading selbständigen und von anderen unabhängigen Entscheidungsprozessen entstammen, würde eine Ausstrahlung dieser Wertungen auf den kapitalmarktrechtlichen Funktionsschutz diese Verhaltensweisen irrelevant werden lassen.

Die Wettbewerbsregeln der EU gelten grundsätzlich für alle Wirtschaftsbereiche, sofern nicht der AEUV oder ergänzende Vorschriften Ausnahmen festlegen. Damit sind grundsätzlich auch Märkte für Finanzinstrumente umfasst. Zwar nimmt Art. 106 Abs. 2 AEUV Unternehmen vom Wettbewerbsrecht aus, die „mit Dienstleistungen von allgemeinen wirtschaftlichen Interesse betraut sind oder den Charakter eines Finanzmonopols haben“, soweit die Anwendung der Normen die Erfüllung der ihnen obliegenden Aufgaben behindern würde. Banken und Finanzdienstleistungsunternehmen – so der EuGH – stellen jedoch nicht schon ihrem Wesen nach solche Unternehmen dar.[786] Das europarechtliche Effektivitätsgebot[787] legt eine Ausstrahlungswirkung der kartellrechtlichen Wertungen auf die Reichweite des kapitalmarktrechtlichen Funktionsschutzes zumindest nahe. Auch dies bildet ein starkes Argument gegen die Relevanz von Herdenverhalten und positiven Feedbacktrading für den überindividuellen Funktionsschutz.

v) Herdenverhalten und der Regelungsgehalt des Acting in Concert

Sowohl bei den wertpapierrechtlichen Meldepflichten (§§ 21 ff. WpHG), als auch für das übernahmerechtliche Pflichtangebot[788] (§ 29 ff. WpÜG) werden dem Meldepflichtigen/Bieter Stimmrechte eines Dritten zugerechnet, mit dem er sein Verhalten durch „Vereinbarung oder in sonstiger Weise abstimmt“.[789] Während die Tatbestandsvariante der „Vereinbarung“ lediglich rechtlich bindende Verträge erfasst,[790] erweitert die Abstimmung „in sonstiger Weise“ den Anwendungsbereich auf Fälle, in denen rechtsunverbindliche Absprachen mit rein tatsächlicher Bindungswirkung getroffen werden oder in denen Anteilseigner die tatsächlichen Umstände derart gestalten, dass ein Verhalten

---

[785] Vgl. *Weiß,* Acting in Concert, 2007, S. 113.

[786] EuGH vom 14.07.1981, Az. 172/80, Slg. 1981, 2021.

[787] Vgl. dazu S. 224.

[788] Vgl. *Faden,* Pflichtangebot, 2008, S. 10 (Die Pflichtangebotsregelungen seien Elemente des kapitalmarktrechtlichen Anlegerschutzmodells. Sie ergänzen gleichwohl das Konzernrecht und bilden daher einen konsequenten Schritt für die Ausrichtung des Aktienrechts auf den Kapitalmarkt); vgl. *Weiß,* Acting in Concert, 2007, S. 96 ff. (zu abgestimmten Verhaltensweisen im Konzernrecht, insbesondere der Mehrmütterabhängigkeit).

[789] § 22 Abs. 2 S. 1 WpHG; § 30 Abs. 2 S. 1 WpÜG.

[790] BaFin, BaFinJournal, 04/10, S. 3.

rein faktisch abgestimmt ist. Die Abstimmung ergibt sich aus einer von den Gesellschaftern geschaffenen dauerhaften Struktur rechtlicher, tatsächlicher oder rein organisatorischer Art, die die Einheitlichkeit der Stimmabgabe auch ohne Vereinbarung sicherstellen.[791] Die bloße Hoffnung auf ein gleichgerichtetes Verhalten anderer ohne Abstimmungsverhalten genügt für die Zurechnung dagegen nicht.[792] Der BGH hatte diese Normen gleichwohl *restriktiv ausgelegt*, indem sich die Abstimmung in einem Abstimmungsverhalten der Hauptversammlung manifestieren musste.[793] Durch das Risikobegrenzungsgesetz[794] wurde das Merkmal des Zusammenwirkens mit dem Ziel einer dauerhaften und erheblichen Änderung der unternehmerischen Ausrichtung in sonstiger Weise neu eingefügt, um zukünftig auch ein Zusammenwirken außerhalb der Hauptversammlung vom Zurechnungstatbestand erfassen zu können.

Obgleich das Abstimmungsverhalten „in sonstiger Weise", wenn es eine faktische Abstimmung der Verhaltensweisen erfasst, an die abgestimmten Verhaltensweisen im Kartellrecht erinnert, ist ein Gleichlauf der Regelungsgehalte umstritten. Teilweise[795] werden bei der Konkretisierung der abgestimmten Verhaltensweisen ausdrücklich die kartellrechtlichen Regelungen herangezogen. Dagegen[796] wird argumentiert, der kartellrechtliche Abstimmungsbegriff beziehe sich auf einen unbegrenzten Kreis von Marktteilnehmern, während sich der kapitalmarktrechtliche Abstimmungsbegriff auf einen begrenzten Kreis von aktuellen Gesellschaftern bezieht. Zudem gehe es bei der kartellrechtlichen Abstimmung der Marktteilnehmer um Preisentscheidungen, während es bei der kapitalmarktrechtlichen Abstimmung vorwiegend um Sachentscheidungen mit entsprechend höherem Kommunikationsbedarf gehe. Erst der Konsens, gemeinsame Sachziele verfolgen zu wollen, mache den Schutz der außenstehenden Aktionäre erforderlich. Der Streit kann aber letztlich dahin stehen, da Herdenverhalten und positives Feedbacktrading als autonome und von anderen unabhängigen Entscheidungsprozessen in der *vagen Hoffnung auf ein gleichgerichtetes Verhalten anderer* jedenfalls nicht als Acting in Concert gelten.

vi) Herdenverhalten und kapitalmarktrechtliche Treuepflichten

Aus den kapitalmarktrechtlichen Treuepflichten[797] der Geschäftsführung könnte auch die Pflicht abzuleiten sein, trendverstärkende Handlungsweisen wie Herdenverhalten oder positives Feedbacktrading nach Möglichkeit zu

---

[791] *Weiß,* Acting in Concert, 2007, S. 121.
[792] *Liebscher,* ZIP 2002, 1005, (1008).
[793] BGH vom 18.09.2006, Az. II ZR 137/05, BGHZ 169, 98, Rn. 17.
[794] Gesetz zur Begrenzung der mit Finanzinvestitionen verbundenen Risiken (Risikobegrenzungsgesetz) vom 12.08.2008, BGBl. I 2008, S. 1666.
[795] *Liebscher,* ZIP 2002, 1005, (1007).
[796] *Weiß,* Acting in Concert, 2007, S. 122.
[797] Vgl. dazu S. 328 ff.

unterlassen und so die Preisstabilität zu fördern. Ansatzpunkt der kapitalmarktrechtlichen Treuepflicht der Geschäftsführung ist nach Hellgardt[798] die ökonomische Funktion der Kapitalmärkte: Wenn Zweck der Kapitalmärkte die effiziente Allokation von Kapital sei, so verpflichten sich Organwalter durch die Teilnahme der Gesellschaft an der Finanzierung über den Kapitalmarkt *konkludent* zur Einhaltung des für die ordnungsgemäße Funktionsweise des Marktes erforderlichen Informationsverhaltens.[799] Durch grob fehlerhaftes Informationsverhalten – wie es der Infomatec-Rechtsprechung[800] zugrunde liegt – werden die Kontrollmechanismen des Marktes hinsichtlich der Managementqualität unterlaufen. Dies schädigt nicht nur Anteilseigner und Inhaber anderer, vom Unternehmenserfolg abhängiger Wertpapiere, sondern auch die Volkswirtschaft als Ganzes, indem das angelegte Risikokapital nicht der optimalen Verwendung zuführt wird.

Die Treuepflichten beziehen sich bisweilen *lediglich auf Informationspflichten.*[801] Damit soll der kapitalmarktspezifischen Situation der Finanzierung über ein weitestgehend anonymes Kapitalgeberpublikum Rechnung getragen werden. Das Anlegerpublikum ist aufgrund der Stellung der Geschäftsführung im Unternehmen als informationsnächste Partei in besonderem Maße von der Einhaltung der für die Funktionsweise dieses Finanzierungsmodells grundlegend erforderlichen Verhaltensweisen abhängig. Das Verhaltensgebot zur Abgabe wahrer, aktueller und verlässlicher Kapitalmarktinformation ist auf die Herstellung eines Zustandes gerichtet, in dem Investoren durch die privatautonome Ausübung informierter Entscheidungen effiziente Allokationsleistungen des Marktes überhaupt erst ermöglichen.[802] Die Treuepflichten sind demnach auf die Sicherung der für die Funktionsfähigkeit der Kapitalmärkte schlicht unerlässlichen Verhaltensweisen gerichtet. Privatautonomes Entscheidungsverhalten auf verlässlicher Informationsgrundlage ist für den dezentralen Allokationsmechanismus Markt zugleich derart essentiell, dass umgekehrt nicht jede Gefahr ineffizienter Kapitalallokation durch Herdenverhalten oder positives Feedbacktrading die Treueverpflichtung der Geschäftsführung rechtfertigt. Insbesondere Pflichten zum Unterlassen entsprechenden Verhaltens stellen einen intensiven Einschnitt in die Privatautonomie der Anlageentscheidung und damit in die dezentrale Steuerungsfähigkeit des Marktes dar. Da der einzelne Marktteilnehmer regelmäßig nur mit

---

[798] *Hellgardt,* Kapitalmarktdeliktsrecht, 2008, S. 435.

[799] Vgl. dazu S. 237 ff. (Mit gewisser Ähnlichkeit zum Erfordernis, die Essentialen eines funktionierenden Wirtschaftskreislaufs einzuhalten, um ein Geschäft als satzungsmäßiges Bankgeschäft qualifizieren zu können).

[800] BGH vom 19.07.2004, Az. II ZR 218/03, BGHZ 160, 134 (Infomatec I); BGH vom 19.07.2004, Az. II ZR 402/02, BGHZ 160, 149 (Infomatec II); BGH vom 09.05.2005, Az. II ZR 287/02, WM 2005, 1358 (EM.TV).

[801] *Hellgardt,* Kapitalmarktdeliktsrecht, 2008, S. 433.

[802] Vgl. S. 82 ff.

hoher Unsicherheit Bestand und Fortdauer eines Trends beurteilen kann, würde zugleich die Fähigkeit zur Preisentdeckung durch den Markt wesentlich beschränkt. Darüber hinaus handelt es sich bei Herdenverhalten und positiven Feedbacktrading zunächst um eine abstrakte Gefährdung der Allokationseffizienz mit geringer Rechtfertigungskraft für Beschränkungen der Privatautonomie. Erst durch das Folgeverhalten anderer Marktteilnehmer wird die Gefährdung konkret. Obgleich die Begründung für deliktische Fehlinformation am Kapitalmarkt überzeugen mag, können kapitalmarktrechtliche Treuepflichten kein Verhaltensgebot der Geschäftsführung zur Prävention von Herdenverhalten und positiven Feedbacktrading begründen.

vii) Schlussfolgerung

Die Privatautonomie der Anlageentscheidung hat nicht nur bei der Ausgestaltung von Mechanismen zum kapitalmarktrechtlichen Individualschutz, sondern auch beim überindividuellen Funktionsschutz herausragende Bedeutung. Herdenverhalten und positives Feedbacktrading lassen sich nach geltendem Kapitalmarktrecht nicht als Marktmanipulation qualifizieren. Statt dessen haben diese Verhaltensweisen auffallende Ähnlichkeit mit dem nach Wettbewerbs- und Kartellrecht zulässigen Parallelverhalten der Marktteilnehmer. Auch im Rahmen eines anderen kapitalmarktrechtlich relevanten Kollektivhandlungsproblems – das übernahmerechtliche Acting in Concert – gilt das autonome und von anderen unabhängige Entscheidungsverhalten nicht als abgestimmte Verhaltensweise und ist damit rechtmäßig. Letztlich sind auch in der jüngeren Literatur vertretene kapitalmarktrechtliche Treuepflichten der Geschäftsführung eines Unternehmens, das an der Finanzierung über die Kapitalmärkte teilnimmt, lediglich auf verlässliches Informationsverhalten, nicht aber auf spezifisches Investitionsverhalten zur Förderung allokationseffizienter Märkte gerichtet. Nach alledem scheinen Herdenverhalten und positives Feedbacktrading nicht dem kapitalmarktrechtlich verwirklichten Funktionsschutz entgegen zu stehen.

b) Kurzfristige Informationseffekte

Im Rahmen dieser Arbeit wurde aufgezeigt, wie dynamische Absicherungsstrategien und automatisierter Handel in den Märkten für derivative Finanzinstrumente zu kurzfristigen Informationseffekten führen können.

i) Übernahme der Wertungen zu Herdenverhalten

Die vorstehenden Wertungen für Herdenverhalten können grundsätzlich auch auf die kurzfristigen Informationseffekte durch dynamische Absicherungsstrategieren und automatisierten Handel in den Derivatemärkten übertragen werden. Denn ebenso wie Herdenverhalten sind auch diese Methoden geeignet, den Anteil der fundamentalen Information im Preis zu mindern und ihrerseits positives Feedbacktrading mit prozyklischen Marktwirkungen zu forcieren.[803] Da dies aber vorstehend dem kapitalmarktrechtlichen Funktionsschutz nicht entgegen stand, kann es *insoweit* aufgrund des im wesentlich gleichen Wirkungscharakters auch dynamische Absicherungsstrategien und automatisierten Handel nicht zum Nachteil gereichen.

ii) Verbot bestimmter Kreditderivate

Der deutsche Gesetzgeber versucht indes, durch eine *Sonderregelung* Informationseffekte durch ausgewählte Derivate zu unterbinden. Nach Phasen mit außergewöhnlicher Volatilität der Schuldtitel von Mitgliedstaaten der Europäischen Union, deren gesetzliche Währung der Euro ist, wurde in § 30j WpHG ein Verbot von Kreditderivaten auf diese Referenzschuldner eingeführt. Betroffenen Geschäfte sind CDS, auch soweit diese in eine Credit Linked Note oder einen Total Return Swap eingebettet sind (§ 30j Abs. 1 Nr. 1 WpHG). Ebenso wie Geschäfte zu Absicherungszwecken ausnahmsweise erlaubt sind, unterliegen auch einzelne Marktteilnehmer – insbesondere Market-Maker – nicht diesem Verbotstatbestand (§ 30j Abs. 2 und 3 WpHG).

Zweck des Verbots ist der *Schutz des Preisbildungsmechanismus* der betroffenen Schuldtitel: Die Gesetzesbegründung nimmt ausdrücklich Bezug auf die Beobachtung ausgeweiteter CDS-Spreads auf diese Schuldtitel im Jahre 2010 als Anzeichen einer erheblichen Bonitätsverschlechterung der Schuldner-Staaten und schlussfolgert, die betroffenen ungedeckte Kreditderivate seien „einer der Faktoren, der die Stabilität des Finanzsystems insgesamt gefährden und zu erheblichen Nachteilen für den Finanzmarkt führen".[804] Allerdings wird kritisiert, der Gesetzgeber verwechsele Ursache und Wirkung, da die Bonitätsverschlechterung der Schuldner-Staaten auf eine verfehlte Fiskalpolitik zurück zuführen sei.[805] Der folgende Handel mit CDS ist lediglich die *Reaktion der Marktteilnehmer* auf die neue Informationslage und darüber hinaus nicht geeignet, einen langfristig-wesentlichen Beitrag zum Preisverfall der Schuldtitel zu leisten. Teilweise wird in einer ex post-Betrachtung der Euro-Schuldenkrise auf das im Vergleich zum Kassamarkt für die betroffenen Schuldtitel geringe Volumen des entsprechenden CDS-Markes sowie auf die Möglichkeit der Regulierungsarbitrage durch fehlende internationale Harmonisierung verwiesen.[806] Schon aus ökonomischer Sicht ist sowohl ein Zusammenhang zwischen Spekulationshandlungen und Volatilität der Kassamärkte im Allgemeinen, als auch Spekulationshandlungen mit CDS

---

[803] Vgl. S. 147 ff.; *Gennotte/Leland,* American Economic Review, Vol. 80, S. 1000.
[804] Regierungsbegründung vom 08.06.2010, BT-Drucks. 17/1952, S. 11.
[805] *Möllers,* Stellungnahme zum Regierungsentwurf, 2010, S. 12.
[806] Vgl. http://www.n-tv.de/wirtschaft/Wir-sind-nicht-schuld-article758028.html.

und der Volatilität der Referenzaktiva im Besonderen *empirisch nicht zu belegen.*[807]

Neben der fehlenden Eignung der Verbots zur Prävention von Informationseffekten mangelt es auch an der Erforderlichkeit. So wird in der Literatur[808] darauf verwiesen, Anreize zu marktmissbräuchlichen Verhaltensweisen könnten über das – von der Eingriffsintensität her mildere – Mittel der Informationspflichten unterbunden werden. In Marktstresssituationen könne die zuständige BaFin auf Grundlage der erweiterten Befugnisse des § 4a WpHG angemessene Maßnahmen einleiten.[809] Obgleich diese Argumentation für dynamische Absicherungsstrategien in den Kreditmärkten wohl ebenfalls zutreffen mag, können die kurzfristigen Informationseffekte durch automatisierten Handel durch diese Maßnahmen nicht unterbunden werden. Ein Verbot bestimmter Kreditderivate ist dennoch *keinesfalls erforderlich,* da hier die Möglichkeit der Regulierung der Handelssysteme als milderes Mittel besteht, um dieser Gefahr zu begegnen.

iii) Schlussfolgerung

Nach alledem erscheint das Verbot bestimmter Kreditderivate auf ausgewählte Schuldtitel mehr als eine politisch motivierte Aktion mit intendierter Signalwirkung denn als ernsthafter Problemlösungsversuch. Die Foren für politische Akzente sollten indes Medien und Parlamentsberatungen statt letztlich unverhältnismäßige Totalverbote als internationale Insellösungen bleiben, um den Finanzplatz Deutschland durch Abwanderung der Marktteilnehmer nicht nachhaltig zu schaden.

c) Kurzfristige Liquiditätseffekte

Neben Herdenverhalten und kurzfristigen Informationseffekten wurden im ökonomischen Teil dieser Arbeit die Möglichkeit aufgezeigt, dass im Zuge des Handels mit derivativen Finanzinstrumenten kurzfristige Liquiditätseffekte als zufällige Angebotsverknappung bis hin zum Short Squeeze entstehen können, die ihrerseits die Integrität des Preisfindungsmechanismus zu unterlaufen geeignet sind.

i) Marktmanipulation

Der für kurzfristige Liquiditätseffekte ursächliche Handel mit derivativen Finanzinstrumenten erfüllt regelmäßig nicht den Tatbestand der Marktmanipulation. Eine Qualifikation als handelsgestützte Marktmanipulation durch

---

807 *European Commission,* Report on Sovereign CDS, 2010, S. 3; ausführlich zum CDS-Markt und anderen Märkten für derivative Finanzinstrumente S. 144 ff.

808 *Möllers,* Stellungnahme zum Regierungsentwurf, 2010, S. 13.

809 *Möllers,* Stellungnahme zum Regierungsentwurf, 2010, S. 14.

das Herbeiführen eines künstlichen Preisniveaus (§ 20a Abs. 1 S. 1 Nr. 2 WpHG) erfordert zunächst eine *erhebliche Preisänderung* und erfasst damit insbesondere Geschäfte, die einen „großen Anteil am Gesamtvolumen aller Transaktionen mit diesem Finanzinstrument an einem Markt"[810] haben. Zwar sind kurzfristige Liquiditätseffekte durch den Handel mit derivativen Finanzinstrumenten durchaus in der Lage, erhebliche Preisänderungen bis hin zu einem Short Squeeze zu bewirken. Allerdings begründet das Volumen allein noch keine Manipulation und hat damit lediglich *Indizwirkung*. So ordnet Art. 4 der Richtlinie 2003/124/EG eine Einzelfallbetrachtung an, in deren Rahmen weitere Umstände die Indizwirkung erheblicher Preisänderungen entkräften können. Kurzfristige Liquiditätseffekte in der oben[811] beschriebenen Form sind als zufällige Angebotsverknappungen nicht vorsätzlich herbei geführt. Sie wurden als eine *durch asymmetrische Information der Marktteilnehmer* bewirkte Konzentration der Fälligkeitstermine am Markt charakterisiert, die unter der gegebenen Liquiditätslage einen extremen Fälligkeitseffekt auslöst. Abhängig von den bestehenden Markttransparenzregelungen und weiteren Aspekten des konkreten Einzelfalls wird man den beteiligten Marktteilnehmern *mangels Vorhersehbarkeit* nicht einmal Fahrlässigkeit vorwerfen können. Zudem bleibt bemerkenswert, dass die Marktteilnehmer in der Short-Position schon ein *erhebliches ökonomisches Eigeninteresse an der Vermeidung eines Short-Squeeze* haben, da sie bei Lieferausfällen empfindliche Verluste erleiden.[812] Nach alledem ist der für kurzfristige Liquiditätseffekte ursächliche Handel mit derivativen Finanzinstrumenten nicht als Marktmanipulation zu qualifizieren.[813]

ii) Verbot von ungedeckten Leerverkäufen

Um den außerhalb der Marktmanipulation liegenden Gefahren für die Preisintegrität durch kurzfristige Liquiditätseffekte zu entgegen, hat die BaFin im Jahre 2008 die Ermächtigung des § 4 Abs. 1 S. 2 und 3 WpHG als Grundlage

---

[810] Begründung zur MaKonV vom Feb. 2005, S. 5 (http://www.bafin.de).

[811] Vgl. S. 150 ff.

[812] Vgl. *Mittermeier*, ZBB 2010, 139, (146) (Zur US-amerikanischen Regulation SHO sowie dem deutschen „System der Zwangsregulierung" an der Frankfurter Wertpapierbörse sowie der Eurex. Die Clearingbedingungen sehen dort eine Eindeckung fünf Tage nach dem eigentlichen Liefertermin mittels einer Auktion vor, bei der der Höchstpreis das Doppelte des ermittelten Abrechnungspreises betragen kann. Bei Nichterwerb der Wertpapiere wird der Vorgang bis zum 30. Tag nach dem Liefertermin fortgesetzt, an dem schließlich ein Barausgleich festgesetzt werden kann. Währen des Lieferverzuges kann Verzugsschaden geltend gemacht werden und weitere Positionen können nicht geöffnet werden, bis die offenen Positionen geschlossen wurden).

[813] Vgl. Handelsblatt vom 31.03.2009, „BaFin stellt Porsche Persilschein aus" (http://www.handelsblatt.de) Folgerichtig hat auch die BaFin den für Preisverwerfungen ursächlichen Abschluss von Optionen auf die VW-Aktie durch Porsche im Zuge eines Übernahmeversuchs nicht als Marktmanipulation qualifiziert.

einer Allgemeinverfügung genutzt, um zunächst zeitlich begrenzt und sachlich bezogen auf Aktien ausgewählter deutscher Unternehmen ein *Verbot von ungedeckten Leerverkäufen* zu erlassen. Später fand ein erheblich weitergehendes *Verbot von ungedeckten Leerverkäufen* von Aktien und Schuldtiteln von Staaten der Euro-Zone, die an einer inländischen Börse zum Handel im regulierten Markt zugelassen sind, seinen Weg in § 30h WpHG. In der Literatur wird es inzwischen als *lex spezialis* gegenüber dem Verbot der Marktmanipulation gem. § 20a WpHG qualifiziert mit der Folge, dass der Verstoß einerseits den Straftatbestand gem. § 38 Abs. 2 WpHG erfüllt und umgekehrt die Tatbestandsausschlüsse gem. § 20a Abs. 2 und 3 WpHG nicht anwendbar sind.[814] Ausnahmen bestehen gem. § 30h Abs. 2 WpHG *„vor allem bei Market Makern, Skontroführern und Liquidity Providern, deren Tätigkeit eine bedeutende Rolle für die Effizienz der Finanzmärkte spielt"*.[815] Zweck der Regelungen ist jeweils, die Funktionsfähigkeit der Finanzmärkte zu sichern. Das Verbot ungedeckter Leerverkäufe soll vermeiden, dass *„mehr Aktien und Schuldtitel [verkauft werden], als am Markt verfügbar sind"*[816] und dient damit der Prävention von Short-Squeezes. Dieses – teilweise als evident unverhältnismäßig kritisierte[817] – Verbot erstreckt sich indes lediglich auf ungedeckte Leerverkäufe, nicht aber – wie etwa die ergänzenden Mitteilungs- und Veröffentlichungspflichten in § 30i WpHG – auch auf ökonomisch gleichwertige Short-Positionen durch derivative Finanzinstrumente.[818]

iii) Offenlegungspflichten

Als ein – im Vergleich zum Verbot von Leerverkäufen – milderes Mittel wird auf internationaler Ebene die *Offenlegung der bestehenden Leerverkaufspositionen* empfohlen.[819] Entsprechend schlägt das CESR[820] zur Prävention von kurzfristigen Liquiditätseffekten ein zweistufiges Publizitätsregime für bestehende *Netto*-Short-Positionen sowohl gegenüber den nationalen Regulierungsbehörden, als auch gegenüber den Marktteilnehmern vor. Auf der *ersten Stufe* von 0,2% des insgesamt aufgelegten Aktienkapitals des betreffenden Unternehmens erfolgt zunächst eine Offenlegung an die zuständige Regulierungsbehörde, auf der *zweiten Stufe* von 0,5% erfolgt darüber hinaus eine Offenlegung gegenüber dem Markt selbst. Beim Über- bzw. Unterschreiten jeder weiteren 0,1% ist eine Meldung erneut fällig.

---

[814] *Mock,* WM 2010, 2248, (2253).
[815] Regierungsbegründung vom 08.06.2010, BT-Drucks. 17/1952, S. 9.
[816] Regierungsbegründung vom 08.06.2010, BT-Drucks. 17/1952, S. 9.
[817] Vgl. *Möllers,* Stellungnahme zum Regierungsentwurf, 2010, S. 6 ff.
[818] BaFin in: „Häufig gestellte Fragen zu § 30h WpHG", 2011 (http://www.bafin.de).
[819] *IOSCO,* Regulation of Short Selling, 2009, S. 4.
[820] CESR, CESR/10-088, S. 3.

Zur Prävention von Regulierungsarbitrage knüpft die Transparenzpflicht sachlich an Short-Positionen und nicht lediglich an Leerverkäufe an.[821] Bei der Berechnung der Netto-Short-Positionen sind daher sowohl börsengehandelte als auch OTC-Derivate unabhängig von der vereinbaren Erfüllungsart einzubeziehen.[822] Da diese mit bestehenden Long-Positionen im Basiswert verrechnet werden, sind Absicherungsstrategien nicht offen zu legen.[823] Diese Vorschläge wurden im deutschen Kapitalmarktrecht bereits in § 30i WpHG umgesetzt, sind allerdings auch Gegenstand einer geplanten Verordnung,[824] die dieses Publizitätsregime auf europäischer Ebene harmonisiert.

(1) Verhältnis zu bestehenden Meldepflichten

Die Regelungen sind zur Prävention kurzfristiger Liquiditätseffekte grundsätzlich geeignet und auch erforderlich. Denn die bestehenden Regelpublizität der §§ 21 ff. WpHG beim Über- bzw. Unterschreiten einer bestimmten Beteiligungsschwelle ist darauf gerichtet, den Markt über die *Macht- und Kontrollstrukturen* an börsennotierten Gesellschaften zu informieren.[825] Entsprechend setzen die Meldepflichten gem. §§ 21 ff. WpHG auch an die Anzahl der Stimmrechte an bzw. die Möglichkeit, sich Stimmrechte durch derivative Finanzinstrumente zu verschaffen.[826] Dagegen sind die Offenlegungspflichten für Short-Positionen auf die Information über bestehende Verpflichtungen zur zukünftigen Lieferung gerichtet, um kurzfristige Liquiditätseffekte bis hin zu Short-Squeezes zu vermeiden. Da es auf die Stimmrechtsverteilung insofern nicht ankommt, ist beispielsweise auch der Verlust des Stimmrechts gem. § 28 WpHG als Sanktion ungeeignet.[827]

Daneben sind auch die *Informationspflichten durch die Teilnahme am Börsenhandel* nicht geeignet, die für eine autonome Prävention von kurzfristigen Liquiditätseffekten durch die Marktteilnehmer erforderliche Information zu gewährleisten. Gem. § 12 BörsG hat der Börsenrat eine Börsenordnung als öffentlich-rechtliche Satzung zu erlassen, die auch Zulassungs- und Informationspflichten statuieren kann (§ 42 Abs. 1 BörsG). Von diesem Gestaltungsspielraum machen die deutschen Terminbörsen – anders als die Frankfurter Wertpapierbörse – noch keinen Gebrauch. Entsprechend finden sich in der Börsenordnung der EUREX vom 18.01.2010 (BörsO) auch keine über das Maß der allgemeinen kapitalmarktbezogenen Informationspflichten hinausgehenden Informationspflichten.[828] Die bloße Veröffentlichung von Börsen-

[821] *Mittermeier,* ZBB 2010, 139, (147).
[822] Regierungsbegründung vom 08.06.2010, BT-Drucks. 17/1952, S. 10.
[823] *Mittermeier,* ZBB 2010, 139, (148).
[824] KOM(2010) 482 endgültig – 2010/0251 (COD).
[825] *Teichmann/Epe,* WM 2010, 1477.
[826] *Mittermeier,* ZBB 2010, 139, (146); vgl. dazu S. 73.
[827] *Mock,* WM 2010, 2248, (2255).
[828] Vgl. §§ 65, 66 Börsenordnung der Frankfurter Wertpapierbörse (BörsO-FW) (Jahres-

preisen und die ihnen zugrunde liegenden Umsätze mittels elektronischer Medien durch die EUREX gewährleistet zwar aktuelle Preisinformation (§ 4.6 BörsO). Allerdings wird die Identität der einzelnen Börsenteilnehmer dabei ohne vorherige Zustimmung nicht bekannt gegeben (§ 4.9 BörsO). Die lediglich *fragmentierte Information* einerseits und die zusätzlich nur auf bloße Preisinformation beschränkten Angaben andererseits sind nicht geeignet, den Marktteilnehmern die zur Prävention von kurzfristigen Liquiditätseffekten erforderliche Information zu vermitteln.

(2) Effektivität der Schwellwerte

Fraglich bleibt zuletzt noch die Erforderlichkeit der insbesondere für die Offenlegung gegenüber den Marktteilnehmern gewählten Schwelle der Höhe nach. Je geringer die Schwelle für die Offenlegung angesetzt wird, desto intensiver ist der Eingriff für den Marktteilnehmer angesichts seines auch ökonomisch werthaltigen *Vertraulichkeitsinteresses*. Zugleich sind aber auch kleine Short-Positionen einzelner Marktteilnehmer unterhalb der Schwelle von der Offenlegungspflicht ausgenommen. Damit soll einerseits dem Information-Overflow der Marktteilnehmer vorgebeugt und die Entscheidungsrelevanz der veröffentlichten Information erhöht werden.[829] Andererseits ist es so theoretisch möglich, dass Marktteilnehmer unterhalb der Schwelle Short-Positionen eingehen, die aggregiert eine Angebotsverknappung auslösen. Indes ist dieser Fall ohne kollusives Zusammenwirken einzelner Marktteilnehmer (als Marktmanipulation) höchst unwahrscheinlich, da im Regelfall heterogene Erwartungen der Marktteilnehmer gewährleistet sind. Erwartungssynchronisierendes Herdenverhalten in volatilen Märkten kündigt sich durch entsprechende Marktgerüchte an, sodass die ohnehin durch die geringere Schwelle besser informierten Regulierungsbehörden – die BaFin etwa auf der Grundlage von § 4a WpHG – notfalls intervenieren können. Angesichts der fehlenden Erfahrungswerte bzgl. effektiver Schwellwerte für die Offenlegung und der ohnehin bestehenden Einschätzungsprärogative des Gesetzgebers ist die Ausgestaltung der Transparenzpflichten für Short-Positionen insgesamt überzeugend.

d) Schlussfolgerung

Der Handel mit derivative Finanzinstrumente kann in Ausnahmefällen eine zufällige Verknappung des Basiswertes (Short Squeeze) durch eine zeitliche

---

und Halbjahresfinanzberichte, sowie Quartals- und Konzernabschlüsse sind zusätzlich in englischer Sprache zu veröffentlichen); § 76 BörsO-FW (Unternehmenskalender ist mit allen wesentlichen Terminen in deutscher und englischer Sprache zu führen); § 68 BörsO-FW (zusätzliche jährliche Analystenkonferenz); § 69 BörsO-FW (Veröffentlichung von Ad-hoc-Mitteilungen auch in Englisch).

[829] CESR, CESR/10-088, S. 8.

Konzentration von Lieferverpflichtungen bewirken. Als wesentlicher Einflussfaktor wurde schon im Fehler: Referenz nicht gefunden. Kapitel[830] die Unkenntnis der Marktteilnehmer über die zukünftige Liquiditätslage zum Fälligkeitszeitpunkt des eigenen Vertrages identifiziert. In der kapitalmarkttheoretischen Literatur[831] werden entsprechend Informationspflichten zur Problemlösung vorgeschlagen, ohne jedoch – soweit ersichtlich – die erforderlich Ausgestaltung zu konkretisieren.

Der Vorschlag der Informationspflichten wurde nunmehr auf internationaler Ebene aufgegriffen und durch das zweistufige Publizitätsregime der CESR für den europäischen Raum konkretisiert. Die Ausgestaltung erscheint grundsätzlich geeignet, das Risiko kurzfristiger Liquiditätseffekte durch den Handel mit Short-Positionen in derivativen Finanzinstrumenten zu mindern. Denn wenn die, die liefern müssen, erkennen, dass sie zukünftig nicht liefern können, dann gehen sie die Lieferverpflichtung erst gar nicht ein. Die gewählten Schwellwerte für die Informationspflichten sind geeignet, die Entscheidungsrelevanz der Information und damit die Effektivität der Offenlegung einerseits zu gewährleisten, trägt dabei andererseits aber auch dem Interesse der Marktteilnehmer nach Diskretion der getätigten Geschäfte und Begrenzung der Bürokratiekosten Rechnung.

Die Effektivität der Offenlegungspflichten wird jedoch durch sachliche Beschränkungen gemindert. Die Offenlegungspflichten beschränken sich nämlich auf Short-Positionen „im aufgelegten Aktienkapital eines Unternehmens, dessen Aktien zum Handel an einem Handelsplatz zugelassen sind".[832] Ebenso sind die Offenlegungspflichten von Short-Positionen auf Schuldtitel sachlich lediglich auf solche von Mitgliedstaaten oder der Union selbst bezogen.[833] Um die Zielstellung[834] umfassender und wirksamer Transparenzregelungen zu verwirklichen, wäre es wünschenswert gewesen, die Offenlegungspflichten konsequent auf weitere relevante Basiswerte zu erstrecken.

Die geplante Verordnung wird unionsweit letztlich einen hohen Harmonisierungsgrad für Offenlegungspflichten einführen. Indem die Harmonisierungsbestrebungen international angelegt sind, werden wohl zukünftig ähnliche Bestimmungen an den wichtigsten Handelsplätzen für derivative Finanzinstrumente gelten. Um die Vergleichbarkeit und Entscheidungsrelevanz der offen gelegten Information für die Marktteilnehmer zu gewährleisten, sollten im internationalen Vergleich aber möglichst homogene Ausgestaltungen der Informationspflichten gewählt werden.

---

[830] Vgl. S. 150.
[831] *Gennotte/Leland,* American Economic Review, Vol. 80, S. 999 ff.
[832] Art. 5 Abs. 1 KOM(2010) 482 endgültig – 2010/0251 (COD), S. 25.
[833] Art. 8 Abs. 1 KOM(2010) 482 endgültig – 2010/0251 (COD), S. 26.
[834] Erwägungsgrund 9 KOM(2010) 482 endgültig – 2010/0251 (COD), S. 15.

III. Kontrolle systemischer Risiken

Die einfache Möglichkeit zum Transfer von Risiken durch den Einsatz derivativer Finanzinstrumente ist im Zusammenspiel mit erheblichen Informationsdefiziten der Marktteilnehmer geeignet, *systemische Risiken* in den Finanzmärkten zu forcieren. Systemische Risiken gefährden dabei neben der preislichen Integrität der unmittelbar betroffenen Assets auch die Liquidität und Preisbildung auf *anderen* Märkten. Dies macht eine gesonderte rechtliche Behandlung zum Funktionsschutz der Kapitalmärkte erforderlich.

Ist diese Dimension des Funktionsschutzes umgekehrt nicht sicher gestellt, so könnte nicht nur die Versorgung mit Kapital durch die Finanzmärkte gestört werden, sondern Unternehmen könnten – sei es direkt durch die Teilnahme an der Finanzierung über die Kapitalmärkte, sei es indirekt über den Ausfall von Finanzintermediären – ihrerseits im Bestand gefährdet sein. Die Minderung systemischer Risiken soll sowohl durch die klassischen Mittel zur Minderung des Gegenparteirisikos (Vereinbarung von Sicherheiten und Netting, Einschaltung einer zentralen Gegenpartei) als auch Handelstransparenz gewährleistet werden.

1. Close-out-Netting

a) Vertragliche Nettingsvereinbarungen

In den gängigen Rahmenverträgen zu OTC-Derivaten ist standardmäßig Liquidationsnetting (Close-out-Netting) vereinbart. Dabei bleiben die selbständigen Einzelforderungen und -verbindlichkeiten zunächst unberührt. Erst bei Eintritt eines vertraglich fixierten Ereignisses (Close-out-Event[835]) werden „alle noch nicht fälligen Forderungen gegen die Partei automatisch fällig gestellt, in eine Währung umgerechnet und zu einem Nettobetrag aufgerechnet",[836] sodass lediglich eine Netto-Forderung verbleibt. Die Minderung systemischer Risiken folgt aus der Notwendigkeit für die Vertragspartner, lediglich die Netto-Zahlungsströme leisten bzw. Sicherheiten für diese vorhalten zu müssen. So entsteht ein *positiver Liquiditätseffekt* und die finanzielle Leistungsfähigkeit des Unternehmens wird verbessert.[837] Die Anerkennung von Nettingvereinbarungen erfolgt im deutschen Bankenaufsichtsrecht durch §§ 15 ff. GroMiKV sowie durch §§ 12, 207 ff. SolvV.

---

[835] Im deutschen Rahmenvertrag für Finanztermingeschäfte wird ein „wichtiger Grund" als Close-out-Event genannt, in den Master Agreements der ISDA wird überwiegend eine bestimmte Ratingergebnis als Schwelle vereinbart, vgl. *Jahn,* BKR 2009, 25.

[836] *Zimmer/Fuchs,* ZGR 2010, 597, (620).

[837] *Bliss/Kaufman,* Journal of Financial Stability, Vol. 2, S. 59.

b) Insolvenzrechtlich angeordnete Aufrechnungslage

Neben der vertraglichen Möglichkeit zum Netting schafft das deutsche Insolvenzrecht in § 104 Abs. 2, 3 InsO für laufende, bei Eröffnung des Insolvenzverfahrens noch nicht voll abgewickelte Verträge eine Aufrechnungslage (§§ 387 ff. BGB) per Gesetz und bewirkt so – vorbehaltlich der Abgabe der Gestaltungserklärung einer der Parteien – eine dem Netting entsprechenden Saldierung.[838] Dadurch soll dem Insolvenzverwalter die Möglichkeit zur Rosinenpickerei genommen werden, indem er – kraft seines Wahlrechts gem. § 103 InsO – gegenwärtig werthaltige Forderungen aus derivativen Finanzinstrumenten zur Mehrung der Masse fortsetzt, Geschäfte mit negativen Marktwert aber ablehnt und die Gegenpartei durch den entstehenden Schadensersatzanspruch wegen Nichterfüllung auf die Quote verweist.[839] Normzweck ist demnach, sowohl die Benachteiligung des Insolvenzgläubigers als auch Spekulationshandlungen zum Schaden der Masse zu unterbinden. Dabei ist die Norm nunmehr unstrittig auf derivativen Finanzinstrumente anwendbar.[840] Auch stehen die gesetzliche und die vertragliche Möglichkeit zum Liquidationsnetting nicht im Widerspruch. So wirkt das vertraglich geregelte Close-out regelmäßig bereits zeitlich *vor* Eintritt der Insolvenzreife. Zudem nimmt die vertragliche Vereinbarung des Close-out-Nettings die gesetzlichen Regelungen vorweg. Aus diesen Gründen wird die vertragliche Vereinbarung des Liquidationsnettings ganz überwiegend weder durch Umgehung von zwingenden Regelungen des Insolvenzrechts (§ 119 InsO) als nichtig, noch als sittenwidrig (§ 138 BGB) oder als unangemessen (§ 307 BGB) qualifiziert.[841]

c) Prozyklische Wirkung von Liquidationsnetting

Obgleich die Vereinbarung des Close-out-Netting geeignet ist, die Gegenparteirisiken erheblich zu mindern,[842] bleiben aus systemischer Sicht die realen und informationellen Übertragungskanäle durch den Fortbestand der saldierten Forderungen ebenfalls bestehen. Darüber hinaus wird der vorzeitigen Fälligstellung und Aufrechnung *aller* unter dem selben Rahmenvertrag abgeschlossenen Derivate bei Eintritt des Close-out-Events eine prozyklische Wirkung nachgesagt: Gerade weil der Close-out-Event der Insolvenzeröff-

---

[838] *Reiner,* Derivative Finanzinstrumente, 2002, S. 183 ff.

[839] *Scherer,* Corporate Finance Law, 2010, S. 98.

[840] Vgl. *Reiner,* Derivative Finanzinstrumente, 2002, S. 204 (Mit der Feststellung, dass schon § 103 InsO nicht auf Derivate anwendbar sei.).

[841] Darstellung in Anlehnung an *Zimmer/Fuchs,* ZGR 2010, 597, (633 ff.).

[842] Nach dem ISDA Margin Survey (2007) betrug die Netto-Risikoexposition aller großen Derivatehändler zu den fünf größten Derivatehändlern im Durchschnitt 10% ihrer gesamten Netto-Risikoexpositionen zu allen anderen Gegenparteien. Nach der Risikoadjustierung durch Collaterals verringerte sich der Wert auf 2%. *Bliss/Kaufman,* Journal of Financial Stability, Vol. 2, S. 67 halten es daher für unwahrscheinlich, dass der Ausfall irgendeines Dealers direkt zum Ausfall eines anderen Dealers führen würde.

nung zeitlich vorgelagert ist und rechtlich verpflichtende Netto-Forderungen der Gläubigern bestehen, könnte ein *Wettlauf der Gläubiger* einsetzen, der dem Unternehmen notwendige Liquidität entzieht und die Insolvenzeröffnung beschleunigen oder im Wege einer sich selbst erfüllende Prophezeiung erst herbei führen kann.[843] Insofern mache es einen erheblichen Unterschied, ob die Fälligstellung und Saldierung durch vertragliche Vereinbarungen auch vor Eröffnung der Insolvenz zulässig sei.[844] Zudem könne die Automatik der Vertragsbeendigung durch asymmetrische Information der Marktteilnehmer – in gleicher Wirkungsweise wie der automatisierte Handel[845] – erhebliche *prozyklische Preiseffekte bewirken* und so insbesondere über den Mechanismus des Deleveraging[846] das Ansteckungsrisiko verstärken, das durch Liquidationsnetting gerade eingedämmt werden sollte.[847]

d) Lösungsvorschläge

Obgleich vertragliche Nettingvereinbarungen im Regelfall zur Minderung systemischer Risiken beitragen, begünstigen sie in Stresssituationen der Märkte durch prozyklische Effekte die weitere Destabilisierung massiv. Eine ausschließlich auf Marktdisziplin fußende, *privatautonome Lösung* – etwa durch entsprechende Regelungen in den Rahmenverträgen – würde wohl langfristig erodieren und nicht konsequent umgesetzt. An der Möglichkeit zum Netting auch und gerade in Krisensituationen besteht zudem ein erhebliches wirtschaftliches Interesse beider Vertragsparteien.[848] Dass die Vertragsparteien diesen ökonomischen Vorteil aus Gründen der Systemstabilität freiwillig beschränken, erscheint ohne entsprechende Anreize illusorisch.[849] Andererseits erscheint auch ein undifferenziertes *Totalverbot von vertraglichen Vereinbarungen zum Liquidationsnetting* nicht erforderlich, da es die positiven Effekte des Liquidationsnettings zulasten der Systemstabilität gleichfalls beseitigt. Zudem würde die Privatautonomie der Vertragsparteien generell beschränkt, obwohl situationsspezifische Maßnahmen gleiche Wirkungen

---

[843] Vgl. Wortprotokoll Finanzausschuss von 16.03.2009, Nr. 16/120, S. 24 (Sanio mit dem Hinweis, es würde „ein Windhundrennen nach den Assets [...] einsetzen, und man würde überall versuchen, sie sich schleunigst unter den Nagel zu reißen, bzw. dort, wo sie als Sicherheiten verpfändet sind, würde der Sicherungsfall eintreten"); *Zimmer/Fuchs,* ZGR 2010, 597, (636); *BIS,* Report of the Cross-border Bank Resolution Group, 2009, S. 39.

[844] *Zimmer/Fuchs,* ZGR 2010, 597, (635) („Anders als nach Auffassung des Rechtsausschusses zu Zeiten der Einführung der nun in § 104 Abs. 2, 3 InsO verankerten Regelung kann es so gerade die Zulässigkeit von (vorinsolvenzlichen) Lösungsklauseln sein, welche das von der InsO erstmals ausgegebene Ziel [Sanierung] unterminiert").

[845] Vgl. S. 147 ff.

[846] Vgl. S. 176 ff.

[847] *Binder,* Bankeninsolvenzen, 2005, S. 441.

[848] Bericht des Rechtsausschusses, BT-Drucks. 12/7302, S. 168.

[849] *Zimmer/Fuchs,* ZGR 2010, 597, (640) (Fn 228).

erzielen könnten. Insofern vermag nur eine differenzierende Lösung zu überzeugen.

Die BIS plädiert für die Kompetenz nationaler Regulierungsbehörden, „to temporarily delay immediate operation of contractual termination clauses".[850] Der deutschen BaFin könnte beispielsweise zunächst ein Beurteilungsspielraum eingeräumt werden, ob die Gefahr einer Krisensituation vorläge und sodann ein Ermessensspielraum, ob eine Beschränkung der Privatautonomie zum Zwecke des Systemschutzes in der konkreten Situation tatsächlich geboten erscheint. Das am 1. Januar 2011 in Kraft getretene Restrukturierungsgesetz[851] sieht eine ähnliche Lösung jedenfalls für systemrelevante Banken vor, indem „Schuldverhältnisse mit dem Kreditinstitut bis zum Ablauf des auf die Anzeige nach § 7 Absatz 1 KredReorgG-E [Einleitung des Reorganisationsverfahrens] folgenden Geschäftstages nicht beendet werden können".[852] Eine nicht nur auf Banken zugeschnittenen Befugnis der BaFin könnte *de lege ferenda* beispielsweise in einem erweiterten § 4a WpHG verortet sein.

Im Gegensatz zu dieser Einzelfalllösung vertreten Zimmer/Fuchs[853] einen *teilweisen Ausschluss des vorinsolvenzlichen Liquidationsnettings* ex lege. Konkret plädieren die Autoren für eine *Ergänzung von § 104 InsO mit einer Bestimmung*, die vertragliches Liquidationsnetting lediglich dann insolvenzfest werden lässt, wenn als Close-out-Event die Insolvenzeröffnung oder die Verhängung eines Moratoriums festgelegt worden ist. Eine zeitliche Vorverlagerung des Nettings findet dann effektiv nicht mehr statt. Zur Begründung führen sie einerseits an, die Effektivität der Einzelfalllösung stehe und falle mit dem *Timing* der behördlichen Entscheidung: Ergehe die Behördenentscheidung beispielsweise erst zeitlich nach der Herabstufung des Ratings, während die Vereinbarungen zum Liquidationsnetting in den Rahmenverträgen eine automatische Terminierung bei Herabstufung des Ratings bewirken, so erfolge die Entscheidung schlicht zu spät und stelle ein stumpfes Schwert dar. Andererseits werde die Effektivität der Einzelfalllösung durch die etwaige *Rechtsschutzmöglichkeit* beschränkt. Der teilweise Ausschluss des Liquidationsnettings ex lege sei daher das zum Zwecke des Systemschutzes erforderliche Mittel.

Dagegen lässt sich zunächst einwenden, die Rechtsschutzmöglichkeit der betroffenen Vertragsparteien kann – unter Wahrung rechtsstaatlicher Grundsätze – ohne weiteres so ausgestaltet werden, dass Widerspruch und Anfechtungsklage gegen den Verwaltungsakt keine abschiebende Wirkung haben. Wie bei der klassischen Anordnung eines Moratoriums (§§ 46, 49 KWG)

---

[850] *BIS,* Report of the Cross-border Bank Resolution Group, 2009, S. 40.

[851] Restrukturierungsgesetz, BGBl. 2010 I, S. 1900 ff.

[852] Regierungsentwurf zum Restrukturierungsgesetz vom 25.08.2010 (http://www.bundesfinanzministerium.de), Abruf am 01.06.2011, S. 85.

[853] *Zimmer/Fuchs,* ZGR 2010, 597, (645).

kann die *sofortige Vollziehung im Interesse der Schnelligkeit und Effektivität der Verwaltung gesetzlich angeordnet werden.*[854] In diesem Falle verbleibt zwar der Antrag auf Wiederherstellung der aufschiebenden Wirkung, dem das Gericht statt geben wird, wenn auf der Grundlage einer summarischen Prüfung ernstliche Zweifel an der Rechtmäßigkeit des Verwaltungsaktes bestehen.[855] Die Gerichte nehmen hier regelmäßig eine Interessenabwägung vor, bei der das Allgemeininteresse an der Stabilität des Finanzsystems die bloß finanziellen Interessen der Vertragspartner i.d.R. überwiegen wird. Demnach vermag die Rechtsschutzmöglichkeit der Vertragsparteien die Effektivität einer einzelfallbezogenen Anordnung durch die Regulierungsbehörde nicht zu beeinträchtigen.

Hinsichtlich der angeführten Relevanz des Timings der behördlichen Entscheidung für die Effektivität der Einzelfalllösung ist zwar anzuerkennen, dass eine verspätete Entscheidung der Behörde in der Tat ein *Effektivitätsrisiko* birgt, da auch eine Rückwirkung auf bereits genettete Forderungsbündel an der Kapitalmarktrealität vorbei geht, indem Marktpreise erheblich gefallen und irreversibler Vertrauensschaden bereits entstanden sein kann.[856] Eine rechtzeitige Behördenentscheidung ist daher unabdingbar. Gleichwohl besteht eine ähnliche Rechtslage auch bei der Möglichkeit der Bankenaufsichtsbehörde, ein vorübergehendes Moratorium als Mittel zur Prävention oder Verschärfung von Bankenkrisen zu verhängen. Im Rahmen dieses bewährten Mittels haben Aufsichtsbehörden gezeigt, dass sie durchaus in der Lage sind, rechtzeitige Entscheidungen zur Prävention und Eindämmung von Bankenkrisen treffen zu können. Zudem braucht sich die Behörde beim Liquidationsnetting *nur auf erhebliche Forderungsbündel systemrelevanter Marktteilnehmer zu konzentrieren.*[857] Zugleich ist ihr ein Beurteilungsspielraum zugebilligt worden, indem sie ex ante die Gefahr einer Krisensituation zu beurteilen hat. Damit besteht – entgegen der Ansicht von Zimmer/Fuchs[858] – ein tragfähiger tatbestandlicher Anknüpfungspunkt, der auch unter Wahrung des verfassungsrechtlichen Bestimmtheitsgebots ohne weiteres das Einschreiten der Behörde zu einem Zeitpunkt erlaubt, an dem sich die betroffenen Markt-

---

854 *Lindemann* in: Boos/Fischer/Schulte-Mattler, KWG, § 49, Rn. 4.

855 BVerwG vom 30.03.1973, Az. VII C 100.72, Stbg 1974, 77; BVerwG vom 03.07.1981, Az. 8 C 83/81, BayVBl 1982, 442; OVG NRW vom 24.05.2011, Az. 14 B 391/11, Rn. 11 („ernstliche Zweifel an der Rechtmäßigkeit des angegriffenen Verwaltungsakts entsprechend § 80 Abs. 4 Satz 3 VwGO im Sinne einer überwiegenden Wahrscheinlichkeit").

856 Vgl. zum Kausalverlauf S. 176 ff.

857 Zum Begriff der Systemrelevanz: Art. 6 Abs. 3 Richtlinie zur Durchführung und Qualitätssicherung der laufenden Überwachung der Kredit- und Finanzdienstleistungsinstitute durch die Deutsche Bundesbank (AufsichtsRL) vom 21.02.2008 (http://www.bundesbank.de), Abruf am 01.06.2011; *FSB/BIS/IMF,* Report to G20 Finance Ministers and Governors, 2009, S. 2 (Schlüsselindikatoren zur Qualifikation als systemrelevant seien Größe, Substituierbarkeit und Verbundenheit zu anderen Systemelementen).

858 *Zimmer/Fuchs,* ZGR 2010, 597, (642).

teilnehmer noch nicht in einer Krise befinden. Insgesamt ist der teilweisen Ausschluss des vorinsolvenzlichen Liquidationsnettings ex lege nicht erforderlich, da der Systemschutz durch eine einzelfallbezogene Behördenentscheidung hinsichtlich der Zulässigkeit von Close-out-Netting als weniger intensiver Eingriff in die Privatautonomie gleich geeignet ist.

e) Liquidationsnetting im internationalen Kontext

Das Problem der Wirksamkeit von Vereinbarungen zum Close-out-Netting in der Insolvenz stellt sich in anderen Rechtsordnungen gleichermaßen. Nach Angaben der ISDA erkennen derzeit 39 Rechtsordnungen diese Abreden an – darunter die wichtigsten Handelsplätze für Derivate.[859] Derweil variieren die rechtlichen Voraussetzungen und hinterlassen Rechtsunsicherheit bei den Marktteilnehmern.[860] Bestrebungen zur internationalen Vereinheitlichung blieben bislang ohne Erfolg.

Selbst auf europäischer Ebene ist die Rechtslage bislang nicht eindeutig. Die Europäische Insolvenzverordnung bestimmt grundsätzlich das Recht des Staates der Verfahrenseröffnung (*lex fori concursus*) als anwendbares Recht.[861] Für die Aufrechnung legt Art. 6 dagegen auch fest, dass die Eröffnung des Insolvenzverfahrens „[d]ie Befugnis eines Gläubigers, mit seiner Forderung gegen eine Forderung des Schuldners aufzurechnen" nicht berührt, „wenn diese Aufrechnung nach dem für die Forderung des insolventen Schuldners maßgeblichen Recht zulässig ist". Ob diese Regelung lediglich Aufrechnungsvereinbarungen oder auch solche zum Close-out-Netting erfasst, bleibt indes offen.[862] Dagegen spricht zumindest der Umkehrschluss aus der – regelungstechnisch sehr ähnlichen – Richtlinie über die Sanierung und Liquidation von Kreditinstituten,[863] die eine zu Art. 6 wortgleiche Regelung bereit hält, jedoch in anderen Vorschriften ausdrücklich spezielle Regelungen zu Nettingvereinbarungen trifft.[864] Eine vergleichsweise klare Regelung enthält dagegen die *Finanzsicherheitsrichtlinie*[865], die in Art. 7 die Mitgliedstaaten verpflichtet, „dass die Aufrechnung infolge Beendigung vereinbarungsgemäß wirksam werden kann, [selbst wenn] ein Liquidationsverfahren eröffnet [...] oder Sanierungsmaßnahmen eingeleitet wurden". Allerdings ergibt sich aus dem sachlichen Anwendungsbereich der Richtlinie, dass lediglich Nettingabreden im Zusammenhang mit Finanzsicherheiten erfasst sein sollen.[866] Zudem

[859] Vgl. „Netting Legislation – Status" vom 11.06.2011 (http://www.isda.org), Abruf am 26.06.2011.
[860] *Paech,* WM 2010, 1965.
[861] Vgl. Art. 4 Abs. 2 d) VO 1346/2000/EG vom 29.05.2000, Abl. L 160, S. 1 ff.
[862] *Paech,* WM 2010, 1965, (1968).
[863] RL 2001/24/EG vom 04.04.2001, Abl. L 125, S. 15 ff.
[864] *Reinhart* in: MüKo, InsO, VO (EG) 1346/2000 Art. 6, Rn. 4.
[865] RL 2002/47/EG vom 06.06.2002, Abl. L 168, S. 43 ff.
[866] *Paech,* WM 2010, 1965, (1968).

ist sie auch personell auf Zentralbanken, zentrale Gegenparteien und weitere Finanzinstitutionen beschränkt, sodass abhängig vom Status einer Vertragspartei wieder die allgemeine Rechtslage durchgreift. Insofern besteht auch im europäischen Recht noch Raum für Harmonisierungsbestrebungen.

f) Schlussfolgerung

Abreden zum Close-out-Netting sind in der internationalen Vertragspraxis zu derivativen Finanzinstrumenten weit verbreitet und stellen durch die positiven Liquiditätseffekte einen privatautonomen Mechanismus zur Minderung systemischer Risiken bereit. Allerdings kann Liquidationsnetting in Krisenzeiten auch prozyklisch wirken und die Insolvenzreife gar erst herbei führen. Aus diesem Grunde ist es erforderlich, der Aufsichtsbehörde eine Befugnis zuzuerkennen, *im Einzelfall* eine *zeitlich begrenzte* Verzögerung der vereinbarten Verrechnung zu bewirken. Im Übrigen besteht hinsichtlich der insolvenzrechtlichen Anerkennung des Liquidationsnettings international ein uneinheitliches Bild. Um die positiven Liquiditätseffekte von Liquidationsnetting aber möglichst vielen Marktteilnehmern zugänglich zu machen und so die Stabilität der Finanzmärkte als solche zu stärken, sind international verbindliche Vereinbarungen zur Wirksamkeit von Vereinbarungen zum Close-out-Netting in der Insolvenz wünschenswert.

2. Abwicklung über eine zentrale Gegenpartei

Eine weitere Möglichkeit zur Minderung systemischer Risiken ist die Abwicklung über eine zentrale Gegenpartei (*Central Counterparty, CCP*). Während dies bei den börsengehandelten Derivategeschäften seit langem standardmäßig praktiziert wird,[867] sieht der Beschlusses der G20 in Pitsburgh (2009) vor, die Pflicht zur Abwicklung über eine zentrale Gegenpartei auf alle standardisierten OTC-Derivatekontrakte auszudehnen.[868] Die US-Regierung ist dieser Selbstverpflichtung im Rahmen des Dodd-Frank-Act[869] gefolgt, die EU-Kommission plant mit der vorgeschlagenen Verordnung[870] über OTC-Derivate, zentrale Gegenparteien und Transaktionsregister ihrerseits die verbindliche Umsetzung.

a) Rechtliche Struktur und ökonomische Vorteile

§ 1 Abs. 31 KWG umschreibt den Rechtsbegriff des zentralen Kontrahenten als ein rechtlich selbständiges „Unternehmen, das bei Kaufverträgen innerhalb

---

[867] *Deutsche Börse Group,* Global Derivatives Market, 2009, S. 14.

[868] Vgl. Abschlusserklärung der G20 vom 25.09.2009 (http://www.g20.utoronto.ca/2009/2009communique0925.html), Abruf am 02.02.2012.

[869] Public Law 111–203 (21.07.2010).

[870] KOM(2010) 484 endgültig – 2010/0250 (COD).

eines oder mehrerer Finanzmärkte zwischen den Käufer und den Verkäufer geschaltet wird, um als Vertragspartner für jeden der beiden zu dienen, und dessen Forderungen aus Kontrahentenausfallrisiken gegenüber allen Teilnehmern an seinen Systemen auf Tagesbasis hinreichend besichert sind". Insoweit handeln die Teilnehmer in den OTC-Märkten die zentral abzuwickelnden Derivateverträge zwar noch bilateral aus. Sodann tritt die CCP im Wege der Novation zwischen die ursprünglichen Vertragsparteien.[871] Der ursprüngliche Vertrag wird entsprechend durch zwei neue Verträge mit der CCP als Vertragspartei ersetzt, sodass nach diesem personellen Wechsel gegenüber den ursprünglichen Vertragspartnern dieselben Leistungspflichten bestehen. Daher trägt die CCP die Folgen von geschlossenen Geschäften anderer.[872] Entsprechend prägen *Maßnahmen zur Risikobegrenzung* die Tätigkeit einer CCP erheblich und beginnen regelmäßig bereits mit Zulassungsbeschränkungen für potentielle Vertragspartner. So kontrahiert die CCP lediglich mit lizensierten Clearing-Mitgliedern, die insbesondere hinsichtlich ihrer Bonität qualifizierten Standards zu genügen haben.[873]

Die Abwicklung über eine zentrale Gegenpartei trägt zunächst zu einer Vereinfachung der Marktstruktur bei, ohne allerdings die ökonomische Verbundenheit der Marktteilnehmer selbst zu verringern[874] (Abb. 29).

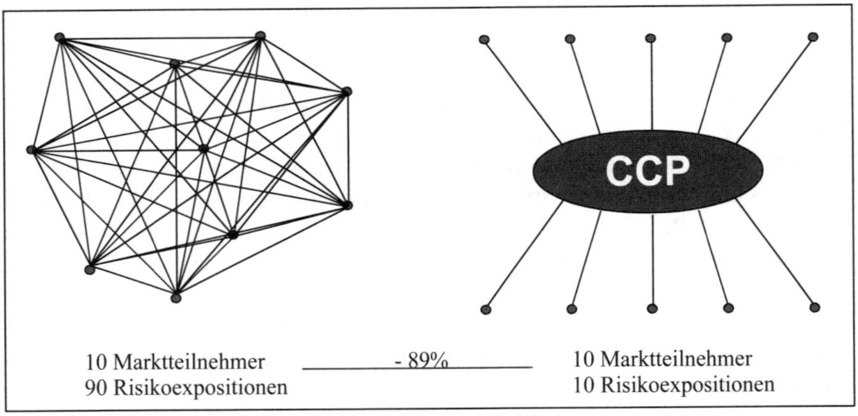

Abb. 29: Komplexität eines dezentral organisierten Marktes (Quelle: Deutsche Börse Group, Global Derivatives Market, 2009, S. 24).

[871] *Cecchetti/Gyntelberg/Hollanders,* BIS Quaterly Review, 09/2009, S. 49.

[872] *Zimmer/Fuchs,* ZGR 2010, 597, (648).

[873] *Pirrong,* Working Paper, 2011, S. 24.

[874] *Pirrong,* Working Paper, 2011, S. 35 („It is [...] profoundly incorrect to assert that clearing mandates reduce the interconnectedness of the financial system: these mandates reconfigure, but do not eliminate, interconnections between systemically important financial institutions").

Die Einführung zentraler Gegenparteien bewirkt zudem durch *Diversifikation der Adressausfallrisiken* und *Skaleneffekte beim Netting* eine Minderung systemischer Risiken im Finanzsektor.[875] Zugleich entstehen auf Seiten der Clearing-Mitglieder positive Liquiditätseffekte:[876] Durch Diversifikations- und Skaleneffekte haben die Clearing-Mitglieder einerseits weniger Sicherheiten an die CCP zu leisten,[877] andererseits werden die Eigenmittelanforderungen reduziert, da die Regelungen der SolvV[878] zur Berechnung der risikogewichteten Kapitalunterlegung von Adressausfallrisiken für Geschäfte mit einer zentralen Gegenpartei eine *Bemessungsgrundlage mit null* vorsehen. Neben dieser regulatorischen Begünstigung besteht ein weiterer Vorteil bei der Abwicklung über eine zentrale Gegenpartei in der *Anonymisierung*. Selbst wenn lediglich die Abwicklung, nicht aber auch der erstmalige Vertragsschluss selbst mit der CCP erfolgt, werden in den nachfolgenden Dokumentationen aufgrund des vertraglichen Eintritts des zentralen Kontrahenten lediglich dieser als Vertragspartner aufgeführt.[879] Zugleich erfolgt aber auch eine *Transparenzsteigerung*, da die CCP als zentrale Institution über Handels- und Vertragsinformationen verfügt, die Marktteilnehmer und Regulierungsbehörden als Entscheidungsgrundlage nutzen können.[880] Dies erhöht die operationelle und allokative Effizienz der entsprechenden Märkte und es lassen sich Informationsasymmetrien und Ambiguitätspotentiale als wesentliche Ursachen informationeller Übertragungskanäle und damit systemischer Risiken mindern. Letztlich werden CCPs auch positive Informationseffekte in Stresssituationen des Marktes zugeschrieben, da sie die Volatilität – insbesondere nach dem Ausfall eines Marktteilnehmers – und damit auch panisches Handelsverhalten anderer Marktteilnehmer zu dämpfen vermögen.[881]

b) Risiken und Nutzungsgrenzen der zentralen Gegenpartei

Aus der zentralisierten Marktorganisation resultieren indes auch Risiken und die Grenzen des Einsatzes einer zentralen Gegenpartei in den OTC-Derivatemärkten. So haben CCP per Definition bereits eine Monopolstellung inne und gelten als *To Big To Fail*.[882] Die Leistungsfähigkeit einer CCP – insbesondere in Krisenzeiten – steht und fällt deshalb zunächst mit einem nachhaltigen Risikomanagement. Mehr noch birgt die erhebliche Risikokonzentration auf

---

[875] *Jahn,* BKR 2009, 25, (28).
[876] Darstellung nach: *Zimmer/Fuchs,* ZGR 2010, 597, (652).
[877] *Deutsche Börse Group,* Global Derivatives Market, 2009, S. 25.
[878] Vgl. § 49 Abs. 2 Nr. 7 SolvV (Kreditrisiko-Standardansatz – KSA); § 100 Abs. 10 SolvV (Auf internen Ratings basierender Ansatz – IRBA).
[879] *Zimmer/Fuchs,* ZGR 2010, 597, (652).
[880] *Deutsche Börse Group,* Global Derivatives Market, 2009, S. 15.
[881] *Pirrong,* Working Paper, 2011, S. 36.
[882] *Glass,* Capital Markets Law Journal, Vol. 4, S. 94.

eine Institution das Bedürfnis nach staatlicher Kontrolle und – als ultima ratio – Intervention.[883]

Die Teilnehmer an den Märkten für OTC-Derivate haben grundsätzlich ein hohes Interesse an individualisierten Verträgen, die ihren spezifischen Bedürfnissen gerecht werden. Dies ist neben den geringeren Transaktionskosten ein Hauptmotiv für die Teilnahme an den OTC-Märkten. Individuelle Vertragsgestaltungen bergen indes ein erhebliches *Potential für Bewertungsfehler* bedingt durch die Komplexität der Geschäfte.[884] Für die zentrale Gegenpartei ist die zutreffende Bewertung der Derivateposition insbesondere für die Bestimmung der anfänglichen oder laufenden Sicherheiten überaus relevant, die durch die Clearing-Mitglieder zu leisten sind.[885] Fehlerhafte Bewertungen können dagegen Hedgefehler und eine Unterdeckung der von der CCP übernommenen Risiken bewirken und in Krisensituationen deren Solvenz ernsthaft gefährden.[886] Zudem begünstigen standardisierte Verträge die gezielte Diversifikation und das Netting der Positionen,[887] während individualisierte Verträge diese wertgenerierenden Effekte stören. Dies gilt im Lichte der oben getroffenen Feststellung umso mehr, als dass die Teilnehmer in den Märkten für komplexe Derivate in Krisensituationen mit einem erheblichen Maß an Ambiguität konfrontiert werden und die Märkte damit tendenziell eher illiquide werden.[888] Die CCP würde entsprechend ein erhebliches Liquiditätsrisiko übernehmen. Obgleich in der Literatur darauf verwiesen wird, dass der Geschäftsverkehr „auch unter schwierigen Bedingungen [aufgrund der herausragenden Bonität der CCP] weit eher fortgeführt werden“[889] könne, so kann sich auch eine CCP den Marktgesetzen nicht entziehen und wird bei illiquiden Märken über kurz oder lang ausfallen.[890] Entsprechend sollten zentral abgewickelte OTC-Derivate möglichst standardisiert *und* liquide sein.[891]

c) Maßnahmen zur Solvenzsicherung

Um die Solvenz der CCP zu sichern, sehen US-amerikanisches und europäisches Kapitalmarktrecht sehr ähnliche Regelungen bezüglich zentraler Gegenparteien vor. Daher soll sich die folgende Darstellung auf die (geplanten) europäischen Regelungen konzentrieren. Auf eine abweichende US-amerikanische Rechtslage wird im Bedarfsfall hingewiesen.

---

[883] *Zimmer/Fuchs,* ZGR 2010, 597, (658).
[884] Vgl. ausführlich S. 105 ff.
[885] *Scott,* Harvard Journal of Law & Public Policy, Vol. 33, S. 690.
[886] *Zimmer/Fuchs,* ZGR 2010, 597, (654).
[887] *Pirrong,* Working Paper, 2011, S. 14.
[888] Vgl. S. 193 ff.
[889] *Zimmer/Fuchs,* ZGR 2010, 597, (652).
[890] *Pirrong,* Working Paper, 2011, S. 37 (mit historischen Beispielen).
[891] *Scott,* Harvard Journal of Law & Public Policy, Vol. 33, S. 690.

i) Anwendungsbereich der Pflicht zur zentralen Abwicklung

Die Solvenzsicherung der CCP wird indirekt schon durch den Anwendungsbereich der Pflicht zur zentralen Abwicklung geprägt, da dies die interne Geschäftsorganisation der CCP maßgeblich beeinflusst.

(1) Europäisches Recht

Zur Bestimmung des Anwendungsbereichs dieser Pflicht knüpft die (geplanten) Verordnung sowohl an personelle, als auch an sachliche Kriterien. Aus personeller Sicht besteht die Pflicht zunächst für *finanzielle Gegenparteien.* Dieser breite Begriff umfasst Finanzinstitutionen wie Banken, Versicherungen oder Investmentfonds und nimmt lediglich Zentralbanken und staatliche Stellen zur Schuldenverwaltung vom Anwendungsbereich aus.[892] Soweit finanzielle Gegenparteien nicht selbst den Status eines Clearing-Mitglieds inne haben, müssen sie ihre Geschäfte als Kunde eines Clearing-Mitglieds zentral abwickeln lassen. *Nicht-finanzielle Gegenparteien* unterliegen nur dann der Pflicht zur zentralen Abwicklung, wenn die von ihnen gehaltenen Derivatepositionen einen von der Kommission bestimmten Schwellenwert erreichen und als systemisch bedeutsam angesehen werden. Der Schwellwert repräsentiert eine Freigrenze, sodass bei Überschreiten *alle* als clearing-fähig qualifizierten Derivatepositionen zentral abzuwickeln sind. Für die Berechnung der Schwellwertüberschreitung sollten Derivatepositionen nicht berücksichtigt werden, die „eingegangen wurden, um Risiken aus einer objektiv messbaren gewerblichen Tätigkeit zu decken".[893] Der Wortlaut dieser Ausnahme für Absicherungsgeschäfte ist weiter als die Qualifikation einer Sicherungsbeziehung nach IAS 39,[894] hinterlässt zugleich aber Rechtsunsicherheit und damit Raum für künftige Konkretisierungen, die auch *Umgehungskonstruktionen* berücksichtigen müssen.

Sachlich erfasst die Pflicht zur zentralen Abwicklung lediglich standardisierte und als clearingfähig anerkannte Derivate (*Qualifizierte Derivate*).[895] Für die Entscheidung, welche Geschäft als Qualifizierte Derivate der Verpflichtung zur zentralen Abwicklung unterliegen, sieht die Verordnung ein zweigliederiges Konzept vor: Nach der *Bottom-up-Methode* entscheidet die CCP selbst, „bestimmte Kontrakte abzuwickeln, wozu sie von der zuständigen Behörde ermächtigt ist, die wiederum die ESMA [European Securities and Markets Authority] informieren muss, wenn sie der betreffenden CCP das Clearing der besagten Kontrakte erlaubt".[896] Nach der *Top-Down-Methode* legt die ESMA „gemeinsam mit dem Europäischen Ausschuss für Systemri-

[892] Art. 2 Abs. 6 KOM(2010) 484 endgültig – 2010/0250 (COD), S. 24.
[893] KOM(2010) 484 endgültig – 2010/0250 (COD), S. 9.
[894] Vgl. ausführlich S. 62 ff.
[895] Vgl. KOM(2010) 484 endgültig – 2010/0250 (COD), S. 7.
[896] KOM(2010) 484 endgültig – 2010/0250 (COD), S. 7

siken [fest], welche Kontrakte potenziell der Clearingpflicht unterliegen sollten".[897] Mit dieser Lösung versucht die Kommission einerseits, den Bedürfnissen der zentralen Gegenparteien nach einer privatautonomen Entscheidung hinsichtlich der von ihnen zentral abzuwickelnden Derivate gerecht zu werden. Schließlich kann die CCP ihre eigene Risikotragfähigkeit durch ihre Informationsnähe am besten beurteilen. Andererseits besteht auch ein (öffentliches) Interesse der Regulierungsbehörden, privatautonom noch nicht zentral abgewickelte, aber systemrelevante Derivategeschäfte dennoch der Abwicklungspflicht über eine zentrale Gegenpartei zu unterwerfen. Dies wird auch in den objektiven Kriterien[898] reflektiert, auf deren Grundlage die ESMA ihre Entscheidung trifft, insbesondere der gebotenen *Verringerung von Systemrisiken* und der *Verfügbarkeit von Preisbildungsinformationen* für das fragliche Finanzinstrument. Im Übrigen können alle aufgrund des Komplexitätsgrades oder anderer Kriterien nicht als qualifiziert eingestuften Derivate weiterhin bilateral abgewickelt werden, unterliegen ersatzweise aber höheren Anforderungen an das Risikomanagement der operationellen Risiken und Gegenparteirisiken des Derivategeschäfts,[899] die in wesentlichen Teilen dem bereits hergeleiteten Pflichtenkatalog für ein effektives Risikofrühwarnsystem gem. § 91 Abs. 2 AktG entsprechen.[900] Dadurch wird letztlich ein Anreiz zur Teilnahme an der zentralen Abwicklung – soweit möglich – geschaffen.[901]

(2) US-amerikanisches Recht

Der im US-amerikanischen Recht festgesetzte Anwendungsbereich für die Pflicht zur zentralen Abwicklung ist breiter gefasst, da hier a priori keine personellen Beschränkungen bestehen. Auch bei dieser Pflicht wird die Aufteilung der Kompetenzen zwischen CFTC und SEC konsequent fortgesetzt. Alle Derivate, die als *Swaps* zu qualifizieren sind, sollen direkt oder indirekt durch eine *Derivatives Clearing Organization* – reguliert durch die

---

[897] KOM(2010) 484 endgültig – 2010/0250 (COD), S. 7.

[898] Vgl. KOM(2010) 484 endgültig – 2010/0250 (COD), S. 26 (Verringerung von Systemrisiken; Liquidität von Kontrakten; Verfügbarkeit von Preisbildungsinformationen; Fähigkeit zur Bewältigung des Kontraktvolumens; gebotenes Kundenschutzniveau).

[899] Vgl. Art. 8 KOM(2010) 484 endgültig – 2010/0250 (COD), S. 30 (So wird mindestens den Einsatz von elektronischen Verfahren zur „Bestätigung der Bedingungen des OTC-Derivatevertrages" gefordert sowie „solide, resistente und überprüfbare Verfahren zur Abstimmung von Portfolios, zur Beherrschung der damit verbundenen Risiken, zur frühzeitigen Erkennung und Ausräumung von Meinungsverschiedenheiten zwischen Parteien sowie zur Beobachtung des Werts ausstehender Kontrakte").

[900] Art. 8 Abs. 1 KOM(2010) 484 endgültig – 2010/0250 (COD) (Die Maßnahmen umfassen die tägliche Ermittlung des Wertes ausstehender Kontrakte, den rechtzeitigen, präzisen und angemessen getrennten Austausch von Sicherheiten und „angemessene und verhältnismäßige" Eigenkapitalausstattung, deren Höhe von der ESMA bis Mitte 2012 festgesetzt wird); Vgl. ausführlich S. 283 ff.

[901] *Zimmer/Fuchs,* ZGR 2010, 597, (658); *Scherer,* Corporate Finance Law, 2010, S. 100.

CFTC – abgewickelt werden.[902] Alle Derivate, die als *Security-Based Swaps* zu qualifizieren sind, sollen dagegen direkt oder indirekt durch eine *Securities Clearing Agency* – reguliert durch die SEC – abgewickelt werden. Bevor eine neuartige Vertragsform erstmalig zentral abgewickelt wird, hat die zentrale Gegenpartei die *Zustimmung der zuständigen Regulierungsbehörde* einzuholen. Umgekehrt kann die zuständige Behörde aus eigener Initiative festlegen, dass eine bisher nicht zentral abgewickelte Art derivativer Finanzinstrumente von der Pflicht erfasst wird. Während dies grundsätzlich dem zweigliederigen Konzept der europäischen Regelungen entspricht, bestehen Unterschiede in den objektiven Entscheidungskriterien der Behörden. Beispielsweise haben die US-Behörden neben den Kriterien der Verringerung von Systemrisiken und Verfügbarkeit von Preisinformation auch die Effekte auf den Wettbewerb und die Kosten der zentrale Abwicklung ausdrücklich zu beachten.[903] Aufgrund der breiten Fassung der Pflicht zur zentralen Abwicklung sind auch die Ausnahmen im US-amerikanischen Recht weiter. So haben Marktteilnehmer die Möglichkeit zum Opt-out aus der Clearingpflicht, soweit sie nicht als *Financial Entity* zu qualifizieren sind, das Derivat zur Absicherung von Geschäftsrisiken nutzen und der zuständigen Behörde mitteilen, welche Maßnahmen generell ergriffen werden, um die Verpflichtungen bei der bilateralen Abwicklung einzuhalten.[904] Auch hier sind hinsichtlich des Merkmals der Absicherung von Geschäftsrisiken zukünftige Präzisierungsversuche zu erwarten.

ii) Sicherheitsleistungen zur Verlustdeckung

Um das Ansteckungsrisiko beim Ausfall eines Clearing-Mitgliedes zu mindern, hat die CCP zunächst selbst über ein *leistungsfähiges Risikomanagementsystem* zu verfügen, das insbesondere die Bewertung der Liquiditäts- und Kreditrisikoexpositionen in Nahe-Echtzeit[905] sowie „angemessene Verfahren und Mechanismen zur Reaktion auf den Ausfall eines Clearingmitglieds“[906] umfasst. Wesentliche Funktionen – das bringen insbesondere die europäischen Regelungen klar zum Ausdruck[907] – dürfen im Interesse kurzer Informationswege und schneller Reaktionen in Krisenzeiten *unter keinen Umständen ausgelagert werden*. Die Solvenzsicherung der zentralen Gegenpartei erfolgt darüber hinaus durch die Trias aus Sicherheitsleistungen der Clearing-Mitglieder, dem Ausfallfonds und Mindestkapitalerfordernissen. Die

---

[902] Vgl. Sec. 725 Dodd-Frank-Act (124 Stat. 1685).
[903] Sec. 723 Dodd-Frank-Act (124 Stat. 1677); Sec. 763 Dodd-Frank-Act (124 Stat. 1763).
[904] Vgl. Sec. 763 Dodd-Frank-Act (124 Stat. 1762).
[905] Art. 38 KOM(2010) 484 endgültig – 2010/0250 (COD), S. 50; vgl. auch Sec. 725 Dodd-Frank-Act (124 Stat. 1688) („not less than once during each business day“).
[906] Erwägungsgrund 37, KOM(2010) 484 endgültig – 2010/0250 (COD), S. 20.
[907] Erwägungsgrund 34; Art. 33 KOM(2010) 484 endgültig – 2010/0250 (COD), S. 11.

CCP verlangt von den Clearing-Mitgliedern sowohl anfängliche als auch laufende Sicherheitsleistungen.[908] Zusätzlich kann ein Ausfallfonds auf Gegenseitigkeit geschaffen werden, in den die Clearing-Mitglieder einzahlen. Sind Margin-Zahlungen, das Fondsvermögen und andere finanzielle Ressourcen zur Deckung anfallender Verluste aufgezehrt, so verbleibt als Risikopuffer die vergleichbar hohe Eigenkapitalausstattung.[909]

Allerdings *können* Sicherheitsleistungen schon konzeptionell nicht so gewählt werden, dass sie auch statistische Extremereignisse abbilden.[910] So sehen beispielsweise auch die europäischen Regelungen für die risikobasierte Wertermittlung der erforderlichen Sicherheiten ein Konfidenzniveau von 99% vor.[911] Entsprechend besteht für statistische Randereignisse *stets eine Deckungslücke*. Darüber hinaus können die *Nachschusspflichten* der Clearing-Mitglieder in Krisenzeiten *prozyklisch wirken*, indem ihnen Liquidität entzogen und die Abwärtsspirale aus Deleveraging, Verkaufsdruck von Assets und steigender Risikosensitivität forciert wird.[912] Gleichwohl besteht dieser Effekt in den bilateral abgewickelten OTC-Märkten in gleichem Maße, da auch dort die Vertragspartner in vergleichbaren wirtschaftlichen Situationen eine Aufstockung der geleisteten Sicherheiten verlangen werden.[913] So bleibt hier dennoch festzustellen, dass dieser Übertragungskanal durch die Einführung einer CCP nicht eliminiert wird.[914] Durch die Zentralisierung wird immerhin die Umsetzung abschwächender Gestaltungsformen vereinfacht. So kann die CCP ihrer Aufgabe der Verlustverteilung beim Ausfall eines Clearingmitgliedes etwa dadurch gerecht werden, dass antizyklische Sicherheitsleistungen einzubringen sind. Dies hat auch der europäische Verordnungs-

---

[908] Art. 39 KOM(2010) 484 endgültig – 2010/0250 (COD), S. 50; Sec. 725 Dodd-Frank-Act (124 Stat. 1689).

[909] Vgl. KOM(2010) 484 endgültig – 2010/0250 (COD), S. 11.

[910] *CME Group,* Review of CDS Margin Model, 2009, S. 14 („Conceptually, jump-to-default risk exposures can never be fully covered without requiring clearing members to collateralize any large net sales of protection completely. The ostensible benefit of total jump-to-default risk coverage, of course, is the assurance of the safety and soundness [...] and the integrity of the clearing process. Yet, those benefits must be weighed carefully against certain costs of using a margin system to achieve those ends."); *Kress,* Harvard Journal on Legislation, Vol. 48, S. 77 (Mit dem Hinweis auf unökonomische Ergebnisse); Vgl. auch S. 289 ff.

[911] Art. 39 Nr. 1 KOM(2010) 484 endgültig – 2010/0250 (COD).

[912] Vgl. dazu ausführlich S. 176 ff.

[913] Vgl. *Kaminsky/Reinhart/Vegh,* Journal of Economic Perspectives, Vol. 17, S. 71 (Die Autoren argumentieren, die krisentypischen hohen Fremdkapitalströme würden optimal reguliert, wenn man sich auf Verträge mit kurzfristigen Laufzeiten in fremder Währung konzentrierte: „Experience has shown that capital flight has been an endemic problem for countries that have tried to turn the clock back and reintroduce tight capital account and financial restrictions amidst economic turmoil. More fundamentally, pervasive capital controls hardly seem likely to be the solution in the medium and long run to the contagion and sudden stop problem.").

[914] *Pirrong,* Working Paper, 2011, S. 36.

geber erkannt und plädiert für Maßnahmen, „um mögliche prozyklische Effekte in den Risikomanagementpraktiken der CCPs soweit zu verhindern, dass die Solidität und die finanzielle Sicherheit der CCPs nicht beeinträchtigt werden“,[915] deren konkrete Ausgestaltung aber wie es scheint der CCP überlassen bleibt.

iii) Aufteilung verbleibender Verluste

Soweit die übernommenen Ausfallrisiken in hohem Maße korrelieren, ist die Diversifikation als Mittel zur Risikoreduktion der CCP ungeeignet. Zentrale Gegenparteien unterliegen deshalb in besonderem Maße systemischen Risiken: Gerade in Stresssituationen der Kapitalmärkte steigt die Korrelation der Ausfälle einzelner Marktteilnehmer rapide, sodass eine CCP naturgemäß gerade dann auszufallen droht, wenn sie am meisten gebraucht wird.[916]

Soweit eine zentrale Gegenpartei ausfällt, könnten bestehende Positionen nach Pirrong[917] auf solvente Dritte übertragen werden. Immerhin haben CCPs sowohl nach den US-amerikanischen, als auch den europäischen Regelungen Verhaltenspflichten dergestalt, dass die geleistete Sicherheiten und Positionen – sowohl der Clearing-Mitglieder, als auch deren Kunden – nicht zu vermischen und portabel zu halten sind.[918] Dafür bieten sich zunächst – soweit vorhanden – weitere CCPs an. *Interoperabilitätsvereinbarungen* zwischen CCPs sind grundsätzlich geeignet, die Absorptionsfähigkeit der Gesamtheit der zentralen Gegenparteien zu optimieren, soweit die von Allen/Gale[919] vorgeschlagene vollkommene Netzwerkstruktur realisiert wird. Zudem sehen die Regulierungsbemühungen eigenständige Maßnahmen zum Risikomanagement vor, die gerade den Risiken aus Interoperabilitätsvereinbarungen gerecht werden.[920] Da allerdings das Geschäftsmodell der zentralen Gegenparteien in wesentlichen Teilen auf Skaleneffekten basiert, ist zu erwarten, dass sich nur wenige CCPs im Markt etablieren werden.[921] Der Transfer wird dann erhebliche Volumina umfassen, die die übernehmende Gegenpartei gerade dann schultern müsste, wenn sie aufgrund des Korrelationsanstiegs der Ausfallrisiken ihrerseits schon finanziell vorbelastet wäre. Die Übertragung hoher Vertragsvolumen auf eine andere Gegenpartei kann in einem Marktumfeld mit wenigen CCPs daher die Solvenz der übernehmenden Gegenpartei erheblich gefährden und sollte eher restriktiv gehandhabt werden.[922]

---

[915] Erwägungsgrund 38 KOM(2010) 484 endgültig – 2010/0250 (COD).
[916] *Kress,* Harvard Journal on Legislation, Vol. 48, S. 78.
[917] *Pirrong,* Working Paper, 2011, S. 38.
[918] Vgl. Art. 39 Nr. 4 KOM(2010) 484 endgültig – 2010/0250 (COD); Sec. 763 Dodd-Frank-Act (124 Stat. 1774).
[919] *Allen/Gale,* Journal of Political Economy, Vol. 108, S. 10 ff.; vgl. ausführlich S. 175 ff.
[920] Art. 49 KOM(2010) 484 endgültig – 2010/0250 (COD).
[921] *Scott,* Harvard Journal of Law & Public Policy, Vol. 33, S. 698.
[922] Vgl. *Duffie/Zhu,* Working Paper, 2011, S. 25.

Möglicherweise können die Derivategeschäfte der ausgefallenen zentralen Gegenpartei zeitlich befristet bilateral abgewickelt werden. Allerdings haben die Vertragsparteien in diesem Falle bisher auf die zentrale Abwicklung vertraut. Neben dem Umstand, dass sie oft schon für die Dienstleistungen der CCP gezahlt haben werden, ändern sich durch die bilaterale Abwicklung die *finanziellen Anforderungen* an die Transaktion wesentlich. Allein durch die Umstellung auf bilaterale Abwicklung kann eine Vertragspartei in Liquiditätsschwierigkeiten geraten. Dies gilt umso mehr, wenn den Derivategeschäften keine Rahmenverträge zugrunde liegen, die ein Netting vorsehen.[923] Entsprechend kann auch eine Umstellung auf bilaterale Abwicklung die Ausfälle der Marktteilnehmer forcieren und stellt somit keine überzeugende Lösung dar.

Die Vertragspartner einer CCP werden im Regelfall nur diese eine nutzen. Daher ist beim Ausfall einer zentralen Gegenpartei ein Ausfall der Vertragspartner bei hinreichend hohen Nominalvolumen mit an Sicherheit grenzender Wahrscheinlichkeit zu erwarten. So entstünde eine *Multiplikatorwirkung im Finanzsystem* und die sozialen Kosten wären enorm. Der Staat ist damit faktisch zur Intervention gezwungen. So herrscht auch in der Literatur nahezu Einigkeit, dass der Staat kraft seiner „systemischen Grundverantwortung“[924] eine zentrale Gegenpartei nicht ausfallen lassen wird.[925] Logische Folge ist der Zugang zu staatlichem Kapital, um verbleibende Verluste zu kompensieren.

Nachdem das *Ob* positiv beantwortet ist, stellt sich noch die Frage nach dem *Wie*. Dabei ist zu beachten, dass die Gewissheit über den unbegrenzten Zugang zu staatlicher Liquidität grundsätzlich eine Trennung von Kontrolle und Risiko bewirkt und so *moralische Risiken* steigert.[926] Wissen die zentrale Gegenpartei und ihre Anteilseigner den Staat als Lender of Last Resort im Ernstfall hinter sich, so könnten beispielsweise die Maßnahmen der CCP zur Überwachung der Clearing-Mitglieder erodieren, sodass diese unbemerkt höhere Risiken eingehen.[927] Während den Clearing-Mitgliedern die Prämien für die zusätzliche Risikoübernahme zufließen, haftet die Allgemeinheit letztlich für die Realisierung der Risiken. Die *rechtliche Ausgestaltung des Zugangs zu Kapital* hat demnach erheblichen Einfluss auf die Art und Weise, welche Risiken die CCP übernimmt und wie sie diese verwaltet. Dieser Problematik könnte wiederum durch eine finanzielle Beteiligung der zentralen

---

[923] *Pirrong,* Working Paper, 2011, S. 38.

[924] *Zimmer/Fuchs,* ZGR 2010, 597, (658).

[925] Vgl. *Cecchetti/Gyntelberg/Hollanders,* BIS Quaterly Review, 09/2009, S. 55 („The need to insure continued operation in the face of a systemic event, in which a number of participants collapse simultaneously, suggests that CCPs may require public sector support.“); *Scott,* Harvard Journal of Law & Public Policy, Vol. 33, S. 688 („[There is] little doubt that the government would bail out a clearinghouse if it is already willing to bail out systemically important institutions.“); *Kress,* Harvard Journal on Legislation, Vol. 48, S. 79.

[926] *Pirrong,* Working Paper, 2011, S. 39.

[927] *Kress,* Harvard Journal on Legislation, Vol. 48, S. 74 (Mit weiteren Beispielen).

Gegenpartei an den Risiken entgegnet werden,[928] etwa in Gestalt einer *Abgabe für systemrelevante Marktteilnehmer*[929] in Verbindung mit rigorosen Überwachungsmaßnahmen. Obgleich die methodischen Ansätze[930] zur Bemessung der erforderlichen Beiträge noch am Anfang stehen, ist dies insbesondere aus politischen Gründen geboten, um die öffentliche Akzeptanz zu fördern und zu sichern.

d) Schlussfolgerung

Die Selbstverpflichtung der G20, standardisierte Derivate über eine zentrale Gegenpartei abzuwickeln, ist bei konsequenter Umsetzung durchaus geeignet, an den wichtigsten Handelsplätzen für derivative Finanzinstrumente eine erhebliche Minderung systemischer Risiken herbeizuführen. Die Leistungsfähigkeit einer zentralen Gegenpartei auch in Krisenzeiten steht und fällt allerdings mit einem soliden Risikomanagementsystem.

Schon die *Methoden zur Qualifikation clearing-fähiger Derivate* soll den Bedürfnissen der CCP gerecht werden, im Rahmen ihres operativen Geschäfts lediglich solche Derivate abwickeln zu müssen, die dazu tatsächlich geeignet sind. Dadurch wird dem Risiko von Fehlbewertungen nur teilweise vorgebeugt. So birgt die Möglichkeit zur staatlich verordneten Abwicklung von systemrelevanten, aber bislang noch nicht zentral abgewickelten Derivatepositionen die Gefahr, dass auch *ungeeignete Derivate* zentral abgewickelt werden. So ist zu erwarten, dass insbesondere künftig *neu aufkommende Arten derivativer Finanzinstrumente* von der zuständigen Behörde in die Pflicht zur zentralen Abwicklung eingebunden, die sich am Markt durchsetzen konnten, für die aber noch keine Erfahrungswerte vorliegen und sowohl Schätzfehler, als auch Modellrisiken hoch sein können. Die Bewertungsrisiken würde dann einseitig auf die CCP abgewälzt und können deren Solvenz unter Marktstress ernsthaft gefährden. Andererseits ist auch das Clearing von standardisierten Derivaten allein noch kein Garant für eine zutreffende Bewertung. So macht es einen erheblichen Unterschied für die Bewertung, ob in einem Kreditderivat der Ausfall, eine Bonitätsverschlechterung oder ein individuell ausformuliertes Ereignis als Kreditereignis vereinbart wurde.[931] Auch unter Verwendung der gängigen Rahmenverträge besteht ein erheblicher Spielraum für individuelle Gestaltungen der Verträge, sodass hinsichtlich der Interpretation einzelner Bestimmungen Rechtsunsicherheit bestehen kann, die sich wiederum advers auf die Bewertungssicherheit auswirkt. Insgesamt haben die *Entscheidungen über die Arten der zentral abgewickelten Derivate*

---

[928] *Zimmer/Fuchs,* ZGR 2010, 597, (658).

[929] Vgl. Restrukturierungsgesetz, BGBl. 2010 I, S. 1900 ff.

[930] *Acharya/Pedersen/Philippon/Richardson,* Working Paper, 2010, S. 7 ff. m.w.N.

[931] *Scott,* Harvard Journal of Law & Public Policy, Vol. 33, S. 689.

zugleich erheblichen Einfluss auf die Ausfallwahrscheinlichkeit der zentralen Gegenpartei.

Die Solvenzsicherung der zentralen Gegenpartei erfolgt durch die Trias aus anfänglichen und laufenden Sicherheitsleistungen der Clearing-Mitglieder, dem Ausfallfonds und Mindestkapitalerfordernissen nach dem Subordinationsprinzip. Insbesondere die Nachschusspflichten können in Krisenzeiten prozyklisch wirken, indem Clearing-Mitgliedern oder ihren Kunden sukzessive Liquidität entzogen wird. Dieser Übertragungskanal wird auch durch die Einführung einer zentralen Gegenpartei *nicht eliminiert*. Gerade durch die Zentralisierung können aber abschwächende Gestaltungsformen leicht implementiert werden.

Für verbleibende Verluste der CCP hat der Staat kraft seiner *systemischen Grundverantwortung* finanziell einzustehen. Im Rahmen der rechtlichen Ausgestaltung dieser Einstandspflicht sind aber Maßnahmen zu treffen, die den Gleichlauf der Interessen trotz der weitestgehenden Trennung von Kontrolle und Risiko sicherstellen. Insbesondere gilt es, moralischen Risiken durch die Erosion der Risikoübernahmekultur zu unterbinden.

3. Transparenzpflichten zur Kontrolle systemischer Risiken

Die G20-Minister haben sich in ihrem Beschluss zudem verpflichtet, OTC-Derivatekontrakte an Transaktionsregister zu melden.[932] Transaktionsregister sind dabei „Stelle[n], die die Aufzeichnungen zu OTC-Derivaten zentral führ[en] und verwahr[en]".[933] Meldepflichtig sind sowohl nach den europäischen, als auch den US-amerikanischen Regelungen die Einzelheiten beim Abschluss zentral *und* bilateral abgewickelte Derivate.[934] Die Einzelheiten umfassen zumindest Identität der Gegenparteien, Form des Derivats, Basiswert, Nominalwert und Fälligkeit.[935] Auch Änderungen und Beendigungen der Kontrakte sind zu melden. So sollen standardisierte und verlässliche Transaktionsdaten für die ESMA, nationalen Aufsichtsbehörden und die Zentralbanken sowie aggregierte Positionen nach Derivatekategorien öffentlich verfügbar gemacht werden,[936] um Gefahren für die Systemstabilität – insbesondere einer Konzentration von Risiken – und Marktmissbrauch frühzeitig

---

[932] Vgl. Abschlusserklärung der G20 vom 25.09.2009 (http://www.g20.utoronto.ca/2009/2009communique0925.html), Abruf am 02.02.2012 („OTC derivative contracts should be reported to trade repositories.").

[933] Art. 2 Abs. 2 KOM(2010) 484 endgültig – 2010/0250 (COD).

[934] Erwägungsgrund 23 KOM(2010) 484 endgültig – 2010/0250 (COD); Sec. 727 Dodd-Frank-Act (124 Stat. 1697) („Each swap (whether cleared or uncleared) shall be reported to a registered swap data repository"); *BIS,* Report of the Cross-border Bank Resolution Group, 2009, S. 37; Sec. 729 Dodd-Frank-Act (124 Stat. 1701).

[935] Vgl. Art. 6 Abs. 1 und 4 KOM(2010) 484 endgültig – 2010/0250 (COD).

[936] *CPSS/IOSCO,* Considerations for Trade Repositories, 2010, S. 1.

zu erkennen und geeignete Gegenmaßnahmen einzuleiten.[937] Zudem können gerade auch CCPs in Kenntnis der Handelsdaten – soweit Datenzugriff besteht – die Effizienz des zentralen Abwicklungsprozesses optimieren.[938]

Obgleich derzeit noch nicht absehbar, so bleibt doch jedenfalls wünschenswert, die veröffentlichte Information nicht auf die bloßen Handelsdaten bezüglich des spezifischen Derivatevertrages zu begrenzen, sondern auch *Charakteristika des Basiswertes* in die Veröffentlichung mit einzubeziehen. Nur so ist es Aufsichtsbehörden möglich, systemweite Risikokonzentrationen zu erkennen und frühzeitig gegen zu steuern. Dies gilt insbesondere für poolingbasierte Derivate, obgleich auch hier schon der Informationsvernichtungseffekt die Entscheidungsrelevanz der im Transaktionsregister verfügbaren Information für diese Derivate mindern wird.

Der Regelungszweck, standardisierte und verlässliche Transaktionsdaten für aufsichtsbehördliche Zwecke verfügbar zu machen, kann auch nur dann effektiv verwirklicht werden, wenn die Transaktionsregister über umfangreiche und lückenlose Daten verfügen. Dies könnte indes durch eine *Segmentierung der Transaktionsregister* – sei es hinsichtlich der Art der Geschäfte, sei es hinsichtlich der Handelsplätze oder Rechtsräume – untergraben werden, sodass die Informationen nicht ohne Probleme zusammen geführt und wirksam verwertet werden können.[939] Sowohl die europäischen, als auch die US-amerikanischen Regelungen sehen grundsätzlich privatwirtschaftlich organisierte Transaktionsregister vor, die sich bei der zuständigen Aufsichtsbehörde registrieren müssen.[940] Umgekehrt werden allerdings auch Transaktionsregister aus anderen Rechtsräumen anerkannt. Ohne international einheitliche Standards – die bisweilen noch ausstehen – ist die Gefahr eine Fragmentierung der Daten durchaus gegeben. Letztlich ist zur effektiven Überwachung systemischer Risiken noch erforderlich, dass die zuständige Aufsichtsbehörde ihr überlegenes Wissen kraft der entstandenen „Risikolandkarte" auch sachgerecht ausüben kann. Sie hat entsprechend Ressourcen vorzuhalten, um ex ante systemische Gefährdungen tatsächlich zu identifizieren und die notwendigen Schlussfolgerungen abzuleiten.[941] Im Lichte der Vielzahl an Einflussfaktoren sowohl auf das grundsätzliche Entstehen, als auch aus den nicht-linearen Verlauf einer systemischen Krise wird aber stets eine hohe Entscheidungsunsicherheit verbleiben.

---

[937] *Nietsch/Graef,* BB 2010, 1361, (1363).

[938] *CPSS/IOSCO,* Considerations for Trade Repositories, 2010, S. 2.

[939] *House of Lords,* Future of Financial Regulation, 2010, S. 24 (Mit Bezug auf ein Plädoyer der ISDA/BBA: „there should be only one trade repository per asset class globally to avoid fragmentation of data").

[940] Art. 51 KOM(2010) 484 endgültig – 2010/0250 (COD); Sec. 728 Dodd-Frank-Act (124 Stat. 1700) (inkl. „Antitrust Considerations").

[941] *Nietsch/Graef,* BB 2010, 1361, (1364).

4. Grundsatz zur Sicherung des Zugangs zur Information

An den Kapitalmärkten werden die Entscheidungen über die Verteilung von Kapital und Risiko dezentral durch die Marktteilnehmer selbst getroffen. Um eine effiziente Allokation von Kapital und Risiko als Primärfunktion der Kapitalmärkte herbeizuführen, benötigen die Marktteilnehmer allerdings entscheidungsrelevante und verlässliche Risikoinformation über die betroffenen Finanzinstrumente. Soweit diese Voraussetzung nicht gewährleistet ist, drohen die Marktteilnehmer unerkannte Risiken zu übernehmen, die deren Solvenz in Krisenzeiten ernsthaft gefährden können.

Mehrfach abgeleitete, poolingbasierte Derivate bewirken, dass für Investoren ab einer – pauschal nicht bestimmbaren – Ableitungsebene schlichtweg zu wenig Information verfügbar sein wird, um im Lichte der zunehmenden Wirkung von Schätzfehlern eine verlässliche Risikobeurteilung leisten zu können.[942] Dies konterkariert aber gerade die effiziente Allokation von Kapital und Risiko, begünstigt über das erhebliche Ambiguitätspotential die Entstehung systemischer Risiken[943] und wirkt so advers auf die Funktionsfähigkeit der Finanzmärkte selbst. Der Grundsatz zur Sicherung des Zugangs zur bewertungsrelevanten Information beschränkt den Handel von *komplexen* Derivaten an den Terminmärkten. Dieser Grundsatz wirkt nicht wie die Sorgfaltspflichten der Geschäftsführung lediglich auf der Nachfrageseite,[944] sondern setzt als kapitalmarktrechtlicher Grundsatz bereits an der Angebotsseite für mehrfach-abgeleitete, poolingbasierte Derivate in der Form eines Verbots an. Werden mehrfach-abgeleitete, poolingbasierte Derivate, die diesem Grundsatz entgegen stehen, vom Handel an den Terminmärkten ausgeschlossen, so beschränkt sich der Handel auf derivative Finanzinstrumente, *für die bewertungsrelevante und verlässliche Information verfügbar ist*. Dies verbessert die Verteilung von Kapital und Risiko und mindert die Ambiguität, der die Marktteilnehmer ausgesetzt sind. Da im Rahmen dieser Arbeit sowohl die fehlerhafte Risikoverteilung, als auch Ambiguitätspotential als Übertragungskanäle für idiosynkratische Schocks identifiziert wurden, ist der Grundsatz zur Sicherung des Zugangs zur bewertungsrelevanten Information letztlich geeignet, systemische Risiken im Finanzsystem erheblich zu mindern.

5. Schlussfolgerung

Die Minderung systemischer Risiken ist wesentlicher Bestandteil des Funktionsschutzkonzeptes des geltenden Kapitalmarktrechts. So sieht das Recht für die Teilnehmer an den Terminmärkten insbesondere die Möglichkeiten des Close-out-Nettings, die Abwicklung über eine zentrale Gegenpartei und die

---

[942] Vgl. dazu S. 105 ff.

[943] Vgl. S. 171 (mit ausführlicher Begründung).

[944] Vgl. S. 264 ff.

Steigerung der Markttransparenz durch Einführung von Transaktionsregister vor. Die Analyse hat gezeigt, dass diese Ansätze im Einzelnen geeignet sind, diesem Zweck zu dienen.

Allerdings sind auch Wechselwirkungen zwischen den verschiedenen Maßnahmen zu beachten. So kann die verpflichtende Abwicklung über eine zentrale Gegenpartei die Effektivität von Nettingvereinbarungen beeinträchtigen, wenn Derivate teils zentral, teils bilateral abgewickelt werden. Gerade die a priori nur partielle Eignung derivativer Finanzinstrumente zur zentralen Abwicklung bewirkt diese *künstliche Aufspaltung* und machen eine multilaterale Verrechnung mit entsprechend höherem Komplexitätsgrad erforderlich.[945] Bemerkenswert bleibt auch, dass mit der Umsetzung der Beschlüsse der G20 (2009) die Abwicklung über eine zentrale Gegenpartei und die Einführung von Transaktionsregister für OTC-Derivate erstmals *international verbindlich* festgeschrieben werden. Allerdings gelten diese Pflichten in den verschiedenen Rechtsordnungen nur eingeschränkt – im europäischen Recht etwa lediglich für finanzielle Gegenparteien und nicht-finanzielle Gegenparteien, die einen Schwellwert überschreiten. Insbesondere im Hinblick auf die Zwecksetzung von Transaktionsregistern, die Risikoverteilung unter den Marktteilnehmern angemessen abzubilden, sind bei der Ausgestaltung dieser Beschränkungen international einheitliche Lösungen in besonderem Maße geboten. Ob die Teilnehmerstaaten von den gegenseitigen Bekenntnissen[946] zur internationalen Koordinierung Gebrauch machen, bleibt abzuwarten.

Interessanterweise kann auch das rechtliche Erfordernis, den Zugang zur bewertungsrelevanten Information zu sichern, einen erheblichen Beitrag zur Minderung systemischer Risiken leisten. Voraussetzung dazu ist aber wiederum *die effektive Durchsetzung dieses rechtlichen Gebots* durch die Mitgliedstaaten der Union. Im Rahmen der dazu erforderlichen – freilich beschränkten – *materiellen Aufsicht über derivative Finanzinstrumente* durch die Behörden der Mitgliedstaaten maßt sich der Staat nicht die Stellung eines „besseren Bankiers"[947] an. Vielmehr hat er durch sein Gewaltmonopols die Möglichkeit und kraft seiner systemischen Grundverantwortung die Verpflichtung, Anreize zu schaffen, kraft der Marktteilnehmer nicht nur im Interesse der eigenen Solvenz handeln, sondern zumindest solche Maßnahmen unterlassen, die der Finanzmarktstabilität abträglich sind. Es gilt demnach die externen Effekte systemischer Risiken bei den Marktteilnehmern zu internalisieren.[948] Dies betrifft in besonderem Maße die Emission komplexer Derivate, für die bewertungsrelevante Risikoinformation für Marktteilnehmer effektiv nicht mehr verfügbar ist. Obgleich man in der ökonomischen Literatur teil-

---

[945] *Scherer,* Corporate Finance Law, 2010, S. 100.

[946] Vgl. Sec. 719 Dodd-Frank-Act (124 Stat. 1656); Erwägungsgrund 49 KOM(2010) 484 endgültig – 2010/0250 (COD).

[947] *Zimmer/Fuchs,* ZGR 2010, 597, (661).

[948] *Acharya/Pedersen/Philippon/Richardson,* Working Paper, 2010, S. 2.

weise die Ansicht äußert, die neuen Gefahren durch den einfachen Risikotransfer in Verbindung mit Bewertungsunsicherheit von Finanzinnovationen seien lediglich durch einen marktendogenen Lernprozess nach dem Prinzip „Trial and Error" zu überwinden,[949] so ist angesichts der immensen sozialen Kosten bei Realisierung systemischer Risiken jede präventive Maßnahmen zur Begrenzung dieser Risiken geboten, die nicht schon anfänglich erfolglos erscheint.[950]

E. Ergebnis

Derivative Finanzinstrumente werden vom deutschen Gesetzgeber als aufsichtsrechtliche Bankgeschäfte qualifiziert und unterliegen damit der Wertpapier- und Bankenaufsicht. Allerdings weisen einige Derivate schon intuitiv durch die Nutzungsmöglichkeit zur Absicherung oder der Vertragsgestaltung eine Nähe zum Versicherungsgeschäft auf. Soweit diese Geschäfte auch rechtlich als Versicherung zu qualifizieren sind, könnte Versicherungsaufsichtsrecht anwendbar sein mit der Folge einer erheblichen Kostenverlagerung. Der hier vertretene Abgrenzungsansatz greift in einem ersten Schritt auf den risikobasierten Abgrenzungsansatz nach den IFRS 4 zurück, um in einem zweiten Schritt eine normative Korrektur durch das Erfordernis eines versicherbaren Interesses vorzunehmen. Nur so können die für Versicherungsgeschäfte erforderlichen rechtlichen und ökonomischen Voraussetzungen gesichert werden. Im Ergebnis sind derivative Finanzinstrumente, die den ersten Abgrenzungsschritt erfüllen, nur dann als Versicherung zu qualifizieren, wenn die Höhe der vertraglich geschuldeten Ausgleichszahlung bei Eintritt des definierten Ereignisses an die Höhe der tatsächlich erlittenen Vermögenseinbußen gebunden ist. Da die Höhe einer Zahlung typischerweise nicht an die tatsächlich erlittene Vermögenseinbuße gekoppelt ist, werden derivative Finanzinstrumente in der Kapitalmarktpraxis regelmäßig nicht als Versicherungsgeschäfte zu qualifizieren sein.

Der Einsatz derivativer Finanzinstrumente in der Unternehmung wird durch den satzungsmäßigen Unternehmensgegenstand begrenzt. Soweit

---

[949] *Cabellero/Krishnamurthy,* Journal of Finance, Vol. 63, S. 2225 („Financial innovation facilitates risk sharing and leverage, but also introduces sources of uncertainty about the resilience of the new system to large shocks. This uncertainty is only resolved once the system has been tested by a crisis or near-crisis, after which the economy may enjoy the full benefits of the innovation.").

[950] Vgl. *Calvo/Mendoza,* Journal of International Economics, Vol. 51, S. 111 („We need to develop quantitative models that can take into account both the costs and benefits of the globalization of securities markets, and the potentially counterproductive features of instruments that could seem useful to lessen the volatility of capital flows, such as short-selling and margin-call constraints.").

privatrechtlich organisierte Industrie- und Handelsunternehmen Derivategeschäfte in Spekulationsabsicht abschließen, deren Basiswert vom Unternehmensgegenstand gedeckt ist, wird eine Überschreitung des Unternehmensgegenstandes unabhängig vom übernommenen Risiko nicht in Betracht kommen. Zusätzlich können Derivate als *satzungsmäßige Hilfsgeschäfte* zu qualifizieren sein, wenn sie Einzelhandlungen der operativen Geschäftstätigkeit vorbereiten oder erst ermöglichen. Auch die Anlage bereits vorhandener, freier Mittel am Kapitalmarkt ist als Hilfsgeschäft zulässig, soweit sie im Verhältnis zur operativen Geschäftstätigkeit steht und als untergeordnete Nebentätigkeit des Unternehmens zu qualifizieren ist. Zusätzlich muss das Einzelgeschäftsrisiko auf ein *angemessenes Niveau* begrenzt sein, sodass die Förderung und Ermöglichung künftiger, zweckkonformer Geschäftstätigkeit durch dieses Geschäft nicht ausgeschlossen ist. Der Abschluss eines Derivategeschäfts mit einem nicht nur unerheblichen Risiko des Totalverlusts, das nicht der Absicherung dient, wird deshalb unabhängig vom Nominalbetrag des Geschäfts nicht mehr als Hilfsgeschäft zu qualifizieren sein. Soweit keine anderen Ermächtigungen bestehen, macht sich die Geschäftsführung von juristischen Personen des Privatrechts wegen überschreiten des rechtlichen Dürfens im Innenverhältnis schadensersatzpflichtig.

Sodann wurde der satzungsmäßige Begriff des Bankgeschäfts untersucht. Es wurde auf der Grundlage zweier teleologischer Auslegungsansätze zunächst aufgezeigt, dass mehrfach-abgeleitete, pooling-basierte Derivate nicht mehr unter den Begriff des Bankgeschäfts fallen können, soweit sie von einem Pool mit *hinreichend großer Masseerscheinung* abgeleitet sind. Durch den Informationsvernichtungseffekt ist die Verfügbarkeit der für die Risikobewertung erforderlichen Information nicht mehr gewährleistet und auf dem Markt für dieses Finanzinstrument kann es so zu Marktversagen kommen. Da ein Bankgeschäft aber den Essentialien eines funktionierenden Wirtschaftsverkehrs nicht entgegen zu stehen hat, sind solche Geschäfte nicht als *satzungsmäßiges* Bankgeschäft zu qualifizieren.

Auch ein alternativer Auslegungsansatz, nach dem ein *Zuordnungszusammenhang zwischen Bankgeschäft und der Finanzierung eines Teilnehmers der Realwirtschaft* vorliegen muss, führt zum selben Ergebnis. Für die Konkretisierung des Zuordnungszusammenhangs wurde auf die Lehre vom satzungsmäßigen Hilfsgeschäft zurück gegriffen. Schließt die Bank ein Derivategeschäft mit Spekulationszweck *als Eigengeschäft* ab, so hängt die Qualifikation als Bankgeschäft von dem Nachweis ab, dass die Gegenpartei mit dem Geschäft Absicherungszwecke verfolgt. Handelt es sich dagegen um beidseitige Spekulationsgeschäfte, so vermag ein objektiver Dritter nicht mehr ohne weiteres zu erkennen, dass die Umverteilung der durch die Finanzierung eines Teilnehmers der Realwirtschaft geschaffenen Risiken dieses Geschäft üblicherweise mit sich bringt, um eine realwirtschaftliche Finanzierungstätigkeit vorzubereiten oder erst zu ermöglichen. Dem Derivategeschäft kommt dann nicht die Qualität eines „realwirtschaftlichen Hilfsgeschäfts" zu, sodass es auch nicht als Bankgeschäft zu qualifizieren ist.

Über diese Restriktionen hinaus haben Landesbanken aufgrund ihrer zusätzlichen Bindung an einen öffentlichen Zweck Geschäfte zu unterlassen, bei denen die Gemeinwohlförderung zugunsten der Gewinnerzielungsabsicht objektiv erkennbar in den Hintergrund tritt. Dies kann anzunehmen sein, wenn die Bank dem Kunden das Geschäft aggressiv anträgt und sich so die (regionale) Nachfrage selbst schafft. Derivategeschäfte mit anderen Teilnehmern der Finanzmärkte stehen dem öffentlichen Zweck der Landesbank nicht entgegen, soweit sie in begrenztem Umfang erfolgen, für die Gesamtgeschäftstätigkeit der Landesbank von nur untergeordneter Bedeutung sind und kein eigenes Geschäftsfeld begründen. Kommunen hingegen unterliegen einem *Spekulationsverbot von Verfassungsrang*. Sie können derivative Finanzinstrumente lediglich zur Konditionsgestaltung ihrer finanziellen Risiken und damit zu Absicherungszwecken, nicht aber zur spekulativen Gewinnerzielung abschließen. Wird das kommunale Spekulationsverbot bei Abschluss eines Derivategeschäfts verletzt, so handelt die Kommune jenseits des ihr verliehenen rechtlichen Könnens (Ultra-Vires) und das Derivategeschäft ist als ex tunc nichtig zu qualifizieren.

Rechtliche Grenzen für den Einsatz derivativer Finanzinstrumente folgen auch aus den Sorgfaltspflichten der Geschäftsführung. Zu den Sorgfaltspflichten zählt insbesondere, die unternehmerische Entscheidung auf der Grundlage *angemessener Information* zu treffen. Die Anforderungen dieser Informationsbeschaffungspflicht kann der Vorstand bei Abschluss mehrfach abgeleiteter, poolingbasierter Derivate *typischerweise nicht mehr erfüllen*, da ein wirtschaftlich nachweisbares Verschleierungspotential für die Risikoqualität dieser Instrumente einerseits zu einer Intensivierung der Nachforschungspflichten führt, während andererseits der Informationsvernichtungseffekt die Verfügbarkeit der bewertungsrelevanten Information mindert.

Die Sorgfaltspflichten erfordern von der Geschäftsführung, unternehmerische Entscheidungen zum Wohle der Gesellschaft zu treffen. Daraus lässt sich die Vorstandpflicht ableiten, eine *Risikomischung zumindest beim frei verfügbaren Gesellschaftsvermögen aktiv zu fördern*. In Anlehnung an die investmentrechtlichen Vorschriften zur Vermeidung von Groß- und Klumpenrisiken ist – wie erstmals von Fleischer/Schmolke[951] vertreten – eine Überschreitung der 5% bzw. 10%-Grenze durch Spekulationsgeschäfte zwar zulässig, aber *rechtfertigungsbedürftig*. Als Rechtfertigungsgründe kommen eine überlegene Risikoeinschätzung oder eine angemessene Risikoprämie in Betracht. Die Anforderungen an die Rechtfertigung sind umso höher, je weiter die Grenzen überschritten sind und werden bei analoger Überschreitung der Großkredit-

[951] *Fleischer/Schmolke,* ZHR 179 (2009), 649, (681).

einzel- oder -gesamtobergrenzen des Bankenaufsichtsrecht nur noch höchst selten zu erbringen sein.

Weiterhin hat die Geschäftsführung das von ihr einzurichtende Risikofrüherkennungssystem an Art und Umfang des Derivateeinsatzes auszurichten. Konkretisierende Anhaltspunkte an die erforderlichen Maßnahmen geben die investmentrechtlichen Vorschriften der DerivateV, die teilweise *auf den allgemeinen Maßstab* gem. § 91 Abs. 2 AktG *ausstrahlen*.

Es ist ein leitender Rechtsgrundsatz des Kapitalmarktrechts, den Zugang zur bewertungsrelevanten Information für potentielle Investoren stets zu gewährleisten. Dieses Gebot kommt sowohl im US-amerikanischen, als auch im europäischen und deutschen Kapitalmarktrecht schon *de lege lata* zum Ausdruck. Es ist spezielle Ausformung der informationellen Gleichbehandlung der Teilnehmer am Kapitalmarkt. Die Beschränkung der Privatautonomie der Marktteilnehmer ist zur Prävention von Marktversagen erforderlich. Inhaltlich wird dieser *Grundsatz zur Sicherung des Zugangs zur bewertungsrelevanten Information* durch die Sorgfaltspflichten der Geschäftsführung konkretisiert. Eine Information ist jedenfalls immer dann als bewertungsrelevant zu qualifizieren, wenn sie zur Wahrung der kaufmännischen Sorgfalt gem. § 93 Abs. 1 AktG erforderlich ist, um eine *Entscheidung auf angemessener Informationsgrundlage* zu treffen. Indem die Geschäftsführung diese Informationsbeschaffungspflicht bei mehrfach-abgeleiteten, poolingbasierten Derivaten typischerweise nicht mehr erfüllen kann, verstoßen diese Derivate gegen diesen kapitalmarktrechtlichen Grundsatz. Soweit Finanzinstrumente gegen den Grundsatz verstoßen, ist schon deren *Emission verboten*.

Da der Grundsatz zur Sicherung des Zugangs zur bewertungsrelevanten Information systematisch auch im europäischen Sekundärrecht gewährleistet ist, sind die Mitgliedstaaten durch das unionsrechtliche Effektivitätsgebot verpflichtet, dem Grundsatz zur praktischen Wirksamkeit zu verhelfen. Soweit die Mitgliedstaaten hinter dieser Rechtspflicht zurück bleiben, ist eine unionsrechtliche Haftung derzeit aber ausgeschlossen, da der Grundsatz de lege lata nicht offensichtlich und eindeutig erkennbar ist. De lege ferenda sollte der Grundsatz im Unionsrecht konkretisiert werden, um der bestehende Umsetzungspflicht Nachdruck zu verleihen, den Harmonisierungsgrad zu erhöhen und einheitliche Grundvoraussetzungen für funktionsfähige Kapitalmärkte in der Union zu schaffen.

Neben dem vertraglich vereinbarten Close-out-Netting, der Abwicklung über eine zentrale Gegenpartei und der Einführung von Transaktionsregistern werden *systemische Risiken* auch durch das Emissionsverbot für mehrfach-abgeleitete, poolingbasierte Derivate, für die der Zugang zur bewertungsrelvanten Information nicht gewährleistet ist, begrenzt. Der Grundsatz zur Sicherung des Zugangs zur bewertungsrelevanten Information hat so auch bei der Kontrolle systemischer Risiken durch das Kapitalmarktrecht eine erhebliche Bedeutung.

Kapitel 4

Synthese

1. Derivative Finanzinstrumente sind ein integraler Bestandteil der modernen Unternehmensfinanzierung. Deren Zielstellung ist es, das Spannungsfeld zwischen Liquidität und Rentabilität aufzulösen. Sie soll Methoden bereitstellen, um so viel Liquidität wie nötig, aber so wenig wie möglich vorhalten zu müssen und so die Rentabilität der Unternehmung maximieren. Kraft dieses funktionalen Verständnisses sind die Betätigungsformen des Einsatzes derivativer Finanzinstrumente im Rahmen der Unternehmensfinanzierung weit zu verstehen. Sie umfassen nicht nur die Absicherung riskanter Zahlungsströme aus bestehenden Investitionsprojekten, sondern auch die Anlage freien Kapitals der Unternehmung selbst.

2. Neben den allgemeinen Nutzungsmöglichkeiten von Derivaten zu Handelszwecken (Spekulation) und zeitlichen oder örtlichen Arbitrage, kann es die Zielstellung der Unternehmensfinanzierung fördern, wenn Derivate zur Realisierung abschlusspolitischer Zielstellungen eingesetzt werden. Dies kann etwa eine günstige Darstellung der Verschuldungssituation im Rahmen des bilanzrechtlich zulässigen Gestaltungsspielraums betreffen, sodass die Kapitalkosten des Unternehmens sinken. Ebenso lassen sich Kapitalkosten durch Einsatz von Derivaten im Rahmen des betrieblichen Risikomanagements mindern. Dazu eignen sich diese Finanzinstrumente besonders durch die mögliche Partizipation an Marktrisiken des Basiswertes und der vertraglichen Gestaltungsfreiheit der Zahlungsströme aus dem Derivat. Mit der effektiven Absicherung unternehmerischer Risiken tragen Derivate darüber hinaus zur steuerlichen Entlastung und zur Steigerung des Unternehmenswertes bei.

3. Aus volkswirtschaftlicher Sicht unterstützen Derivate die Finanzmärkte bei ihrer zentralen Funktion, Kapital und Risiko zum Ort der optimalen Verwendung zu transferieren. Die separate Handelbarkeit von Risiken mit derivativen Finanzinstrumenten trägt zur Vervollständigung der Finanzmärkte bei. Der Risikotransfer kann regelmäßig kostengünstiger und effizienter für die Marktteilnehmer gestaltet werden. Terminmärkte stellen zudem die Erwartungen der Marktteilnehmer über unsichere Ereignisse transparenter dar und helfen so, den Preisfindungsprozess an den Kassamärkten zu stabilisieren und zu beschleunigen. Damit begünstigen derivative Finanzinstrumente i.d.R. das Finanzierungsumfeld von Unternehmen.

4. Obgleich für den spekulativen Handel mit Derivaten langfristig keine negativen Effekte nachgewiesen sind, können dynamische Absicherungsstrategien und automatisierter Handel mit Derivaten in Ausnahmefällen zu kurzfristigen Informationseffekten führen und stellen eine potentielle Gefahr für das Anlegervertrauen dar. Der deutsche Gesetzgeber versucht dieser Gefahr für bestimmte – ihm besonders wichtig erscheinende – Schultitel mit einem Verbot von ungedeckten Kreditderivaten (§ 37j WpHG) zu entgegnen. Dieses ist im Ergebnis aber weder geeignet, noch erforderlich, um die kurzfristigen Informationseffekte zu unterbinden. Eine effektivere Lösung könnten in diesem Fall Informationspflichten sowie eine angemessene Regulierung der Handelssysteme bewirken.

5. Derivative Finanzinstrumente können zudem eine zufällige Verknappung des Basiswertes (Short Squeeze) durch eine zeitliche Konzentration von Lieferverpflichtungen hervorrufen. Ein wesentlicher Einflussfaktor ist die Unkenntnis der Marktteilnehmer über die zukünftige Liquiditätslage am Kassamarkt zum Fälligkeitszeitpunkt des eigenen Vertrages. Insofern bieten sich auch hier Informationspflichten zur Problemlösung an. Ein zur unionsweiten Umsetzung vorgesehenes Tranzparenzsystem sieht auf der ersten Stufe Offenlegungspflichten der Short-Positionen an die Aufsichtsbehörden vor, während die Positionen ab einer zweiten Stufe auch gegenüber anderen Marktteilnehmern offen zu legen sind. Soweit anwendbar, ist diese Gestaltung durchaus geeignet, kurzfristigen Liquiditätseffekten vorzubeugen.

6. Als wesentliches Problem mit überragender Praxisrelevanz wurde die *komplexe Vertragsgestaltung* einiger Arten derivativer Finanzinstrumente identifiziert. In der Folge wird die Fähigkeit der Marktteilnehmer beeinträchtigt, immanente Risiken zutreffend zu beurteilen. Dadurch steigen für Unternehmen die Mispricing- bzw. Hedgefehlerrisiken, die operationellen Risiken und die Transaktionskosten. Durch Bewertungsfehler entspricht die vom Markt gebildete Risikoprämie auf den Preis dieses Finanzinstruments nicht mehr einem objektiv angemessenen Niveau. Da Marktteilnehmer unerkannte Risiken übernehmen, kann volkswirtschaftlich eine Fehlallokationen der Risiken erfolgen. Werden die Bewertungsdefizite von Marktteilnehmern erkannt, so besteht die Gefahr abrupter Preisanpassungen, die den Unternehmenswert wesentlich beeinflussen können.

7. Insbesondere für mehrfach-abgeleitete, poolingbasierte Derivate (z.B. CDO^2-Produkte) konnte nachgewiesen werden, dass die zur verlässlichen Bewertung erforderliche Information für Marktteilnehmer *systematisch* nicht mehr verfügbar sein kann: Während das Pooling der Risiken es für den Emittent des Derivats attraktiv macht, lediglich einen Teil der bewertungsrelevanten Information nach außen zu kommunizieren (*Informationsvernichtungseffekt*), verschiebt sich durch Strukturierung zugleich die Relevanz einzelner Risikofaktoren auf das Gesamtrisiko des Derivats. Werden diese Derivate mehrfach abgeleitet und auf jeder Ebene gepoolt und strukturiert, so

steigt die ökonomische Wirkung von Schätzfehlern auf den ermittelten Wert dieser Derivate. Ab einer – pauschal nicht bestimmbaren – Ableitungsebene wird für Entscheider schlichtweg zu wenig Information verfügbar sein, um im Lichte der zunehmenden Wirkung von Schätzfehlern eine verlässliche Risikobeurteilung leisten zu können. Dies birgt ein erhebliches Potential für Fehlbewertungen dieser Derivate.

8. Auf dieser Grundlage besteht ein ökonomischer *Zusammenhang zwischen der Komplexität derivativer Finanzinstrumente und systemischen Risiken.* Verhaltenstendenzen von Entscheidern unter Unsicherheit bewirken, dass wahrgenommene Unsicherheit als Folge fehlender Information über die Risikoqualität eines Finanzinstruments intuitiv entweder durch Vertrauen oder durch Misstrauen ausgefüllt wird. Solange Entscheider Vertrauen in die Funktionsfähigkeit der angewendeten Bewertungsmodellen und Schätzheuristiken setzen, nehmen sie (für sie bestimmbare) Risiken wahr. Soweit dieses Vertrauen erodiert, sind sie dagegen mit Ambiguität konfrontiert, als deren Folge sie die Kontrolle zu verlieren glauben und pessimistisch oder gar panisch reagieren. Je höher das Komplexitätsniveau, mit dem Marktteilnehmer konfrontiert sind und je unvollständiger die verfügbare Risikoinformation, desto höher ist das absolute, im Markt aggregierte Vertrauensniveau. Vertrauensbeziehungen sind indes – vom systemischen Standpunkt aus betrachtet – informationelle Übertragungskanäle für systemische Ereignisse: Nachdem das in ökonomischen Boomphasen angesammelte Vertrauensniveau nach einem unerwarteten Schock als eine Reflexhandlung von Entscheidern weiträumig in Misstrauen umschlägt, um die wahrgenommene Komplexität unter asymmetrischer Information dennoch bewältigen zu können, sind Entscheider letztlich mit Ambiguiät konfrontiert. Im Zuge sich selbst verstärkender Effekte zwischen Misstrauen, Ambiguität und der Risikosensitivität der Marktteilnehmer, die letztlich auch deren Fremdkapitalquote und die Nachfrage nach riskanten Assets tangiert, werden die Märkte dieser (komplexen) Finanzinstrumente letztlich illiquide. Die Übertragung auf andere Märkte erfolgt dann über das nunmehr pessimistische Entscheidungsverhalten der Marktteilnehmer *hinsichtlich aller Assets*, sodass die Abwärtsspirale auch andere Segmente der Finanzmärkte erfasst und letztlich auf die Realwirtschaft übergreift. Damit tragen komplexe Derivate zur Entstehung systemischer Risiken bei, denen Unternehmen – sei es direkt durch die Teilnehme am Kapitalmarkt, sei es indirekt über die realwirtschaftliche Rückkoppelung – ausgesetzt sind.

9. Aus rechtlicher Sicht wird der Einsatz derivativer Finanzinstrumente in der Unternehmung zunächst durch den satzungsmäßigen Unternehmenszweck begrenzt. Soweit privatrechtlich organisierte Industrie- und Handelsunternehmen Derivategeschäfte in Spekulationsabsicht abschließen, deren Basiswert vom Unternehmensgegenstand gedeckt ist, wird eine Überschreitung des Unternehmenszwecks unabhängig vom übernommenen Risiko nicht in

Betracht kommen. Zusätzlich können Derivate als *satzungsmäßige Hilfsgeschäfte* zu qualifizieren sein, wenn sie Einzelhandlungen der operativen Geschäftstätigkeit vorbereiten oder erst ermöglichen. Auch die Anlage flüssiger Mittel am Kapitalmarkt ist als Hilfsgeschäft zulässig, soweit sie in Relation zur operativen Geschäftstätigkeit steht und als untergeordnete Nebentätigkeit des Unternehmens zu qualifizieren ist. Zusätzlich muss das Einzelgeschäftsrisiko auf ein *angemessenes Niveau* begrenzt sein, sodass die Förderung und Ermöglichung zukünftig zweckkonformer Geschäftstätigkeit durch dieses Geschäft nicht ausgeschlossen ist. Der Abschluss eines Derivategeschäfts mit einem nicht nur unerheblichen Risiko des Totalverlusts, das nicht der Absicherung dient, wird deshalb unabhängig vom Nominalbetrag des Geschäfts nicht mehr als Hilfsgeschäft zu qualifizieren sein. Soweit keine anderen Ermächtigungen bestehen, macht sich die Geschäftsführung von juristischen Personen des Privatrechts wegen überschreiten des rechtlichen Dürfens im Innenverhältnis schadensersatzpflichtig.

10. Im Rahmen einer Auslegung des *satzungsmäßige* Begriffs des Bankgeschäfts wurde auf der Grundlage zweier teleologischer Auslegungsansätze zunächst aufgezeigt, dass mehrfach-abgeleitete, poolingbasierte Derivate nicht mehr unter den Begriff des Bankgeschäfts fallen können, soweit sie von einem Pool mit *hinreichend großer Masseerscheinung* abgeleitet sind. Durch den Informationsvernichtungseffekt ist die Verfügbarkeit der für die Risikobewertung erforderlichen Information nicht mehr gewährleistet und auf dem Markt für dieses Finanzinstrument kann es zu Marktversagen kommen. Da ein Bankgeschäft aber den Essentialien eines funktionierenden Wirtschaftsverkehrs nicht entgegen zu stehen hat, sind solche Geschäfte nicht als *satzungsmäßiges* Bankgeschäft zu qualifizieren.

11. Nach einer alternativen Auslegungsansatz des satzungsmäßigen Bankgeschäftsbegriff ist ein *Zuordnungszusammenhang zwischen Bankgeschäft und der Finanzierung eines Teilnehmers der Realwirtschaft* erforderlich. Für die Konkretisierung des Zuordnungszusammenhangs ist die Lehre vom satzungsmäßigen Hilfsgeschäft maßgeblich. Schließt die Bank ein Derivategeschäft mit Spekulationszweck *als Eigengeschäft* ab, so hängt die Qualifikation als Bankgeschäft vom Nachweis ab, dass die Gegenpartei mit dem Geschäft Absicherungszwecke verfolgt. Handelt es sich dagegen um *beidseitige Spekulationsgeschäfte*, so vermag ein objektiver Dritter nicht mehr ohne weiteres zu erkennen, dass die Umverteilung der durch die Finanzierung eines Teilnehmers der Realwirtschaft geschaffenen Risiken dieses Geschäft üblicherweise mit sich bringt, um eine realwirtschaftliche Finanzierungstätigkeit vorzubereiten oder erst zu ermöglichen. Dem Derivategeschäft kommt dann nicht die Qualität eines „realwirtschaftlichen Hilfsgeschäfts" zu, sodass es auch nicht als satzungsmäßiges Bankgeschäft zu qualifizieren ist.

12. Über diese Restriktionen hinaus haben Landesbanken aufgrund ihrer zusätzlichen Bindung an den öffentlichen Zweck Geschäfte zu unterlassen,

bei denen die Gemeinwohlförderung zugunsten der Gewinnerzielungsabsicht objektiv erkennbar in den Hintergrund tritt. Dies ist anzunehmen, wenn die Bank dem Kunden das Geschäft aggressiv anträgt und sich so die (regionale) Nachfrage selbst schafft. Der Abschluss von Derivategeschäften mit anderen Teilnehmern der Finanzmärkte steht dem öffentlichen Zweck der Landesbank nicht entgegen, soweit er in begrenztem Umfang erfolgt, für die Gesamtgeschäftstätigkeit der Landesbank von nur untergeordneter Bedeutung ist und kein eigenes Geschäftsfeld begründen.

13. Kommunen hingegen unterliegen einem *Spekulationsverbot von Verfassungsrang.* Sie können derivative Finanzinstrumente lediglich zur Konditionsgestaltung ihrer finanziellen Risiken und damit zu Absicherungszwecken, nicht aber zur spekulativen Gewinnerzielung abschließen. Wird das kommunale Spekulationsverbot bei Abschluss eines Derivategeschäfts verletzt, so handelt die Kommune jenseits des ihr verliehenen rechtlichen Könnens (Ultra-Vires) und das Derivategeschäft ist als ex tunc nichtig zu qualifizieren.

14. Rechtliche Grenzen für den Einsatz derivativer Finanzinstrumente folgen auch aus den *Sorgfaltspflichten der Geschäftsführung.* Zu den Sorgfaltspflichten zählt insbesondere, die unternehmerische Entscheidung auf der Grundlage *angemessener Information* zu treffen. Die Anforderungen dieser Informationsbeschaffungspflicht kann der Vorstand bei Abschluss mehrfach abgeleiteter, poolingbasierter Derivate *typischerweise nicht mehr erfüllen*, da ein wirtschaftlich nachweisbares Verschleierungspotential für die Risikoqualität dieser Instrumente einerseits zu einer Intensivierung der Nachforschungspflichten führt, während andererseits der Informationsvernichtungseffekt die Verfügbarkeit der bewertungsrelevanten Information wesentlich mindert.

15. Die Sorgfaltspflichten erfordern von der Geschäftsführung, unternehmerische Entscheidungen zum Wohle der Gesellschaft zu treffen. Daraus lässt sich die Vorstandpflicht ableiten, eine *Risikomischung* zumindest beim frei verfügbaren Gesellschaftsvermögen aktiv zu fördern. In Anlehnung an die investmentrechtlichen Vorschriften zur Vermeidung von Groß- und Klumpenrisiken ist – wie erstmals von Fleischer/Schmolke[1] vertreten – eine Überschreitung der 5% bzw. 10%-Grenze durch Spekulationsgeschäfte zwar zulässig, aber *rechtfertigungsbedürftig.* Als Rechtfertigungsgründe kommen eine überlegene Risikoeinschätzung oder eine angemessene Risikoprämie in Betracht. Die Anforderungen an die Rechtfertigung sind umso höher, je weiter die Grenzen überschritten sind und wird bei (analoger) Überschreitung der Großkrediteinzel- oder -gesamtobergrenzen des Bankenaufsichtsrechts nur noch höchst selten zu erbringen sein.

16. Weiterhin hat die Geschäftsführung das von ihr einzurichtende Risikofrüherkennungssystem an Art und Umfang des Derivateeinsatzes auszu-

---

[1] *Fleischer/Schmolke,* ZHR 179 (2009), 649, (681).

richten. Konkretisierende Anhaltspunkte an die erforderlichen Maßnahmen geben die investmentrechtlichen Vorschriften der DerivateV, die teilweise *auf den allgemeinen Maßstab* gem. § 91 Abs. 2 AktG *ausstrahlen.*

17. Derivative Finanzinstrumente sind aufsichtsrechtlich als Bankgeschäfte zu qualifizieren und unterliegen der Wertpapier- und Bankenaufsicht, nicht aber der Versicherungsaufsicht. Für die Qualifikation als aufsichtsrechtliches Versicherungsgeschäft sind nach dem hier vertretene Abgrenzungsansatz auf der ersten Stufe *risikobasierte Abgrenzungsmerkmale* maßgeblich, um auf der zweiten Stufe eine normative Korrektur durch das Erfordernis eines *versicherbaren Interesses* vorzunehmen. Nur so können die für Versicherungsgeschäfte erforderlichen rechtlichen und ökonomischen Voraussetzungen gesichert werden. Derivative Finanzinstrumente, die den ersten Abgrenzungsschritt erfüllen, sind nur dann als Versicherung zu qualifizieren, wenn die Höhe der vertraglich geschuldeten Ausgleichszahlung bei Eintritt des zahlungsauslösenden Ereignisses auch an die Höhe der tatsächlich erlittenen Vermögenseinbußen gebunden ist. Da die Höhe einer Zahlung typischerweise nicht an die tatsächlich erlittene Vermögenseinbußen gekoppelt ist, wird eine Qualifikation derivativer Finanzinstrumente als aufsichtsrechtliche Versicherungsgeschäfte in der Kapitalmarktpraxis regelmäßig nicht in Betracht kommen.

18. Es ist ein leitender Rechtsgrundsatz des Kapitalmarktrechts, den Zugang zur bewertungsrelevanten Information für potentielle Investoren stets zu gewährleisten. Dieses Gebot kommt sowohl im US-amerikanischen, als auch im europäischen und deutschen Kapitalmarktrecht schon *de lege lata* zum Ausdruck. Es ist spezielle Ausformung der informationellen Gleichbehandlung der Teilnehmer am Kapitalmarkt. Die Beschränkung der Privatautonomie ist zur Prävention von Marktversagen erforderlich. Inhaltlich wird dieser *Grundsatz zur Sicherung des Zugangs zur bewertungsrelevanten Information* durch die Sorgfaltspflichten der Geschäftsführung konkretisiert. Eine Information ist jedenfalls immer dann als bewertungsrelevant zu qualifizieren, wenn sie zur Wahrung der kaufmännischen Sorgfalt gem. § 93 Abs. 1 AktG erforderlich ist, um eine *Entscheidung auf angemessener Informationsgrundlage* zu treffen. Indem die Geschäftsführung diese Informationsbeschaffungspflicht bei mehrfach-abgeleiteten, poolingbasierten Derivaten typischerweise nicht mehr erfüllen kann, verstoßen diese Derivate gegen diesen kapitalmarktrechtlichen Grundsatz. Insoweit ist bereits die *Emission dieser Derivate verboten.*

19. Da der Grundsatz zur Sicherung des Zugangs zur bewertungsrelevanten Information systematisch auch im europäischen Sekundärrecht gewährleistet ist, sind die Mitgliedstaaten durch das unionsrechtliche Effektivitätsgebot verpflichtet, dem Grundsatz zur praktischen Wirksamkeit zu verhelfen. Soweit die Mitgliedstaaten hinter dieser Rechtspflicht zurück bleiben, ist eine unionsrechtliche Haftung derzeit aber ausgeschlossen, da der Grundsatz de

lege lata nicht offensichtlich und eindeutig erkennbar ist. De lege ferenda sollte der Grundsatz im Unionsrecht konkretisiert werden, um der bestehende Umsetzungspflicht Nachdruck zu verleihen, den Harmonisierungsgrad zu erhöhen und einheitliche Grundvoraussetzungen für funktionsfähige Kapitalmärkte in der Union zu schaffen.

20. Der Grundsatz zur Sicherung des Zugangs zur bewertungsrelevanten Information hat auch bei der Kontrolle systemischer Risiken durch das Kapitalmarktrecht eine erhebliche Bedeutung. Neben dem vertraglich vereinbarten Close-out-Netting, der Abwicklung über eine zentrale Gegenpartei und der Einführung von Transaktionsregistern werden systemische Risiken auch durch ein Emissionsverbot für mehrfach-abgeleitete, poolingbasierte Derivate, für die der Zugang zur bewertungsrelevanten Information nicht gewährleistet ist, gemindert. Insoweit wird durch den kapitalmarktrechtlichen Grundsatz zur Sicherung des Zugangs zur bewertungsrelevanten Information bereits die Emission von derivativen Finanzinstrumenten unterbunden, deren Einsatz in der Unternehmung unzulässig ist.

Literaturverzeichnis

Acharya, Viral; Gale, Douglas; Yorulmazer, Tanju: Rollover Risk and Market Freezes, 2010, Onlineressource (http://www.nber.org/papers/w15674), Abruf am 01.05.2011.

Acharya, Viral; Johnson, Timothy: Insider Trading in Credit Derivatives, London 2005.

Acharya, Viral; Pedersen, Lasse; Philippon, Thomas; Richardson, Matthew: A Tax on Systemic Risk, 2010, Onlineressource (http://vlab.stern.nyu.edu/public/static/SR-tax-nber.pdf), Abruf am 21.06.2011.

Acharya, Viral; Richardson, Matthew (Hrsg.): Restoring Financial Stability – How to Repair a Failed System, New York 2009.

Achenbach, Hans (Hrsg.): Handbuch Wirtschaftsstrafrecht, Heidelberg 2008.

Admati, Anat; Pfleiderer, Paul: A Theory of Intraday Price Patterns: Volume and Price Variability in: Review of Financial Studies, Vol. 1, No. 1, 1988, S. 3–40.

Adrian, Thobias; Shin, Hyun Song: Liquidity and Leverage in: Journal of Financial Intermediation, Vol. 18, 2009, S. 510–521.

Aggarwal, Rajej; Wu, Guojun: Stock Market Manipulation in: Journal of Business, Vol. 79, No. 4, 2006, S. 1915–1953.

Akerlof, George: The Market for 'Lemons': Quality Uncertainty and the Market Mechanism in: The Quarterly Journal of Economics, Vol. 84, Nr. 3, 1970, S. 488–500.

Alexander, David; Archer, Simon: International Accounting/Financial Reporting Standards Guide, Chicago 2009.

Allayannis, George; Ihrig, Jane; Weston, James: Exchange-Rate Hedging: Financial versus Operational Strategies in: American Economic Review, Vol. 91, No. 2, 2001, S. 391–395.

Allen, Franklin; Gale, Douglas: Financial Contagion in: Journal of Political Economy, Vol. 108, No. 1, 2000, S. 1–33.

Allen, Franklin; Gale, Douglas: Stock-Price Manipulation in: Review of Financial Studies, Vol. 5, 1992, S. 503–529.

Alsheimer, Constantin H.: Die Rechtsnatur derivativer Finanzinstrumente und ihre Darstellung im Jahresabschluss, Frankfurt a.M., Berlin, New York, Wien 2000.

Arlt, Roland: True Sale Securitisation unter besonderer Berücksichtigung der Rechtslage in Deutschland und Italien, Berlin 2008.

Arora, Sanjeev; Barak, Boaz; Brunnermeier, Markus; Ge, Roger: Computational Complexity and Information Asymmetry in Financial Products, 2009, Onlineressource (http://www.cs.princeton.edu/~rongge/derivative.pdf), Abruf am 21.08.2011.

Arrow, Kenneth; Debreu, Gerard: The Existence of an Equilibrium for a Competitive Economy in: Econometrica, Journal of the Econometric Society, Vol. 22, Nr. 3, 1954, S. 265–290.

Ashcraft, Adam; Santos, Joao: Has the CDS Market Lowered the Cost of Corporate Debt? in: Journal of Monetary Economics, Vol. 56, 2009, S. 514–523.

Assmann, Heinz-Dieter; Schlitt, Michael: WpPG / VerkProspG, Köln 2010.

Aussenegg, Wolfgang; Grünbichler, Andreas: Die Preisbildung bei Covered Warrants – Eine empirische Untersuchung für Österreich in: Finanzmarkt und Portfolio-Management, 1992, S. 61–80.

Ayadi, Rym; Behr, Patrick: On the Necessity to Regulate Credit Derivatives Markets in: Journal of Banking Regulation, Vol. 10, Nr. 3, 2009, S. 179–201.

Bachmann, Gregor: Der Grundsatz der Gleichbehandlung im Kapitalmarktrecht in: Zeitschrift für das gesamte Handels- und Wirtschaftsrecht (ZHR), 2006, S. 144–176.

Bamberger, Heinz Georg; Roth, Herbert: Beck'scher Online-Kommentar BGB, München 2010.

Bank for International Settlements: A Review of Financial Market Events in Autumn 1998, Basel 1999.

Bank for International Settlements: Quaterly Review June 2011, 2011, Onlineressource (http://www.bis.org), Abruf am 01.07.2011.

Bank for International Settlements: Report and Recommendations of the Cross-border Bank Resolution Group, 2009, Onlineressource (http://www. bis.org), Abruf am 01.06.2011.

Bank for International Settlements: Triennial Central Bank Survey, 2007, Onlineausgabe (http://www.bis.org), Abruf am 15.12.2008.

Bank for International Settlements: Triennial Central Bank Survey, 2010, Onlineressource (http://www.bis.org), Abruf am 15.06.2011.

Banks, Erik; Siegel, Paul: The Options Applications Handbook: Hedging and Speculating Techniques for Professional Investors, New York 2006.

Bartlett, Robert: Inefficiencies in the Information Thicket: A Case Study of Derivative Disclosures During the Financial Crisis in: Journal of Corporation Law, Vol. 36, No. 1, 2010, S. 1–57.

Bartram, Söhnke; Brown, Gregory; Conrad, Jennifer: The Effects of Derivatives on Firm Risk and Value, 2006, Onlineressource (http://mpra.ub.uni-muenchen.de/9831/), Abruf am 03.12.2009.

Basedow, Jürgen; Fock, Till (Hrsg.): Europäisches Versicherungsvertragsrecht, Tübingen 2002.

Baumbach, Adolf; Hopt, Klaus (Hrsg.): Handelsgesetzbuch, München 2010.

Bennan, Michael; Schwartz, Eduardo: Portfolio Insurance and Financial Market Equilibrium in: Journal of Business, Vol. 62, No. 4, 1989, S. 455–472.

Benzler, Marc: Nettingvereinbarungen im außerbörslichen Derivatehandel, Frankfurt a.M. 1999.

Berger, Philip; Ofek, Eli: Diversification's Effect on Firm Value in: Journal of Financial Economics, Vol. 37, Nr. 1, 1995, S. 39–65.

Bernardo, Antonio, Cornell, Bradford: The Valuation of Complex Derivatives by Major Investment Firms: Empirical Evidence in: Journal of Finance, Vol. 52, No. 2, 1997, S. 785–798.

Berndt, Antje; Gupta, Anurag: Moral Hazard and Adverse Selection in the Originate-to-Distribute Model of Bank Credit in: Journal of Monetary Economics, Vol. 56, 2009, S. 725–743.

Bernoulli, Daniel: Exposition of a New Theory on the Measurement of Risk in: Econometrica, Vol. 22, No. 1, 1954, S. 23–36.

Bettis, Carr; Bizjak, John; Lemmon, Michael: Managerial Ownership, Incentive Contracting, and the Use of Zero-Cost Collars and Equity Swaps by Corporate Insiders in: Journal of Financial and Quantitative Analysis, Vol. 36, No. 3, 2001, S. 345–370.

Bhattacharya, Anand; Ramjee, Anuj; Ramjee, Balasubramani: The Causal Relationship between Futures Price Volatility and the Cash Price Volatility of GNMA Securities in: Journal of Futures Markets, Vol. 6, No. 1, 1986, S. 29–39.

Bikhchandani, Sushil; Hirshleifer, David; Welch, Ivo: A Theory of Fads, Fashion, Custom, and Cultural Change as Informational Cascades in: Journal of Political Economy, Vol. 100, No. 5, 1992, S. 992–1026.

Bikhchandani, Sushil; Sharma, Sunil: Herd Behavior in Financial Markets in: IMF Staff Papers, Vol. 47, No. 3, 2001, S. 279–310.

Binder, Jens-Hinrich: Bankeninsolvenzen im Spannungsfeld zwischen Bankaufsichts- und Insolvenzrecht: Regelungsziele, Anwendungsprobleme und Reformansätze, dargestellt am Beispiel des deutschen und englischen Rechts, Berlin 2005.

Binmore, Ken: Game Theory: A Very Short Introduction, Oxford 2007.

Bitz, Michael: Finanzdienstleistungen, München 2005.

Black, Fischer; Scholes, Myron: The Pricing of Options and Corporate Liabilities in: Journal of Political Economy, Vol. 81, 1973, S. 637–659.

Bliss, Robert; Kaufman, George: Derivatives and Systemic Risk: Netting, Collateral and Closeout in: Journal of Financial Stability, Vol. 2, Nr. 1, 2006, S. 55–70.

Boehmer, Ekkehart; Wu, Julie: Short Selling and the Price Discovery Process, 2010, Onlineressource (http://ssrn.com/abstract=972620), Abruf am 11.11.2010.

Bohl, Martin; Brzeszczynski, Janusz: Do Institutional Investors Destabilize Stock Prices? Evidence from an Emerging Market, 2005, Onlineressource (http://www.sml.hw.ac.uk/cert), Abruf am 23.04.2009.

Bollerslev, Tim: Generalized Autoregressive Conditional Heteroskedasticity in: Journal of Econometrics, Vol. 31, Nr. 3, 1986, S. 307–327.

Boos, Karl-Heinz; Fischer, Reinfrid; Schulte-Mattler, Hermann: Kreditwesengesetz, München 2008.

Boot, Arnoud; Thakor, Anjan: Security Design in: Journal of Finance, Vol. 48, Nr. 4, 1993, S. 1349–1378.

Borchard, Oliver: Gehalt und Nutzen des § 264a StGB (Kapitalanlagebetrug), Göttingen 2004.

Bortz, Gary: Does the Treasury Bond Futures Market Destabilize the Treasury Bond Cash Market? in: Journal of Futures Markets, Vol. 4, No. 1, 1984, S. 25–38.

Bosch, Ulrich: Finanztermingeschäfte in der Insolvenz in: Wertpapier-Mitteilungen (WM), 1995, S. 365–375.

Bosshardt, Christoph: Homo Confidens: Eine Untersuchung des Vertrauensphänomens aus soziologischer und ökonomischer Perspektive, Bern 2001.

Boyle, Phelim: Options: A Monte Carlo Approach in: Journal of Financial Economics, Vol. 4, No. 3, 1977, S. 323–338.

Brady, Nicolas (Hrsg.): Report of the Presidential Task Force on Market Mechanisms, New York 1988.

Brambring, Maximilian: Schadensersatzhaftung für fehlerhafte Finanzanalysen in: Bucerius Law Journal, 2007, S. 104–111.

Bruand, Martin; Gibson-Asner, Rajna: The Effects of Newly Listed Derivatives in a Thin Stock Market in: Review of Derivatives Research, Vol. 2, Nr. 1, 1998, S. 59–86.

Brüning, Janique; Samson, Erich: Bankenkrise und strafrechtliche Haftung wegen Untreue in: Zeitschrift für Wirtschaftsrecht (ZIP), 2009, S. 1089–1094.

Brunnermeier, Markus: Deciphering the Liquidity and Credit Crunch 2007-2008 in: Journal of Economic Perspectives, Vol. 23, No. 1, 2009, S. 77–100.

Brunnermeier, Markus; Pedersen: Market Liquidity and Funding Liquidity in: Review of Financial Studies, Vol. 22, No. 6, 2009, S. 2201–2238.

Brusco, Sandro; Castiglionesi, Fabio: Liquidity Coinsurance, Moral Hazard, and Financial Contagion in: Journal of Finance, Vol. 62, No. 5, 2007, S. 2275–2302.

Bruttel, Heinz; Demolière, Serge; Johannsen, Kai; Reichling, Peter u.a.: Kapitalmärkte: Aktuelle Anlage- und Absicherungsmöglichkeiten für Versicherungsunternehmen, Berlin 2001.

Buck-Heeb, Petra: Kapitalmarktrecht, Hannover 2009.

Buetow, Gerald; Fabozzi, Frank: Valuation of Interest Rate Swaps and Swaptions, New Hope 2000.

Bundesanstalt für Finanzdienstleistungsaufsicht (Hrsg.): Emittentenleitfaden, 2010, Onlineressource (http://www.bafin.de), Abruf am 17.12.2010.

Bundesanstalt für Finanzdienstleistungsaufsicht (Hrsg.): Jahresbericht, 2008, Onlineressource (http://www.bafin.de), Abruf am 06.02.2010.

Bunte, Hermann-Josef: Kartellrecht, München 2008.

Bürgers, Tobias; Körber, Torsten (Hrsg.): Heidelberger Kommentar zum Aktiengesetz, Heidelberg 2008.

Büschgen, Hans: Bankbetriebslehre: Bankgeschäfte und Bankmanagement, Wiesbaden 1998.

Buve, Christian; Keller, Moritz: MiFID: Die neue Welt des Wertpapiergeschäfts in: Betriebs-Berater (BB), 2006, S. 2425–2432.

Cabellero, Ricardo; Krishnamurthy, Arvind: Collective Risk Management in a Flight to Quality Episode in: Journal of Finance, Vol. 63, No. 5, 2008, S. 2195–2230.

Calvo, Guillermo: Contagion in Emerging Markets: When Wall Street is a Carrier, 1999, Onlineressource (http://hdl.handle.net/1903/4036), Abruf am 16.05.2011.

Calvo, Guillermo; Mendoza, Enrique: Rational Contagion and the Globalization of Securities Markets in: Journal of International Economics, Vol. 51, No. 1, 2000, S. 79–113.

Camerer, Colin; Weber, Martin: Recent Developments in Modeling Preferences: Uncertainty and Ambiguity in: Journal of Risk and Uncertainty, Vol. 5, No. 3, 1992, S. 325–370.

Canaris, Claus-Wilhelm: Die Verbindlichkeiten von Optionsgeschäften in: Wertpapier-Mitteilungen (WM), 1988, S. 3–20.

Cao, Henry; Ou-Yang, Hui: Differences of Opinion of Public Information and Speculative Trading in Stocks and Options in: Review of Financial Studies, Vol. 22, No. 1, 2009, S. 299–335.

Casper, Matthias: Das neue Recht der Termingeschäfte in: Wertpapier-Mitteilungen (WM), 2003, S. 161–168.

Casper, Matthias: Der Optionsvertrag, Heidelberg 2005.

Cebenoyan, Sinan; Strahan, Philip: Risk Management, Capital Structure and Lending at Banks in: Journal of Banking and Finance, Vol. 28, Nr. 1, 2004, S. 19–43.

Cecchetti, Stephen; Gyntelberg, Jacob; Hollanders, Marc: Central Counterparties for Over--the-Counter Derivatives in: BIS Quaterly Review, Sept., 2009, S. 45–58.

Chan, Kalok: A Further Analysis of the Lead-Lag Relationship between the Cash Market and Stock Index Futures Market in: Review of Financial Studies, Vol. 5, 1992, S. 123–152.

Chari, V.V.; Jagannathan, Ravi: Price Stability and Futures Trading in Commodities in: Quarterly Journal of Economics, Vol. 105, No. 2, 1990, S. 527–534.

Chatrath, Arjun; Ramchander, Sanjay; Song, Frank: Speculative Activity and Stock Market Volatility in: Journal of Economics and Business, Vol. 50, 1998, S. 323–337.

Cherian, Joseph; Jarrow, Robert: Options Markets, Self-Fulfilling Prophecies, and Implied Volatilities in: Review of Derivatives Research, Vol. 2, 1998, S. 5–37.

Cheroenrook, Anchada; Daouk, Hazem: A Study of Market-Wide Short- Selling Restrictions, 2005, Onlineressource (http://ssrn.com/abstract=687562), Abruf am 10.11.2010.

Choi, Hong; Subrahmanyam, Avanidhar: Using Intraday Data to Test for Effects of Index Futures on the Underlying Stock Markets in: Journal of Futures Markets, Vol. 14, No. 3, 1994, S. 293–322.

Choi, Stephen; Pritchard, A.C.: Securities Regulation, New York 2008.

Chow, Ying-Foon; Yung, Haynes; Zhang, Hua: Expiration Day Effects: The Case of Hong Kong in: Journal of Futures Markets, Vol. 23, No. 1, 2003, S. 67–86.

Chowdhry, Bhagwan; Nanda, Vikram: Leverage and Market Stability: The Role of Margin Rules and Price Limits in: Journal of Business, Vol. 71, No. 2, 1998, S. 179–210.

Clouth, Peter: Rechtsfragen der außerbörslichen Finanz-Derivate, München 2001.

CME Group, Inc. (Hrsg.): Review of CME Group's Credit Default Swap Margin Model and Financial Saveguards for CDS Clearing, 2009, Onlineressource (http://www.cmegroup.-com/trading/cds/files/cds-review.pdf), Abruf am 01.06.2011.

Cobbers, Christian: Die Globalisierung der Finanzmärkte als wirtschaftsethische Herausforderung – Das Beispiel der Asienkrise, Düsseldorf 2005.

Cohen, Benjamin: Derivatives, Volatility and Price Discovery in: International Finance, Vol. 2, 1999, S. 167–202.

Cohen, Benjamin; Shin, Hyun Song: Positive Feedback Trading under Stress: Evidence from the US Treasury Securities Market, 2001, Onlineressource (http://faculty.haas.berkeley.edu/lyons/Cohen%20Shin%20positive%20feedback%20under%20stress.pdf), Abruf am: 14.04.2011.

Committee on Payment and Settlement Systems; Technical Committee of the International Organization of Securities Commissions (Hrsg.): Considerations for Trade Repositories in OTC Derivatives Markets, 2010, Onlineressource (http://www.bis.org), Abruf am 21.06.2011.

Commodity Futures Trading Commission (Hrsg.): Interim Report on Crude Oil 2008, Washington D.C. 2008.

Commodity Futures Trading Commission; Securities and Exchange Commission (Hrsg.): Findings Regarding the Market Events on May 6th, 2010, Washington D.C. 2010.

Conrad, Jennifer: The Price Effect of Option Introduction in: Journal of Finance, Vol. 44, No. 2, 1989, S. 487–498.

Cook, Malcom; Noyes, Jan; Masakowsky, Yvonne: Decision Making in Complex Environments, Aldershot u.a. 2007.

Cooper, David; Donaldson, Glen: A Strategic Analysis of Corners and Squeezes in: Journal of Financial and Quantitative Analysis, Vol. 33, No. 1, 1998, S. 117–137.

Coudert, Virginie; Gex, Mathieu: Contagion in the Credit Default Swap Market: the Case of the GM and Ford Crisis in 2005, 2008, Onlineressource, (http://www.cepii.fr/anglaisgraph/workpap/pdf/2008/redirect/wp2008-14.htm), Abruf am 12.09.2009.

Coval, Joshua; Jurek, Jakub; Stafford, Erik: Economic Catastrophe Bonds in: American Economic Review, Vol. 99, No. 3, 2009, S. 628–666.

Coval, Joshua; Jurek, Jakub; Stafford, Erik: The Economics of Structured Finance in: Journal of Economic Perspectives, Vol. 23, No. 1, 2009, S. 3–25.

Covitz, Daniel; Liang, Nellie; Suarez, Gustavo: The Evolution of a Financial Crisis: Panic in the Asset-Backed Commercial Paper Market, Washington D.C 2009.

Cox, Charles: Futures Trading and Market Information in: Journal of Political Economy, Vol. 84, 1976, S. 1215–1236.

Cremers, Heinz; Walzer, Jens: Risikosteuerung mit Kreditderivaten unter besonderer Berücksichtigung von Credit Default Swaps, 2007, Onlineressource (http://ideas.repec.org/p/zbw/fsfmwp/80.html), Abruf am 30.05.2011.

Crouhy, Michel; Galai, Dan; Mark, Robert: Risk Management, New York 2001.

Damodaran, Aswath; Lim, Joseph: The Effects of Option Listing on the Underlying Stocks' Return Processes in: Journal of Banking & Finance, Vol. 15, No. 3, 1991, S. 647–664.

Damrau, Jan: Selbstregulierung im Kapitalmarktrecht – Eine rechtsökonomische Analyse der Normsetzung der deutschen Börsen und ihrer Träger, Göttingen 2003.

Danner, Wolfgang; Theobald, Christian: Energierecht, München 2010.

Dannhoff, Martin: Das Recht der Warentermingeschäfte, München 1993.

Danthine, Jean-Pierre: Information, Futures and Stabilizing Speculation in: Journal of Economic Theory, Vol. 17, 1978, S. 79–98.

Darby, Michael: Over-The-Counter Derivatives and Systematic Risk to the Global Financial System in: Advances in International Banking and Finance, Vol. 3, No. 1, 1997, S. 215–235.

Das, Sanjiv Ranjan; Uppsal, Raman: Systemic Risk and International Portfolio Choice in: Journal of Finance, Vol. 59, Nr. 6, 2004, S. 2809–2834.

Das, Satyajit: Swaps and Derivatives Financing, Sydney/London/New York 1993.

De Boyrie, Maria; Pak, Simon: Evaluation of Black-Scholes and GARCH Models Using Currency Call Options Data in: Review of Quantitative Finance and Accounting, 2004, S. 299–312.

De Brandt, Oliver; Hartmann, Philip: Systemic Risk: A Survey, 2000, Onlineressource (http://ssrn.com/abstract=258430), Abruf am 01.04.2011.

De Jong, Frank; Nijman, Theo: High Frequency Analysis of Lead-Lag Relationships between Financial Markets in: Journal of Empirical Finance, Vol. 4, 1997, S. 259–277.

De La Motte, Laura; Czernomoriez, Janna; Clemens, Marius: Zur Vertrauensökonomik – Der Interbankenmarkt in der Krise von 2007-2009, Potsdam 2010.

Decker, Ernst: Zinssatz- und Währungsswaps unter rechtlichen Aspekten, dargestellt anhand des Muster-Rahmenvertrages für Swapgeschäfte in: Wertpapier-Mitteilungen (WM), 1990, S. 1001–1015.

DeMarzo, Peter: The Pooling and Tranching of Securities: A Model of Informed Intermediation in: Review of Financial Studies, Vol. 18, Nr. 1, 2005, S. 1–35.

Demers, Fanny; Demers, Michel: A Privately Revealing Rational Expectations Equilibrium for the Futures Market in: European Economic Review, Vol. 33, 1989, S. 663–685.

Derleder, Peter; Knops, Kai-Oliver: Handbuch zum deutschen und europäischen Bankrecht, Berlin 2009.

Detemple, Jerome; Jorion, Philippe: Option Listing and Stock Returns: An Empirical Analysis in: Journal of Banking & Finance, Vol. 14, No. 4, 1990, S. 781–801.

Deutsche Börse Group (Hrsg.): The Global Derivatives Market – A Blueprint for Market Safety and Integrity, Frankfurt a.M. 2009.

Deutsche Bundesbank (Hrsg.): Finanzstabilitätsbericht, Frankfurt a.M. 2006.

Deutsche Bundesbank (Hrsg.): Monatsbericht April, Frankfurt a.M. 2004.

Deutsche Bundesbank (Hrsg.): Monatsbericht Juli, Frankfurt a.M. 2006.

Deutsche Bundesbank (Hrsg.): Monatsbericht September, Frankfurt a.M. 2010.

Deutscher Bund: Protokolle der Kommission zur Berathung eines Allgemeinen Deutschen Handelsgesetzbuch, Würzburg 1863.

Diamond, Douglas: Monitoring and Reputation: The Choice between Bank Loans and Directly Placed Debt in: Journal of Political Economy, Vol. 99, Nr. 4, 1991, S. 689–721.

Diamond, Douglas W.: Financial Intermediation and Delegated Monitoring in: Review of Economic Studies, Vol. 51, 1984, S. 393–414.

Dickinson, Eric: Credit Default Swaps: So Dear To Us, So Dangerous, 2008, Onlineressource (http://ssrn.com/abstract=1315535), Abruf am 04.06.2011.

Dolde, Walter: Hedging, Leverage and Primitive Risk in: Journal of Financial Engineering, Vol. 4, Nr. 2, 1995, S. 187–216.

Donoho, Steve: Early Detection of Insider Trading in Option Markets, 2004, Onlineressource (http://portal.acm.org/citation.cfm?doid=1014052.1014100), Abruf am 21.08.2011.

Dötsch, Claudio-Alberto; Kellner, Mathias: Aufklärungs- und Beratungspflichten der Kreditinstitute beim Vertrieb von Aktienanleihen in: Wertpapier-Mitteilungen (WM), 2001, S. 1994–1999.

Dow, James; Werlang, Sergio: Uncertainty Aversion, Risk Aversion, and the Optimal Choice of Portfolio in: Econometrica, Vol. 60, No. 1, 1992, S. 197–204.

Dreher, Meinrad: Ausstrahlungen des Aufsichtsrechts auf das Aktienrecht in: Zeitschrift für Unternehmens- und Gesellschaftsrecht (ZGR), 2010, S. 496–542.

Driever, Gerd: Das nachrangige Haftkapital: Eine Ergänzung zum Eigenkapital der Kreditgenossenschaften und anderer Kreditinstitute, Berlin 1982.

Dryander, Konstantin von: Individualschutz bei Marktmissbrauch am Kapitalmarkt, Köln 2009.

Duffie, Darrel: Innovations in Credit Risk Transfer: Implications for Financial Stability, 2008, Onlineressource (http://www.bis.org), Abruf am 02.05.2011.

Duffie, Darrell; Zhu, Haoxiang: Does a Central Clearing Counterparty Reduce Counterparty Risk?, 2011, Onlineressource (http://ssrn.com/abstract=1348343), Abruf am 21.08.2011.

Dürselen, Karl: Die Großkreditnormen des § 13 KWG nach der fünften Novelle des Kreditwesengesetzes in: Zeitschrift für Bankrecht und Bankwirtschaft (ZBB), 1996, S. 46–57.

Easley, David; Kiefer, Nicholas; O'Hara, Maureen; Paperman, Joseph: Liquidity, Information and Infrequently Traded Stocks in: Journal of Finance, Vol. 51, Nr. 4, 1996, S. 1405–1436.

Ecca, Sabrina; Marchesi, Michele; Setzu, Alessio: Modeling and Simulation of an Artificial Stock Option Market in: Computational Economics, Vol. 32, No. 1, 2008, S. 37–53.

Edwards, Franklin: Futures Trading and Cash Market Volatility: Stock Index and Interest Rate Futures in: Journal of Futures Markets, Vol. 8, No. 4, 1988, S. 421–439.

Edwards, Franklin; Canter, Michael: The Collapse of Metallgesellschaft: Unhedgeable Risks, Poor Hedging Strategy, or Just Bad Luck? in: Journal of Futures Markets, Vol. 15, No. 3, 1995, S. 211–264.

Effenberger, Dirk: Kreditderivate: Wirkung auf die Stabilität der Finanzmärkte, 2004, Onlineressource (http://www.dbresearch.de), Abruf am 15.09.2009.

Ehlers, Dirk: Die Lehre von der Teilrechtsfähigkeit juristischer Personen des öffentlichen Rechts und die Ultra-vires-Doktrin des öffentlichen Rechts, Berlin 2000.

Einhorn, Hiller; Hogarth, Robin: Decision Making under Ambiguity in: Journal of Business, Vol. 59, No. 4, 1986, S. 225–250.

Eisele, Burkhard: Value-at-Risk-basiertes Risikomanagement in Banken: Portefeuilleentscheidungen, Risikokapitalallokation und Risikolimitierung unter Berücksichtigung des Bankenaufsichtsrechts, Frankfurt a.M. 2004.

Eisenführ, Franz; Weber, Martin: Rationales Entscheiden, Heidelberg 2002.

Ekkenga, Jens: Anlegerschutz, Rechnungslegung und Kapitalmarkt, Tübingen 1998.

Ellsberg, Daniel: Risk, Ambiguity, and the Savage Axioms in: Quaterly Journal of Economics, Vol. 75, No. 4, 1961, S. 643–669.

Elya, Jeffrey; Välimäki, Juuso: A Robust Folk Theorem for the Prisoner's Dilemma in: Journal of Economic Theory, Vol. 102, No. 1, 2002, S. 84–105.

Emm, Ekatrina; Gay, Gerald: The Global Market for OTC Derivatives: An Analysis of Dealer Holdings, 2003, Onlineressource (http://papers.ssrn.com/sol3/papers.cfm?abstract_id=508682), Abruf am 10.04.2010.

Epstein, Larry; Wang, Tan: Intertemporal Asset Pricing Under Knightian Uncertainty in: Econometrica, Vol. 62, No. 3, 1994, S. 283–322.

European Central Bank (Hrsg.): CDS and Counterparty-Risk, Brüssel 2009.

European Commission (Hrsg.): Report on Sovereign CDS, Brüssel 2010.

Faden, Christoph: Das Pflichtangebot nach dem Wertpapiererwerbs- und Übernahmegesetz, Göttingen 2008.

Fama, Eugene: Efficient Capital Markets: A Review of Theory and Empirical Work in: Journal of Finance, Vol. 25, Nr. 2, 1970, S. 383–417.

Fama, Eugene; French, Kenneth: The Cross-section of Expected Stock Returns in: The Journal of Finance, Vol. 47, Nr. 2, 1992, S. 327–465.

Farny, Dieter: Versicherungsbetriebslehre, Karlsruhe 2006.

Farny, Dieter (Hrsg.): Handwörterbuch der Versicherung, Karlsruhe 1988.

Fedenia, Mark; Grammatikos, Theoharry: Options Trading and the Bid-Ask spread of the Underlying Stocks in: Journal of Business, Vol. 65, No. 3, 1992, S. 335–351.

Feldhaus, Heiner; Kollmorgen, Alexander: Zur Prospektpflicht bei aktienbasierten Mitarbeiterbeteiligungsprogrammen in: Betriebs-Berater (BB), 2007, S. 225–230.

Felsenheimer, Jochen; Gisdakis, Philip: Credit Crisis – From Tainted Loans to a Global Economic Meltdown, München 2008.

Fender, Ingo; Kiff, John: CDO Rating Methodology: Some Thoughts on and its Implications, 2004, Onlineressource (http://ssrn.com/abstract=623662), Abruf am 23.09.2009.

Figlewski, Stephen: Forecasting Volatility in: Financial Markets, Institutions and Instruments, Vol. 6, Nr. 2, 1997, S. 2–87.

Figlewski, Stephen: Futures Trading and Volatility in the GNMA Market in: Journal of Finance, Vol. 36, No. 2, 1981, S. 445–456.

Figlewski, Stephen: Hedging Performance and Basis Risk in Stock Index Futures in: Journal of Finance, Vol. 39, 1984, S. 657–669.

Finance Trainer International (Hrsg.): Devisentermingeschäfte und Devisenswaps, 2007, Onlineressource (http://www.financetrainer.com/Portals/2/Formel-Service/aci_1.2.pdf), Abruf am 20.12.2008.

Financial Services Authority (Hrsg.): Cross-Sector Risk Transfers, London 2002.

Financial Stability Board; Bank for International Settlements; International Monetary Fund (Hrsg.): Report to G20 Finance Ministers and Governors: Guidance to Assess the Systemic Importance of Financial Institutions, Markets and Instruments: Initial Considerations, 2009, Onlineressource (http://www.bis.org), Abruf am 08.04.2011.

Financial Stability Forum (Hrsg.): Report of the Financial Stability Forum on Addressing Procyclicality in the Financial System, 2009, Onlineressource (http://www.financialstabilityboard.org), Abruf am 19.04.2011.

Fischer, Julian: Insiderrecht und Kapitalmarktkommunikation unter besonderer Berücksichtigung des Rechtsrahmens für Finanzanalysten, Berlin 2004.

Fischer, Sandra: Haftungsfragen des Ratings, Köln 2007.

Fishe, Raymond; Robe, Michel: The Impact of Illegal Insider Trading in Dealer and Specialist Markets: Evidence from a Natural Experiment in: Journal of Financial Economics, Vol. 71, 2004, S. 461–488.

Fitch Research (Hrsg.): Derivatives: A Closer Look at What New Disclosures in the U.S. Reveal, New York 2009.

Fleischer, Holger: Investor Relations und informationelle Gleichbehandlung im Aktien-, Konzern- und Kapitalmarktrecht in: Zeitschrift für Unternehmens- und Gesellschaftsrecht (NZG), 2009, S. 505–541.

Fleischer, Holger: Verantwortlichkeit von Bankgeschäftsleitern und Finanzmarktkrise in: Neue Juristische Wochenzeitschrift (NJW), 2010, S. 1504–1506.

Fleischer, Holger: Zur Leitungsaufgabe des Vorstands im Aktienrecht in: Zeitschrift für Wirtschaftsrecht (ZIP), 2003, S. 1–11.

Fleischer, Holger; Schmolke, Klaus Ulrich: Klumpenrisiko im Bankaufsichts-, Investment- und Aktienrecht in: Zeitschrift für das gesamte Handelsrecht und Wirtschaftsrecht (ZHR), Vol. 179, 2009, S. 649–688.

Foelsch, Martin Eberhard: EU-Aktionsplan für Finanzdienstleistungen und nationale Kapitalmarktreform – Die Entwicklung des Kapitalmarktaufsichtsrechts in den Jahren 2003 bis 2006 in: Zeitschrift für Bank- und Kapitalmarktrecht (BKR), 2007, S. 94–101.

Fox Craig; Tversky, Amos: Ambiguity Aversion and Comparative Ignorance in: Quarterly Journal of Economics, Vol. 110, No. 3, 1995, S. 585–603.

Frey, Rüdiger; Stremme, Alexander: Market Volatility and Feedback Effects from Dynamic Hedging in: Mathematical Finance, Vol. 7, No. 4, 1997, S. 351–374.

Fridson, Martin (Hrsg.): Extraordinary Popular Delusions and the Madness of Crowds & Confusión de Confusiones, New York 1996.

Friedman, Milton: Capitalism and Freedom, Chicargo 1962.

Frisch, David; Baron, Jonathan: Ambiguity and Rationality in: Journal of Behavioral Decision Making, Vol. 1, No. 3, 1988, S. 149–157.

Froewiss, Kenneth C.: GNMA Futures: Stabilizing or Destabilizing? in: Economic Review of the Federal Reserve Bank of San Fransisco, 1978, S. 20–29.

Froot, Kenneth; Scharfstein, David; Stein, Jeremy: Risk Management: Coordinating Corporate Investment and Financing Policies in: Journal of Finance, Vol. 48, Nr. 5, 1993, S. 1629–1658.

Fuchs, Andreas; Schwintowski, Hans-Peter (Hrsg.): Wirtschafts- und Privatrecht im Spannungsfeld von Privatautonomie, Wettbewerb und Regulierung – Festschrift für Ulrich Immenga zum 70. Geburtstag, München 2004.

Fuchs, Anreas (Hrsg.): Wertpapierhandelsgesetz (WpHG), München 2009.

Fudenberg, Drew; Mashkin, Eric: The Folk Theorem in Repeated Games with Discounting or with Incomplete Information in: Econometrica, Vol. 54, No. 3, 1986, S. 533–554.

Gai, Prasanna; Kapadia, Sujit: Contagion in Financial Networks, 2010, Onlineressource (http://www.bankofengland.co.uk/publications/workingpapers/wp383.pdf), Abruf am 01.06.2011.

Gann, Philipp: Liquidität, Risikoeinstellung des Kapitalmarktes und Konjunkturerwartung als Preisdeterminanten von Collateralized Debt Obligations (CDOs) – Eine simulationsgestützte Analyse, 2009, Onlineressource (http://epub.ub.uni-muenchen.de/10582/), Abruf am 21.05.2011.

Géczy, Christopher; Minton, Bernadette; Schrand, Catherine: Taking a View: Corporate Speculation, Governance and Compensation in: Journal of Finance, Vol. 62, No. 5, 2007, S. 2405–2444.

Gehrmann, Volker: Gesamtrisikosteuerung – der Beitrag von Kreditderivaten zur Risikooptimierung von Banken, Hamburg 2009.

Gennotte, Gerard; Leland, Hayne: Market Liquidity, Hedging, and Crashes in: American Economic Review, Vol. 80, No. 5, 1990, S. 999–1021.

Gibson, Michael: Understanding the Risk of Synthetic CDOs, Washington 2004.

Gierke, Otto v.: Die Genossenschaftstheorie und die deutsche Rechtsprechung, Berlin 1887.

Gilbert, Christopher: Manipulation of Metals Futures: Lessons from Sumitomo, 1996, Onlineressorce (http://ssrn.com/abstract=8268), Abruf am 20.12.2009.

Gilboa, Itzhak; Schmeidler, David: Maxmin Expected Utility with Non-Unique Prior in: Journal of Mathematical Economics, Vol. 18, No. 2, 1989, S. 141–153.

Glass, Adam: The Regulatory Drive towards Central Counterparty Clearing of OTC Credit Derivatives and the Necessary Limits on this in: Capital Markets Law Journal, Vol. 4, 2009, S. 79–98.

Goette, Wulf (Hrsg.): Münchener Kommentar zum Aktiengesetz, München 2008.

Goodie, Adam; Young, Diana: The Skill Element in Decision Making under Uncertainty: Control or Competence? in: Judgment and Decision Making, Vol. 2, No. 3, 2007, S. 189–203.

Gorton, Gary: Slapped in the Face by the Invisible Hand: Banking and the Panic of 2007, 2009, Onlineressource (http://ssrn.com/abstract=1401882), Abruf am 01.05.2011.

Gorton, Gary; Pennacchi, George: Banking and Loan Sales: Marketing Non-Marketable Assets in: Journal of Monetary Economics, Vol. 35, 1995, S. 389–411.

Gosh, Asim: Cointegration and Error Correction Models: Intertemporal Causality between Index and Futures Prices in: Journal of Futures Markets, Vol. 13, No. 2, 1993, S. 193–198.

Gottwald, Alexander Stefan Marcel: Die europäische Prospektrichtlinie als Schritt zu einem integrierten Finanzmarkt – Die Vorgaben der Richtlinie 2003/71/EG und ihre Umsetzung in das neue WpPG, Augsburg 2008.

Grabitz, Eberhard; Hilf, Meinhard; Nettesheim, Martin (Hrsg.): Das Recht der Europäischen Union, Band 1: EUV/AEUV, München 2010.

Graham, John; Rogers, Daniel: Do Firms Hedge in Response to Tax Incentives? in: Journal of Finance, Vol. 57, Nr. 2, 2002, S. 815–839.

Granzow, Sonja: Die Aufsicht über den Handel mit Energiederivaten nach dem Gesetz über das Kreditwesen, 2006, Onlineausgabe (http://geb.uni-giessen.de/geb/volltexte/2006/3102/pdf/GranzowSonja-2006-05-17.pdf), Abruf am 13.01.2009.

Gray, Roger: Onions Revisited in: Journal of Farm Economics, Vol. 45, No. 2, 1963, S. 273–276.

Gray, Roger: Price Effects of a Lack of Speculation in: Proceedings of a Symposium on Price Effects of Speculation in Organized Commodity Markets, Supplement to Volume VII, Food Research Institute Studies, 1967, S. 177–194.

Green, Clifton; Figlewski, Stephen: Market Risk and Model Risk for a Financial Institution Writing Options in: Journal of Finance, Vol. 54, Nr. 4, 1999, S. 1465–1499.

Griffin, John; Harris, Jeffrey; Topaloglu, Selim: Investor Behavior over the rise and fall of NASDAQ, 2003, Onlineressource (http://www.business.uiuc.edu/finance/papers/2003/griffin.pdf), Abruf am: 23.04.2009.

Grigoleit, Hans Christoph: Vorvertragliche Informationspflichten, München 1997.

Groß, Wolfgang: Kapitalmarktrecht, München 2009.

Grossman, Sanford: An Analysis of the Implications for Stock and Futures Price Volatility of Program Trading and Dynamic Hedging Strategies in: Journal of Business, Vol. 61, Nr. 3, 1988, S. 275–298.

Grossman, Sanford; Stiglitz, Joseph: On the Impossibility of Informationally Efficient Markets in: American Economic Review, Vol. 70, Nr. 3, 1980, S. 393–408.

Grossman, Sanford; Zhou: Equilibrium Analysis of Portfolio Insurance in: Journal of Finance, Vol. 51, No. 4, 1996, S. 1379–1403.

Grünberger, David: Termin-, Options- und Swapgeschäfte / Praxisleitfaden zur Spekulationsbesteuerung von Derivaten und wandelbaren Anleihen, Wien 2003.

Grünbichler, Andreas; Schwartz, Eduardo; Longstaff, Francis: Electronic Screen Trading and the Transmission of Information: An Empirical Examination in: Journal of Financial Intermediation, Vol. 3, No. 2, 1994, S. 166–187.

Grundmann, Stefan; Kirchner, Christian et al. (Hrsg.): Unternehmensrecht zu Beginn des 21. Jahrhunderts, München 2009.

Grundmann, Stefan; Schwintowski, Hans-Peter; Singer, Reinhard (Hrsg.): Anleger- und Funktionsschutz durch Kapitalmarktrecht: Symposium und Seminar zum 65. Geburtstag von Eberhard Schwark, Berlin 2006.

Gulen, Huseyin; Mayhew, Stewart: Stock Index Futures Trading and Volatility in International Equity Markets in: Journal of Futures Markets, Vol. 20, No. 7, 2000, S. 661–685.

Gundermann, Peter; Nieding, Klaus: Der CMS Spread Ladder Swap als Anlagefalle für Kommunen in: Gemeindehaushalt, 2007-12, 2007, S. 265–269.

Gütersloh, Ralf: Umwelthaftungsfonds – Haftungs- und versicherungsrechtliche Aspekte eines kollektiven Entschädigungssystems für Umweltschäden, Karlsruhe 1999.

Haarmann, Christian: Die Prospekthaftung am Grauen Kapitalmarkt, Osnabrück 2009.

Habersack, Mathias (Hrsg.): Festschrift für Peter Ulmer, Berlin 2003.

Hagelin, Niclas; Alkeback, Per: Expiration Day Effects of Index Futures and Options: Evidence from a Market with a Long Settlement Period, 2002, Onlineressource (http://ssrn.-com/abstract=338460), Abruf am 30.11.2009.
Hakansson, Nils: Welfare Aspects of Options and Supershares in: Journal of Finance, Vol. 33, Nr. 3, 1978, S. 759–776.
Halstead, John; Hegde, Shantaram: Orange County Bankruptcy: Financial Contagion in the Municipal Bond and Bank Equity Markets in: Financial Review, Vol. 39, No. 2, 2004, S. 293–315.
Hammer, Martin: Versicherungsderivate als alternative Möglichkeit des Risikotransfers – Dargestellt am Beispiel von Wetterderivaten, Bamberg 2007.
Hanowski, Bernd: Zins-Swap-Urteil des BGH – Auslöser einer neuen Finanzkrise? in: Neue Zeitschrift für Gesellschaftsrecht (NZG), 2011, S. 573–575.
Harris, Lawrence: S&P 500 Cash Stock Price Volatilities in: Journal of Finance, Vol. 46, 1989, S. 1155–1175.
Hasbrouck, Joel: One Security, Many Markets: Determining the Contributions to Price Discovery in: Journal of Finance, Vol. 50, Nr. 4, 1995, S. 1175–1199.
Hauser, Dirk: Wirtschaftliche Betätigung von Kommunen – Beschränkungen durch Verfassung, Gemeindeordnung und Wettbewerbsrecht, Tübingen 2004.
Haushalter, David: Financing Policy, Basis Risk, and Corporate Hedging: Evidence from Oil and Gas Producers in: Journal of Finance, Vol. 55, Nr. 1, 2000, S. 107–152.
Heath, Chip; Tversky, Amos: Preference and Belief: Ambiguity and Competence in Choice under Uncertainty in: Journal of Risk and Uncertainty, Vol. 4, 1991, S. 5–28.
Hee, Christian; Hofmann, Lutz: Wetterderivate – Grundlagen, Exposure, Anwendung und Bewertung, Wiesbaden 2006.
Heer, Burkhard; Trede, Mark; Wahrenburg, Mark: The Effect of Option Trading at the DTB on the Underlying Stocks' Return Variance in: Empirical Economics, Vol. 22, No. 2, 1997, S. 233–245.
Heeren, Kai-Alexander: Kapitalgeberschutz und hybride Finanzierungsinstrumente, Frankfurt a.M. 2009.
Heidorn, Thomas: Finanzmathematik in der Bankpraxis, Wiesbaden 2009.
Heidorn, Thomas; Trautmann, Alexandra: Niederschlagsderivate, Frankfurt a.M. 2005.
Heintschel-Heinegg, Bernd (Hrsg.): Beck'scher Online-Kommentar StGB, Regensburg 2010.
Hellgardt, Alexander: Kapitalmarktdeliktsrecht – Haftung von Emittenten, Bietern, Organwaltern und Marktintermediären; Grundlagen, Systematik, Einzelfragen, Tübingen 2008.
Hellmann, Uwe: Risikogeschäfte und Untreuestrafbarkeit in: Zeitschrift für Internationale Strafrechtsdogmatik (ZIS), 2007, S. 433–443.
Hellwig, Martin: Banken zwischen Politik und Markt: Worin besteht die volkswirtschaftliche Verantwortung der Banken? in: Perspektiven der Wirtschaftspolitik, Vol. 1, Nr. 3, 2000, S. 337–356.
Henschel, Eduard: Credit Default Swaps in der Finanzkrise – Eine Untersuchung der Entwicklungen und Einflüsse und Darstellung systemrelevanter Kritikpunkte anhand der Principal Agent Theory, sowie die Bewertung unterschiedlicher Ansätze von Regulierungsmaßnahmen, München 2009.
Henssler, Martin: Risiko als Vertragsgegenstand, Tübingen 1994.
Hentschel, Ludger; Smith, Clifford: Risks in Derivatives Markets: Implications for the Insurance Industry in: Journal of Risk and Insurance, Vol. 64, No. 2, 1997, S. 323–345.
Herdegen, Matthias: Europarecht, Bonn 2011.
Hillebrand, Eric: Mean Reversion Models of Finnacial Markets, Bremen 2003.
Hillier, Brian: The Economics of Asymmetric Information, Basingstoke 1997.

Hirschleifer, David: Investor Psychology and Asset Pricing in: Journal of Finance, Vol. 56, No. 4, 2001, S. 1533–1597.

Hogarth, Robin; Kunreuther, Howard: Ambiguity and Insurance Decisions in: American Economic Review, Vol. 75, No. 2, 1985, S. 386–390.

Höhns, Stefan: Die Aufsicht über Finanzdienstleister – Kompetenzen, Eingriffsbefugnisse, Neustrukturierung, Berlin 2002.

Holzborn, Timo (Hrsg.): WpHG-Kommentar, Berlin 2009.

Honsell, Heinrich (Hrsg.): Berliner Kommentar zum Versicherungsvertragsgesetz, Berlin 1999.

Horn, Hans-Detlef: Zum Recht der gewerblichen Veranstaltung und Vermittlung von Sportwetten in: Neue Juristische Wochenzeitschrift (NJW), 2004, S. 2047–2055.

Horn, Norbert (Hrsg.): Bankrecht, Schwerpunkte und Perspektiven, Köln 1999.

House of Lords (Hrsg.): The Future Regulation of Derivatives Markets: is the EU on the Right Track?, 2010, Onlineressource (http://www.publications.parliament.uk), Abruf am 21.06.2011.

House of Lords (Hrsg.): The Future Regulation of Derivatives Markets: is the EU on the Right Track?, London 2010.

Hsu, Ming; Bhatt, Meghana; Adolphs, Ralph; Tranel, Daniel; Camerer, Colin: Neural Systems Responding to Degrees of Uncertainty in Human Decision-Making in: Science, Vol. 310, 2005, S. 1680–1683.

Hu, Henry; Black, Bernard: Debt, Equity and Hybrid Decoupling: Governance and Systemic Risk Implications in: European Financial Management, Vol. 14, Nr. 4, 2008, S. 663–709.

Hufeld, Ulrich: Die Vertretung der Behörde, Tübingen 2003.

Hüffer, Uwe: Aktiengesetz, München 2010.

Hull, John: Optionen, Futures und andere Derivate, München 2009.

Hull, John; Predescu, Mirela; White, Alan: The Relationship between Credit Default Swap Spreads, Bond Yields and Credit Rating Announcements in: Journal of Banking and Finance, Vol. 28, No. 11, 2004, S. 2789–2811.

International Monetary Fund (Hrsg.): Global Financial Stability Report – Containing Systemic Risks and Restoring Financial Soundness, Washington D.C. 2008.

International Monetary Fund (Hrsg.): Sovereigns, Funding, and Systemic Liquidity, Washington D.C. 2010.

International Organization of Securities Commissions (Hrsg.): Regulation of Short Selling – Final Report, 2009, Onlineressource (http://www.iosco.org), Abruf am 10.05.2011.

International Swaps and Derivatives Association: Margin Survey, 2008, Onlineausgabe (http://www.isda.org/c_and_a/pdf/ISDA-Margin-Survey-2008.pdf), Abruf am 26.12.2008.

Jacque, Laurent; Vaaler, Paul (Hrsg.): Financial Innovations and the Welfare of Nations, Boston 2001.

Jadresic, Esteban; Selaive, Jorge: Is the Derivatives Market Effective and Efficient in Reducing Currecy Risk?, 2005, Onlineressource (http://www.bcentral.cl/eng/stdpub/studies/workingpaper), Abruf am 01.11.2009.

Jäger, Manfred: Finanzmarktstrukturen im Wandel, Köln 2006.

Jahn, Uwe: Die Finanzkrise und ihre rechtlichen Auswirkungen auf Rahmenverträge über OTC-Derivategeschäfte in: Zeitschrift für Bank- und Kapitalmarktrecht (BKR), 2009, S. 25–28.

Jarrow, Robert: Derivative Security Markets, Market Manipulation, and Option Pricing Theory in: Journal of Financial and Quantitative Analysis, Vol. 29, 1994, S. 241–261.

Jarrow, Robert: Market Manipulation, Bubbles, Corners, and Short-Squeezes in: Journal of Financial andQuantitative Analysis, Vol. 27, 1992, S. 311–336.

Jaskulla, Ekkehard M.: Zur Rechtsnatur des Börsentermingeschäfts gemäß §50 Abs. 1 BörsG in: Zeitschrift für Bankrecht und Bankwirtschaft (ZBB), 1997, S. 171–177.

Jauernig, Othmar: Bürgerliches Gesetzbuch, München 2009.

Jegadeesh, Narasimhan; Subrahmanyam, Avanidhar: Liquidity Effects of the Introduction of the S&P 500 Index Futures Contract on the Underlying Stocks in: Journal of Business, Vol. 66, No. 2, 1993, S. 171–187.

Joecks, Wolfgang (Hrsg.): Münchener Kommentar zum Strafgesetzbuch, München 2006.

Jorion, Philippe; Zhang, Gaiyan: Good and Bad Credit Contagion: Evidence from Credit Default Swaps in: Journal of Financial Economics, Vol. 84, 2007, S. 860–883.

Jortzik, Stephan: Synthetische Collateralized debt obligations: Bewertung und Kreditrisikomessung mit Unternehmenswertmodellorientierung, Norderstedt 2006.

Jungermann, Helmut; Slovic, Paul: Charakteristika individueller Risikowahrnehmung, in: Bayrische Rück (Hrsg.): Risiko ist ein Konstrukt, München 1993.

Kahneman, Daniel; Tversky, Amos: Choices, Values and Frames, New York 2000.

Kahneman, Daniel; Tversky, Amos: Prospect-Theory: An Analysis of Decision under Risk in: Econometrica, Vol. 47, 1979, S. 263–291.

Kallinterakis, Vasileios; Ferreira, Mario Pedro Leite: Herding and Feedback Trading: Evidence on their Relationship at the Macro Level, 2007, Onlineressource (http://ssrn.com/abstract=984681), Abruf am 13.04.2009.

Kambhu, John: Dealers' Hedging of Interest Rate Options in the U.S. Dollar Fixed-Income Market in: Economic Policy Review, Vol. 4, No. 2, 1998, S. 35–57.

Kaminsky, Graciela; Reinhart, Carmen; Vegh, Carlos: The Unholy Trinity of Financial Contagion in: Journal of Economic Perspectives, Vol. 17, No. 4, 2003, S. 51–74.

Karolyi, George Andrew: Stock Market Volatility around Expiration Days in Japan in: Journal of Derivatives, Vol. 4, 1996, S. 23–43.

Kashima, Yoshihisa; Maher, Patrick: Framing of Decisions under Ambiguity in: Journal of Behavioral Decision Making, Vol. 8, No. 1, 1995, S. 33–49.

Kasten, Roman Alexander: Die Neuregelung der Explorations- und Informationspflichten von Wertpapierdienstleistern im Wertpapierhandelsgesetz, Göttingen 2009.

Kat, Harry: The Dangers of Using Correlation to Measure Dependence, London 2003.

Kato, Toshiyasu; Yoshiba, Toshinao: Model Risk and its Control in: Monetary and Economic Studies, Vol. 18, Nr. 2, 2000, S. 129–157.

Kaufman, George; Scott, Kenneth: What Is Systemic Risk, and Do Bank Regulators Retard or Contribute to It? in: Independent Review, Vol. 7, Nr. 3, 2003, S. 371–391.

Kaufmann, Robert; Ullmann, Ben: Oil Prices, Speculation, and Fundamentals: Interpreting Causal Relations among Spot and Futures Prices in: Energy Economics, Vol. 31, 2009, S. 550–558.

Keys, Benjamin; Mukherjee, Tanmoy; Seru, Amit; Vig, Vikrant: Did Securitization Lead to Lax Screening? Evidence from Subprime Loans in: Quarterly Journal of Economics, Vol. 125, No. 1, 2010, S. 307–362.

Kiff, John; Elliott, Jennifer; Kazarian, Elias: Credit Derivatives: Systemic Risks and Policy Options, 2009, Onlineressource (http://www.imf.org/external/pubs/ft/wp/2009/wp09254.pdf), Abruf am 29.12.2009.

Kimball-Stanley, Arthur: Insurance and Credit Default Swaps: Should like things be treated alike? in: Connecticut Insurance Law Journal, Vol. 15, 2008, S. 241–266.

Kirchgässner, Gebhard: Homo Oeconomicus – Das ökonomische Modell individuellen Verhaltens und seine Anwendung in den Wirtschafts- und Sozialwissenschaften, Tübingen 2008.

Kirchhof, Hans-Peter; Lwowski, Hans-Jürgen; Stürner, Rolf: Münchener Kommentar zur Insolvenzordnung, München 2008.

Klein, Christian: Wochenend' und Sonnenschein – Der Wettereffekt in deutschen Aktienindizes in: Zeitschrift für Betriebswirtschaft, 2005, S. 1035–1052.

Knabe, Andreas; Walther, Ursula: Zur Unterscheidung von Eigenkapital und Fremdkapital – Überlegungen zu alternativen Klassifikationsansätzen der Außenfinanzierung, Freiberg 2005.

Knauth, Alfons: Kapitalanlagebetrug und Börsendelikte im zweiten Gesetz zur Bekämpfung der Wirtschaftskriminalität in: Neue Juristische Wochenzeitschrift (NJW), 1987, S. 28–33.

Knauth, Oliver; Käsler, Corina: § 20a WpHG und die Verordnung zur Konkretisierung des Marktmanipulationsverbotes (MaKonV) in: Wertpapier-Mitteilungen (WM), 2006, S. 1041–1052.

Knight, Frank: Risk, Uncertainty, and Profit, Boston 1921.

Knöfler, Larissa; Ghedina, Veronika: Das Erlaubnisverfahren für KAGen nach dem Investmentgesetz in: Wertpapier-Mitteilungen (WM), 2008, S. 1341–1346.

Koch, Tina: Grundsätze ordnungsgemäßer Kapitalanlage in Industrie- und Handelsunternehmen, Berlin 2000.

Kolb, Robert; Overdahl, James: Understanding futures markets, Glenview 2006.

Koller, Ingo: Die Klagbarkeit von Prämienforderungen aus Aktienoptionen in: Wertpapier-Mitteilungen (WM), 1985, S. 593–596.

Kollock, Peter: The Emergence of Exchange Structures: An Experimental Study of Uncertainty, Commitment, and Trust in: American Journal of Sociology, Vol. 100, No. 2, 1994, S. 313–345.

König, Christian: Zur Anwendung der Ultra-Vires-Lehre im Falle des Überschreitens der gesetzlich begrenzten Aufgaben öffentlicher Kreditanstalten am Beispiel einer Landesbank in: Wertpapier-Mitteilungen (WM), 1995, S. 317–325.

Kordes, Laura; Pritsker, Metthew: A Rational Expectations Model of Financial Contagion in: Journal of Finance, Vol. 57, No. 2, 2002, S. 769–799.

Kottke, Nils: Entscheidungs- und Anlageverhalten von Privatinvestoren: Psychologische Asspekte der Wertpapieranlage, Wiesbaden 2005.

Koutmos, Gregory; Saidi, Reza: Positive Feedbacktrading in Emerging Capital Markets in: Applied Financial Economics, Vol. 11, 2001, S. 291–297.

KPMG (Hrsg.): Eigenkapital versus Fremdkapital nach IFRS, Berlin 2006.

Krahnen, Jan Pieter: Der Handel von Kreditrisiken: Einen neue Dimension des Kapitalmarktes in: Perspektiven der Wirtschaftspolitik, Vol. 6, No. 4, 2005, S. 499–515.

Krahnen, Jan Pieter; Franke, Günter: The Future of Securitization, Frankfurt a.M. 2008.

Krahnen, Jan Pieter; Wilde, Christian: Risk Transfer with CDOs and Systemic Risk in Banking, 2006, Onlineresource (http://ssrn.com/abstract=913389), Abruf am 09.09.2009.

Krämer, Helmut: Operationelles Risiko – Modelle bergen Risiken in: Kredit und Rating Praxis, 3/2003, 2003, S. 26–28.

Krämer, Lutz: Finanzswaps und Swapderivate in der Bankpraxis, München 1999.

Kress, Jeremy: Credit Default Swap Clearinghouses and Systemic Risk: Why Centralized Counterparties Must Have Access to Central Bank Liquidity in: Harvard Journal on Legislation, Vol. 48, No. 1, 2011, S. 49–93.

Kruschwitz, Lutz: Finanzierung und Investition, Berlin 1999.

Kühne, Hans-Heiner: Strafprozessrecht: Eine systematische Darstellung des Deutschen und europäischen Strafverfahrensrechts, Trier 2010.

Kumar, Alok: Hard-to-Value Stocks, Behavioral Biases, and Informed Trading in: Journal of Financial & Quantitative Analysis, Vol. 44, No. 6, 2009, S. 1375–1401.

Kumar, Praveen; Seppi, Duane: Futures Manipulation with "Cash Settlement" in: Journal of Finance, Vol. 47, No. 4, 1992, S. 1485–1502.

Kumar, Raman; Sarin, Atulya; Shastri, Kuldeep: The Impact of Index Options on the Underlying Stocks: The Evidence from the Listing of Nikkei Stock Average Options in: Pacific-Basin Finance Journal, Vol. 3, No. 2, 1995, S. 303–317.

Kumar, Raman; Sarin, Atulya; Shastri, Kuldeep: The Impact of Options Trading on the Market Quality of the Underlying Security: An Empirical Analysis in: Journal of Finance, Vol. 53, No. 2, 1998, S. 717–738.

Kümpel, Siegfried: Bank- und Kapitalmarktrecht, Köln 2004.

Küting, Karlheinz; Dürr, Ulrike: Genüsse in der Rechnungslegung nach HGB und IFRS sowie Implikationen im Kontext von Basel II in: Deutsches Steuerrecht (DStR), 2005, S. 938–944.

Kyle, Albert: Continuous Auctions and Insider Trading in: Econometrica, Vol. 53, No. 6, 1985, S. 1315–1335.

Lagunoff, Roger; Schreft, Stacey: A Model of Financial Fragility in: Journal of Economic Theory, Vol. 99, No. 1, 2000, S. 220–264.

Lähn, Marcel: Hedge Fonds, Banken und Finanzkrisen – Die Bedeutung außerbilanzieller Leverage-Effekte durch Finanzderivate für das Risikomanagement von Finanzinstituten und das systemische Risiko des globalen Finanzsystems, Berlin 2004.

Lakonishok, Josef; Shleifer, Andrei; Vishny, Robert: The Impact of Institutional Trading on Stock Prices in: Journal of Financial Economics, Vol. 31, 1992, S. 23–43.

Lang, Larry; Stulz, René: Contagion and Competitive Intra-Industry Effects of Bankruptcy Announcements in: Journal of Financial Economics, Vol. 32, 1992, S. 45–60.

Langer, Ellen: The Illusion of Control in: Journal of Personality and Social Psychology, Vol. 32, No. 2, 1975, S. 311–328.

Langreiter, Wolfgang: Außerbörsliche Finanzderivate – Begriff und Wesen, 2006, Onlineausgabe (http://www.grin.com/e-book/110964/ausserboersliche-finanzderivate-begriff-und-wesen), Abruf am 20.11.2008.

Lee, Chun; Tong, Hung Cheong: Stock Futures: The Effects of their Trading on the Underlying Stocks in Australia in: Journal of Multinational Financial Management, Vol. 8, No. 2, 1998, S. 285–301.

Lee, Sang Bin; Ohk, Ki Yool: Stock Index Futures Listing and Structural Change in Time Varying Volatility in: Journal of Futures Markets, Vol. 12, No. 5, 1992, S. 493–509.

Lehmann, Matthias: Finanzinstrumente, Bayreuth 2009.

Leland, Hayne: Agency Costs, Risk Management, and Capital Structure in: Journal of Finance, Vol. 53, No. 4, 1998, S. 1213–1243.

Lenenbach, Markus: Kapitalmarkt- und Börsenrecht, Köln 2002.

Lewent, Judy; Kearney, John: Identifying, Measuring and Hedging Currency Risk at Merck in: Journal of Applied Corporate Finance, Vol. 2, 1990, S. 19–28.

Liebscher, Thomas: Die Zurechnungstatbestände des WpHG und des WpÜG in: Zeitschrift für Wirtschaftsrecht (ZIP), 2002, S. 1005–1017.

Loewenheim, Ulrich; Meessen, Karl; Riesenkampff, Alexander: Kartellrecht – Europäisches und deutsches Recht, München 2009.

Löhnig, Martin: Treuhand: Interessenwahrnehmung und Interessenkonflikte, Regensburg 2006.

Lohse, Andrea: Unternehmerisches Ermessen: zu den Aufgaben und Pflichten von Vorstand und Aufsichtsrat, Berlin 2005.

Lorenz, Björn; Knobloch, Peter; Heinzel, Detlef: Modernes Risikomanagement: Steuerung von Kassainstrumenten und Derivaten im Bankbetrieb, Wiesbaden 2002.

Lower, Robert C.: The Regulation of Commodity Options in: Duke Law Journal, Vol. 1978, No. 5, 1978, S. 1095–1145.

Luhmann, Niklas: Vertrauen: Ein Mechanismus der Reduktion sozialer Komplexität, Stuttgart 2000.

Lui, Zijun: Credit Default Swaps – Default Risk, Counter-party Risk and Systemic Risk, 2010, Onlineressource (http://ssrn.com/abstract=1565457), Abruf am 05.06.2011.

Lutter, Marcus: Bankenkrise und Organhaftung in: Zeitschrift für Wirtschaftsrecht (ZIP), 2009, S. 197–201.

Lutter, Marcus: Die Business Judgement Rule und ihre praktische Anwendung in: Zeitschrift für Wirtschaftsrecht (ZIP), 2007, S. 841–848.

Lutter, Marcus: Zur Rechtmäßigkeit von internationalen Risikogeschäften durch Banken der öffentlichen Hand in: Betriebs-Berater (BB), 2009, S. 786–791.

Maccheroni, Fabio; Marinacci, Massimo; Rustichini, Aldo: Ambiguity Aversion, Robustness, and the Variational Representation of Preferences in: Econometrica, Vol. 74, No. 6, 2006, S. 1447–1498.

Mälbert, Peter; Böhmer, Jörg: Ereignisbezogene Finanzprodukte in: Wertpapier-Mitteilungen (WM), 2006, S. 937–984.

Mandelbrot, Bernoit: The Variation of Certain Speculative Prices in: Journal of Business, Vol. 36, 1963, S. 392–417.

Markham, Jerry W.: The Seventh Amendment and CFTC Reparations Proceedings in: Iowa Law Review, Vol. 87, 1982, S. 87–122.

Markowitz, Harry: Portfolio Selection in: Journal of Finance, Vol. 7, No. 1, 1952, S. 77–91.

Martin, Marcus; Reitz, Stefan; Wehn, Carsten: Kreditderivate und Kreditrisikomodelle – Eine mathematische Einführung, Wiesbaden 2006.

Mayhew, Stewart: The Implact of Derivatives on Cash Markets: What have we learned?, 2000, Onlineressource (http://media.terry.uga.edu/documents/finance/impact.pdf), Abruf am 21.11.2009.

Mehringer, Christoph: Das allgemeine kapitalmarktrechtliche Gleichbehandlungsprinzip, Hamburg 2007.

Meixner, Oliver; Steinbeck, René: Das neue Versicherungsvertragsrecht, München 2008.

Mekat, Martin Christopher: Der Grundsatz der Wesentlichkeit in Rechnungslegung und Abschlussprüfung, Heidelberg 2009.

Mendoza, Enrique: Sudden Stops, Financial Crises, and Leverage in: American Economic Review, Vol. 100, No. 5, 2010, S. 1941–1966.

Mengle, David: The Economic Role of Speculation, 2010, Onlineressource (http://www.isda.org), Abruf am 10.11.2010.

Mengle, David: The Empty Creditor Hypothesis, 2009, Onlineressource (http://www.isda.org), Abruf am 11.11.2010.

Merkt, Hanno: Unternehmenspublizität: Offenlegung von Unternehmensdaten als Korrelat der Marktteilnahme, Tübingen 2001.

Merrick, John; Naik, Narayan; Yadav, Pradeep: Strategic Trading Behavior and Price Distortion in a Manipulated Market: Anatomy of a Squeeze in: Journal of Financial Economics, Vol. 77, 2005, S. 171–218.

Merton, Robert: Theory of Rational Option Pricing in: Bell Journal of Economics and Management Science, Vol. 4, No. 1, 1973, S. 141–183.

Minsky, Hyman: The New Uses of Monetary Powers in: Nebraska Journal of Economics and Business, Vol. 8, No. 2, 1969, S. 3–15.

Mittermeier, Martin: Grundlagen und Regulierungsperspektiven von Leerverkäufen in: Zeitschrift für Bankrecht und Bankwirtschaft (ZBB), 2010, S. 139–149.

Mock, Sebastian: Das Gesetz zur Vorbeugung gegen missbräuchliche Wertpapier- und Derivategeschäfte in: Wertpapier-Mitteilungen (WM), 2010, S. 2248–2256.

Modigliani, Franco; Miller, Merton H.: The Cost of Capital, Corporation Finance and the Theory of Investment in: American Economic Review, 1958, S. 261–297.

Möllers, Thomas: Stellungnahme zum Regierungsentwurf für ein Gesetz zur Vorbeugung gegen missbräuchliche Wertpapier- und Derivategeschäfte, 2010, Onlineressource (http://www.bundestag.de), Abruf am 30.05.2011.

Möllers, Thomas; Kernchen, Eva: Information Overload am Kapitalmarkt– Plädoyer zur Einführung eines Kurzfinanzberichts auf empirischer, psychologischer und rechtsvergleichender Basis in: Zeitschrift für Unternehmens- und Gesellschaftsrecht (ZGR), 2011, S. 1–26.

Monopolkomission: Ordnungspolitische Leitlinien für ein funktionsfähiges Finanzsystem – Sondergutachten der Monopolkommission gemäß § 24 b Abs. 5 Satz 4 GWB, Sondergutachten 26, Baden-Baden 1998.

Moriarty, Eugene; Tosini, Paula: Futures Trading and the Price Volatility of GNMA Certificates – Further Evidence in: Journal of Futures Markets, Vol. 5, No. 4, 1985, S. 633–641.

Morrison, Alan: Credit Derivatives, Disintermediation, and Investment Decisions in: Journal of Business, Vol. 78, No. 2, 2005, S. 621–647.

Möschel, Wernhard: Das Wirtschaftsrecht der Banken – Die währungs-, bankaufsicht-, kartell- und EWG-rechtliche Sonderstellung der Kreditinstitute, Bielefeld 1972.

Mukerji, Sujoy; Tallon, Jean-Marc: Ambiguity Aversion and Incompleteness of Financial Markets in: Review of Economic Studies, Vol. 68, 2001, S. 883–904.

Müller, Roman: Finanzcontrolling – Eine verhaltensorientierte Analyse der Rationalitätsdefizite und Rationalitätssicherung im Finanzmanagement, Wiesbaden 2008.

Mundhenke, Tim: Eigen- und Fremdkapital im Jahresabschluss – Investorenorientierte Weiterentwicklung der Rechnungslegung zur sachgerechten Erfassung von Finanzinstrumenten, St. Gallen 2009.

Murmann, Uwe: Untreue (§ 266 StGB) und Risikogeschäfte in: Juristische Ausbildung (JURA), 2010, S. 561–567.

Nance, Deana; Smith, Clofford; Smithson, Charles: On the Determinants of Corporate Hedging in: Journal of Finance, Vol. 48, Nr. 1, 1993, S. 267–284.

Neuberger, Anthony: Gold Derivatives: The Market Impact, London 2001.

Nguyen, Hoa; Faff, Robert; Hodgson, Allan: Corporate Usage of Financial Derivatives, Information Asymmetry, and Insider Trading in: Journal of Futures Markets, Vol. 30, No. 1, 2009, S. 25–47.

Ni, Xiaoyan; Pearson, Neil; Poteshman, Allen: Stock price clustering on option expiration dates in: Journal of Financial Economics, Vol. 78, 2005, S. 49–87.

Niemann, Christoph: Finanzinnovationen im Binnenmarkt in: Wertpapier-Mittelungen (WM), 1993, S. 777–781.

Nietsch, Michael; Graef, Andreas: Regulierung der europäischen Märkte für außerbörsliche OTC-Derivate in: Betriebs-Berater (BB), 2010, S. 1361–1364.

Nirenberg David; Hoffmann, Richard: Are Credit Default Swaps Insurance? in: Derivatives Report, Vol. 7, 2001, S. 1–20.

Nurullah, Mohamed; Staikouras, Sotiris: The Separation of Banking from Insurance: Evidence from Europe in: Multinational Finance Journal, Vol. 12, 2008, S. 157–184.

Nyborg, Kjell; Strebulaev, Ilja: Collateral and Short Squeezing of Liquidity in Fixed Rate Tenders in: Journal of International Money and Finance, Vol. 20, 2001, S. 769–792.

Nyborg, Kjell; Strebulaev, Ilja: Multiple Unit Auctions and Short Squeeze in: Review of Financial Studies, Vol. 17, No. 2, 2004, S. 545–580.

Oehler, Andreas; Unser, Matthias: Finanzwirtschaftliches Risikomanagement, Berlin 2002.

Oelke, Herbert; Wöhlert, Helge-Torsten; Degen, Stephan: Debt Mezzanine Swap – Königsweg für die Restrukturierungsfinanzierung? in: Betriebs-Berater (BB), 2010, S. 299–303.

Paech, Philipp: Netting, Finanzmarktstabilität und Bankenrestrukturierung – Die Notwendigkeit eines internationalen zivilrechtlichen Standards zum Netting in: Wertpapier-Mitteilungen (WM), 2010, S. 1965–1971.

Park, Tido (Hrsg.): Kapitalmarktstrafrecht, Baden-Baden 2008.

Partnoy, Frank: Financial Derivatives and the Cost of Regulatory Arbitrage in: Journal of Corporation Law, Vol. 22, 1996, S. 211–254.

Partony, Frank; Skeel, David: The Promise and Perils of Credit Derivatives in: University of Cincinnati Law Review, Vol. 75, 2007, S. 1019–1051.

Paul, Stephan: Finanzierung in: Handelsblatt Wirtschaftslexikon, 2006, S. 1689–1697.

Peaslee, James: Investment Trusts in the Age of Financial Derivatives in: Tax Law Review, Vol. 49, 1994, S. 419–451.

Peck, Anne: Futures Markets, Supply Response and Price Stability in: Quarterly Journal of Economics, Vol. 90, No. 3, 1976, S. 407–423.

Peetz, Dietmar: Hedge-Fonds und Finanzmarktinstabilität – eine systemische Betrachtung, 2007, Onlineressource (http://deposit.ddb.de/cgi-bin/dokserv?idn=984560831&dok_var=d1 &dok_ext=pdf&filename=984560831.pdf), Abruf am: 10.04.2009.

Pfeffer, Robert: Das Verhältnis von Völkerrecht und Landesrecht, Tübingen 2009.

Pilz, Franziska: Emotions and Risky Choice – An Experimental and Theoretical Study from the Economic-Psychological Perspective, Dresden 2007.

Pirrong, Craig: The Economics of Central Clearing: Theory and Practice, 2011, Onlineressource (http://www.isda.org), Abruf. 01.06.2011.

Pirrong, Stephen: Manipulation of the Commodity Futures Market Delivery Process in: Journal of Business, Vol. 66, 1993, S. 335–369.

Pirrong, Stephen: Mixed Manipulation Strategies in Commodity Futures Markets in: Journal of Futures Markets, Vol. 15, No. 1, 1995, S. 13–38.

Pohl, Wolfgang: Neue Generation derivativer Finanzinstrumente in: Wertpapier-Mitteilungen (WM), 1995, S. 957–964.

Posner, Richard: A Failure of Capitalism – The Crisis of 08 and the Descent into Depression, Cambridge 2009.

Preußner, Joachim: Risikomanagement im Schnittpunkt von Bankaufsichtsrecht und Gesellschaftsrecht in: Neue Zeitschrift für Gesellschaftsrecht (NZG), 2004, S. 57–61.

Preußner, Joachim; Becker, Florian: Ausgestaltung von Risikomanagementsystemen durch die Geschäftsleitung – Zur Konkretisierung einer haftungsrelevanten Organisationspflicht in: Neue Zeitschrift für Gesellschaftsrecht (NZG) 2002, 2002, S. 846–851.

Prokopczuk, Marcel: Essays on Systemic Risk, Mannheim 2009.

Prölss, Erich; Martin, Anton: Versicherungsvertragsgesetz, München 2009.

Pschick, Andreas: Das Management von Marktpreis- und Kreditrisiken im europäischen Stromgroßhandel, Graz 2008.

Rainbold, John V.: Regulating the Grain Gambler an his Successors in: Hofstra Law Review, Vol. 6, No. 1, 1977, S. 1–26.

Raines, Patrick; Leathers, Charles: Financial Derivative Instruments and Social Ethics in: Journal of Business Ethics, Vol. 13, No. 3, 1994, S. 197–204.

Redeke, Julian: Zu den Organpflichten bei bestandsgefährdenden Risiken in: Zeitschrift für Wirtschaftsrecht (ZIP), 2010, S. 159–167.

Reimund, Carsten: Liquiditätshaltung und Unternehmenswert – Erklärungsansätze, Modelle und empirische Untersuchung deutscher börsennotierter Unternehmen, Leipzig 2003.

Reiner, Günter: Derivative Finanzinstrumente im Recht, 2002, Onlineausgabe (http://www.gunterreiner.de), Abruf am 20.11.2008.

Reiner, Günter; Schacht, Johann: Credit Default Swaps und verbriefte Kreditforderungen in der Finanzmarktkrise – Bemerkungen zum Wesen verbindlicher und unverbindlicher Risikoverträge in: Wertpapier-Mitteilungen (WM), 2010, S. 337–395.

Rijckeghem, Caroline; Weber, Beatrice: Spillovers through Banking Centers: A Panel Data Analysis of Bank Flows in: Journal of International Money and Finance, Vol. 22, No. 4, 2003, S. 483–509.

Ripperger, Tanja: Ökonomik des Vertrauens, Tübingen 1998.

Ritter, Mischa: Absicherung von Katastrophenrisiko über Kapitalmarkte – Eine kritische Bestandsaufnahme, Wiesbaden 2006.

Robinson, Gary: The Effect of Futures Trading on Cash Market Volatility: Evidence from the London Stock Exchange in: Review of Futures Markets, Vol. 14, No. 2, 1994, S. 429–459.

Roller, Reinhold; Elster, Thomas; Knappe, Jan Christoph: Spread-abhängige Constant Maturity (CMS) Swaps – Funktionsweise, Risikostruktur und rechtliche Bewertung in: Zeitschrift für Bankrecht und Bankwirtschaft (ZBB), 2007, S. 345–364.

Romer, Christina: The Great Crash and the Onset of the Great Depression in: Quarterly Journal of Economics, Vol. 105, No. 3, 1990, S. 597–624.

Ross, Stephen: Options and Efficiency in: Quaterly Journal of Economics, Vol. 90, 1976, S. 75–90.

Roßbach, Peter: Behavioral Finance – Eine Alternative zur vorherrschenden Kapitalmarkttheorie?, 2001, Onlineressource (http://ideas.repec.org/p/zbw/fsfmwp/31.html), Abruf am 21.08.2011.

Rössner, Michael-Christian; Weber, Christoph: Warenterminoptionen – Erlaubter Betrug? in: Betriebs-Berater (1979), 1979, S. 1049–1058.

Roth, Günter; Altmeppen, Holger: GmbH – Gesetz betreffend die Gesellschaften mit beschränkter Haftung, München 2009.

Roth, Michael Wolfgang: Ökonomische Analyse des Versicherungsaufsichtsrechts bezüglich des Einsatzes derivativer Finanzinstrumente, Hannover 2002.

Rothschild, Michael; Stiglitz, Joseph: Equilibrium in Competitive Insurance Markets: An Essay on the Economics of Imperfect Information in: Quarterly Journal of Economics, Vol. 90, Nr. 4, 1976, S. 629–649.

Routledge, Bryan; Zin, Stanley: Model Uncertainty and Liquidity, 2009, Onlineressource (http://repository.cmu.edu/tepper/421), Abruf am 02.05.2011.

Rudolph, Bernd: Kreditrisikotransfer – Abbau alter gegen den Aufbau neuer Risiken?, 2007, Onlineressource (http://epub.ub.uni-muenchen.de/), Abruf am 12.09.2009.

Rudolph, Bernd: Ökonomische Theorie und Insiderrecht in: Bilanzrecht und Kapitalmarkt - Festschrift zum 65. Geburtstag von Professor Dr. Dr. h.c. Dr. h.c. Adolf Moxter, 1994, S. 1335–1349.

Rudolph, Bernd; Schäfer, Klaus: Derivative Finanzmarktinstrumente: Eine Anwendungsbezogene Einführung in Märkte, Strategien und Bewertung, Berlin 2009.

Ruhnke, Klaus: Rechnungslegung nach IFRS und HGB, Berlin 2008.

Sachverständigenrat: Die Finanzkrise meistern – Wachstumskräfte stärken, Wiesbaden 2008.

Sack, Patrick: Schätzung von Volatilitäten und Korrelationen, Leipzig 2007.

Säcker, Franz Jürgen: Gesellschaftsrechtliche Grenzen spekulativer Finanztermingeschäfte in: Neue Juristische Wochenzeitschrift (NJW), 2008, S. 3313–3317.

Säcker, Franz-Jürgen (Hrsg.): Münchener Kommentar zum Bürgerlichen Gesetzbuch, München 2006.

Samuelson, Paul; Nordhaus, William: Volkswirtschaftslehre, New York 2005.

Sauer, Knut: Kausalität und Schaden bei der Haftung für falsche Kapitalmarktinformationen in: Zeitschrift für Bankrecht und Bankwirtschaft (ZBB), 2005, S. 24–35.

Schachtner, Michael: Accounting und Unternehmensfinanzierung – Eine Analyse börsennotierter Unternehmen in Deutschland und der Schweiz, Wiesbaden 2009.

Schäfer, Achim; Zeller, Ulrich: Finanzkrise, Risikomodelle und Organhaftung in: Betriebs-Berater (BB) 2009, 2009, S. 1706–1711.

Scherer, Peter: Credit Default Swaps in Krisenzeiten in: Corporate Finance Law, 2010, S. 93–101.

Schiller, Bettina/Tytko, Dagmar: Risikomanagement im Kreditgeschäft, Stuttgart 2001.

Schiller, Frank; Seidler, Gerold; Wimmer, Maximilian: Pricing von Wetterderivaten in: Versicherungswirtschaft (VW), 2008, S. 491ff.

Schimansky, Herbert; Bunte, Hermann-Josef; Lwowski, Hans-Jürgen (Hrsg.): Bankrechts-Handbuch, München 2007.

Schlag, Christian: Derivate in: Handelsblatt Wirtschaftslexikon, 2006, S. 1222–1228.

Schlag, Christian: Expiration Day Effects of Stock Index Derivatives in Germany in: European Financial Management, Vol. 1, 1996, S. 69–95.

Schleifer, Andrei; Vishny, Robert: Large Shareholders and Corporate Control in: Journal of Political Economy, Vol. 94, 1986, S. 461–488.

Schlitt, Michael; Schäfer, Susanne: Auswirkungen des Prospektrichtlinie-Umsetzungsgesetzes auf Aktien- und Equity-linked Emissionen in: Die Aktiengesellschaft (AG), 2005, S. 498–511.

Schmeidler, David: Subjective Probability and Expected Utility without Additivity in: Econometrica, Vol. 57, No. 3, 1989, S. 571–587.

Schmidt, Karsten (Hrsg.): Münchener Kommentar zum Handelsgesetzbuch, München 2008.

Schneider, Hannes; Busch, Torsten: Swapgeschäfte der Landesbanken in: Wertpapier-Mitteilungen (WM), 1995, S. 326–330.

Schneider, Uwe; Hommelhoff, Peter (Hrsg.): Deutsches und europäisches Gesellschafts-, Konzern- und Kapitalmarktrecht – Festschrift für Marcus Lutter zum 70. Geburtstag, Köln 2000.

Schnorbus, York: Die prospektfreie Platzierung von Wertpapieren nach dem WpPG in: Die Aktiengesellschaft (AG), 2008, S. 389–410.

Scholes, Myron: Crisis and Risk Management in: American Economic Review, Vol. 90, No. 2, 2000, S. 17–21.

Scholz, Frank; Schwintowski, Hans-Peter; Schuler, Andreas (Hrsg.): Risikomanagement der Öffentlichen Hand, Heidelberg 2009.

Schönbucher, Philipp: Credit Derivatives Pricing Models, Chichester 2003.

Schönke, Adolf; Schröder, Horst: Strafgesetzbuch, München 2010.

Schüller, Katharina: Leaving Las Vegas oder das Handeln von Korrelationen in: Derivate Magazin, 2007-04, 2007, S. 94–97.

Schulmeister, Stephan: Finanzspekulation, Arbeitslosigkeit und Staatsverschuldung in: Intervention, Vol. 4, Nr. 1, 2007, S. 73–97.

Schumpeter, Joseph: Theorie der wirtschaftlichen Entwicklung – eine Untersuchung über Unternehmergewinn, Kapital, Kredit, Zins und den Konjunkturzyklus, München 1926.

Schünemann, Bernd: Die „gravierende Pflichtverletzung" bei der Untreue: dogmatischer NStZ 2005, Zauberhut oder taube Nuss? in: Neue Zeitschrift für Strafrecht (NStZ), 2005, S. 473–476.

Schuster, Thomas: Metakommunikation und Marktdynamik. Reflexive Wechselwirkungen von Finanzmärkten und Massenmedien, 2003, Onlineressource (http://www.tomschuster.-de), Abruf am 21.08.2011.

Schwacz, Steven: Systemic Risk in: Georgetown Law Journal, Vol. 97, 2008, S. 193–247.

Schwarcz, Stephen: Regulating Complexity in Financial Markets in: Washington University Law Review, Vol. 87, No. 2, 2009, S. 211–268.

Schwark, Eberhard: Ist die Aktienanleihe ein Börsentermingeschäft? in: Wertpapier-Mitteilungen (WM), 2001, S. 1973–1993.

Schwartz, Robert: Risk Distribution in the Capital Markets: Credit Default Swaps, Insurance and a Theory of Demarcation in: Fordham Journal of Corporate and Financial Law, Vol. 7, 2007, S. 167–201.

Schwarz, Sebastian Henner: Regulierung durch Corporate Governance Kodizes, Berlin 2004.

Schweiger, Robert: Strompreisentwicklung: Risiko und Chance in: Versicherungswirtschaft (VW), 2003, S. 1240–1245.

Schweimayer, Gerhard: Bewertung von synthetischen und Cash CDO in der Praxis in: Risiko Manager, Nr. 7, 2008, S. 7–18.

Schwintowski, Hans-Peter: Bankrecht, Berlin 2011.

Schwintowski, Hans-Peter: Der private Versicherungsvertrag zwischen Recht und Markt, Göttingen 1987.

Schwintowski, Hans-Peter: Die Rechtsnatur des Versicherungsvertrages in: Juristenzeitung (JZ), 1996, S. 702–710.

Schwintowski, Hans-Peter; Nicodem, Damaris: Die Verleitung des Anlegers zur Selbstschädigung – Grenzen zwischen Anlegerbevormundung und Anlegerschutz in: Verbraucher und Recht (VuR), 2004, S. 314–322.

Scott, Hal: The Reduction of Systemic Risk in the United States Financial System in: Harvard Journal of Law & Public Policy, Vol. 33, 2010, S. 672–734.

Securities and Exchange Commission (Hrsg.): Summary Report of Issues Identified in the Commission Staff's Examinations of Select Credit Rating Agencies, 2008, Onlineressource (http://www.sec.gov), Abruf: 13.04.2011.

Seibt, Christoph: Neues Regime der kapitalmarktrechtlichen Beteiligungstransparenz – Stellungnahme zum Anlegerschutz- und Funktionsschutzverbesserungsgesetz in: Corporate Finance Law, 2010, S. 502–508.

Seibt, Christoph; Huizinga, Michiel: Prognosen im Kapitalmarktrecht in: Corporate Finance Law, 2010, S. 289–303.

Sharpe, William: Capital Asset Prices: A Theory of Market Equilibrium under Conditions of Risk in: Journal of Finance, Vol. 19, No. 3, 1964, S. 425–442.

Shin, Hyun Song: Securitisation and Financial Stability in: Economic Journal, Vol. 119, No. 536, 2009, S. 309–332.

Sias, Richard: Institutional Herding in: Review of Financial Studies, Vol. 17, Nr. 1, 2004, S. 165–206.

Simon, Herbert: Theories of Decision Making in Economics and Behavioural Science in: American Economic Review, Vol. 49, Nr. 3, 1959, S. 253–283.

Simon, Herbert; Egidi, Massimo; Marris, Robin: Economics, Bounded Rationality and the Cognitive Revolution, Aldershot u.a. 2008.

Sinn, Hans-Werner: Kasino Kapitalismus – Wie es zur Finanzkrise kam und was jetzt zu tun ist, Berlin 2010.

Skinner, Ellen: A Guide to Constructs of Control in: Journal of Personality and Social Psychology, Vol. 17, 1996, S. 549–570.

Smith, Clifford; Stulz, René: The Determinants of Firms' Hedging Policies in: Journal of Financial and Quantitative Analysis, Vol. 20, Nr. 4, 1985, S. 391–405.

Sorescu, Sorin: The Effects of Options on Stock Prices: 1973 to 1999 in: Journal of Finance, Vol. 55, No. 1, 1999, S. 487–514.

Spindler, Gerald: Sonderprüfung und Pflichten des Bankvorstandes in der Finanzkrise in: Neue Zeitschrift für Gesellschaftsrecht (NZG), 2010, S. 281–285.

Spremann, Klaus: Portfoliomanagement, München 2008.

Spremann, Klaus; Gantenbein, Pascal: Kapitalmärkte, Tübingen 2005.

Stark, Gunnar; Loose, Christian: Exotische Zinsderivate im kommunalen Schuldenmanagement – Eine Analyse der jüngsten CMS-Spread-Ladder-Swap-Geschäfte in: Finanz Betrieb, 2007-10, 2007, S. 610–618.

Statman, Meir: How many Stocks make a diversified Portfolio? in: Journal of Financial and Quantitative Analysis, Vol. 22, No. 3, 1987, S. 353–363.

Stein, Jeremy: Informational Externalities and Welfare-Reducing Speculation in: Journal of Political Economy, Vol. 95, No. 6, 1987, S. 1123–1145.

Stephen, Jens; Whaley, Robert: Intraday Price Changes and Trading Volume Relationships in the Stock and Stock Options Markets in: Journal of Finance, Vol. 45, 1990, S. 191–220.

Stiglitz, Joseph; Weiss, Andrew: Credit Rationing in Markets with Imperfect Infor- mation in: American Economic Review, Vol. 71, 1981, S. 393–410.

Stoll, Hans; Whaley, Robert: Expiration-Day Effects of the All Ordinaries Share Price Index Futures: Empirical Evidence and Alternative Settlement Procedures in: Australian Journal of Management, Vol. 22, No. 2, 1997, S. 139–174.

Stoll, Hans; Whaley, Robert: Program Trading and Expiration Day Effects in: Financial Analysts Journal, Vol. 43, Nr. 1, 1987, S. 16–28.

Stoll, Hans; Whaley, Robert: The Dynamics of Stock Index and Stock Index Futures Returns in: Journal of Financial and Quantitative Analysis, Vol. 25, 1990, S. 441–468.

Stout, Lynn: Betting the Bank: How Derivatives Trading under Conditions of Uncertainty Can Increase Risks and Erode Returns in Financial Markets in: Journal of Corporation Law, Vol. 21, 1995, S. 53–68.

Streissler, Erich; Watrin, Christian: Zur Theorie marktwirtschaftlicher Ordnungen, Tübingen 1980.

Struffert, Ralf: Asset-Backed-Securities-Transaktionen und Kreditderivate nach IFRS und HGB, Wiesbaden 2006.

Subrahmanyam, Avanidhar: A Theory of Trading in Stock Index Futures in: Review of Financial Studies, Vol. 4, No. 1, 1991, S. 17–51.

Swidler, Steve; Schwartz, Lisa; Kristiansen, Roger: Option Expiration Day Effects in Small Markets: Evidence from the Oslo Stock Exchange in: Journal of Financial Engineering, Vol. 3, No. 2, 1994, S. 177–193.

Swoboda, Peter: Betriebliche Finanzierung, Heidelberg 1994.

Sykuta, Michael: Futures Trading and Supply Contracting in the Oil Refinding Industry in: Journal of Corporate Finance, Vol. 2, 1996, S. 317–334.

Tanega, Joseph: Some Principles of Disclosure for Asset Backed Securities Under the EU Prospectus Regulation 2004 in: Journal of International Banking Law and Regulation, Vol. 3, No. 6, 2008, S. 294–301.

Teichmann, Christoph; Epe,: Neuer Regelungsansatz in der kapitalmarktrechtlichen Beteiligungstransparenz: Generalklausel statt Fallgruppen-Lösung in: Wertpapier-Mitteilungen (WM), 2010, S. 1477–1483.

Thurner, Stefan; Farmer, Doyne; Geanakoplos, John: Leverage Causes Fat Tails and Clustered Volatility in: arXiv Archive, 2010, S. 19.

Trabhardt, Sebastian: Zur Rückerstattung des Zinscap-Entgelts bei vorzeitiger Kreditbeendigung in: Verbraucher und Recht (VuR), 1996, S. 159–159.

Trafkowski, Uwe: Kreditderivate und Versicherungsderivate als Risikotransferverträge, Köln 2008.

Ulrich, Peter; Fluri, Peter Ulrich, Edgar: Management: Eine konzentrierte Einführung, Wiesbaden 1995.

Upper, Christian: Using Counterfactual Simulations to Assess the Danger of Contagion in Interbank Markets, 2007, Onlineressource (http://www.bis.org/publ/work234.htm), Abruf am 04.05.2011.

Upper, Christian; Werner, Thomas: The Tail Wags the Dog: Time-Varying Information Shares in the Bund Market, Basel 2007.

v. Randow, Phillip: Derivate und Corporate Governance in: Zeitschrift für Unternehmens- und Gesellschaftsrecht (ZGR), 1996, S. 594–638.

Vanden, Joel: Information Quality and Options in: Review of Financial Studies, Vol. 21, No. 6, 2008, S. 2635–2676.

Vasudev, P.M.: Default Swaps and Director Oversight: Lessons from AIG in: Journal of Corporate Law, Vol. 35, No. 4, 2010, S. 758–796.

Venokur, Sherry; Magidson, Metthew; Singer, Adam: Comparing Credit Default Swaps to Insurance Contracts: Did the New York State Insurance Department get It right? in: Futures & Derivatives Law Report, Vol. 28, No. 11, 2008, S. 1–12.

Verse, Dirk: Der Gleichbehandlungsgrundsatz im Recht der Kapitalgesellschaften, Tübingen 2006.

von Neumann, John; Morgenstern, Oskar: The Theory of Games and Economic Behavior, Princeton 1947.

Vuia, Mihai: Die Verantwortlichkeit von Banken in der Krise von Unternehmen, Hamburg 2007.

Wagner, Wolf: The Liquidity of Bank Assets and Banking Stability in: Journal of Banking and Finance, Vol. 31, 2007, S. 121–139.

Wallmeier, Martin: Der Informationsgehalt von Optionspreisen, Heidelberg 2003.

Walter, Andreas; Weber, Friedrich Moritz: Herding in the German Mutual Fund Industry, 2005, Onlineressource (http://www.socialpolitik.de/tagungshps/2005/Papers/Walter.pdf), Abruf am 13.04.2009.

Wei, Peihwang; Poon, Percy; Zee, Susan: The Effect of Option Listing on Bid-Ask Spreads, Price Volatility, and Trading Activity of the Underlying OTC Stocks in: Review of Quantitative Finance and Accounting, Vol. 9, 1997, S. 165–180.

Weiner, Robert: Do Birds of a Feather Flock Together?, 2006, Onlineressource (http://www.rff.org/Documents/RFF-DP-06-31.pdf), Abruf am 20.12.2009.

Weiner, Robert: Speculation in Internaltional Crisises: Report from the Gulf in: Journal of International Business Studies, Vol. 36, 2005, S. 576–587.

Weiß, Daniel: Der wertpapierrechtliche und übernahmerechtliche Zurechnungstatbestand des Acting in Concert, Hamburg 2007.

Weistroffer, Christian: Klimawandel bewältigen – Die Rolle der Finanzmärkte, 2007, Onlineressource (http://www.dbresearch.de), Abruf am 20.01.2009.

Wenzel, Frank: Urteilsanmerkung in: Entscheidungssammlung zum Wirtschafts- und Bankrecht, 1996, S. 4.96.

Wermers, Russ: Mutual Fund Herding and and the Impact on Stock Prices in: Journal of Finance, Vol. 54, Nr. 2, 1999, S. 581–622.

Weyel, Walter: Devisenhandel in: Handelsblatt Wirtschaftslexikon, 2006, S. 1238–1246.

Wiegel, Volker: Die Prospektrichtlinie und Prospektverordnung, Berlin 2008.

Winter, Gerrit: Versicherungsaufsichtsrecht – kritische Betrachtungen, Karlsruhe 2007.

Winter, Heike: Risikomanagement und Effektive Corporate Governance, Wiesbaden 2003.

Winter, Oliver: Der wirtschaftliche und rechtliche Charakter von Zinsbegrenzungsverträgen in: Wertpapier-Mitteilungen (WM), 1995, S. 1169–1176.

Winter, Stephan: Derivative Finanzinstrumente der dritten Generation in: Derivative Finanzinstrumente, 1995, S. 211–237.

Working, Holbrook: Financial Results of the Speculative Holding of Wheat, Stanford University 1931.

Working, Holbrook: Price Effects of Futures Trading in: Food Research Institute Studies, Vol. 1, 1960, S. 3–31.

Yuan, Katrin: Asymmetric Price Movements and Borrowing Constraints: A Rational Expectations Equilibrium Model of Crises, Contagion, and Confusion in: Journal of Finance, Vol. 60, No. 1, 2005, S. 379–411.

Zhu, Haibin: An Empirical Comparison of Credit Spreads between the Bond Market and the Credit Default Swap Market in: Journal of Financial Services Research, Vol. 29, No. 3, 2006, S. 211–235.

Zielowski, Christian: Managementkonzepte aus Sicht der Organisationskultur, Leoben 2006.

Zimmer, Daniel; Fuchs, Florian: Die Bank in Krise und Insolvenz: Ansätze zur Minderung des systemischen Risikos in: Zeitschrift für Unternehmens- und Gesellschaftsrecht (ZGR), 2010, S. 597–661.

Zöllner, Wolfgang; Noack, Ulrich (Hrsg.): Kölner Kommentar zum WpÜG, Köln 2010.

Zwirner, Christian; Froschhammer, Mattias: Die Bilanzierung von Bewertungseinheiten nach § 254 HGB in: Zeitschrift für Bilanzierung, Rechnungswesen und Controlling, 2010, S. 153–156.

Sachregister

Schriften zum Unternehmens- und Kapitalmarktrecht

Herausgegeben von den Direktoren
des Instituts für Unternehmens- und Kapitalmarktrecht
der Bucerius Law School in Hamburg

Jörn Axel Kämmerer, Karsten Schmidt und Rüdiger Veil

Das Unternehmens- und Kapitalmarktrecht wird in besonderer Weise von der internationalen Wirtschaftspraxis und Erkenntnissen anderer Disziplinen, insbesondere der Wirtschaftswissenschaften beeinflusst. Die Globalität der Finanzmärkte spiegelt sich in einem hohen Grad internationaler Rechtsvereinheitlichung wider. Bei der Fortbildung des Rechts sind Gesetzgeber und Gerichte auf Erkenntnisse der Rechtsvergleichung angewiesen. Die *Schriften zum Unternehmens- und Kapitalmarktrecht* verfolgen das Ziel, zur Diskussion über grundlegende Themen dieser Rechtsgebiete, insbesondere an der Schnittstelle zu anderen Gebieten des Wirtschaftsrechts oder des Verfassungs- und Europarechts, beizutragen.

Die Reihe ist offen für Habilitationsschriften, herausragende Dissertationen und vergleichbare Monographien sowie die Forschungsergebnisse des Instituts für Unternehmens- und Kapitalmarktrecht (IUKR) der Bucerius Law School. Es werden auch Arbeiten aufgenommen, die nicht am IUKR betreut wurden.

Die lieferbaren Bände:

1 *Wundenberg, Malte:* Compliance und die prinzipiengeleitete Aufsicht über Bankengruppen. 2012. XVIII, 255 Seiten. Leinen.

2 *Köhler, Christian:* Die Zulässigkeit derivativer Finanzinstrumente in Unternehmen, Banken und Kommunen. Eine ökonomische und rechtliche Analyse. 2012. XXI, 437 Seiten. Fadengeheftete Broschur.

Einen Gesamtkatalog erhalten Sie gerne vom Verlag
Mohr Siebeck, Postfach 2040, D-72010 Tübingen.
Aktuelle Informationen im Internet unter www.mohr.de